在辨析中学习数学

——奥林匹克数学百题辨析

（第二版）

殷显华　著

科学普及出版社

·北京·

图书在版编目（CIP）数据

在辨析中学习数学：奥林匹克数学百题辨析/殷显华著.
—北京：科学普及出版社，2005
ISBN 978-7-110-06181-7

Ⅰ.在... Ⅱ.殷... Ⅲ.数学课-中学-课外读物
Ⅳ.G634.603

中国版本图书馆CIP数据核字（2005）第102424号

本社图书贴有防伪标志，未贴为盗版。

责任编辑　单　亭
封面设计　北京天女来品牌形象设计有限公司
责任校对　林　华
责任印制　李春利

科学普及出版社出版
北京市海淀区中关村南大街16号　邮政编码：100081
电话：010-62173865　传真：010-62179148
http://www.kjpbooks.com.cn
科学普及出版社发行部发行
北京迪鑫印刷厂印刷
＊
开本：880毫米×1230毫米　1/32　印张：15.5　字数：400千字
2010年2月第2版　2010年2月第1次印刷
印数：1-3500册　定价：28.00元
ISBN 978-7-110-06181-7/G·2736

内 容 提 要

　　这是一本提供给学有余力的中学生和广大师范院校数学专业学生的数学课外读物，也可作为中学数学老师继续教育的参考资料。

　　本书以挑剔的目光从一些正式出版且比较畅销的竞赛数学书籍中选择了一百多道题及解答作为原始材料进行辨析。所选入的并非都是难题，但都有值得辨析的内容，大多涉及数学概念的正确理解、数学基本方法的正确运用以及数学语言的正确表述。其中有部分内容本身就属中学数学范围，所犯错误也是中学生在学习数学时容易发生的。比较难的一些题辨析比较详尽，也有一些题的辨析重点放在了思路的形成上。

　　在辨析中学习数学是一种尝试，本书题目不多，但覆盖面广，本书也是一本各取所需的书，对不同的读者对象附有导读建议。

第二版说明

　　本书是"另类"的数学课外读物,第一版出版后在读者中产生一定的影响。它不仅是提供给数学爱好者的辅助读物,也希望能引起广大数学教育工作者的关注,书中很多内容可作为对"题海战"的数学教育方法进行反思的资料。

　　第二版与第一版相比变动不大,主要增加了[2]4°小节、[27]5°和6°小节、[129]3°和4°小节及附录,删去了辨析内容不够丰满的各节(共九节)。还有一些地方在内容上有所增补,在行文上有所变动。不但改正了第一版中的一些错误,为减少阅读的困难,对原题和原解中的一些不予辨析的错误也进一步作了改正。

　　增加的内容主要是专业性的,但最后如[129]4°中也涉及作者对当前数学基础教育中一些问题的看法。

2010 年 1 月

前　言

　　社会上普遍存在着认为学习数学就是做数学题之偏见,实际上应付升学考试的"题海战"并不是学习数学之正途.学习数学,更重要的是要系统地掌握数学基础知识,学习数学思考问题的方法和数学的表述方式.数学是学习科学技术的基础和工具,是指数学这门学科本身的内容而言,而数学思想方法的最大宝库也就包含在这些数学的知识系统之中,作为基础和工具的数学,只要循序渐进,一般人都可以达到其所需要的水平.学习数学,尤其是打基础阶段,的确要做一定量的数学题,培养一定的解题能力.但没有必要花大量时间去搞低水平的重复,也没有必要一味地追求难题.当然,若学有余力,有选择地接触一些有深度的题目,以培养钻研之精神,也有必要,但并非越难越多越好.如真有爱好和精力,与其去接受以解题为中心的强化训练,还不如选择适当的材料培养阅读数学书籍之能力.立志于以数学为专业更应当看一些数学知识比较系统的课外读物,数学的理论功底并非能靠解题来增强.已经以数学为专业的大学生,希望今后在某个专门化方向上有所成就,首先须在该方向上进行系统学习,否则几乎是不可能的.

数学竞赛有它自己的功能,社会上诸多的"奥数辅导"班,注入了太多的功利,事实上早就被异化.但因此就去贬低数学竞赛,难免有些肤浅.

国际数学奥林匹克(IMO)是世界上规模最大和影响最广的中学生学科竞赛活动,它的赛题范围具有国际的公认性,其中有些内容具有高等数学的背景,但往往又可用初等数学的手段来解决,有些还是现代数学思想方法的体现.与竞赛活动相适应,竞赛数学应运而生,它以中学数学为基础,又和 IMO 接轨,而学有余力又爱好数学的中学生也确有扩展数学视野的需要.因此,竞赛数学为中学生的课外活动以及因材施教提供了丰富的资料.竞赛数学的产生客观上加速了现代数学思想方法对传统初等数学的渗透,这又会对中学数学的改革起到促进作用.未来的和在职的中学老师学一点竞赛数学非常有必要.

这是本特殊的有关竞赛数学的读本,它不同于竞赛数学中有关专题的专门读本,内容已具有一定的覆盖面,但又不同于竞赛数学的专门教程;它讨论了竞赛数学中的有关数学题,但又不同于典型题的分析或解题指导.它是从一些正式出版且比较畅销的竞赛数学书籍中选择了一百多道题及其解答作为原始材料展开辨析,希望通过在阅读辨析中学习数学,使没有接触过竞赛数学的读者可以了解竞赛数学的大概,使了解竞赛数学的读者有更多的收获,辨析中的大部分内容毕竟是作者独立思考的产物.

一道数学题及其解答,从结构到内容应当反映数学的科学性.涉及的概念及关系要明确,叙述要严谨清晰;条件要充分,结论要合理,使用方法要正确,推理过程要符合逻辑且依据要充足,即使在细节上都要无懈可击,准确无误.一般而言,数学命题除了条件需要充分外,还要求条件尽可能少且彼此独立.

书中所选入的题目或解答大多数存在这样那样的问题,有些错误在中学数学的学习中也容易发生,例如[15]不等式放缩时发生的错误;[43]、[80]轨迹方程表达的不完整;[46]、[50]解答时思考不周引起的错误;[47]引进坐标系的方法错误;[51]结果的表述错误;以及像[54]求常数 C,一般都会用必要条件来确定,但常常忽视充分性的证明等.当然也有很多是比较严重的科学性错误,例如[2]"至多"与"至少"之间的逻辑关系;[13]题设条件不具有充分性;[55]混淆了函数的最大值与一些函数最大值的最小上界这两个概念;[96]表面看来题型和解答均十分巧妙优美,但恰恰是混淆了面积的大小关系和覆盖的关系;[89]解答几乎步步错误且是错题,尤其在轮换法使用上的错误是容易被忽视的等.有些常用方法稍不留心也会发生科学性的错误,如[5]的待定系数法;[118]是第 39 届莫斯科数学奥林匹克试题,证明过程中使用的数学归纳法就是错误的.实际上在较复杂的情况下,使用数学归纳法一定要将归纳过程表述清楚,[9]是第 2 届中国数学奥林匹克竞赛试题,其解答归纳过程就交待不清;[8]是 1989 年加拿大数学奥林匹克试题,估计命题者忽视了存在着更一般的情况,而且此时恰恰无法使用原证明的数学归纳法,辨析中采用了现代数学中最基本的——对应方法给出了证明.

本书并非纯粹为了纠错,竞赛数学是一门成长中的学科,在一些书中出现这样那样的问题本不奇怪,这里仅仅是相对集中了起来,作为辨析的材料而已.为了使本书具备一定的覆盖面和系统性,或为了说明某一个问题有时也选用了些并没有错误或仅有小错的材料.[22]与[23]还通过自编题的形式,说明当用 Δ 方法或不等式法来求最大(小)值时,有时也会失效.[6]是第 12 届韩国奥林匹克竞赛试题,其符合题意条件的命题对象并不存在;自编题[11]是一道真正的命题对象不存在但又能严格证明命题成立的例子.

本书强调在辨析中学习数学,虽然各节以题目为中心,但很多并非就题论题,除有时要作些相关知识的铺垫和引申外,重点想揭示的是如何从原材料中来发现问题和进一步提出问题. 当然所谓学习也包括对原材料的学习,因为辨析本身就是在原材料的基础上所展开的. 辨析比较有深度的有[24]、[61]、[62]、[78]、[82]、[107]、[111]、[118]、[126]等. 例如其中的[62]是第23届国际数学奥林匹克竞赛试题,原题仅仅要求 $f(1982)$ 的值,在一些书中称可得一般性结论 $f(n) = \left[\dfrac{n}{3}\right]$, $(1 \leqslant n \leqslant 9999)$. 可以发现该结论不正确,进而发现可以构建无穷多个定义在正整数集上的 $f(n)$,接着又可提出定义在 $1 \leqslant n \leqslant 9999$ 上的 $f(n)$ 到底有多少个?

　　书中也收集了一些解答表述不清的题,[12]是典型;以及题意表述不清的题,[102]是典型. 众所周知,题意表述尤其是试题的题意表述不能不被挑剔. 实际上[114]是1992年全国初中数学联赛第二试的最后一题,题意也没有表述清楚.

　　为了减少本书辨析中的错误,初稿完成后请陈演祥先生、辜隆基先生各自独立地花了几个月的时间将辨析中的内容全部又推演了一遍,在此表示深深的感谢.

殷显华

2004 年 12 月

导 读 建 议

本人的经验是,读数学书籍必备笔和纸,最忌快速度,要边阅读边做些相应的推导,将速度控制住.

书中有些原题和原解,因其自身的原因比较难读懂,应结合辨析阅读,避免浪费时间.

本书系统性不强,难易不均,可各取所需.除第一章外按内容分类,书中"☆"号表示原题的难易程度,"☆"号越多难度越高,"○"号表示原题内容属初中竞赛数学范围或表示摘自初中竞赛数学的书籍,但其中的大部分并不适宜初中生阅读.原题注明的出处是根据原材料.

高中生没有时间涉及课外内容,建议阅读如下属中学数学范围且难度不高的各节,然后若有余力再根据兴趣和实际可能选读其他各节.

[14]、[15]、[16];[49]、[50]、[51]、[53]、[54]、[56]、[57]、[60]、[63];[70]、[79]、[80]、[81];[35]、[37]、[38]、[40]、[41]、[42]、[43]、[44]、[45]、[46]、[47]、[48];略有余力再阅读[5]、[6]、[90]、[39]、[64]等.

对竞赛数学已了解的读者,如下各节,仍可参考.

[2]、[5]、[7]、[8]、[9]、[12]、[13]、[24]、
[27]、[28]、[29]、[55]、[61]、[62]、[66]、[68]、
[69]、[76]、[77]、[78]、[82]、[85]、[89]、[94]、
[96]、[97]、[98]、[99]、[100]、[101]、[102]、[107]、
[111]、[112]、[115]、[118]、[119]、[122]、[124]、
[126]、[127]、[128]等.

对有关方法有兴趣的读者可选读如下各节.

（1）数学归纳法：[7]、[9]、[118]、[8]、[92]3°、
[78]4°.

（2）反证法：[7]、[10]、[11]、[19]、[68]、[95]、
[107]、[117]、[124]、[125].

（3）最小数原理：[7]2°、[10-1]、[10-2]、
[71].

（4）一一对应方法：[12]、[91]、[120]、[121]、
[8]、[127].

（5）抽屉原理：[1]、[2]、[126].

有关原题本身问题的例子（给试题的命题工作者
作参考）.

（1）条件不充分：[14]、[15]、[13]、[89]、[128]（3）.

（2）条件多余：[34]、[49].

（3）命题对象不存在：[6]、[11].

（4）命题的表述不严谨:[20]、[31]、[82]、[94]、[113]、[114]、[125]、[127].

（5）题意表述不清:[5]、[55]、[59]、[77]、[91]、[93]、[102]、[111]、[122]、[124].

在本书中[4]2°是篇特殊的属于争鸣的辨析,阐述了不能将"零"归入自然数集的种种理由,算是给教材编写者进言.

目　　录

第一章 概念、方法与表述

[1]抽屉原理　　　　　　　　　　**反证法当作了抽屉原理**　　○☆

原题　平面上任意给定 6 个点（它们之中无三点共线），试证明：总能找到三点，使得这三点为顶点的三角形的内角中有不超过 30°的角.

原分析　记 6 个点为 A,B,C,D,E,F. 取过其中两点的直线 l,如图 –1 所示，使其余四点在 l 同侧（这一点是可以办到的）. 这样一来，可使我们处于有利位置.

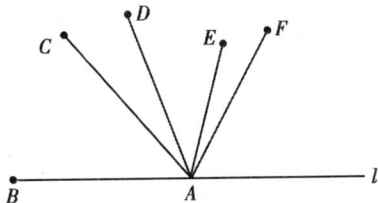

[1]图 –1

再考虑运用抽屉原理，只须
$$\angle BAF \leqslant 120°,$$
那么 $\angle BAC$,$\angle CAD$,$\angle DAE$,$\angle EAF$ 中必有一个角不超过 30°.

若 $\angle BAF > 120°$,则转而直接考察 $\triangle BAF$：
$$\angle ABF + \angle AFB < 60°,$$
根据抽屉原理，其中必有一个角不超过 30°.

辨析

1°. 原题本不复杂，但两次运用了抽屉原理反而复杂化了. 实际这里不需要什么抽屉原理，而是分两种情况，然后用反证法给出证明.

①若 $\angle BAF \leqslant 120°$. 如果 $\angle BAC$, $\angle CAD$, $\angle DAE$, $\angle EAF$ 都超过 $30°$,那么这四只角的总和就要超过 $120°$,与 $\angle BAF \leqslant 120°$ 矛盾.

②若 $\angle BAF > 120°$,则 $\angle ABF + \angle AFB < 60°$. 如果 $\angle ABF$, $\angle AFB$ 都超过 $30°$,其和大于 $60°$,又得到矛盾.

这样就用反证法证明了,总能找到三个点,使得这三个点为顶点的三角形的内角中有不超过 $30°$ 的角.

2°. 那么什么是抽屉原理呢?介绍如下:

抽屉原理 把 $n+1$ 件物体放到 n 个抽屉中去,那么必有一个抽屉里放进两件或更多的物体.

证明 假设结论不成立,即每一个抽屉里最多只能放进一个物体. 因为总共有 n 个抽屉,因此最多只有 n 个物体放到 n 个抽屉中去,这与前提"把 $n+1$ 件物体放到 n 个抽屉中去"矛盾.

抽屉原理是证明存在性命题的一种非常重要的方法. 在本书后面的问题中还会多次遇到. 这里举三个例子,说明抽屉原理的应用.

[1-1] ○☆

在 3×4 的矩形中,放置七个点,试证:可以找到两个点,它们的距离不大于 $\sqrt{5}$.

证明 将 3×4 的矩形分成六个 1×2 的小矩形(图 -2),这小矩形的对角线的长为 $\sqrt{2^2 + 1} = \sqrt{5}$,这也是小矩形上任意两点间距离的最大值.

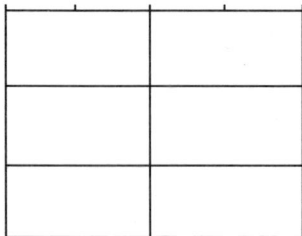

[1]图 -2

将这六个小矩形视为六只抽屉(公共边属哪只抽屉可任意约定),根据抽屉原理,必有一只抽屉内存在两点,这两点的距离不大于$\sqrt{5}$.

[1-2] ☆☆

在3×4的矩形中,放置六个点,试证:可以找到两个点,它们的距离不大于$\sqrt{5}$.

(1981年第15届全苏数学奥林匹克10年级试题)

分析 上题的七个点,改为本题的六个点,难度就增加了,像图-2那样构造抽屉已不能解决问题.应当构造五只抽屉,且每只抽屉仍要具备其中任意两点间的距离不大于$\sqrt{5}$的属性.图-3所示的抽屉构造法,就可解决问题,读者可自行写出其证明.

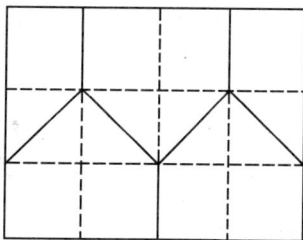

[1]图-3

[1-3] ○☆☆

从1到100的100个自然数中任取51个,求证其中一定有两个自然数,它们中的某一个是另一个的倍数.

证明 将这100个数都写成$2^k\cdot l$的形式,其中l是奇数:

$1=2^0\cdot1;2=2^1\cdot1;3=2^0\cdot3;4=2^2\cdot1;5=2^0\cdot5;6=2^1\cdot3;\cdots;$

$100=2^2\cdot25$.

将不同的l视为不同的抽屉.

因为$1,2,\cdots,100$中有50个奇数,所以有50只抽屉,任取$\{1,2,\cdots,100\}$中的51个数,肯定有两个数落入同一只抽屉.

注意到不管 k_1 与 k_2 是怎样的两个非负整数,自然数 $2^{k_1} \cdot l$ 与 $2^{k_2} \cdot l$ 都有倍数关系. 可知,这落入同一只抽屉里的两个数,其中的一个是另一个的倍数.

3°. 再回到原题. 从 2°中可知,利用抽屉原理证题,重要的是构造抽屉. 从 2°中还可知,抽屉原理本身就是用反证法来证明的. 但用反证法来证明的命题,并非都适合用抽屉原理来表述. 例如原分析,两次提到了运用抽屉原理,那么它两次所对应的抽屉是什么呢? 是什么物件放入了这些抽屉? 又需要证明哪两个物件放入了同一个抽屉?

附带说明,原分析提及的"平面上任意给定的 6 个点(它们之中无三点共线)总能找到两个点,其余四点在这两个点连线的同侧"这一结论也是能够证明的. 但这要用到竞赛数学组合几何中的平面上有限点集的凸包概念(参见[97]). 取该六个点的凸包,因为无三点共线,凸包肯定是一个凸多边形,其顶点都是这六个点中的点,不作为顶点的点都位于这凸多边形的内部,这样凸包的任意一条边,就是所要找的那条连线.

[2] 抽屉原理("至少"与"至多")　　　　　　解答错误　　○☆

原题　口袋里放有足够多的红、蓝、白三种颜色的球,现有 31 个人轮流从袋中取球,每人取三个,至多有多少个人所拿的球相互颜色不完全相同?

原解　我们从求"至少有多少人所拿的球的相互颜色是完全相同"入手.

每人取 3 个球,3 个球颜色完全相同有 3 种情况;有 2 个球颜色完全一样有 $C_3^1 C_2^1 = 6$ 种情况;3 个球颜色互不相同只有一种情况. 即 3 个球的颜色搭配共有 10 种情况,而 $31 = 10 \times 3 + 1$.

根据抽屉原理,至少有 4 人所拿的球相互颜色完全一样,因此至多有 27 人所拿的球相互颜色不完全相同.

辨析

1°. 原解将简单问题复杂化了. 如果认为几个人所拿的球相互颜色不完全相同, 是指这几个人中每两个两个比较所拿球的颜色都不完全相同, 那么本题本是道简单题.

3 个球的颜色搭配共有如下 10 种情况: (红、红、红)、(蓝、蓝、蓝)、(白、白、白)、(红、红、蓝)、(红、红、白)、(蓝、蓝、红)、(蓝、蓝、白)、(白、白、红)、(白、白、蓝)、(红、蓝、白). 显然, 可以有 10 个人所拿的球相互颜色不完全相同. 如果将 3 个球的颜色搭配的 10 种情况视为 10 只抽屉, 考察 11 个人或 11 个以上的人各人所拿 3 个球的颜色搭配情况, 根据 [1] 中的抽屉原理, 总有两个人各自所拿 3 个球的颜色搭配情况属于同一个抽屉, 于是 11 个人或 11 个以上的人各人拿 3 个球, 每两个人两个人比较, 就不可能所拿的球相互颜色都不完全相同. 也就是说至多有 10 个人所拿的球相互颜色不完全相同.

2°. 原解中称, 31 个人轮流从袋中取球, 每人取三个, 至少有 4 个人所拿的球相互颜色完全相同. 这个结论是正确的, 根据也是抽屉原理.

抽屉原理的第二种形式

把 $m \cdot n + 1$ 件物体放到 n 个抽屉中去, 那么必有一个抽屉放进 $m + 1$ 件或更多的物体.

证明　假设结论不成立, 即每一个抽屉里最多只能放进 m 个物体. 因为总共有 n 个抽屉, 因此最多只有 $m \cdot n$ 个物体放到 n 个抽屉中去, 这与前提"把 $m \cdot n + 1$ 件物体放到 n 个抽屉中去"矛盾.

将 3 个球的颜色搭配的 10 种情况, 视为 10 只抽屉. 由于 $31 = 3 \cdot 10 + 1$, 考察 31 个人各人所拿 3 个球的颜色搭配情况, 由抽屉原理的第二种形式可知, 其中必有 4 个人各自所拿 3 个球的颜色搭配情况属于同一个抽屉. 由此可以证明"至少有 4 个人所拿的球相互颜色完全相同", 而且还说明其余的人, 即至多 27 个人所拿 3 个球的颜色搭配情况散落在其他 9 只抽屉之内. 这种状况, 与"至多有 27 个人所拿的球相互颜色不完全相同"完全是两码事.

也就是说原解错就错在"至少有 4 个人所拿的球相互颜色完全一样,因此至多有 27 人所拿的球相互颜色不完全相同"这样的推理上.

3°. 数学内容的表述十分强调确定、确切和符合逻辑. 作为科学的数学是通过抽象化、符号化及推理的规则化来达到这一要求;但作为教学学科的数学在培养学生抽象化思维、逻辑推理能力和符号化表述的过程中,仍离不开日常生活中的语言及其形象化的表述方式. 此时首要的是尽力注意不能产生歧义.

原题有些就是形象化的表述. 例如"相互"它首先强调的是相互间的比较,拿掉"相互"二字,称"二人所拿的球颜色完全相同"就会产生"甲拿了三只红球,乙拿了三只白球"这样的歧义;而且还强调了两两比较,"若干个人所拿的球相互颜色不完全相同"所要表达的意思就是两个人两个人比较所拿的球颜色不完全相同. 所以原题中将"相互"改为"两两比较"更确切些. 实际上就是甲、乙两人所拿的球相互"颜色完全相同"或"颜色不完全相同",也都是形象化的语言. 在这里它们分别所要表达的意思,用数学语言来表示就是:首先约定颜色相同的两球之间且也只有颜色相同的两球之间建立对应关系,在此对应关系下甲所拿的三个球和乙所拿的三个球之间可建立一一对应关系或不可建立一一对应关系.

这里还须特别强调的是,有些词语在数学中的理解和在日常生活中的理解是不尽相同的. 例如关于"至少"与"至多". 我们通过例子来说明这个问题. 将 31 个人,每人任意编上且只编上 1 号到 10 号中的一个号,问①此时至少有多少人编号相等;②此时至多有多少人编号不相等.

问题①在日常生活中回答至少有 2 个人编号相等,至少有 3 个人编号相等,都不能算错,因为不管怎样编号,每次编号之后,的确会存在两个人编号相等,也的确会存在三个编号相等. 但在数学中却只有一个答案:至少有 4 个人编号相等. 这不仅仅是因为不管怎样编号,每次编号后的确一定会存在 4 个人他们的编号相等;而且还因为在这 4 的基础上加上 1 后,对某次编号有可能发生 5 个人或 5 个人以上编号相等的情况,但对另一次编号又有可能不发生有 5 个人编号相等的情况.

问题②中"若干个人编号不相等"这仍是生活中的用语,数学中的确切表述应当是:这若干个人中任取两人,这两人的编号不相等."至多"在日常生活中往往表示"不会超过它"的意思,这样只要 $a \geqslant$ 10,"至多有 a 个人编号不相等"在日常生活中常常是被允许的,但作为数学问题只能有一个答案"至多有 10 个人编号不相等". 它的确切含意有二层,第一确实存在着这样一个具体的编号方案,其中有 10 人,两两比较编号都不相等;第二不管你怎样编号,任取 11 个人,其中至少有两人编号是相等的.

最后,我们再回到原解中的从"至少"到"至多"的推理方式.

我们举例说明它有时正确,有时不正确,有时却没有什么实际意义.

①将 31 个人,每人编上且只编上 1 号与 2 号中的一个号,若至少有 4 人编上 1 号,则至多有 27 个人编上 2 号. 这个结论是对的.

②考察 31 个人的年龄,若至少有 4 个人年龄相等,那么至多有 27 个人年龄不相等. 这个结论是错的. 可构建如下反例:有 4 人是 20 岁,其他 27 人刚巧分别是 21 岁,22 岁直到 47 岁,显然这 31 个人中可以找到 28 个人年龄两两不相等.

③将 31 个人,每人编上且只编上 1 号与 2 号中的一个号,若至少有 4 人编号相等,则至多有 27 个人编号不相等. 作为日常生活中的用语,有 4 人编号相等是能够实现的,编号不相等的人也决不会超过 27 人,尚可使用. 但此话作为数学用语就没有实际的意义. 因为如上编号,由抽屉原理(第二种形式)可以证明此时至少有 16 人编号相等;而用抽屉原理(第一种形式)可以证明,任取 3 人其中至少有 2 人编号相等,也就是说 n 个人,两两比较编号都要不等,这个 n 最大只能是 2.

由此可知原解的那种推理形式是没有逻辑根据的.

4°. 使用"至少"、"至多"及高斯函数,还可将抽屉原理表述得更精细(本小节阅读如有困难可暂不读).

前述抽屉原理的两种形式,可以统一表述成:

第一抽屉原理　若将 m 个物体放入 n 个抽屉内(n,m 都是正整数),则必有一个抽屉内至少有 $\left[\dfrac{m-1}{n}\right]+1$ 个物体.

其中中括号表示取括号内数的整数部分. 一般一个实数 x,可表示为

$$x = [x] + \{x\},$$

其中 $[x]$ 为整数,$0 \leqslant \{x\} < 1$. $[x]$ 称为 x 的整数部分,$\{x\}$ 称为 x 的小数部分. $y = [x]$,称为高斯函数.

同时还有:

第二抽屉原理　若将 m 个物体放入 n 个抽屉内(n,m 都是正整数),则必有一个抽屉内至多有 $\left[\dfrac{m}{n}\right]$ 个物体.

一些书中称"以上命题用反证法极易证明",实际上仅用反证法只能分别证得"不少于"与"不多于".

前者,可用反证法证明必有一个抽屉内有不少于 $\left[\dfrac{m-1}{n}\right]+1$ 个物体.

设 $\left[\dfrac{m-1}{n}\right]=k$,有 $m-1=kn+s,0 \leqslant s < n$,即

$$m = kn + s + 1.$$

假设结论不成立,则所有抽屉中的物体都少于 $k+1$ 个,即每个抽屉最多只能放进 k 个,于是所有抽屉中的物体总数将少于或等于 kn 个,因 $kn < m$,就得到矛盾.

分析以上的证明过程,可知对命题中的结论 $k+1$ 改为少于它的一个正整数其证明均有效. 由此可见,为了使命题中的"至少"具有确定的意义,它不仅仅是"不少于",还含有将命题中的结论从 $k+1$ 改为 $k+2$ 命题将不能成立的内容. 该内容只要构建一个反例就能得证. 例如在 $s+1$ 个抽屉中各放入 $k+1$ 个物体,若有剩下的抽屉就在

其中都放入 k 个物体,这样 n 个抽屉中一共放入 m 个物体. 这种放法就没有一个抽屉有不少于 $k+2$ 个物体. 所以 $\left[\dfrac{m-1}{n}\right]+1$ 就是能使"不少于"成立的这些正整数中的最大数.

同样后者,可用反证法证明必有一个抽屉内有不多于 $\left[\dfrac{m}{n}\right]$ 个物体.

设 $\left[\dfrac{m}{n}\right]=k'$,有 $m=k'n+s,0\leqslant s<n$,假设结论不成立,每一个抽屉起码有 $k'+1$ 个物体,于是 n 个抽屉中起码共有 $k'n+n$ 个物体,因 $k'n+n>m$,就得到了矛盾.

以上证明对命题中的结论 k' 改为大于它的一个正整数均有效,说明命题中的"至多"要具有确定的意义不仅仅是"不多于",还含有将 k' 改为 $k'-1$ 命题将不成立. 对此同样可构建反例. 例如在 s 个抽屉中各放入 $k'+1$ 个物体,因 $0\leqslant s<n$,总有剩下的抽屉,在这些抽屉中各放入 k' 个物体,这样就没有一个抽屉有不多于 $k'-1$ 个物体. 所以 $\left[\dfrac{m}{n}\right]$ 就是能使"不多于"成立的这些非负整数中的最小数.

这两个抽屉原理中的"至少"与"至多"还可换一种角度来理解,实际上由这种理解,可在数学中更深刻地刻划出"至少"与"至多"的概念来.

将 m 个物体放入 n 个抽屉,有各种放入方案,显然各种可能方案的总数是有限的,设为 T. 对每一个放入方案都能找到一个放入物体最多的抽屉,设该抽屉中有 α 个物体,这 T 个 α 中必有一个最小值. 所谓"至少"实质上就是如上的所有最大值中的最小值. 如使用 [13]1° 中关于最大值和最小值的符号,"至少"就可用先求最大值再求最小值的一个式子来定义.

如果根据最大值 α 从大到小的变化来对放入方案分类,可求出这最大值的最小值就是 $\left[\dfrac{m-1}{n}\right]+1$(注意在之前的分析中它是一个最大值).

　　同样对每一个放入方案都能找到一个放入物体最少的抽屉,设该抽屉中有 β 个物体,这 T 个 β 中有一个最大值. 所谓"至多",就是这所有最小值中的最大值,即"至多"可以用先求最小值再求最大值的一个式子来定义.

　　根据 β 从小到大的变化来对放入方案分类,也可求出这最小值的最大值就是 $\left[\dfrac{m}{n}\right]$(在之前的分析中是最小值).

　　将以上讨论的结论用"必有一个抽屉"这种反映"存在性"的语言,及分别用"至少"和"至多"的语言来表述,就分别是第一、第二抽屉原理.

　　以上所使用的先求最大值再求所有最大值的最小值或者先求最小值再求所有最小值的最大值特别在应用数学中是一种常用的方法.

　　这两个抽屉原理的表述形式一个是"至少"另一个是"至多",但结论之间显然也没有原解所说的那种关系.

　　另外解数学应用题,重要的是要认清题意,最忌盲目地套公式. 例如原题,不能看到题中有"至多"两字,就套用第二抽屉原理,取 $m=31, n=3$,虽然 $\left[\dfrac{m}{n}\right]=10$ 刚巧符合答案,实际上风马牛不相及. 该解法所反映的事实是,将红、蓝、白三种颜色视为三只抽屉,放入 31 只球,某球放入某抽屉就染上相应的颜色,则必定存在某种颜色,染上该种颜色的球至多有 10 只. 从辨析 1° 可知,原题求解的根据恰恰是第一抽屉原理.

　　顺便指出,由于日常用语的影响实在太大,当前在数学中对"至多"与"至少"的用语客观上无法统一. 有时要求严格如解答原题称"至少 4 人"和"至多 10 人"那样;有时仅须对其分别理解成"不少于"与"不多于",如[97]、[99]、[100]等. 在本书的辨析中,有时为了和原材料统一,也常不拘泥于其严格意义,对此在[97]2°、[110]、

[118]4°等处还将作些讨论.

[3] 自然数(初等数论)　　　　　理由说明并不充分　　　☆

原题　一个自然数若能表示成两个自然数的平方差,则称这个自然数为"智慧数"(例如 $16 = 5^2 - 3^2$,则 16 就是"智慧数"). 在自然数列中,从 1 开始数起,试问第 1990 个"智慧数"是哪个数? 说明理由.

(1990 年北京市数学竞赛试题)

原解　$1 = 1^2 - 0^2$(0 是自然数),$3 = 2^2 - 1^2$,$4 = 2^2 - 0^2$. 一般地,$4k + 1 = (2k + 1)^2 - (2k)^2$;$8k + 3 = (4k + 2)^2 - (4k + 1)^2$,$8k + 7 = (4k + 4)^2 - (4k + 3)^2$,$8k + 4 = (2k + 2)^2 - (2k)^2$,$8k = (2k + 1)^2 - (2k - 1)^2$. 只有 $m \equiv 2 \pmod 4$ 时,没有任何两个整数,使 $x^2 - y^2 \equiv 2 \pmod 4$. 故从 1 开始,每 4 个连续整数中,有 3 个智慧数,$1990 = 3 \times 663 + 1$.

∴ 第 1990 个智慧数应为 $663 \times 4 + 1 = 2653$.

辨析

1°. 在竞赛数学中,初等数论的内容占有重要地位,本书中有一定数量的问题会涉及初等数论的有关知识. 所谓数论就是整数论,正整数、负整数和零统称为整数. 在整数的范围内加法、减法和乘法是无条件可实施的,但除法就不能无条件地实施了,整除和带余除法概念就由此而产生. 原解中涉及的同余概念就是带余除法派生出的概念.

这里先从整除说起,然后介绍同余的概念. 以下出现的字母约定都在整数范围内取值.

定义 1　当且仅当存在 q,使

$$a = bq \hspace{3cm} ①$$

成立(其中 $b \neq 0$)时,就称 b 整除 a 或 a 被 b 整除,记作 $b | a$,且将 b 叫做 a 的因数(或称约数),将 a 叫做 b 的倍数.

如果式①里的整数 q 不存在,我们就说 b 不能整除 a 或 a 不能被 b 整除,记作 $b \nmid a$.

定理 1　(带余数除法)　任取 a, b 其中 $b > 0$,则存在 q 及 r 使得

$$a = bq + r, 0 \leqslant r < b \qquad \text{②}$$

成立,而且 q 及 r 是唯一的.

定义 2 式②中的 q 叫做 a 被 b 除的不完全商,r 叫做 a 被 b 除所得的余数.

定义 3 给定 $m > 0$,叫做模,如果用 m 分别去除 a 与 b 所得余数相同,就说 a、b 对模 m 同余,记作

$$a \equiv b \pmod{m}.$$

如果余数不同,我们就说 a、b 对模 m 不同余,记作

$$a \not\equiv b \pmod{m}.$$

定理 2 $a \equiv b \pmod{m}$ 的充分必要条件是 $m \mid a - b$.

为了便于记忆,同余的概念可记为:

$$a \equiv b \pmod{m} \Leftrightarrow m \mid a - b \Leftrightarrow \text{存在 } t, \text{使 } a = b + mt.$$

用同余关系能将整数按对模 m 同余来进行分类,即可以把余数相同的数放在一起作为一类,并称为剩余类. 由于用 m 作除数余数只有 $0, 1, 2, \cdots, m-1$ 这 m 种情况,所以对模 m 来说剩余类共有 m 个,记作 $K_0, K_1, K_2, \cdots, K_{m-1}$. 我们平时将整数集合分为偶数集合和奇数集合,实际上是一种对模 2 同余来进行分类.

同余关系和相等关系有许多类似的性质,也有一些并不类似的性质,此处就不一一列举了,可参见有关初等数论的书籍. 在竞赛数学的有关书籍中也常常列举出一些性质,了解这些性质从数学竞赛的角度看,一般也就足够了.

2°. 原解注明了"0 是自然数",在此规定下原解才是正确的.

从 1 开始的自然数 m 可按对模 4 同余分成四类,除 $m \equiv 2 \pmod{4}$ 外其他三类可分别写成:

$$4k + 1, 4k + 3, 4k + 4 \quad (k = 0, 1, 2, \cdots).$$

其中后两类又各自再分成二类,并分别写成:

$$8k + 3, 8k + 7; 8k + 4, 8k + 8 \quad (k = 0, 1, 2, \cdots).$$

而 $8k + 8 (k = 0, 1, 2, \cdots)$,即 $8k (k = 1, 2, \cdots)$.

原解将以上五种类型的数,在它们各自的 k 的取值范围内表示

成了两个自然数的平方差,从而说明它们都是"智慧数",这理由的说明是充分的.

但原解对 $m \equiv 2 \pmod 4$ 这类数不是智慧数的理由说明却并不充分. 仅指出此时"没有任何两个整数使 $x^2 - y^2 \equiv 2 \pmod 4$". 用一个未加证明的命题,而且是表述成一个二元二次同余式无解的命题来作为理由显然是不恰当的.

下面用反证法并用奇偶分析来证明 $m \equiv 2 \pmod 4$ 这类数不能表示成两个整数的平方差. 显然这也就证明了不能表示成两个自然数的平方差.

当 $m \equiv 2 \pmod 4$ 时,则 $m = 4k + 2 = 2(2k + 1)$ ($k = 0, 1, 2, \cdots$). 设 $m = x^2 - y^2$, (x, y 是整数),得

$$(x + y)(x - y) = 2(2k + 1). \qquad (※)$$

(1)当 x, y 有相同的奇偶性时,

$x + y$ 与 $x - y$ 显然都是偶数,$\therefore 4 \mid (x + y)(x - y)$;但 4 不能整除奇数的两倍,即 $4 \nmid 2(2k + 1)$,与(※)矛盾.

(2)当 x, y 有不同的奇偶性时,

$x + y$ 与 $x - y$ 显然都是奇数,奇数与奇数的乘积是奇数,

$\therefore 2 \nmid (x + y)(x - y)$;但 $2 \mid 2(2k + 1)$,与(※)矛盾.

$\therefore$ 此时,m 不能写成两个整数的平方差.

[4]自然数(什么是自然数)   **理由说明不充分**   ☆

原题

一个自然数若能表示成两个自然数的平方差,则称这个自然数为"智慧数"(例如 $16 = 5^2 - 3^2$,则 16 就是"智慧数"),在自然数列中,从 1 开始起,试问第 1990 个"智慧数"是哪个数,说明理由.

(1990 年北京市高中数学竞赛试题)

原解

若 $a = 2^{2k}(2i + 1)$ ($k = 0, 1, 2, \cdots$),则

$$a = [2^k(i + 1)]^2 - (2^k i)^2.$$

若 $a = 2^{2k+1}(2i+1)$ $(k=1,2,\cdots)$，则
$$a = [2^{k-1}(2i+3)]^2 - [2^{k-1}(2i-1)]^2.$$

于是可知：所有奇数都是"智慧数"，所有被 4 整除的数都是智慧数，只有 $a \equiv 2 \pmod 4$ 的数不能表示成两个平方数的差. 即每 4 个相邻整数中，$4k+1, 4k+2, 4k+3, 4k+4$ 中都有 3 个"智慧数".

$1990 = 3 \times 663 + 1.$

$663 \times 4 + 1 = 2653.$ 即第 1990 个"智慧数"是 2653.

辨析

1°. 本题与 [3] 中的题是同一道题，仍将"0"作为自然数，证法略有不同，同样也没有说明为什么 $a \equiv 2 \pmod 4$ 时，a 不是智慧数.

"0"是否作为自然数本题结果是不同的，[3] 已算出"0"为自然数时的结果，这里再给出"0"不为自然数时的解答，以说明用分类方法解答此类问题时，正确写出 k, i 怎样取值是十分重要的.

当 a 是自然数且 $a \equiv 2 \pmod 4$ 时，a 不是智慧数的证明同 [3] 2° 中的证明. 同法可证 $a = 1, 4$ 时，a 不会是智慧数.

设 $1 = x^2 - y^2 = (x-y)(x+y)$，$(x, y$ 是自然数$)$，　　　　①

由①可知，$x \neq y$，$\therefore x - y \geqslant 1$，$x + y \geqslant 3$，得 $1 \geqslant 3$ 矛盾.

设 $4 = x^2 - y^2 = (x-y)(x+y)$，$(x, y$ 是自然数$)$，　　　　②

由②可知，x, y 只能有相同的奇偶性，且 $x \neq y$，$\therefore x - y \geqslant 2$，且 $x + y \geqslant 4$，得 $4 \geqslant 8$，矛盾.

当自然数 $a \neq 1, 4$ 及 $a \not\equiv 2 \pmod 4$ 时，a 都可以用如下的三种形式之一来表示.

(1) $2^{2k}(2i+1)$ $(k = 0, 1, 2, \cdots, i = 1, 2, \cdots)$；

(2) $2^{2k+1}(2i+1)$ $(k = 1, 2, \cdots, i = 1, 2, \cdots)$；

(3) $2^k,$ $(k = 3, 4, \cdots)$.

但 $2^{2k}(2i+1) = [2^k(i+1)]^2 - (2^k i)^2$ $(k = 0, 1, 2, \cdots, i = 1, 2, \cdots)$；
$2^{2k+1}(2i+1) = [2^{k-1}(2i+3)]^2 - [2^{k-1}(2i-1)]^2$

　　$(k = 1, 2, \cdots, i = 1, 2, \cdots)$；

　　$2^k = (2^{k-2}+1)^2 - (2^{k-2}-1)^2$ $(k = 3, 4, \cdots)$.

左边都是两个自然数的平方差.

这样在自然数列中，"1,2,3,4"中只有 3 是智慧数，以后的每 4 个相邻自然数中:$4k+1,4k+2,4k+3,4k+4,(k=1,2,\cdots)$，除$4k+2$外其余三个都是智慧数，

而 $1990=3\times663+1$.

∴ 第 1990 个智慧数为$(663+1)\times4=2656$.

2°. 现在全国使用的中小学新编教材中，已正式规定"0 是自然数". 似乎什么是自然数的问题已没有什么讨论之必要. 作为学生当然只能服从教材而接受规定. 但是在我国明确"0"不作为自然数已经有近五十年的历史，学生除中小学教科书以外毕竟也要接触课外的一些参考书，估计在"自然数"这个概念上将会在很长一段时间内是混乱的. 让学生了解在这个问题上的争论也并没有什么坏处，只要在考查和考试时坚持按教材回答问题就可以了.

另外通过阅读下面的材料，了解一下早期人类对数认识的历史过程也是有益的，并借此还可理解为什么集合、一一对应等概念会是数学中的最基本的概念，当然这里叙述的是笔者的分析和观点. 进一步地可参见本书最后所附录的殷娴的文章.

自然数从其本意来说是大自然所赋予的数，确切一些说是作为大自然的一个组成部分的人类在与自然界及其自身的关系中最早认识的一些数.

当原始人类还没有完全从动物界分化开来时，因其在自然界中十分原始的生活也要面对现实世界中客观存在的数量关系，就已经具有发生多寡的心理活动的基础. 现在已有例子证明，这种心理活动在一些比较聪明的动物身上也会发生. 原始人类在漫长的岁月中，随着生活、生产活动的发展，这种粗陋而散漫的多寡的感知随着心理活动增加逐步地明朗了起来. 当然首先原始人类要产生并学会将若干事物看成一个整体的心理活动——这就是形成集合概念的最原始的心理活动；其次要学会建立两个集合（例如打猎者的集合和长矛的集合）元素间的一一对应关系，一个猎人拿一支长矛就是这种一一

对应的原始实施方法.一一对应方法含有较精细的心理活动,而且至今这种心理活动也仅仅是人类所特有的.只有掌握了这种"一一对应"的方法,"多少"的概念才能逐步明确,一些具体的数才会产生.例如,在一些民族给予数的名称里,数"二"是用"耳"来表达(意思是"像人耳朵那么多"),数"五"用"手"来表达,数"二十"用"整个人"来表达等.这些都是没有脱离具体事物的数曾经在人类历史上存在过而留下了一些痕迹.仍要归功于"一一对应",是重复使用这一方法,才会使人们逐渐体会到这些数可以同具体事物的集合分离开来而独立存在.根据传说,远在文字产生之前,中国古代就产生用绳子打结,用结来表示多少,这是具体的数到抽象的数的一种过渡.只有随着文字的产生,数的独立存在才成为可能.而最早认识的一批数的符号产生了,才标志着抽象的数产生了.这与人类的漫长发展过程来比,已经是很晚的时候了,离今天估计只有四五千年,最多不会超过六千年的时间.

远古的人类与大自然中其他生物一起都会面对大自然中时间的有序,而且客观上摆脱不掉受有序的时间的支配.由于时间的变化伴随着自然界中的各种各样的周期变化,这种刺激显然比多寡的刺激更强烈.具有大脑比较发达这一客观基础的人类,当然也会发生对时序的心理活动,也许这种心理活动发生得比多寡的心理活动更早,但可以肯定其将会更朦胧,而且其明朗化的过程将更长.但当多寡的感知随着一一对应方法的产生而明朗化之后,尤其是最早认识的这些数已开始符号化并发生了从小到大的排列之后,时间的有序才找到了也可以一一对应的最原始的对象.可以推测只有这个时候对有序的思维才可能明确化,从而有了第一、第二、第三、……的概念.在此同时对人类最早认识的这批数也赋予了序的属性.

这批人类最早认识的数虽说是通过人类的思维活动而产生的,但决不是脱离现实世界而凭空产生的,称它们为自然界所赋予的其实并不为过.可以设想,如果真有地外文明的话,在它们的历史上也会产生第一批认识的数,这些数的表示方法不太可能会和地球人的表示方法一样,但有一点可以肯定,它们的这类数和我们的这类数,用数学的行话来说将会是"同构"的. 所以很早在古希腊人们就认为这类数是大自然所赋予的,并使其披上了神秘的外衣.

从以上对人类早期数的产生过程的分析,可以明白,不管是通过"数数"来认识"多少",还是将数"排序"来反映"时序",从其原始意义上来说,都只可能从"1"开始,而没有数学意义上的"0"这个数的位置,这并非是什么人为的规定,而是由客观世界所直接决定的. 实际情况也真是这样,"0"的产生,在人类历史上要迟得多,而且其带有更浓的人类思维的特征.

在抽象的自然数符号化的初期,首先碰到的是怎样计数来决定"多少",以及怎样记数将其结果表示出来. 可以设想像小说《镜花缘》所描绘的那样,如果对每一个自然数都与其他自然数互不相关地来理解、来表示,那么数学随之整个世界文化决不可能发展到今天这样的水平. 多数民族,在有文化的初期,都或多或少地创造出一个比较完整的计数法. 完整的计数法的核心是发明了"进位制". 由于人有十个手指,最普通的是十进制,从历史上来看,有些民族在古代也采用过五进制,二十进制,3600 多年前的巴比伦人采用了六十进制(实际应是十——六十混合进制),古罗马人采用十二进制. 有了进位制,才会有对较大数量的事物进行计数的可能. 对于每一种计数的方法,当然也会产生相应的记数法,并伴随产生自然数之间的运算. 此时虽说已具备了产生"0"的条件,但实际情况却没有马上产生零. 在比较古老的钟表上使用的罗马数字就不需要零. 实际上像古希腊及古罗马那些有高度文化的民族里,他们已能使用正分数,对个别的无理数也有了研究,但就是不认识"0". 也就是说当古希腊的哲人们认为 1,2,3,… 乃是宇宙的要素;"万物皆数";认识自然就是认识支配自然的数时"0"还不存在. 回过头来总结,一种完整的计数法,其所对应的记数法也并非一定是完善的,而只有使用位值原则的记数法才称得上是完善的. 位值概念的产生源于中国,中国古代用依次排出的算筹来表示数,其数位的概念几乎完全和现代数位概念一样,在某一数位上没有数字,就不排上算筹而用空格来表示,而这实际上就是"0"的雏形. 在中国的筹算中空位的使用不晚于公元前 3 世纪. 用十个独特的记号(包括表示"0"的记号)并用位值原则表示十进制数直到公元 6 世纪才在印度开始出现,公元 8 世纪传入阿拉伯,后由阿拉伯传至欧州直至全世界. 当今记数法中使用的所谓阿拉伯数码,实际上已几经变化,与当时阿拉伯商人们所使用的记号早已面目全非."0"记号产生后,开始是作为数码用作自然数的记数,表示该数位上没有数字,又要经过一段很长的时间,人们才慢慢地体会到它也能作为两个相等的自然数相减的结果,即可作为一个独立的数来对待,严格地说到这时才能认为数"0"是产生了,这当然已经是很晚的时候."0"作为数被人们广泛接受是 15 世纪初的事,与无理数开始被人们所接受是差不多的时候.

1637 年笛卡儿的解析几何诞生了,使数与形的结合、变量进入数学成为了可能,到 17 世纪的 60 年代末 70 年代初,微积分在牛顿和莱布尼茨手中又诞生了.

到 19 世纪末 20 世纪初,数学的发展已积累到相当的程度,人们才意识到必须对数学大厦的基石如集合、映射、自然数等,作更严密的考察,在这背景下自然数理论也就产生了.

自然数的序数理论偏重于自然数的有序性. 它引进了"直接后继"这一基本关系和四条公理,而构建了自然数的公理结构. 这项工作是由数学家皮亚诺(G. Peano)完成并于 1891 年发表.

以康托尔的集合论为基础,自然数的基数理论偏重于其数量大小的关系. 能建立一一对应的集合称为是对等的,利用这种对等关系就可以将集合分类,具有对等关系的这一类集合,有一种共同的特征,即它们在"多少"上一样,将这一共同特征抽象出来,这就是集合论中的基数的概念. 而非空的有穷集合的基数就是自然数. 这样以集合论为基础,就可将自然数的基数理论展开.

由于自然数的理论不涉及自然数的具体表示,所以"0"在这些理论中是没有位置的. 这并非是说数"0"没有足够的重要性,而仅表明从客观世界抽象出来的数的概念,从其客观存在的规律性来看,并不需要将"0"和自然数归并一类来给予研究. 而将"0"放在整数环中研究,或放在有理数体等中研究,更能体现"0"在数的理论中的独特的作用. 实际上将数作为一种运算体系的研究早就完成. 代数中的关于数系扩张的理论,已经与人类对数的具体认识的先后次序无关,仅仅由数系内在的客观逻辑关系所决定. 比如正分数(正小数)很多民族包括中华民族在古代就有认识,而负数人们到 17 世纪才有完全的认识,但从数集扩张来说却是自然数—整数—有理数—实数—复数这样的顺序,0 和负整数的位置大大提前,当然这已主要是人类逻辑思维的成果了.

关于自然数,尤其是作为序数的这一侧面,由于其公理系统已经建立,如果局限在其自身,研究可以说是完成了. 其作为基数的一面,因为以集合论为基础,而集合论的研究远没有完成,所以不能认为对自然数集的研究已经终结,也就是说不是让它局限在自身,而是放在一个更大的范围来思考远远没有终结. 自然数在产生的过程中,大自然赋予它既有大小的意义又有时序的意义,而且还具有无穷延伸的意义. 如果注意到大小和时序的这二者的结合,容易明白这就是变量的基础,这样自然数与无穷变量等概念就有着先天的联系. 近年来我国的朱梧槚教授就在集合论和自然数理论之间发现了悖论. 这是一个有着深远意义的科学成果,它充分说明现代数学的大厦日见高巍,但其作为基础的辅垫工作还远远没有完成. 同样数"0"在数学的基础中也有其独特的地位,就像它在代数中的作用只有放在整数环中才能体现出来一样,它在变量数学中的作用,也并非将其和自然数放在一起就能体现的. 当一个变量的极限是 0 时,这个变量就是无穷小量,实际上整个微积分其基础就是无穷小量分析,但极限论的基础恰恰是实数理论,也就是说只有将"0"放在实数的系统中,才能体现它在变量数学中的独特的地位. 关于这一点在非标准分析的研究中也能找到根据,在非标准分析中实数轴上的每一个实数点还要细分,归根到底就是将"0"还要细分,怎样细分? 形象化地说是像实数那样细分,数"0"又成了一个实数系. 以上说明自然数和零在数学的基础中都有其独特的作用,这种作用有联系,但更主要的是各有天地,各有各的背景. 特别要强调的是作为现代数学基石之一的独特的自然数集合,其由历史所形成的专有的名称可能会被剥夺,由这个集合的内在属性所决定了的作为数学研究的独特对象的地位是谁也没有能力将其剥夺的.

也许有人会认为这不就是一个"数集"的名称而已吗? 将自然数集合称为正整数集合问题不就解决了. 的确在一般情况下,这样处理也就可以了,比如在数论的著作中(包括华罗庚的)只要将出现自然数的地方全改成正整数,不会出现任何逻辑上的问题. 但如果是在数学基础的研究中,将自然数集合改称为正整数集合那就不妥了,因为不管是正数、整数都是在自然数的基础上派生出来的概念,这样处理就造成了逻辑上的恶性循环. 唯一的办法再给这数集另外起一个名称,可惜的是要得到国际上的承认,国内权威们的力量恐怕还是不够的.

在现代,自然数是用十个数码采用位值原则按十进制来表示的,作为数码的"0"和作为数的"0",从本质上来说也不需要对其作严格的区分. 也就是说,作为现代人要认识自然数,必须同时认识"0". 而且由于人类早就具备了学习的能力,现在作为个体的人对"0"的认识,也决不会像整个人类对"0"的认识有那样的艰难. 现代人,在认识自然数初期,"0"和其他九个数码一样,既可以独立成为数,又可用它们来构建所有的自然数,看不出它到底和其他数码有什么特别的区别. 从前面的分析也可知,实事求是地说要真正体会到它们的区别也不是容易的事. 于是十分自然地就带来了一个问题,似乎将"0"放入自然数集倒会显得更自然.

在西方有些国家由于对中小学并不采用统一的教材,教材个人编写有一定的随意性,这种观点,在部分教材中是历来有所体现的. 在新中国成立前我国就是这样的情况,但新中国成立后采用了统一教材,这种在国际上某些国家内始终存在的混乱情况,在我国早就不复存在了. 不能以为在我国近五十年的中小学教材中将"0"不归入自然数集是受了苏联教材的影响而已,几十年来在中国的数学学术界对待这个问题从来就没有产生过什么分歧. 日本是受西方影响较多的国家,也是中小学教材比较统一的国家,在他们的教材中也没有将"0"归入自然数. 毕竟不将"0"归入自然数,在数学的哲学基础中是有其深刻的含意的.

　　实际上在学生认识数的初期,根本也不存在数的分类问题,而且关于"0"的特殊性到学习数的乘法和除法时也就逐渐地呈现出来了. 此时,或再更后一些引进自然数的名称,并且不将"0"归入,也并不会引起人们的多少疑虑. 有时需要一并称呼时就称"自然数和0"也不会增加多少负担. 众所周知,在中小学生学习数学的过程中,因为"0"而犯错,几率是比较高的,而且往往是将"0"和自然数等一视同仁所引起的,将"0"不归入自然数从教学的角度看也是利大于弊.

[5] 必要条件和充分条件(待定系数法)
所求不明、方法错误　　☆ ☆

　　原题　若
$$Ax^3 + 3Bx^2y + 3Cxy^2 + Dy^3 = 0$$
所代表的三直线中有二直线互相垂直,求其系数间的关系式.

　　原解　设
$$Ax^3 + 3Bx^2y + 3Cxy^2 + Dy^3$$
$$= (y - k_1x)(k_1y + x)(y - k_2x).$$
比较对应项系数有
$$A = k_1k_2,\ 3C = 1 - k_1k_2 - k_1^2,\ 3B = k_1^2k_2 - k_1 - k_2,\ D = k_1.$$
消去 k_1、k_2 得 $A^2 + 3AC + 3BD + D^2 = 0$ 为所求.

辨析

　　1°. 将 $k_1 = D,\ k_2 = \dfrac{A}{D}$,代入其他两式分别得
$$3C = 1 - A - D^2,\qquad ①$$

$$3BD = AD^2 - D^2 - A. \qquad\qquad ②$$

① $\times A +$ ②可得

$$A^2 + 3AC + 3BD + D^2 = 0, \qquad\qquad ③$$

即是原解的答案.

但,从①得 $3C - 1 = -D^2 - A$,再代入②又得

$$AD^2 - 3BD + 3C - 1 = 0, \qquad\qquad ④$$

是否也可作为原解的答案?

2°. 一般情况下,如果含有 A、B、C、D 四个变量的某问题,可以引进 k_1、k_2 两个参数作等价变换,且又可以消去 k_1、k_2,得到含有 A、B、C、D 的两个关系式:

$$g_1(A,B,C,D) = 0, \qquad\qquad ⑤$$
$$g_2(A,B,C,D) = 0; \qquad\qquad ⑥$$

那么,式⑤或式⑥及由⑤与⑥通过代数变换(例如 $s_1 g_1 + s_2 g_2 = 0$(s_1, s_2 取任意不为 0 的实数))所得到的各种关系式,一般来说其中每一个关系式都只是原问题的必要条件. 除非其代数变换所得到的关系式刚巧与式⑤和式⑥同时成立等价,例如

$$g_1^2 + g_2^2 = 0$$

才会是原问题的充要条件. 也就是说原问题的充要条件只能用式⑤与式⑥联立成立来表示,而此时四个变量中有两个变量可作为自由变量,在保证其他两个变量有解的前提下可自由取值,当这两个自由变量的值取定之后,其他两个变量也就随之确定.

例如,选 A、D 作自由变量,那么作为原题的充要条件的四个变量之间的关系式就得用下式来表示

$$\begin{cases} B = f_1(A,D), \\ C = f_2(A,D). \end{cases}$$

3°. 原题"求其系数间的关系式"要求不明,如果仅仅只要求其具有必要性,又如果原解中所设是一种等价变换,那么当 $D \neq 0$ 时①、②、③、④等都可以作为其答案;如果要求其具有充分必要性,同样如果原解中所设是一种等价变换,那么就应当用下面的方式来表

述.

当 $D \neq 0$ 时：$\begin{cases} C = \dfrac{1}{3}(1 - A - D^2)， \\ B = \dfrac{1}{3}(AD - D - \dfrac{A}{D})； \end{cases}$　（A、D 是自由变量） ⑦

当 $D = 0$ 时：$A = 0，B$ 可取任意数，$C = \dfrac{1}{3}$.

下面来看一个实例.

取 $A = D = 3$，由⑦可得 $B = \dfrac{5}{3}，C = -\dfrac{11}{3}$.

这时原方程为

$$3x^3 + 5x^2 y - 11xy^2 + 3y^3 = 0，\tag{⑧}$$

即

$$(y - 3x)(3y + x)(y - x) = 0.$$

原方程是表示三条直线，且其中有两条互相垂直.

同时，$A = 3，B = \dfrac{5}{3}，C = -\dfrac{11}{3}，D = 3$ 满足条件①、②、③、④. 该例与上述结论不发生矛盾.

但是，我们还能构建如下反例.

在式③中取 $A = B = D = 3$，容易算出 $C = -5$，这组数值不满足①、②、④也不满足⑦. 此时原方程为：

$$3x^3 + 9x^2 y - 15xy^2 + 3y^3 = 0，\tag{⑨}$$

即

$$x^3 + 3x^2 y - 5xy^2 + y^3 = 0.\tag{⑩}$$

而

$$
\begin{aligned}
& x^3 + 3x^2 y - 5xy^2 + y^3 \\
= {}& x^3 - x^2 y + 4x^2 y - 4xy^2 - xy^2 + y^3 \\
= {}& x^2(x - y) + 4xy(x - y) - y^2(x - y) \\
= {}& (x - y)(x^2 + 4xy - y^2) \\
= {}& (x - y)[x + (2 - \sqrt{5})y][x + (2 + \sqrt{5})y].\tag{⑪}
\end{aligned}
$$

如果令式⑪为零,其中直线 $x+(2-\sqrt{5})y=0$ 和直线 $x+(2+\sqrt{5})y=0$,它们斜率的乘积为 -1,是互相垂直的. 也就是说方程⑩与方程⑨都代表三条直线其中有两条互相垂直.

方程⑨所构成的反例(实际上方程⑩同样可构成反例),足以说明①、②、④、⑦并非是原题的必要条件,当然⑦也更称不上是充要条件了.

但这不可能是2°发生的错误.

如果我们将方程⑨变换成如下的形式(利用⑪的结果):

$$3x^3+9x^2y-15xy^2+3y^3$$

$$=(-6-3\sqrt{5})\big[y-(2-\sqrt{5})x\big]\big[(2-\sqrt{5})y+x\big](y-x)=0. \qquad ⑫$$

再与原解的假设相比较,就可发现原解的引进参数 k_1、k_2 所作的变换并非是一个等价变换. 容易明白原解的变换仅仅是一种满足充分性的变换,即当原方程能作如下变换

$$Ax^3+3Bx^2y+3Cxy^2+Dy^3=(y-k_1x)(k_1y+x)(y-k_2x)=0 \qquad ⑬$$

时,原方程的确代表三条直线且其中有两条直线互相垂直;由⑫不能变换成⑬就可知,当原方程代表三条直线且其中有两条直线互相垂直时,并不一定都能像原解那样变换成⑬这种形式.

于是可知,原题所要求的系数间的关系式,不论仅仅要求具有必要性,还是要求具有充分必要性,因原解的待定系数法只具有充分性,其方法都是错误的.

4°. 为叙述方便,将"方程 $Ax^3+3Bx^2y+3Cxy^2+Dy^3=0$ 代表三条直线,且其中有两直线互相垂直"记为 M.

为了使所求明确,将原题中"求其系数间的关系式"改为"用系数间的关系式来表示其充分必要条件",且补充假定 M 中的三条直线并不排斥有二条互相重合.

当 $A=0,C=0,D=0$ 时,显然 M 成立的充分必要条件是 B 取任意不为0的实数.

当 A、C、D 中至少有一个不为0时,引进参数 $t(t\neq0)$,k_1,k_2,M 成立的充分必要条件是:

$$Ax^3 + 3Bx^2y + 3Cxy^2 + Dy^3$$
$$= t(y - k_1 x)(k_1 y + x)(y - k_2 x).$$

比较对应项的系数，上式成立的充分必要条件为：

$$A = tk_1 k_2,$$
$$3C = t(1 - k_1 k_2 - k_1^2),$$
$$3B = t(k_1^2 k_2 - k_1 - k_2),$$
$$D = tk_1$$

四个式子同时成立.

（ⅰ）当 $D = 0$ 时，即 $k_1 = 0$，则 $A = 0, C = \dfrac{t}{3}, B = \dfrac{-k_2 t}{3}$. 所以，此时上述四个式子同时成立的充分必要条件为：$A = 0, C$ 取任意不为零的实数，B 取任意实数.

（ⅱ）当 $D \neq 0$ 时，与 2° 中的情况不同，是四个关系式，三个参数. 先消去 k_1, k_2. 将 $k_1 = \dfrac{D}{t}, k_2 = \dfrac{A}{D}$，代入另两个关系式，有

$$3C = t - A - \frac{D^2}{t}, \tag{⑭}$$

$$3BD = \frac{AD^2}{t} - D^2 - At. \tag{⑮}$$

⑭ × A + ⑮ 即消去 t，得到式③，是上述四个式子同时成立的充分必要条件.

所以，对原题来说，M 成立的充分必要条件为：

当 $D = 0$ 时，$A = 0, C = 0, B$ 取不为零的任意实数；或者 $A = 0, C$ 取不为零的任意实数，B 取任意实数；

当 $D \neq 0$ 时，$A^2 + 3AC + 3BD + D^2 = 0$. ③

有了此结论，再来看一看 3° 中的两个实例.

当 $D \neq 0$ 时，M 的充要条件③中有三个自由变量，例如可选择 A、D、C 为自由变量，此时有

$$B = \frac{1}{3D}(-3AC - A^2 - D^2).$$

当取 $A=D=3,C=-\dfrac{11}{3}$ 时,$B=\dfrac{5}{3}$.且可算出 $k_2=1$,由方程⑭或

方程⑮可求出 $t=1$ 及 $t=-9$,相应地 $k_1=3$ 及 $k_1=-\dfrac{1}{3}$.此时方程

⑧的左边有两种分解式:

$$(y-3x)(3y+x)(y-x),$$

$$-9(y+\frac{1}{3}x)(-\frac{1}{3}y+x)(y-x).$$

显然它们代表的是同样的三条直线,其中两条互相垂直.

当取 $A=D=3,C=-5$ 时,$B=3$.可算出 $k_2=1,t=-6\pm3\sqrt{5}$,

$k_1=\dfrac{1}{-2\pm\sqrt{5}}=2\pm\sqrt{5}$($\pm$号与 t 中的 $\pm$ 号同时取 $+$ 或同时取 $-$).此

时方程⑨的左边也有两种分解式,但所代表的是同样的三条直线,其中两条互相垂直.⑫即是两种分解式中的一种.此例说明满足条件③的 A、B、C、D,并不能保证一定有 $t=1$ 相对应.当 A、B、C、D 满足条件⑦时,若 $D\neq0$ 可由⑭或⑮算出 $t=1$ 及 $t=-D^2$;若 $D=0$,算出 $t=1$.容易明白⑦是 M 成立的一个充分条件.

[6]数学归纳法　　　　　　命题的对象不存在　　☆☆

原题　设函数 $f(x)$ 对所有的有理数 m,n 都有

$$|f(m+n)-f(m)|\leqslant\frac{m}{n}.$$

证明:对所有正整数 k,有 $\displaystyle\sum_{i=1}^{k}|f(2^k)-f(2^i)|\leqslant\dfrac{k(k-1)}{2}.$

（第 12 届韩国数学奥林匹克竞赛试题）

原证明　用数学归纳法,对 k 进行归纳.

当 $k=1$ 时,左式 = 右式 =0.

当 $k=2$ 时,左式 = $|f(4)-f(2)|=|f(2+2)-f(2)|\leqslant1=$ 右边.

设当 $k=n$ 时结论成立,

即 $|f(2^n) - f(2)| + |f(2^n) - f(2^2)| + \cdots + |f(2^n) -$

$f(2^{n-1})| + |f(2^n) - f(2^n)| \leqslant \dfrac{n(n-1)}{2}$.

则当 $k = n + 1$ 时，

$$\sum_{i=1}^{n+1} |f(2^{n+1}) - f(2^i)|$$

$$= \sum_{i=1}^{n} |f(2^{n+1}) - f(2^n) + f(2^n) - f(2^i)|$$

$$\leqslant n|f(2^{n+1}) - f(2^n)| + \sum_{i=1}^{n} |f(2^n) - f(2^i)|$$

$$\leqslant n|f(2^n + 2^n) - f(2^n)| + \frac{n(n-1)}{2}$$

$$\leqslant n \times 1 + \frac{n(n-1)}{2}$$

$$= \frac{(n+1)[(n+1) - 1]}{2}.$$

即当 $k = n + 1$ 时结论也成立. 命题得证.

辨析

$1°$. 原证明是典型的数学归纳法证明，只是一个正确的证明用在了一个具体对象并不存在的命题上. "设函数 $f(x)$ 对所有的有理数 m, n 都有 $|f(m + n) - f(m)| \leqslant \dfrac{m}{n}$"，这样的函数根本不存在. 且不说 $n = 0$ 时 $\dfrac{m}{n}$ 没有意义；当 m 与 n 是异号的非零有理数时，$\dfrac{m}{n} < 0$，任意式子的绝对值不可能会小于或等于一个负数. 当然这不是证明的错. 一个命题总可分为前提和结论，在形式逻辑中所谓证明只是在假定前提成立来证明结论正确. 证明管不了前提是否能真的成立. 假定前提成立，结论能成立，这个命题就是真命题；结论不能成立，这个命题就是假命题. 一些数学命题作为习题，要求学生证明，当然应当是真命题，否则就是错题. 在形式逻辑中对前提是否能真的成立是比较

"宽容"的,因为在日常生活中,人们避免不了此类命题. 例如"如果有外星人,那么……",到目前为止大家都不清楚其前提是否真能成立. 甚至在逻辑代数中将前提肯定不能成立的命题视为真命题. 例如"如果有十米高的人,这人肯定有三只眼",因为肯定不会有十米高的人,你说他有三只眼也没有什么错. 但在中学数学中不得不考虑命题的合理性,如原题满足前提的函数 $f(x)$ 不存在,就不能认为该题是合理的,否则作出这样的题解:

　　∵ 本题的对象不存在,∴ 该题可视为真命题,结论正确.

你算其对还是错?

　　本题的前提可作如下修改:

　　设函数 $f(x)$,对所有同号的有理数 m,n（0 与正负数都视为同号）,且 $n \neq 0$,都有

$$|f(m+n)-f(m)| \leqslant \frac{m}{n}. \qquad ①$$

2°. 下面给出另一种证法.

因 $k=1$ 时命题显然成立,设 $k \geqslant 2$.

当 $i<k$ 时,根据已知条件,有:

$$|f(2^k)-f(2^i)| = |f[(2^{k-1}+2^{k-2}+\cdots+2^i)+2^i]-f(2^i)|$$

$$\leqslant \frac{2^i}{2^{k-1}+2^{k-2}+\cdots+2^i} = \frac{1}{2^{k-i-1}+2^{k-i-2}+\cdots+1} = \frac{1}{2^{k-i}-1}. \qquad ②$$

又∵ 当 $i<k$ 时,有 $2^{k-i}-1 \geqslant 2^{k-i-1}$,于是可得

$$\sum_{i=1}^{k} |f(2^k)-f(2^i)| = \sum_{i=1}^{k-1} |f(2^k)-f(2^i)| \leqslant \sum_{i=1}^{k-1} \frac{1}{2^{k-i}-1}$$

$$\leqslant \sum_{i=1}^{k-1} \frac{1}{2^{k-i-1}} = 1 + \frac{1}{2} + \cdots + \frac{1}{2^{k-2}} = 2 - \frac{1}{2^{k-2}} \leqslant \frac{k(k-1)}{2}.$$

发现虽说原结论可证明成立,但原结论不是最佳. 显然结果改成

"<2",当 $k \geqslant 3$ 时比结果"$\leqslant \dfrac{k(k-1)}{2}$"要强.

而且可进一步发现还有更强的结论.

根据已知条件,取 $m=0$,n 为任意非零有理数,则有

$$|f(n) - f(0)| \leqslant 0, \qquad ③$$

由此可得 $f(n) = f(0)$. 我们来构建所有具有该性质的一类函数 $f(x)$.

设 $f(0) = C$, (C 是取定的任意一个实数).

又设

$$f(x) = \begin{cases} C & \text{当 } x \text{ 是有理数时;} \\ \text{可任意赋值} & \text{当 } x \text{ 是无理数时.} \end{cases}$$

这里的任意赋值,是指对每一个无理数,其对应的函数值可任意地取定一个实数值.

反过来又可以验证这样的函数 $f(x)$ 满足题设条件.

由此,有结论:对所有正整数 k,有

$$\sum_{i=1}^{k} |f(2^k) - f(2^i)| = 0. \qquad ④$$

这一方面说明一般数学归纳法(包括反证法)可以用来证明命题,但对改进命题是无能为力的;另一方面也预示着原题和作为竞赛题的原型来比恐怕走了样.

首先会想到原题中的 m, n 规定只能取正的有理数,此时③和④的情况就不会发生,但毕竟还有②的办法仍可将原题的结论改进.

如果将前文中的式①修改为

$$|f(m + n) - f(m)| \leqslant \frac{n}{m}, \qquad ⑤$$

注意同时 $n \neq 0$ 要改为 $m \neq 0$,此时不但式③式④不再出现,还可发现原证明照样有效(原证明中的 n 与题中的 n 是两码事,最好用不同符号表示),且因为 $\frac{m}{n}$ 与 $\frac{n}{m}$ 是倒数关系,原来式②的更强的结果,此时用同法将会得到更弱的结果:

仿式②,由式⑤,当 $i \leqslant k$ 时可得

$$|f(2^k) - f(2^i)| \leqslant 2^{k-i} - 1,$$

$$\therefore \sum_{i=1}^{k} |f(2^k) - f(2^i)| \leqslant \sum_{i=1}^{k} (2^{k-i} - 1)$$

$$= 2^{k-1} + 2^{k-2} + \cdots + 2 + 1 - k$$
$$= 2^k - (k+1).$$

而容易证明:$2^k - (k+1) \geqslant \dfrac{k(k-1)}{2}$.

可知这样修改,原证明仍有效,前述将原结论改进的办法将失效.

3°. 考察原证明,在证明中实际上只用到 m, n 是正整数且 $m = n$ 时的题设条件. 这就是①的情况和⑤的情况,原证明都有效的原因.

同时,如果将原题的条件改为

设函数 $f(x)$ 对所有的正整数 n 都有

$$|f(2n) - f(n)| \leqslant 1, \tag{⑥}$$

那么显然原结论仍成立,原证明也有效.

此时也可用直接计算来证明:

$$\because \ |f(2^k) - f(2^i)| = |f(2 \cdot 2^{k-1}) - f(2^{k-1})$$
$$+ f(2 \cdot 2^{k-2}) - f(2^{k-2}) + f(2 \cdot 2^{k-3}) - \cdots + f(2 \cdot 2^i) - f(2^i)|$$
$$\leqslant \sum_{j=i}^{k-1} |f(2 \cdot 2^j) - f(2^i)| \leqslant k - i.$$

$$\therefore \ \sum_{i=1}^{k} |f(2^k) - f(2^i)| = \sum_{i=1}^{k-1} |f(2^k) - f(2^i)|$$
$$\leqslant \sum_{i=1}^{k-1} (k-i) = (k-1) + (k-2) + \cdots + 1 = \frac{k \cdot (k-1)}{2}. \tag{⑦}$$

这又说明⑤的情况下可仿⑦用直接计算的方法证明原题结论. 不过⑦与原证明中的数学归纳法的证明在本质上是一致的,它们在对绝对值号中的式子拆项时使用了同一种方法. 在含绝对值的不等式证明中,对绝对值号中的式子进行拆项是常用的方法,不同的拆项方法常会得到不同强弱的结果,哪种方法会更好一些要视条件而定.

关于原题,还可以将①改为如下的更一般形式:

$$|f(m+n) - f(m)| \leqslant G(m, n) \tag{⑧}$$

只要 $G(m, n)$ 当 m, n 取正整数且 $m = n$ 时其值为 1.

因从式⑧可得式⑥,所以原结论仍成立,原证明也有效. 式⑧的条件比式⑥的条件强. 从前文讨论可知,蕴含在式⑧中的在证明中没有使用到的条件,也有可能会使结果可以作进一步的改进. 一般来说在命题时要尽量避免已知的条件过强.

在稍后出版的不同作者编著的另一本书上,又出现了该题,抄录于后:

设函数 $f(x)$ 对所有的有理数 m、n,都有

$$|f(m+n)-f(m)| \leqslant \frac{n}{m}.$$

证明:对所有正整数 k,有 $\sum_{i=1}^{k} |f(2^k)-f(2^i)| \leqslant \frac{k(k-1)}{2}.$

(1999 年第 12 届韩国数学奥林匹克试题)

命题对象不存在的问题,照旧.

[7]数学归纳法和反证法　　　　证法选择不当　　☆☆☆
原题

(1) 设 $x_1,x_2,\cdots,x_n;y_1,y_2,\cdots,y_n$ 为正实数,满足:

① $0 < x_1y_1 < x_2y_2 < \cdots < x_ny_n$;② $\sum_{i=1}^{k} x_i \geqslant \sum_{i=1}^{k} y_i, k \in \{1,2,\cdots,n\}.$

证明:$\sum_{i=1}^{n} \frac{1}{x_i} \leqslant \sum_{i=1}^{n} \frac{1}{y_i}.$

(2) 设 $A = \{a_1,a_2,\cdots,a_n\} \subset \mathbf{N}^+$,对所有不同的子集 $B,C \subseteq A$,有 $\sum_{x \in B} x \neq \sum_{x \in C} x.$ 证明:$\sum_{i=1}^{n} \frac{1}{a_i} < 2.$

(1999 年罗马尼亚数学奥林匹克竞赛试题)

原证明

(1) 由数学归纳法,对 n 进行归纳.

当 $n=1$ 时,$x_1 \geqslant y_1 > 0, \frac{1}{x_1} \leqslant \frac{1}{y_1}.$

当 $n=2$ 时,$x_1+x_2 \geqslant y_1+y_2$,即 $x_1-y_1 \geqslant y_2-x_2$,则

$$\frac{1}{y_1} - \frac{1}{x_1} = \frac{x_1 - y_1}{x_1 y_1} \geqslant \frac{y_2 - x_2}{x_2 y_2} = \frac{1}{x_2} - \frac{1}{y_2},$$

从而
$$\frac{1}{x_1} + \frac{1}{x_2} \leqslant \frac{1}{y_1} + \frac{1}{y_2}.$$

假设 $n \leqslant k$ 时命题成立,则当 $n = k + 1$ 时,记 $a_i = y_i - x_i$ ($i = 1, 2,$ $\cdots, k + 1$).

由条件 $a_1 \leqslant 0$, $a_1 + a_2 \leqslant 0$, $\cdots$, $a_1 + a_2 + \cdots + a_k \leqslant 0$, $a_1 + a_2 + \cdots + a_{k+1} \leqslant 0$,则

$$\frac{a_1}{x_1 y_1} + \frac{a_2}{x_2 y_2} + \cdots + \frac{a_k}{x_k y_k} \leqslant 0.$$

假设
$$\frac{a_1}{x_1 y_1} + \frac{a_2}{x_2 y_2} + \cdots + \frac{a_k}{x_k y_k} + \frac{a_{k+1}}{x_{k+1} y_{k+1}} > 0,$$

则有 $0 < \dfrac{a_1}{x_1 y_1} + \dfrac{a_2}{x_2 y_2} + \cdots + \dfrac{a_k}{x_k y_k} + \dfrac{a_{k+1}}{x_{k+1} y_{k+1}}$

$$\leqslant \frac{a_1}{x_1 y_1} + \frac{a_2}{x_2 y_2} + \cdots + \frac{a_k}{x_k y_k} - \frac{a_1 + a_2 + \cdots + a_k}{x_{k+1} y_{k+1}}$$

$$= (a_1 + a_2 + \cdots + a_k)\left(\frac{1}{x_k y_k} - \frac{1}{x_{k+1} y_{k+1}}\right)$$

$$+ (a_1 + a_2 + \cdots + a_{k-1})\left(\frac{1}{x_{k-1} y_{k-1}} - \frac{1}{x_k y_k}\right)$$

$$+ (a_1 + a_2 + \cdots + a_{k-2})\left(\frac{1}{x_{k-2} y_{k-2}} - \frac{1}{x_{k-1} y_{k-1}}\right)$$

$$+ \cdots + (a_1 + a_2)\left(\frac{1}{x_2 y_2} - \frac{1}{x_3 y_3}\right) + a_1\left(\frac{1}{x_1 y_1} - \frac{1}{x_2 y_2}\right)$$

$$\leqslant 0,$$

矛盾. 也就是说,当 $n = k + 1$ 时原命题也成立. 故结论成立.

(2) 对于集合 $A = \{1, 2, 4, 8, 16, \cdots, 2^{n-1}\}$,满足当 $\forall B \neq C$; $B, C \subseteq A$,有 $\displaystyle\sum_{x \in B} x \neq \sum_{x \in C} x$,且 $\dfrac{1}{1} + \dfrac{1}{2} + \dfrac{1}{4} + \cdots + \dfrac{1}{2^{n-1}} = 2 - \dfrac{1}{2^{n-1}} < 2$.

对于所有 $A' = \{a_1, a_2, \cdots, a_n\}$,不妨设 $a_1 < a_2 < \cdots < a_n$. 令 $a_1 = 1$

（否则将 a_i 都减一个数，使 $a_1 = 1$），又设 A' 中从第 k 个数开始，$a_k \neq 1, 2, \cdots, 2^{k-1}$，于是 $a_k > 2^{k-1}$，那么，

$$a_{k+1} > a_k + (1 + 2 + \cdots + 2^{k-2})$$
$$\geqslant 2^{k-1} + 1 + (1 + 2 + \cdots + 2^{k-2}) = 2^k.$$

依此类推，则 $\dfrac{1}{a_1} + \dfrac{1}{a_2} + \cdots + \dfrac{1}{a_n} < \dfrac{1}{1} + \dfrac{1}{2} + \cdots + \dfrac{1}{2^{n-1}} < 2.$

辨析

1°. 数学归纳法和反证法是常用的解题方法，本书就有大量实例. 题（1）原证明使用了数学归纳法，并在归纳证明中还使用了反证法. 两种方法结合使用也是常用的方法，当从归纳假设 $n = k$ 时成立，很难推出 $n = k + 1$ 时也成立时，就可尝试再假设 $n = k + 1$ 时不成立，以此为基础并利用题设条件和归纳假设，若能推出矛盾命题就得证.

但题（1）原证明在使用这两种方法上恰恰都属证法的选择不当. 一个数学命题往往既可用直接证法，又可用间接证法；既可用也可不用数学归纳法，不同证法虽说有难易、简繁之分，但也是十分正常的. 这里所称证法选择不当，决不是这个意思.

先看题（1）的如下证明.

设 $a_i = y_i - x_i$ $(i = 1, 2, \cdots, n)$，由题设条件②

$$\sum_{i=1}^{k} x_i \geqslant \sum_{i=1}^{k} y_i \quad (k = 1, 2, \cdots, n)，可得$$

$$\sum_{i=1}^{k} a_i \leqslant 0 \quad (k = 1, 2, \cdots, n). \qquad ①$$

特别当 $k = n$ 时，还可写成

$$a_n \leqslant - \sum_{i=1}^{n-1} a_i. \qquad ②$$

由题设条件① $0 < x_1 y_1 < x_2 y_2 < \cdots < x_n y_n$，可得

$$\frac{1}{x_i y_i} - \frac{1}{x_{i+1} y_{i+1}} > 0 \quad (i = 1, 2, \cdots, n-1). \qquad ③$$

于是用式②、式①和式③有

$$\sum_{i=1}^{n} \frac{1}{x_i} - \sum_{i=1}^{n} \frac{1}{y_i} = \sum_{i=1}^{n} \frac{y_i - x_i}{x_i y_i} = \sum_{i=1}^{n} \frac{a_i}{x_i y_i}$$

$$= \sum_{i=1}^{n-1} \frac{a_i}{x_i y_i} + \frac{a_n}{x_n y_n} \leqslant \sum_{i=1}^{n-1} \frac{a_i}{x_i y_i} - \sum_{i=1}^{n-1} \frac{a_i}{x_n y_n}$$

$$= \sum_{i=1}^{n-1} a_i \left(\frac{1}{x_i y_i} - \frac{1}{x_n y_n} \right)$$

$$= a_1 \left(\frac{1}{x_1 y_1} - \frac{1}{x_n y_n} \right) + a_2 \left(\frac{1}{x_2 y_2} - \frac{1}{x_n y_n} \right) + a_3 \left(\frac{1}{x_3 y_3} - \frac{1}{x_n y_n} \right)$$

$$+ \cdots + a_{n-1} \left(\frac{1}{x_{n-1} y_{n-1}} - \frac{1}{x_n y_n} \right)$$

$$= a_1 \left[\left(\frac{1}{x_1 y_1} - \frac{1}{x_2 y_2} \right) + \left(\frac{1}{x_2 y_2} - \frac{1}{x_3 y_3} \right) + \left(\frac{1}{x_3 y_3} - \frac{1}{x_4 y_4} \right) \right.$$

$$\left. + \cdots + \left(\frac{1}{x_{n-1} y_{n-1}} - \frac{1}{x_n y_n} \right) \right]$$

$$+ a_2 \left[\left(\frac{1}{x_2 y_2} - \frac{1}{x_3 y_3} \right) + \left(\frac{1}{x_3 y_3} - \frac{1}{x_4 y_4} \right) + \cdots + \left(\frac{1}{x_{n-1} y_{n-1}} - \frac{1}{x_n y_n} \right) \right]$$

$$+ a_3 \left[\left(\frac{1}{x_3 y_3} - \frac{1}{x_4 y_4} \right) + \cdots + \left(\frac{1}{x_{n-1} y_{n-1}} - \frac{1}{x_n y_n} \right) \right]$$

$$+ \cdots + a_{n-1} \left(\frac{1}{x_{n-1} y_{n-1}} - \frac{1}{x_n y_n} \right)$$

$$= a_1 \left(\frac{1}{x_1 y_1} - \frac{1}{x_2 y_2} \right) + (a_1 + a_2) \left(\frac{1}{x_2 y_2} - \frac{1}{x_3 y_3} \right) + (a_1 + a_2 + a_3)$$

$$\left(\frac{1}{x_3 y_3} - \frac{1}{x_4 y_4} \right) + \cdots + (a_1 + a_2 + \cdots + a_{n-1}) \left(\frac{1}{x_{n-1} y_{n-1}} - \frac{1}{x_n y_n} \right) \leqslant 0. \qquad ④$$

$$\therefore \sum_{i=1}^{n} \frac{1}{x_i} \leqslant \sum_{i=1}^{n} \frac{1}{y_i} \text{成立}.$$

以上是既没有用反证法也没有用数学归纳法的直接证明,而且也没有用任何新的思路,仅是对原证明重新整理而已.

题(1)的原证明中,在证 $n = k + 1$ 时的式④(记为④′)用了反证法,其逻辑程序是:设④′ > 0,然后在没有使用该假设的前提下,而像

证④一样证明了④′≤0,再根据与假设的矛盾性,又一次肯定④′≤0
成立. 显然,这里反证法的使用多此一举. 同时还可发现,在证④′≤0
时也没有用到"$n \leq k$ 时命题成立"这一归纳假设(假设 $n = k$ 时命题
成立,即有 $\sum_{i=1}^{k} \frac{a_i}{x_i y_i} \leq 0$,原证明此处的表述欠妥,容易误认为它是由
式①证明而得),这样原证明采用数学归纳法形式也是多此一举. 这
就是称题(1)原证明证法选择不当的确切含意.

注:若读者知道 Abel 分部求和公式

$$\sum_{k=1}^{n} a_k b_k = b_n \sum_{k=1}^{n} a_k + \sum_{k=1}^{n-1} \left(\sum_{i=1}^{k} a_i \right) (b_k - b_{k+1}),$$

以上的直接证明一步就能完成.

设 $b_k = \frac{1}{x_k y_k}$,使用该公式,因 $b_n > 0$,再由式 ① 与式 ③,直接可

得 $\sum_{k=1}^{n} \frac{a_k}{x_k y_k} \leq 0$.

2°. 在辨析题(2)的原证明之前,先一般性地论述一下反证法和
数学归纳法.

一、反证法

有的命题,往往不易甚或不能从原题直接证明,这时常常采用反
证法,用反证法证明的过程是:

否定原命题的结论;$\Rightarrow A \Rightarrow B \Rightarrow \cdots \Rightarrow C$;而 C 不合理,即或与本学
科公理抵触,或与前此定理不容,或与原命题的题设条件冲突,或与
临时假定违背,或自相矛盾;因此原命题的结论不能否定;故原命题
为真.

关键是第二步,要推导出不合理的 C 来. 第二步的推导要以第
一步为基础,并要符合逻辑,即要遵守形式逻辑的各项规则. 在推导
过程中可充分使用本学科公理、前此定理、题设条件及第一步的临时
假定(反证假设). 如果 C 不是以第一步为基础推导所得,就是说没
有使用到反证假设,而 C 又是和原命题等价的一个结论,它虽说与

反证假设违背,下面各步照样成立,但从本质上说并没有使用反证法.

二、数学归纳法

证明有关自然数的命题常用数学归纳法,数学归纳法有多种形式,但其证明总是三部分:①验证该形式要求的奠基部分成立简称归纳基础;②按该形式的要求作出假设(简称归纳假设);③在归纳假设的前提下,按该形式的要求完成证明(简称归纳证明).

一般来说,如果完成的归纳证明并没有用到归纳假设,则该证明的推导过程只需稍作修改就是该命题不使用数学归纳法形式的直接证明.也就是说命题的这个原证明从本质上来说并没有使用数学归纳法.

1. 第一数学归纳法. 设 $P(n)$ 是一个含有自然数 n 的命题,如果

(1) $P(n)$ 当 $n = 1$ 时成立;

(2) 在 $P(k)$ 成立的假定下,可以证明 $P(k+1)$ 成立.

那么,$P(n)$ 对任意自然数 n 都成立.

第一数学归纳法也是有根据的,它在自然数的序数理论中,即在 G·Peano 的关于自然数的公理系统中可获得证明.

在这自然数的公理系统中还可证明如下的定理1.

定理1　自然数集合的任何非空子集合 A 含有一个最小数,即小于这个集合中所有其他元素的数.

在有穷的情况下,在实数范围内显然有定理2.

定理2　实数集的任何非空有穷子集合 T,含有一个最小数.

定理2没有任何悬念. 实数总可以比较大小,当 T 的元素仅有一个时,这个数就可以认为是 T 的最小数,当多于1个但元素的个数有穷时,可通过实施有穷次的两两比较,来确定最小数. 在很多竞赛数学的书籍中,将定理1与定理2统称为最小数原理.

在定理2中,当 T 是 **R** 的非空有穷子集合时,通过有穷次的两两比较不但能确定最小数,而且能确定最大数,在一些竞赛数学的书籍中称其为"最大数原理".

当 A 是自然数集合的一个无穷子集合时,由于无法实施无穷次的两两比较,对其最小数的存在,的确是需要追究其根据. 定理 1 保证了最小数的存在. 但定理 1 没有保证 A 中最大数的存在,实际上当 A 是非空有穷集合时,最大数是存在的;当 A 是自然数集合的一个无穷子集合,其最大数肯定不存在. 在定理 2 中,当 T 是无穷集合时,其最小数或最大数都有可能存在但也都有可能不存在.

严格说来,真有资格称为"原理"的仅仅是定理 1. 在严肃的数学著作中称"最小数原理"就是指定理 1. 而以上所称的"最大数原理"在严肃的数学著作中从来没有这样称呼过.

在竞赛数学中有很多竞赛题需要使用最小数原理来求解. 而且最小数原理也的确是很强有力的证明方法. [10]3°中的例[10-1]和例[10-2]在证明中都用到了最小数原理.

从数学理论背景上来说,最小数原理在自然数的基数理论中的地位就相当于自然数的序数理论中的归纳公理(序数理论四条公理的第 4 条公理)的地位. (参见[4]2°)

由最小数原理,就可以证明第二数学归纳法(在高等院校的"高等代数"的课程中,往往有其证明,有兴趣的读者可自己寻找参阅).

2. 第二数学归纳法. 设 $P(n)$ 是一个含有自然数 n 的命题,如果

(1) $P(n)$ 当 $n=1$ 时成立;

(2) 在 $P(m)$ 对于所有适合 $1 \leqslant m \leqslant k$ 的自然数 m 成立的假定下,可以证明 $P(k+1)$ 成立.

那么,$P(n)$ 对任意自然数 n 都成立.

数学归纳法还有多种变化形式,最常见的所给命题并非一定从 $n=1$ 开始,可以从任意的一个确定的整数开始(包括"0"和负整数)等. 这里再列举两种如下.

3. 反向数学归纳法. 设 $P(n)$ 是一个含有自然数 n 的命题,如果

(1) 有无穷多个自然数使 $P(n)$ 成立;

(2) 在 $P(k+1)$ 成立的假定下,可以证明 $P(k)$ 成立. 那么,$P(n)$ 对任意自然数 n 都成立.

4. 二重数学归纳法. 设 $P(n,m)$ 是个含有两个独立自然数 n,m 的命题,如果

(1) $P(1,m)$ 对任意自然数 m 成立,$P(n,1)$ 对任意自然数 n 成立;

(2) 在 $P(n+1,m)$ 与 $P(n,m+1)$ 成立的假定下,可以证明 $P(n+1,m+1)$ 成立.

那么,$P(n,m)$ 对任意自然数 n 和 m 都成立.

3°. 题(2)原证明基本正确,而且十分巧妙,问题是这样的证明是怎样找到的? 而且原证明在后半段也表述得并不清楚,可以发现表述不清的原因也是证明方法的选择不当,这里恰恰应当选择数学归纳法和反证法才能将解法表述清楚. 本小节围绕这两点进行辨析.

首先应思考怎样的集合 A 会满足题设的条件. 发现起码 A 中的 n 个正整数两两不能相等,例如若 $a_1 = a_2$,取 $B = \{a_1\}$,$C = \{a_2\}$,题设条件就不满足了. 但单有这条件是远远不够的,能否具体构造一个满足题设条件的 A,然后再来寻找规律? 如果能联想到正整数的二进制表示,这个具体的 A 就能构建了.

$$设 A = \{1_{(2)}, 10_{(2)}, 100_{(2)}, \cdots, \underbrace{10\cdots0}_{n-1个}{}_{(2)}\}$$

A 中的每一个数刚巧是数的二进制表示中从个位数位,到第 n 位数位上的一个单位. 在正整数的二进制表示中,每一个数位上的数码不是 0 就是 1,任取 A 的一个子集合,并求其所有元素的和,将和转换成十进制,就是 $1 \sim 2^n - 1$ 中的一个数,任取 A 的不同的子集合,分别求出它们各自的所有元素之和肯定不相等. 例如,A 的不同的两个子集合,一个含有 $100_{(2)}$,一个不含有 $100_{(2)}$,分别求出它们各自的所有元素之和,在这两个和的二进制表示中在第三位数位上一个是数码 1,另一个是数码 0. 集合 A 满足题设条件. 这里的 A 就是原证明中的

$$A = \{1, 2, 4, \cdots, 2^{n-1}\}.$$

利用等比级数的求和公式,可像原证明那样证得,对这个集合 A 来说题(2)的结论成立.

那么对其他的满足题设条件的集合情况又怎样呢？任取一个满足题设条件的集合 $A' = \{a_1, a_2, \cdots, a_n\}$. 根据前述的讨论它的元素肯定是两两不能相等且因 $\sum\limits_{i=1}^{n} \dfrac{1}{a_i}$ 是对称式(任取 $j \neq k$, 对换 a_j 与 a_k, 其值不变), 所以可不妨设 $a_1 < a_2 < \cdots < a_n$.

$$\because \sum_{i=1}^{n} \frac{1}{a_i} \leqslant \sum_{i=1}^{n} \frac{1}{a_i - (a_1 - 1)},$$

$\therefore$ 只要能证明 $\sum\limits_{i=1}^{n} \dfrac{1}{a_i - (a_1 - 1)} < 2$ 即可. 考察第一项可知又可令 $a_1 = 1$.

为此设 A' 第一个元素是 1, 若 A' 与 A 完全一样则结论成立, 若 A' 与 A 不完全一样, 则一定存在一个 k 使 $a_1 = 1, \cdots, a_{k-1} = 2^{k-2}$, 而 $a_k \neq 2^{k-1}, (k \in \{2, 3, \cdots, n\})$.

所以可假设 $a_{k-1} = 2^{k-2} < a_k$, 且 $a_k \neq 2^{k-1}$. 但 a_k 也不能取 2^{k-2} 到 2^{k-1} 间的数. 这利用数的二进制表示就可获得证明:若

$$2^{k-2} = 1\underbrace{0\cdots0}_{(k-2)\text{个}}{}_{(2)} < a_k < 1\underbrace{0\cdots0}_{(k-1)\text{个}}{}_{(2)} = 2^{k-1},$$

则 a_k 一定可以用 $1_{(2)}, 10_{(2)}, \cdots 1\underbrace{0\cdots0}_{(k-2)\text{个}}{}_{(2)}$ 中的若干个数(每数最多取一次)之和来表示. 这样若取 $B = \{a_k\}$, 组成和的若干个数组成集合 C. 题设条件就不能满足. 由此可知, $a_k > 2^{k-1}$.

对照原证明, 如果说前面各步是解答太简略且个别地方表述不妥的问题, 那么最后两步由于使用了直接证法且用依此类推来完成证明, 而没有用反证法和数学归纳法, 就很难将问题说清楚.

原证明往后的第一步是不等式的推导, 第一个不等式的成立也并非显然. 这可用反证法证之. 由假设 $a_{k+1} > a_k$, 再作反证法的假设, 则有

$$a_k < a_{k+1} \leqslant a_k + (1 + 2 + \cdots + 2^{k-2}). \qquad (※)$$

同上取数的二进制表示, 如果 $B = \{a_{k+1}\}$, $C = \{a_k, \cdots\}$, C 中的省略号是指不重复地取 $1, 2, \cdots, 2^{k-2}$ 中的若干个数, 由 (※) 成立, 且从数

的二进制表示可以看出,能够做到使它们与 a_k 之和等于 a_{k+1},这与 A' 满足题设条件矛盾. 所以这一步的第一个不等式成立.

而由 $a_k > 2^{k-1}$ 得 $a_k \geqslant 2^{k-1} + 1$,于是这一步的第二个不等式成立,所以 $a_{k+1} > 2^k$ 获证.

第二步"依此类推",也并非那样简单,而且从以上的证明中,也不是一下子就可以看出怎样依此类推. 当然只要再探索一下怎样证明 $a_{k+2} > 2^{k+1}$ 这就可明白了. 此时得首先用以上相同的办法证明当

$$a_{k+1} < a_{k+2} \leqslant a_{k+1} + a_k + (1 + 2 + \cdots + 2^{k-2})$$

时,会使 A' 不满足题设条件,也就是用反证法证明了下面第一个不等式成立,而由 $a_k > 2^{k-1}, a_{k+1} > 2^k$,就可得:

$$a_{k+2} > a_{k+1} + a_k + (1 + 2 + \cdots + 2^{k-2})$$
$$\geqslant (2^k + 1) + (2^{k-1} + 1) + (1 + 2 + \cdots + 2^{k-2})$$
$$= 2^{k+1} + 1 > 2^{k+1}.$$

再往下的"依此类推"就可明朗了.

若要将"依此类推"表述清楚,必须要用数学归纳法,且是第二数学归纳法. 对象是 A' 中的元素 $a_{k+t}(t = 0, 1, \cdots, n-k)$,并且是对 t 进行归纳,当作出了第二数学归纳法的归纳假设之后,要证明 $a_{k+t+1} > 2^{k+t}$,又要先使用反证法,即证当

$$a_{k+t} < a_{k+t+1} \leqslant a_{k+t} + \cdots + a_k + (1 + 2 + \cdots + 2^{k-2})$$

时会与 A' 满足题设的条件矛盾.

使用反证法和第二数学归纳法完整地写出(2)的证明留给读者作为练习. 当然作为题解并不需要如上那样解释详尽,也不需要借助数的二进制表示. 在辨析中联系到二进制是结合笔者对该题思路的形成过程来说明原证明是如何想到的.

顺便指出,该题在几本竞赛数学的书籍中出现,题解几乎类同. 也就是说(1)题明明本质上是直接证明但都采用了反证法和数学归纳法的表述形式;(2)题应当采用反证法和数学归纳法恰恰又用直接证法来表述.

注:(2)题如利用(1)题的结论来证明要简单得多.

不妨设 $a_1 < a_2 < \cdots < a_n$，取 $x_i = a_i, y_i = 2^{i-1}$，显然（1）题中的①成立. 而 $\sum_{i=1}^{k} y_i = 2^k - 1, k \in \{1, 2, \cdots, n\}$. 假设（1）题中的②不成立，即存在 k 使 $\sum_{i=1}^{k} a_i < 2^k - 1$，且显然该 $k \geq 2$，则 $\{a_1, a_2, \cdots, a_k\}$ 的每一个非空子集的元素和不超过 $2^k - 2$，但 $\{a_1, a_2, \cdots, a_k\}$ 有 $2^k - 1$ 个非空子集，按抽屉原理，必有两个非空子集的元素和相等，这就与（2）题中关于 A 的题设相矛盾，所以（1）题中的②成立. 由（1）题的结论有：

$$\sum_{i=1}^{n} \frac{1}{a_i} \leq \sum_{i=1}^{n} \frac{1}{2^{i-1}} = 2 - \frac{1}{2^{n-1}} < 2.$$

[8]数学归纳法、一一对应　　　　　**证法错误**　☆☆☆

原题　有 5 只猴子和 5 把梯子，每把梯子的顶端各放 1 根香蕉，梯子之间有若干绳子相连，每条绳子连接两个梯子，任一梯子的同一级上设有两条绳子，开始时 5 只猴子位于不同梯子底端，它们沿梯子向上爬，遇到绳子就沿着它爬到另一端，然后继续往上爬，求证：无论有多少绳子，最后每只猴子都各拿到一根香蕉.

（1989 年加拿大数学奥林匹克竞赛试题）

原证明　用数学归纳法. 当绳子根数为 0 时，结论显然成立.

设有 n 根绳子，其中一根绳子连接第一个梯子的 A 与第二个梯子的 B，而 A 以下不再有绳子. 我们将第一个梯子从 A，第二个梯子从 B 锯下来，并将第一个梯子下段接于第二个梯子上段，作为第一个梯子；第二个梯子下段接于第一个梯子上段，作为第二个梯子，这样便归结为 $(n-1)$ 根绳子的情况如图 -1 所示. 从而得证.

辨析

$1°$. 在图论中两个点用两条线相连成平行边，$n(n \geq 3)$ 个点用 n 条线首尾相连就成了圈（参见 [102]1°、[108]1°）

若按原题要求"任一梯子的同一级上设有两条绳子"，则梯子之

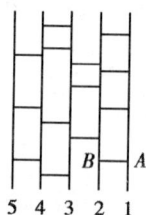

[8]图 - 1

间的绳子就可能形成圈. 如存在圈,由于没有限定猴子沿什么方向在绳子上爬,就有可能使两只猴子爬过绳子后到达绳子和梯子的同一个结点上,随后沿着同一架梯子向上爬,这样结论就不能保证成立.

　　显然,原题中的"设有两条绳子"应是"没有两条绳子",就像原证明中的图那样,结点的度都是 3. 但原图仍有局限性,按题意没有理由认为 5 架梯子排在同一平面内,而且像原图那样只有"相邻"的梯子之间才能连有绳子;更为失去一般性的是,原题中对所连绳子并没有限制在水平位置上,而原图却画成了绳子都处在水平的特殊位置上.

　　对每一条绳子来说其一端与某梯子的结点,可以在该梯子上移动,只要不跳过其他结点,就不会对猴子爬行的结果产生影响. 所以梯子之间所连绳子,只要不改变结点之间的相对位置可以自由移动,而不会改变原问题的结果.

　　这样对梯子之间的绳子所连情况,可以分成两类,在不改变结点之间的相对位置的前提下,通过移动,

　　①可以使所连绳子都处在水平的位置上;

　　②不能使所连绳子都处在水平的位置上.

　　显然,若总共只有一根绳子,则这根绳子的作用无非是交换了两只猴子所爬的梯子.

　　首先分析一下如下的证明是否正确:

　　当 $n = 0$ 时,命题的结论显然成立.

当梯子之间有若干条绳子时,因为每条绳子的作用无非是交换了猴子所爬的梯子,若干次的交换之后,每只猴子还是爬不同的梯子,显然仍各自拿到一根香蕉.

这样的证明是错误的. 因为当一根绳子孤立地存在时它所起的作用,没有根据可无条件地推广到当若干条绳子同时存在时其中每一条绳子也是起同样的作用.下文中有实例说明在情况②时这样的推广就是错误的. 虽然在情况①时,这种推广是成立的,但也不能不证自明,即必须证明在情况①时,各只猴子前进的过程中总是两只猴子分别先后到达一根绳子的两个端点,或更确切地说每条绳子总有且仅有两只猴子从不同方向经过. 读者可以尝试一下,要将这证明表述清楚不太容易. 但如果可用数学归纳法来证明,通俗的说法这一证明的难点就可用归纳假设来"承担"了.

在情况①的前提下,我们假设 $n-1$ 根绳子时命题成立.

当 n 根绳子时,因为是情况①,不失一般性,可以认为每条绳子都处在水平的位置上,此时每根绳子离地面都有一个距离,由于绳子的根数是有穷的,总能找到一个最小距离,也就是说总能找到一条绳子设为 AB,它离地面的距离最近. 不妨设 A、B 分别所在的梯子为梯子1和梯子2(如图 -1),显然结点 A 和结点 B 的下方已没有其他绳子与梯子1、梯子2的结点.

显然各猴子的爬行的速度与结果无关,在爬行开始后,我们让位于梯子1和梯子2底端的两只猴子爬得快一些,当这两只猴子各自爬过绳子 AB,而其他猴子还没有爬上绳子时,此时就归结到了 $(n-1)$ 根绳子的情况,相当于5只猴子分别位于总共连有 $(n-1)$ 根绳子的五架梯子的底端,再利用归纳假设命题就可得证.

下面来分析情况②. 如图 -2 所示就是情况②的一个实际例子.实地试验一下就可知该例中的每根绳子就只有一只猴子经过. 这三根绳子中的每一根所起的作用,并非是让两只猴子交换所爬的梯子.当然这三根绳子的总体作用还是让三只猴子之间轮换了所爬的梯子.不过要将与此类似的性质在情况②的一般情况下论证清楚就更加困难了. 那么能否和前面一样, 也将这证明的难点由归纳假设来承担呢? 结论是否定的.

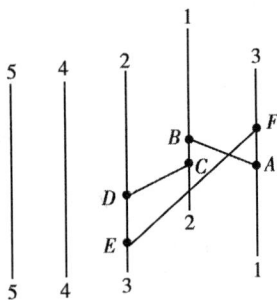

[8] 图 - 2

　　因为在②的情况下, 前面数学归纳法证明中的 AB 那样的一条绳子就并非一定存在, 我们虽说能找到这样一条绳子 AB, 使 A 点的下方已没有结点, 但不能保证 B 点的下方也没有结点 (如图 - 2). 也就是说我们没有办法一下子就将问题归结到 $(n-1)$ 的情况. 情况①时的数学归纳法的证明方法在情况②失效了.

　　进一步再考虑如下的情况: 在②的情况下再补充假定, 每次系好绳子以后, 在猴子没有爬行之前, 总有 AB 那样的绳子存在, 在 A 与 B 点以下均不存在结点, 那么以上的数学归纳法是否就有效了呢? 从形式上看是变成有效了, 似乎证明的"难点"又可由归纳假设来"承担"了, 但事实上这又是错误的. 数学归纳法的本质是对"依此类推"的一种数学表述, 其最基本的前提是存在着"依此类推"的可能. 对本题来说首先得保证从 n 条绳子的情况可以归结到 $n-1$ 条绳子的情况; 从 $n-1$ 条绳子的情况可以归结到 $n-2$ 条绳子的情况; …… 最后归结到没有绳子的情况, 只有这样其归纳假设才能发挥作用. 在用数学归纳法证明命题时, 在绝大多数的情况下这是不成问题的, 但对本题来说却是一个不能忽视的问题. 如上的补充假定仅仅只能保证从 n 条绳子的情况可以归结到 $n-1$ 条绳子的情况, 为了使"依此类推"继续可能,还须补充假定在猴子爬行的过程中,不管怎样爬,每一次将已不再有猴子爬过的绳子去掉以后,总有具有 AB 那样的性质的绳子存在. 只有这样才能保证从 k 条绳子的情况可以归结到 $k-1$ 条绳子的情况. 但在②的情况下恰恰不能作这样的补充假定,就像我们前面所讨论的那样,我们可以调整猴子爬行的速度,使每一次去掉的绳子都是具有 AB 那样性质的绳子,而这只有在①的情况下才可能.

　　讨论到这里,我们就可以来辨析原证明了. 原证明是使用的第一数学归纳法. 原证明找出的绳子 AB,A 点的下方没有结点,B 点的下方是否有结点没有肯定. 证明的核心内容是将梯子 2,B 以下一段梯子锯下来接于梯子 1 的上段. 如果 B 点的下方有结点,这样变动结点的位置当然不能保证不改变原题的结果,而且如图 -3 所示的情况还有可能发生两架梯子间的绳子其两个端点变成系在同一架梯子上了.

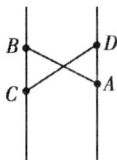

[8]图 -3

　　事实上这样变动也不能保证②的情况一定就会变成①的情况. 虽然这样一锯一接可以使 B 点下方有结点变成 B 点下方没有结点,但根据前面的讨论在②的情况下,若 B 点下方没有结点第一数学归纳法也仍是失效的. 由此看来原证明是错误的.

　　唯一的解释是原证明根本就没有考虑到还有情况②存在,两架梯子的一锯一接无非说明调换两架梯子的编号.

　　在有情况②存在的前提下已经证明用第一数学归纳法是不可能解决问题的,由于所连绳子的总数可以充分大,结点相对位置情况其种类也可以充分多,第二数学归纳法也无从着手,本题的证明只能另辟途径.

2°. 先证明可以建立猴子到香蕉的映射,再证明该映射是一一对应,从而证明本题.

任取一只猴子,考察其爬行的过程. 当猴子位于梯子上时总是向上爬行,当遇到绳子与梯子的结点时,由于梯子的同一级上没有两条绳子,只能沿着该绳子爬到绳子与另一梯子的结点处,由于该结点处也没有两条绳子,随后又只能沿着梯子向上爬,也就是说猴子在爬行时的每一步都是唯一确定的. 而且除非猴子爬行的绳子是向下倾斜的,会形成猴子位置的回落,在其他情况下都会形成上升. 如果这只猴子所经过的路径没有形成圈,尽管在爬行的过程中有回落,但这种回落只可能是有限次,其他总会形成不断地上升,最终这只猴子总能爬到某一个梯子的顶端.

如果其路径形成圈,当然是在其路径上的某一条绳子的两个端点之一处形成,我们来考察形成圈的情况. 如图 -4 所示,$\cdots A_1ABB_1\cdots$ 是这只猴子所经过的路径,假设设这只猴子将在 AB 这段绳子的两个端点之一处形成圈. 首先从该路径的走向发现,该圈不可能在 A 点形成,猴子先只能到达 B_2 点,再向上爬了一段 B_2B,然后到达 B 点而形成圈. 猴子在 $BB_1\cdots B_2B$ 这一个圈上爬行时,有升有降,升降相抵. 一圈完成后,猴子必须从 B 点经过绳子到达 A 点,并继续上升到 A_2. 也就是说如果猴子的路径中能形成圈,爬过一圈之后随后就要上升,如果再形成圈再上升,但上升是有止境的,即猴子不可能永远在其路径

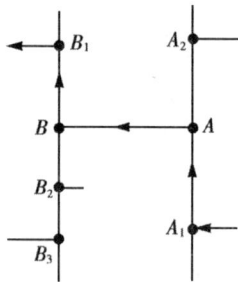

[8]图 -4

中打圈,打了若干圈之后,这只猴子还是能到达某一个梯子的顶端.

因为猴子在爬行的过程中每一步是唯一确定的,于是猴子爬行的路径也是唯一确定的,所以每只猴子所到达的梯子的顶端也是唯一确定的.这样我们就证明了通过猴子的实际爬行,建立了五只猴子到五个梯子的顶端(香蕉)之间的映射.

再注意到每只猴子到达某梯子的顶端的路径是可逆的,也就是说猴子爬到顶端后再往回爬,在梯子上是向下爬,到达绳子与梯子的结点处必须爬过绳子后再向下爬,那么显然猴子是沿着原路径从梯子顶部回到其原来所在的梯子的底部.按照上述向下爬的规则,由于每一步是唯一确定的,整个回程也是唯一确定的.

假定不同的两只猴子从底部向上爬到达了同一架梯子的顶端,如果继续再都往回爬必然会沿着各自来的路径回到开始所在的不同的梯子的底部,这就与回程路径的唯一性发生了矛盾,即假定的情况不可能发生.这样就进一步证明了上述映射还是一一对应.

这样就证明了最后每只猴子都各拿到一根香蕉.

[9]数学归纳法   **归纳过程交待不清**   ☆ ☆ ☆

原题

已知数列 $\{r_n\}$ 满足:$r_1 = 2, r_n = r_1 r_2 \cdots r_{n-1} + 1, n \geqslant 2, n$ 为正整数.

若正整数 $a_1, a_2, \cdots, a_n$ 满足 $\dfrac{1}{a_1} + \dfrac{1}{a_2} + \cdots + \dfrac{1}{a_n} < 1$,求证:

$$\frac{1}{a_1} + \frac{1}{a_2} + \cdots + \frac{1}{a_n} \leqslant \frac{1}{r_1} + \frac{1}{r_2} + \cdots + \frac{1}{r_n}.$$

(第 2 届中国数学奥林匹克竞赛试题)

原证明

首先容易用数学归纳法证明:数列 $\{r_n\}$ 具有性质:

$$\frac{1}{r_1} + \frac{1}{r_2} + \cdots + \frac{1}{r_n} = 1 - \frac{1}{r_1 r_2 \cdots r_n}. \qquad ①$$

以下用数学归纳法证明:

$$\frac{1}{a_1} + \frac{1}{a_2} + \cdots + \frac{1}{a_n} \leqslant \frac{1}{r_1} + \frac{1}{r_2} + \cdots + \frac{1}{r_n}. \qquad ②$$

$n = 1$ 时,因 $\dfrac{1}{a_1} < 1$ 且 a_1 为正整数,故 $a_1 \geqslant 2 = r_1$,故 $\dfrac{1}{a_1} \leqslant \dfrac{1}{r_1}$,即②

成立.

设 $n \leqslant k$ 时②成立,则 $n = k+1$ 时,由已知 $\dfrac{1}{a_1} + \dfrac{1}{a_2} + \cdots + \dfrac{1}{a_{k+1}} < 1$.

假设 $\dfrac{1}{a_1} + \dfrac{1}{a_2} + \cdots + \dfrac{1}{a_{k+1}} > \dfrac{1}{r_1} + \dfrac{1}{r_2} + \cdots + \dfrac{1}{r_{k+1}}$,

不妨设 $a_1 \leqslant a_2 \leqslant \cdots \leqslant a_{k+1}$. 由归纳假设,有

$$\frac{1}{a_1} \leqslant \frac{1}{r_1},$$

$$\frac{1}{a_1} + \frac{1}{a_2} \leqslant \frac{1}{r_1} + \frac{1}{r_2},$$

$$\cdots$$

$$\frac{1}{a_1} + \frac{1}{a_2} + \cdots + \frac{1}{a_k} \leqslant \frac{1}{r_1} + \frac{1}{r_2} + \cdots + \frac{1}{r_k}.$$

从而 $\dfrac{1}{a_1}(a_1 - a_2) + \left(\dfrac{1}{a_1} + \dfrac{1}{a_2}\right)(a_2 - a_3) + \cdots +$

$\left(\dfrac{1}{a_1} + \dfrac{1}{a_2} + \cdots + \dfrac{1}{a_k}\right)(a_k - a_{k+1}) + \left(\dfrac{1}{a_1} + \dfrac{1}{a_2} + \cdots + \dfrac{1}{a_{k+1}}\right)a_{k+1} >$

$\dfrac{1}{r_1}(a_1 - a_2) + \left(\dfrac{1}{r_1} + \dfrac{1}{r_2}\right)(a_2 - a_3) + \cdots + \left(\dfrac{1}{r_1} + \dfrac{1}{r_2} + \cdots + \right.$

$\left. \dfrac{1}{r_k}\right)(a_k - a_{k+1}) + \left(\dfrac{1}{r_1} + \dfrac{1}{r_2} + \cdots + \dfrac{1}{r_{k+1}}\right)a_{k+1}.$

化简 $\dfrac{a_1}{a_1} + \dfrac{a_2}{a_2} + \cdots + \dfrac{a_{k+1}}{a_{k+1}} > \dfrac{a_1}{r_1} + \dfrac{a_2}{r_2} + \cdots + \dfrac{a_{k+1}}{r_{k+1}}$,

即 $\qquad\qquad \dfrac{a_1}{r_1} + \dfrac{a_2}{r_2} + \cdots + \dfrac{a_{k+1}}{r_{k+1}} < k+1.$

由均值不等式:

$$\frac{\dfrac{a_1}{r_1} + \dfrac{a_2}{r_2} + \cdots + \dfrac{a_{k+1}}{r_{k+1}}}{k+1} \geqslant \sqrt[k+1]{\frac{a_1}{r_1}\frac{a_2}{r_2}\cdots\frac{a_{k+1}}{r_{k+1}}}.$$

所以 $\dfrac{a_1}{r_1}\dfrac{a_2}{r_2}\cdots\dfrac{a_{k+1}}{r_{k+1}} < 1$，即 $a_1a_2\cdots a_{k+1} < r_1r_2\cdots r_{k+1}$. 故

$$\frac{1}{a_1} + \frac{1}{a_2} + \cdots + \frac{1}{a_{k+1}} \leqslant 1 - \frac{1}{a_1a_2\cdots a_{k+1}}$$

$$< 1 - \frac{1}{r_1r_2\cdots r_{k+1}} = \frac{1}{r_1} + \frac{1}{r_2} + \cdots + \frac{1}{r_{k+1}},$$

这与所设 $\dfrac{1}{a_1} + \dfrac{1}{a_2} + \cdots + \dfrac{1}{a_{k+1}} > \dfrac{1}{r_1} + \dfrac{1}{r_2} + \cdots + \dfrac{1}{r_{k+1}}$ 矛盾，故②

成立.

说明：上述证明中使用了

$$\frac{1}{a_1} + \frac{1}{a_2} + \cdots + \frac{1}{a_{k+1}} \leqslant 1 - \frac{1}{a_1a_2\cdots a_{k+1}}.$$

事实上，由于 $\dfrac{1}{a_1} + \dfrac{1}{a_2} + \cdots + \dfrac{1}{a_{k+1}} < 1$，所以

$$a_2a_3\cdots a_{k+1} + a_1a_3\cdots a_{k+1} + \cdots + a_1a_2\cdots a_k < a_1a_2\cdots a_{k+1},$$

而 $a_1, a_2, \cdots, a_{k+1}$ 为正整数，所以

$$a_2a_3\cdots a_{k+1} + a_1a_3\cdots a_{k+1} + \cdots + a_1a_2\cdots a_k + 1 \leqslant a_1a_2\cdots a_{k+1}.$$

两边除以 $a_1a_2\cdots a_{k+1}$ 即得.

辨析

1°. 题设中的数列 $\{r_n\}$ 是由初始条件 $r_1 = 2$ 和递推关系 $r_n = r_1r_2\cdots r_{n-1} + 1$ 而具体给定的，发现数列 $\{r_n\}$ 具有性质

$$\sum_{i=1}^{n} \frac{1}{r_i} = 1 - \frac{1}{\prod\limits_{i=1}^{n} r_i} \qquad ①$$

是解决本题的关键. 证明如下：

当 $n = 1$ 时，$\because r_1 = 2$，式①成立.

假设 $n = k$ 时，式①成立，则当 $n = k + 1$ 时，有

$$\sum_{i=1}^{k+1} \frac{1}{r_i} = \sum_{i=1}^{k} \frac{1}{r_i} + \frac{1}{r_{k+1}} = 1 - \frac{1}{\prod_{i=1}^{k} r_i} + \frac{1}{r_{k+1}}$$

$$= 1 - \frac{r_{k+1} - \prod_{i=1}^{k} r_i}{\prod_{i=1}^{k+1} r_i} = 1 - \frac{r_{k+1} - (r_{k+1} - 1)}{\prod_{i=1}^{k+1} r_i} = 1 - \frac{1}{\prod_{i=1}^{k+1} r_i}.$$

∴ 式①对所有的 n 都成立,注意题中的 $n \geq 2$ 是对递推关系来说的.整个命题可从 $n = 1$ 开始.

2°. 和[7]中的题(1)不一样,原证明中使用的反证法并不多余.

原证明作出第二数学归纳法的归纳假设后,因直接证明 $n = k + 1$ 时结论成立比较困难,为此在归纳证明中又使用了反证法,注意在后面的推导中用到了反证假设,所得结论并非就是 $n = k + 1$ 时的命题结论,而是与反证假设矛盾的一个结论. 根据反证法才证得 $n = k + 1$ 时命题结论成立. 从原证明可以看出,该证明技巧性很强,例如归纳证明中所构建的复杂不等式,若不熟知 Abel 分部求和公式(见[7]1°注),是不太容易想到的.

3°. 当用数学归纳法来证明命题时,大多数情况其归纳过程本身就很清楚,但对有些较复杂的命题,其归纳过程必定要有所交代,不然就会引起理解上的混乱,从本小节开始,就本题对归纳过程作些辨析.

原证明对 n 进行归纳,就说明在整个归纳过程中,将 n 是视为处在一个变化的过程中. 这样首先对本题就要有如下的更深刻一些的理解.

本题中的条件和结论是对任意一个正整数 n 来说的,所要求证的是,对变化着的 n 的每一个确定的值,任意选择 n 个正整数 a_1, $a_2, \cdots, a_n$,只要每次选择的这 n 个正整数满足 $\sum_{i=1}^{n} \frac{1}{a_i} < 1$,就有 $\sum_{i=1}^{n} \frac{1}{a_i} \leqslant \sum_{i=1}^{n} \frac{1}{r_i}$ 成立.

这样原证明中的归纳假设就是当 $n \leqslant k$ 时,上述结论成立. 也就是说当 $n = 1, 2, \cdots, k$ 时,所得到的 k 个式子虽然都用 $a_1, a_2, \cdots, a_k$ 来表示,但前后式子中相同的字母并非一定就表示取相同的数值.

要证明 $n = k + 1$ 时命题成立,就是要证明对任意选择的 $k + 1$ 个正整数 $a_1, a_2, \cdots, a_{k+1}$,只要每次的选择满足 $\sum\limits_{i=1}^{k+1} \dfrac{1}{a_i} < 1$,就有

$$\sum_{i=1}^{k+1} \frac{1}{a_i} \leqslant \sum_{i=1}^{k+1} \frac{1}{r_i} \text{成立}.$$

而 $n = k + 1$ 时的命题,又等价于

任意选择定(确定)$k + 1$ 个正整数 $a_1, a_2, \cdots, a_{k+1}$ 满足 $\sum\limits_{i=1}^{k+1} \dfrac{1}{a_i} < 1$,证明 $\sum\limits_{i=1}^{k+1} \dfrac{1}{a_i} \leqslant \sum\limits_{i=1}^{k+1} \dfrac{1}{r_i}$ 成立.

因 $\sum\limits_{i=1}^{n} \dfrac{1}{a_i}$ 是 $a_i (i = 1, 2, \cdots, n)$ 的对称式,对 $n = k + 1$ 时的这样选择定的 $k + 1$ 个正整数,当然就可排序,并可设

$$a_1 \leqslant a_2 \leqslant a_3 \leqslant \cdots \leqslant a_{k+1}.$$

这里的 $a_i (i = 1, 2, \cdots, k)$ 显然就更没有理由认为与归纳假设中有相同脚码 i 的 a_i 是表示相同的数值. 原证明中"不妨设"后所列出的 k 个不等式,并不能直接套用归纳假设中的 k 个不等式. 此时对列出的 k 个不等式能够成立的根据应当有所交代.

因为在 $n = k + 1$ 时,所选择定的 $k + 1$ 个正整数 $a_1, a_2, \cdots, a_{k+1}$ 满足 $\sum\limits_{i=1}^{k+1} \dfrac{1}{a_i} < 1$,

而这不等式具有这样的性质,左边的和式中任意选择若干项,则这些项的和仍会小于1,例如就有

$$\frac{1}{a_1} < 1, \ \frac{1}{a_1} + \frac{1}{a_2} < 1, \cdots, \ \sum_{i=1}^{k} \frac{1}{a_i} < 1.$$

再使用归纳假设,就对这些取定的 $a_1, a_2, \cdots, a_k$ 有

$$\frac{1}{a_1} \leqslant \frac{1}{r_1}, \frac{1}{a_1} + \frac{1}{a_2} \leqslant \frac{1}{r_1} + \frac{1}{r_2}, \cdots, \sum_{i=1}^{k} \frac{1}{a_i} \leqslant \sum_{i=1}^{k} \frac{1}{r_i}$$

成立. 这样整个证明的推导才可顺利地进行.

4°. 如果调一个角度,不像原证明那样对 n 进行归纳,归纳过程就可简化.

要证明一个无穷集合中的每一个元素都具有性质 P,常用的办法是在该集合中任意取定一个元素,对这确定的元素(不能破坏一般性)证明其有性质 P.

所以本题虽然从本质上来说是对任意的正整数 n 及任意的满足条件 $\sum\limits_{i=1}^{n} \frac{1}{a_i} < 1$ 的 n 个正整数 $a_1, a_2, \cdots, a_n$ 结论成立. 但也可先任意取定 n,对取定的 n,再任意取定 $a_1, a_2, \cdots, a_n$,使其满足 $\sum\limits_{i=1}^{n} \frac{1}{a_i} < 1$,然后对确定的 n 及确定的满足条件的 n 个正整数 $a_i (i = 1, 2, \cdots, n)$ 来证明其结论.

这时对该命题也可使用归纳法,因为 n 已取定,当然就不再对 n 进行归纳,而是对 a_h 的脚码($1 \leqslant h \leqslant n$)来进行归纳. 其归纳过程就可用如下的方法来表述.

因为 $\sum\limits_{i=1}^{n} \frac{1}{a_i}$ 是对称式且 $a_1, a_2, \cdots, a_n$ 是确定的,所以首先就可给 a_i 重新排序,即可设 $a_1 \leqslant a_2 \leqslant \cdots \leqslant a_n$. 且由 $\sum\limits_{i=1}^{n} \frac{1}{a_i} < 1$,有 $\sum\limits_{i=1}^{h} \frac{1}{a_i} < 1 (h = 1, 2, \cdots, n-1)$.

当 $h = 1$ 时,同样可证 $\frac{1}{a_1} \leqslant \frac{1}{r_1}$ 成立.

归纳假设就表述为:当 $h \leqslant k (1 \leqslant k < n)$ 时有

$$\sum_{i=1}^{h} \frac{1}{a_i} \leqslant \sum_{i=1}^{h} \frac{1}{r_i}.$$

当 $h = k + 1$ 时,已不存在再排序且整个过程中 a_i 只要脚码相同,所表示的就是同一个数值,归纳假设的 k 个不等式就可直接使用. 这样原证明又可顺利进行.

　　5°. 原证明因为是对 n 归纳, 而只有当 n 给定以后, 才能给定 $a_1, a_2, \cdots, a_n$. 这样就形成了 3° 的归纳过程, 造成了 a_i 当脚码一样时也不能保证其取相同的数值. 能否依据原题的内在规律来消除这种状况呢?

　　由于任意选择 n 个数, 在很多问题中一起选择与一个个地选择在本质上是一样的. 例如本题, 对确定的 n, 任意选择 n 个正整数 a_1, $a_2, \cdots, a_n$, 使 $\displaystyle\sum_{i=1}^{n} \frac{1}{a_i} < 1$ 成立, 就可用如下的依次任意选择的办法来实现:

　　任意选择 a_1, 使 $\dfrac{1}{a_1} < 1$ 成立; 选定了 a_1 后, 再任意地选择 a_2, 使 $\dfrac{1}{a_1} + \dfrac{1}{a_2} < 1$ 成立; ……选定了 $a_1, a_2, \cdots, a_{k-1}$ 后, 再任意地选择 a_k, 使 $\displaystyle\sum_{i=1}^{k} \frac{1}{a_i} < 1$ 成立; ……选定了 $a_1, a_2, \cdots, a_{n-1}$ 后, 最后任意地选择 a_n, 使 $\displaystyle\sum_{i=1}^{n} \frac{1}{a_i} < 1$ 成立.

　　这办法的优点是 n 增大, 只要相应地增加选择 a_i 的个数, 适用于 n 是变量的情况, 且保证 a_i 当脚码一样时是表示取相同的数值, 可以对归纳法的使用带来方便.

　　但是, 对确定的 n, 题中的 $a_1, a_2, \cdots, a_n$ 用上述方式来依次确定, 就没有理由可认为一定有 $a_1 \leqslant a_2 \leqslant \cdots \leqslant a_n$, 若在依次选择时加上此条件, 就会失去题设条件中对确定的 n 要任意选择 n 个正整数的任意性, 或更确切些说对任意性增加了额外的限制, 从而使证明失去了一般性. 而且依次确定的顺序本身就说明了这 n 个正整数并不对称 (在 n 变化的情况下), 即选择的顺序一经确定就不能随意地变动, 这就使我们在解题时常用的按大小重新排序 "不妨设" 的办法, 在现在的情况下不能使用. 可以看出按大小重新排序和依次选择时增加条件"$a_1 \leqslant a_2 \leqslant \cdots \leqslant a_n$"是一回事. 于是用现在的对本题的处理办法, 原证明就失效了.

那么, 是否存在一种办法, 在不失去一般性的前提下, 又使 $a_1 \leqslant a_2 \leqslant \cdots \leqslant a_n$ 成为可能, 从而使原证明又有效呢?

对每一个确定的 n, 任意选择 n 个正整数, 使它们满足 $\sum\limits_{i=1}^{n} \dfrac{1}{a_i} < 1$, 有着无穷多种选法, 相对应地可以得到无穷多个和 $\sum\limits_{i=1}^{n} \dfrac{1}{a_i}$, 如果在这无穷多个和中存在着一个最大值, 若能证明这最大值 $\leqslant \sum\limits_{i=1}^{n} \dfrac{1}{r_i}$, 本题也就能得证了.

我们来考察 a_i 的如下的特殊选法:

在满足 $\dfrac{1}{a_1} < 1$ 的所有正整数中, 最小的一个能使其倒数最大, 由最小数原理([7]2°), 这个最小的正整数是存在的, 取这个正整数为 a_1; 选定 a_1 后, 在满足 $\dfrac{1}{a_1} + \dfrac{1}{a_2} < 1$ 的所有正整数 a_2 中, 由最小数原理存在着一个最小的, 选这个正整数为 a_2, …… 依此类推, 一直到选出 a_n 为止.

可以发现这样选出的 $a_1, a_2, \cdots, a_n$ 刚好满足:
$$a_1 \leqslant a_2 \leqslant \cdots \leqslant a_i \leqslant a_{i+1} \leqslant \cdots \leqslant a_n.$$
证明如下: 假设 $a_{i+1} < a_i$, 由 a_{i+1} 的选法有:
$$\frac{1}{a_1} + \frac{1}{a_2} \cdots + \frac{1}{a_i} + \frac{1}{a_{i+1}} < 1,$$
$\therefore \dfrac{1}{a_1} + \dfrac{1}{a_2} \cdots + \dfrac{1}{a_{i-1}} + \dfrac{1}{a_i} < 1$ 及 $\dfrac{1}{a_1} + \dfrac{1}{a_2} \cdots + \dfrac{1}{a_{i-1}} + \dfrac{1}{a_{i+1}} < 1$, 这就和 a_i 是选的最小正整数发生了矛盾. 所以一定有 $a_i \leqslant a_{i+1}$.

从直观上看, 这样选出的 $a_i(i = 1, 2, \cdots, n)$ 其对应的和式 $\sum\limits_{i=1}^{n} \dfrac{1}{a_i}$ 就是满足条件的无穷多个和式中的最大值. 当然严格些说, 这也是需要证明的. 证明如下：

对确定的 n，任意选取 n 个正整数 $b_1, b_2, \cdots, b_n$，使 $\displaystyle\sum_{i=1}^{n} \frac{1}{b_i} < 1$ 成立. 则显然就有

$$\frac{1}{b_1} < 1, \frac{1}{b_1} + \frac{1}{b_2} < 1, \cdots, \sum_{i=1}^{n-1} \frac{1}{b_i} < 1,$$

设 $a_i (i = 1, 2, \cdots, n)$ 是用如上的特殊选法选出的，仍用数学归纳法，且对 a_h, b_h 的脚码 $h(1 \leqslant h \leqslant n)$ 进行归纳，证明

$$\sum_{i=1}^{n} \frac{1}{b_i} \leqslant \sum_{i=1}^{n} \frac{1}{a_i}$$

成立.

当 $h = 1$ 时，由 a_1 的选取方法可知 $\dfrac{1}{b_1} \leqslant \dfrac{1}{a_1}$ 成立.

假设当 $h = k$ 时 $(1 \leqslant k < n)$ 有

$$\sum_{i=1}^{k} \frac{1}{b_i} \leqslant \sum_{i=1}^{k} \frac{1}{a_i}.$$

当 $h = k + 1$ 时，根据归纳假设及 a_{k+1} 的选取方法可得，

$$\sum_{i=1}^{k+1} \frac{1}{b_i} = \sum_{i=1}^{k} \frac{1}{b_i} + \frac{1}{b_{k+1}} \leqslant \sum_{i=1}^{k} \frac{1}{a_i} + \frac{1}{b_{k+1}}$$

$$\leqslant \sum_{i=1}^{k} \frac{1}{a_i} + \frac{1}{a_{k+1}} = \sum_{i=1}^{k+1} \frac{1}{a_i}.$$

$\therefore$ 当 $h = n$ 时有 $\displaystyle\sum_{i=1}^{n} \frac{1}{b_i} \leqslant \sum_{i=1}^{n} \frac{1}{a_i}$ 成立.

这样原证明的方法又可有效了.

6°. 稍许仔细一点可以发觉 5° 中对 a_i 的特殊的选法，实际上选出的就是 $r_1, r_2, \cdots, r_n$. 也就是说如果我们有 5° 的思考也就用不到像 5° 后半段所讨论的那样努力回到原证明的思路上去，原证明毕竟技巧性太强太花哨. 下面我们给出本题的一个非常朴实且简单的证法.

首先由 1° 中的①可知 $\displaystyle\sum_{i=1}^{n} \frac{1}{r_i} < 1$，所以有

$$\sum_{i=1}^{n} \frac{1}{r_i} \in \left\{ \sum_{i=1}^{n} \frac{1}{a_i} \mid \sum_{i=1}^{n} \frac{1}{a_i} < 1, a_i \text{ 是正整数} \right\}.$$

这样将原题的求证可变换成证明

$$\max \left\{ \sum_{i=1}^{n} \frac{1}{a_i} \mid \sum_{i=1}^{n} \frac{1}{a_i} < 1, a_i \text{ 是正整数} \right\} = \sum_{i=1}^{n} \frac{1}{r_i}. \qquad ③$$

证明③即证明在满足 $\sum_{i=1}^{n} \frac{1}{a_i} < 1, a_i$ 是正整数的所有取法中(显然有无穷多种),相应的和 $\sum_{i=1}^{n} \frac{1}{a_i}$,其中存在着一个最大值,且最大值就是 $\sum_{i=1}^{n} \frac{1}{r_i}$.

确定 n,任意选择 $a_h(h = 1, 2, \cdots, n)$ 满足 $\sum_{i=1}^{n} \frac{1}{a_i} < 1$,可理解为依次任意选择 $a_h(h = 1, 2, \cdots, n)$,使 $\sum_{i=1}^{h} \frac{1}{a_i} < 1$ 成立. 由 5° 的分析可知,要证明式③成立,只要证明在依次选择 a_h 时有

$$\max \left\{ \sum_{i=1}^{h} \frac{1}{a_i} \mid \sum_{i=1}^{h} \frac{1}{a_i} < 1, a_i \text{ 是正整数} \right\} = \sum_{i=1}^{h} \frac{1}{r_i}$$

成立 $(h = 1, 2, \cdots, n)$.

我们对 a_h 的脚码 h,使用第一数学归纳法证明之.

当 $h = 1$ 时,显然有 $\max \left\{ \frac{1}{a_1} \mid \frac{1}{a_1} < 1, a_1 \text{ 是正整数} \right\} = \frac{1}{r_1}$ 成立.

假设当 $h = k(1 \leqslant k < n)$ 时,有

$$\max \left\{ \sum_{i=1}^{k} \frac{1}{a_i} \mid \sum_{i=1}^{k} \frac{1}{a_i} < 1, a_i \text{ 是正整数} \right\} = \sum_{i=1}^{k} \frac{1}{r_i} \qquad ④$$

成立.

下面证明当 $h = k + 1$ 时,有

$$\max \left\{ \sum_{i=1}^{k+1} \frac{1}{a_i} \mid \sum_{i=1}^{k+1} \frac{1}{a_i} < 1, a_i \text{ 是正整数} \right\} = \sum_{i=1}^{k+1} \frac{1}{r_i} \qquad ⑤$$

成立.

对依次选择的 $a_h(h=1,2,\cdots,k)$，由归纳假设④有

$$\sum_{i=1}^{k+1}\frac{1}{a_i}=\sum_{i=1}^{k}\frac{1}{a_i}+\frac{1}{a_{k+1}}\leqslant\sum_{i=1}^{k}\frac{1}{r_i}+\frac{1}{a_{k+1}},$$

由5°的分析，要求⑤左边的值只要讨论在条件

$$\sum_{i=1}^{k}\frac{1}{r_i}+\frac{1}{a_{k+1}}<1 \tag{⑥}$$

下怎样选取 a_{k+1} 能使式⑥左边的值最大.

由式①有 $\sum\limits_{i=1}^{k}\dfrac{1}{r_i}=1-\dfrac{1}{\prod\limits_{i=1}^{k}r_i}$，及题设条件有 $\prod\limits_{i=1}^{k}r_i<\prod\limits_{i=1}^{k}r_i+1=$

$r_{k+1}.$

$$\therefore\ \sum_{i=1}^{k}\frac{1}{r_i}+\frac{1}{r_{k+1}}=1-\left(\frac{1}{\prod\limits_{i=1}^{k}r_i}-\frac{1}{r_{k+1}}\right)<1.$$

而当 $a_{k+1}<r_{k+1}$ 时，则 $a_{k+1}\leqslant\prod\limits_{i=1}^{k}r_i$，于是

$$\prod_{i=1}^{k}\frac{1}{r_i}+\frac{1}{a_{k+1}}=1-\frac{1}{\prod\limits_{i=1}^{k}r_i}+\frac{1}{a_{k+1}}\geqslant1.$$

当 $a_{k+1}>r_{k+1}$，又有

$$\sum_{i=1}^{k}\frac{1}{r_i}+\frac{1}{a_{k+1}}=\sum_{i=1}^{k+1}\frac{1}{r_i}+\left(\frac{1}{a_{k+1}}-\frac{1}{r_{k+1}}\right)<\sum_{i=1}^{k+1}\frac{1}{r_i}.$$

$\therefore$ 式⑥中的 a_{k+1} 取 r_{k+1} 不但式⑥成立，而且在能使式⑥成立的 a_{k+1} 所有选择中，此时能使式⑥左边的值最大. $\therefore$ 式⑤成立. 由数学归纳法可知当 $h=n$，式③成立.

7°. 对本节辨析作一小结.

不要认为以上辨析是小题大做. 原证明由于归纳过程交待不清，许多关键之处似是而非. 这样的一种表述对数学教学来说非常有害. 产生这种情况是重技巧轻概念所引起，笔者认为这是当前数学教学

中一个值得重视的倾向性问题.

4°是对归纳过程作了最简化处理,当然相应的证明仍像原证明一样要用第二数学归纳法并要使用较大的技巧;6°仅仅是对原题作深一步的理解,其证明只要用到第一数学归纳法及式①,朴实简单.前者偏重技巧,后者偏重对概念的理解.实际上概念和技巧是相辅相承的,二者相比,笔者认为追求对概念的深刻理解,比追求技巧更重要.

笔者拿到该题所形成的是6°中的证明,实际上以上辨析是对原证明中"不妨设"的怀疑而产生的.3°、4°的辨析说明只要将归纳过程交代清楚,可以"不妨设 $a_1 \leqslant a_2 \leqslant \cdots \leqslant a_{k+1}$".5°讨论了"不妨设"的本质,是两种解法之间的桥梁.

[10]反证法(初等数论)　　　　　　证明表述不当　　○☆

原题　求证:质数的个数是无穷多的.

原证明　假设质数仅有有限个,记为 $P_1, P_2, \cdots, P_n$,构造新数 $N = P_1 P_2 \cdots P_n + 1$,$N$ 为异于 $P_i(i = 1, 2, \cdots, n)$ 的新质数,得到矛盾,所以质数的个数是无穷多的.

辨析

1°.类似的证明已在多本书籍中看到,它可能产生于对经典证明的简述.但如果让初学者按此来探究推理的依据,有可能会强化初学者不合逻辑的思维习惯.

对原证明会产生如下理解:构造的这种形式的新数并非一定是质数,例如2、7是质数,而 $2 \times 7 + 1 = 15$ 就不是质数.这样的情况很多,例如 $(3 \times 7 + 1)$、$(5 \times 7 + 1)$ 等.但由于假设了质数只有 $P_1, P_2, \cdots, P_n$ 这 n 个,而 N 被这 n 个数去除都余1,若 N 不能被除本身以外的所有质数所整除,则 N 就是一个质数.

这里作为 N 为质数的推理依据的命题,是一个用质数来说明质数的命题.在形式逻辑中,用一个概念来说明同一个概念的命题是不被允许的.以上由原证明所形成的推理过程,是一种不合逻辑的推理过程.

应当允许并鼓励在思考形形色色的数学问题时不要囿于形式逻辑推理的框框,往往解决问题的思路就产生于某种合情推理. 由于中学阶段所碰见的数学问题几乎都位于一个成熟的系统之中,思路一经产生,就要学会将合情推理转变成用逻辑推理的形式表述出来,这本身就属于一种数学能力的培养.

原题的经典证明是依据质数的定义:一个大于 1 的整数,如果它的正因数只有 1 及它本身,就叫做质数(或素数);否则就叫做合数. 以及依据一个合数一定存在质因数这一简单命题.

证明

假设质数仅有有穷个,记为 $P_1,P_2,\cdots,P_n$. 构造新数:
$N=P_1P_2\cdots P_n+1$. 大于 1 的 N 只有两种可能:

（1）N 是质数,此时 $N>P_i(i=1,2,\cdots,n)$;

（2）N 是合数,则 N 存在质因数 P. 因为 $P_i(i=1,2,\cdots,n)$ 都不能整除 N,所以 P_i 都不是 N 的质因数,即 P 是一个不同于 P_i $(i=1,2,\cdots,n)$ 的质数.

在这两种情况下,都存在 $P_1,P_2,\cdots,P_n$ 之外的质数,这与假设矛盾,所以质数有无穷多个.

这个证明在公元前三百年左右欧几里得的《几何原本》中就有了,只是在古希腊尽量避免"无穷"的使用,表述成:"质数的数目比任何指定数都多".

2°. 下面给出本题的一个解析法证明,并进一步说明合情推理和逻辑推理的关系(没有学过微积分中无穷级数的读者本小节可暂不读).

笔者在无意中读到大数学家欧拉(1707～1783)曾利用等比级数求和公式和调和级数的发散性用解析法证明了质数个数为无穷. 一个数论中的古老问题和分析学中无穷级数之间到底有什么逻辑联系? 这的确令人惊奇. 欧拉一定是在他自己的研究工作中产生了某种合情推理后,才产生了他的证明. 这里最困难的,也最了不起的是

由合情推理所产生的思路. 本人没有见到欧拉的证明具体是怎样的,
出于好奇用逻辑推理的办法"复原"了他的证明.

为了便于中学生阅读, 这里先证明一下调和级数

$$1 + \frac{1}{2} + \frac{1}{3} + \cdots + \frac{1}{n} + \cdots$$

是发散的.

用反证法, 先设调和级数收敛, 其和为 S, 因为收敛级数具有结
合性, 于是就有

$$S = 1 + \frac{1}{2} + \underbrace{\left(\frac{1}{3} + \frac{1}{4} \right)}_{2^1 项} + \underbrace{\left(\frac{1}{5} + \frac{1}{6} + \frac{1}{7} + \frac{1}{8} \right)}_{2^2 项} + \cdots +$$

$$\underbrace{\left(\frac{1}{2^{m-1}+1} + \frac{1}{2^{m-1}+2} + \cdots + \frac{1}{2^m} \right)}_{2^{m-1} 项} + \cdots$$

因为, $\frac{1}{3} + \frac{1}{4} > \frac{1}{4} + \frac{1}{4} = 2 \times \frac{1}{4} = \frac{1}{2}$;

$$\frac{1}{5} + \frac{1}{6} + \frac{1}{7} + \frac{1}{8} > \frac{1}{8} + \frac{1}{8} + \frac{1}{8} + \frac{1}{8} = 4 \times \frac{1}{8} = \frac{1}{2};$$

…

$$\frac{1}{2^{m-1}+1} + \frac{1}{2^{m-1}+2} + \cdots + \frac{1}{2^m} > 2^{m-1} \times \frac{1}{2^m} = \frac{1}{2};$$

…

所以上述级数每个括号内的和数都大于 $\frac{1}{2}$. 由级数的比较判别法可

知级数

$$1 + \frac{1}{2} + \frac{1}{2} + \cdots + \frac{1}{2} + \cdots$$

也是收敛的. 但显然该级数的部分和随项数趋向于 $+\infty$ 而趋向 $+\infty$,
级数发散, 引起矛盾. 所以调和级数是发散的.

使用等比级数的求和公式, 一定是使用收敛的等比级数, 一个收
敛、一个发散可估计本题的解析法证明也是用的反证法.

设质数仅有有限个,记为 $P_1,P_2,\cdots,P_n$.

由算术基本定理:任一个大于 1 的整数都可以分解成质因数连乘积,而且如果不计质因数次序,这种分解成的质因数连乘积唯一(其证明可参见本人编著的《理论算术》,南京大学出版社出版,江苏省新华书店发行,1990 年 6 月第 1 版 P.87),以及如上的假设可得:

任一个正整数 a 可以唯一地表示成:

$a = P_1{}^{\alpha_1}P_2{}^{\alpha_2}\cdots P_n{}^{\alpha_n}(\alpha_i$ 是非负整数,$i = 1,2,\cdots,n)$. ①

考虑如下 n 个无穷递缩等比级数:

$$\frac{1}{1 - \dfrac{1}{P_1}} = 1 + \frac{1}{P_1} + \frac{1}{P_1^2} + \cdots;$$

$$\frac{1}{1 - \dfrac{1}{P_2}} = 1 + \frac{1}{P_2} + \frac{1}{P_2^2} + \cdots;$$

$$\cdots$$

$$\frac{1}{1 - \dfrac{1}{P_n}} = 1 + \frac{1}{P_n} + \frac{1}{P_n^2} + \cdots.$$

这 n 个级数都是收敛的各自的左边分别是它们的和.

任取一个正整数 a,表示成①. 在第一个级数中取第 $(\alpha_1 + 1)$ 项,第二个级数中取第 $(\alpha_2 + 1)$ 项,……第 n 个级数中取第 $(\alpha_n + 1)$ 项. 将这取出的 n 项相乘就得到分子为 1 分母为 a 的数. 建立正整数和这 n 个项相乘的乘积之间的对应. 可以证明这是一个正整数集合和从每一个级数中取一项相乘的乘积集合之间的一一对应.

收敛级数具有结合性,但不一定具有交换性和分配性. 只有绝对收敛级数才具有交换性和分配性,以上几个收敛级数又都是正项级数,所以也是绝对收敛的. 于是可知以上 n 个级数可以由分配性实施乘法,作为积的级数就是从以上每一个级数中取一项相乘的所有积之和,且这个作为积的级数也是绝对收敛的其和就是 $\displaystyle\prod_{i=1}^{n} \frac{1}{1 - \dfrac{1}{P_i}}.$

再根据以上建立的一一对应,及作为积的级数的绝对收敛性,由交换性可将其各项重新排列,将其写成:

$$1 + \frac{1}{2} + \frac{1}{3} + \frac{1}{4} + \cdots.$$

但这是一个调和级数是发散的,与其绝对收敛发生了矛盾,假设不成立,所以质数有无穷多个.

估计这就是欧拉的证明. 但查了数学史,无穷级数收敛的定义首先是由傅里叶在 1811 年的论文中出现的,也就是说欧拉的时代还没有成熟的级数收敛的概念,更没有可能有绝对收敛的概念. 那个时代是用类比思维,将无穷级数的运算视为多项式运算的直接推广,关于交换性和分配性无条件地移植到级数的运算上来,于是也是一个悖论性等式不时出现的时代. 当时对无穷级数的运算尽管也得到了丰硕的成果,但主要是靠由类比产生的合情推理而得到的. 为此又可估计欧拉的证明只可能形式上与上面的证明相同,不可能有上面的严谨,还只能算是一个合情推理的结果.

3°. 由本题结论,及类似技巧,可证明如下命题.

约定称正整数 $k, k+1, \cdots, k+(n-1)$ 为 n 个连续的正整数.

位于正整数数列中的两个质数,若它们之间的数都是合数,就称这两个质数是相邻的.

[10 – 1]   ○☆☆

任给一个正整数 $n(n>1)$,都能找到 n 个连续的正整数,它们中恰好只有一个质数.

证明 任给一个正整数 $n,(n>1)$,设 $N = 1 \times 2 \times 3 \times \cdots \times n + 1$,取大于 N 的质数(由于小于或等于 N 的质数只有有穷多个,大于 N 的质数就有无穷多个,否则有穷个加有穷个仍是有穷个,就会和质数有无穷多个相矛盾),由最小数原理,在这大于 N 的无穷多个质数中一定存在一个最小质数,设为 P. 这时,显然 $N+1, N+2, \cdots, N+(n-1)$ 均为合数,所以 $P > N+(n-1)$,即 $P \geqslant N+n$. 于是 $P-(n-1)$,$P-(n-2), \cdots, P-1, P$ 即为满足题设条件的 n 个连续的正整数.

由于 n 是任意给定的,本题的结果又可形象地说成在正整数数列中,总能找到两个相邻的质数要间隔多开就间隔多开.

但在数论中还有著名的孪生质数猜想:孪生质数有无穷多对(如果两个连续奇数是质数,则称它们是一对孪生质数).如果猜想成立,那么不管 n 多么大,在正整数数列 n 项之后,总存在着靠得很近的孪生质数.

再看一道难度较大的与质数有关的竞赛题,它可以用反证法和最小数原理来证明.

[10−2] ☆ ☆ ☆

设整数 $n \geqslant 2$. 如果对满足 $0 \leqslant k \leqslant \sqrt{\dfrac{n}{3}}$ 的所有整数 k,$k^2 + k + n$ 为质数,证明对 $0 \leqslant k \leqslant n - 2$ 的所有整数 k,$k^2 + k + n$ 均为质数.

(第 28 届国际数学奥林匹克竞赛试题第 6 题)

证明 设 $f(k) = k^2 + k + n$. 用反证法,假设结论不成立,即在 $0 \leqslant k \leqslant n - 2$ 的所有整数中存在整数 k,使 $f(k)$ 为合数. 取这些 k 中的最小非负整数 m,有 $f(m) = m^2 + m + n$ 为合数,又由题设条件有

$$\sqrt{\frac{n}{3}} < m \leqslant n - 2.$$

设 $f(m)$ 的最小质因数为 P,显然 $f(m)$ 至少还存在不小于 P 的质因数,则有

$$P^2 \leqslant m^2 + m + n \leqslant (n-2)^2 + (n-2) + n < n^2, \text{即 } P < n.$$

下面分情况讨论之:

(ⅰ)若 $P \leqslant m$,则 $0 \leqslant m - P < m$,因 $f(m - P) = f(m) + P(P - 2m - 1)$,则有 $P \mid f(m - P)$,并且

$$f(m - P) = (m - P)^2 + (m - P) + n \geqslant n > P.$$

于是 $f(m - P)$ 为合数,与 m 的最小性矛盾.

(ⅱ)若 $m < P < 2m + 1$,则 $0 \leqslant P - m - 1 < m$,因 $f(P - m - 1) = f(m) + P(P - 2m - 1)$,则有 $P \mid f(P - m - 1)$,并且

$$f(P - m - 1) = (P - m - 1)^2 + (P - m - 1) + n \geqslant n > P.$$

于是 $f(P-m-1)$ 也为合数,又与 m 的最小性矛盾.

（ⅲ）若 $P \geqslant 2m+1$,则由 $m > \sqrt{\dfrac{n}{3}}$ 知 $3m^2 > n$,于是

$$P^2 \geqslant 4m^2 + 4m + 1 > m^2 + m + n.$$

但由 P 的最小性,已有 $P^2 \leqslant m^2 + m + n$,发生矛盾.

因此假设不成立,从而命题得证.

[11] 反证法（初等数论）　　　　命题的对象不存在　　☆☆

自编题　若非零整数 x,y,z 满足 $x^{14} + y^{14} = z^{14}$,求证:$7 \mid xyz$.

证明　用反证法.假设 x,y,z 都不是 7 的倍数.

x 不是 7 的倍数,则它对模 7 只可能是 $\pm 1,\pm 2,\pm 3$.

当 $x \equiv \pm 1 (\bmod\ 7)$ 时,$x^{14} \equiv (x^2)^7 \equiv 1^7 \equiv 1 (\bmod\ 7)$;

当 $x \equiv \pm 2 (\bmod\ 7)$ 时,$x^{14} \equiv (x^3)^2 \cdot (x^3)^2 \cdot x^2 \equiv 4 \equiv -3 (\bmod\ 7)$;

当 $x \equiv \pm 3 (\bmod\ 7)$ 时,$x^{14} \equiv (x^2)^7 \equiv 2^7 \equiv (2^3)^2 \cdot 2 \equiv 2 (\bmod\ 7)$.

对 y,z 可作同样的分析.因为 x,y,z 满足所给方程,那么将 x,y,z 代入已知方程后,方程的两边必定能对模 7 同余.于是 x,y,z 的取值对模 7 来说只可能有如下三种搭配情况:

（1）$\pm 1,\pm 1,\pm 3$;（2）$\pm 2,\pm 2,\pm 1$;（3）$\pm 3,\pm 3,\pm 2$.

情况（1）设 $x = 7x_1 \pm 1,y = 7y_1 \pm 1,z = 7z_1 \pm 3$.

$\because (7x_1 \pm 1)^{14} = (7x_1)^{14} \pm C_{14}^1 (7x_1)^{13} + \cdots \pm C_{14}^{13}(7x_1) + 1$,

其展开式的前 13 项显然是 49 的倍数,第 14 项 $C_{14}^{13} = 14$,所以前 14 项都是 49 的倍数.

$\therefore (7x_1 \pm 1)^{14} \equiv 1 (\bmod\ 49)$,同理 $(7y_1 \pm 1)^{14} \equiv 1 (\bmod\ 49)$.

$\therefore (7x_1 \pm 1)^{14} + (7y_1 \pm 1)^{14} \equiv 2 (\bmod\ 49)$.

同理 $(7z_1 \pm 3)^{14} \equiv 3^{14} \equiv 3^5 \cdot 3^5 \cdot 3^4 \equiv (-2)^2 \cdot 32 \equiv 30 (\bmod\ 49)$.

即　$x^{14} + y^{14} \not\equiv z^{14} (\bmod\ 49)$,矛盾.

情况（2）同理,且可算出 $2^{14} \equiv 18 (\bmod\ 49)$.

而 $18 + 18 \equiv 36 \not\equiv 1 (\bmod\ 49)$,矛盾.

情况(3)同理,因为 $30+30\equiv11\not\equiv18(\bmod\,49)$,矛盾.

综上所述,x,y,z 中不可能全不是 7 的倍数,即 $7\,|\,xyz$.

辨析

1°. 先介绍费马大定理.

17 世纪法国大数学家费马曾有过如下称为费马大定理的论断:方程 $x^n+y^n=z^n\,(n>2)$ 没有正整数解.

费马自称他已经证明了这个命题,但证明方法始终没有公开.他在通信中说可用无穷递降法(参见 [71])来证明 $n=4$ 的情况,1676 年确实有人用此法给出了 $n=4$ 时的证明.后来大数学家欧拉证明了 $n=3$ 的情况是对的,虽说也是用的无穷递降法,但比证明 $n=4$ 时要困难得多.勒让德在 1823 年证明了当 $n=5$ 时是对的.德国数学家库米尔(Kummer 1810~1893)为证明这命题而建立了理想数论,尽管这一理论产生后在代数学和数论中起着非常重要的作用,然而借助于它,库米尔也只证明了当 $n<100$ 时的情况.1944 年 $n<4002$ 被证明定理成立,1979 年证明了 $2<n<125000$ 定理成立,同时也证明了只要 n 含有 2 到 125000 中的一个因子定理成立.三百多年来无数数学家和数学爱好者对此进行了孜孜不倦的研究,直到 1995 年才由美国数学家 Wiles A 彻底证明了费马大定理成立.

原题的 x,y,z 其指数都是 14,显然如有全是非零的整数解,也就会有正整数解,所以原题的对象实际上不存在.当然如果早 200 年,当并不知道该题的对象不存在,该题也可以是一道较好的习题.

在 [6] 中,也有对象不存在的命题,但那是外加条件不当所引起的,真正使结论成立的是 [6] 中的式⑥,而符合该条件的函数 $f(x)$ 是存在的.本节的自编题是真正意义下对象并不存在照样可以证明其性质的一个命题.

2°. 由于费马大定理太著名了,在数学竞赛中也常会涉及.下例就是要用该定理 $n=3$ 的结论来解答的试题.1° 中已提及 $n=3$ 时的情况是由欧拉解决的,其证明十分困难.如果不知道此结论,在不长的竞赛时间内解决该题是不太可能的.

[11 -1]　　　　　　　　　　　　　　　☆ ☆ ☆

解方程　$28^x = 19^y + 87^z$，这里 x, y, z 为整数.

　　　　　　（1987 年第 28 届国际数学奥林匹克竞赛备选题）

该题属初等数论. 在解答之前先列举一下涉及的几个概念和定理，它们在以后一些问题的讨论中还会用到.

欧拉函数 $\varphi(m)$ 的定义：

欧拉函数 $\varphi(m)$ 对于所有正整数 m 都有意义，它表示数列

$$0, 1, 2, \cdots, m - 1$$

中与 m 互质的数的个数.

1 与任何整数都互质. 可直接计算，例如 $\varphi(1) = 1, \varphi(2) = 1$, $\varphi(4) = 2, \varphi(15) = 8$，当 m 是质数时，恒有 $\varphi(m) = m - 1$.

$\varphi(m)$ 的函数值还有如下的计算方法：

若 m 的质因数标准分解式为

$m = P_1^{\alpha_1} P_2^{\alpha_2} \cdots P_k^{\alpha_k}$（其中 $P_1, P_2, \cdots, P_k$ 是不同的质数，$\alpha_1, \alpha_2, \cdots, \alpha_k$ 是正整数），则

$$\varphi(m) = (P_1^{\alpha_1} - P_1^{\alpha_1 - 1})(P_2^{\alpha_2} - P_2^{\alpha_2 - 1}) \cdots (P_k^{\alpha_k} - P_k^{\alpha_k - 1}).$$

欧拉定理　对每个整数 $m > 1$ 和一切与 m 互质的正整数 a，都有

$$a^{\varphi(m)} \equiv 1 (\bmod\ m).$$

最常用的是它的推论：

费马小定理　若 P 是质数，$P \nmid a$，则

$$a^{P - 1} \equiv 1 (\bmod\ P).$$

在本例中特别要用到的是如下引理：

设 d 为满足 $a^d \equiv 1 (\bmod\ m)$ 的最小正整数幂（称 d 为 $a (\bmod\ m)$ 的阶），那么满足 $a^g \equiv 1 (\bmod\ m)$ 的其他非负整数幂 g 都是 d 的倍数.

证明　用反证法. 设 g 不是 d 的倍数，则

$$g = nd + r (1 \leqslant r < d).$$

因为 d 为满足 $a^d \equiv 1 (\bmod\ m)$ 的最小正整数幂，所以 $a^r \not\equiv 1 (\bmod\ m)$，则有

$$a^g \equiv (a^d)^n \cdot a^r \equiv a^r \not\equiv 1 \pmod{m},$$

矛盾. 所以 g 是 d 的倍数.

下面给出本例的解.

解　设整数 x,y,z 是原方程的整数解.

（ i ）用反证法证明 x,y,z 的非负性.

若 x,y,z 中有负数, 例如 $z<0$, 则用 28^x、19^y、87^z 的分母的最小公倍数乘方程

$$28^x = 19^y + 87^z \qquad\qquad ①$$

的两边, 左边所得的整数被 3 整除, 右边的第一项被 3 整除, 第二项不能被 3 整除, ① 不成立.

同理若 $x<0$, 用 "2" 分析, $y<0$ 用 "19" 分析, 于是 x,y,z 均非负.

（ ii ）证明 $x>0$, z 为奇数, y 为非零偶数.

显然 $x>z\geq 0$. 由 ① 得

$$0 \equiv (-1)^y + (-1)^z \pmod 4.$$

$\therefore y,z$ 的奇偶性不同, 又由 ① 得

$$(-1)^x \equiv 19^y \pmod{29}.$$

由费马小定理　$19^{28} \equiv 1 \pmod{29}$, 由引理通过计算可知 $19(\bmod 29)$ 的阶是 28, 且可知 $19^{14} \equiv -1 \pmod{29}$.

设 $1\leq r<14$, 用反证法证明 $19^r \not\equiv -1 \pmod{29}$. 设 $19^r \equiv -1 \pmod{29}$, 由 $19^r \cdot 19^{14-r} \equiv 19^{14} \equiv -1 \pmod{29}$ 得 $19^{14-r} \equiv 1 \pmod{29}$, 就与 $19(\bmod 29)$ 的阶是 28 矛盾.

由此, 再用反证法证明 $14 \mid y$. 设 $y=14q+r (1\leq r<14)$, 则 $19^y \equiv (19^{14})^q \cdot 19^r \equiv (-1)^q 19^r \equiv (-1)^x \pmod{29}$. 得 $19^r \equiv +1$ 或 $-1 \pmod{29}$, 矛盾. 所以 y 是偶数, 而 z 是奇数.

再用反证法证明, $y\neq 0$. 设 $y=0$, 则由 ① 得

$$28^x = 1 + 87^z = 88 \cdot (87^{z-1} - 87^{z-2} + \cdots - 87 + 1),$$

此式右端被 11 整除, 左端不能被 11 整除, 矛盾.

（ iii ）证明 y,z,x 都能被 3 整除.

由 ① 得　$1^x \equiv 1^y + 87^z \pmod 9$, 即 $87^z \equiv 0 \pmod 9$.

∵ z 是奇数, 显然 $z \geq 3$. 又 ∵ $87^z = 3^z \cdot 29^z$, ∴ $27 \mid 87^z$.

仍由①得　$1^x \equiv 19^y (\bmod 27)$, 即 $19^y \equiv 1 (\bmod 27)$.

∵ $\varphi(27) = 3^3 - 3^2 = 18$, ∴ 由欧拉定理知 $19^{18} \equiv 1 (\bmod 27)$. 以此为基础, 由计算可知 $19 (\bmod 27)$ 的阶为 3. 由引理可知 $3 \mid y$.

又因 y 是不等于 0 的偶数, 从而 $6 \mid y$. 由费马小定理, $19^6 \equiv 1 (\bmod 7)$, ∴ 有 $19^y \equiv 1 (\bmod 7)$.

由①得　$0 \equiv 1 + 87^z (\bmod 7)$, 即 $3^z \equiv -1 (\bmod 7)$, 由费马小定理及计算可知 $3 (\bmod 7)$ 的阶为 6, 且可知 $3^3 \equiv -1 (\bmod 7)$. 和前述证明 $14 \mid y$ 一样, 可得 $3 \mid z$.

用同样的办法可知, $11 (\bmod 19)$ 的阶为 3. 再由①及 $3 \mid z$ 得
$$9^x \equiv 87^z \equiv 11^z \equiv 1 (\bmod 19).$$
由计算可知 $9 (\bmod 19)$ 的阶为 9, 由引理得 $9 \mid x$.

由于 x, y, z 是被 3 整除的正整数, 所以①可表示成
$$(28^{\frac{x}{3}})^3 + (19^{\frac{y}{3}})^3 = (87^{\frac{z}{3}})^3. \qquad\qquad ②$$
②与费马大定理矛盾. 从而断定①无解.

注: 1987 年第 28 届国际奥林匹克竞赛时, 费马大定理还未获证, 但 $n = 3$ 时的结论已成常识了. 现在来解本题就可直接称②与费马大定理矛盾.

[12] 映射和一一对应　　　　　　解答表述错误　　☆☆

原题　已知 2^{130} 以 1 开头, $S = \{2^n \mid n = 1, 2, 3, \cdots, 130\}$, 则 S 中有多少个数以 4 开头?

　　　　　　　　　　　　　　(2001 年美国数学奥林匹克竞赛预选赛试题)

原解　将 $1, 2, 3, \cdots, 9$ 分成 4 个集合 $A = \{1\}$, $B = \{2, 3\}$, $C = \{4\}$, $D = \{5, 6, 7, 8, 9\}$.

∵ $2^{130} \approx 10^{0.3010 \times 130} = 10^{39.13}$, ∴ 2^{130} 为 40 位数.

记 x 的首位为 $T(x)$, 则易知:

(1) 若 $T(x) \in A$, 则 $T(2x) \in B$;

(2) 若 $T(x) \in B$, 则 $T(2x) \in C \cup D$;

(3) 若 $T(x) \in C$, 则 $T(2x) \in D$;

(4) 若 $T(x) \in D$, 则 $T(2x) \in A$.

又 $\because T(2^{130}) = 1$, 则由 (1), (2), (3), (4) 可知每个 $T(x) \in A$, 唯一对应一个 $T(2x) \in B$, 反之也成立.

$\therefore |A| = |B|$, 同理可知每个 $T(x) \in A$, 唯一对应 $T(\dfrac{x}{2}) \in D$, 反过来也成立.

$\therefore |D| = |A|$.

又 $\because 2^{130}$ 有 40 位, 且每次只有进位, 才会出现首位为 1,

$\therefore |A| = |B| = |D| = 39$,

$\therefore |C| = 130 - 39 \cdot 3 = 13$.

$\therefore$ 以 4 开头的数有 13 个.

辨析

1°. 原解思路是正确的, 想用数学语言表述, 但表述错了. 本小节先用通俗语言表述本题的解法, 在 2° 中再来辨析如何用数学语言来表述本题的解法.

将 S 中的元素排成一个递增数列:

$2, 4, 8, 16, 32, 64, 128, \cdots, 2^{130}$.

这是一个以 2 为首项, 公比为 2 的共 130 项的等比数列.

$\because \lg 2^{130} = 130 \cdot \lg 2 \approx 39.13$, 由常用对数首数的意义, 可知 2^{130} 为 40 位数, 且已知其以 1 开头.

可以看出, 数列中以 1 开头的数, 是且仅是前一项的数乘以 2 后整个数发生了进位而形成的, 而且此时后项比前项只会多一个数位. 数列第一项是个位数 2, 最后一项是 40 位数 2^{130}, 所以该数列在递增的过程中发生了 39 次整个数的进位. 这就说明了 S 中以 1 开头的数共有 39 个. 同时可知 S 中的数乘以 2 后整个数会发生进位的, 是一些分别以 5, 6, 7, 8, 9 为开头的数, 所以在 S 中以这五个数为开头的数也共有 39 个.

显然以 1 开头的数而且只有以 1 开头的数乘以 2 后, 作为积的该数以 2 或以 3 开头. 虽然 2^{130} 乘以 2 所得之数已不属于 S, 但数列中的第一项 2 也是以 2 开头却不是以 1 开头的数乘以 2 所引起的. 所以 S 中以 2 或 3 开头的数也和以 1 开头的数一样多, 共有 39 个.

这样 S 中剩下的就是以 4 开头的数, 所以 S 中以 4 开头的数共有 $130 - 39 \cdot 3 = 13$ (个).

2°. 学习尽可能符号化的数学语言表述也是学习数学的重要内容之一, 而这在当前的数学教学中又是常被忽视的问题, 为此借助原解再作一些辨析.

原解引进集合 A、B、C、D 并记 x 的首位为 $T(x)$ 是符号化叙述的一种努力, 但对本题而言仅采用这些符号是不够的. 还须对 S 进行分类, 即构建 S 的一个分划: S_A、S_B、S_C、S_D. 所谓一个集合的分划, 就是将该集合分解成若干非空子集合, 该集合就是这些子集合的并集合, 且这些子集合两两之间的交集合是空集合.

当 $x \in S$ 时, 设若 $T(x) \in A$, 则 $x \in S_A$; 反之若 $x \in S_A$, 则 $T(x) \in A$. 或表示为: 当 $x \in S$ 时, 设 $x \in S_A \Leftrightarrow T(x) \in A$. 这就表示了 S_A 的构建. 可用同样的方法构建 S_B, S_C, S_D. 显然 S_A、S_B、S_C、S_D 是 S 的一个分划.

一般 $|A|$ 是表示集合 A 的势, 在 A 是有限集合的情况下, 它就表示集合 A 的元素的个数, 原解中的 $|A| = |B|$ 及原解中所有使用该符号的地方都是明显错误的.

解决本题的关键, 除求出 $|S_A| = 39$ 外, 是证明 $|S_D| = |S_A|$ 及 $|S_A| = |S_B|$.

要证明两个有限集合元素个数相等, 只要证明存在着这两个集合元素之间的一一对应 (一般情况下势相等的证明也一样). 在简单情况下, 只要具体举出这个一一对应就可以了. 当然在复杂情况下, 往往要先构造一个从一个集合到另一个集合的映射, 然后再证明这映射是一一对应.

本题本是简单情况, 由于原解中错误太多, 为了辨析, 就舍简就

繁先来证明 $|S_D| = |S_A|$，即证明 S_D 与 S_A 元素之间可以建立一一对应.

设 $x \to 2x$，先证它是 S_D 到 S_A 的映射，这里主要是证明任取 $x \in S_D$，有 $2x \in S_A$，即像在 S_A 中的存在性；像的唯一性实际上已有运算结果的唯一性所保证. 证明如下：

因 $x \in S_D \Leftrightarrow T(x) \in D$，由原解中所列举的性质（4）得 $T(2x) \in A$，又显然当 $x \in S_D$ 时有 $2x \in S$，由构建 S_A 时的等价性条件得 $2x \in S_A$.

再同样证明逆对应 $x \to \dfrac{x}{2}$ 是 S_A 到 S_D 的映射. 显然原解中所列举的性质就不够用了，还须列举出性质：若 $T(x) \in A$，则 $T(\dfrac{x}{2}) \in D$.

这样就证明了 $x \to 2x$ 是 S_D 和 S_A 元素之间的一一对应. $\therefore |S_D| = |S_A|$.

至于原解中所建立的对应全是错误的. 例如"每个 $T(x) \in A$ 唯一对应一个 $T(2x) \in B$"是指 $T(x)$ 与 $T(2x)$ 之间的对应？还是 A 中的元素与 B 中的元素之间的对应？还是集合 A 与集合 B 的对应. 一般在数学中没有这样的表述方式. 当然其含意是可以猜测的，它并非表示集合与集合之间元素间的对应关系，而是想表达命题与命题之间的关系，即当 S 中的元素 x 的首位数是 1 时，有且仅有 $2x$ 的首位数是 2 或 3. 这样的命题之间的关系用"唯一对应"来表达显然也是不确切的.

关于 $|S_A| = |S_B|$ 的证明，尽管也可列举出性质：若 $T(x) \in B$，则 $T(\dfrac{x}{2}) \in A$，但不能同理可知 $|S_A| = |S_B|$. 因为现在 $x \to 2x$ 已不是 S_A 到 S_B 的映射，这只要注意 S 中的 $x = 2^{130}$，由已知条件有 $T(x) \in A$，即 $x \in S_A$；但 $2x \in S$，当然 $2x \in S_B$，即在对应 $x \to 2x$ 下，当 $x = 2^{130}$ 时，S_A 中的这个元素在 S_B 中没有像存在. 同理逆对应 $x \to \dfrac{x}{2}$，S_B 中的元素 $x =$

2,由于 $\frac{x}{2} \in S$,它在 S_A 中也没有像存在. 前面在构建分划 S_A、S_B、S_C、S_D 时,等价关系"$\Leftrightarrow$"的前提是 $x \in S$.

但可以建立如下的 S_A 到 S_B 上的一一对应:

$$x \to \begin{cases} 2x & \text{当 } x \neq 2^{130} \text{ 时}; \\ 2 & \text{当 } x = 2^{130} \text{ 时}. \end{cases} \tag{※}$$

举出了这个一一对应,就可知 $|S_A| = |S_B|$. 如果说还要证明(※)是一一对应,那还得用到余集合的符号. 在 S_A 中去掉元素 2^{130} 所成的集合可记为 $C_{S_A}\{2^{130}\}$;在 S_B 中去掉元素 2 所成的集合可记为 $C_{S_B}\{2\}$. 这时就可称"同理可证":

$x \to 2x$ 是 $C_{S_A}\{2^{130}\}$ 到 $C_{S_B}\{2\}$ 上的一一对应. 于是(※)就是 S_A 和 S_B 元素之间的一一对应.

以上弄得很繁杂是解释这些符号的意义及其表述所引起,如果这些符号是大家所熟知的,就可用符号化的语言将本题的解严密且简捷地表述出来. 读者可作为练习完成此工作.

[13] 函数的最大值和最小值

题和解都有概念性错误 ☆ ☆ ☆

原题 试决定下式的最小值:

$$\max_{0 \leqslant x_i \leqslant 1} |F_1(x_1) + F_2(x_2) + \cdots + F_n(x_n) - x_1 x_2 \cdots x_n|$$

(对一切可能的实值函数 $F_i(t)$ $(0 \leqslant t \leqslant 1, 1 \leqslant i \leqslant n)$).

原基本思路 考察 x_i 取特殊值时的情况,可取边界值 0 或 1,再构造函数,证明其确为最小值.

原解 $n = 1$ 时 $\max|F_1(x_1) - x_1| \geqslant 0$,且当 $F_1(x_1) = x_1$ 能取等号. $\therefore$ 该表达式最小值为 0.

当 $n \geqslant 2$,设 $S_k = F_1(x_1) + \cdots + F_n(x_n) - x_1 x_2 \cdots x_n$,其中 $x_k = 0, x_i = 1 (i \neq k)$,

$$S_{n+1} = F_1(1) + F_2(1) + \cdots + F_n(1) - 1,$$

$$S_{n+2} = F_1(0) + F_2(0) + \cdots + F_n(0).$$

设所求值为 T, 则:

$$\sum_{k=1}^n S_k = F_1(0) + F_2(0) + \cdots + F_n(0) + (n-1)\big[F_1(1) + F_2(1) + \cdots + F_n(1)\big]$$

$$= S_{n+2} + (n-1)S_{n+1} + n - 1.$$

$$\therefore n - 1 = \sum_{k=1}^n S_k - (n-1)S_{n+1} - S_{n+2}$$

$$\leqslant \sum_{k=1}^n |S_k| + (n-1)|S_{n+1}| + |S_{n+2}| \leqslant 2nT,$$

$$\therefore T \geqslant \frac{n-1}{2n}.$$

下面证明当 $F_i(x) = \dfrac{1}{n}x - \dfrac{n-1}{2n^2}$ 时,

$$\max_{0 \leqslant x_i \leqslant 1} \left| \sum_{i=1}^n F_i(x_i) - \prod_{i=1}^n x_i \right| = \frac{n-1}{2n}.$$

$$\therefore \left| \sum_{i=1}^n F_i(x_i) - \prod_{i=1}^n x_i \right|$$

$$= \left| \frac{x_1 + x_2 + \cdots + x_n}{n} - x_1 x_2 \cdots x_n - \frac{n-1}{2n} \right|. \qquad ①$$

可将式①看作关于 x_i 的线性函数, 则 x_i 取 0 或 1 时达到最值.

若 $x_1 = x_2 = \cdots = x_n = 1$, 则式①值为 $\dfrac{n-1}{2n}$.

若 $x_i (1 \leqslant i \leqslant n)$ 中至少有 1 个为 0,

则原式 $\leqslant \max\left\{ \left| \dfrac{n-1}{n} - \dfrac{n-1}{2n} \right|, \left| 0 - \dfrac{n-1}{2n} \right| \right\} = \dfrac{n-1}{2n}.$

$$\therefore \max_{0 \leqslant x_i \leqslant 1} \left| \sum_{i=1}^n F_i(x_i) - \prod_{i=1}^n x_i \right| = \frac{n-1}{2n}.$$

$\therefore$ 所求最小值为 $\dfrac{n-1}{2n}$.

原说明　这种先求和, 从宏观上把握, 再利用平均化的思想在数学竞赛中是常用的,有点类似于抽屉原理.

辨析

1°. 原题涉及数学基本概念上的错误. 先澄清几个概念.

设 E 是由一些实数所组成的集合. 如果在 E 的所有元素中存在一个最大元素,该元素就称为集合 E 的最大值,用 $\max E$ 来表示. 如果在 E 的所有元素中存在一个最小元素,该元素就称为集合 E 的最小值,用 $\min E$ 来表示. 显然当 E 是一个有穷集合时,其最大值和最小值都总是存在的. 但当 E 是无穷集合时就不一定了. 例如取闭区间 $[0,1]$ 中的全体实数组成集合 E,则 $\max E = 1, \min E = 0$;但如果取开区间 $(0,1)$ 中的全体实数组成 E,E 的最大值和最小值就均不存在. 最小数原理(参见[7]2°定理1)所肯定的是,如果 E 是由一些自然数所组成的集合,不管 E 是有穷集合还是无穷集合 $\min E$ 总是存在的;显然此时 $\max E$ 在 E 是无穷集合时就不存在了.

如果存在一个实数 M,任取 $x \in E$(或者表述成对 E 中的一切实数 x)恒有 $x \leqslant M$,那么就称 M 是集合 E 的上界.

例如 E 取全体真分数所组成的集合,一切大于等于 1 的实数都可以作为集合 E 的上界,又如 E 取全体正整数的集合,则集合 E 就没有上界.

如果集合 E 有上界 M,显然比 M 大的任意实数都可以作为该集合的上界. 若集合 E 的所有的上界组成的集合中存在最小值,那么这个最小的上界就称为上确界. 用如下两个不等式就能完全表明集合 E 的上确界的特征.

若 M_0 是集合 E 的上确界,则任取 $x \in E$,恒有

$$x \leqslant M_0;$$

对任取小于 M_0 的实数 α,因 M_0 是上界中的最小者,则 α 一定不会是集合 E 的上界,即 E 中必存在数 x' 使

$$x' > \alpha.$$

M_0 是集合 E 的上确界,记为 $M_0 = \operatorname{Sup} E$.

例如 E 是全体真分数的集合,则 $\operatorname{Sup} E = 1$.

完全平行地可以引进下界、下确界的概念. 若 m_0 是集合 E 的下确界,可记为 $m_0 = \inf E$. 一个集合既有上界,又有下界就称为有界.

在数学中有一基本定理称为确界存在定理.

定理　若集合 E 有上(下)界,则它必有上(下)确界.

就像最小数原理要用自然数理论来证明一样,确界存在定理要用实数理论来证明.

容易明白,如果 E 是有穷集合时,则有

$$\operatorname{Sup} E = \max E;\ \inf E = \min E.$$

如果 E 是无穷集合,若其最大值、最小值存在,仍有以上关系;但如果仅知道 E 的上(下)确界存在,却不能肯定 E 的最大(小)值存在. 只有当这上(下)确界是 E 中的元素时,最大(小)值存在,且有以上关系.

例如 E 是全体真分数的集合,其上(下)确界均存在,但不存在最大(小)值.

设 $F(x)$ 是其定义域 D 上的实值函数,对应其定义域就有一个函数值的集合,设为 E,对 E 就可以讨论它的上(下)界、上(下)确界、最大(小)值. 如存在相应地可称为该函数在其定义域上的上(下)界、上(下)确界、最大(小)值,且可用类似的符号来表示.

例如 $\max\limits_{0 \leqslant x \leqslant 1} F(x)$,就表示实值函数 $F(x)$,当 x 在 $[0,1]$ 上取值时所得到的 $F(x)$ 函数值集合的最大值.

但对一个具体的函数 $F(x)$ 来说,上(下)界、上(下)确界、最大(小)值并不一定存在.

例如

$$F(x) = \begin{cases} \dfrac{1}{x} & 0 < x \leqslant 1; \\[2mm] \dfrac{1}{2} & x = 0. \end{cases}$$

显然 $F(x)$ 在 $[0,1]$ 上无上界, $\underset{0 \leqslant x \leqslant 1}{\text{Sup}} F(x)$ 不存在, $\underset{0 \leqslant x \leqslant 1}{\max} F(x)$ 不存在. 但有下界, 且 $\underset{0 \leqslant x \leqslant 1}{\min} F(x) = \underset{0 \leqslant x \leqslant 1}{\inf} F(x) = \dfrac{1}{2}$.

再如

$$F(x) = \begin{cases} x & 0 \leqslant x < 1; \\ 0 & x = 1. \end{cases}$$

$\underset{0 \leqslant x \leqslant 1}{\text{Sup}} F(x) = 1$, 但 $\underset{0 \leqslant x \leqslant 1}{\max} F(x)$ 不存在.

在竞赛数学中常用到如下两个结论:

① 函数 $F(x)$ 在其自变量变化的区域 D 上有上(下)界, 则必有上(下)确界.

其可由确界存在定理直接证得.

② 函数 $F(x)$ 在闭区间 $[a, b]$ 上连续, 则必在 $[a, b]$ 上存在最大值和最小值.

它是根据确界存在定理和连续函数的概念来证明的.

2°. 在澄清了几个概念后, 来分析原题所表示的含意.

记

$$T_{F_1, F_2, \cdots, F_n}(x_1, x_2, \cdots, x_n)$$
$$= F_1(x_1) + F_2(x_2) + \cdots + F_n(x_n) - x_1 x_2 \cdots x_n, \qquad ①$$

它表示当给定 n 个实值函数 $F_i(t)$ $(0 \leqslant t \leqslant 1, i = 1, 2, \cdots, n)$ 后用式①的方法构造了一个定义在 n 维正方体 $0 \leqslant x_i \leqslant 1 (i = 1, 2, \cdots, n)$ 上的 n 元函数, 当 n 个自变量 $x_i (i = 1, 2, \cdots, n)$, 在各自的定义域上取定一个值时, 式①所表示的就是对应的这 n 元函数的一个函数值.

记

$$\underset{0 \leqslant x_i \leqslant 1}{\max} \left| T_{F_1, F_2, \cdots, F_n}(x_1, x_2, \cdots, x_n) \right| = T_{F_1, F_2, \cdots, F_n}. \qquad ②$$

对式①的函数值取绝对值, 并让自变量 $x_i (i = 1, 2, \cdots, n)$ 在各自的定义域上变动, 这样得到了一个由各函数值的绝对值所组成的一个集合, 式②就表示这个集合的最大值. 式①取绝对值后仍可看作是

一个 n 元函数,式②也可以看成这个 n 元函数在其定义域上的最大值并将最大值表示成 $T_{F_1,F_2,\cdots,F_n}$. 这最大值是一个实数值,它是对给定的 n 个函数来说的.

记

$$\min_{F_1,F_2,\cdots,F_n} T_{F_1,F_2,\cdots,F_n} = T. \qquad ③$$

再让 $F_1,F_2,\cdots,F_n$ 变动,这就形成了式②的值的集合,式③表示求这个集合的最小值,并设这个最小值为 T. 原题就是求 T. 而且是对一切可能的实值函数 $F_i(t)$ $(0 \leqslant t \leqslant 1, i=1,2,\cdots,n)$ 来求 T.

这样问题就出来了,对任意给定的函数 $F_i(t)$,不能保证最大值②存在.

在最简单情况下,令 $n=1$ 构建反例:

$$取 F_1(t) = \begin{cases} t+\dfrac{1}{t} & t \in (0,1] \\ 0 & t=0, \end{cases}$$

则 $T_{F_1}(x_1) = F_1(x_1) - x_1 = \begin{cases} \dfrac{1}{x_1} & x_1 \in (0,1] \\ 0 & x_1 = 0. \end{cases}$

显然 $|F_1(x_1) - x_1|$ 在 $[0,1]$ 上不存在最大值.

为了保证②的存在,对 $F_i(t)$ 必定要有所限制,像原题那样称 $F_i(t)$ 可取一切可能的实值函数而不加限制,就成错题了.

最易想到的是设 $F_i(t)$ 是 $[0,1]$ 上的连续函数 $(i=1,2,\cdots,n)$,的确此时能保证②存在. 但其证明毕竟要涉及 n 元函数的连续性以及定理:定义在有界闭区域上的 n 元连续函数一定存在最大值和最小值(根据闭区域的严格定义,例如整个空间既是开的又是闭的,为排斥这类情况,就用“有界”来限定). 而且②存在了,又怎样证明③存在? 注意③现在已不是求一个函数的最小值了. $T_{F_1,F_2,\cdots,F_n}$ 是一个实数变量,但它是随函数 $F_i(t)$ 不同的取法而变动. 以取 $n=1$ 为例,一个一元函数有一个自变量,自变量取一个实数值就有一个函数值

和它对应；T_{F_1} 是一个变量，但这时已没有自变量，现在变化的是 F_1 取各种各样的函数，取定一个函数以后，若 $|F_1(x_1) - x_1|$ 在 $[0,1]$ 上存在最大值，这最大值就记为 T_{F_1}，T_{F_1} 与这个取定的函数相对应．③应当理解为求一个实数集合的最小值.

原解不但没有证明②存在（实际上在原题所给条件下，前面已用反例证明了②并不一定存在），而且在没有证明③存在的情况下，设其为 T，推导出 $n-1 \le 2nT$ 的过程又缺乏依据，所以原解实际上也是错误的.

一般情况下要直接证明③存在几乎是不可能的，在假设 $F_i(t)$ 是连续函数的情况下③的确存在，但不是直接证明，而是在证得了

$$T_{F_1,F_2,\cdots,F_n} \ge \frac{n-1}{2n}$$ 后，具体构造函数 $F_i(t)$，对这 n 个函数来说

$$T_{F_1,F_2,\cdots,F_n} = \frac{n-1}{2n},$$ 所以有 $T = \frac{n-1}{2n}$.

在 3° 中，我们给出对原题的另一种修改方案，并给出解答，读者自行和原解比较，对原解辨析.

3°． 试决定下式的最小值：

$$\operatorname*{Sup}_{0 \le x_i \le 1} |F_1(x_1) + F_2(x_2) + \cdots + F_n(x_n) - x_1 x_2 \cdots x_n|$$

（对一切可能的有界的实值函数 $F_i(t)$ $(0 \le t \le 1, i = 1, 2, \cdots, n)$).

解　记 $|T_{F_1,F_2,\cdots,F_n}(x_1, x_2, \cdots, x_n)|$

$$= |F_1(x_1) + F_2(x_2) + \cdots + F_n(x_n) - x_1 x_2 \cdots x_n|. \qquad ①$$

∵ $F_i(t)$ $(0 \le t \le 1, i = 1, 2, \cdots, n)$ 有界，即既有上界又有下界，取定 $F_i(t)$ 则可设 $|F_i(t)| \le M_i$ $(0 \le t \le 1, i = 1, 2, \cdots, n)$.

又显然，当 $0 \le x_i \le 1$ $(i = 1, 2, \cdots, n)$ 时，$|x_1 x_2 \cdots x_n| \le 1$. 于是有

$$|T_{F_1,F_2,\cdots,F_n}(x_1, x_2, \cdots, x_n)|$$

$$\le |F_1(x_1)| + |F_2(x_2)| + \cdots + |F_n(x_n)| + |x_1 x_2 \cdots x_n|$$

$$\le M_1 + M_2 + \cdots + M_n + 1 \le M, \quad (M \text{ 是一个取定的常数，它的存在}$$

是显然的).

由确界存在定理，可设

$$\mathop{\mathrm{Sup}}_{0 \leqslant x_i \leqslant 1} | T_{F_1, F_2, \cdots, F_n}(x_1, x_2, \cdots, x_n)| = T_{F_1, F_2, \cdots, F_n}. \qquad ②$$

当 $n = 1$ 时，式②即为 $\mathop{\mathrm{Sup}}\limits_{0 \leqslant x_1 \leqslant 1} |F_1(x_1) - x_1| = T_{F_1}$. 让 F_1 在有界实值函数这类函数中变动，T_{F_1} 就随着变动，但显然总有 $T_{F_1} \geqslant 0$. 取 $F_1(x_1) = x_1$，对应地 $T_{F_1} = 0$，$\therefore \min T_{F_1} = 0$.

设 $n \geqslant 2$. 对取定的 $F_i(t)$，$T_{F_1, F_2, \cdots, F_n}(x_1, x_2, \cdots, x_n)$ 是一个定义在 n 维正方体上的 n 元函数. 取该函数在这 n 维正方体上的某些顶点处的值，由于该 n 元函数的取绝对值后的函数上确界存在，由式②这些顶点处的值的绝对值均不大于 $T_{F_1, F_2, \cdots, F_n}$.

设 $S_k (k = 1, 2, \cdots, n)$ 表示 $T_{F_1, F_2, \cdots, F_n}(x_1, x_2, \cdots, x_n)$ 当 x_k 取 0，其他 $x_i = 1 (i \neq k)$ 时的值. 又设 S_{n+1} 表示该函数 $x_i (i = 1, 2, \cdots, n)$ 全取 1 时的值，S_{n+2} 表示 $x_i (i = 1, 2, \cdots, n)$ 全取 0 时的值，则

$$\begin{aligned}
\sum_{k=1}^{n} S_k &= F_1(0) + F_2(1) + \cdots + F_n(1) \\
&\quad + F_1(1) + F_2(0) + \cdots + F_n(1) \\
&\quad \cdots \\
&\quad + F_1(1) + F_2(1) + \cdots + F_n(0) \\
&= [F_1(0) + F_2(0) + \cdots + F_n(0)] + \\
&\quad (n-1)[F_1(1) + F_2(1) + \cdots + F_n(1)] \\
&= S_{n+2} + (n-1)[S_{n+1} + 1] \\
&= S_{n+2} + (n-1)S_{n+1} + (n-1).
\end{aligned}$$

$$\therefore (n-1) = \sum_{k=1}^{n} S_k - (n-1)S_{n+1} - S_{n+2}$$

$$\leqslant \sum_{k=1}^{n} |S_k| + (n-1)|S_{n+1}| + |S_{n+2}|$$

$$\leqslant 2n T_{F_1, F_2, \cdots, F_n}.$$

$$\therefore T_{F_1, F_2, \cdots, F_n} \geqslant \frac{n-1}{2n}. \qquad ⑦$$

式③是在取定 $F_i(t)$ 的前提下得到的,但式③的右端 $\dfrac{n-1}{2n}$ 是一个与具体的 $F_i(t)$ 无关的常数,也就是说让 $F_i(t)$ 在有界实值函数这类函数中变动,式③均成立. 显然当 $F_i(t)$ 变动时 $T_{F_1,F_2,\cdots,F_n}$ 就形成一个集合,这说明这个集合有下界,当然也就存在下确界. 但还不能肯定这个集合一定就存在最小值. 然而如果我们能具体构造一组在闭区间 $[0,1]$ 上的有界函数 $F_i(t)(i=1,2,\cdots,n)$,相应的函数①有上确界 $\dfrac{n-1}{2n}$,那就说明 $\dfrac{n-1}{2n}$ 是 $T_{F_1,F_2,\cdots,F_n}$ 所形成的一个实数集合中的数值,这时由式③就可肯定 $\dfrac{n-1}{2n}$ 不但是 $T_{F_1,F_2,\cdots,F_n}$ 所形成的实数集合的下确界而且还是最小值.

取 $F_i(t)=\dfrac{1}{n}t-\dfrac{n-1}{2n^2}(i=1,2,\cdots,n)$,在 $0\leqslant t\leqslant 1$ 上显然是有界函数. 此时由式①有

$$|T_{F_1,F_2,\cdots,F_n}(x_1,x_2,\cdots,x_n)|$$

$$=\left|\sum_{i=1}^{n}F_i(x_i)-\prod_{i=1}^{n}x_i\right|$$

$$=\left|\frac{1}{n}\sum_{i=1}^{n}x_i-\prod_{i=1}^{n}x_i-\frac{n-1}{2n}\right|. \qquad ④$$

使用 [22]2° 类似的方法可以证明定义在 n 维正方体 $0\leqslant x_i\leqslant 1$ $(i=1,2,\cdots,n)$ 上的 n 元函数 $f=\dfrac{1}{n}\sum\limits_{i=1}^{n}x_i-\prod\limits_{i=1}^{n}x_i$,其最大值和最小值都在该 n 维正方体的顶点处达到. 由此可求出 $f_{max}=\dfrac{n-1}{n}$,$f_{min}=0$(后者还可用更简捷的方法来求,$\because 0\leqslant\prod\limits_{i=1}^{n}x_i\leqslant 1$,$\therefore \sqrt[n]{\prod\limits_{i=1}^{n}x_i}\geqslant\prod\limits_{i=1}^{n}x_i$,于是有 $f\geqslant\dfrac{1}{n}\sum\limits_{i=1}^{n}x_i-\sqrt[n]{\prod\limits_{i=1}^{n}x_i}\geqslant 0$,且 $f=0$ 可以达到).

$$\therefore \max_{0 \leqslant x_i \leqslant 1} \left| f - \frac{n-1}{2n} \right| = \frac{n-1}{2n}.$$

根据前述分析,就可知

$$\min_{F_1, F_2, \cdots, F_n} \left\{ \sup_{0 \leqslant x_i \leqslant 1} |F_1(x_1) + F_2(x_2) + \cdots + F_n(x_n) - x_1 x_2 \cdots x_n| \right\} = \frac{n-1}{2n}.$$

(其中 $F_1, F_2, \cdots, F_n$ 是有界实值函数). 解毕.

原解不但在一些概念性的问题上发生了错误,而且后半部分中称可将式④(即原解中的式①)看作关于 x_i 的线性函数,则 x_i 取 0 或 1 时达到最值,于是就通过验证式④在定义域的顶点处的值求出式④的最大值,此方法本身理由也是不充分的.

一个 n 元的线性函数,如果定义在 n 维空间的一个闭"多面体"上,的确可以证明其最大(小)值必定都在该"多面体"的顶点处取到(可参见[115]). 但④式显然不是 n 元线性函数,而且分别从单个变量来看也仅是线性函数的绝对值函数. 退一步说,如果一个多元函数从单个变量来看都是线性函数,以上结论也不一定成立. 反例如下:

设二元函数 $z = xy$ 定义在 xOy 平面内由 $x \geqslant 0, y \geqslant 0, x + y \leqslant 1$ 所确定的三角形上. 该二元函数是一个二次函数(双曲抛物面),虽然当其中一个变量视为常数时可将其分别看成 x 与 y 的线性函数,但 z 在定义域上的最大值却并不在三角形的顶点处达到. 由 $xy \leqslant \left(\dfrac{x+y}{2} \right)^2 \leqslant \dfrac{1}{4}$,可知最大值 $\dfrac{1}{4}$ 在定义域上的 $\left(\dfrac{1}{2}, \dfrac{1}{2} \right)$ 点处达到.

在以上解答中,为求式④的最大值,可先求 n 元函数 f 的最大值和最小值. 求最小值如前尚可用初等的不等式法(当 x_i 全为 1 或全为 0 等号能达到),但求最大值还得利用多元微分的知识先证明 f 的最大值只可能在 n 维正方体的某些顶点处取到才行(当 x_i 中仅有一个为 0,其余全为 1 的顶点处达到最大值).

在 2° 的情况下,即设 $F_i(t)$ 是 $[0,1]$ 上的连续函数,由于此时可以证明(要用到多元微分的知识)①式在其定义域上存在最大值,原题中的"max"就不需要像本小节那样改为"Sup". 解答步骤和结果基本一样.

从以上辨析还可知, 原基本思路其概括得并不确当. 原说明也与本题的实际求解没有多大关系.

原题和原解的错误是重技巧轻视系统知识而引起的.

第二章　不等式

[14]代数不等式　　　　　　　　　　　　　　　**错题**　　　○☆

原题　设 $a_1, a_2, b_1, b_2 \in \mathbf{R}$,且 $a_1 c_1 - b_1^2 = a_2 c_2 - b_2^2$,
求证:$(a_1 - a_2)(c_1 - c_2) - (b_1 - b_2)^2 \leqslant 0$.

原证明　令 $A = a_1 c_1 - b_1^2 = a_2 c_2 - b_2^2$,有

$$a_1 a_2 c_1 c_2 = (A + b_1^2)(A + b_2^2)$$
$$= A^2 + (b_1^2 + b_2^2)A + b_1^2 b_2^2 \geqslant (A + b_1 b_2)^2. \qquad ①$$

从而　$(a_1 - a_2)(c_1 - c_2) - (b_1 - b_2)^2$
$$= 2A + 2b_1 b_2 - (a_1 c_2 + a_2 c_1)$$
$$\leqslant 2A + 2b_1 b_2 - 2\sqrt{a_1 c_2 \cdot a_2 c_1} \leqslant 0. \qquad ②$$

辨析

1°. 原题是道错题.

首先补充假设 $c_1, c_2 \in \mathbf{R}$.

取 $a_1 = 2, a_2 = 1, c_1 = -1, c_2 = -2, b_1 = b_2 = 0$,就构成反例,这时有

$$a_1 c_1 - b_1^2 = a_2 c_2 - b_2^2 = -2,$$

而

$$(a_1 - a_2)(c_1 - c_2) - (b_1 - b_2)^2 = 1 > 0.$$

2°. 原证明的错误.

先看①式在什么情况下成立.

$\because b_1^2 + b_2^2 \geqslant 2\sqrt{b_1^2 b_2^2} = 2|b_1 b_2| \geqslant 2b_1 b_2$,$\therefore$ 只要 b_1、b_2 不全为 0,只有当 $A \geqslant 0$ 时,才会有 $(b_1^2 + b_2^2) \cdot A \geqslant 2b_1 b_2 \cdot A$,此时①式才会成立.

再看②式在什么情况下成立.

由①式得 $\sqrt{a_1 a_2 c_1 c_2} \geqslant \sqrt{(A + b_1 b_2)^2} = |A + b_1 b_2| \geqslant A + b_1 b_2$,

$\therefore$ 当 $a_1c_2 + a_2c_1 \geqslant 2\sqrt{a_1c_2 \cdot a_2c_1}$ 成立时②式就能成立,但这只有当 $a_1c_2 \geqslant 0, a_2c_1 \geqslant 0$,才行.

因原题中没有给出 $A \geqslant 0, a_1c_2 \geqslant 0, a_2c_1 \geqslant 0$ 这些条件,所以原证明是错误的.

3°. 关于原题的修改.

若 $A \geqslant 0$,易得 $a_1c_1 \geqslant 0, a_2c_2 \geqslant 0$,又若要 $a_1c_2 \geqslant 0, a_2c_1 \geqslant 0$,只要 a_1, a_2, c_1, c_2 同号(约定"0"既同正数同号,又同负数同号).

这样,原题如增加条件:a_1, a_2, c_1, c_2 都是非负实数(或非正实数),且

$$a_1c_1 - b_1^2 = a_2c_2 - b_2^2 \geqslant 0.$$

原题就能成立,而且原证明有效.

但是得注意,原题的修改方法并非是唯一的,这里仅仅是给出了一种原题的结论能成立的充分条件,其优点是保证了原证明有效. 对此不再作进一步的讨论,而来构建一个二次函数的模型,直观地说明原题的含意.

假定 $a_1 \neq 0, a_2 \neq 0, a_1 - a_2 \neq 0$,

设　$y_1 = a_1x^2 + 2b_1x + c_1$,其 $\Delta_1 = 4b_1^2 - 4a_1c_1$;

　　$y_2 = a_2x^2 + 2b_2x + c_2$,其 $\Delta_2 = 4b_2^2 - 4a_2c_2$.

原题的主要条件就是 $\Delta_1 = \Delta_2$.

而　　$y = y_1 - y_2 = (a_1 - a_2)x^2 + 2(b_1 - b_2)x + (c_1 - c_2)$,

原题的结论就是这二次函数的 $\Delta \geqslant 0$.

从二次函数的图像分析就可知道,要作为差的二次函数 $y = (a_1 - a_2)x^2 + 2(b_1 - b_2)x + (c_1 - c_2)$ 与 x 轴有公共点,并非一定要求判别式相等的二次函数 $y_1 = a_1x^2 + 2b_1x + c_1$ 与 $y_2 = a_2x^2 + 2b_2x + c_2$ 与 x 轴没有二个交点. 例如取 $y_1 = \dfrac{1}{2}x^2 - 2, y_2 = -\dfrac{1}{2}x^2 + 2$,有 $\Delta_1 = \Delta_2 = 4 > 0$,而 $y = y_1 - y_2 = x^2 - 4$,有 $\Delta = 16 > 0$. 即并非一定要 $A \geqslant 0$ $\left(A = -\dfrac{\Delta_1}{4} = -\dfrac{\Delta_2}{4}\right)$.

[15]三角不等式 　　　　　　错题、证明错误 ☆

原题 在△ABC中,对 $\lambda \geqslant 1$,求证:$\tan \dfrac{A}{\lambda} + 2\tan \dfrac{B}{2\lambda} + 3\tan \dfrac{C}{3\lambda} \geqslant$

$6\tan \dfrac{\pi}{6\lambda}$,当且仅当 $A = \dfrac{\pi}{6}$,$B = \dfrac{\pi}{3}$ 时等号成立.

原证明 　　当 $\alpha > 0$,$\beta > 0$ 且 $\alpha + \beta < \pi$ 时,有

$$\tan\alpha + \tan\beta = \frac{\sin\alpha\cos\beta + \cos\alpha\sin\beta}{\cos\alpha\cos\beta}$$

$$= \frac{\sin(\alpha + \beta)}{\cos\alpha\cos\beta} = \frac{2\sin(\alpha + \beta)}{\cos(\alpha + \beta) + \cos(\alpha - \beta)}$$

$$\geqslant \frac{2\sin(\alpha + \beta)}{1 + \cos(\alpha + \beta)} = 2\tan\frac{\alpha + \beta}{2}.$$

$\therefore$ 　　$\tan \dfrac{A}{\lambda} + 2\tan \dfrac{B}{2\lambda} + 3\tan \dfrac{C}{3\lambda} + 2\tan \dfrac{\pi}{6\lambda}$

$$\geqslant 2\tan \frac{\dfrac{A}{\lambda} + \dfrac{B}{2\lambda}}{2} + 2\tan \frac{\dfrac{B}{2\lambda} + \dfrac{C}{3\lambda}}{2} + 4\tan \frac{\dfrac{C}{3\lambda} + \dfrac{\pi}{6\lambda}}{2}$$

$$\geqslant 4\tan \frac{\dfrac{A}{\lambda} + \dfrac{B}{2\lambda} + \dfrac{B}{2\lambda} + \dfrac{C}{3\lambda}}{4} + 4\tan \frac{\dfrac{2C}{3\lambda} + \dfrac{\pi}{3\lambda}}{4}$$

$$\geqslant 8\tan \frac{\dfrac{A}{\lambda} + \dfrac{B}{2\lambda} + \dfrac{B}{2\lambda} + \dfrac{C}{3\lambda} + \dfrac{2C}{3\lambda} + \dfrac{\pi}{3\lambda}}{8} = 8\tan \frac{\pi}{6\lambda}.$$

故所证不等式成立. 显然,由证明过程可知当且仅当 $A = \dfrac{\pi}{6}$,

$B = \dfrac{\pi}{3}$ 时等号成立.

辨析

本题是错题,举反例如下:

取 $A = 91°$、$B = 60°$、$C = 29°$ 及 $\lambda = 1$,则有

$$\tan\frac{A}{\lambda} = \tan91° \doteq -57.29,$$

$$\tan\frac{B}{2\lambda} = \tan30° \doteq 0.5774,$$

$$\tan\frac{C}{3\lambda} = \tan\frac{29°}{3} \doteq 0.1703,$$

$$\tan\frac{\pi}{6\lambda} = \tan30° \doteq 0.5774.$$

估算一下就可知要求证的不等式左端是负值,右端为正值,其差距远在近似计算误差范围之外,不等式不能成立.

原题"在△ABC 中"应改为"在锐角△ABC 中".

那么原证明怎能在一般三角形的情况下推得结论成立? 错在何处?

正切函数在 $\left(0, \frac{\pi}{2}\right)$ 上是凸函数(参见[27]),从凸函数的性质,当 α、β 是锐角时立即就可得 $\tan\alpha + \tan\beta \geq 2\tan\frac{\alpha+\beta}{2}$. 但从图像上分析也可知,当 α、β 至少有一只钝角时,这不等式不一定能成立. 原证明的错误就发生在第一部分.

当 $\alpha > 0$, $\beta > 0$, 且 $\alpha + \beta < \pi$ 时, α 也有可能是钝角. 设 α 是钝角,此时 $\frac{\sin(\alpha+\beta)}{\cos\alpha\cos\beta} < 0$, 但 $2\tan\frac{\alpha+\beta}{2} > 0$. 错误就发生在

$$\frac{2\sin(\alpha+\beta)}{\cos(\alpha+\beta)+\cos(\alpha-\beta)} \geq \frac{2\sin(\alpha+\beta)}{1+\cos(\alpha+\beta)}$$

这一步上.

虽有 $\cos(\alpha-\beta) \leq 1$, 上述替代分母是增加了,但整个式子的值并非就一定减少!

例如 $\frac{a}{b+x}$, 取 $a = 1$, $b = -2$, x 先取 1 再取 3, 上式分母就从 -1 变到 $+1$ 是增加,而整个式子也从 -1 变到 $+1$, 也增加.

[16]几何不等式用三角不等式证明   **提示不当**   ○☆

原题 若 $\triangle ABC$ 的边长分别为 a,b,c，外接圆半径为 R，试证

$$a+b+c \leqslant 3\sqrt{3}R.$$

原提示 先证 $m_a^2 + m_b^2 + m_c^2 \leqslant \dfrac{27}{4}R^2$，再利用余弦定理证明

$$(a+b+c)^2 \leqslant 4(m_a^2 + m_b^2 + m_c^2).$$

辨析

1°. 按原提示通过中线来证明比较繁.

在高中的竞赛数学中证明有关面积和周长的不等式，经常使用到与面积和周长有关的一些极值定理.

定理 1 （Steiner 定理）边长一定的 n 边形中，以存在外接圆者的面积为最大.

定理 2 （等周定理）周长一定的 n 边形中，以正 n 边形的面积最大.

定理 3 圆内接 n 边形中以正 n 边形的周长最大.

由定理 3 立即可知，当三角形外接圆半径 R 一定时，以正三角形的周长为最长，由此本题立即得证.

本题是初中竞赛数学的习题，在该书中就经常使用如下的三角不等式来证题.

在 $\triangle ABC$ 中有 $\sin A + \sin B + \sin C \leqslant \dfrac{3\sqrt{3}}{2}$，等号当且仅当 $A = B = C = \dfrac{\pi}{3}$ 时成立.

由正弦定理得

$$a+b+c = 2R(\sin A + \sin B + \sin C).$$

本题又可立即得证.

有些几何不等式，由正弦定理和余弦定理与三角函数联系起来，然后通过证明三角不等式来得到证明，这确是一个常用方法. 下一小

节我们不使用竞赛数学中的一些现成结论用三角法给出本题证明.

2°. $\because a^2 + b^2 \geqslant 2ab ; b^2 + c^2 \geqslant 2bc ; a^2 + c^2 \geqslant 2ac.$

$\therefore (a+b+c)^2 = a^2 + b^2 + c^2 + 2ab + 2bc + 2ac \leqslant 3(a^2+b^2+c^2).$

设 AB 是 $\triangle ABC$ 的最长边,O 是外心,$\angle BOC = \theta_1$,$\angle AOC = \theta_2$,不管 O 在 $\triangle ABC$ 形内还是形外,都有

$$a^2 = 2R^2 - 2R^2\cos\theta_1,$$
$$b^2 = 2R^2 - 2R^2\cos\theta_2,$$
$$c^2 = 2R^2 - 2R^2\cos(\theta_1+\theta_2).$$

$\therefore a^2 + b^2 + c^2 = 6R^2 - 2R^2[\cos\theta_1 + \cos\theta_2 + \cos(\theta_1+\theta_2)].$

设 $m = \cos\theta_1 + \cos\theta_2 + \cos(\theta_1+\theta_2)$

$$= 2\cos\frac{\theta_1+\theta_2}{2}\cos\frac{\theta_1-\theta_2}{2} + 2\cos^2\frac{\theta_1+\theta_2}{2} - 1.$$

$\therefore 2\cos^2\frac{\theta_1+\theta_2}{2} + 2\cos\frac{\theta_1-\theta_2}{2}\cos\frac{\theta_1+\theta_2}{2} - m - 1 = 0.$

即 $2t^2 + 2\cos\frac{\theta_1-\theta_2}{2} \cdot t - m - 1 = 0$ 有实数根.

$\therefore \Delta = 4\cos^2\frac{\theta_1-\theta_2}{2} + 8(m+1) \geqslant 0.$

$\therefore m \geqslant -\frac{1}{2}\cos^2\frac{\theta_1-\theta_2}{2} - 1 \geqslant -\frac{3}{2}.$

$\therefore (a+b+c)^2 \leqslant 3(a^2+b^2+c^2) \leqslant 3\left[6 - 2\left(-\frac{3}{2}\right)\right]R^2 = 27R^2.$

$\therefore a + b + c \leqslant 3\sqrt{3}R.$

当 $\theta_1 = \theta_2$,$m = -\frac{3}{2}$ 时 $\triangle ABC$ 为正三角形,该不等式当 $\triangle ABC$ 是正三角形时等号成立.

注:使用正弦定理,由
$$(a+b+c)^2 \leqslant 3(a^2+b^2+c^2)$$
$$= 12(\sin^2 A + \sin^2 B + \sin^2 C)R^2$$

$$= 6 \left[3 - \left(\cos 2A + \cos 2B + \cos 2C \right) \right] R^2,$$

设 $m = \cos 2A + \cos 2B + \cos 2C$

$$= 2\cos^2(A+B) + 2\cos(A-B)\cos(A+B) - 1,$$

用 Δ 方法也可求出 $m \geqslant -\dfrac{3}{2}$，由此本题也可获证.

3°. 在初中竞赛数学中经常直接使用三角不等式：

在 $\triangle ABC$ 中 $\sin A + \sin B + \sin C \leqslant \dfrac{3\sqrt{3}}{2}$，等号当且仅当 $A = B = C =$

$\dfrac{\pi}{3}$ 时成立. 其本身如何证明？[27] 中将会看到利用关于严格上凸函数的琴生不等式一步就可得证. 但在中学数学的范围内又如何证明呢？分四步证明如下：

（1）在 $\triangle ABC$ 中 $\cos A + \cos B + \cos C \leqslant \dfrac{3}{2}$，等号当且仅当 $A = B =$

$C = \dfrac{\pi}{3}$ 时成立.

证明 $\cos A + \cos B + \cos C = \cos A + \cos B - \cos(A+B)$

$$= 2\cos\frac{A+B}{2}\cos\frac{A-B}{2} - 2\cos^2\frac{A+B}{2} + 1$$

$$\leqslant -2\cos^2\frac{A+B}{2} + 2\cos\frac{A+B}{2} + 1$$

$$= -2\left(\cos\frac{A+B}{2} - \frac{1}{2}\right)^2 + \frac{3}{2} \leqslant \frac{3}{2}.$$

等号当且仅当 $\cos\dfrac{A+B}{2} = \dfrac{1}{2}$，$\cos\dfrac{A-B}{2} = 1$ 即 $A = B = C = \dfrac{\pi}{3}$ 时成立.

（2）在 $\triangle ABC$ 中 $\cos^2\dfrac{A}{2} + \cos^2\dfrac{B}{2} + \cos^2\dfrac{C}{2} \leqslant \dfrac{9}{4}$，等号当且仅当

$A = B = C = \dfrac{\pi}{3}$ 时成立.

证明 由（1）的结果有

$$\cos^2\frac{A}{2} + \cos^2\frac{B}{2} + \cos^2\frac{C}{2} = \frac{1}{2}(1 + \cos A) + \frac{1}{2}(1 + \cos B) + \frac{1}{2}(1 + \cos C)$$

$$\leqslant \frac{3}{2} + \frac{1}{2}\left(\frac{3}{2}\right) = \frac{9}{4}.$$

等号当且仅当 $A = B = C = \frac{\pi}{3}$ 时成立.

（3）在 $\triangle ABC$ 中 $\cos \frac{A}{2} \cos \frac{B}{2} \cos \frac{C}{2} \leqslant \frac{3\sqrt{3}}{8}$，等号当且仅当 $A = B = C = \frac{\pi}{3}$ 时成立.

证明　由（2）的结果及几何平均值小于等于算术平均值有

$$\sqrt[3]{\cos^2 \frac{A}{2} \cos^2 \frac{B}{2} \cos^2 \frac{C}{2}} \leqslant \frac{\cos^2 \frac{A}{2} + \cos^2 \frac{B}{2} + \cos^2 \frac{C}{2}}{3} \leqslant \frac{3}{4}. \text{ 于是有}$$

$$\cos \frac{A}{2} \cos \frac{B}{2} \cos \frac{C}{2} \leqslant \sqrt{\left(\frac{3}{4}\right)^3} = \frac{3\sqrt{3}}{8}.$$

易知等号当且仅当 $A = B = C = \frac{\pi}{3}$ 时成立.

（4）由（3）的结论就有

$$\sin A + \sin B + \sin C = \sin A + \sin B + \sin(A + B)$$

$$= 2\sin \frac{A+B}{2} \cos \frac{A-B}{2} + 2\sin \frac{A+B}{2} \cos \frac{A+B}{2}$$

$$= 2\sin \frac{A+B}{2}\left(\cos \frac{A-B}{2} + \cos \frac{A+B}{2}\right)$$

$$= 4\cos \frac{A}{2} \cos \frac{B}{2} \cos \frac{C}{2} \leqslant 4 \cdot \frac{3\sqrt{3}}{8} = \frac{3\sqrt{3}}{2}.$$

等号当且仅当 $A = B = C = \frac{\pi}{3}$ 时成立.

用类似办法可以得到一系列 $\triangle ABC$ 中的三角不等式.

[17] 几何不等式 解答错误、改进结果错误☆☆

原题 设 I 是 $\triangle ABC$ 的内心,角 A、B、C 的内角平分线分别交对边于 A'、B'、C',求证 $\dfrac{1}{4} < \dfrac{AI \cdot BI \cdot CI}{AA' \cdot BB' \cdot CC'} \leqslant \dfrac{8}{27}$.

(1991 年 32 届国际数学奥林匹克试题)

原解 记 $BC = a$,$CA = b$,$AB = c$,易证 $\dfrac{AI}{AA'} = \dfrac{b+c}{a+b+c}$,$\dfrac{BI}{BB'} = \dfrac{a+c}{a+b+c}$,$\dfrac{CI}{CC'} = \dfrac{a+b}{a+b+c}$,引进变量,分别令上三式为 x,y,z,则

$$\dfrac{AI \cdot BI \cdot CI}{AA' \cdot BB' \cdot CC'} = xyz.$$

由三角形两边之和大于第三边性质知,

$$x > \frac{1}{2}, y > \frac{1}{2}, z > \frac{1}{2}. \qquad ①$$

又显然有

$$x + y + z = 2 . \qquad ②$$

考虑函数 $u = xyz$ 在条件②及下述条件

$$x \geqslant \frac{1}{2}, y \geqslant \frac{1}{2}, z \geqslant \frac{1}{2} \qquad ③$$

下的最大值、最小值.

易证:函数 u 在由②、③所确定区域内部 $(x, y, z) = \left(\dfrac{2}{3}, \dfrac{2}{3}, \dfrac{2}{3}\right)$ 处得最大值 $\dfrac{8}{27}$,在边界上点 $\left(\dfrac{1}{2}, \dfrac{3}{4}, \dfrac{3}{4}\right)$ $\left[或\left(\dfrac{3}{4}, \dfrac{1}{2}, \dfrac{3}{4}\right)或\left(\dfrac{3}{4}, \dfrac{3}{4}, \dfrac{1}{2}\right)\right]$ 处取得最小值 $\dfrac{9}{32} > \dfrac{1}{4}$,故有 $\dfrac{1}{4} < \dfrac{AI \cdot BI \cdot CI}{AA' \cdot BB' \cdot CC'} \leqslant \dfrac{8}{27}$.

原评述 ……由证明还可以看出,不等式 $\dfrac{AI \cdot BI \cdot CI}{AA' \cdot BB' \cdot CC'} > \dfrac{1}{4}$ 并不是最满意的,实际上我们可以改进为 $\dfrac{9}{32} < \dfrac{AI \cdot BI \cdot CI}{AA' \cdot BB' \cdot CC'} \leqslant \dfrac{8}{27}$.

辨析

1°. $\dfrac{AI}{AA'} = \dfrac{b+c}{a+b+c}$ 等三式,的确可由内角平分线性质定理及合比定理易证. 但后面最大值、最小值并非易求.

原解将问题处理成函数 $u = xyz$ 在条件②、③下的最大值、最小值问题,便于使用微积分中的求多元函数条件极值的方法,用此方法当然能解决此问题,但该方法在竞赛数学中一般是尽力回避的. 在 2° 中我们再给出本题的初等解法,这里先对原解辨析.

用求多元函数的条件极值的方法,可很快求得 $x = y = z = \dfrac{2}{3}$ 时,u 有最大值 $\dfrac{8}{27}$. 另外可知约束条件②与③确定了一个空间中平面②上的一个三角形区域,其三个顶点分别为 $\left(1, \dfrac{1}{2}, \dfrac{1}{2}\right)$, $\left(\dfrac{1}{2}, 1, \dfrac{1}{2}\right)$, $\left(\dfrac{1}{2}, \dfrac{1}{2}, 1\right)$. 将条件①改变为条件③,就是使这三角形区域将边界包含在内,形成一个三角形的闭区域,以保证连续函数 $u = xyz$ 在这闭区域上存在最大值和最小值. 已求出的最大值 $u = \dfrac{8}{27}$,在这区域的一个内部的点上取到,可以证明其最小值在这三角形区域的边界上取到. 原解中所求出的边界上的 $\left(\dfrac{1}{2}, \dfrac{3}{4}, \dfrac{3}{4}\right)$ 等三点,实际上就是这空间三角形三条边的中点,原解中称在这三个点处取得最小值是错误的. 最小值应在三个顶点处取到,最小值是 $\dfrac{1}{4}$. 再将条件③回到条件①就得 $\dfrac{1}{4} < u \leqslant \dfrac{8}{27}$,并没有改进之可能.

2°. 可由不等式法求 u 的最大值.

$\because \sqrt[3]{xyz} \leqslant \dfrac{x+y+z}{3} = \dfrac{2}{3}$,等号在 $x = y = z = \dfrac{2}{3}$ 处达到.

$\therefore$ 当 $x = y = z = \dfrac{2}{3}$ 时 u 有最大值 $\left(\dfrac{2}{3}\right)^3 = \dfrac{8}{27}$.

为证 $\dfrac{1}{4} < u$, 由①可设:

$$x = \dfrac{1}{2}(1 + \Delta x), y = \dfrac{1}{2}(1 + \Delta y), z = \dfrac{1}{2}(1 + \Delta z).$$

其中 $\Delta x > 0, \Delta y > 0, \Delta z > 0$. 代入②式有

$$\Delta x + \Delta y + \Delta z = 1.$$

而 $u = xyz = \dfrac{1}{8}(1 + \Delta x)(1 + \Delta y)(1 + \Delta z)$

$$= \dfrac{1}{8}(1 + \Delta x + \Delta y + \Delta z + \Delta x \Delta y + \Delta x \Delta z + \Delta y \Delta z + \Delta x \Delta y \Delta z)$$

$$> \dfrac{1}{8}(1 + \Delta x + \Delta y + \Delta z) = \dfrac{1}{4}.$$

$\therefore$ 证得 $\qquad \dfrac{1}{4} < \dfrac{AI \cdot BI \cdot CI}{AA' \cdot BB' \cdot CC'} \leqslant \dfrac{8}{27}$.

3°. 原解像 1°所辨析的那样实际上是采用的微积分学中多元函数求条件极值的方法, 仅仅用"易证"没有将这求解的过程写出而已. 由于从世界各国来说不大可能将这部分内容放入中学阶段学习, 所以在竞赛数学中一般对这方法的直接使用是回避的. 但一元函数的微分学放入中学数学已是一个世界性趋势, 例如我国中学教材就已经列入, 将以上方法作一些初等化处理, 并允许使用一元函数的导数本也是可以的. 我们将在[22]中讨论这种方法. 本题也可用此法来处理, 如略去推导部分就可与原解的表述形式类似. 但既然已有了2°那样的纯初等的解决办法, 对此也就不再讨论了.

[18] 几何不等式 　　　　　　证明理由不充分 　☆☆

原题 已知 $\triangle ABC$, I 是它的内心, $\angle A$、$\angle B$、$\angle C$ 的内角平分线分别交其对边于 A'、B'、C'.

求证: $\dfrac{1}{4} < \dfrac{AI \cdot BI \cdot CI}{AA' \cdot BB' \cdot CC'} \leqslant \dfrac{8}{27}$. (1991·I.M.O. 题 1.)

原证明　记 $BC = a, CA = b, AB = c$，易证

$$\frac{AI}{AA'} = \frac{b+c}{a+b+c}, \frac{BI}{BB'} = \frac{a+c}{a+b+c}, \frac{CI}{CC'} = \frac{a+b}{a+b+c}.$$

由均值不等式可得

$$\frac{AI \cdot BI \cdot CI}{AA' \cdot BB' \cdot CC'} \leqslant \left[\frac{1}{3}\left(\frac{b+c}{a+b+c} + \frac{a+c}{a+b+c} + \frac{a+b}{a+b+c}\right)\right]^3$$

$$= \frac{8}{27}.$$

另一方面，记

$$x = \frac{b+c}{a+b+c}, y = \frac{a+c}{a+b+c}, z = \frac{a+b}{a+b+c}.$$

显然有 $x + y + z = 2$. 由三角形两边之和大于第三边的性质，可知

$$x > \frac{1}{2}, y > \frac{1}{2}, z > \frac{1}{2}, \text{且} |x-y| < |1-z|.$$

于是，$\dfrac{AI \cdot BI \cdot CI}{AA' \cdot BB' \cdot CC'} = x \cdot y \cdot z$

$$> \frac{1}{2} \cdot \left(2 - \frac{1}{2} - z\right) \cdot z$$

$$= \frac{1}{2}\left[-\left(z - \frac{3}{4}\right)^2 + \frac{9}{16}\right].$$

又 $\dfrac{1}{2} < z < 1$，所以 $\dfrac{AI \cdot BI \cdot CI}{AA' \cdot BB' \cdot CC'} > \dfrac{1}{4}$.

辨析

1°. 本题与上节是同一题，解法不同. 但在后半部分中，为什么有 $x \cdot y \cdot z > \dfrac{1}{2} \cdot \left(2 - \dfrac{1}{2} - z\right) \cdot z$ 理由没有表述清楚. 而这恰恰是最关键的一步. 在 $xyz = x \cdot (2-x-z) \cdot z$ 中，右边 x 用 $\dfrac{1}{2}$ 代，x 是减少，但 $2 - x - z$ 却是增大，上式显然不能不证自明.

实际上,由三角形两边之差小于第三边,即 $|a - b| < c$,可证 $|x - y| < |1 - z|$. 由此可得

$$4xy = (x + y)^2 - (x - y)^2 = (2 - z)^2 - |x - y|^2$$
$$> 4 - 4z + z^2 - 1 + 2z - z^2 = 3 - 2z.$$

$\therefore xyz > \dfrac{1}{2}\left(\dfrac{3}{2} - z\right)z.$

另外对此也可用如下的方法证明.

显然,$\dfrac{1}{2} < z = 2 - x - y < 1$. 先让 z 在其变化范围 $\left(\dfrac{1}{2}, 1\right)$ 之内取定为 z_0,y 用 $2 - z_0 - x$ 代换,设:

$$f(x) = x(2 - z_0 - x) = -x^2 + (2 - z_0)x.$$

该二次函数开口向下,其两根为 0 与 $2 - z_0$,顶点的横坐标为 $\dfrac{1}{2}(2 - z_0)$.

$\therefore y > \dfrac{1}{2}$,$\therefore \dfrac{1}{2} < x = 2 - z_0 - y < \dfrac{3}{2} - z_0$. 即 x 的变化范围为 $\left(\dfrac{1}{2}, \dfrac{3}{2} - z_0\right)$,其刚巧在 $f(x)$ 的二根之间,且其两个端点对称地位于 $f(x)$ 的顶点横坐标的两侧.

而 $f\left(\dfrac{1}{2}\right) = f\left(\dfrac{3}{2} - z_0\right) = \dfrac{1}{2}\left(\dfrac{3}{2} - z_0\right).$

从图像上就可知,当 x 在 $\left(\dfrac{1}{2}, \dfrac{3}{2} - z_0\right)$ 的范围内变化时有 $f(x) > \dfrac{1}{2}\left(\dfrac{3}{2} - z_0\right).$

该式对 z 的变化范围 $\left(\dfrac{1}{2}, 1\right)$ 内任意一点总成立.

由此即可得,在 z 的变化范围 $\left(\dfrac{1}{2}, 1\right)$ 内

$$xyz > \dfrac{1}{2}\left(\dfrac{3}{2} - z\right)z$$

成立.

于是 $\dfrac{AI \cdot BI \cdot CI}{AA' \cdot BB' \cdot CC'} > \dfrac{1}{4}$，就能获证.

2°. 几何不等式本身也是竞赛数学中比较活跃的内容之一，本书体例决定不可能对此作专门介绍，可参见其他竞赛数学书籍.

[36]节将会涉及几何不等式标准量代换. 这是对三角形三边所作的某种变换，然后将几何不等式化为代数不等式，是一种常用且有效的方法.

[19] 最大值　　　　　　　　　　　　　证明错误　☆☆

原题　实数 $a_1, a_2, \cdots, a_n (n > 3)$ 满足 $\sum\limits_{i=1}^{n} a_i \geqslant n$，且 $\sum\limits_{i=1}^{n} a_i^2 \geqslant n^2$，求证：$\max\{a_1, a_2, \cdots, a_n\} \geqslant 2$.

（1999 年第 28 届美国数学奥林匹克竞赛试题）

原证明　设 $A = \max a_i$ 则由 $\sum a_i \geqslant A, A \geqslant 1$.

（1）$a_1, a_2, \cdots, a_n$ 均 $\geqslant 0$. 若 $A < 2$，则 $\sum a_i^2 < \sum 2^2 = 4n \leqslant n^2$，矛盾.

（2）$a_1, a_2, \cdots, a_n$ 中有负数. 设 $a_1 = -b_1, b_1 > 0$.

若 $b_1 \leqslant A$，则将 a_1 换成 b_1. 这时 $\sum a_i \geqslant n$，$\sum a_i^2 \geqslant n^2$ 均当然成立.

若 $b_1 \geqslant A$，设 $b_1 = qA + r, q$ 为正整数，$0 \leqslant r < A$.

辨析

原证明错误较多，且显然没有完成证明，重证如下：

设 $A = \max\{a_1, a_2, \cdots, a_n\}$，则由 $\sum\limits_{i=1}^{n} a_i \geqslant n$，用反证法可证 $A \geqslant 1$.

（1）当 $a_1, a_2, \cdots, a_n$ 均 $\geqslant 0$ 时，用反证法，设 $A < 2$，由 $n > 3$，则

$$\sum_{i=1}^{n} a_i^2 < \sum_{i=1}^{n} 2^2 = 4n \leqslant n^2，矛盾. 命题得证.$$

（2）当 $a_1, a_2, \cdots, a_n$ 中有负数，因 $A \geqslant 1$，显然不会都是负数，不失一般性，假定 a_1 是负数，设 $a_1 = -b_1, b_1 > 0$. 则

$$A = \max\{a_1, a_2, \cdots, a_n\} = \max\{a_2, a_3, \cdots, a_n\}. 用反证法，设$$

$A < 2$.

（i）若 $b_1 \geqslant n - 2$.

由 $\sum\limits_{i=1}^{n} a_i \geqslant n$ 成立，有 $\sum\limits_{i=2}^{n} a_i \geqslant n + b_1 \geqslant 2n - 2$.

但 $\sum\limits_{i=2}^{n} a_i < (n-1) \cdot 2 = 2n - 2$，得到矛盾.

（ii）若 $b_1 < n - 2$.

则 $\sum\limits_{i=1}^{n} a_i^2 < (n-2)^2 + 2^2(n-1) = n^2$ 与 $\sum\limits_{i=1}^{n} a_i^2 \geqslant n^2$ 矛盾.

$\therefore A \geqslant 2$.

综合（1）、（2）得 $\max\{a_1, a_2, \cdots, a_n\} \geqslant 2$.

[20] 柯西不等式　　　　　　　定理的表述不严密　　☆☆

原题 柯西（Cauchy）不等式

对任意实数 $a_i, b_i, i = 1, 2, \cdots, n$,

$$\left(\sum_{i=1}^{n} a_i b_i \right)^2 \leqslant \left(\sum_{i=1}^{n} a_i^2 \right)\left(\sum_{i=1}^{n} b_i^2 \right). \qquad ①$$

当且仅当 $a_1 : b_1 = a_2 : b_2 = \cdots = a_n : b_n$ 时等号成立.

原证明 当 a_i 全为零时命题显然成立. 否则 $\sum\limits_{i=1}^{n} a_i^2 > 0$. 考查关

于 x 的二次函数 $f(x) = \sum\limits_{i=1}^{n} (a_i x - b_i)^2$, 显然 $f(x) \geqslant 0$ 恒成立.

注意到 $f(x) = \left(\sum\limits_{i=1}^{n} a_i^2 \right)x^2 - 2\left(\sum\limits_{i=1}^{n} a_i b_i \right)x + \sum\limits_{i=1}^{n} b_i^2$, 而 $f(x) \geqslant 0$ 恒

成立，且 $\sum\limits_{i=1}^{n} a_i^2 > 0$, 故 $f(x)$ 的判别式不大于零，即

$$\Delta = 4\left(\sum_{i=1}^{n} a_i b_i \right)^2 - 4\left(\sum_{i=1}^{n} a_i^2 \right)\left(\sum_{i=1}^{n} b_i^2 \right) \leqslant 0,$$

整理后立得.

辨析

在以上柯西不等式的表述中,由于 $a_i, b_i (i=1,2,\cdots,n)$ 是任意实数,其列出的等号成立的充要条件是不严密的.

原证明中,根本就没有讨论等号成立的充分性和必要性.

事实上,从不等式①可知,当 a_i 全为零时,b_i 可取任意实数而等号成立;当 b_i 全为零时,a_i 可取任意实数而等号成立.

当 a_i 不全为零且 b_i 不全为零时,从证明中可以看出,$f(x)$ 是一个常数项不为零的二次三项式,且 $f(x) \geqslant 0$. 从二次函数图像,可知若 $f(x)=0$ 有根,必是重根,且此根不为零.

又 $\because f(x) = \sum_{i=1}^{n} (a_i x - b_i)^2$,$\therefore$ 此时 $f(x)=0$ 有重根的充要条件是,存在唯一的一个非零常数 λ,使

$$a_i \lambda - b_i = 0 \quad (i=1,2,\cdots,n).$$

这等价于

当 $a_i = 0$ 时,$b_i = 0$;当 $a_i \neq 0$ 时,$b_i \neq 0$,且 $\dfrac{b_i}{a_i} = \lambda$.　　　②

但此时,$\Delta = 0$ 既是 $f(x)=0$ 有重根的充要条件,又是不等式①等号成立的充要条件.

$\therefore$ 当 a_i 不全为零且 b_i 不全为零时,②是不等式①等号成立的充要条件.

显然,以上所有情况不能简单地归纳为:

"当且仅当 $a_1: b_1 = a_2: b_2 = \cdots = a_n: b_n$ 时等号成立".

[20-1]　　　　　　　　　　　**自编题、方程组**　　☆☆

设 k, n 是正整数且 $k \leqslant n$,求下列方程组的所有非负解:

$$\begin{cases} x_1 + x_2 + \cdots + x_n = 1; \\ x_1^2 + x_2^2 + \cdots + x_n^2 = \dfrac{1}{k}; \\ x_1^3 + x_2^3 + \cdots + x_n^3 = \dfrac{1}{k^2}. \end{cases}$$

解　∵ 是求非负解,可设 $x_i \geqslant 0, (i = 1, 2, \cdots, n)$

根据柯西不等式,有

$$\left(\sum_{i=1}^{n} x_i^3 \right) \left(\sum_{i=1}^{n} x_i \right) \geqslant \left(\sum_{i=1}^{n} x_i^{\frac{3}{2}} \cdot x_i^{\frac{1}{2}} \right)^2 = \left(\sum_{i=1}^{n} x_i^2 \right)^2, \qquad ③$$

不等式的两端,根据条件都等于 $\dfrac{1}{k^2}$,即③式等号成立.

显然 x_i 全为零不可能是方程组的解,根据柯西不等式等号成立的充要条件,其中不为零的 x_i,有

$$\frac{x_i^{\frac{3}{2}}}{x_i^{\frac{1}{2}}} = x_i = \lambda \quad (\lambda \text{ 是一个不为零的常数}).$$

设 $x_i (i = 1, \cdots, n)$ 中有 s 个不为零,$n - s$ 个为零. 代入原方程组,有

$$\begin{cases} s\lambda = 1; \\ s\lambda^2 = \dfrac{1}{k}; \\ s\lambda^3 = \dfrac{1}{k^2}. \end{cases} \quad 得 \begin{cases} \lambda = \dfrac{1}{k}; \\ s = k. \end{cases}$$

∴ 可知方程的非负解有且只有 C_n^k 组,每组中 k 个未知数等于 $\dfrac{1}{k}$,$n - k$ 个未知数为 0.

注意:$x_1 = x_2 = \cdots = x_k = \dfrac{1}{k}, x_{k+1} = \cdots = x_n = 0$ 是方程组的非负解,由视察法也可发现,而方程组只有这种形式的非负解,是用柯西不等式等号成立的充要条件来确认的.

[21]柯西不等式　　　　　　**证明太繁且有错误**　　☆

原题　设 $a_i \geqslant 0$,且 $\displaystyle\sum_{i=1}^{n} a_i = 1$,求证:

$$n - 1 \leqslant \sum_{i=1}^{n} \sqrt{1 - a_i} \leqslant \sqrt{(n-1)n}.$$

原证明　先证 $\displaystyle\sum_{i=1}^{n} \sqrt{1-a_i} \leqslant \sqrt{(n-1)n}.$

令 $b_i = \sqrt{1-a_i}$，则 $b_i^2 = 1-a_i$，故 $\displaystyle\sum_{i=1}^{n} b_i^2 = n - \sum_{i=1}^{n} a_i = n-1.$ 由柯西不等式

$$\left(\sum_{i=1}^{n} b_i\right)^2 = \left(\sum_{i=1}^{n} b_i \cdot 1\right)^2 \leqslant \left(\sum_{i=1}^{n} b_i^2\right)\left(\sum_{i=1}^{n} 1^2\right) = (n-1)n.$$

所以 $\displaystyle\sum_{i=1}^{n} b_i \leqslant \sqrt{(n-1)n}$，即 $\displaystyle\sum_{i=1}^{n} \sqrt{1-a_i} \leqslant \sqrt{(n-1)n}.$

再证：$n-1 \leqslant \displaystyle\sum_{i=1}^{n} \sqrt{1-a_i}.$

注意到上式两边均正,故只需证

$$(n-1)^2 \leqslant \left(\sum_{i=1}^{n} \sqrt{1-a_i}\right)^2. \tag{①}$$

因　$\displaystyle\left(\sum_{i=1}^{n} \sqrt{1-a_i}\right)^2$

$$= \sum_{i=1}^{n} \left(\sqrt{1-a_i}\right)^2 + 2\sum_{i \neq j} \sqrt{1-a_i}\,\sqrt{1-a_j}$$

$$= n - \sum_{i=1}^{n} a_i + 2\sum_{i \neq j} \sqrt{1-a_i}\,\sqrt{1-a_j}$$

$$= n-1 + 2\sum_{i \neq j} \sqrt{1-a_i}\,\sqrt{1-a_j}.$$

故①等价于

$$(n-1)(n-2) \leqslant 2\sum_{i \neq j} \sqrt{1-a_i}\,\sqrt{1-a_j}. \tag{②}$$

注意到

$$\sqrt{1-a_i}\,\sqrt{1-a_j} \geqslant (1-a_i)(1-a_j) = 1-(a_i+a_j)+a_i a_j$$
$$\geqslant 1-(a_i+a_j).$$

所以

$$2 \sum_{i \neq j} \sqrt{1 - a_i} \sqrt{1 - a_j} \geqslant 2 \sum_{i \neq j} \left[1 - (a_i + a_j) \right]$$

$$= 2C_n^2 - 2 \sum_{i \neq j} (a_i + a_j)$$

$$= n(n-1) - 2(n-1) \sum_{i=1}^{n} a_i$$

$$= (n-1)(n-2).$$

故②成立,从而 $n - 1 \leqslant \sum_{i=1}^{n} \sqrt{1 - a_i}$ 成立.

综上所述,原不等式成立.

辨析

本题是道较容易的题目,原证明主要是将第二部分的证明简单问题复杂化(而且在和的表示中 $i \neq j$ 都要改为 $i < j$).

事实上,由柯西不等式有

$$\left[\sum_{i=1}^{n} \left(\sqrt{1 - a_i} \cdot 1 \right) \right]^2 \leqslant \sum_{i=1}^{n} (1 - a_i) \cdot \sum_{i=1}^{n} 1^2 = (n-1) \cdot n.$$

即可得第一部分的证明.

而第二部分的证明更简单:

$\because a_i \geqslant 0$,且 $\sum_{i=1}^{n} a_i = 1$, $\therefore a_i \leqslant 1$,

$\therefore 0 \leqslant 1 - a_i \leqslant 1$. 于是有 $1 - a_i \leqslant \sqrt{1 - a_i}$.

$\therefore n - 1 = n - \sum_{i=1}^{n} a_i = \sum_{i=1}^{n} (1 - a_i) \leqslant \sum_{i=1}^{n} \sqrt{1 - a_i}$.

[22]最大(小)值(求导方法)　　　Δ 方法的失效　　☆☆☆

自编题　设 $1 \leqslant x \leqslant 3, 1 \leqslant y \leqslant 3, 1 \leqslant z \leqslant 3$.

求 $T = (x + y + z) \left(\dfrac{1}{x} + \dfrac{1}{y} + \dfrac{1}{z} \right)$ 的最大值.

解　引进辅助函数

$$f(t) = (x + y + z)t^2 + 3\left(\sqrt{3} + \frac{1}{\sqrt{3}}\right)t + \left(\frac{1}{x} + \frac{1}{y} + \frac{1}{z}\right).$$

这是一个二次项系数大于 0 的二次函数,如果能找到一个 t 的值使 $f(t) \leqslant 0$,那么就有其判别式 $\Delta \geqslant 0$。

$$f(t) = \left[xt^2 + \left(\sqrt{3} + \frac{1}{\sqrt{3}}\right)t + \frac{1}{x}\right] + \left[yt^2 + \left(\sqrt{3} + \frac{1}{\sqrt{3}}\right)t + \frac{1}{y}\right] +$$

$$\left[zt^2 + \left(\sqrt{3} + \frac{1}{\sqrt{3}}\right)t + \frac{1}{z}\right]$$

$$= \left(\sqrt{x}t + \sqrt{3}\frac{1}{\sqrt{x}}\right)\left(\sqrt{x}t + \frac{1}{\sqrt{3}}\frac{1}{\sqrt{x}}\right) + \left(\sqrt{y}t + \sqrt{3}\frac{1}{\sqrt{y}}\right)\left(\sqrt{y}t + \frac{1}{\sqrt{3}}\frac{1}{\sqrt{y}}\right) +$$

$$\left(\sqrt{z}t + \sqrt{3}\frac{1}{\sqrt{z}}\right)\left(\sqrt{z}t + \frac{1}{\sqrt{3}}\frac{1}{\sqrt{z}}\right).$$

取 $t = -\dfrac{1}{\sqrt{3}}$,

先看一看将 $t = -\dfrac{1}{\sqrt{3}}$ 代入上式第一个乘积项的情况:

$$\left(-\frac{1}{\sqrt{3}}\sqrt{x} + \sqrt{3}\frac{1}{\sqrt{x}}\right) \cdot \left(-\frac{1}{\sqrt{3}}\sqrt{x} + \frac{1}{\sqrt{3}}\frac{1}{\sqrt{x}}\right).$$

$\because 1 \leqslant x \leqslant 3$,$\therefore 1 \leqslant \sqrt{x} \leqslant \sqrt{3}$,$\therefore -1 \leqslant -\dfrac{1}{\sqrt{3}}\sqrt{x} \leqslant -\dfrac{1}{\sqrt{3}}$;

又 $\dfrac{1}{\sqrt{3}} \leqslant \dfrac{1}{\sqrt{x}} \leqslant 1$,$\therefore \sqrt{3} \cdot \dfrac{1}{\sqrt{x}} \geqslant 1$,而 $\dfrac{1}{\sqrt{3}} \cdot \dfrac{1}{\sqrt{x}} \leqslant \dfrac{1}{\sqrt{3}}$,

由此可知 $-\dfrac{1}{\sqrt{3}}\sqrt{x} + \sqrt{3}\dfrac{1}{\sqrt{x}} \geqslant 0$;$-\dfrac{1}{\sqrt{3}}\sqrt{x} + \dfrac{1}{\sqrt{3}} \cdot \dfrac{1}{\sqrt{x}} \leqslant 0$。

即第一个乘积项小于等于 0。第二、第三乘积项可得同样结果。

$\therefore$ 可知 $f\left(-\dfrac{1}{\sqrt{3}}\right) \leqslant 0$,$\therefore$ 这二次函数的 $\Delta \geqslant 0$。

$$\therefore \text{有}(x + y + z)\left(\frac{1}{x} + \frac{1}{y} + \frac{1}{z}\right) \leqslant \frac{\left[3\left(\sqrt{3} + \dfrac{1}{\sqrt{3}}\right)\right]^2}{4} = 12.$$

$\therefore T$ 的最大值是 12.

辨析

1°. 本解法所得结果 $(x+y+z)\left(\dfrac{1}{x}+\dfrac{1}{y}+\dfrac{1}{z}\right)\leqslant 12$，并没有什么错误. $a\leqslant b$ 的意义就是 $a<b$ 或者 $a=b$；两者之一成立，$a\leqslant b$ 就成立.

关键是最后的结论下错了. 因为我们根本就没有验证在题设 $1\leqslant x\leqslant 3,1\leqslant y\leqslant 3,1\leqslant z\leqslant 3$ 的范围内是否存在这样的 x,y,z 的取值，能使 $T\leqslant 12$ 中的等号成立. 在 2° 中将会看到这样的取值刚巧不存在. 也就是说对本题来说，像解答那样使用 Δ 方法来求 T 的最大值是失效的.

Δ 方法是在中学数学中求最大（小）值常用的方法. 但是 Δ 方法的来源是判别一个一元二次方程有根或无根的方法，它怎会和求最大（小）值联系起来了呢？ 实际上借助 Δ 方法无非是想得到一个估值，例如本题得到了 $T\leqslant 12$. 如果等号能够成立，那么 $T=12$ 就是 T 的最大值，也就是说，等号能够成立，才最终与最大（小）值联系了起来. 就像解分式方程和无理方程一样，如果在方程变换时，使用了去分母或等式两边平方等步骤，那么验算就是解题中不可缺少的一步；用 Δ 方法来求最大（小）值，验算等号能够成立也是不可缺少的一步.

本题实际上是一道有意构造的用 Δ 方法求最大（小）值失效的例子.

2°. 本题 T 是一个三元函数，在微积分学中，对多元可微函数的极值问题有它一套解决问题的方法. 尽管现在，极限和导数已进入中学数学，但该方法仍不会列入中学竞赛数学的范围. 在微积分初步中如下一些内容偶而会列入竞赛数学范围：

（1）使用定理：单调有界变量存在极限.

（2）使用连续函数的介值定理：

若 $f(x)$ 是闭区间 $[a,b]$ 上的一个连续函数，且 $f(a)$ 与 $f(b)$ 的值符号相反,那么$[a,b]$内部至少存在一个点ξ,使$f(\xi)=0$.

（3）使用最大（小）值的存在定理：

一个函数如果在有界闭区域上是连续的,则该函数在该区域上必能取到最大值和最小值.

（4）使用一阶导数来讨论一元函数的增减性.

（5）使用二阶导数来讨论一元函数的凹凸性.

（6）用导数的方法讨论一元函数的极值问题.

（7）使用结论：一个定义在有界闭区域上的可微函数其最大值和最小值只可能在其定义域内的驻点和边界上取到.

……

我们就利用（7）,并尽可能用初等化的办法来求出T在其指定区域上的最大值.

显然三元函数 $T = (x+y+z)\left(\dfrac{1}{x}+\dfrac{1}{y}+\dfrac{1}{z}\right),$　　　　　①

根据题意定义在闭的正方体

$$\begin{cases} 1 \leqslant x \leqslant 3, \\ 1 \leqslant y \leqslant 3, \\ 1 \leqslant z \leqslant 3 \end{cases}　　　　　②$$

上. T是该有界闭区域上的连续函数,所以它在该闭区域上存在最大值和最小值.

在函数T中将y与z看成常数,对x求导,就是T对x的偏导数,记为$\dfrac{\partial T}{\partial x}$.

$$\frac{\partial T}{\partial x} = \left(\frac{1}{x}+\frac{1}{y}+\frac{1}{z}\right)+(x+y+z)\left(-\frac{1}{x^2}\right)$$
$$= \left(\frac{1}{y}+\frac{1}{z}\right)-\left(\frac{y}{x^2}+\frac{z}{x^2}\right).$$

同样可求

$$\frac{\partial T}{\partial y} = \left(\frac{1}{x}+\frac{1}{z}\right)-\left(\frac{x}{y^2}+\frac{z}{y^2}\right); \frac{\partial T}{\partial z} = \left(\frac{1}{x}+\frac{1}{y}\right)-\left(\frac{x}{z^2}+\frac{y}{z^2}\right).$$

显然这些偏导数都在 T 的定义域②上连续,偏导数连续是函数可微的充分条件,所以函数 T 是②上的可微函数. 由(7)可知 T 在②上的最大值和最小值只可能在其定义域内的驻点和边界上取到.

所谓驻点就是各偏导数都为零的点,所以由

$$\begin{cases} \dfrac{\partial T}{\partial x} = 0, \\[2mm] \dfrac{\partial T}{\partial y} = 0, \\[2mm] \dfrac{\partial T}{\partial z} = 0. \end{cases} \text{可得} \begin{cases} \dfrac{x}{y} + \dfrac{x}{z} = \dfrac{y}{x} + \dfrac{z}{x}, \\[2mm] \dfrac{y}{x} + \dfrac{y}{z} = \dfrac{x}{y} + \dfrac{z}{y}, \\[2mm] \dfrac{z}{x} + \dfrac{z}{y} = \dfrac{x}{z} + \dfrac{y}{z}. \end{cases}$$

令 $\dfrac{x}{y} = t_1 , \dfrac{y}{z} = t_2$,则 $\dfrac{x}{z} = t_1 t_2$,上述方程组可化为:

$$\begin{cases} t_1 + t_1 t_2 = \dfrac{1}{t_1} + \dfrac{1}{t_1 t_2}, & ③ \\[3mm] \dfrac{1}{t_1} + t_2 = t_1 + \dfrac{1}{t_2}, & ④ \\[3mm] \dfrac{1}{t_1 t_2} + \dfrac{1}{t_2} = t_1 t_2 + t_2. & ⑤ \end{cases}$$

由④可得 $(t_1 - t_2)(1 + t_1 t_2) = 0$,

由②可知, t_1 , t_2 均大于 0 ,$\therefore t_1 = t_2$.

再由③或⑤可得 $t_1^3 (t_1 + 1) = t_1 + 1$,$\therefore t_1 = 1$.

由此可知,在区域②内, $x = y = z$ 是驻点.

只要在区域②内任取一个不是驻点的点,算出其函数值与驻点处的函数值比较,就可知函数 T 在驻点处不是最大值.

另外,由柯西不等式有

$$(x + y + z)\left(\dfrac{1}{x} + \dfrac{1}{y} + \dfrac{1}{z} \right) \geq \left(\sqrt{x} \cdot \dfrac{1}{\sqrt{x}} + \sqrt{y} \cdot \dfrac{1}{\sqrt{y}} + \sqrt{z} \cdot \dfrac{1}{\sqrt{z}} \right)^2 = 9,$$

等号在 $x = y = z$ 时取得.

可知函数 T 在驻点处实际上是取到的最小值.

由(7)可知,函数 T 的最大值只可能在②的边界上取到.

正方体区域②的边界是六个正方形的面,只要三个变量中的一个变量取定其一个端点的值,就对应着一个边界面.

例如 $\begin{cases} x = 3, \\ 1 \leqslant y \leqslant 3, \\ 1 \leqslant z \leqslant 3, \end{cases}$ 就是六个面中的一个,在这个面上,T 就成了一个二元函数了,

$$T_{x=3} = (3 + y + z)\left(\frac{1}{3} + \frac{1}{y} + \frac{1}{z}\right).$$

其他五个面有类似的情况. 我们可以采用上述的同样方法分别讨论六个二元函数在其对应的闭正方形上的极值情况. 显然 T 的位于某边界面上的最大值也是该边界面上的 T 的最大值.

例如,取 $x = a$(a 可取 1 或 3),求函数 $T_{x=a}$ 在闭正方形:$1 \leqslant y \leqslant 3$;$1 \leqslant z \leqslant 3$ 上的驻点.

由 $\begin{cases} \dfrac{\partial T_{x=a}}{\partial y} = 0, \\ \dfrac{\partial T_{x=a}}{\partial z} = 0, \end{cases}$ 得 $\begin{cases} \dfrac{y^2}{a} + \dfrac{y^2}{z} = a + z, \\ \dfrac{z^2}{a} + \dfrac{z^2}{y} = a + y. \end{cases}$

求出驻点为 $y = z = a$.

其他的面也是这样的情况. 即函数 T 在其六个正方形的边界面上时,相应地变换成二元函数,这些二元函数的驻点都不在其相应的正方形内,而位于 $(1,1,1)$ 或 $(3,3,3)$ 这些正方形的顶点处(也是正方体的两个顶点). 而且从前述的讨论还可知,函数 T 在这两个顶点处都取到最小值.

也就是说函数 T 的最大值不会在其六个正方形的边界面的内部取到,而只可能在这六个边界面的边界上取到. 六个边界面的边界就是正方体②的 12 条棱.

函数 T 的三个变量中,两个变量取端点处的值,就是一条棱. 例如,$1 \leqslant x \leqslant 3$,$y = a$,$z = b$. ($a$、$b$ 均可取 1 或 3)可以表示四条棱,在每条棱,T 已成为 x 的一个一元函数:

$$T_{\substack{y=a\\z=b}} = (x+a+b) \cdot \left(\frac{1}{x} + \frac{1}{a} + \frac{1}{b} \right). \qquad ⑥$$

如果 T 在该棱上某点处取到最大值,当然 $T_{\substack{y=a\\z=b}}$ 也会在该点处取到最大值.

讨论一元函数⑥在 $1 \leqslant x \leqslant 3$ 上的极值情况,当然更不成问题.

由 $\dfrac{\mathrm{d}(T_{\substack{y=a\\z=b}})}{\mathrm{d}x} = 0$,得

$$(x+a+b) \cdot \left(-\frac{1}{x^2} \right) + \left(\frac{1}{x} + \frac{1}{a} + \frac{1}{b} \right) = 0,$$

$\therefore x = \sqrt{ab}.$

又 $\dfrac{\mathrm{d}^2(T_{\substack{y=a\\z=b}})}{\mathrm{d}x^2} = \left(-\dfrac{a+b}{x^2} + \dfrac{1}{a} + \dfrac{1}{b} \right)' = \dfrac{2(a+b)}{x^3} > 0.$

$\therefore$ 在驻点 $x = \sqrt{ab}$ 处,二阶导数大于 0,所以这一元函数在 $x = \sqrt{ab}$ 处取极小值.

也就是说在每条棱上,相应的一元函数的最大值只可能在不是驻点的端点处取到.

函数 T 在其定义域正方体②的八个顶点处顶点 $(1,1,1)$、$(3,3,3)$ 是驻点取到最小值 9,T 在其他六个顶点处的值都是 $\dfrac{35}{3}$,所以 T 的最大值为 $\dfrac{35}{3}$.

[23]最大(小)值(平均不等式) 不等式方法的失效 ☆☆☆
自编题 设 $a_1, a_2, \cdots, a_n$ 均为正实数,且 $0 < p \leqslant a_i \leqslant q$ $(i=1, 2, \cdots, n)$,已知不等式

$$T = \left(\sum_{i=1}^{n} a_i \right) \left(\sum_{i=1}^{n} \frac{1}{a_i} \right) \leqslant n^2 \frac{(p+q)^2}{4pq} \qquad ①$$

成立.

当 p 与 q 是确定的常数时 $(0 < p < q)$,而让 a_i $(i=1,2,\cdots,n)$ 在

符合上述条件下变动,能否用不等式①来求 T 的最大值.

答　将 a_i 看成变量,T 就是一个 n 元函数,它定义在由下述不等式组②所给定的 n 维空间中 n 维闭正方体上.

$$0 < p \leqslant a_i \leqslant q, (i = 1, 2, \cdots, n). \qquad ②$$

不等式①是[22]用 Δ 方法所求出的不等式的推广.当 $n = 3$,$p = 1$,$q = 3$ 时,

$$T \leqslant 3^2 \cdot \frac{(1+3)^2}{4 \cdot 1 \cdot 3} = 12.$$

既然 12 不能作为[22]中的 T 的最大值,那末 $n^2 \dfrac{(p+q)^2}{4pq}$ 也不能作为 T 的最大值.

辨析

1°.以上回答太武断.用不等式方法来求最大(小)值和用 Δ 方法来求最大(小)值具有相同实质.关键是不等式中的等号能否成立,等号能成立就有效,等号不能成立就失效.不等式①用来求 T 的最大值,当 $n = 3$ 时由[22]可知的确失效.但可以证明当 n 是偶数时,不等式①对 $a_i(i = 1, 2, \cdots, n)$ 在其范围内的某些取值等号能成立,即当 n 是偶数时用①来求 T 的最大值有效.在 2°先推导不等式①,然后就来证明这个结论.

①式也是竞赛数学中有时会用到的一个不等式,它是一类称为平均不等式的加强形式之一.一些著名不等式,其本身就是竞赛数学中的重要内容.在[20]讨论的柯西不等式就是著名的不等式之一.实际上更常用的是一类平均不等式,很多竞赛题与此类不等式有关,它们在求最大(小)值问题中应用也十分广泛.这些不等式在各种竞赛教程中有着丰富的内容,这里就不再重复,在 3°中讨论它们的一些最基本的内容后,重点放在它们的一些加强形式上,并着重说明在什么情况下等号成立,从本例就可知在用它们来求最大(小)值时这是一个不容忽视的问题.

由于不等式①当 n 是奇数时等号不能成立,这说明此时该不等

式还可改进,这在 4°中讨论之.

2°. 像[22]中那样,也使用辅助函数并用 Δ 方法证明不等式①.
设

$$f(x) = \left(\sum_{i=1}^{n} a_i\right)x^2 + n\left(\sqrt{\frac{q}{p}} + \sqrt{\frac{p}{q}}\right)x + \left(\sum_{i=1}^{n} \frac{1}{a_i}\right).$$

而

$$f(x) = \sum_{i=1}^{n}(a_i x^2) + \sum_{i=1}^{n}\left[\left(\sqrt{\frac{q}{p}} + \sqrt{\frac{p}{q}}\right)x\right] + \sum_{i=1}^{n}\left(\frac{1}{a_i}\right)$$

$$= \sum_{i=1}^{n}\left[a_i x^2 + \left(\sqrt{\frac{q}{p}} + \sqrt{\frac{p}{q}}\right)x + \frac{1}{a_i}\right]$$

$$= \sum_{i=1}^{n}\left(a_i x + \sqrt{\frac{q}{p}}\right)\left(x + \sqrt{\frac{p}{q}}\frac{1}{a_i}\right).$$

由②就有

$$f\left(-\frac{1}{\sqrt{pq}}\right) = \sum_{i=1}^{n}\frac{1}{pqa_i}(a_i - q)(a_i - p) \leqslant 0. \qquad ③$$

由于二次函数 $f(x)$ 的二次项系数为正数,故其判别式必为非负. 由此得

$$\Delta = n^2\left(\sqrt{\frac{q}{p}} + \sqrt{\frac{p}{q}}\right)^2 - 4\left(\sum_{i=1}^{n} a_i\right)\left(\sum_{i=1}^{n} \frac{1}{a_i}\right) \geqslant 0.$$

∴①式成立.

从推导过程可知,不等式①中等号成立的充要条件是 $\Delta = 0$,即二次方程 $f(x) = 0$ 有重根. 若 $f\left(-\frac{1}{\sqrt{pq}}\right) < 0$,该二次方程必没有重根,∴ $f\left(-\frac{1}{\sqrt{pq}}\right) = 0$ 是 $\Delta = 0$ 的一项必要条件.

∵③中的每一项均小于等于 0,∴③式要等于 0 必须

$$(a_i - q)(a_i - p) = 0 \quad (i = 1, 2, \cdots, n).$$

即 $a_i(i = 1, 2, \cdots, n)$ 一部分取 q 值,另一部分取 p 值,设有 k 个取 q 值,$(n-k)$ 个取 p 值. 代入①式并设等号成立有

$$\left[kq+(n-k)p\right]\cdot\left[\frac{k}{q}+\frac{n-k}{p}\right]=n^2\frac{(p+q)^2}{4pq}. \qquad ④$$

化简,其等价于 $(n-2k)^2=0$.

因为 k 必须是非负整数,所以可知 n 是偶数且 $a_i(i=1,2,\cdots,n)$ 一半取 q,另一半取 p 是①式中等号成立的必要条件. 而其充分性通过代入①式可得到验证.

∴ 当 n 是偶数时,可用①式来求 T 的最大值,当 $a_i(i=1,2,\cdots,n)$ 中一半取 q,另一半取 p 时,T 的最大值就是 $n^2\dfrac{(p+q)^2}{4pq}$.

3°. 平均不等式

若 $a_1,a_2,\cdots,a_n$ 为 n 个正实数,记

$$H_n=\frac{n}{\displaystyle\sum_{i=1}^{n}\frac{1}{a_i}},\ G_n=\left(\prod_{i=1}^{n}a_i\right)^{\frac{1}{n}},\ A_n=\frac{1}{n}\sum_{i=1}^{n}a_i,\ Q_n=\sqrt{\frac{1}{n}\sum_{i=1}^{n}a_i^2},$$

分别称为这 n 个数的调和平均、几何平均、算术平均和平方平均,则

$$H_n\leqslant G_n\leqslant A_n\leqslant Q_n.$$

以上所有不等式的等号当且仅当 $a_1=a_2=\cdots=a_n$ 时成立.

如果证明了 $G_n\leqslant A_n$ 成立,只要将 a_i 用 $\dfrac{1}{a_i}$ 代换立即就证得了 $H_n\leqslant G_n$. 此时当然也有 $H_n\leqslant A_n$ 成立,但也可直接证明 $H_n\leqslant A_n$ 成立.

[23-1]　　　　　　　　　　　　　　　　　　　☆

证明:$H_n\leqslant A_n$.

证　已知 $a_i(i=1,2,\cdots,n)$ 是正实数,由柯西不等式有

$$\sum_{i=1}^{n}a_i\cdot\sum_{i=1}^{n}\frac{1}{a_i}\geqslant\left[\sum_{i=1}^{n}\left(\sqrt{a_i}\cdot\frac{1}{\sqrt{a_i}}\right)\right]^2=n^2. \qquad ⑤$$

由此即能化到 $H_n\leqslant A_n$. 由柯西不等式等号成立的条件,可知其等号当且仅当 $a_1=a_2=\cdots=a_n$ 时成立.

[23-2]　　　　　　　　　　　　　　　　　　　☆

证明:$A_n\leqslant Q_n$.

证　先取 a_i 为任意实数,由柯西不等式

$$\left(\sum_{i=1}^{n} a_i \right)^2 = \left(\sum_{i=1}^{n} a_i \times 1 \right)^2$$

$$\leqslant \left(\sum_{i=1}^{n} a_i^2 \right) \cdot \left(\sum_{i=1}^{n} 1^2 \right) = n \sum_{i=1}^{n} a_i^2,$$

$$\therefore \left(\frac{\sum_{i=1}^{n} a_i}{n} \right)^2 \leqslant \frac{1}{n} \sum_{i=1}^{n} a_i^2,$$

$$\therefore \frac{\sum_{i=1}^{n} a_i}{n} \leqslant \left| \frac{\sum_{i=1}^{n} a_i}{n} \right| \leqslant \sqrt{\frac{1}{n} \sum_{i=1}^{n} a_i^2}.$$

当 a_i 为正实数时,就有 $A_n \leqslant Q_n$,由柯西不等式等号成立的条件,可知其等号当且仅当 $a_1 = a_2 = \cdots = a_n$ 时成立.

算术—几何平均不等式 $G_n \leqslant A_n$ 可以说是最著名的,应用既广泛且富有变化,它的证明不下几十种,这里仅举一种最初等的证明,在 [27 −2] 中我们再给出利用凸函数琴生不等式的比较简单的证明.

[23 −3]　　　　　　　　　　　　　　　　　　　☆ ☆ ☆

证明:$G_n \leqslant A_n$.

证　$n = 2$ 时,不等式显然成立. 假设 $n = k$ 时不等式成立,则当 $n = k + 1$ 时,

$$A_{k+1} = \frac{1}{k + 1} \sum_{i=1}^{k+1} a_i = \frac{1 + \dfrac{k - 1}{k + 1}}{2k} \sum_{i=1}^{k+1} a_i$$

$$= \frac{1}{2k} \left(\sum_{i=1}^{k+1} a_i + (k - 1) A_{k+1} \right)$$

$$= \frac{1}{2} \left[\frac{1}{k} \sum_{i=1}^{k} a_i + \frac{1}{k} \left[a_{k+1} + (k - 1) A_{k+1} \right] \right]$$

$$\geqslant \frac{1}{2} \left(\sqrt[k]{\prod_{i=1}^{k} a_i} + \sqrt[k]{a_{k+1} \cdot (A_{k+1})^{k-1}} \right)$$

$$\geqslant \sqrt{\sqrt[k]{\prod_{i=1}^{k} a_i} \cdot \sqrt[k]{a_{k+1} \cdot (A_{k+1})^{k-1}}}.$$

从而　　　　　$$(A_{k+1})^{2k} \geqslant \Big(\prod_{i=1}^{k} a_i\Big)\big[a_{k+1}(A_{k+1})^{k-1}\big]$$

$$= \Big(\prod_{i=1}^{k+1} a_i\Big)(A_{k+1})^{k-1}.$$

$\therefore$　　　　　$$A_{k+1} \geqslant \sqrt[k+1]{\prod_{i=1}^{k+1} a_i} = G_{k+1}.$$

当 $n=2$ 时当且仅当 $a_1 = a_2$ 时 $A_2 = G_2$，假设 $n=k$ 时当且仅当 $a_1 = a_2 = \cdots = a_k$ 时 $A_k = G_k$. 所以上式当且仅当

$$a_1 = a_2 = \cdots = a_k, a_{k+1} = A_{k+1}, \sqrt[k]{\prod_{i=1}^{k} a_i} = \sqrt[k]{a_{k+1} \cdot (A_{k+1})^{k-1}}$$ 时

等号成立，即 $a_1 = a_2 = \cdots = a_k = a_{k+1}$ 时等号成立.

$\therefore A_n \geqslant G_n$，当且仅当 $a_1 = a_2 = \cdots = a_n$ 时等号成立.

算术—几何平均不等式还可推广到加权平均的形式.

设 $a_i > 0, p_i > 0, i = 1, 2, \cdots, n$ 则有

$$\frac{\sum\limits_{i=1}^{n} p_i a_i}{\sum\limits_{i=1}^{n} p_i} \geqslant \Big(\prod_{i=1}^{n} a_i^{p_i}\Big)^{\frac{1}{\sum\limits_{i=1}^{n} p_i}}$$

若令 $q_i = p_i\big(\sum\limits_{k=1}^{n} p_k\big)^{-1}$，则 $\sum\limits_{i=1}^{n} q_i = 1$，上式又可写成

$$\sum_{i=1}^{n} q_i a_i \geqslant \prod_{i=1}^{n} a_i^{q_i}.$$

此两不等式的等号当且仅当 $a_1 = a_2 = \cdots = a_n$ 时成立.

以下两例是算术—几何平均不等式的加强形式.

[23 – 4]　　　　　　　　　　　　　　　　　　☆ ☆

设 $a_1, a_2, \cdots, a_n$ 均为正实数，且 $p = \min\{a_i \mid i = 1, 2, \cdots, n\}$，$q = \max\{a_i \mid i = 1, 2, \cdots, n\}$，则有

$$A_n - G_n \geqslant \frac{1}{n}\left(\sqrt{q} - \sqrt{p}\right)^2.$$

证 因 A_n 与 G_n 都是对称式,不妨设 $a_1 \leqslant a_2 \leqslant \cdots \leqslant a_n$,则 $p = a_1$, $q = a_n$. 使用算术—几何平均不等式,有

$$\frac{1}{n}\left(a_2 + a_3 + \cdots + a_{n-1} + \sqrt{a_1 a_n} + \sqrt{a_1 a_n}\right) \geqslant \sqrt[n]{a_1 a_2 \cdots a_n},$$

两边同时加上 $\frac{1}{n}\left(\sqrt{a_n} - \sqrt{a_1}\right)^2$,得

$$A_n \geqslant G_n + \frac{1}{n}\left(\sqrt{a_n} - \sqrt{a_1}\right)^2,$$

即

$$A_n - G_n \geqslant \frac{1}{n}\left(\sqrt{q} - \sqrt{p}\right)^2.$$

显然等号当且仅当 $a_2 = a_3 = \cdots = a_{n-1} = \sqrt{a_1 a_n} = \sqrt{pq}$ 时成立.

[23−5] ☆ ☆

设 $a_1, a_2, \cdots, a_n$ 均为正实数,且 $p = \min\{a_i \mid i = 1, 2, \cdots, n\}$, $q = \max\{a_i \mid i = 1, 2, \cdots, n\}$,则有

$$\frac{A_n}{G_n} \geqslant \left[\frac{1}{2}\left(\sqrt{\frac{q}{p}} + \sqrt{\frac{p}{q}}\right)\right]^{\frac{2}{n}}.$$

证 因 A_n 与 G_n 都是对称式,不妨设 $a_1 \leqslant a_2 \leqslant \cdots \leqslant a_n$,则 $p = a_1$, $q = a_n$,使用算术—几何平均不等式,有

$$A_n = \frac{1}{n}\left(a_2 + \cdots + a_{n-1} + \frac{a_1 + a_n}{2} + \frac{a_1 + a_n}{2}\right)$$

$$\geqslant \left(a_1 a_2 \cdots a_n \frac{\left[\frac{1}{2}(a_1 + a_n)\right]^2}{a_1 a_n}\right)^{\frac{1}{n}}$$

$$= G_n\left[\frac{1}{2}\left(\sqrt{\frac{q}{p}} + \sqrt{\frac{p}{q}}\right)\right]^{\frac{2}{n}},$$

由此即证. 显然等号当且仅当 $a_2 = a_3 = \cdots = a_{n-1} = \frac{a_1 + a_n}{2} = \frac{p + q}{2}$ 时成立.

在前述不等式①中,取 $p = \min\{a_i \mid i = 1, 2, \cdots, n\}$, $q = \max\{a_i \mid i = 1, 2, \cdots, n\}$,得

$$\frac{A_n}{H_n} \leqslant \frac{(p+q)^2}{4pq}.$$

此不等式是调和平均——算术平均不等式 $H_n \leqslant A_n$ 的加强形式. 但注意这一加强形式和前两例算术——几何平均不等式的加强形式在内容上不同,前两例都是对 $A_n \geqslant G_n$ 更精细的描绘. 而这一加强形式是对 $\frac{A_n}{H_n} \geqslant 1$ 使用反向不等式的一种限制性描绘,即

$$1 \leqslant \frac{A_n}{H_n} \leqslant \frac{(p+q)^2}{4pq}.$$

4°. 当 n 是奇数时,我们先使用结论"由①式给定的函数 T 只有当 $a_i(i = 1, 2, \cdots, n)$ 中一部分取 q 值,另一部分取 p 值时才能达到最大值",来改进不等式①. 而此结论则放到最后再讨论.

设 $a_i(i = 1, 2, \cdots, n)$ 中有 k 个取 q,$(n-k)$ 个取 p. 则

$$T = [kq + (n-k)p] \cdot \left(\frac{k}{q} + \frac{n-k}{p}\right)$$

$$= k^2 + (n-k)^2 + \left(\frac{q}{p} + \frac{p}{q}\right)k(n-k)$$

$$= \left[2 - \left(\frac{q}{p} + \frac{p}{q}\right)\right]k^2 - \left[2 - \left(\frac{q}{p} + \frac{p}{q}\right)\right] \cdot n \cdot k + n^2.$$

$\because 0 < p < q, \therefore \dfrac{q}{p} + \dfrac{p}{q} > 2$. 则上式 T 是二次项系数为负值的 k 的二次函数,T 有最大值. 此二次函数图像顶点的横坐标为

$$k = \frac{n}{2}.$$

$\because n$ 是奇数,k 要取整数,在此条件下 T 的最大值只可能在 $\dfrac{n+1}{2}$ 或 $\dfrac{n-1}{2}$ 处取到.

通过计算可知取 $k = \dfrac{n+1}{2}$ 和取 $k = \dfrac{n-1}{2}$ 时相应的 T 的值是相等的,都等于

$$(n^2 - 1) \cdot \frac{(p+q)^2}{4pq} + 1.$$

∴ 当 n 是奇数时,有

$$T = \Big(\sum_{i=1}^{n} a_i \Big) \Big(\sum_{i=1}^{n} \frac{1}{a_i} \Big) \leqslant (n^2 - 1) \frac{(p+q)^2}{4pq} + 1. \qquad ⑥$$

等号当且仅当 $a_i(i = 1, 2, \cdots, n)$ 中有 $\dfrac{n+1}{2}$ 个取 q、$\dfrac{n-1}{2}$ 个取 p,或者有 $\dfrac{n-1}{2}$ 个取 q、$\dfrac{n+1}{2}$ 个取 p 时成立.

关于所用结论,要像[22]那样用求导法证明.

由不等式①的题设条件,n 元函数

$$T = \Big(\sum_{i=1}^{n} a_i \Big) \Big(\sum_{i=1}^{n} \frac{1}{a_i} \Big) \qquad ⑦$$

定义在 n 维空间第一卦限内一个 n 维闭的正方体②上.

显然 T 是该有界闭区域上的连续函数,所以 T 在该闭区域上存在最大值和最小值.

由⑤可知当且仅当 $a_1 = a_2 = \cdots = a_n$ 时,T 取最小值 n^2.

$$\therefore \frac{\partial T}{\partial a_k} = \Big[\frac{\partial}{\partial a_k} \Big(\sum_{i=1}^{n} a_i \Big) \Big] \cdot \Big(\sum_{i=1}^{n} \frac{1}{a_i} \Big) + \Big(\sum_{i=1}^{n} a_i \Big) \cdot \Big[\frac{\partial}{\partial a_k} \Big(\sum_{i=1}^{n} \frac{1}{a_i} \Big) \Big]$$

$$= \sum_{i=1}^{n} \frac{1}{a_i} + \Big(\sum_{i=1}^{n} a_i \Big) \cdot \Big(-\frac{1}{a_k^2} \Big) \quad (k = 1, 2, \cdots, n),$$

可知⑦式的 T 对 $a_k(k = 1, 2, \cdots, n)$ 的所有偏导数在②上都是连续的. 所以 T 是在②上的可微函数. 所以 T 的最大值和最小值只可能在 n 维闭正方体②内的驻点处及其边界面上取到.

令 $\dfrac{\partial T}{\partial a_k} = 0(k = 1, 2, \cdots, n)$ 可求其驻点. 和[22]2°中的推导类似,驻点即是满足条件 $a_1 = a_2 = \cdots = a_n$ 的点(注意有无穷多个驻点),前

面已证在这些驻点处 T 取最小值,所以 T 的最大值只可能在 n 维闭正方体②的边界面上取到.

在 T 的 n 个变量中,让一个变量取其端点的值(p 或 q),就得到了②的一个边界面,它是一个 $(n-1)$ 维的闭正方体.②一共有 $2n$ 个这样的边界面.T 在这些边界面上就成了一个 $(n-1)$ 元的函数,记为 T_{n-1}.显然如果 T 在这边界面上的某一点处取到最大值,那么和这边界面相应的 T_{n-1} 也在该点处取到最大值.

这样就可用类似的办法来讨论 $(n-1)$ 元函数 T_{n-1} 在其相应的 $(n-1)$ 维闭正方体上何处能取到最大值.可以发现其仍旧只可能在边界面的边界上取最大值.边界面的边界又是一个 $(n-2)$ 维的正方体,每个边界面又有 $2(n-1)$ 个边界.而且这边界的边界又是一个 $(n-3)$ 维的闭正方体,……

和[22]2°的推导类似,用不断降维的办法最后可得(这里略去了详细的推导),函数⑦在其定义域②上,只可能在 n 维闭正方体②的顶点处取到最大值.②共有 2^n 个顶点,其顶点就是 $a_i(i=1,2,\cdots,n)$ 中一部分取 q,另一部分取 p 的 n 维空间中的点 $(a_1,a_2,\cdots,a_n)$.

实际上有了此结论,也就不需要用2°中的 Δ 方法,而用本小节前部分的办法直接计算出:

当 n 是偶数时①式成立,等号当且仅当 a_i 中一半取 q,另一半取 p 时成立;

当 n 是奇数时⑥式成立,等号当且仅当 a_i 中 $\dfrac{n+1}{2}$ 个取 q、$\dfrac{n-1}{2}$ 个取 p;或 $\dfrac{n-1}{2}$ 个取 q、$\dfrac{n+1}{2}$ 取 p 时成立.

[24] 反向柯西不等式 证明错误 ☆☆☆

原题 已知 a、b、c、d、e 为正数,$p=\min\{a,b,c,d,e\}$,$q=\max\{a,b,c,d,e\}$,求证:

$$(a+b+c+d+e)\left(\frac{1}{a}+\frac{1}{b}+\frac{1}{c}+\frac{1}{d}+\frac{1}{e}\right) \leqslant 25+6\left(\sqrt{\frac{p}{q}}-\sqrt{\frac{q}{p}}\right)^2.$$

原证明　在反向柯西不等式中取 $a_1 = \sqrt{a}, a_2 = \sqrt{b}, a_3 = \sqrt{c}, a_4 = \sqrt{d}, a_5 = \sqrt{e}, b_1 = \frac{1}{\sqrt{a}}, b_2 = \frac{1}{\sqrt{b}}, b_3 = \frac{1}{\sqrt{c}}, b_4 = \frac{1}{\sqrt{d}}, b_5 = \frac{1}{\sqrt{e}}$. 注意到 $k =$

$$\frac{\sqrt{\frac{q}{p}}}{\sqrt{\frac{q}{p}} + \sqrt{\frac{q}{p}}} \cdot 5 = \frac{5}{2}, l = \frac{5}{2},$$所以

当 $k = 2$ 或 $3, l = 3$ 或 2 时即得所证.

辨析

$1°$. 原证明使用了反向柯西不等式, 在该书中对其介绍如下:

反向柯西不等式(波利亚 - 舍贵不等式)

设 $0 < m_1 \leqslant a_i \leqslant M_1, 0 < m_2 \leqslant b_i \leqslant M_2, i = 1, 2, \cdots, n$, 则

$$T = \frac{\left(\sum_{i=1}^{n} a_i^2 \right)\left(\sum_{i=1}^{n} b_i^2 \right)}{\left(\sum_{i=1}^{n} a_i b_i \right)^2} \leqslant \frac{1}{4}\left(\sqrt{\frac{M_1 M_2}{m_1 m_2}} + \sqrt{\frac{m_1 m_2}{M_1 M_2}} \right)^2. \qquad ①$$

其中等号成立当且仅当 $k = \dfrac{\dfrac{M_1}{m_1}}{\dfrac{M_1}{m_1} + \dfrac{M_2}{m_2}} n, l = \dfrac{\dfrac{M_2}{m_2}}{\dfrac{M_1}{m_1} + \dfrac{M_2}{m_2}} n$ 都是整数, 且有 k

个 a_i 与 m_1 重合, 其余 $l(= n - k)$ 个与 M_1 重合, 而相应的 b_i 则分别与 M_2 和 m_2 重合.

原题如使用反向柯西不等式, 则

$$m_1 = \sqrt{p}, M_1 = \sqrt{q}; m_2 = \frac{1}{\sqrt{q}}, M_2 = \frac{1}{\sqrt{p}}$$

有

$$(a + b + c + d + e)\left(\frac{1}{a} + \frac{1}{b} + \frac{1}{c} + \frac{1}{d} + \frac{1}{e} \right)$$

$$\leqslant \frac{5^2}{4}\left(\sqrt{\frac{q}{p}} + \sqrt{\frac{p}{q}} \right)^2$$

$$= 25 + \frac{25}{4} \left(\sqrt{\frac{q}{p}} - \sqrt{\frac{p}{q}} \right)^2,$$

并不能证得所需要的结果.

$k = \frac{5}{2}, l = \frac{5}{2}$，仅说明如用反向柯西不等式，此时该不等式中的等号不能成立而已. 原证明称"所以当 $k = 2$ 或 $3, l = 3$ 或 2 时即得所证"，其意思是当 a, b, c, d, e 五个变量中 2 个取 p、3 个取 q 或 3 个取 p、2 个取 q，相应的值都能取到 $25 + 6 \left[\sqrt{\frac{p}{q}} - \sqrt{\frac{q}{p}} \right]^2$. 但为什么这两个值就是最大值，没有说明根据，"即得所证"理由并不充分.

在 3° 中我们将举出反例说明，在反向柯西不等式的情况下，当算出的 k 不是整数时，将 k 取整或取整加 1，有可能使其中之一取到最小值.

本题如使用[23]中笔者所给出的不等式⑥，有

$$(a + b + c + d + e) \left(\frac{1}{a} + \frac{1}{b} + \frac{1}{c} + \frac{1}{d} + \frac{1}{e} \right)$$

$$\leqslant (5^2 - 1) \frac{(p+q)^2}{4pq} + 1$$

$$= 6 \frac{(p+q)^2}{pq} + 1$$

$$= 25 + 6 \left(\sqrt{\frac{q}{p}} - \sqrt{\frac{p}{q}} \right)^2,$$

就能证得所需要的结果.

2°. 反向柯西不等式也是著名的不等式之一. 显然它是[23]中不等式①的一般形式.

它也可使用辅助函数

$$f(x) = \left(\sum_{i=1}^{n} a_i^2 \right) x^2 + \left[\left(\sqrt{\frac{M_1 M_2}{m_1 m_2}} + \sqrt{\frac{m_1 m_2}{M_1 M_2}} \right) \cdot \right.$$

$$\left. \left(\sum_{i=1}^{n} a_i b_i \right) \right] x + \sum_{i=1}^{n} b_i^2.$$

并注意到

$$f(x) = \sum_{i=1}^{n} \left(a_i x + \sqrt{\frac{M_1 M_2}{m_1 m_2}} b_i \right) \left(a_i x + \sqrt{\frac{m_1 m_2}{M_1 M_2}} b_i \right),$$

因为 $0 < m_1 \leqslant a_i \leqslant M_1, 0 < m_2 \leqslant b_i \leqslant M_2$，所以 $M_1 b_i - a_i m_2 \geqslant 0, m_1 b_i - a_i M_2 \leqslant 0$，从而

$$f\left(-\sqrt{\frac{M_2 m_2}{M_1 m_1}} \right) = \frac{1}{m_1 M_1} \sum_{i=1}^{n} (M_1 b_i - a_i m_2)(m_1 b_i - a_i M_2) \leqslant 0,$$

用 Δ 方法，由 $\Delta \geqslant 0$ 推导出①式.

用 [22] 的求导方法来考察 $2n$ 元函数

$$T(a_1, a_2, \cdots, a_n; b_1, b_2, \cdots, b_n) = \frac{\left(\sum\limits_{i=1}^{n} a_i^2 \right) \left(\sum\limits_{i=1}^{n} b_i^2 \right)}{\left(\sum\limits_{i=1}^{n} a_i b_i \right)^2}, \qquad ②$$

它定义在 $2n$ 维空间第一卦限内，由

$$\begin{cases} 0 < m_1 \leqslant a_i \leqslant M_1 \\ 0 < m_2 \leqslant b_i \leqslant M_2 \end{cases} \quad (i = 1, 2, \cdots, n) \qquad ③$$

所给定的一个 $2n$ 维闭长方体上.

由函数 T 在其有界闭区域上的连续性和可微性可知，不但存在最大值和最小值，而且这些最大值和最小值只可能在其区域内的驻点处或其边界面上取到.

记 $A = \sum\limits_{i=1}^{n} a_i^2, B = \sum\limits_{i=1}^{n} b_i^2, C = \sum\limits_{i=1}^{n} a_i b_i.$

则其驻点可由

$$\frac{\partial T}{\partial a_k} = \frac{2a_k BC - 2b_k AB}{C^3} = 0 \quad (k = 1, 2, \cdots, n),$$

$$\frac{\partial T}{\partial b_h} = \frac{2b_h AC - 2a_h AB}{C^3} = 0 \quad (h = 1, 2, \cdots, n),$$

来确定. 即

$$\begin{cases} \dfrac{a_1}{b_1} = \dfrac{a_2}{b_2} = \cdots = \dfrac{a_n}{b_n} = \dfrac{A}{C}, \\[3mm] \dfrac{a_1}{b_1} = \dfrac{a_2}{b_2} = \cdots = \dfrac{a_n}{b_n} = \dfrac{C}{B}. \end{cases}$$　　④

④中的两个式子并不矛盾,因当 $\dfrac{a_1}{b_1} = \dfrac{a_2}{b_2} = \cdots = \dfrac{a_n}{b_n}$ 时,柯西不等式

$AB \geqslant C^2$ 中的等号成立,有 $\dfrac{A}{C} = \dfrac{C}{B}$.

设 $a_i = tb_i$,则 $A = t^2 B$,$C = tB$,得 $t = \dfrac{A}{C}$,可知满足 $\dfrac{a_1}{b_1} = \dfrac{a_2}{b_2} = \cdots =$

$\dfrac{a_n}{b_n}$ 点就是驻点. 由柯西不等式,有 $T = \dfrac{AB}{C^2} \geqslant 1$,可知在这些驻点处 T 取

最小值,最小值就是 1. 也就是说 T 的最大值只可能在③的边界面上
的点中取到.

要像 $[22]\,2°$ 中那样,通过不断地降维讨论(从略)可以得到结
论:

由②给定的函数 T,在闭区域③上的最大值,只可能在③的某些
顶点处取到.

有了这个结论就可以来证①式等号成立的充分必要条件.

其充分性可通过直接验证来证明.

当 $k = \dfrac{\dfrac{M_1}{m_1}}{\dfrac{M_1}{m_1} + \dfrac{M_2}{m_2}} n$,$l = \dfrac{\dfrac{M_2}{m_2}}{\dfrac{M_1}{m_1} + \dfrac{M_2}{m_2}} n$ 都是整数,且有 k 个 a_i 与 m_1 重

合,其余 $l\,(=n-k)$ 个与 M_1 重合,而相应的 b_i 则分别与 M_2 和 m_2 重
合时,

$$\sum_{i=1}^{n} a_i^2 = km_1^2 + lM_1^2 = \dfrac{n\left(m_1 M_1 + \dfrac{M_1^2 M_2}{m_2}\right)}{\dfrac{M_1}{m_1} + \dfrac{M_2}{m_2}},$$

$$\sum_{i=1}^{n} b_i^2 = kM_2^2 + lm_2^2 = \frac{n\left(\dfrac{M_1 M_2^2}{m_1} + m_2 M_2\right)}{\dfrac{M_1}{m_1} + \dfrac{M_2}{m_2}},$$

$$\left(\sum_{i=1}^{n} a_i b_i\right)^2 = (km_1 M_2 + lm_2 M_1)^2 = \frac{4n^2 M_1^2 M_2^2}{\left(\dfrac{M_1}{m_1} + \dfrac{M_2}{m_2}\right)^2}.$$

由此就可得①式中的等号成立.

为求①式等号成立的必要条件,即求 $\Delta = 0$ 的必要条件. 因 $f\left(-\sqrt{\dfrac{M_2 m_2}{M_1 m_1}}\right) \leqslant 0$,若 $f\left(-\sqrt{\dfrac{M_2 m_2}{M_1 m_1}}\right) \neq 0$,有 $f\left(-\sqrt{\dfrac{M_2 m_2}{M_1 m_1}}\right) < 0$,则 $\Delta > 0$. 所以 $f\left(-\sqrt{\dfrac{M_2 m_2}{M_1 m_1}}\right) = 0$ 是 $\Delta = 0$ 的必要条件. 由此可得①式等号成立的必要条件为

$$(M_1 b_i - a_i m_2)(m_1 b_i - a_i M_2) = 0;\ (i = 1, 2, \cdots, n). \qquad ⑤$$

因为只要考虑 a_i, b_i 在③的顶点处取值的情况,要使⑤中的 n 个式子都等于 0,只有 k 个 a_i 取 m_1,相应的 k 个 b_i 取 M_2;其余 $(n-k)$ 个 a_i 取 M_1,相应的 $(n-k)$ 个 b_i 取 m_2 $(k = 0, 1, \cdots, n)$ 才可能. 此时

$$T = \frac{[km_1^2 + (n-k)M_1^2] \cdot [kM_2^2 + (n-k)m_2^2]}{[km_1 M_2 + (n-k)M_1 m_2]^2}. \qquad ⑥$$

令①式等号成立,并由⑥式,就得到了以 k 为未知数的一个方程,化简可得

$$\left[\left(\frac{M_1}{m_1} + \frac{M_2}{m_2}\right)k - \frac{M_1}{m_1}n\right]^2 = 0.$$

$\because k$ 只能取 $0, 1, \cdots, n$ 中的整数,可知只有当 $k = \dfrac{\dfrac{M_1}{m_1}n}{\dfrac{M_1}{m_1} + \dfrac{M_2}{m_2}}$ 且是整数时,①中的等号才能成立.

这样①中等号成立的必要条件就得证了.

当 $k = \dfrac{\dfrac{M_1}{m_1}n}{\dfrac{M_1}{m_1} + \dfrac{M_2}{m_2}}$ 不是整数时,反向柯西不等式等号不能成立,这

说明 T 的最大值不能由反向柯西不等式来求. 由前述结论此时可以通过比较 T 在③的各顶点处的值的大小来求出最大值.

3°. 原证明认为,在反向柯西不等式中当 $\dfrac{\dfrac{M_1}{m_1}n}{\dfrac{M_1}{m_1} + \dfrac{M_2}{m_2}}$ 不是整数时,取

其整数部分或整数部分加 1 作为 k,然后取 k 个 a_i 与 m_1 重合,$(n - k)$ 个 a_i 与 M_1 重合,而相应的 b_i 分别与 M_2 和 m_2 重合,此时①式中的 T 都能取到最大值. 对此可构建如下反例.

设:$1 \leqslant a_i \leqslant 2, 1 \leqslant b_i \leqslant 10, i = 1, 2, 3.$ 而 $\dfrac{\dfrac{M_1}{m_1}n}{\dfrac{M_1}{m_1} + \dfrac{M_2}{m_2}} = \dfrac{2 \cdot 3}{2 + 10} = 0.5$,整

数部分为 0. 若取 $k = 0$,显然其对应顶点是驻点,此时 $T = 1$,是最小值.

又设:$1 \leqslant a_i \leqslant 10, 1 \leqslant b_i \leqslant 2, i = 1, 2, 3$,则 $\dfrac{\dfrac{M_1}{m_1}n}{\dfrac{M_1}{m_1} + \dfrac{M_2}{m_2}} = 2.5$,若取 $k =$

3,对应顶点又是驻点,在该点取最小值.

那么原证明用这样的方法求出的两个顶点为什么刚巧都对应原式的最大值呢? 其实质是原题刚巧符合[23]中⑥式的情况. [23]中的⑥式就是[23]中的①式当 n 为奇数等号不能成立时的修正式.

值得注意的是,虽然反向柯西不等式①是[23]中不等式①的推广,但推广后情况要复杂得多,其等号不能成立时,我们很难像[23]

中推导⑥式那样推导出一个统一的简洁的修正式.

[23]中的①式与本节的①式都可以用 Δ 方法来证明,并且都同样从探索 $\Delta = 0$ 的必要条件入手从而分别求出了等号成立的充要条件. 当等号不能成立时,显然都不能用它们来求相应的 T 的最大值,但可以证明 T 的最大值都能在它们各自的定义域中的顶点处达到.

所不同的是在[23]中①式等号成立的必要条件是 a_i 一部分取 q,另一部分取 p. 而这恰恰就是定义域的全部顶点,所以当得到 n 是奇数[23]中的①式等号不能成立时,在[23]4° 中可以继续在这些顶点中来寻找使 T 达到最大值的顶点,并得到了[23]中的⑥式.

但在本节的情况下,虽然也是从①式等号成立的必要条件入手,所考察的已不是定义域的全部顶点(共有 2^{2n} 个),仅是 k 个 a_i 与 m_1 重合,$(n-k)$ 个 a_i 与 M_1 重合,而相应的 b_i 则分别与 M_2 和 m_2 重合 $(k=0,1,2,\cdots,n)$ 相对应的一些顶点(⑥式是这些顶点相对应的 T 值). 我们只能肯定能使①式等号成立的相应的顶点一定位于这些顶点之中,不能不经证明就认为当①式等号不能成立时能使 T 取到最大值的顶点也一定位于这些顶点之中.

[25]幂平均不等式　　　推广的提示易引起误解　☆☆☆

原题　设正数 $a_i(i=1,2,3,4)$ 满足 $a_1a_2 + a_2a_3 + a_3a_4 + a_4a_1 =$ 1. 记 $T = a_1 + a_2 + a_3 + a_4$,求证:$\displaystyle\sum_{i=1}^{4} \frac{a_i^3}{T - a_i} \geq \frac{1}{3}$.

原证明　设 x、y 为正数. 由 $x^2 + y^2 \geq 2xy$ 知 $\dfrac{x^2}{y} \geq 2x - y$.

故 $\dfrac{a_i^3}{T - a_i} = \dfrac{(3a_i^2)^2}{9a_i(T - a_i)} \geq \dfrac{1}{9}[2 \times (3a_i^2) - a_i(T - a_i)]$

$$= \frac{1}{9}(7a_i^2 - Ta_i).$$

从而 $\displaystyle\sum_{i=1}^{4} \frac{a_i^3}{T - a_i} \geq \frac{1}{9}\left(7\sum_{i=1}^{4} a_i^2 - T\sum_{i=1}^{4} a_i\right)$

$$= \frac{1}{9} \Big[7 \sum_{i=1}^{4} a_i^2 - \Big(\sum_{i=1}^{4} a_i \Big)^2 \Big].$$

注意到 $\dfrac{\sum\limits_{i=1}^{4} a_i}{4} \leqslant \sqrt{\dfrac{\sum\limits_{i=1}^{4} a_i^2}{4}}$，故 $\Big(\sum\limits_{i=1}^{4} a_i \Big)^2 \leqslant 4 \sum\limits_{i=1}^{4} a_i^2$.

代入上式得

$$\sum_{i=1}^{4} \frac{a_i^3}{T - a_i} \geqslant \frac{1}{9} \times 3 \sum_{i=1}^{4} a_i^2 = \frac{1}{3} \sum_{i=1}^{4} a_i^2.$$

若令 $a_5 = a_1$，则 $a_i^2 + a_{i+1}^2 \geqslant 2 a_i a_{i+1}$，求和得 $\sum\limits_{i=1}^{4} a_i^2 \geqslant \sum\limits_{i=1}^{4} a_i a_{i+1} = 1$. 代入上式得

$$\sum_{i=1}^{4} \frac{a_i^3}{T - a_i} \geqslant \frac{1}{3}.$$

原说明 本题可推广为：

设正数 $a_i (i = 1, 2, \cdots, n)$ 满足 $a_1 a_2 + a_2 a_3 + \cdots + a_{n-1} a_n + a_n a_1 = 1$. 记 $T = a_1 + a_2 + \cdots + a_n$. 求证：$\sum\limits_{i=1}^{n} \dfrac{a_i^3}{T - a_i} \geqslant \dfrac{1}{n-1}$.

注意到等号成立条件为 $a_1 = a_2 = \cdots = a_n = \sqrt{\dfrac{1}{n}}$，故 $T - a_i = (n-1) a_i$. 利用 $\dfrac{[(n-1) a_i^2]^2}{a_i (T - a_i)} \geqslant 2(n-1) a_i^2 - a_i (T - a_i) = (2n - 1) a_i^2 - T a_i$，两边求和可得.

辨析

1°. 原证明的技巧性较强，是不易想到的.

原证明用到了幂平均不等式：

若 $a_i > 0, i = 1, 2, \cdots, n; m$ 为正整数，则

$$\frac{1}{n} \sum_{i=1}^{n} a_i \leqslant \sqrt{\frac{1}{n} \sum_{i=1}^{n} a_i^2} \leqslant \sqrt[3]{\frac{1}{n} \sum_{i=1}^{n} a_i^3} \leqslant \cdots \leqslant \sqrt[m]{\frac{1}{n} \sum_{i=1}^{n} a_i^m}.$$

幂平均概念还可推广,设 $a_i > 0, i = 1, 2, \cdots, n; \alpha$ 是一个不为 0 的实数,称

$$C_\alpha = \left(\frac{1}{n} \sum_{i=1}^n a_i^\alpha \right)^{\frac{1}{\alpha}},$$

为 $a_i(i = 1, 2, \cdots, n)$ 的 α 次幂平均数.

这样[23]3°中的

$$H_n = C_{-1}, A_n = C_1, Q_n = C_2.$$

还可补充定义 $C_0 = G_n$.

更一般化的定理为:

若 $\alpha < \beta$,则有 $C_\alpha \leqslant C_\beta$.

另外还有加权幂平均不等式:

若 $a_i > 0, p_i > 0, i = 1, 2, \cdots, n; s, r$ 是不为 0 的实数,则当 $s < r$ 时,有

$$\left[\frac{\sum\limits_{i=1}^n p_i a_i^s}{\sum\limits_{i=1}^n p_i} \right]^{\frac{1}{s}} \leqslant \left[\frac{\sum\limits_{i=1}^n p_i a_i^r}{\sum p_i} \right]^{\frac{1}{r}}.$$

以上所有不等式的等号当且仅当 $a_1 = a_2 = \cdots = a_n$ 时成立.

原证明中用幂平均不等式所得结果为

$$\left(\sum_{i=1}^4 a_i \right)^2 \leqslant 4 \sum_{i=1}^4 a_i^2,$$

它也可将左端展开,并用 $2a_i a_j \leqslant a_i^2 + a_j^2$ 来证.

当从 $n = 4$ 推广到一般的 n 时,$\left(\sum\limits_{i=1}^n a_i \right)^2$ 展开式中 2 倍的乘积项

有 C_n^2 项,于是有

$$\left(\sum_{i=1}^n a_i \right)^2 \leqslant \left(\frac{C_n^2 \times 2}{n} + 1 \right) \sum_{i=1}^n a_i^2 = n \sum_{i=1}^n a_i^2.$$

(也可由[112]4°中的式⑦直接推出)

在竞赛数学中可以直接使用幂平均不等式.

2°. "说明"中对推广结论证明的提示,似乎可用关系式 $T - a_i = (n-1)a_i$,这样 $T = na_i$,于是

$$\frac{\left[(n-1)a_i^2\right]^2}{a_i(T-a_i)} \geqslant 2(n-1)a_i^2 - a_i(T-a_i)$$
$$= (2n-1)a_i^2 - Ta_i$$
$$= (n-1)a_i^2.$$

∵ 易证 $\sum_{i=1}^{n} a_i^2 \geqslant 1$,两边求和就可证得

$$\sum_{i=1}^{n} \frac{a_i^3}{T-a_i} \geqslant \frac{1}{n-1}. \qquad (※)$$

这样的证明当然是没有根据的.

(※)式的证明,还得重复 $n=4$ 时的推导的各个步骤.

同样有,当 x、y 为正数时,由 $\frac{x^2}{y} \geqslant 2x - y$,构建 $\frac{\left[(n-1)a_i^2\right]^2}{a_i(T-a_i)} \geqslant 2(n-1)a_i^2 - a_i(T-a_i) = (2n-1)a_i^2 - Ta_i.$

∴ $\sum_{i=1}^{n} \frac{\left[(n-1)a_i^2\right]^2}{a_i(T-a_i)} \geqslant (2n-1)\sum_{i=1}^{n} a_i^2 - T\sum_{i=1}^{n} a_i.$

∴ $(n-1)^2 \cdot \sum_{i=1}^{n} \frac{a_i^3}{T-a_i} \geqslant (2n-1)\sum_{i=1}^{n} a_i^2 - \left(\sum_{i=1}^{n} a_i\right)^2.$

由幂平均不得式 $C_1 \leqslant C_2$,得 $\left(\sum_{i=1}^{n} a_i\right)^2 \leqslant n\sum_{i=1}^{n} a_i^2$,∴ $\sum_{i=1}^{n} \frac{a_i^3}{T-a_i} \geqslant \frac{1}{n-1}\sum_{i=1}^{n} a_i^2.$

又由 $2\sum_{i=1}^{n} a_i^2 \geqslant 2(a_1a_2 + a_2a_3 + \cdots + a_{n-1}a_n + a_na_1) = 2$,得 $\sum_{i=1}^{n} a_i^2 \geqslant 1$. 由此(※)式得证.

分析各个步骤等号成立的充分必要条件,(※)等号成立的充分必要条件是 $a_1 = a_2 = \cdots = a_n = \sqrt{\dfrac{1}{n}}$.

[26] 排序不等式　　　　　　　　**证明中有错误**　　　☆☆

原题　设 a、b、c 为某一三角形三边长,求证:$a^2(b+c-a)+b^2$ $(c+a-b)+c^2(a+b-c)\leqslant 3abc$.

　　　　　　　　　　　（第 6 届国际数学奥林匹克竞赛试题）

原证明　不妨设 $a\geqslant b\geqslant c$,易证 $a(b+c-a)\leqslant b(c+a-b)\leqslant$ $c(a+b-c)$.

由排序原理得

$$a^2(b+c-a)+b^2(c+a-b)+c^2(a+b-c)$$
$$\leqslant a\cdot b(c+a-b)+b\cdot c(a+b-c)+c\cdot a(b+c-a)=3abc.$$

辨析

1°. 排序不等式又称排序原理.

设 $a_1\leqslant a_2\leqslant\cdots\leqslant a_n$,$b_1\leqslant b_2\leqslant\cdots\leqslant b_n$,则有

$$\sum_{i=1}^{n}a_ib_{n+1-i}\leqslant\sum_{i=1}^{n}a_ib_{t_i}\leqslant\sum_{i=1}^{n}a_ib_i.$$

即"反序和"$\leqslant$"乱序和"$\leqslant$"同序和",其中 $\{t_1,t_2,\cdots,t_n\}=\{1,2,\cdots,n\}$. 当且仅当 $a_1=a_2=\cdots=a_n$ 或 $b_1=b_2=\cdots=b_n$ 时等号成立.

证明如下:

因为 $(a_n-a_k)(b_n-b_{t_n})\geqslant 0$,

所以　$a_nb_n+a_kb_{t_n}\geqslant a_kb_n+a_nb_{t_n}$.

若 $b_{t_k}=b_n(t_k=n)$,根据上式有

$$a_1b_{t_1}+a_2b_{t_2}+\cdots+a_kb_{t_k}+\cdots+a_nb_{t_n}$$
$$\leqslant a_1b_{t_1}+a_2b_{t_2}+\cdots+a_kb_{t_n}+\cdots+a_nb_n.$$

又若 $b_{t_r}=b_{n-1}(t_{n-1}<n-1,t_r=n-1)$,同理可得

$$a_1b_{t_1}+a_2b_{t_2}+\cdots+a_rb_{t_r}+\cdots+a_{n-1}b_{t_{n-1}}+a_nb_n$$
$$\leqslant a_1b_{t_1}+a_2b_{t_2}+\cdots+a_rb_{t_{n-1}}+\cdots+a_{n-1}b_{n-1}+a_nb_n.$$

继续下去,即可得上述右端不等式.

因 $b_1\leqslant b_2\leqslant\cdots\leqslant b_n$,故有 $-b_1\geqslant-b_2\geqslant\cdots\geqslant-b_n$.

由以上证明的结果知

$$\sum_{i=1}^{n}(-b_{n+1-i})a_i \geqslant \sum_{i=1}^{n}(-b_{t_i})a_i,$$

两端同除以 -1，即得上述左端不等式.

2°. 因为原题不等式中的字母 a、b、c 任意两个对换不等式不变（此类不等式称为对称不等式），为此可设 $a \geqslant b \geqslant c$，利用三角形三边之间的关系可证

$$a(b+c-a) \leqslant b(c+a-b) \leqslant c(a+b-c).$$

例如　$a(b+c-a) \leqslant b(c+a-b) \Leftrightarrow ab+ac-a^2 \leqslant bc+ab-b^2$

$$\Leftrightarrow ac-bc \leqslant a^2-b^2 \Leftarrow c < a+b.$$

原证明中得到的不等式是"反序和" $\leqslant$ "乱序和"，但该"乱序和"并非就等于 $3abc$.

要再用一次"反序和" $\leqslant$ "乱序和"得

$$a^2(b+c-a)+b^2(c+a-b)+c^2(a+b-c)$$
$$\leqslant b \cdot a(b+c-a)+c \cdot b(c+a-b)+a \cdot c(a+b-c).$$

两不等式两端分别相加除以 2，才能得到所求证的不等式.

3°. 下述证明说明，本题的条件可放宽，a、b、c 可不要求是三角形的三条边，只要求都是正实数就可以了.

因所要求证的不等式关于 a、b、c 对称，不妨设 $a \geqslant b \geqslant c$. 则

$$3abc-a^2(b+c-a)-b^2(c+a-b)-c^2(a+b-c)$$
$$= a(bc-ab-ac+a^2)+b(ac-bc-ab+b^2)+c(ab-ac-bc+c^2)$$
$$= a(a-c)(a-b)+b(b-c)(b-a)+c(c-a)(c-b)$$
$$= (a-b)(a^2-ac+bc-b^2)+c(c-a)(c-b)$$
$$= (a-b)^2[(a+b)-c]+c(c-a)(c-b).$$

$\because (a-b)^2 \geqslant 0, (a+b)-c \geqslant 0$（这里的依据不是三角形两边之和大于第三边，而是所设），$c-a \leqslant 0, c-b \leqslant 0, c > 0$.

$\therefore$ 上式 $\geqslant 0$.

$\therefore a^2(b+c-a)+b^2(c+a-b)+c^2(a+b-c) \leqslant 3abc.$

[27] 琴生不等式   　　　**题(2)提示失效**   ☆ ☆ ☆

原题　在 $\triangle ABC$ 中，求证：

(1) $\dfrac{1}{\sin \dfrac{A}{2}} + \dfrac{1}{\sin \dfrac{B}{2}} + \dfrac{1}{\sin \dfrac{C}{2}} \geqslant 6$；

(2) $\cot \dfrac{A}{2} \cdot \cot \dfrac{B}{2} \cdot \cot \dfrac{C}{2} \geqslant 3\sqrt{3}$.

原提示　(1) 考查函数 $y = \dfrac{1}{\sin x}$，其在 $\left(0, \dfrac{\pi}{2}\right)$ 上为凸函数；

(2) 考查函数 $f(x) = \ln\cot \dfrac{x}{2}$，在 $\left(0, \dfrac{\pi}{2}\right)$ 上是凸函数. 证明如下.

即证 $\dfrac{1}{2}[f(x_1) + f(x_2)] \geqslant f\left(\dfrac{x_1 + x_2}{2}\right)$.

$$f(x_1) + f(x_2) = \ln\cot\frac{x_1}{2} + \ln\cot\frac{x_2}{2} = \ln\cot\frac{x_1}{2}\cot\frac{x_2}{2}$$

$$= \ln\left(1 + \frac{2\cos\dfrac{x_1 + x_2}{2}}{\cos\dfrac{x_1 - x_2}{2} - \cos\dfrac{x_1 + x_2}{2}}\right)$$

$$\geqslant \ln\left(1 + \frac{2\cos\dfrac{x_1 + x_2}{2}}{1 - \cos\dfrac{x_1 + x_2}{2}}\right)$$

$$= 2\ln\cot\frac{x_1 + x_2}{4} = 2f\left(\frac{x_1 + x_2}{2}\right). \text{ 证毕.}$$

辨析

1°. 先摘录相关竞赛数学书籍中的如下内容：

(1) 凸函数定义

① 设 $f(x)$ 是定义在闭区间 $[a, b]$ 上的函数，若对任意 $x, y \in [a, b]$ 和任意 $\lambda \in (0, 1)$，有

$$f(\lambda x + (1 - \lambda)y) \leqslant \lambda f(x) + (1 - \lambda)f(y)$$

成立,则称 $f(x)$ 是 (a,b) 上的凸函数(也称下凸函数或凹函数).

② 设 $f(x)$ 是定义在 $[a,b]$ 上的函数,若对任意 $x,y \in [a,b]$ 且 $x \neq y$ 和任意 $\lambda \in (0,1)$,有

$$f(\lambda x + (1-\lambda)y) < \lambda f(x) + (1-\lambda)f(y)$$

成立,则称 $f(x)$ 是 (a,b) 上的严格凸函数.

③ 设 $f(x)$ 是定义在 $[a,b]$ 上的函数,若对任意 $x,y \in [a,b]$ 和任意 $\lambda \in (0,1)$,有

$$f(\lambda x + (1-\lambda)y) \geqslant \lambda f(x) + (1-\lambda)f(y)$$

成立,则称 $f(x)$ 是 (a,b) 上的上凸函数.

(2) 琴生(Jensen)不等式

若 $f(x)$ 是区间 (a,b) 上的凸函数,则对任意 $x_1,x_2,\cdots,x_n \in (a,b)$ 有

$$f\left(\frac{1}{n}\sum_{i=1}^{n}x_i\right) \leqslant \frac{1}{n}\sum_{i=1}^{n}f(x_i).$$

当且仅当 $x_1 = x_2 = \cdots = x_n$ 时等号成立.

当 $f(x)$ 为上凸函数时,不等式反向.

(3) 琴生(Jensen)不等式推论

若 $f(x)$ 是区间 (a,b) 上的凸函数,则对任意 $x_1,x_2,\cdots,x_n \in (a,b)$ 和对任意满足 $\sum_{i=1}^{n}p_i = 1$ 的正数 $p_1,p_2,\cdots,p_n$,有

$$f\left(\sum_{i=1}^{n}p_i x_i\right) \leqslant \sum_{i=1}^{n}p_i f(x_i).$$

当且仅当 $x_1 = x_2 = \cdots = x_n$ 时等号成立.

对以上摘录提出几点附注:

①凸、凹是一对相对的概念,从(1)的定义中就可发现凸凹在不同情况下使用并不统一.本书约定只使用凸函数(即下凸函数)和上凸函数两个概念.

② 凸函数的定义还可处理得更特殊些,例如约定取 $\lambda = \frac{1}{2}$,可

以证明在连续函数的情况下两种定义是等价的(参见6°). 第(2)小题,证明函数 $f(x)=\ln\cot\dfrac{x}{2}$ 在 $\left(0,\dfrac{\pi}{2}\right)$ 是凸函数,就是取 $\lambda=\dfrac{1}{2}$ 来证明的. 该证明是正确的. 另外凸函数的定义也还可处理得更一般些,例如 $f(x)$ 是 (a,b) 上的凸函数, $f(x)$ 并非一定要在端点处有定义, $\ln\cot\dfrac{x}{2}$ 在 $x=0$ 处就没有定义,而且在无穷区间上同样可定义凸函数. 上凸函数的情况类同.

③ 对一些基本初等函数,在某区间上是否是凸函数往往根据其图像就可作出判断,一般不用再证明. 比较复杂一些的函数,一般用二阶导数来作判断要简单些.

设 $y=f(x)$ 在 (a,b) 上的 $f''(x)$ 存在,

1) $f''(x)>0$,则 $f(x)$ 就是 (a,b) 上的凸函数且是严格凸函数;

2) $f''(x)<0$,则 $f(x)$ 就是 (a,b) 上的上凸函数且是严格上凸函数(可妨(1)②定义).

④(2)与(3)中的"当且仅当 $x_1=x_2=\cdots=x_n$ 时等号成立",关于"当"只要代入琴生不等式就可得到验证;关于"仅当"实际上只有对严格凸函数才有此结论,上凸函数也一样.

2°. 琴生不等式可用数学归纳法证明之,证明如下:

当 $n=1$ 、2 时,命题显然成立. 假设 $n=k$ 时命题成立,当 $n=k+1$ 时,令

$$A=\frac{1}{k+1}\sum_{i=1}^{k+1}x_i,$$

有 $A=\dfrac{(k+1)A+(k-1)A}{2k}=\dfrac{\displaystyle\sum_{i=1}^{k}x_i+x_{k+1}+(k-1)A}{2k}.$

又令 $B=\dfrac{1}{k}\displaystyle\sum_{i=1}^{k}x_i,C=\dfrac{1}{k}\big[x_{k+1}+(k-1)A\big],$

于是 $f(A)=f\left(\dfrac{B+C}{2}\right)$

$$\leqslant \frac{1}{2}[f(B) + f(C)]$$

$$\leqslant \frac{1}{2}\left\{\frac{1}{k}\left[\sum_{i=1}^{k}f(x_i)\right] + \frac{1}{k}\left[f(x_{k+1}) + (k-1)f(A)\right]\right\}$$

$$= \frac{1}{2k}\left[\sum_{i=1}^{k+1}f(x_i) + (k-1)f(A)\right].$$

$$\therefore \frac{k+1}{2k}f(A) \leqslant \frac{1}{2k}\sum_{i=1}^{k+1}f(x_i),$$

即　　　　　　　　$$f(A) \leqslant \frac{1}{k+1}\sum_{i=1}^{k+1}f(x_i).$$

从推导的各步看若 $f(x)$ 是严格凸函数等号当且仅当 $B = C, x_1 = x_2 = \cdots = x_k, x_{k+1} = A$ 同时成立时,即 $x_1 = x_2 = \cdots = x_k = x_{k+1}$ 时成立.

综上所述,对一切自然数 n,命题成立.

利用琴生不等式来证明不等式是一项比较强的方法. 从下面二例就可见一斑.

[27 - 1]　　　　　　　　　　　　　　　　　　　　　☆

在 $\triangle ABC$ 中

$$\sin A + \sin B + \sin C \leqslant \frac{3\sqrt{3}}{2},$$

等号当且仅当 $A = B = C = \frac{\pi}{3}$ 时成立.

证　从正弦函数 $y = \sin x$ 的图像可知,其在 $(0, \pi)$ 上为严格上凸函数,故由琴生不等式得

$$\frac{1}{3}(\sin A + \sin B + \sin C) \leqslant \sin\frac{A+B+C}{3} = \sin\frac{\pi}{3} = \frac{\sqrt{3}}{2}.$$

$$\therefore \qquad\qquad \sin A + \sin B + \sin C \leqslant \frac{3\sqrt{3}}{2}.$$

等号当且仅当 $A = B = C = \frac{\pi}{3}$ 时成立.

该命题在[16]3°中要分四步来证.

[27-2] ☆☆

证明 $G_n \leqslant A_n$.

证 考察函数 $f(x) = -\ln x, x > 0$.

由于 $f'(x) = -\dfrac{1}{x}, f''(x) = \dfrac{1}{x^2} > 0$，故其为严格凸函数. 由琴生不等式得

$$-\ln\left(\frac{1}{n}\sum_{i=1}^{n}x_i\right) \leqslant \frac{1}{n}\sum_{i=1}^{n}(-\ln x_i) = -\frac{1}{n}\ln\left(\prod_{i=1}^{n}x_i\right),$$

$$\therefore \qquad \ln\sqrt[n]{\prod_{i=1}^{n}x_i} \leqslant \ln\left(\frac{1}{n}\sum_{i=1}^{n}x_i\right).$$

$\because y = \ln x(x > 0)$ 是增函数，

$\therefore G_n \leqslant A_n$.

该证明与[23-3]比较要简单得多.

3°. 回到原题.

(1) 证明函数 $f(x) = \dfrac{1}{\sin x}$ 在 $(0, \dfrac{\pi}{2})$ 上为凸函数用二阶导数来判别较为简便.

$$f'(x) = -\frac{\cos x}{\sin^2 x},$$

$$f''(x) = \frac{\sin^2 x(-\cos x)' - (-\cos x)(\sin^2 x)'}{\sin^4 x}$$

$$= \frac{\sin^3 x + 2\sin x \cos^2 x}{\sin^4 x}$$

$$= \frac{1 + \cos^2 x}{\sin^3 x}.$$

在 $(0, \dfrac{\pi}{2})$ 上，显然 $f''(x) > 0, f(x)$ 是严格凸函数.

$\because A、B、C$ 是 $\triangle ABC$ 的三只内角，$\therefore \dfrac{A}{2}、\dfrac{B}{2}、\dfrac{C}{2}$ 均属于 $\left(0, \dfrac{\pi}{2}\right)$，由琴生不等式有

$$\frac{1}{3}\left(\frac{1}{\sin\dfrac{A}{2}}+\frac{1}{\sin\dfrac{B}{2}}+\frac{1}{\sin\dfrac{C}{2}}\right)\geqslant\frac{1}{\sin\left(\dfrac{\dfrac{A}{2}+\dfrac{B}{2}+\dfrac{C}{2}}{3}\right)}=\frac{1}{\sin\dfrac{\pi}{6}}=2.$$

$$\therefore\ \frac{1}{\sin\dfrac{A}{2}}+\frac{1}{\sin\dfrac{B}{2}}+\frac{1}{\sin\dfrac{C}{2}}\geqslant6.$$

（2）证明 $f(x)=\mathrm{lncot}\dfrac{x}{2}$，在 $\left(0,\dfrac{\pi}{2}\right)$ 上是凸函数，用二阶导数来证当然更简单.

设 $x\in(0,\pi)$，此时 $\cot\dfrac{x}{2}>0$，$f(x)$ 有意义. 且

$$f'(x)=\frac{1}{\cot\dfrac{x}{2}}\left(\cot\dfrac{x}{2}\right)'=\frac{\sin\dfrac{x}{2}}{\cos\dfrac{x}{2}}\cdot\left(-\frac{1}{\sin^2\dfrac{x}{2}}\right)\cdot\frac{1}{2}=-\frac{1}{\sin x},$$

$$f''(x)=\frac{\cos x}{\sin^2 x}.$$

$\therefore$ 当 $x\in\left(0,\dfrac{\pi}{2}\right)$ 时，$f''(x)>0$；

当 $x=\dfrac{\pi}{2}$ 时，$f''(x)=0$；

当 $x\in\left(\dfrac{\pi}{2},\pi\right)$ 时，$f''(x)<0$.

$\therefore f(x)$ 在 $\left(0,\dfrac{\pi}{2}\right)$ 上是严格凸函数，在 $\left(\dfrac{\pi}{2},\pi\right)$ 上是严格上凸函数，$x=\dfrac{\pi}{2}$ 时，$f\left(\dfrac{\pi}{2}\right)=\mathrm{lncot}\dfrac{\pi}{4}=0$，可知 $\left(\dfrac{\pi}{2},0\right)$ 是拐点.

由此还可知 $f(x)$ 在 $(0,\pi)$ 上并非是凸函数或上凸函数.

若 $\triangle ABC$ 是锐角三角形，$\angle A$、$\angle B$、$\angle C$ 均是锐角，由 $f(x)$ 在 $\left(0,\dfrac{\pi}{2}\right)$ 上使用琴生不等式得

$$\frac{1}{3}\left(\text{lncot }\frac{A}{2}+\text{lncot }\frac{B}{2}+\text{lncot }\frac{C}{2}\right)\geqslant\text{lncot }\dfrac{\dfrac{A+B+C}{3}}{2}.$$

$$\therefore\ \ln\left(\cot\frac{A}{2}\cdot\cot\frac{B}{2}\cdot\cot\frac{C}{2}\right)\geqslant3\text{lncot }\frac{\pi}{6}=3\ln\sqrt{3}=\ln3\sqrt{3}.$$

而 $y=\ln x$ 在其定义域上是增函数,

$$\therefore\ \cot\frac{A}{2}\cdot\cot\frac{B}{2}\cdot\cot\frac{C}{2}\geqslant3\sqrt{3}.$$

等号当且仅当 $A=B=C=\dfrac{\pi}{3}$ 时成立.

显然在一般三角形的情况下,琴生不等式的证明方法失效.原题(2)的原提示失效.

4°. 下面来证明在一般的 $\triangle ABC$ 中原题中的(2)成立.但注意笔者的该证法已不是使用琴生不等式法.先证明:

[27－3]　　　　　　　　　　　　　　　**自编题** ☆ ☆

当 t_1、t_2 是同一个三角形的两只内角时,即

$$0<t_1<\pi,0<t_2<\pi,0<t_1+t_2<\pi,$$

有

$$\cot\frac{t_1}{2}\cot\frac{t_2}{2}\geqslant\left(\cot\dfrac{\dfrac{t_1}{2}+\dfrac{t_2}{2}}{2}\right)^2.\qquad(※)$$

其中等号当且仅当 $t_1=t_2$ 时成立.(注:该题表达形式,有利于下面的使用)

证

$$\cot\frac{t_1}{2}\cot\frac{t_2}{2}=\frac{\cos\dfrac{t_1}{2}\cos\dfrac{t_2}{2}}{\sin\dfrac{t_1}{2}\sin\dfrac{t_2}{2}}$$

$$=\frac{\dfrac{1}{2}\left(\cos\dfrac{t_1+t_2}{2}+\cos\dfrac{t_1-t_2}{2}\right)}{-\dfrac{1}{2}\left(\cos\dfrac{t_1+t_2}{2}-\cos\dfrac{t_1-t_2}{2}\right)}$$

$$= \frac{\cos \dfrac{t_1 - t_2}{2} - \cos \dfrac{t_1 + t_2}{2} + 2\cos \dfrac{t_1 + t_2}{2}}{\cos \dfrac{t_1 - t_2}{2} - \cos \dfrac{t_1 + t_2}{2}}$$

$$= 1 + \frac{2\cos \dfrac{t_1 + t_2}{2}}{\cos \dfrac{t_1 - t_2}{2} - \cos \dfrac{t_1 + t_2}{2}}.$$

∵ t_1、t_2 是三角形的两个内角,∴ $0 \leqslant \dfrac{|t_1 - t_2|}{2} < \dfrac{t_1 + t_2}{2} < \dfrac{\pi}{2}$,∴ 上式第二项分子、分母都是正的. 当第二项分母中的 $\cos \dfrac{t_1 - t_2}{2}$ 用 1 替代,第二项减少或相等. 于是得

$$\cot \frac{t_1}{2} \cot \frac{t_2}{2} \geqslant 1 + \frac{2\cos \dfrac{t_1 + t_2}{2}}{1 - \cos \dfrac{t_1 + t_2}{2}} = \frac{1 + \cos \dfrac{t_1 + t_2}{2}}{1 - \cos \dfrac{t_1 + t_2}{2}}$$

$$= \cot^2\left(\frac{t_1 + t_2}{4}\right) = \left(\cot \frac{\dfrac{t_1}{2} + \dfrac{t_2}{2}}{2}\right)^2.$$

显然其中等号当且仅当 $t_1 = t_2$ 时成立.

下面用(※)来证明原题(2).

设 $\triangle ABC$ 的三个内角为 A、B、C,则其中至少一个角小于等于 $\dfrac{\pi}{3}$,不失一般性,设 $C \leqslant \dfrac{\pi}{3}$.

又设 $t_1 = \dfrac{A + B}{2}$,$t_2 = \dfrac{C + \dfrac{\pi}{3}}{2}$,则 $t_1 + t_2 = \dfrac{A + B + C + \dfrac{\pi}{3}}{2} = \dfrac{2\pi}{3} < \pi$.

∴ 可将 t_1,t_2 视作某三角形的两个内角,由(※)得

$$\cot \frac{\dfrac{A}{2} + \dfrac{B}{2}}{2} \cot \frac{\dfrac{C}{2} + \dfrac{\pi}{6}}{2} \geqslant \left(\cot \frac{\dfrac{t_1}{2} + \dfrac{t_2}{2}}{2}\right)^2 = \left(\cot \frac{t_1 + t_2}{4}\right)^2 = \cot^2 \frac{\pi}{6} = 3.$$

A、B 是 $\triangle ABC$ 的两个内角,而 C 与 $\dfrac{\pi}{3}$ 也可视作某三角形的两个

内角.再次用(※)得

$$3 \leqslant \cot \frac{\dfrac{A}{2}+\dfrac{B}{2}}{2} \cot \frac{\dfrac{C}{2}+\dfrac{\pi}{6}}{2}$$

$$\leqslant \sqrt{\cot \frac{A}{2} \cot \frac{B}{2}} \cdot \sqrt{\cot \frac{C}{2} \cdot \cot \frac{\pi}{6}}$$

$$= \sqrt{\sqrt{3}\cot \frac{A}{2}\cot \frac{B}{2}\cos \frac{C}{2}}.$$

$\therefore$ $\qquad$ $\cot \dfrac{A}{2}\cot \dfrac{B}{2}\cot \dfrac{C}{2} \geqslant 3\sqrt{3}.$

其中等号当且仅当

$$\begin{cases} \dfrac{A+B}{2}=\dfrac{C+\dfrac{\pi}{3}}{2} \\ A=B \\ C=\dfrac{\pi}{3}, \end{cases}$$

即 $A=B=C=\dfrac{\pi}{3}$ 时成立.

5°.有时由于琴生不等式的前提条件不满足,其方法不能直接使用,但常可以用辅助函数法使其有效,下面通过实例来说明此法.

[27 -4] $\qquad\qquad\qquad\qquad$ ☆ ☆ ☆

设正数 x,y,z 满足 $x^4+y^4+z^4=1$,求

$$f=\frac{x^3}{1-x^8}+\frac{y^3}{1-y^8}+\frac{z^3}{1-z^8}$$ 的最小值.

分析　设 $F(t)=\dfrac{t^{\frac{3}{4}}}{1-t^2},0\leqslant t<1$,则

$$F'(t)=\frac{3}{4}t^{-\frac{1}{4}}(1-t^2)^{-1}+2t^{\frac{7}{4}}(1-t^2)^{-2};$$

$$F''(t) = -\frac{3}{16}t^{-\frac{5}{4}}(1-t^2)^{-1} + \frac{3}{2}t^{\frac{3}{4}}(1-t^2)^{-2}$$

$$+ \frac{7}{2}t^{\frac{3}{4}}(1-t^2)^{-2} + 8t^{\frac{11}{4}}(1-t^2)^{-3}$$

$$= \frac{45t^4 + 86t^2 - 3}{16t^{\frac{5}{4}}(1-t^2)^3}.$$

在 $(0,1)$ 上 $F'(t) > 0$;存在唯一的 t_0,使 $F''(t_0) = 0$,且可以算出 t_0 的近似值为 0.1851;在 $(0,t_0)$ 上 $F''(t) < 0$,而在 $(t_0,1)$ 上 $F''(t) > 0$. 可知 $F(t)$ 在 $(0,t_0)$ 上是上凸函数,在 $(t_0,1)$ 上是凸函数,在 $(0,1)$ 上不能使用琴生不等式.

读者自己可以画出递增函数 $S = F(t)$,$(0 \leqslant t < 1)$ 的草图,$(t_0, F(t_0))$ 是拐点,$t = 1$ 是条垂直渐近线. 原点 O 是该条曲线的一个端点,过 O 点引一条切点不在 O 点的曲线的切线,设切点为 $A(t_1, F(t_1))$,由

$$\frac{F(t_1)}{t_1} = F'(t_1),得$$

$$2t_1^2 - \frac{1}{4}(1-t_1^2) = 0,可求出 t_1 = \frac{1}{3}.$$

从图可以看出曲线 $S = F(t)$ 在切线 $S = F'\left(\frac{1}{3}\right) \cdot t$ 之上方(这是可以证明的). 引进辅助函数

$$G(t) = \begin{cases} F'\left(\frac{1}{3}\right) \cdot t & 0 \leqslant t < \frac{1}{3}; \\ F(t) & \frac{1}{3} \leqslant t < 1. \end{cases}$$

在曲线 $S = G(t)$ 上任取二点连结成一条弦,设该弦的中点为 (t_2, S_2),不但从图中可直观看出而且也可以证明 $S_2 \geqslant G(t_2)$,即该辅助函数是 $(0,1)$ 上的凸函数(但不是严格凸函数),可使用琴生不等式,于是有

$$f = F(x^4) + F(y^4) + F(z^4) \geqslant G(x^4) + G(y^4) + G(z^4)$$

$$\geqslant 3G\left(\frac{x^4 + y^4 + z^4}{3}\right) = 3G\left(\frac{1}{3}\right) = 3F\left(\frac{1}{3}\right) = \frac{9}{8}\sqrt[4]{3}.$$

显然当 $x^4 = y^4 = z^4 = \dfrac{1}{3}$ 时,上述推导过程中的等号全部能成立,

所以 $f_{\min} = \dfrac{9}{8}\sqrt[4]{3}$.

在辅助函数中采用直线段与曲线吻接,是因为线性函数的二阶导数为 0,它刚巧处于凸与上凸的临界位置上. 本题用此法能解决问题,是因为原来的函数上凸的一段已经被直线段所替代,在定义域上有 $F(t) \geqslant G(t)$,而对 $G(t)$ 来说琴生不等式能使用,且有 $G\left(\dfrac{1}{3}\right) = F\left(\dfrac{1}{3}\right)$.

在竞赛数学中有些貌似可用琴生不等式解决的问题,因前提条件不能满足,只能借助于某种技巧用特殊的其他方法来解决,这在有关竞赛数学的书籍中可以找到大量例证(参见下文中的解二). 这里笔者所提出的辅助函数法,扩大了琴生不等式的适用范围,具有一定的一般意义. 但任何方法都不是万能的,例如用此方法来寻求原题(2)的证法就比较困难.

[27-4]解二

由柯西不等式得

$$\left(\frac{x^3}{1 - x^8} + \frac{y^3}{1 - y^8} + \frac{z^3}{1 - z^8}\right)\left[x^5(1 - x^8) + y^5(1 - y^8)\right.$$
$$\left. + z^5(1 - z^8)\right] \geqslant (x^4 + y^4 + z^4)^2. \qquad ①$$

由均值不等式得

$$8\sqrt[4]{\left(\frac{1}{3}\right)^9}x^4 + x^{13} \geqslant 9\sqrt[9]{\left[\sqrt[4]{\left(\frac{1}{3}\right)^9}\right]^8 x^{32}x^{13}} = x^5,$$

所以
$$8\sqrt[4]{\left(\frac{1}{3}\right)^9}x^4 \geqslant x^5 - x^{13},$$

同理　　　$8\sqrt[4]{\left(\dfrac{1}{3}\right)^9}\,y^4 \geqslant y^5 - y^{13}, 8\sqrt[4]{\left(\dfrac{1}{3}\right)^9}\,z^4 \geqslant z^5 - z^{13}.$

注意到条件 $x^4 + y^4 + z^4 = 1$,上述三个不等式相加得

$$8\sqrt[4]{\left(\frac{1}{3}\right)^9} \geqslant x^5(1 - x^8) + y^5(1 - y^8) + z^5(1 - z^8), \qquad ②$$

并将②式代入①式得

$$\frac{x^3}{1 - x^8} + \frac{y^3}{1 - y^8} + \frac{z^3}{1 - z^8} \geqslant \frac{9}{8}\sqrt[4]{3},$$

且在 $x = y = z = \sqrt[4]{\dfrac{1}{3}}$ 时取等号. 即 $\dfrac{x^3}{1 - x^8} + \dfrac{y^3}{1 - y^8} + \dfrac{z^3}{1 - z^8}$ 的最小值是

$\dfrac{9}{8}\sqrt[4]{3}.$

[27-4]题的二种解法,呈现了两种不同的思路,解一是通过改进"琴生不等式法"来突破难点,寻找新的"工具",这是数学学习中最常见的方法,成功了就可能解决一批问题,并对有关知识还能起到深化的作用;解二是借助技巧来突破难点,是典型的竞赛数学思路.二种思路中显然前者才是正常数学教学中的重点.

6°. 本小节证明当 $f(x)$ 是定义在闭区间 $[a,b]$ 上的连续函数时,若对任意 $x, y \in [a, b]$,有

$$f\left(\frac{x + y}{2}\right) \leqslant \frac{f(x) + f(y)}{2}, \qquad ①$$

则对任意 $\lambda \in (0, 1)$,有

$$f[\lambda x + (1 - \lambda)y] \leqslant \lambda f(x) + (1 - \lambda)f(y). \qquad ②$$

下面先摘录一本老的从国外翻译过来的数学专著中的证明(在字母上作了些变动).然后来辨析该证明,以示读数学书籍必须要经历一个"从薄到厚"的过程,然后才可能再"从厚到薄".

假设不等于②不是对于 $[0,1]$ 上的一切 λ 均能满足,那么连续函数

$$m(\lambda) = f[\lambda x + (1 - \lambda)y] - \lambda f(x) - (1 - \lambda)f(y) \qquad ③$$

在 $[0,1]$ 上的最大值 M_0 为正. 我们把使得 $m(\lambda)$ 具有值 M_0 的自变

量的最小值记为 λ_0,又假定 $\delta > 0$ 是这样的数,它使得区间 $[\lambda_0 - \delta,$ $\lambda_0 + \delta]$ 包含在 $[0,1]$ 内,于是对点

$$x_1 = (\lambda_0 - \delta)x + (1 - \lambda_0 + \delta)y,$$
$$y_1 = (\lambda_0 + \delta)x + (1 - \lambda_0 - \delta)y$$

应用不等于①并且转到函数 $m(\lambda)$ 即得

$$m(\lambda_0) \leqslant \frac{m(\lambda_0 - \delta) + m(\lambda_0 + \delta)}{2} < M_0. \qquad ④$$

于是发生矛盾,因而不等于②获证.

辨析时首先注意到若设

$$t(\lambda) = \lambda x + (1 - \lambda)y, 0 \leqslant \lambda \leqslant 1,$$

它是 λ 的一次函数,当 $\lambda = 0$ 和 $\lambda = 1$ 时 t 分别为 y 和 x,其函数值在 x 与 y 之间变动,有 $t(\lambda) \in [a,b]$. 所以在 $\lambda \in [0,1]$ 时,式②左端的复合函数可定义;右端是关于 λ 的一次函数,且当 $\lambda = 0$ 及 $\lambda = 1$ 时,式②等号成立.

证明中由式③引进了 $[0,1]$ 上的辅助函数 $m(\lambda)$. 由 $f(x)$ 及一次函数函数的连续性,根据复合函数及四则运算的连续性定理,可证 $m(\lambda)$ 在 $[0,1]$ 上连续. 根据闭区间上连续函数最大(小)值存在性定理,可知最大值 M_0 存在. 整个证明是使用的反证法,是根据反证假设得 $M_0 > 0$,由 $m(0) = m(1) = 0$,还可知 $\lambda_0 \in (0,1)$,这样就存在 $\delta > 0$,使

$$[\lambda_0 - \delta, \lambda_0 + \delta] \subseteq [0,1].$$

证明中考察的 x_1, y_1 显然有

$$x_1 = t(\lambda_0 - \delta), y_1 = t(\lambda_0 + \delta) \text{ 及 } \frac{x_1 + y_1}{2} = t(\lambda_0),$$

于是可知 $x_1, y_1 \in [a,b]$,且由式①得

$$f[t(\lambda_0)] = f\left(\frac{x_1 + y_1}{2}\right) \leqslant \frac{f(x_1) + f(y_1)}{2}. \qquad ⑦$$

由式③可得

$$m(\lambda_0 - \delta) = f[t(\lambda_0 - \delta)] - (\lambda_0 - \delta)f(x) - (1 - \lambda_0 + \delta)f(y)$$

$$= f(x_1) - (\lambda_0 - \delta)f(x) - (1 - \lambda_0 + \delta)f(y), \qquad ⑥$$

$$m(\lambda_0 + \delta) = f(y_1) - (\lambda_0 + \delta)f(x) - (1 - \lambda_0 - \delta)f(y), \qquad ⑦$$

$$m(\lambda_0) = f[t(\lambda_0)] - \lambda_0 f(x) - (1 - \lambda_0)f(y). \qquad ⑧$$

由 $\dfrac{⑥ + ⑦}{2}$,并由式⑤和式⑧得

$$m(\lambda_0) \leqslant \frac{m(\lambda_0 - \delta) + m(\lambda_0 + \delta)}{2}. \qquad ⑨$$

因为证明中假设 λ_0 是 $m(\lambda)$ 具有值 M_0 的自变量的最小值,因此有 $m(\lambda_0) = M_0, m(\lambda_0 + \delta) \leqslant M_0$,又因 $\lambda_0 - \delta < \lambda_0$,由 λ_0 的最小性,有 $m(\lambda_0 - \delta) < M_0$,这样就得到了 $M_0 < M_0$ 的矛盾.

但仔细辨析,以上证明还是有疏忽的地方,因为没有证明所有使 $m(\lambda) = M_0$ 成立的 λ 所形成的集合中最小值的存在性[注意不能仅仅使用最小数原理([7]2°)],对 λ_0 的设定就失去了依据.

下面我们避开该问题来修改原证明.

显然存在 $\lambda_0 \in (0, 1)$,使 $m(\lambda_0) = M_0$(注意这里并没有要求 λ_0 具有最小性). 然后来选择 $\delta > 0$,不但使

$$[\lambda_0 - \delta, \lambda_0 + \delta] \subseteq [0, 1],$$

而且使 $\lambda_0 - \delta = 0$ 或者 $\lambda_0 + \delta = 1$,显然这样的 δ 是存在的.

这样式⑨中 $m(\lambda_0) = M_0$,而 $m(\lambda_0 - \delta)$、$m(\lambda_0 + \delta)$ 中有一个为 0,另一个 $\leqslant M_0$,于是有 $M_0 \leqslant \dfrac{M_0}{2}$,但这与 $M_0 > 0$ 矛盾.

[28] 一个应用广泛的不等式　　怎样找到 $\alpha = \dfrac{1}{3}$?　　☆ ☆ ☆

原题　设数列 $a_1, a_2, \cdots, a_n, \cdots$ 是由 $a_1 = 1$ 及递归公式 $a_{n+1} = \sqrt{a_n^2 + \dfrac{1}{a_n}}(n \geqslant 1)$ 定义的. 求证:对于所有 $n \geqslant 1$,可以找到这样的 α,使得 $\dfrac{1}{2} \leqslant \dfrac{a_n}{n^\alpha} \leqslant 2$.

（1989 年美国数学奥林匹克竞赛试题）

原解 取 $\alpha = \dfrac{1}{3}, n = 1$ 时,结论显然成立.

设对于 n 结论成立,则由递归公式得

$$\frac{1}{4}n^{2\alpha} + \frac{1}{2n^\alpha} \leqslant a_{n+1}^2 = a_n^2 + \frac{1}{a_n} \leqslant 4n^{2\alpha} + \frac{2}{n^\alpha}.$$

要使结论在 $n+1$ 代替 n 时也成立,只要

$$\frac{1}{4}(n+1)^{2\alpha} \leqslant \frac{1}{4}n^{2\alpha} + \frac{1}{2n^\alpha},\quad 4n^{2\alpha} + \frac{2}{n^\alpha} \leqslant 4(n+1)^{2\alpha}. \qquad ①$$

因为 $\dfrac{1}{4}(n+1)^{\frac{2}{3}} - \dfrac{1}{4}n^{\frac{2}{3}} = \dfrac{1}{4}\left[(n+1)^{\frac{1}{3}} + n^{\frac{1}{3}}\right] \cdot \left[(n+1)^{\frac{1}{3}} - n^{\frac{1}{3}}\right]$

$$= \frac{(n+1)^{\frac{1}{3}} + n^{\frac{1}{3}}}{(n+1)^{\frac{2}{3}} + (n+1)^{\frac{1}{3}}n^{\frac{1}{3}} + n^{\frac{2}{3}}} \cdot \frac{1}{4} \qquad ②$$

$$< \frac{(n+1)^{\frac{1}{3}} + n^{\frac{1}{3}}}{(n+1)^{\frac{1}{3}} \cdot n^{\frac{1}{3}} + n^{\frac{2}{3}}} \cdot \frac{1}{4} = \frac{1}{4n^{\frac{1}{3}}},$$

所以①的第一个不等式成立.

又由上面的推导:

$$(n+1)^{\frac{1}{3}} - n^{\frac{1}{3}} < \frac{1}{(n+1)^{\frac{1}{3}}n^{\frac{1}{3}}}. \qquad ③$$

所以 $(n+1)^{\frac{2}{3}} < (n+1)^{\frac{1}{3}}n^{\frac{1}{3}} + 1.$ \qquad ④

$$4(n+1)^{\frac{2}{3}} - 4n^{\frac{2}{3}} = \frac{4\left[(n+1)^{\frac{1}{3}} + n^{\frac{1}{3}}\right]}{(n+1)^{\frac{2}{3}} + (n+1)^{\frac{1}{3}}n^{\frac{1}{3}} + n^{\frac{2}{3}}}$$

$$> \frac{4\left[(n+1)^{\frac{1}{3}} + n^{\frac{1}{3}}\right]}{2\left[(n+1)^{\frac{1}{3}}n^{\frac{1}{3}} + n^{\frac{2}{3}}\right]} = \frac{2}{n^{\frac{1}{3}}}, \qquad ⑤$$

即①的第二个不等式成立.

辨析

1°. 先对原解作些脚注,然后说明 $\alpha = \dfrac{1}{3}$ 是怎样找到的.

原解没有说明怎样来寻找合适的 α,而直接取 $\alpha = \dfrac{1}{3}$,然后用数

学归纳法证明之.

从命题在 n 时成立的归纳假设和题设中的递推公式推导出第一个不等式. 由此不等式可知,

要证命题在 $n+1$ 时 $\dfrac{1}{2} \leqslant \dfrac{a_{n+1}}{(n+1)^{\alpha}} \leqslant 2$ 成立, 即要证

$$\frac{1}{4}(n+1)^{2\alpha} \leqslant a_{n+1}^{2} \leqslant 4(n+1)^{2\alpha}$$

成立, 只要①中的两个式子成立就可以了.

推得②式的依据是

$$[(n+1)^{\frac{1}{3}} - n^{\frac{1}{3}}] \cdot [(n+1)^{\frac{2}{3}} + (n+1)^{\frac{1}{3}} n^{\frac{1}{3}} + n^{\frac{2}{3}}] = 1. \quad (※)$$

③式是从(※)式推导得

$$(n+1)^{\frac{1}{3}} - n^{\frac{1}{3}} < \frac{1}{(n+1)^{\frac{1}{3}} n^{\frac{1}{3}} + n^{\frac{2}{3}}},$$

再放大而得.

$\because n^{\frac{1}{3}} \geqslant 1$, $\therefore \dfrac{1}{(n+1)^{\frac{1}{3}} n^{\frac{1}{3}}} \leqslant \dfrac{1}{(n+1)^{\frac{1}{3}}}$, 由③就有 $(n+1)^{\frac{1}{3}} -$

$n^{\frac{1}{3}} < \dfrac{1}{(n+1)^{\frac{1}{3}}}$, 两边乘上 $(n+1)^{\frac{1}{3}}$, 就推导出④式.

⑤式是根据④式及 $n^{\frac{2}{3}} \geqslant 1$ 而得到.

尽管原解取 $\alpha = \dfrac{1}{3}$ 后, 证明①中的两个不等式成立, 使用了不少不等式放缩的技巧, 似乎本题有相当的难度, 但这是表面的. 从下文中就可以看到当 $\alpha = \dfrac{1}{3}$ 时, 不用这些技巧通过其他途径照样可证①中的两个式子成立. 真正的问题在于 $\alpha = \dfrac{1}{3}$ 是通过什么途径找到的? 这才是解决本题的难点.

如能知道下面的这个不等式, 就能顺利地寻找到这个 α.

[28 - 1]　　　　　　　　　　　　　　　　　☆ ☆

设 $x \geqslant -1$,有理数 α 满足 $0 < \alpha < 1$,则

$$(1 + x)^{\alpha} \leqslant 1 + \alpha x, \tag{⑥}$$

等号当且仅当 $x = 0$ 时成立.

证　令 $\alpha = \dfrac{m}{n}$,m、n 是正整数,且 $1 \leqslant m < n$,则

$$(1 + x)^{\alpha} = (1 + x)^{\frac{m}{n}} = \sqrt[n]{(1 + x)^m \cdot 1^{n-m}}$$

$$= \sqrt[n]{\underbrace{(1 + x)(1 + x)\cdots(1 + x)}_{m\text{个}} \cdot \underbrace{1 \cdot 1 \cdots 1}_{(n-m)\text{个}}}$$

$$\leqslant \frac{(1 + x) + (1 + x) + \cdots + (1 + x) + 1 + 1 + \cdots + 1}{n}$$

$$= \frac{m(1 + x) + n - m}{n} = \frac{n + mx}{n} = 1 + \frac{m}{n}x = 1 + \alpha x.$$

等号当且仅当根号下诸乘数都相等时,即 $1 + x = 1$,也就是 $x = 0$ 时成立.

为寻找 α,先看

当 $n = 2$ 时,由 $\dfrac{1}{2} \leqslant \dfrac{\sqrt{2}}{2^{\alpha}} \leqslant 2$,可得 $-\dfrac{1}{2} \leqslant \alpha \leqslant \dfrac{3}{2}$;

当 $n = 3$ 时,由 $\dfrac{1}{2} \leqslant \dfrac{\sqrt{2 + \dfrac{\sqrt{2}}{2}}}{3^{\alpha}} \leqslant 2$,可知取 $0 < \alpha < 1$,能使该不等式

满足.

将①中的两个不等式变换成

$$1 + \frac{1}{2n^{3\alpha}} \leqslant \left(1 + \frac{1}{n}\right)^{2\alpha} \leqslant 1 + \frac{2}{n^{3\alpha}}, \tag{⑦}$$

这样,就可以在 $(0, 1)$ 的范围内来寻找 α 使⑦对所有的 n 成立.

容易发现取 $\alpha = \dfrac{1}{2}$,⑦式的右端不能对所有的 n 都成立,取 $\alpha = \dfrac{1}{4}$,⑦的左端不能对所有的 n 都成立. 在 $\left(\dfrac{1}{4}, \dfrac{1}{2}\right)$ 的范围内寻找 α,⑦

式的左、右两端又都有 $n^{3\alpha}$，自然就会猜测可取 $\alpha=\dfrac{1}{3}$，这应是原解的思路，并形成原解的证明方法. 但此时联系到不等式⑥，有

$$\left(1+\frac{1}{n}\right)^{2\alpha}<1+\frac{2\alpha}{n},\qquad\qquad ⑧$$

立即就可发现，当 $\alpha\leqslant\dfrac{1}{3}$ 时，$\dfrac{2\alpha}{n}\leqslant\dfrac{2}{n^{3\alpha}}$ 对所有 n 均成立，即⑦式的右端不等式对所有 n 均成立.

而 $\alpha=\dfrac{1}{3}$ 时，有

$$\left[\left(1+\frac{1}{n}\right)^{2\alpha}\right]^3-\left(1+\frac{1}{2n^{3\alpha}}\right)^3=\left[\left(1+\frac{1}{n}\right)^{\frac{2}{3}}\right]^3-\left(1+\frac{1}{2n}\right)^3$$
$$=\frac{4n^2+2n-1}{8n^3}>0.$$

即⑦式左端不等式对所有 n 均成立.

这样不但能顺利地寻找到 α，而且得到了比原解更简便的证明.

2°. 实际上，不等式⑥仅是下面应用广泛的一个重要不等式的特例.

[28-2]（Bernoulli 不等式） ☆☆☆

设 $x>-1$，又 $0<\alpha<1$，则

$$(1+x)^\alpha\leqslant 1+\alpha x;\qquad\qquad ⑨$$

若 $\alpha<0$ 或 $\alpha>1$，则

$$(1+x)^\alpha\geqslant 1+\alpha x.\qquad\qquad ⑩$$

⑨、⑩两式中的等号当且仅当 $x=0$ 时才成立.

本例其实是一个重要定理，含有深刻内涵. 例如[25]1°中关于幂平均的定理：

设 $C_\alpha=\left(\dfrac{1}{n}\sum\limits_{i=1}^{n}a_i^\alpha\right)^{\frac{1}{\alpha}}(a_i>0,i=1,2,\cdots,n;\alpha$ 是不为 0 的实数），则

当 $\alpha<\beta$ 时，有 $C_\alpha\leqslant C_\beta$，当且仅当 $a_1=a_2=\cdots=a_n$ 时等号成立.

对这个例子来说,当 α 与 β 异号时,一般可用诸正数的几何平均数不大于它们的算术平均数来得到证明,但当 α 与 β 同号时,一般就得用本定理来进行证明(可参考有关书籍).

本定理所谓初等的证明常常是在⑥的基础上,而让无理数处理成一个有理数列的极限来证明⑨,再由⑨来证明⑩,但无法回避极限的概念,从实质上来说其证明的基础是实数理论,这也就说明了其内涵的丰富.

由于中学数学中已列入极限和导数的内容,本定理就直接使用一阶导数来判别函数增减性的知识进行证明(关于利用导数证明不等式的方法还可参见[67]3°).

证　设 $F(x) = (1+x)^{\alpha} - (1+\alpha x)$.

$\because x > -1, \therefore x+1 > 0. \therefore$ 对任意实数 $\alpha, F(x)$ 在 $(-1, +\infty)$ 上有定义,且可导.

$$F'(x) = \alpha(1+x)^{\alpha-1} - \alpha. \qquad ⑪$$

(1)　若 $0 < \alpha < 1$.

(i)　当 $0 < x < +\infty$ 时,有 $1+x > 1. \therefore (1+x)^{\alpha-1} = \dfrac{1}{(1+x)^{1-\alpha}} < 1.$

于是由⑪可知, $F'(x) < 0. \therefore F(x)$ 在 $(0, +\infty)$ 上递减.

又 $\lim\limits_{x \to 0^+} F(x) = F(0) = 0.$ ($x \to 0^+$ 表示 x 从正数的方向趋近于 0)

$\therefore F(x)$ 在 $(0, +\infty)$ 上递减,且在左端点处右极限等于 0. 于是此时有

$$F(x) < F(0) = 0.$$

(ii)　当 $-1 < x < 0$ 时,有 $0 < 1+x < 1, \therefore (1+x)^{\alpha-1} > 1$,于是 $F'(x) > 0, \therefore F(x)$ 在 $(-1, 0)$ 上递增.

又 $\lim\limits_{x \to 0^-} F(x) = F(0) = 0.$ ($x \to 0^-$ 表示 x 从负数的方向趋近于 0)

$\therefore F(x)$ 在 $(-1, 0)$ 上递增,且在右端点处左极限等于 0. 仍可得

$$F(x) < F(0) = 0.$$

由(i)与(ii)可知⑨式成立,且等号当且仅当 $x = 0$ 时成立.

（2）若 $\alpha < 0$ 或 $\alpha > 1$，可用同样的办法证明⑩成立.

如果能多用一点微积分的知识，证明就更容易，例如使用展开到第三项的马克劳林公式：

$$f(x) = f(0) + f'(0)x + \frac{f''(\theta x)}{2!}x^2 \qquad (0 < \theta < 1).$$

则可得

$$(1 + x)^{\alpha} = 1 + \alpha x + \frac{\alpha(\alpha - 1)(1 + \theta x)^{\alpha - 2}}{2!}x^2.$$

只要对第三项讨论之就得到本定理的结果.

为了让读者熟悉本定理的应用，再举两例.

[28-3] 　　　　　　　　　　　　　　　　　　　　☆☆

求证：若 $-1 < \alpha < 0$，n 是正整数，则

$$\frac{(n + 1)^{\alpha + 1} - n^{\alpha + 1}}{\alpha + 1} < n^{\alpha} < \frac{n^{\alpha + 1} - (n - 1)^{\alpha + 1}}{\alpha + 1}. \qquad ⑫$$

证 $\because 0 < \alpha + 1 < 1$，则从不等式⑨（$x = -1$ 时，可直接验证式⑨成立）得

$$\left(1 + \frac{1}{n}\right)^{\alpha + 1} < 1 + \frac{\alpha + 1}{n}, \left(1 - \frac{1}{n}\right)^{\alpha + 1} < 1 - \frac{\alpha + 1}{n}.$$

以 $n^{\alpha + 1}$ 乘上面两式的两端，得

$$(n + 1)^{\alpha + 1} < n^{\alpha + 1} + (\alpha + 1)n^{\alpha},$$
$$(n - 1)^{\alpha + 1} < n^{\alpha + 1} - (\alpha + 1)n^{\alpha}.$$

从这两个不等式，即可得到不等式⑫.

虽然在我国主要的几本中学竞赛数学的教程中未见列入该定理，但这些书中却常见要使用本定理求解的练习题或试题，下题就是一例.

[28-4] 　　　　　　　　　　　　　　　　　　　　☆☆☆

证明：对于 $x, y \in \mathbf{R}^+$，$x^y + y^x > 1$.

证 （1）当 x, y 中有 1 个不小于 1 时，不妨设 $x \geq 1$，则 $x^y + y^x > x^y > x^0 = 1$，命题得证.

（2）当 x,y 均 $\in(0,1)$ 时，设 $x=\dfrac{1}{1+u}$, $y=\dfrac{1}{1+v}$,

则 $x^y=\left(\dfrac{1}{1+u}\right)^{\frac{1}{1+v}}=\dfrac{1}{(1+u)^{\frac{1}{1+v}}}\geqslant\dfrac{1}{1+\dfrac{u}{1+v}}=\dfrac{1+v}{1+u+v}$,

同理

$$y^x=\left(\dfrac{1}{1+v}\right)^{\frac{1}{1+u}}=\dfrac{1}{(1+v)^{\frac{1}{1+u}}}\geqslant\dfrac{1}{1+\dfrac{v}{1+u}}=\dfrac{1+u}{1+u+v},$$

$\therefore x^y+y^x\geqslant\dfrac{1+u}{1+u+v}+\dfrac{1+v}{1+u+v}=\dfrac{2+u+v}{1+u+v}>1.$ 证毕.

在证明中，根据假设有 $u>0,v>0$, 而 $0<\dfrac{1}{1+v}<1,0<\dfrac{1}{1+u}<1.$ 是根据本定理中的⑨才有

$$(1+u)^{\frac{1}{1+v}}\leqslant 1+\dfrac{u}{1+v}\text{ 及 }(1+v)^{\frac{1}{1+u}}\leqslant 1+\dfrac{v}{1+u},$$

本题的证明才能完成.

[29] 估值的 θ - 参数法　　　　　　证明中有错误　　☆☆☆

原题　设 $x_1,x_2,\cdots,x_n$ 是任意给定的实数数列. 证明：存在一个常数 C, 使得

$$\sum_{i=1}^{n}\left(\dfrac{1}{2^i}\sum_{j=1}^{i}2^j x_j\right)^2\leqslant C\cdot\sum_{i=1}^{n}x_i^2.$$

原证明　令 $a_i=\dfrac{1}{2^i}\sum_{j=1}^{i}2^j x_j$, 则 $2^i a_i=\sum_{j=1}^{i}2^j x_j$,

$\therefore 2^{i-1}a_{i-1}=\sum_{j=1}^{i-1}2^j x_j,2^i a_i-2^{i-1}a_{i-1}=2^i x_i(i\geqslant 1)$,

两边同除以 2^i, $\therefore a_i-\dfrac{1}{2}a_{i-1}=x_i$, 即 $a_i=\dfrac{1}{2}a_{i-1}+x_i$,

$\therefore |a_i|\leqslant 1\cdot|x_i|+\dfrac{1}{2}|a_{i-1}|$, 令 $0<\theta<\sqrt{3}$, 则由

$$ac + bd \leqslant \sqrt{a^2 + b^2} \cdot \sqrt{c^2 + d^2}$$

知 $|a_i| \leqslant 1 \cdot |x_i| + \dfrac{1}{2} |a_{i-1}| \leqslant 1 \cdot |x_i| + \theta^{-1} \cdot \dfrac{\theta}{2} \cdot |a_{i-1}|$

$$\leqslant \sqrt{1 + \theta^{-2}} \cdot \sqrt{x_i^2 + \dfrac{\theta^2}{4} \cdot a_{i-1}^2},$$

平方得 $\quad |a_i|^2 = a_i^2 \leqslant (1 + \theta^{-2}) \left(x_i^2 + \dfrac{\theta^2}{4} \cdot a_{i-1}^2 \right),$

即 $\qquad a_i^2 - \dfrac{(1 + \theta^{-2}) \theta^2}{4} \cdot a_{i-1}^2 \leqslant (1 + \theta^{-2}) x_i^2,$

即 $\qquad a_i^2 - \dfrac{1 + \theta^2}{4} \cdot a_{i-1}^2 \leqslant (1 + \theta^{-2}) x_i^2,$

同时求和得 $\displaystyle\sum_{i=1}^{n} a_i^2 - \dfrac{1 + \theta^2}{4} \sum_{i=1}^{n} a_{i-1}^2 \leqslant (1 + \theta^{-2}) \cdot \sum_{i=1}^{n} x_i^2,$

而 $\qquad\qquad \displaystyle\sum_{i=1}^{n} a_{i-1}^2 = \sum_{i=1}^{n} a_i^2 - a_n^2,$

$\therefore \displaystyle\sum_{i=1}^{n} a_i^2 - \dfrac{1 + \theta^2}{4} \left(\sum_{i=1}^{n} a_i^2 - a_n^2 \right) \leqslant (1 + \theta^{-2}) \cdot \sum_{i=1}^{n} x_i^2,$

即 $\qquad \dfrac{3 - \theta^2}{4} \cdot \displaystyle\sum_{i=1}^{n} a_i^2 + \dfrac{1 + \theta^2}{4} a_n^2 \leqslant (1 + \theta^{-2}) \sum_{i=1}^{n} x_i^2,$

$\therefore \dfrac{3 - \theta^2}{4} \displaystyle\sum_{i=1}^{n} a_i^2 \leqslant (1 + \theta^{-2}) \sum_{i=1}^{n} x_i^2,$

$\therefore \displaystyle\sum_{i=1}^{n} a_i^2 \leqslant \dfrac{4(1 + \theta^{-2})}{3 - \theta^2} \cdot \sum_{i=1}^{n} x_i^2,$

取 $C = \dfrac{4(1 + \theta^{-2})}{3 - \theta^2} = \dfrac{4(1 + \theta^2)}{\theta^2 (3 - \theta^2)} \because \theta^2 \text{、} 3 - \theta^2$ 均正,

$$\theta^2 (3 - \theta^2) \leqslant \left[\dfrac{\theta^2 + (3 - \theta^2)}{2} \right]^2 = \dfrac{9}{4},$$

$\therefore C \geqslant \dfrac{4(1 + \theta^2)}{\dfrac{9}{4}} > \dfrac{4}{\dfrac{9}{4}} = \dfrac{16}{9} > 1$,所以原命题成立.

辨析

如果仅仅按题意证明存在一个常数 C 使不等式成立,有更简单的办法,但结果比较粗,将在 1° 中介绍. 原证明使用的 θ - 参数法,是估值问题常用方法,技巧性较高,优点是对 C 的估值能选择较好的结果. 原证明有些推导含糊,且最后的讨论毫无意义,主要在 2° 中辨析. 本题还可进一步提出,求使这不等式成立的所有常数 C 中的最小值,该问题在 3° 中解决.

1°. 像原证明一样,令 $a_i = \dfrac{1}{2^i} \sum\limits_{j=1}^{i} 2^j x_j$,   ①

并求出 $\qquad\qquad a_i = \dfrac{1}{2} a_{i-1} + x_i.$ ②

因 a_0 没有定义,只能 $i > 1$. (要使原证明"$i \geqslant 1$"成立,必须补充定义 $a_0 = 0$. 这样补充定义可以使 $i = 1$ 时②与①一致)

∵ 显然有 $\qquad |x_i| \cdot |a_{i-1}| \leqslant \dfrac{1}{2}(x_i^2 + a_{i-1}^2),$ ③

∴ 由②可得 $\qquad a_i^2 = x_i^2 + x_i a_{i-1} + \dfrac{1}{4} a_{i-1}^2$

$$\leqslant x_i^2 + |x_i| \cdot |a_{i-1}| + \dfrac{1}{4} a_{i-1}^2 \qquad ④$$

$$\leqslant \dfrac{3}{2} x_i^2 + \dfrac{3}{4} a_{i-1}^2.$$

∵ $a_1^2 = x_1^2$,对上式 i 从 2 到 n 求和,并在左、右两边分别加上 a_1^2 和 x_1^2 得:

$$\sum_{i=1}^{n} a_i^2 \leqslant \dfrac{3}{2} \sum_{i=2}^{n} x_i^2 + \dfrac{3}{4} \sum_{i=2}^{n} a_{i-1}^2 + x_1^2,$$

即

$$\sum_{i=1}^{n} a_i^2 - \dfrac{3}{4} \sum_{i=1}^{n-1} a_i^2 \leqslant \dfrac{3}{2} \sum_{i=1}^{n} x_i^2 - \dfrac{1}{2} x_1^2.$$

∴ $\dfrac{1}{4} \sum\limits_{i=1}^{n} a_i^2 \leqslant \dfrac{1}{4} \sum\limits_{i=1}^{n} a_i^2 + \dfrac{3}{4} a_n^2 \leqslant \dfrac{3}{2} \sum\limits_{i=1}^{n} x_i^2 - \dfrac{1}{2} x_1^2 \leqslant \dfrac{3}{2} \sum\limits_{i=1}^{n} x_i^2,$

⑤

$$\therefore \qquad\qquad \sum_{i=1}^{n} a_i^2 \leqslant 6 \sum_{i=1}^{n} x_i^2.$$

也就是说,可以取 $C=6$,对任意给定的实数 $x_i(i=1,2,\cdots,n)$ 能使

$$\sum_{i=1}^{n}\left(\frac{1}{2^i}\sum_{i=1}^{i}2^j x_j\right)^2 \leqslant C \cdot \sum_{i=1}^{n} x_i^2 \qquad\qquad ⑥$$

成立. 本题得证.

取 $C=6$,显然当 $x_i=0(i=1,\cdots,n)$ 时,⑥式等号成立. 下证仅当此时等号成立. 由④式等号成立,得 $x_i \geqslant 0$,再由①同时 $a_i \geqslant 0(i=1,2,\cdots,n)$;由③式等号成立,得 $x_i=a_{i-1}(i=2,3,\cdots,n)$;再由⑤式等号成立,得 $a_n=0,x_1=0$. 又 $\because x_i=a_i-\dfrac{1}{2}a_{i-1}$,$\therefore$ 有 $\begin{cases} x_i=a_{i-1} \\ \dfrac{3}{2}x_i=a_i \end{cases},(i=2,$

$3,\cdots,n)$,再由 $a_n=0,x_1=0$,可得 $x_i=0(i=1,2,\cdots,n)$.

2°. 解决了 C 的存在问题后,对本题来说总希望 C 越小越好. 一般来说对不等式采用不同的放缩方法,会得到对 C 的不同的估值. 使用 θ – 参数法就是为了要得到对 C 的较好的估值.

原证明得到 1° 中的②式后,就用如下方法引进参数 θ,

$$|a_i| \leqslant 1 \cdot |x_i| + \frac{1}{2}|a_{i-1}| = 1 \cdot |x_i| + \theta^{-1} \cdot \frac{\theta}{2} \cdot |a_{i-1}|. \qquad ⑦$$

注意引进参数 θ 时不等式并没有放大,且只需要假定 $\theta \neq 0$,此时参数的变化范围处在一个待定的状态. 在后面的推导中因为需要 $3-\theta^2 > 0$,才令 $0 < \theta < \sqrt{3}$.

原证明对⑦的放大方法是该参数法的配套方法,参数 θ 像⑦这样引进就是根据这放大方法而设计的. 这样就像原证明可得

$$a_i^2 - \frac{1+\theta^2}{4} \cdot a_{i-1}^2 \leqslant (1+\theta^{-2})x_i^2. \qquad ⑧$$

原证明以下三行的推导,只有在补充定义 $a_0=0$ 的前提下才能成立. 但原证明并没有补充定义,只能先对⑧从 2 到 n 求和:

$$\sum_{i=2}^{n} a_i^2 - \frac{1+\theta^2}{4} \sum_{i=2}^{n} a_{i-1}^2 \leqslant (1+\theta^{-2}) \sum_{i=2}^{n} x_i^2.$$

∵ 由①$a_1 = x_1$,∴ $a_1^2 = x_1^2$,上式两边分别加上 a_1^2 与 x_1^2,并继续放大可得

$$\sum_{i=1}^{n} a_i^2 - \frac{1+\theta^2}{4} \sum_{i=1}^{n-1} a_i^2 \leqslant (1+\theta^{-2}) \sum_{i=2}^{n} x_i^2 + x_1^2$$

$$\leqslant (1+\theta^{-2}) \sum_{i=1}^{n} x_i^2,$$

∵ $0 < \theta < \sqrt{3}$,∴ $3 - \theta^2 > 0$,可像原证明那样得到

$$\sum_{i=1}^{n} a_i^2 \leqslant \frac{4(1+\theta^{-2})}{3-\theta^2} \cdot \sum_{i=1}^{n} x_i^2. \qquad ⑨$$

取 $C = \dfrac{4(1+\theta^2)}{\theta^2(3-\theta^2)}$,($\theta$ 在 $(0,\sqrt{3})$ 内可任意取值). ⑩

此时原题已获证明. 当取 $\theta = \sqrt{2}$,就是 1° 的结果 $C = 6$. 显然,当 θ 取得与 0 很靠近或与 $\sqrt{3}$ 很靠近,C 可以取到很大的数值. 用 θ-参数法的目的,不仅是为了证明 C 的存在,还想得到对 C 的比较好的估值,这自然就会想到求⑩当 θ 在 $(0,\sqrt{3})$ 上时的最小值.

原证明最后一段的讨论是没有意义的. 当分母 $\theta^2(3-\theta^2)$ 取最大值 $\dfrac{9}{4}$ 时,C 取 $\dfrac{40}{9}$ 并非取到最小值. 且最后证明 $C > \dfrac{16}{9} > 1$,然后才称 "所以原命题成立",是一段莫名奇妙的文字.

令 $\theta^2 = t$,则 $C = \dfrac{4(1+t)}{t(3-t)} = \dfrac{4}{3} \left(\dfrac{1}{t} + \dfrac{4}{3-t} \right)$,$(0 < t < 3)$.

∴ $\dfrac{dC}{dt} = \dfrac{4}{3} \left[-\dfrac{1}{t^2} + \dfrac{4}{(3-t)^2} \right] = \dfrac{4(t^2+2t-3)}{t^2(3-t)^2} = \dfrac{4(t-1)(t+3)}{t^2(3-t)^2}$,

∴ 当 $0 < t < 1$ 时,$\dfrac{dC}{dt} < 0$;当 $1 < t < 3$ 时,$\dfrac{dC}{dt} > 0$. 可知 $t = 1$ 即 $\theta = 1$ 时,C 有最小值 4.

$C = 4$ 就是用 θ-参数法得到的对 C 的最小的估值.

但还没有理由断定 $C = 4$ 就是能使⑥成立的所有 C 中的最

小值.

3°. 怎样证明 $C = 4$ 是使⑥成立的所有 C 中的最小值?

注意到⑥不但对任意给定的 n 个实数 $x_i(i = 1, 2, \cdots, n)$ 成立, 而且对任意给定的正整数 n 成立.

为此只要证明, 任意给定 $\varepsilon > 0$, 总能找到一个正整数 n, 及相应的 n 个实数 $x_i(i = 1, 2, \cdots, n)$ 使

$$\sum_{i=1}^{n} \left(\frac{1}{2^i} \sum_{j=1}^{i} 2^j x_j \right)^2 > (4 - \varepsilon) \sum_{i=1}^{n} x_i^2 \qquad ⑪$$

成立.

先让 n 待定, 而取 $x_1 = x_2 = \cdots = x_n = t \neq 0$, 此时

$$a_i = \frac{1}{2^i} \sum_{j=1}^{i} 2^j x_j = \frac{t}{2^i} \cdot \frac{2(2^i - 1)}{2 - 1} = \left(2 - \frac{1}{2^{i-1}} \right) t,$$

$$\therefore a_i^2 = \left(4 - \frac{1}{2^{i-3}} + \frac{1}{2^{2(i-1)}} \right) t^2,$$

而
$$\sum_{i=1}^{n} \frac{1}{2^{i-3}} = \frac{4 - \dfrac{1}{2^{n-2}}}{1 - \dfrac{1}{2}} = 8 - \frac{1}{2^{n-3}},$$

$$\sum_{i=1}^{n} \frac{1}{2^{2(i-1)}} = \frac{1 - \dfrac{1}{2^{2n}}}{1 - \dfrac{1}{2^2}} = \frac{4}{3} - \frac{1}{3 \cdot 2^{2n-2}}.$$

$\therefore$ 此时⑪式

左边 $= \displaystyle\sum_{i=1}^{n} a_i^2 = \left(4n - \frac{20}{3} + \frac{1}{2^{n-3}} - \frac{1}{3 \cdot 2^{2n-2}} \right) t^2,$

右边 $= (4 - \varepsilon) n t^2.$

为此, 对任意给定的 $\varepsilon > 0$, 只要能找到正整数 n, 使

$$\varepsilon \cdot n > \frac{20}{3} - \frac{1}{2^{n-3}} + \frac{1}{3 \cdot 2^{2n-2}} \qquad ⑫$$

成立, 就能使⑪式成立. (对特定的 x_i 的取法而言)

但 $\lim\limits_{n\to+\infty}\varepsilon\cdot n=+\infty$；$\lim\limits_{n\to+\infty}\left(\dfrac{20}{3}-\dfrac{1}{2^{n-3}}+\dfrac{1}{3\cdot2^{2n-2}}\right)=\dfrac{20}{3}.$

使⑫式成立的正整数 n 总能找到.

这样就证明了 $C=4$ 是本题中使不等式成立的所有常数 C 中的最小值.

第三章 几 何

原题 （塞瓦(Ceva)定理）设 P,Q,R 分别是 $\triangle ABC$ 的 $BC,CA,$ AB 边上的点,则 AP,BQ,CR 相交于一点 M 的充要条件是

$$\frac{BP}{PC} \cdot \frac{CQ}{QA} \cdot \frac{AR}{RB} = 1.$$

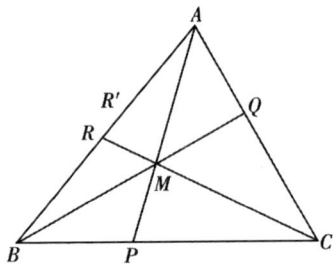

[30] 图 – 1

原证明 （1）必要性:如图 – 1,由三角形面积的性质有

$$\frac{AR}{RB} = \frac{S_{\triangle AMC}}{S_{\triangle BMC}}, \qquad\qquad ①$$

$$\frac{BP}{PC} = \frac{S_{\triangle AMB}}{S_{\triangle AMC}}, \qquad\qquad ②$$

$$\frac{CQ}{QA} = \frac{S_{\triangle BMC}}{S_{\triangle AMB}}, \qquad\qquad ③$$

由①×②×③,得证.

（2）充分性:如图 – 1,设 AP 与 BQ 交于 M,连 CM 交 AB 于 R'.

由必要性有 $\frac{BP}{PC} \cdot \frac{CQ}{QA} \cdot \frac{AR'}{R'B} = 1$,而 $\frac{BP}{PC} \cdot \frac{CQ}{QA} \cdot \frac{AR}{RB} = 1$,所以 $\frac{AR'}{R'B} = \frac{AR}{RB}$,

由点分线段 AB 成定比的点的唯一性知 $R \equiv R'$. 故 AP, BQ, CR 交于一点.

原注　定理中的三个比值分别是 P, Q, R 分 BC, CA, AB 所成的比. 因此三个比值中最多有两个为负, 即 P, Q, R 中如有外分点, 则必有两点是外分点.

辨析

1°. 塞瓦定理和[31]中的梅涅劳斯定理, 由于具有高等几何(主要是仿射几何和射影几何的内容) 中的背景, 是竞赛数学平面几何部分的重要内容之一, 它们分别在证明线共点和点共线方面, 有着重要的作用. 在初等几何学中这两个定理的一般形式和正确的表述原来都是使用了有向线段的概念, 但在中学数学中并不引进该概念, 这就发生了如何正确处理的问题. 本题的充分性证明及[31]中的命题的表述, 都是在这个问题上出了差错.

在中学数学中用 AB 表示线段有双重意义, 一方面它表示以 A、B 为二个端点的线段这一几何对象, 另一方面又表示线段 AB 的长度(正实数). 尤其在平面几何中表示线段之比的时候, 例如 $\dfrac{AB}{CD}$ 就表示 AB 的长度和 CD 的长度之比. 本题的必要性用面积来证明, 就是建立在这样理解的基础之上.

那么当线段有了方向, 情况又怎样呢? 下一小节先从介绍有关这方面的知识谈起.

2°. 容易明白, 一条直线可以确定两个不同的方向, 当选择一个定为直线的正向时, 另一个就是负向, 选定了正向的直线, 叫做有向直线. 有时有向直线也称为轴, 例如数轴就是在有向直线上再规定原点和单位; 但"轴"这个词有时也用于通常的直线, 例如对称轴就不是有向直线.

在有向直线上的线段, 叫做有向线段. 例如在有向直线 l 上有有向线段 AB, 就表示为 $\overline{AB}$, 上面加一横线是以示与一般线段的不同, 并强调 A 是有向线段的始端, B 是有向线段的终端. 一条有向线段从始端到终端的方向若是和有向直线的正向一致的,便称它为正线段,否则称为负线段. 虽说有向直线的正向是在两个方向中随意选定的,但是对于两条平行的有向直线,如无特别的说明,总是要使它们的正向一致,有向线段既有正负之分,有向线段的值也有正负之分:它的绝对值就是其长度,符号与有向线段方向的正负相同. 这样 AB 也有双重意义,不但表示有向线段,也可表示有向线段的值.

关于有向线段,有一些基本的定理,如

(1) $\overline{AB} = -\overline{BA}$.

(2) 设在一有向直线上有不同的任意三点 A、B、C,则下面关系式永远成立:

$$\overline{AB} + \overline{BC} = \overline{AC}.$$

(3) 设 P、P' 是有向线段 $\overline{AB}$ 所在的有向直线 l 上的点. 若

$$\frac{\overline{AP}}{\overline{PB}} = \frac{\overline{AP'}}{\overline{P'B}},$$

则 P 与 P' 合而为一.

上述 $\dfrac{\overline{AP}}{\overline{PB}}$ 这个比叫做 P 分 $\overline{AB}$ 的分比. 分比因内分与外分而有内分比与外分比的区别. 特别注意分比的符号与选定有向直线的正向无关,即内分比永远为正,外分比永远为负,由(3)还可知在 l 上不同的点对于 $\overline{AB}$ 来说应各有不同的分比,特别当 P 重合于 A 时 $\dfrac{\overline{AP}}{\overline{PB}} = 0$;当 P 重合于 B 时 $\dfrac{\overline{AP}}{\overline{PB}}$ 没有意义. 这样,当直线 l 上的有向线段 $\overline{AB}$ 确定了以后,除 P 点重合于 B 点之外直线 l 上的点 P 与分比 $\dfrac{\overline{AP}}{\overline{PB}}$(不等于 -1 的实数值)之间建立了一一对应关系. 于是任给一个不等于 -1 的实数值 λ,对直线 l 上的有向线段 $\overline{AB}$ 来说,l 上存在唯一的一点 P 使 $\dfrac{\overline{AP}}{\overline{PB}} = \lambda$.

实际上,有向线段的概念在中学数学中还是经常碰到的,仅仅是没有点明而已. 例如在三角中引进了直角坐标系的单位圆上的三角

函数线:正弦线、余弦线、正切线、余切线,实际上是指的有向线段. 在平面解析几何中,直线在坐标轴上的截距,也是指有向线段;为避免这概念而说成在 x 轴上的截距是指直线与 x 轴交点的横坐标,在 y 轴上的截距是指直线与 y 轴交点的纵坐标. 而且在解析几何中,有时对题解不易表述完整,主要就是没有有向线段这一工具,如不能使用(2)等.

但也得注意有向线段与矢量(又称向量)是不同的概念,例如矢量可用平行四边形法则来定义矢量的加法,矢量还定义数量积、矢量积等等,而有向线段没有这些相对应的运算.

使用有向线段这一工具,就可叙述塞瓦定理的一般形式:

设 P、Q、R 各是 $\triangle ABC$ 三边 BC、CA、AB 或其延长线上的点,则 AP、BQ、CR 三线共点或互相平行的必要且充分的条件为:

$$\frac{\overline{BP}}{\overline{PC}} \cdot \frac{\overline{CQ}}{\overline{QA}} \cdot \frac{\overline{AR}}{\overline{RB}} = 1.$$

其证明可在有关书籍中找到,不再重复.

本节的塞瓦定理是其狭义形式,即 P、Q、R 分别是 $\triangle ABC$ 三条边 BC、CA、AB 内部的点,既不和边的端点(三角形的顶点)重合,又不是边的延长线上的点,这就可避免使用有向线段的概念. 由于必要性的证明使用了面积证法,处理是成功的,但充分性的证明,几乎是照搬了使用有向线段的塞瓦定理一般形式下的证明,仅仅将有向线段改记为一般线段而已,这就使证明失去了严谨性. 因为只有当 $\frac{\overline{AR'}}{\overline{R'B}} = \frac{\overline{AR}}{\overline{RB}}$ 时,由(3)才会有 $R \equiv R'$ 的结论,如果 $\frac{AR'}{R'B} = \frac{AR}{RB}$,其中左右两边像通常那样理解成不计正负的线段的长度之比,那么仅仅当这比值是 0 和 1 时,才能肯定 $R \equiv R'$(当 0 时都与 A 重合,当 1 时都与 AB 的中点重合);其他情况由于内分比和外分比都用一个不等于 1 的正数来表示,R 与 R' 完全有可能一个是内分点另一个是外分点. 也就是说,只有引进了有向线段的概念,才使内分比与外分比有了正负的差别,才会有给定一个分比($\neq -1$),对线段 AB 来说在其所在的直线上存在唯一的一个点,使 $\dfrac{\overline{AP}}{\overline{PB}}$ 等于这个分比的值,才有"点分线段 AB 成定比的点的唯一性".

原证明在证得 $\dfrac{AR'}{R'B} = \dfrac{AR}{RB}$ 后,须点明 R 与 R' 都是边 AB 内部的点,并强调"内分"即"由点内分线段 AB 成定比的点的唯一性",才可得 $R \equiv R'$.

原注实际上是对一般的塞瓦定理来说的.作者是否想说明,证明中的线段是指有向线段(仅仅省去了横线而已),以保证证明的正确.但在原书的后文中又没有坚持该原则.在平面几何中,在不引进有向线段概念的前提下,加这个注,让内分比与外分比有正负之分,反而引起的是概念上的混乱.这与解析几何中的情况不一样,解析几何中引进了线段的值这一概念,例如在数轴上的线段 AB,其 A 点的坐标为 x_1,B 点的坐标为 x_2,则线段 AB 的值为: $AB = x_2 - x_1$(其实质仍是有向线段的值的概念),为此解几中内分比与外分比也有正负之分.

3°.为熟悉塞瓦定理的应用,举一例.

[30−1]　　　　　　　　　　　　　　　　　○ ☆ ☆

△ABC 为锐角三角形,AD 为该三角形的一条高,设 P 为线段 AD 上一点,直线 BP,CP 分别交 AC,AB 于点 E,F.证明:AD 平分 $\angle EDF$.

(2001 年,第 14 届爱尔兰数学奥林匹克第 2 试第 3 题)

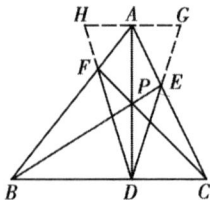

[30]　图−2

证 如图-2,过 A 作 BC 的平行线,分别与 DE、DF 的延长线交于点 G、H,则

$$\frac{BD}{AH} = \frac{BF}{FA}, \frac{DC}{AG} = \frac{CE}{EA}. \qquad ①$$

由塞瓦定理,可知

$$\frac{BD}{DC} \cdot \frac{CE}{EA} \cdot \frac{AF}{FB} = 1.$$

结合①,可知 $\frac{AG}{AH} = 1$,即 A 为 GH 的中点. 又 $AD \perp BC$,故 $DA \perp HG$. 这表示 $\triangle HDG$ 为等腰三角形. 结合 $DA \perp HG$,就可知 AD 平分 $\angle EDF$.

利用塞瓦定理证三线共点的例子可参见其他有关竞赛数学的书籍.

要证三线共点,可先设两线交于一点,然后证明该点在第三条线上,或第三条线经过该点,或证过该点的一条线与第三条线重合等是最基本的方法. 它与利用塞瓦定理,及利用三角形中三条高、三条中线、三条角平分线等三线共点的结论构成了证明三线共点的最主要方法.

[31]平面几何   **定理充分性的表述有错**   ○☆

原题 (梅涅劳斯(Menelaus)定理) 设 P,Q,R 分别是 $\triangle ABC$ 三边 BC,CA,AB 所在直线上三点,求证:P,Q,R 三点共线的充要条件是

$$\frac{BP}{PC} \cdot \frac{CQ}{QA} \cdot \frac{AR}{RB} = 1.$$

原证明 (1)必要性,如图-1,由三角形面积关系有

$$\frac{AR}{RB} = \frac{S_{\triangle ARP}}{S_{\triangle BRP}}, \qquad ①$$

$$\frac{BP}{PC} = \frac{S_{\triangle BRP}}{S_{\triangle CPR}}, \qquad ②$$

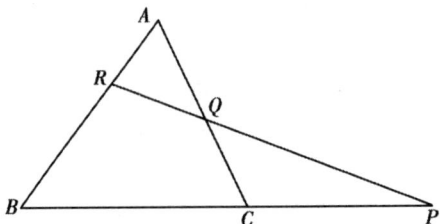

[31]　图 –1

$$\frac{CQ}{QA} = \frac{S_{\triangle CRP}}{S_{\triangle ARP}}. \qquad\qquad ③$$

由①×②×③,得

$$\frac{BP}{PC} \cdot \frac{CQ}{QA} \cdot \frac{AR}{RB} = 1.$$

（2）充分性的证明可仿塞瓦定理进行.

辨析

1°. 比较塞瓦定理和本定理两者的充分条件,当 P、Q、R 分别是 $\triangle ABC$ 的 BC、CA、AB 边上的点时,显然它们也分别是 $\triangle ABC$ 这三条边的所在直线上的点,且都有条件 $\frac{BP}{PC} \cdot \frac{CQ}{QA} \cdot \frac{AR}{RB} = 1$,但根据 [30] 图 –1 称 P, Q, R 三点共线这是不可能的,这足以说明本定理在充分性的表述上有错.

像 [30] 中一样,看一看使用有向线段这一工具,梅涅劳斯定理是怎样表述的:

设 P、Q、R 分别是 $\triangle ABC$ 三边 BC、CA、AB 所在直线上三点,则它们共线的必要且充分的条件为:

$$\frac{\overline{BP}}{\overline{PC}} \cdot \frac{\overline{CQ}}{\overline{QA}} \cdot \frac{\overline{AR}}{\overline{RB}} = -1 \qquad\qquad （※）$$

（证明参见有关书籍）

根据（※）,三个因子相乘为负数只可能有两种情况:三个因子全为负或二个因子为正一个因子为负. 根据[30]2°,(※)式左边的三个分比中相应的也只有两种情况:三个分比都是外分比或两个分比是内分比一个分比是外分比.

这就可明白,当回避有向线段的概念来叙述梅涅劳斯定理时,除掉横线将(※)写成

$$\frac{BP}{PC} \cdot \frac{CQ}{QA} \cdot \frac{AR}{RB} = 1$$

外,还须特别点明:P、Q、R 三点中或者全部,或者只有一个在边的延长线上,原题的错误就是没有注明该条件.

2°. 原证明用面积法来证明必要条件是正确的.

原证明称充分性的证明可仿塞瓦定理进行. 但在[30]中已辨析那里的证明欠严谨,下面用通俗表述方式写出其证明.

设 P 在 BC 边的延长线上,Q 在 AC 边上,R 在 AB 边上,连接 PQ,又设 PQ 或 PQ 的延长线交 AB 于 R',此时 R' 与 R 一样都位于 AB 边上.

由本命题的必要条件有 $\frac{BP}{PC} \cdot \frac{CQ}{QA} \cdot \frac{AR'}{R'B} = 1$,又根据已知条件有 $\frac{BP}{PC} \cdot \frac{CQ}{QA} \cdot \frac{AR}{RB} = 1$,于是就有 $\frac{AR'}{R'B} = \frac{AR}{RB}$. 由合比定理有 $\frac{AR' + R'B}{R'B} = \frac{AR + RB}{RB}$. 因 R 与 R' 都在 AB 上,有 $\frac{AB}{R'B} = \frac{AB}{RB}$,所以 $R'B = RB$,又根据 R 与 R' 都在 AB 上,可知 R 与 R' 都位于 B 点的同一侧,所以 R 与 R' 重合. 因 P、Q、R' 三点共线,所以 P、Q、R 三点共线.

只有一点在延长线上的其他两种情况及三点都在延长线上的情况可仿此证明.

3°. 为熟悉梅涅劳斯定理的应用举一例.

[31-1]　　　　　　　　　　　　　　　　○☆☆

若 AC、CE 是正六边形 $ABCDEF$ 的两条对角线,点 M、N 分别内分 AC、CE 使 $AM:AC = CN:CE = r$,若 B、M、N 三点共线,求 r.

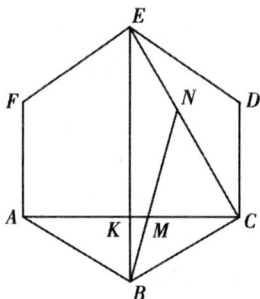

[31]　图 – 2

解　设 AC、BE 交于 K，由 B、M、N 共线得

$$\frac{CN}{NE} \cdot \frac{EB}{BK} \cdot \frac{KM}{MC} = 1. \qquad ①$$

设正六边形边长为 1，则 $AC = CE = \sqrt{3}$，而 $\dfrac{CN}{NE} = \dfrac{CN}{CE - CN} = \dfrac{r}{1-r}$，

又 $\dfrac{EB}{BK} = \dfrac{2}{\dfrac{1}{2}} = 4$，且 $\dfrac{KM}{MC} = \dfrac{AM - AK}{AC - AM} = \dfrac{r - \dfrac{1}{2}}{1-r}$，将以上三式代入①得 $3r^2 =$

$1, \therefore r = \dfrac{\sqrt{3}}{3}.$

本题如用张角关系定理来解更简单，张角关系定理也是在竞赛数学中经常使用的定理.

[31 – 2]　　　　　　　　　　　　　　　　　　　○☆☆

张角关系定理

如图 – 3，由 P 点出发的三条射线 PA、PB、PC 满足 $\angle APC = \alpha$，$\angle CPB = \beta$，且 $\angle APB = \alpha + \beta < 180°$，那么，$A$、$B$、$C$ 三点共线的充要条件是

$$\frac{\sin(\alpha + \beta)}{PC} = \frac{\sin\alpha}{PB} + \frac{\sin\beta}{PA}.$$

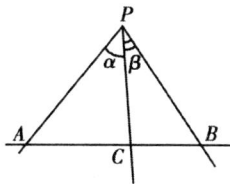

[31] 图 -3

证 （1）必要性

如图 -3，A、B、C 三点共线，由三角形的面积关系有

$$S_{\triangle APB} = S_{\triangle APC} + S_{\triangle CPB}. \tag{①}$$

$$\therefore \frac{1}{2}PA \cdot PB \cdot \sin(\alpha+\beta) = \frac{1}{2}PA \cdot PC \cdot \sin\alpha + \frac{1}{2}PC \cdot PB \cdot \sin\beta, \tag{②}$$

$$\therefore \frac{\sin(\alpha+\beta)}{PC} = \frac{\sin\alpha}{PB} + \frac{\sin\beta}{PA}. \tag{③}$$

（2）充分性

如图 -3，由③成立，可得②成立，再得①成立. 若 A、B、C 三点不共线，则以这三点为顶点可组成一个三角形，且其面积不为 0，但

$$S_{\triangle ABC} = |S_{\triangle APB} - (S_{\triangle APC} + S_{\triangle CPB})| = 0,$$

矛盾. $\therefore A$、B、C 三点共线.

[31-1]解二

如图 -2，设 $BC = a$，则 $AC = CE = \sqrt{3}a$.

$\because AM:AC = CN:CE = r$，

$$\therefore CN = r \cdot CE = \sqrt{3}ar, AM = r \cdot AC = \sqrt{3}ar,$$

$$\therefore CM = AC - AM = \sqrt{3}a(1-r).$$

又 $\because B$、M、N 三点共线，由张角关系定理有

$$\frac{\sin 90°}{\sqrt{3}a(1-r)} = \frac{\sin 60°}{a} + \frac{\sin 30°}{\sqrt{3}ar}.$$

即 $\dfrac{2}{1-r} = 3 + \dfrac{1}{r}$,得 $r = \dfrac{\sqrt{3}}{3}$.

[32]平面几何　　　　　　　　　　**证明中有错误**　　○☆

原题　（莱莫恩(Lemoine)定理）过 $\triangle ABC$ 的三个顶点 A、B、C 作它的外接圆的切线,分别和 BC、CA、AB 的延长线交于 P、Q、R. 求证:P、Q、R 三点共线（如图）

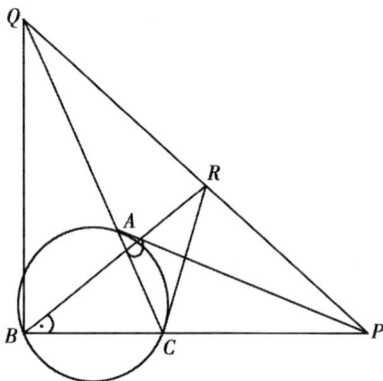

[32]　图

原证明　因 AP 为圆的切线,所以 $\triangle ACP \sim \triangle ABP$,从而有

$$\frac{AB}{AC} = \frac{BP}{AP}, \frac{AB}{AC} = \frac{AP}{CP},$$

∴
$$\frac{BP}{CP} = \frac{AB^2}{AC^2}.$$

同理

$$\frac{CQ}{QA} = \frac{BC^2}{AB^2}, \frac{AR}{RB} = \frac{CA^2}{BC^2}.$$

∴
$$\frac{BP}{CP} \cdot \frac{CQ}{QA} \cdot \frac{AR}{RB} = 1.$$

由梅涅劳斯定理,P、Q、R 三点共线.

辨析

原图有错,A 点应在 BR 上,BQ 应是圆的切线.

原证明的错误是,在用梅涅劳斯定理推得 P、Q、R 三点共线之前,像[31]所辨析的那样,必须点明 P、Q、R 分别在 $\triangle ABC$ 三条边 BC、CA、BA 的延长线上.

[33]平面几何 　　　　　　　　　　　　**证明中有错误**　　○ ☆ ☆

原题　（牛顿(Newton)定理）设四边形 $ABCD$ 的一组对边 AB 和 CD 的延长线交于点 E,另一组对边 AD 和 BC 的延长线交于 F,则 AC 中点 L、BD 中点 M 及 EF 中点 N 三点共线(如图 -1)

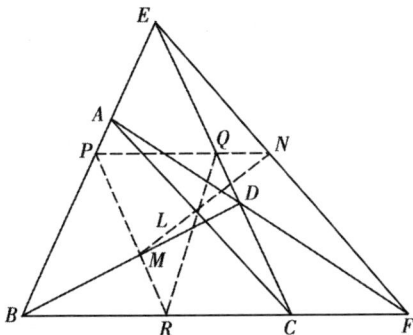

[33]　图 -1

原证明　设 P、R、Q 分别为 EB、BC、CE 中点,因为 L、Q、R 分别是 CA、CE、CB 中点,所以它们在同一直线上,且有 $\dfrac{QL}{LR}=\dfrac{EA}{AB}$.　　　①

同理,M、R、P 三点在同一直线上,且

$$\frac{RM}{MP}=\frac{CD}{DE}.　　　　②$$

N、P、Q 三点在同一直线上,且 $\dfrac{PN}{NQ}=\dfrac{BF}{FC}$.　　　③

①×②×③,得

$$\frac{QL}{LR} \cdot \frac{RM}{MP} \cdot \frac{PN}{NQ} = \frac{EA}{AB} \cdot \frac{CD}{DE} \cdot \frac{BF}{FC}.$$

但因直线 ADF 切割 $\triangle EBC$，由梅涅劳斯定理，有 $\dfrac{EA}{AB} \cdot \dfrac{BF}{FC} \cdot \dfrac{CD}{DE} = 1$，

$\therefore \dfrac{QL}{LR} \cdot \dfrac{RM}{MP} \cdot \dfrac{PN}{NQ} = 1$. 因 L、M、N 三点分别在 $\triangle PQR$ 三边或其延长线上，故由梅涅劳斯定理，L、M、N 三点共线.

原注　直线 LMN 称为四边形 $ABCD$ 的牛顿线，若四边形 $ABCD$ 有内切圆 $\odot O$，则 O 点在牛顿线上.

辨析

1°. 原证明错误的性质同上题完全一样，可将"因 L、M、N 三点分别在 $\triangle PQR$ 三边或其延长线上"，改为"因 L、M、N 三点分别在 $\triangle PQR$ 的二边及第三条边的延长线上".

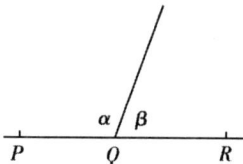

[33]　图 - 2

2°. 总结一下证明三点共线的方法.

中学数学中最常用方法如图 -2 证明 $\alpha + \beta = 180°$ 或证明其中两点的连线必过第三点，[31]2°梅涅劳斯定理充分性的证明中由作图 P、Q、R' 三点共线，再证明 $R \equiv R'$，其实质就是这个方法的运用.

如 [32 - 1] 张角关系定理充分性的证明，证明相异的三点组成的三角形面积为 0 的方法，也是经常使用的方法.

在竞赛数学中常用的是直接由梅涅劳斯定理的充分性来证明三点共线，如 [32] 中的题及本题；也常用张角关系定理的充分性来证明三点共线.

[34]平面几何　　　　　　　　条件多余及证明不完整　　○☆

原题　在锐角△ABC中，P、Q分别是AB与AC上的点，过P、Q分别作AB与AC的垂线相交于D点，设M是BC的中点，求证：$MP=MQ$的充要条件是$\angle BDP=\angle CDQ$.

原证明　如图，设BD、CD的中点分别为E、F，连接EP、EM、FM、FQ，易知$PE=\dfrac{1}{2}BD=MF$，

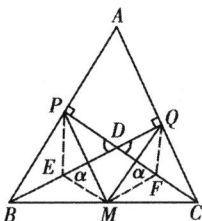

[34]　图

$$ME=\frac{1}{2}CD=QF,$$

$$\therefore MP=MQ\Leftrightarrow\angle PEM=\angle MFQ$$

$$\Leftrightarrow\angle PEM-\alpha=\angle MFQ-\alpha（\alpha\text{是}\square DEMF\text{的一组对角}）$$

$$\Leftrightarrow\angle PED=\angle QFD$$

$$\Leftrightarrow\angle BDP=\angle CDQ.$$

辨析

在原证明中△ABC是锐角三角形的条件没有用到.

原题中设△ABC是锐角三角形，估计是为了保证D点在△ABC内，这样证明就完整了. 但是，就是△ABC是锐角三角形，也不能保证D点在△ABC内.

这样就带来两个问题：

（1）原题中设△ABC是锐角三角形这一条件是多余的.

（2）原证明是不完整的，还要补证D点不在△ABC内的情况：

（i）当 D 点在 BC 上时,这刚巧就是 $\alpha=0$ 的情况；

（ii）当 D 点在 $\triangle ABC$ 外时,只要将在三角形内的证明"$-\alpha$"的地方改为"$+\alpha$"即可.

起码得添上一句：当 D 不在 $\triangle ABC$ 内时,同理可证.

[35]平面几何　　　　　　三角法和解析几何法的选择　　☆

原题 1　$\triangle ABC$ 中,$\angle ABC=70°$,$\angle ACB=10°$,D 为 BC 边上一点,$\angle DAC=20°$,求证：$\dfrac{BA}{DA}=\dfrac{BD}{CD}$.

原证明　如图 -1,过 A 作 BC 的垂线,垂足为 O,以 O 为原点,直线 BC 为 x 轴,建立直角坐标系.

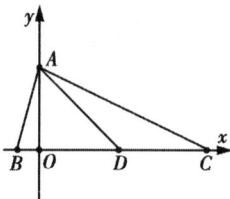

[35]　图 -1

设 $A(0,a)$,则 $B(-a\cot 70°,0)$、$D(a\cot 30°,0)$、$C(a\cot 10°,0)$.

$|BA|^2=a^2+a^2\cot^2 70°=a^2\csc^2 70°$,$|BA|=a\csc 70°$.

同理,$|DA|=a\csc 30°$,$\dfrac{|BA|}{|DA|}=\dfrac{1}{2\cos 20°}$.

$$|BD|=a(\cot 30°+\cot 70°)=\frac{a\sin 100°}{\sin 30°\sin 70°}$$

$$=\frac{2a\cos 10°}{\cos 20°},$$

$$|CD|=a(\cot 10°-\cot 30°)$$

$$=\frac{a\sin 20°}{\sin 10°\sin 30°}=4a\cos 10°,$$

$$\frac{|BD|}{|CD|} = \frac{1}{2\cos 20°},$$

$$所以 \frac{BA}{DA} = \frac{BD}{CD}.$$

原题 2　若过正方形 $ABCD$ 的顶点 D 作 $DE /\!/ AC$,使 $CE = AC$,延长 EC 交 DA 的延长线于 F,求证: $AE = AF$.

原证明　如图 -2,连接 BF,过 A 作 $AG \perp CF$ 于 G,设 $\angle AEC = \alpha$,则

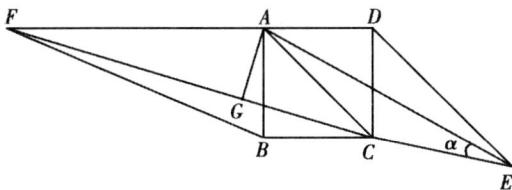

[35]　图 -2

$$\frac{S_{\triangle AFC}}{S_{\triangle ABC}} = \frac{S_{\triangle AFB}}{S_{\triangle ABC}} = \frac{AF}{BC}, \tag{①}$$

$$\frac{S_{\triangle ABC}}{S_{\triangle ACE}} = \frac{S_{\triangle ABC}}{S_{\triangle ACD}} = 1, \tag{②}$$

$$\frac{S_{\triangle AEC}}{S_{\triangle AFC}} = \frac{\dfrac{1}{2}AE \cdot CE\sin\alpha}{\dfrac{1}{2}AF \cdot AC \sin 135°}. \tag{③}$$

①×②×③得 $\dfrac{AF}{BC} \cdot 1 \cdot \dfrac{AE \cdot CE\sin\alpha}{AF \cdot AC\sin 135°} = 1$,而 $CE = AC$,

$\therefore AE\sin\alpha = BC\sin 135°$,

$\therefore AG = \dfrac{1}{2}AC$,

$\therefore \angle ACG = 30°, \alpha = \angle CAE = 15°, \angle AFE = 15°$,故 $AE = AF$.

辨析

竞赛数学中的平面几何问题,不会限定只能用纯几何的方法来解决. 往往有些试题本身所测试的就是综合解决问题的能力. 这样就有一个解题时选用以哪种方法为主的问题,选择不同往往也会带来题解的简繁不同,但这仅仅是相对的.

题 1、题 2 原证明分别选用了解析几何法和三角法,当然也可以倒过来题 1 选用三角法题 2 选用解析几何法.

题 1 的三角法解法.

易算出 $\angle BAD = 80°$, $\angle BDA = 30°$, 由正弦定理 $\dfrac{BA}{DA} = \dfrac{\sin 30°}{\sin 70°}$,

$\dfrac{BD}{AD} = \dfrac{\sin 80°}{\sin 70°}$, $\dfrac{AD}{CD} = \dfrac{\sin 10°}{\sin 20°}$.

$\therefore \dfrac{BD}{CD} = \dfrac{\sin 80° \cdot \sin 10°}{\sin 70° \cdot \sin 20°}$, 且可知要证 $\dfrac{BA}{DA} = \dfrac{BD}{CD}$, 只要证 $\sin 30° \cdot$

$\sin 20° = \sin 80° \cdot \sin 10°$, 而这是易证的:$\sin 80° \cdot \sin 10° = \cos 10° \cdot$

$\sin 10° = \dfrac{1}{2}\sin 20° = \sin 30° \cdot \sin 20°$.

题 2 的解析几何法解法.

在图 −2 上,以 D 为原点,DC 为 x 轴,FD 为 y 轴引进直角坐标系,则 DE 的方程:$y = x$. 为求 E 点的坐标,可由

$$\begin{cases} (x-1)^2 + y^2 = (\sqrt{2})^2, \\ y = x, \end{cases}$$

求 x 的正根. $2x^2 - 2x - 1 = 0$, 得 $x = \dfrac{1+\sqrt{3}}{2}$(正根),

$\therefore E\left(\dfrac{1+\sqrt{3}}{2}, \dfrac{1+\sqrt{3}}{2}\right)$.

$\therefore CE$ 的方程为 $\dfrac{x-1}{\dfrac{\sqrt{3}-1}{2}} = \dfrac{y}{\dfrac{\sqrt{3}+1}{2}}$, 令 $x = 0$, 得 F 的坐标为

$(0, -2-\sqrt{3})$. $\therefore |AF| = 1+\sqrt{3}$.

而$|AE|$可由$A(0,-1)$及$E\left(\dfrac{1+\sqrt{3}}{2},\dfrac{1+\sqrt{3}}{2}\right)$来计算得$|AE|=$

$\sqrt{4+2\sqrt{3}}=1+\sqrt{3}.\ \therefore|AF|=|AE|.$

[36]平面几何(几何不等式标准量代换)　　解无定法　　○☆

原题　如图-1,钝角$\triangle ABC$中,$\angle A$为钝角,a、b、c分别为角A、B、C的对边,h_a为BC边上的高,求证:$a+h_a>b+c$.

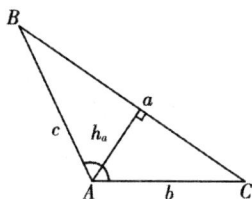

[36]　图-1

原证明　设$\triangle ABC$与其内切圆相切于D、E、F(如图-2).

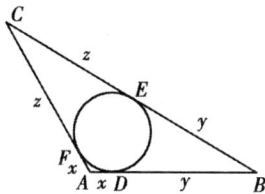

[36]　图-2

设$AD=AF=x,CF=CE=z,$

$BE=BD=y,$则:

$$a=y+z,b=x+z,c=x+y,$$

$$\therefore h_a=\frac{2\sqrt{xyz(x+y+z)}}{y+z}.$$

$\because\cos A<0,\therefore(y+z)^2>(x+y)^2+(x+z)^2,$

$$\therefore yz > x(x+y+z).$$

因此，$a+h_a = (y+z) + \dfrac{2\sqrt{xyz(x+y+z)}}{y+z}$

$$> (y+z) + \dfrac{2\sqrt{x^2(x+y+z)^2}}{y+z}$$

$$= y+z + \dfrac{2x(x+y+z)}{y+z}$$

$$> y+z+2x = b+c.$$

$\therefore$ 命题得证.

辨析

$1°$. 原证明中所作代换 $a=y+z, b=z+x, c=x+y(x,y,z \in \mathbf{R}^+)$ 在竞赛数学中称为三角形三条边的标准量代换. 由于三角形总有内切圆存在，因而它的三边 a、b、c 总可以表示成上面形式；反之，若三个正数 a、b、c 可以表示成上述形式，那么其中任意两数之和总大于第三数，则 a、b、c 可为某三角形的三边. 因而，许多几何不等式尤其是与三角形的三条边及其面积等有关的几何不等式就可化为代数不等式. 在这样的变换下，一般三角形的半周 $s = \dfrac{1}{2}(a+b+c) = x+y$ $+z, s-a = \dfrac{1}{2}(b+c-a) = x$，同理 $s-b = y, s-c = z$，三角形面积的秦九韶—海伦公式 $S_\triangle = \sqrt{s(s-a)(s-b)(s-c)} = \sqrt{xyz(x+y+z)}$. 这是证明几何不等式的一个常用且有效的方法. 在 $2°$ 中将例举两道国际数学奥林匹克的竞赛试题来说明这种方法的威力.

但解无定法，本题使用此方法，就不一定显得简捷，如用三角法，几乎不涉及任何技巧，就可得证.

$\because A$ 是钝角，设 $\alpha = \pi - A$，则 α 是锐角，

由余弦定理可得 $a^2 - b^2 - c^2 = 2bc\cos\alpha$，

从 $\triangle ABC$ 的面积可知，$2ah_a = 2bc\sin\alpha$.

而 $\qquad\qquad\qquad\qquad a + h_a > b + c$

$$\Leftrightarrow a^2 + 2ah_a + h_a^2 > b^2 + 2bc + c^2$$

$$\Leftrightarrow 2bc\cos\alpha + 2bc\sin\alpha + h_a^2 > 2bc.$$

∵ α 是锐角,从单位圆中的正弦线、余弦线就可知

$$\cos\alpha + \sin\alpha > 1$$

（三角形两边之和大于第三边）.

∴ 有 $2bc(\cos\alpha + \sin\alpha) + h_a^2 > 2bc$. 命题得证.

2°. 关于标准量代换,举两例.

[36 – 1]　　　　　　　　　　　　　　　　　☆ ☆ ☆

已知三角形的边长 a,b,c 及其面积 S,求证 $a^2 + b^2 + c^2 \geqslant 4\sqrt{3}S$,并求等号成立的条件.

（第 2 届国际数学奥林匹克竞赛第 2 试题）

本题所求证的称为外森比克不等式,是著名的几何不等式之一.先给出其几何证明,再给出作了标准量代换后的代数证明.

证一　外森比克不等式等价于

$$\frac{1}{3} \cdot \frac{\sqrt{3}}{4}(a^2 + b^2 + c^2) \geqslant S.$$

先假定 $\triangle ABC$ 中任一内角都小于 $120°$.

如图 – 3,从各边向外作正三角形,并设 O_1, O_2, O_3 分别是其中心.

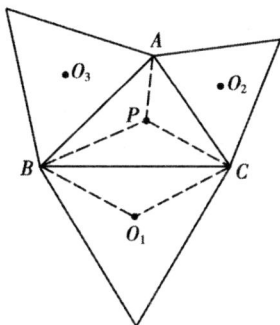

[36]　图 – 3

易证不等式左边即为

$$S_{\triangle BCO_1} + S_{\triangle CAO_2} + S_{\triangle ABO_3}.$$

若 $\triangle ABC$ 内角都小于 $120°$,则在 $\triangle ABC$ 内存在一点 P,它与三条边的张角都是 $120°$.

在四边形 BO_1CP 中,$\angle BPC = \angle BO_1C = 120°$,且 $BO_1 = O_1C$,

$\therefore P$ 点到 BC 的距离不超过 O_1 点到 BC 的距离,即

$$S_{\triangle BPC} \leqslant S_{\triangle BO_1C}.$$

同理可得 $S_{\triangle APB} \leqslant S_{\triangle AO_3B}$;$S_{\triangle APC} \leqslant S_{\triangle AO_2C}.$

于是 $\quad S = S_{\triangle APB} + S_{\triangle BPC} + S_{\triangle APC} \leqslant S_{\triangle ABO_3} + S_{\triangle BCO_1} + S_{\triangle ACO_2}$

$$= \frac{1}{3} \cdot \frac{\sqrt{3}}{4} (a^2 + b^2 + c^2),$$

从而　　　　　　　　　$a^2 + b^2 + c^2 \geqslant 4\sqrt{3}S.$

若 $\triangle ABC$ 中有一个角大于等于 $120°$,不失一般性设 $\angle A \geqslant 120°$,则易证 $S_{\triangle ABC} \leqslant S_{\triangle BO_1C}$,原不等式亦成立.

等号当且仅当 $\triangle ABC$ 是等边三角形时成立.

若要求严格一些,以上证明中关于 P 点的存在性;P 点到 BC 的距离不超过 O_1 点到 BC 的距离;等号当且仅当 $a = b = c$ 时成立等,都需要给出进一步的证明,证明将会变得很冗长.

题中的 P 点是一个很重要的点,它与费马(意大利人,1901 ~ 1954)问题有关. 费马问题:在 $\triangle ABC$ 中,使 $PA + PB + PC$ 为最小的平面上的点称为费马点,当 $\angle BAC \geqslant 120°$ 时,A 点为费马点;当 $\triangle ABC$ 中任一内角都小于 $120°$ 时,则与三边张角为 $120°$ 的 P 点为费马点. 费马问题的证明可参见有关竞赛数学的书籍.

证二　作标准量代换,令 $a = y + z, b = z + x, c = x + y(x, y, z \in$ $\mathbf{R}^+)$. 下面证明比本题更一般的结论:

$$a^2 + b^2 + c^2 \geqslant 4\sqrt{3}S + (b-c)^2 + (c-a)^2 + (a-b)^2.$$

此不等式等价于

$$(y+z)^2 + (z+x)^2 + (x+y)^2$$

$$\geqslant 4\sqrt{3xyz(x+y+z)}+(z-y)^2+(x-z)^2+(y-x)^2$$
$$\Leftrightarrow 4(xy+yz+zx)\geqslant 4\sqrt{3xyz(x+y+z)}$$
$$\Leftrightarrow (xy+yz+zx)^2\geqslant 3xyz(x+y+z)$$
$$\Leftrightarrow (xy-yz)^2+(yz-xz)^2+(zx-xy)^2\geqslant 0.$$

最后的不等式显然成立,当且仅当 $x=y=z$ 时等号成立,因此当且仅当 $a=b=c$ 时等号成立.

[36-2] ☆ ☆ ☆

设 a、b、c 是三角形的三边长,求证:
$$b^2c(b-c)+c^2a(c-a)+a^2b(a-b)\geqslant 0,$$
并确定等号何时成立.

(第 24 届国际数学奥林匹克竞赛第 6 试题)

本不等式含边的四次项,用几何方法证明肯定困难. 下面介绍的几种证法都是以标准量代换为基础,将几何不等式化成代数不等式.

令 $a=y+z,b=z+x,c=x+y(x,y,z\in \mathbf{R}^+)$.

记原不等式的左端为 I,作此代换后有
$$I=2xy^3+2yz^3+2zx^3-2x^2yz-2y^2zx-2z^2xy.$$

证一 注意 I 不是 x、y、z 的对称式,但是轮换对称式;不可设 $x\geqslant y\geqslant z$,但可设 x 最大或最小. 于是由恒等变换,可证 $I=2x(y-z)(y^2-z^2)+2z(y-x)(z^2-x^2)\geqslant 0$,且明显当且仅当 $x=y=z$ 时,即 $a=b=c$ 时 $I=0$ 成立.

表面看来本证法最关键的仅是恒等变换这一步,而且证明此是恒等变换也并非难事,但要发现此恒等变换实际上是非常困难的.

将此恒等式变回到用 a、b、c 表示就是下式:
$$b^2c(b-c)+c^2a(c-a)+a^2b(a-b)$$
$$=a(b-c)^2(b+c-a)+b(a-c)(a-b)(a+b-c).$$

这恒等式称为伯尔哈德—李恒等式. 当年西德考生伯尔哈德—李,假设 a 是最大边,并发现了该恒等式而证明了本题. 伯尔哈德—李由于本解法巧妙,在该届比赛中还获得特别奖.

证二　由
$$I = 2\big[\,(xy^3 - 2y^2xz + xyz^2) + (yz^3 - 2xyz^2 + x^2yz)$$
$$+ (zx^3 - 2x^2yz + xzy^2)\,\big]$$
$$= 2xy(z-y)^2 + 2yz(x-z)^2 + 2zx(y-x)^2 \geqslant 0,$$

即得证,等号显然当且仅当 $x = y = z$,即 $a = b = c$ 时成立.

相应的关于 a、b、c 的恒等式是:
$$b^2c(b-c) + c^2a(c-a) + a^2b(a-b)$$
$$= \frac{1}{2}(b+c-a)(c+a-b)(b-c)^2 + \frac{1}{2}(c+a-b)$$
$$(a+b-c)(c-a)^2 + \frac{1}{2}(a+b-c)(b+c-a)(a-b)^2.$$

使用该恒等式当然本题也可获证.

同样,要发现此恒等式也不是件容易事.

证三　由 $I = 2xyz\left(\dfrac{y^2}{z} + \dfrac{z^2}{x} + \dfrac{x^2}{y} - x - y - z\right) \geqslant 0$
$$\Leftrightarrow \frac{y^2}{z} + \frac{z^2}{x} + \frac{x^2}{y} \geqslant x + y + z.$$

而根据柯西不等式得
$$(x+y+z)\left(\frac{x^2}{y} + \frac{y^2}{z} + \frac{z^2}{x}\right) \geqslant \left(\sqrt{y} \cdot \frac{x}{\sqrt{y}} + \sqrt{z} \cdot \frac{y}{\sqrt{z}} + \sqrt{x} \cdot \frac{z}{\sqrt{x}}\right)^2$$
$$= (x+y+z)^2,$$

$\therefore$ 有 $\dfrac{y^2}{z} + \dfrac{z^2}{x} + \dfrac{x^2}{y} \geqslant x + y + z$ 成立,且当 $x = y = z$ 时等号成立. 因

此,原不等式成立,且 $a = b = c$ 时等号成立.

证四　同证三,有 $I \geqslant 0 \Leftrightarrow \dfrac{y^2}{z} + \dfrac{z^2}{x} + \dfrac{x^2}{y} \geqslant x + y + z$.

$\because (x-y)^2 \geqslant 0$,$\therefore \dfrac{x^2}{y} + y \geqslant 2x$,等号当且仅当 $x = y$ 时成立.

同理有 $\dfrac{y^2}{z} + z \geqslant 2y$;$\dfrac{z^2}{x} + x \geqslant 2z$. 由以上三式易得

$\dfrac{y^2}{z}+\dfrac{z^2}{x}+\dfrac{x^2}{y}\geqslant x+y+z$，等号当且仅当 $x=y=z$ 时成立.

由此原命题得证.

由此可见"解无定法"与"有法"是辩证的统一.

[37] 立体几何　　　　　　　　　　　　　关键处未证　　☆

原题　正四棱锥底面边长为 a，侧棱长为 $l(l>a)$，过底面一顶点作垂直于对棱的截面，求该截面与底面夹角的正切值.

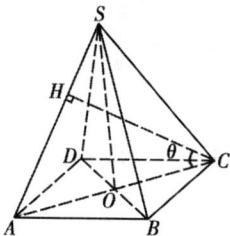

[37]　图

原解

如图，
$$AO=\dfrac{\sqrt{2}}{2}a,\ SO=\sqrt{l^2-\dfrac{1}{2}a^2},$$

$$CH=\dfrac{AC\cdot SO}{SA}=\dfrac{\sqrt{2}a\cdot\sqrt{l^2-\dfrac{1}{2}a^2}}{l}.$$

$$\therefore\ \cos\theta=\dfrac{CH}{AC}=\dfrac{\sqrt{l^2-\dfrac{1}{2}a^2}}{l},$$

令 $x=\sqrt{l^2-\dfrac{1}{2}a^2}$，$r=l$，则 $y=\sqrt{l^2-l^2+\dfrac{1}{2}a^2}=\dfrac{\sqrt{2}}{2}a$，

则 $\tan\theta=\dfrac{\dfrac{\sqrt{2}}{2}a}{\sqrt{l^2-\dfrac{1}{2}a^2}}=\dfrac{a}{\sqrt{2l^2-a^2}}.$

辨析

立体几何计算题解答不仅仅是写出计算过程,关键性作图应有说明,作为计算依据的关键性的结论要写出证明,如本题 θ 怎样作出?为什么 θ 就是符合条件的截面与底面夹角的大小及计算 $\tan\theta$ 的依据,都要有所交代. 原解最大问题是没有论证 $\tan\theta$ 为什么就是所求的正切值.

本题略解如下:

如图,在平面 SAC 中作 $CH \perp SA$ 于 H,设 $\angle ACH = \theta$. 在平面 SAB 中,过 H 作 SA 的垂线交 AB 延长线于 E(原图中没有画出). 则平面 CHE 就是过底面顶点 C 垂直于对棱 SA 的截面, CE 就是截面与底面的交线.

显然 $\triangle SOA \backsim \triangle CHA$, $\therefore \angle ASO = \theta$ ①, 且 $AH = \dfrac{AO \cdot AC}{SA} =$

$\dfrac{\frac{\sqrt{2}a}{2} \cdot \sqrt{2}a}{l} = \dfrac{a^2}{l}$. 取 AB 的中点 F, 显然 $\triangle SFA \backsim \triangle EHA$, 由此可求出 $AE = 2a$, 则 $\triangle ACE$ 是等腰直角三角形, $\therefore AC \perp CE$ ②, $\because SO$ 是底面的垂线, 又有 $SO \perp CE$, $\therefore CE \perp$ 平面 ACS, $\therefore CE \perp HC$ ③. 由②、③可知 θ 就是所求截面和底面夹角的大小.

由①, $\tan\theta = \dfrac{AO}{SO} = \dfrac{\frac{\sqrt{2}}{2}a}{\sqrt{l^2 - \frac{1}{2}a^2}} = \dfrac{a}{\sqrt{2l^2 - a^2}}$,

注:严格来说所求的截面与底面的夹角是指二面角 $H - CE - A$. 二面角的大小可以用它的平面角的大小来表示, θ 就是该二面角的平面角. 为了减少概念层次,这里就直接称 θ 为所求夹角的大小.

[38] 立体几何 　　　　　　　　　　　作图错误　☆☆

原题 已知一个平面截一个棱长为 l 的正方体所得的截面是一

个六边形(如图-1),证明:此六边形的周长不小于 $3\sqrt{2}$.

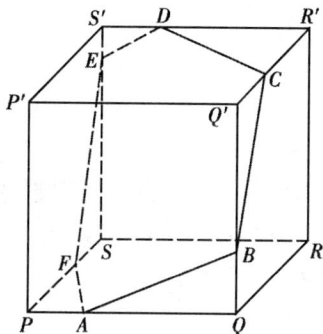

[38]　图-1

原证明　如图-2,我们将正方体的各个面依次展开,从正方形 $PQQ'P'$ 出发,依次为 $PP'Q'Q,Q'QRR',Q'R'S'P',R'S'SR,S'SPP'$, $PSRQ$.

从上述展开图可知截面六边形的周长 $\geqslant AA'$,而 $AA' = \sqrt{3^2 + 3^2}$ $= 3\sqrt{2}$.这就是要证的结论.

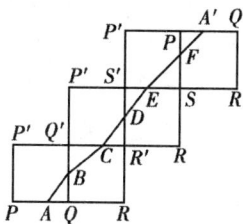

[38]　图-2

辨析

1°. 原图是错图,一个多面体被平面所截,其截面是不能乱画的. 在多数情况下(恰恰本题除外),正确作出截面是解题关键. 作截面的依据是平面的基本性质,一般是先确定关键点,再确定截面与多面体的交线.

　　因为三点决定一个平面,所以对本题来说,截面六边形 $ABCDEF$ 中六个顶点只有三个顶点可自由选取,而且还要保证能截出六边形来,不妨设先确定图中的 F、A、B 三点,此时 C 点的确定十分关键,在底面所在的平面中,延长 FA 与 RQ 的延长线相交于 M,M、B、C 必须是一直线,C 点由此性质来确定,若此时 C 点不能落在棱 $Q'R'$ 内,说明此截面不会是平面六边形. 读者可在原图上作图,就是此种情况,说明选取 B 点时,还须将 BQ 取得更长些. 由于正方体的对面平行,可知 $CD \parallel AF$,$DE \parallel BA$,$EF \parallel BC$,由此来决定 D 点和 E 点,且用 $EF \parallel BC$ 来验证作图的正确性.

　　2°. 本题用展开图来求解,其依据是在一个平面中两点之间以所连线段为最短,方法别致. 原展开图中最基本的要使 $PA = PA'$.

　　如果设 $FP = t_1$,$PA = t_2$,$Q'B = t_3$,则显然平面六边形的周长是一个三元函数,而且这里 t_3 的值还要受到 t_1、t_2 的制约,以保证截面是一个平面六边形,用代数方法求解比较困难. 容易证明,当 $t_1 = t_2 = t_3$ 时平面六边形的周长就等于 $3\sqrt{2}l$.

　　注意原题正方体的棱长是 l,为此结论及原证明还均有小错.

　　3°. 原题可作如下推广,推广之下原证明有效,原图也正确.

　　如图 -1,在棱长为 1 的正方体 $PQRS - P'Q'R'S'$ 的棱 PQ、QQ'、$Q'R'$、$R'S'$、$S'S$、SP 上分别任取 A、B、C、D、E、F 六点,依次连接各点得一空间六边形 $ABCDEF$,证明这空间六边形周长不小于 $3\sqrt{2}$.

　　和此推广相对应,原证明还是如下一道代数不等式的几何模型法证明.

[38-1]　　　　　　　　　　　　　　　　　**自编题**　　☆☆

　　设 $0 < x_i < 1$　　$(i = 1, 2, \cdots, 6)$,求证

$$\sqrt{(1-x_1)^2 + x_2^2} + \sqrt{(1-x_2)^2 + x_3^2} + \sqrt{(1-x_3)^2 + x_4^2}$$
$$+ \sqrt{(1-x_4)^2 + x_5^2} + \sqrt{(1-x_5)^2 + x_6^2} + \sqrt{(1-x_6)^2 + x_1^2} \geqslant 3\sqrt{2}$$

等号当且仅当 $x_3 = x_5 = x_1$,$x_2 = x_4 = x_6 = 1 - x_1$ 时成立.

[39]立体几何　　　　　　　　**证明中有错误**　　☆☆☆

原题　证明:对于任意四面体,至少有 5 个球,每个球与四面体的面相切;这样的球至多有几个?

原证明　设四面体体积为 V,各面面积为 $S_i(i=1,2,3,4)$,又设与各面都相切的球的半径为 r,则必有某个等式

$$\frac{1}{3}(\varepsilon_1 S_1 + \varepsilon_2 S_2 + \varepsilon_3 S_3 + \varepsilon_4 S_4) \cdot r = V$$

（其中 $\varepsilon_i \in \{-1,1\}$,$i=1,2,3,4$）.　　　　　　　①

反过来,当①成立时,作出与各面平行并且距离为 r 的平面（当 $\varepsilon_i=1$ 时,这平面与顶点 A_i 在底面 S_i 同侧,否则在异侧）,其中任三个平面的交点也在第四个面上,以这点为球心,r 为半径的球必与四个面均相切.

因此,至少有 5 个球与四面体的各面均相切,其中一个是内切球（$\varepsilon_1=\varepsilon_2=\varepsilon_3=\varepsilon_4=1$）,四个是"旁切球"（一个 $\varepsilon_i=1$,其余均为 -1）;至多有 8 个球与球面相切,ε_i 共有 $2^4=16$ 组,一组 ε_i 使①成立,则取相反符号的 ε_i 使①式成为负,所以至多 8 组 ε_i 使①成立.

事实上,恰有 8 个相切球的情形是存在的,因为恰有 8 组 ε_i 使①式左边为正,并且在四面体任两个面的面积之和与另两个面积之和不相等时,由①定出的 r 互不相同（如底面面积很小的三棱锥）.

辨析

1°. 原证明思路正确,后半部分有错误. 题中球与四面体的面相切是指与该面所在的平面相切.

给定四面体,V 与 $S_i(i=1,2,3,4)$ 就确定了,若存在与各个面都相切的球,对应该球必有①中的某个等式成立. 事实上①中的 r 是该球的半径,ε_i 取 $+1$ 还是取 -1 由该球的球心 O 的位置来定;约定 S_i 同时表示四面体四个面所在的平面,和该面相对的顶点记为 A_i;当球心 O 与 A_i 在面 S_i 同侧时,取 $\varepsilon_i=1$,异侧时取 $\varepsilon_i=-1$;以 O 为顶点分别以四面体的四个面为底面有四个三棱锥,根据它们的体积和四面体体积 V 之间的关系就可知相应的①式成立. 反过来,如果①

中的某等式成立,即对 ε_i 的某组值存在 $r>0$ 使①式成立,那么就能找到一个球与各面都相切.分别作出与各面 S_i 平行到 S_i 的距离为 r 的四对平行平面,再根据 $\varepsilon_1,\varepsilon_2,\varepsilon_3$ 是取 $+1$ 还是 -1,确定三个相应的平面,显然这三个平面不会相互平行,它们必相交于一点;由于①式成立这一点也在第四个平面上(第四个平面也根据 ε_4 是取 $+1$ 还是 -1 而确定);由于该点到四面体的四个面距离都是 r,以该点为球心,r 为半径的球,当然就能与四面体的四个面都相切.

必有 5 个球与四面体的各面相切,可根据立体几何中四面体存在着一个内切球和四个旁切球的结论来确认.也可根据对①的分析来确认,ε_i 全部取 $+1$,由①求出的 r 就是内切球的半径.原证明中称四个旁切球对应"一个 $\varepsilon_i=1$,其余均为 -1"是错误的,从几何直观也可明白应当是一个 $\varepsilon_i=-1$,其余均为 $+1$.任意一个四面体其任三面面积之和大于第四面的面积,由此可知当 ε_i 取一正三负时不存在相应的 $r>0$ 使①式成立.同时反过来也就证明了当 ε_i 取一负三正时总存在 $r>0$ 使①式成立,这实际上就说明了四个旁切球总存在.可以举出仅有 5 个球与各面相切的四面体,例如正四面体,显然此时除 ε_i 全取正及三正一负之外,其他的组合都不存在相应的 $r>0$ 使式①成立.这样就证明了对于任意四面体至少有 5 个球每个球与四面体的各面相切.

原证明通过对①式的 16 种可能情况的分析,得到了不会超过 8 个球与四面体的各面相切,根据 [2] 节对"至多"这一术语的解释,还须证明存在有 8 个球与四面体的各面相切的情况.原证明最后一段的说明是错误的.现在所需要的恰恰就是要构建一个实例,对这个四面体来说存在 8 组 ε_i 使①式左边 r 的系数为正,即存在 8 个球与四面体的各面相切.而 r 之间的相等与否是无关紧要的,并且我们从下面的实例中可以看到当四面体任两个面的面积之和与另两个面积之和不相等时,也不能保证由①定出的 r 互不相同.

实例构建如下:

取一个四面体,它是以 S_1 为底的正三棱锥,且 $S_1<S_2=S_3=S_4$.

显然有 $S_1 + S_2 < S_3 + S_4$，$S_1 + S_3 < S_2 + S_4$，$S_1 + S_4 < S_2 + S_3$. 在①中取 $\varepsilon_1 = -1$，ε_2、ε_3、ε_4 中再取一个为 -1，另两个为 $+1$，对此三组 ε_i 都能使①式左边 r 的系数为正. 其对应的三个球就是除内切球、四个旁切球共五个以外的球. 该实例就说明的确存在有 8 个球与四面体的各面相切的情况，又因为不会超过 8 个球与四面体的各面相切，所以这样的球至多有 8 个，命题得证.

在 $S_1 < S_2 = S_3 = S_4$ 的该模型中，满足任两个面的面积之和与另两个面积之和不相等的条件，其 8 个球的半径情况是：内切球的半径最小，底面 S_1 外的旁切球的半径次之，三个侧面 S_2、S_3、S_4 外的旁切球半径相等且更大些，另外三个球的半径相等且最大.

2°. 不是内切球和旁切球的另外三个球位于何处?

四面体的四个面无限伸展将空间分成 15 个区域. 一个封闭的四面体其内有一个内切球. 四个开口的三棱台内各有一个旁切球. 和四面体四个顶点相对，有四个如图 -1 中所示 $A_2 - BCF$ 那样的开口的三棱锥，其中不可能有球能与四面体四个面相切，这就对应①式中 ε_i 一个取 $+1$ 三个取 -1 的情况. 和四面体的六条棱相对还有六个开口的楔形台. 图 -1 中画出了一个楔形台 $A_2A_3 - CDEF$. 六个楔形台其中最多只有三个有球可以与四个面相切. 甚至有可能六个楔形台中没有一个能放进一个球与四个面相切，例如正四面体就是这种情况.

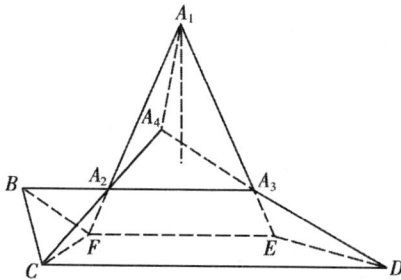

[39]　图 -1

还可以构造如下两个模型：

（i）设 $S_1 < S_2 = S_3 < S_4$，且 $S_1 + S_4 = S_2 + S_3$，容易证明这四面体存在且只存在七个球与四个面都相切；

（ii）设 $S_1 = S_2 < S_3 = S_4$，容易证明这四面体存在且只存在六个球与四个面都相切.

另外有如下结论：

[39 –1]　　　　　　　　　　　　　　　**自编题**　　☆☆☆

一个四面体若存在且只存在五个球与其四个面所在的平面相切，其充分必要条件是此四面体为等腰四面体.

每对对棱相等的四面体称为等腰四面体.

由前述讨论可知：

四面体至少存在五个球与其四个面所在的平面相切.

而四面体只有五个球与其四个面所在的平面相切

⇔四面体四个面的所在平面划分空间成十五个区域，其中六个开口的楔形台区域中都不存在球与四个面的所在平面相切

⇔方程①中，ε_i 取两个 -1、两个 $+1$，共六个方程都不存在 $r > 0$ 的解

$$\Leftrightarrow \begin{cases} S_1 + S_2 = S_3 + S_4 \\ S_1 + S_3 = S_2 + S_4 \\ S_1 + S_4 = S_2 + S_3 \end{cases}$$

$$\Leftrightarrow S_1 = S_2 = S_3 = S_4.$$

显然等腰四面体 $\Rightarrow S_1 = S_2 = S_3 = S_4$. 这样就归结到下题.

[39 –2]　　　　　　　　　　　　　　　　　　☆☆☆

求证：若四面体所有面的面积都相等，则该四面体为等腰四面体.

证一　　如图 –2 所示，设二面角 $A—DC—B$，$A—DB—C$，$A—BC—D$ 的大小分别为 α、β、γ，而二面角 $C—AB—D$，$B—AC—D$，$C—AD—B$ 的大小分别为 x、y、z，利用面积射影定理可知：

$$S_{\triangle BCD} = S_{\triangle ACD} \cdot \cos\alpha + S_{\triangle ADB} \cdot \cos\beta + S_{\triangle ABC} \cdot \cos\gamma,$$

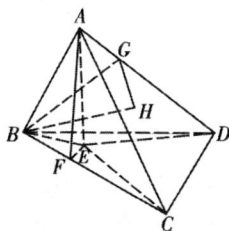

[39]　图 - 2

结合题目的条件,有
$$\cos\alpha + \cos\beta + \cos\gamma = 1.$$
同理可证如下等式:
$$\cos x + \cos y + \cos\gamma = 1$$
$$\cos x + \cos\beta + \cos z = 1$$
$$\cos\alpha + \cos y + \cos z = 1,$$

注意到,α、β、γ、x、y、z 都属于区间 $(0,\pi)$,由上述等式可得 $\cos\alpha = \cos x$,$\cos\beta = \cos y$,$\cos\gamma = \cos z$.

从而 $\alpha = x$,$\beta = y$,$\gamma = z$.

利用 $\gamma = z$,我们过 A 作面 BCD 的垂线 AE,E 为垂足;过 E 作 EF $\perp BC$,F 为垂足,则 $\angle AFE = \gamma$,类似地,作出 $\angle BGH = z$.

由于 $V_{A-BCD} = \frac{1}{3} \times AE \times S_{\triangle BCD}$,$V_{B-ACD} = \frac{1}{3} \times BH \times S_{\triangle ACD}$,结合 $V_{A-BCD} = V_{B-ACD}$,以及 $S_{\triangle BCD} = S_{\triangle ACD}$,可知 $AE = BH$,而 $AE = AF \cdot \sin\gamma$,$BH = BG \cdot \sin z$,$\gamma = z$,故 $AF = BG$.

再利用 $S_{\triangle ABC} = \frac{1}{2} \times AF \times BC$,$S_{\triangle BAD} = \frac{1}{2} \times BG \times AD$,$S_{\triangle ABC} = S_{\triangle BAD}$,可得 $BC = AD$.

类似地,可以证明 $AB = CD$,$AC = BD$.

综上可知,命题成立.

证二　如图 - 3. 由四面等积知 $\triangle ABD$ 和 $\triangle BCD$ 的高 AE 和 CF

相等,取 M、N 分别为 AC、EF 的中点,构造辅助直三棱柱 AEH – KFC.

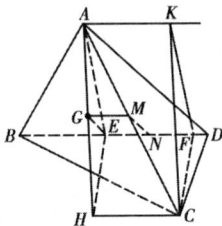

[39]　图 – 3

取 AH 的中点 G,由 $GM \underline{\underline{\parallel}} \frac{1}{2} HC \underline{\underline{\parallel}} EN$,又 $FE \perp$ 平面 AEH,可知 $NMGE$ 是矩形. $\therefore MN \perp BD$;且有 $GE \perp GM$,又 $EH = FC = AE$. $\therefore EG \perp AH$,可知 $GE \perp$ 平面 AHC, $\therefore GE \perp AC$,由此又可知 $MN \perp AC$. 即 MN 是异面直线 BD 和 AC 的公垂线.

同样由 $\triangle ABC$ 和 $\triangle ADC$ 等积,分别过 B 点和 D 点向 AC 作高,并同样构造辅助直三棱柱,则异面直线 AC 和 BD 的公垂线经过 BD 的中点. $\therefore N$ 是 BD 的中点,故 $BE = FD$, $\therefore$ 可证 $\triangle AEB \cong \triangle CFD$, $\therefore AB = CD$.

同理 $BC = AD$,$BD = AC$. 命题成立.

[40]解析几何　　　　　　　　　　**解法错误**　　☆☆

原题　已知 $\triangle ABC$ 的顶点 $A(2, -7)$,一边上的高所在直线方程为 $3x + y + 11 = 0$,一边上的中线所在直线方程为 $x + 2y + 7 = 0$,求三边所在直线方程.

原解　显然点 A 不在已知的两条直线上."一边上的高",并没有说是哪边上的高."一边上的中线"也没有说是哪边上的中线,因此有两种情形.

(1) 设直线 $3x + y + 11 = 0$ 为 AC 上的高,则 AC 所在直线方程

为 $x-3y-23=0$. $x-3y-23=0$ 与 $x+2y+7=0$ 联立解得点 C 的坐标为 $(5,-6)$.

又 M 是 AB 边的中点,设 $B(a,b)$,则 $M\left(\dfrac{a+2}{2},\dfrac{b-7}{2}\right)$,于是有 $3a+b+11=0,\dfrac{a+2}{2}+2\cdot\dfrac{b-7}{2}+7=0$,解得 $a=-4,b=1$. 即 $B(-4,1)$. BC 的方程为 $7x+9y+19=0$,AB 的方程为 $4x+3y+13=0$.

（2）设直线 $3x+y+11=0$ 为 BC 上的高,则 AB 的方程不变,BC 的方程为 $x-3y+7=0$. AC 的方程为 $7x+9y+49=0$.

辨析

因为 A 点既不在高的直线上又不在中线的直线上,所以这高和中线都不是从 $\triangle ABC$ 的顶点 A 引出的.

所谓两种情况,应当是指:

① 已知的高和中线,不是同一条边上的高和中线.

这就是原解（1）的结果.（1）所假设的是已知为高的直线方程是边 AC 上高的直线方程;已知为中线的直线方程是边 AB 上中线的直线方程. 若调换为分别是 AB 上的高、AC 上的中线的直线方程,这仅仅是将 B 点和 C 点这两点所标的字母交换而已,三边所在的直线方程没有变化.

② 已知的高和中线,是同一条边上的高和中线.

这时两条已知直线的交点 $(-3,-2)$ 就是该三角形的一个顶点. 设它为 B 点或设为 C 点,没有本质不同,不会影响最后的结果.

这样由 $(2,-7)$、$(-3,-2)$ 两点就可确定三角形中的一条边所在的直线方程,即是 $x+y+5=0$.

此时原解（1）中求出的三角形中一条边所在的直线方程 $x-3y-23=0$,显然仍是本情况下三角形中的一条边所在的方程.

这两方程实际上就分别是 AC、AB 所在直线的方程,而哪一条是 AC,哪一条是 AB,可以不去区分.

此时原解（1）中所求出的点 $(5,-6)$ 是本情况下一条边上的中点. 由此就可求出三角形第三个顶点坐标：$(8, -5)$. 该点和点 $(-3, -2)$ 就决定了 BC 这条边所在的直线方程：$3x + 11y + 31 = 0$.

原解中的(2)是错误的.

[41]解析几何　　　　　　　　　　　**解答不完整**　☆

原题　过 $A(-2, 0)$ 作直线 l 交曲线 $C: y = \sqrt{1 - x^2}(y \geq 0)$ 于 B、C, 且 $|AB| = 2|BC|$.

(1) 求直线 l 的方程；

(2) 若 OB、OC(O 为原点)的倾斜角分别是 α、β, 求 $\sin(\alpha + \beta)$.

原解

(1) 投影使用条件 $|AB| = 2|BC|$. 设 $B(x_1, y_1)$、$C(x_2, y_2)$. 由 $|AB| = 2|BC|$ 得 $x_1 + 2 = 2(x_2 - x_1)$, 即有 $x_2 = \dfrac{3}{2}x_1 + 1$, $\therefore\ x_1 + x_2 = \dfrac{5}{2}x_1 + 1$, $x_1 \cdot x_2 = \dfrac{3}{2}x_1^2 + x_1$.

$$\therefore\qquad 25x_1x_2 = 6(x_1 + x_2)^2 - 2(x_1 + x_2) - 4. \qquad ①$$

由 $y = k(x + 2)$, $x^2 + y^2 = 1$ 消去 y, 得

$$(1 + k^2)x^2 + 4k^2x + 4k^2 - 1 = 0,$$

$$x_1 + x_2 = -\frac{4k^2}{1 + k^2}, \quad x_1x_2 = \frac{4k^2 - 1}{1 + k^2}. \qquad ②$$

②代入①, 得 $\dfrac{25(4k^2 - 1)}{1 + k^2} = 6 \cdot \dfrac{(4k^2)^2}{(1 + k^2)^2} + \dfrac{8k^2}{1 + k^2} - 4$. 解得 $k = \dfrac{\sqrt{7}}{5}$ ($\because k > 0$).

所求直线 l 的方程是 $y = \dfrac{\sqrt{7}}{5}(x + 2)$, 即 $\sqrt{7}x - 5y + 2\sqrt{7} = 0$.

(2) 由题(1), 得 $k = \dfrac{\sqrt{7}}{5}$, 作 $OH \perp l$, H 是垂足, 则 $k_{OH} = -\dfrac{5\sqrt{7}}{7}$.

$\because \angle XOB = \alpha$, $\angle XOC = \beta$,

在 Rt$\triangle OCH$ 中, $\angle COH = \dfrac{\alpha - \beta}{2}$, $\therefore \angle XOH = \dfrac{\alpha + \beta}{2}$,

$\therefore \tan\dfrac{\alpha+\beta}{2}=-\dfrac{5}{7}\sqrt{7}$. 根据万能公式, 得 $\sin(\alpha+\beta)=-\dfrac{5}{16}\sqrt{7}$.

原说明　如果首先注意到点 B、C 在单位圆上. 且 $\angle XOB=\alpha$, $\angle XOC=\beta$, 则可设 $B(\cos\alpha, \sin\alpha)$、$C(\cos\beta, \sin\beta)$. 然后再代入直线 l 的方程, 得

$$\sqrt{7}\cos\alpha-5\sin\alpha+2\sqrt{7}=0, \sqrt{7}\cos\beta-5\sin\beta+2\sqrt{7}=0.$$

两式相减, 得　$\sqrt{7}(\cos\alpha-\cos\beta)=5(\sin\alpha-\sin\beta)$.

两边和差化积, 得

$$-2\sqrt{7}\sin\dfrac{\alpha+\beta}{2}\sin\dfrac{\alpha-\beta}{2}=10\cdot\cos\dfrac{\alpha+\beta}{2}\sin\dfrac{\alpha-\beta}{2}.$$

$$\therefore \qquad\qquad \sin\dfrac{\alpha-\beta}{2}\neq 0,$$

$$\therefore \qquad \tan\dfrac{\alpha+\beta}{2}=-\dfrac{5}{7}\sqrt{7}, \sin(\alpha+\beta)=-\dfrac{5}{16}\sqrt{7}.$$

辨析

原解不完整, 原题并没有指明 A、B、C 三点在直线 l 上的相对位置关系, 原解仅就 B 点在 A、C 之间给出了解答, 若 C 点在 A、B 之间结果是不一样的.

在涉及圆和直线的解析几何题中结合平面几何和三角的知识, 往往可简化解题过程. 下面就 B 点位于 A、C 之间给出另一种解答:

设 $|AB|=2a$, $|BC|=a$, 因曲线 C 是单位圆的上半部分, 由圆幂定理即可求出 $a=\dfrac{\sqrt{2}}{2}$. 由角平分线定理的逆定理, 从 $\dfrac{AB}{BC}=\dfrac{OA}{OC}$, 就可知 OB 是 $\angle AOC$ 的角平分线. 设 $\angle BOA=\theta$, $\angle BAO=t$. 在 $\triangle ABO$ 中, 由余弦定理可求出 $\cos t=\dfrac{5\sqrt{2}}{8}$, $\therefore \sin t=\dfrac{\sqrt{14}}{8}$, $\therefore \tan t=\dfrac{\sqrt{7}}{5}$. 这样就可写出 l 的方程. 同样可求出 $\cos\theta=\dfrac{3}{4}$, $\sin\theta=\dfrac{\sqrt{7}}{4}$.

而 $\alpha=\pi-\theta$, $\beta=\pi-2\theta$.

$$\therefore \sin(\alpha + \beta) = -\sin 3\theta = 4\sin^3\theta - 3\sin\theta = -\frac{5\sqrt{7}}{16}.$$

显然比原解及原说明提供的解法都要简单得多.

当 C 点位于 A、B 之间时,显然 C 是 AB 的中点,由圆幂定理易求 $|AC| = |CB| = \frac{\sqrt{6}}{2}$,设 $\angle BAO = t$,$\angle AOB = \theta_1$,$\angle AOC = \theta_2$.

在 $\triangle AOB$ 中用余弦定理可算出:$\cos t = \frac{3\sqrt{6}}{8}$,$\therefore \tan t = \frac{\sqrt{15}}{9}$. 这样就可写出 l 的方程为:$\sqrt{15}x - 9y + 2\sqrt{15} = 0$.

在 $\triangle AOB$ 中用余弦定理可算出 $\cos\theta_1 = -\frac{1}{4}$,$\sin\theta_1 = \frac{\sqrt{15}}{4}$.

在 $\triangle AOC$ 中用余弦定理可算出 $\cos\theta_2 = \frac{7}{8}$,$\sin\theta_2 = \frac{\sqrt{15}}{8}$.

而 $\alpha + \beta = (\pi - \theta_1) + (\pi - \theta_2) = 2\pi - (\theta_1 + \theta_2)$,

$$\begin{aligned}
\therefore \quad \sin(\alpha + \beta) &= -\sin(\theta_1 + \theta_2) \\
&= -\left[\frac{\sqrt{15}}{4} \cdot \frac{7}{8} + \left(-\frac{1}{4}\right) \cdot \frac{\sqrt{15}}{8}\right] \\
&= -\frac{3\sqrt{15}}{16}.
\end{aligned}$$

[42] 解析几何　　　　　　　　　　**换一种思路**　☆☆

原题　过点 $Q(1, m)$ 作直线 l 交双曲线 $x^2 - y^2 = 1$ 于 A、B 两点,是否存在 $m(m \in \mathbf{R}^+)$,使弦 AB 的中点轨迹是一条直线.

原解　设直线 l 的方程为 $y = k(x - 1) + m$,即 $y = kx + (m - k)$. 代入 $x^2 - y^2 = 1$ 消去 y,得

$$(1 - k^2)x^2 - 2k(m - k)x - (m - k)^2 - 1 = 0 \quad (1 - k^2 \neq 0). \qquad ①$$

设 $A(x_1, y_1)$、$B(x_2, y_2)$,线段 AB 的中点 $P(x, y)$,则

$$x = \frac{x_1 + x_2}{2} = \frac{k(m - k)}{1 - k^2}. \qquad ②$$

因为 $\qquad\qquad k = \dfrac{y - m}{x - 1},$ ③

②、③消去 k，得 $x^2 - y^2 - x + my = 0.$

配方，得 $\qquad \left(x - \dfrac{1}{2}\right)^2 - \left(y - \dfrac{m}{2}\right)^2 = \dfrac{1}{4} - \dfrac{m^2}{4}.$ ④

当 $m = 1(m \in \mathbf{R}^+)$ 时，④式表示直线 $x - y = 0, x + y - 1 = 0.$ ⑤

当 $m \neq 1$ 时，由方程①根的判别式 $\Delta > 0$，得 $k < 1$ 且 $k \neq -1$，

所以 $\qquad\qquad \dfrac{y - 1}{x - 1} < 1$ 且 $\dfrac{y - 1}{x - 1} \neq -1.$ ⑥

由⑤、⑥知，点 P 得轨迹方程为 $x + y - 1 = 0\left(x > 1 \text{ 或 } x < \dfrac{1}{2}\right)$，表示两条射线（无端点）. 因此不存在 $m(m \in \mathbf{R}^+)$，使弦 AB 的中点轨迹是一条直线.

辨析

1°. 先对原解④式后的表述作些脚注.

∵ $m \in \mathbf{R}^+$，从④式可知，当且仅当 $m = 1$ 时，所求轨迹才可能是直线，且只可能是⑤中所表示的这两条直线.

得此结论的前提是二次方程①根的判别式 $\Delta > 0$. 当 $m = 1$ 时（注意原解有误），由

$$\Delta = 4k^2(1 - k)^2 + 4(1 - k^2)\left[(1 - k)^2 + 1\right] = 8(1 - k) > 0,$$

得 $k < 1$. 且 $k \neq -1$，这是由二次项的系数不为 0 而得到.

③式中的 x, y 是 AB 中点的坐标，且显然 $x \neq -1$.

若 AB 的中点轨迹方程为 $x - y = 0$，则有 $y = x$，由③得 $k = 1$，矛盾.

若 AB 的中点轨迹方程为 $x + y - 1 = 0$，则有 $y = 1 - x$，由③得 $k = \dfrac{-x}{x - 1}$. 由 $\dfrac{-x}{x - 1} < 1$，得 $x > 1$ 或 $x < \dfrac{1}{2}$；而此时 $\dfrac{-x}{x - 1} \neq -1$ 均能满足. 也就是说该直线上并不是所有点都满足 $k < 1$，矛盾.

于是就得到了原解的结论.

2°. 换一种思路对本题求解.

当原解中的方程①是二次方程且 $\Delta > 0$ 时，由原解的②与③易

得 AB 的中点 $P(x,y)$ 的参数方程

$$\begin{cases} x = \dfrac{k(m-k)}{1-k^2}, \\ y = \dfrac{m-k}{1-k^2}. \end{cases}$$

假设它表示一条直线,并设该直线为 $\alpha x + \beta y = \gamma$($\alpha$、$\beta$ 不同时为 0). 当参数 k 在一定范围内变化时

$$\alpha \cdot \frac{k(m-k)}{1-k^2} + \beta \cdot \frac{m-k}{1-k^2} = \gamma \qquad (※)$$

恒成立.

我们不讨论 k 的变化范围,只要注意到若以上参数方程是直线的话,参数 k 应当能取无穷多个数值. 有无穷多个 k 使(※)式成立,仅仅是该参数方程是一条直线的必要条件,显然当该参数方程所表示的是线段或射线时也会有无穷多个 k 使(※)成立. 由(※)恒成立得

$$(\gamma - \alpha)k^2 + (\alpha m - \beta)k + (\beta m - \gamma) = 0$$

对无穷多个 k 恒成立,由此得

$$\begin{cases} \gamma - \alpha = 0, \\ \alpha m - \beta = 0, \\ \beta m - \gamma = 0. \end{cases}$$

$\therefore m^2 = 1$,又 $m \in \mathbf{R}^+$,$\therefore$ 只能 $m = 1$,此时有 $\alpha = \beta = \gamma$.

由此可知,如果存在 $m(m \in \mathbf{R}^+)$,使弦 AB 的中点轨迹是一条直线,那么该直线必定是 $x + y = 1$.

但该直线不具备轨迹方程的纯粹性条件. 例如取该直线上的点 $\left(\dfrac{1}{2}, \dfrac{1}{2}\right)$,它与 $Q(1,1)$ 的连线就是已知双曲线的渐近线 $y = x$. 渐近线与双曲线没有交点,当然 $\left(\dfrac{1}{2}, \dfrac{1}{2}\right)$ 也不能成为过 Q 点的直线 l 与双曲线相交的弦的中点,得到的矛盾说明:

不存在 $m(m \in \mathbf{R}^+)$,使弦 AB 的中点轨迹是一条直线.

本思路更偏重于对概念的理解.

[43] 解析几何 （2）的结果中有错误 ☆

原题 已知双曲线的一支 $C:y=\sqrt{x^2-2x+2}$ 和直线 $l:y=kx$.

（1）k 为什么值时, l 与 C 有两个交点?

（2）设 l 与 C 的交点为 A、B, 求线段 AB 中点的轨迹方程.

原解

（1）由方程组 $\begin{cases} y=\sqrt{x^2-2x+2}, \\ y=kx. \end{cases}$ 消去 x, 得

$$(k^2-1)y^2+2ky-2k^2=0. \qquad ①$$

直线 l 与双曲线的上支 C 有两交点, 即方程①有两个相异的正根, 故必须有

$$\begin{cases} k^2-1\neq 0, \\ \Delta=(2k)^2+8k^2(k^2-1)>0, \\ y_1+y_2=\dfrac{2k}{1-k^2}>0, \\ y_1y_2=\dfrac{2k^2}{1-k^2}>0, \end{cases}$$

$\therefore \dfrac{\sqrt{2}}{2}<k<1$ 时 l 与 C 有两交点.

（2）设 AB 的中点为 $M(x,y)$. $y=\dfrac{y_1+y_2}{2}=\dfrac{k}{1-k^2}$, $x=\dfrac{1}{1-k^2}$, 消去

k, 得 $x^2-y^2=x\left(由\dfrac{\sqrt{2}}{2}<k<1 得 x>2\right)$, 即 AB 中点轨迹方程为

$$\left(x-\dfrac{1}{2}\right)^2-y^2=\dfrac{1}{4}(x>2).$$

辨析

1°. 关于（1）. 将 C 的方程变换成 $y^2-(x-1)^2=1(y>0)$, 很容易画出它的草图来, 利用图形分析, 可先求 l 与双曲线的上支 C 在右

边相切时 l 的斜率,这可用 Δ 方法(令 $\Delta = 0$)求出 $k = \dfrac{\sqrt{2}}{2}$. 注意到 $k = 1$

时,l 与 C 的一条渐近线平行. 结合图形分析立即可得 $\dfrac{\sqrt{2}}{2} < k < 1$ 时 l

与 C 有两个交点.

　　2°. 关于(2). 根据中学数学教学的现行要求,求出轨迹方程后,不必再写出关于轨迹方程的纯粹性和完备性的证明. 但这并不是说,在决定轨迹方程时,就不要考虑方程的纯粹性和完备性. 原解(2)的结果不满足纯粹性,还须加上条件 $y > \sqrt{2}$,即所求的轨迹方程为

$$\left(x - \frac{1}{2}\right)^2 - y^2 = \frac{1}{4} \quad (x > 2, y > \sqrt{2}).$$

[44]解析几何　　　　　　　　　　　**解答错误**　　☆ ☆

原题　给定曲线族

$$2(2\sin\theta - \cos\theta + 3)x^2 - (8\sin\theta + \cos\theta + 1)y = 0. \qquad ①$$

求该曲线族在直线 $y = 2x$ 上所截得弦长的最大值.

（1995 年全国高中数学竞赛试题）

原解　显然曲线族①与直线 $y = 2x$ 的交点是原点. 另一个交点横坐标是

$$x = \frac{8\sin\theta + \cos\theta + 1}{2\sin\theta - \cos\theta + 3}.$$

从而 $(2x - 8)\sin\theta - (x + 1)\cos\theta = 1 - 3x$,由此,得

$$(2x - 8)^2 + (x + 1)^2 = (1 - 3x)^2,$$

解得 $-8 \leqslant x \leqslant 2$.

当 $\dfrac{\sin\theta}{\cos\theta} = \dfrac{-[(-8) + 1]}{2(-8) - 8} = -\dfrac{7}{24}$,即 $\theta = \dfrac{\pi}{2} + \arctan\dfrac{7}{24}$ 时,$|x|$ 取最

大值 8,此刻 $|y| = 16$,故所求得弦长最大值是 $\sqrt{8^2 + 16^2} = 8\sqrt{5}$.

辨析

　　1°. 原解错误较多,且叙述不清,重解如下:

显然曲线族①与直线 $y = 2x$ 的一个交点是原点,设另一个交点为 (x_0, y_0) (该交点随曲线族中 θ 的变化而变化),则 $y_0 = 2x_0$.

又设该曲线族在直线 $y = 2x$ 上所截得弦长为 l,则

$$l^2 = x_0^2 + y_0^2 = 5x_0^2.$$

由此可知,当 $|x_0|$ 取最大值时,相应的 l 取最大值.

由①式可求出

$$x_0 = \frac{8\sin\theta + \cos\theta + 1}{2\sin\theta - \cos\theta + 3},$$

从而 $\quad\quad (2x_0 - 8)\sin\theta - (x_0 + 1)\cos\theta = 1 - 3x_0,$ ②

令 $A = \sqrt{(2x_0 - 8)^2 + (x_0 + 1)^2}$,引进辅助角 $\alpha (0 \leqslant \alpha < 2\pi)$,使

$\cos\alpha = \dfrac{2x_0 - 8}{A}$,$\sin\alpha = -\dfrac{x_0 + 1}{A}$,则②式可写成

$$\sin(\theta + \alpha) = \frac{1 - 3x_0}{A}.$$

由 $|\sin(\theta + \alpha)| \leqslant 1$,得

$$(2x_0 - 8)^2 + (x_0 + 1)^2 \geqslant (1 - 3x_0)^2.$$

解得 $-8 \leqslant x_0 \leqslant 2$. 所以当 $|x_0|$ 取最大值 8 时,得 $l_{\max} = 8\sqrt{5}$.

2°. 原题没有要求解出当 θ 取何值时 l 取最大值. 原解求了,但发生了错误,故继续辨析之.

曲线族①显然以 2π 为周期,故可设 $0 \leqslant \theta < 2\pi$.

原解中,求出当 $x_0 = -8$ 时,对应 θ 的 $\dfrac{\sin\theta}{\cos\theta} = -\dfrac{7}{24}$ 是错误的. 根本就没有依据对 $[-8, 2]$ 中确定的 x_0,其对应 θ 的 $\dfrac{\sin\theta}{\cos\theta}$ 值可用 $\dfrac{-(x_0 + 1)}{2x_0 - 8}$ 来求. 而且如果求出 $\dfrac{\sin\theta}{\cos\theta} = -\dfrac{7}{24}$,也没有依据认为 $\theta = \dfrac{\pi}{2} + \arctan\dfrac{7}{24}$.

正确的解法如下:

当 $x_0 = -8$ 时,由②可得

$$-24\sin\theta + 7\cos\theta = 25,$$

此时,$\sin(\theta + \alpha) = 1$,而 $\cos\alpha = \dfrac{-24}{25}$,$\sin\alpha = \dfrac{7}{25}$. 所以 $\tan\alpha = -\dfrac{7}{24}$,且 α 是第二象限角,所以 $\alpha = \pi - \arctan\dfrac{7}{24}$.

因 $0 \leqslant \theta < 2\pi$,由 $\sin(\theta + \alpha) = 1$,可知 $\theta + \alpha = \dfrac{\pi}{2} + 2\pi$.

$$\therefore \qquad\qquad \theta = \dfrac{3\pi}{2} + \arctan\dfrac{7}{24}. \qquad\qquad ③$$

∴ 当 θ 取③式的值时,曲线族①中所对应的曲线在直线 $y = 2x$ 上所截得的弦长有最大值,最大值是 $8\sqrt{5}$.

由此结果还可算出,当 $x_0 = -8$ 时,$\sin\theta = -\dfrac{24}{25}$,$\cos\theta = \dfrac{7}{25}$,$\dfrac{\sin\theta}{\cos\theta} = -\dfrac{24}{7}$. 不是原解中的 $-\dfrac{7}{24}$.

[45]解析几何　　　　　　**给出更严密简明的解法**　　☆

原题　已知双曲线 $\dfrac{x^2}{4} - \dfrac{y^2}{b^2} = 1 (b \in \mathbf{N})$ 的两焦点 F_1、F_2,又点 P 在双曲线上,$|PF_1|$、$|F_1F_2|$、$|PF_2|$ 成等比数列,且 $|PF_2| < 4$. 求该双曲线方程.

原解　$\because |F_1F_2| = 2c = 2\sqrt{b^2 + 4} > 4$,

　　　　　$|PF_2| < 4$,

$\therefore P$ 在双曲线右支上,设 $P(x_1, y_1)$,$x_1 > 0$.

$\because |PF_1| = e\left|x_1 + \dfrac{a^2}{c}\right| = ex_1 + a = \dfrac{\sqrt{4 + b^2}}{2}x_1 + 2$,

$\therefore |PF_2| = \dfrac{\sqrt{4 + b^2}}{2}x_1 - 2$.

$\because |F_1F_2|^2 = |PF_1| \cdot |PF_2|$,

$$\therefore \left(2\sqrt{b^2+4}\right)^2 = \left(\frac{\sqrt{4+b^2}}{2}x_1+2\right)\left(\frac{\sqrt{4+b^2}}{2}x_1-2\right),$$

$$\therefore \frac{\sqrt{4+b^2}}{2}x_1 = \sqrt{20+4b^2}.$$

$$\because |PF_2| = \frac{\sqrt{4+b^2}}{2}x_1-2 < 4,$$

$$\therefore \sqrt{20+4b^2} < 6, b^2 < 4. \text{ 由于 } b \in \mathbf{N}, \therefore b=1.$$

∴ 所求双曲线方程为 $x^2-4y^2=4$.

辨析

实际上，F_1、F_2 中哪一个是左焦点哪一个是右焦点并没有约定俗成的规定，且题中也没有指明，原解称 P 在双曲线右支上根据不足. 当然也可改为"不失一般性，设 F_2 为右焦点，则 P 在双曲线右支上"但如下解法，可避免 P 在左支上还是在右支上的判断，且更简明.

$\because |PF_2| < 4, \therefore$ 有 $|PF_1| - |PF_2| = 4$.

又 $|F_1F_2|^2 = 4c^2 = 4(b^2+4)$，而 $|F_1F_2|^2 = |PF_1| \cdot |PF_2|$，

$\therefore 4(b^2+4) = |PF_2| \cdot (|PF_2|+4) < 4 \cdot (4+4) = 32$.

$\therefore b^2 < 4$，又 $b \in \mathbf{N}, \therefore b=1$.

∴ 所求双曲线方程为 $x^2-4y^2=4$.

[46]解析几何　　　　　　　　　　　　**解法错误**　　☆☆

原题　已知 $\triangle ABC$ 中，边 BC 固定，$|BC|=a$，BC 上的高为定值 h，求垂心 H 的轨迹方程.

原基本思路　建立极坐标系.

原解　如图，以 B 为极点，射线 BC 为极轴，建立极坐标系.

设 $H(\rho,\theta)$. 因为 H 是 $\triangle ABC$ 的垂心，根据平面几何，有 $\angle CAD = \angle HBD = \theta$.

在 $\mathrm{Rt}\triangle BHD$ 中，$|BD| = \rho\cos\theta$，

在 $\mathrm{Rt}\triangle ACD$ 中，$|AD| = h$，$|DC| = h\tan\theta$，

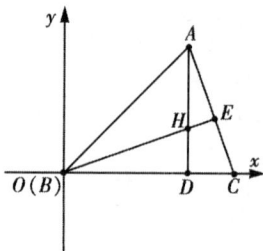

[46]　图

∵ $|BC| = a$，$|BD| + |DC| = a$，或 $|BD| - |DC| = a$.

∴ $\rho\cos\theta \pm h\tan\theta = a$. 这就是点 H 的轨迹方程.

辨析

原解是想当然解题的典型例子,而且很快就会发现本题使用极坐标求解是一种失策.

1°. 本题要求垂心 H 的轨迹方程,点 H 的变动是随 A 点的变动而变动. 建立极坐标系后,A 点只会在 x 轴上方并与 x 轴相距为 h 的直线上变动,只要实际作一下图就可明白,这时相应的点 H 会落在如图中的第一象限、第三象限、第四象限内,也会落在极点 B 上和极轴上的点 C 上.

原解第一个想当然是先将 θ 角视为锐角.

第二个想当然是认为只要用两个关系式 $|BD| + |DC| = a$,或 $|BD| - |DC| = a$,就能完整地求出点 H 的轨迹方程,于是就求出 H 的轨迹方程为：

$$\rho\cos\theta \pm h\tan\theta = a. \tag{①}$$

实际上,在如图建立的极坐标系($\rho \geqslant 0, 0 \leqslant \theta < 2\pi$)中：

（1）H 点在第一象限内,θ 角是锐角,只能是 $|BD| + |DC| = a$,不可能发生 $|BD| - |DC| = a$ 的情况.

∵ $|BD| = \rho\cos\theta$,$|DC| = h\tan\theta$. 其对应方程为

$$\rho\cos\theta + h\tan\theta = a. \tag{②}$$

（2）H 点在第四象限内，θ 角是第四象限角，只能是 $|BD| - |DC| = a$，不可能发生 $|BD| + |DC| = a$ 的情况，且可求出

$$|BD| = \rho\cos\theta, |DC| = -h\tan\theta.$$

∴ 其对应方程仍是②.

（3）H 点在第三象限内，θ 角是第三象限角，此时只能是 $|DC| - |BD| = a$；既不可能发生 $|BD| + |DC| = a$ 的情况，也不可能发生 $|BD| - |DC| = a$ 这种情况. 且可求出

$$|BD| = -\rho\cos\theta, |DC| = h\tan\theta.$$

∴ 其对应方程也是②.

（4）H 点落在 C 点，C 点的极坐标 $(a,0)$ 满足②式.

H 点落在 B 点，B 点是极点，极点的辐角可在 $[0,2\pi)$ 内任意取值，如取 $B(0,\theta_0)$，而使 $\tan\theta_0 = \dfrac{a}{h}$，$B$ 点的极坐标就能满足②.

再注意到 H 不会落在第二象限，而 θ 角是第二象限角时，②式的左边取负值，但 $a > 0$，即②没有 θ 角是第二象限角的解.

由此可知，本题所求的轨迹方程是②，而不是①.

2°. 以上的麻烦，都是本题使用极坐标方法所引起的，如使用直角坐标系，本题只能算简单题.

如图引进直角坐标系，设 $A(x_0, h)$.

当 $x_0 \neq a$ 时，则 $k_{AC} = \dfrac{h}{x_0 - a}$. ∴ $k_{BE} = \dfrac{a - x_0}{h}$. 这时 $H(x,y)$ 其坐标所满足的方程，可由如下方程组消去参数 x_0 而得到.

$$\begin{cases} y = \dfrac{a - x_0}{h}x, \\ x = x_0, \end{cases}$$

消去参数 x_0 得

$$y = -\frac{1}{h}x^2 + \frac{a}{h}x. \qquad\qquad ③$$

当 $x_0 = a$ 时，H 落在 C 点上，C 点的坐标 $(a,0)$ 也满足方程③. ③

是一条开口向下经过 B、C 两点的抛物线,就是 H 的轨迹方程.

注意到 $\tan\theta = \dfrac{y}{x}$,$\rho\cos\theta = x$,方程②与③是可以互化的.

而 $\rho\cos\theta - h\tan\theta = a$ 化成直角坐标系方程为

$$y = \frac{1}{h}x^2 - \frac{a}{h}x,$$

它不可能是 H 的轨迹方程的一部分.

[47]解析几何　　　　　　　　　　　**解答错误**　　☆☆

原题　一动直线 l 截两条垂直相交于 O 的定直线,得到的 $\triangle AOB$ 的面积保持定值 a,求 O 到直线 AB 所引的垂线 OP 的垂足 P 的轨迹方程.

原解　以 O 为极点、射线 OA 为极轴,建立极坐标系. 设 $P(\rho,\theta)$.

在 $\triangle AOB$ 中,$\angle AOP = \theta$,$|OP| = \rho$,$OP \perp AB$.

$\therefore |OA| = \dfrac{\rho}{\cos\theta}$,$|OB| = \dfrac{\rho}{\cos(90° - \theta)} = \dfrac{\rho}{\sin\theta}$.

$\because \triangle AOB$ 的面积为定值 a,$\therefore \dfrac{1}{2}|OA| \cdot |OB| = a$,

即 $\dfrac{1}{2} \cdot \dfrac{\rho}{\cos\theta} \cdot \dfrac{\rho}{\sin\theta} = a$,$\therefore \rho^2 = a\sin2\theta$. 这就是点 P 的轨迹方程(双纽线).

辨析

从结果看,原解所求出的轨迹方程

$$\rho^2 = a\sin2\theta \qquad\qquad ①$$

既不能满足纯粹性,又不能满足完备性.

极点 O 的坐标 $(0,\theta)$,只要适当选择 θ,例如选择 $\theta = 0$,或 $\theta = \dfrac{\pi}{2}$ 等就能满足方程①,但显然极点 O 不可能成为符合题意的垂足 P,这就破坏了纯粹性,该点应当从原方程中除去,即要加上条件 $\rho \neq 0$.

图中的双纽线就是方程①的图像,对照题意没有理由认为垂足

P 的轨迹只能位于第一与第三象限之内,显然原解答不具有完备性.

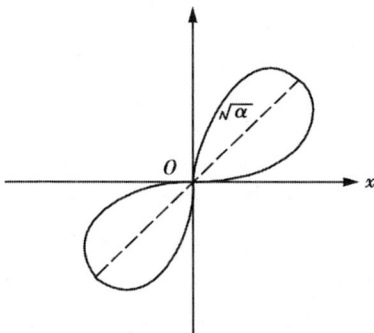

[47]　图

从题意本身所具有的对称性可知,P 点的轨迹方程应当是

$$\rho^2 = \pm a\sin2\theta \quad (\rho \neq 0) \qquad ②$$

其中 $\rho^2 = -a\sin2\theta (\rho \neq 0)$ 就是位于第二与第四象限的除去极点后的另一条双纽线.

事实上极点就是 P 点轨迹的极限点,没有将其排除掉可以认为是疏忽,问题是原解答错在什么地方会使求出的轨迹方程失去了完备性呢?

一般会认为,这是对 θ 的限制而引起的,去掉对 θ 是锐角的限制的确能推导出方程②. 但这并非是问题的实质,因为按原解方法建立极坐标系,θ 的确只能是锐角. 由于引进极坐标系时,我们总让逆时针方向作为 θ 角的正向,所以原解引进极坐标系的方法更清楚的表述是:l 分别与两条定直线的交点,以 O 为中心逆时针方向标上 A 与 B,以 O 为极点 OA 为极轴引进极坐标系. 这时 $\theta = \angle AOP$ 只能是锐角就非常清楚了.

但进一步可以发现,照这样建立的极坐标系,所得到的极坐标方程也并非是①,而是

$$\rho^2 = a\sin2\theta \quad \left(0 < \theta < \frac{\pi}{2}\right) \qquad ③$$

即是双纽线的两叶中位于第一象限中的一叶.

如果将交于 O 点的两定直线记为 n 与 m,这时以 O 为端点形成了四条射线,A 点的位置也就有四种情况,而 $\angle AOB$ 的方向都是逆时针方向,每种情况都对应双纽线的两叶中的一叶,显然这四叶并起来除掉极点就是 P 点的轨迹. 由于原解引进极坐标系的方法是依赖于 A 点的,这四叶中的每一叶都是方程③,且是位于不同的极坐标系中的方程③.

但是我们所谓求某条轨迹的方程是指其在一个坐标系中的方程,而用原解引进极坐标系的方法却并不能求出 P 点轨迹的四个部分在同一个坐标系中的方程,这样问题就可明白了,是原解答引进坐标系的方法,使原解的结果失去了完备性.

对本题来说正确求解的步骤是:以 O 为极点,两条垂直相交于 O 的定直线中,选择以 O 为端点的一条射线为极轴. 然后设 P 的坐标为 (ρ,θ),$\rho\neq 0$,$\theta\neq 0$、$\dfrac{\pi}{2}$、π、$\dfrac{3\pi}{2}$. 分别就 θ 的变化范围 $(0,\dfrac{\pi}{2})$,$(\dfrac{\pi}{2},\pi)$,$(\pi,\dfrac{3\pi}{2})$,$(\dfrac{3\pi}{2},2\pi)$ 建立其方程,最后统一写成②. 当然题解的实际表述,为了简洁只需写出式③的推导过程,然后由对称性直接写出结果式②. 这样处理的基础显然是对有关概念的清晰理解.

[48]最大(小)值问题　　　换成解析几何方法的思路　　　☆☆

原题　设实数 $x^2+y^2\leq 5$,求
$$f(x,y)=3|x+y|+|4y+9|+|7y-3x-18|$$
的最值.

原基本思路　三角换元,代数问题三角化,考虑分类讨论.

原解　设 $x=r\cos\theta$,$y=r\sin\theta$($r>0$,$0\leq\theta<2\pi$),得 $r^2\leq 5$,即
$$0<r\leq\sqrt{5},则 -\sqrt{5}\leq x\leq\sqrt{5},\ -\sqrt{5}\leq y\leq\sqrt{5}.$$
于是
$$4y+9\geq 4(-\sqrt{5})+9>0,$$
$$7y-3x-18=7r\sin\theta-3r\cos\theta-18$$

$$= r \cdot \sqrt{7^2 + 3^2} \sin(\theta - \alpha) - 18$$

$$\leqslant \sqrt{5} \times \sqrt{58} - 18$$

$$= \sqrt{290} - 18 < 0,$$

从而
$$f(x,y) = 3|x+y| + 4y + 9 - 7y + 3x + 18$$

$$= 3|x+y| + 3(x-y) + 27$$

$$= 3|r\cos\theta + r\sin\theta| + 3(r\cos\theta - r\sin\theta) + 27$$

$$= 3\sqrt{2}r\left|\sin\left(\theta + \frac{\pi}{4}\right)\right| +$$

$$3\sqrt{2}r\sin\left(\frac{\pi}{4} - \theta\right) + 27.$$

（1）当 $\sin\left(\theta + \dfrac{\pi}{4}\right) \geqslant 0$ 时，即 $0 \leqslant \theta \leqslant \dfrac{3}{4}\pi$ 或 $\dfrac{7}{4}\pi \leqslant \theta < 2\pi$，

$$f(x,y) = 3\sqrt{2}r\left[\sin\left(\theta + \frac{\pi}{4}\right) - \sin\left(\theta - \frac{\pi}{4}\right)\right] + 27$$

$$= 6r\cos\theta + 27.$$

因此当 $(\cos\theta)_{\max} = 1$ 时，

$$f(x,y)_{\max} = 6 \times \sqrt{5} + 27 = 27 + 6\sqrt{5};$$

当 $(\cos\theta)_{\min} = -\dfrac{\sqrt{2}}{2}$ 时，

$$f(x,y)_{\min} = 6 \times \sqrt{5} \times \left(-\frac{\sqrt{2}}{2}\right) + 27 = 27 - 3\sqrt{10}.$$

（2）当 $\sin\left(\theta + \dfrac{\pi}{4}\right) \leqslant 0$，即 $\dfrac{3}{4}\pi \leqslant \theta \leqslant \dfrac{7}{4}\pi$ 时，

$$f(x,y) = 3\sqrt{2}r\left[\sin\left(\frac{\pi}{4} - \theta\right) - \sin\left(\frac{\pi}{4} + \theta\right)\right] + 27$$

$$= -6r\sin\theta + 27.$$

因此当 $(\sin\theta)_{\max} = \dfrac{\sqrt{2}}{2}$ 时，

$$f(x,y)_{\min} = -6 \times \sqrt{5} \times \frac{\sqrt{2}}{2} + 27 = 27 - 3\sqrt{10};$$

当 $(\sin\theta)_{\min} = -1$ 时,

$$f(x,y)_{\max} = -6\sqrt{5} \times (-1) + 27 = 27 + 6\sqrt{5}.$$

综上可知,$f(x,y)$ 的最大值为 $27 + 6\sqrt{5}$,最小值为 $27 - 3\sqrt{10}$.

辨析

原思路能解决问题,但太繁了,而且由于原解中设 $r > 0$,漏掉了对 $r = 0$ 时情况的考察,仅因 $f(0,0) = 27$,影响不了结果. 换成解几方法的思路要简便得多.

如图所示直线 $x + y = 0, 4y + 9 = 0, 7y - 3x - 18 = 0$ 将 xOy 平面分成七块. 圆面 $x^2 + y^2 \leqslant 5$,刚巧位于半平面 $4y + 9 > 0$ 上(因 $\sqrt{5} < \dfrac{9}{4}$);同时又刚巧位于半平面 $7y - 3x - 18 < 0$ 上(因原点到直线的距离 $\dfrac{18}{\sqrt{58}} > \sqrt{5}$). 所以只要分两种情况讨论之.

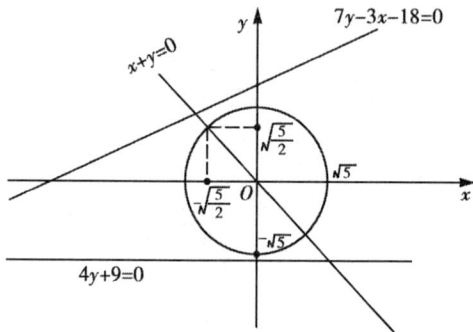

[48] 图

(1)当 $x + y \geqslant 0$ 时.

$$f(x,y) = 3(x+y) + (4y+9) - (7y-3x-18)$$
$$= 6x + 27,$$

容易求出此时 x 的变化范围是 $-\sqrt{\dfrac{5}{2}} \leqslant x \leqslant \sqrt{5}$.

$$\therefore f(x,y)_{\max} = 6\sqrt{5} + 27,$$

$$f(x,y)_{\min} = -3\sqrt{10} + 27.$$

（2）当 $x+y \leqslant 0$ 时，（$x+y=0$ 重复讨论无关大局）.

$$f(x,y) = -3(x+y) + (4y+9) - (7y-3x-18)$$
$$= -6y + 27,$$

而此时 y 的变化范围是

$$-\sqrt{5} \leqslant y \leqslant \sqrt{\frac{5}{2}}.$$

$$\therefore \quad f(x,y)_{\max} = 6\sqrt{5} + 27, f(x,y)_{\min} = -3\sqrt{10} + 27.$$

综合（1）、（2）即得本题的解.

第四章 函数(含方程)和导函数

[49]函数　　　　　　　　　　　　**答案错误、条件多余**　☆

原题　选择题

函数 f(x)是定义在 **R** 上的奇函数,f(2) =0,对任意 $x \in \mathbf{R}$ 均有 $f(x+4) =f(x) +f(2)$ 成立,则 $f(1998) =($ 　　).

(A) 3996　　　　　　　　　(B) 1998

(C) 1997　　　　　　　　　(D) 0

(1998 年第 6 届河南数学竞赛试题)

原答案　B.

辨析

1°. $\because f(2) =0,\therefore f(x+4) =f(x) +f(2) =f(x)$.

$\therefore f(1998) =f(2 +4 \times 499) =f[(2 +4 \times 498) +4]$

$\qquad =f(2 +4 \times 498) =\cdots$

$\qquad =f(2) =0$.

不可能选择(B),应选择(D).

2°. 在 1°中没有用到"函数 f(x)是定义在 **R** 上的奇函数"这一条件;而由该条件可以推导出 f(2) =0.

$\because f(x)$ 是 **R** 上的奇函数,$\therefore f(-2) =-f(2)$.

又$\because f(x+4) =f(x) +f(2)$,令 $x =-2$,得

$\qquad f(2) =f(-2) +f(2) =-f(2) +f(2) =0$.

$\therefore$ 在两个条件"函数 f(x)是定义在 **R** 上的奇函数"与"f(2) = 0"中有一个是多余的.

[50] 函数   **答案错误**   ☆

原题

若函数 $f(x) = 9^{-|2x+1|} - 4 \times 3^{-|2x+1|} - m$ 的图像与 x 轴有交点,则实数 m 的取值范围是_____.

原答案 $[-4, +\infty)$.

辨析

设 $t = 3^{-|2x+1|}$,则 $f(x)$ 的图像与 x 轴有交点的必要条件为

$$t^2 - 4t - m = 0$$

有实根.

$\therefore \Delta = 16 + 4m \geqslant 0$,得 $m \geqslant -4$.

但以此为答案就犯错误了,还要继续充分性的讨论.

当 $m \geqslant -4$ 时,可求出 $t_1 = 2 + \sqrt{m+4}, t_2 = 2 - \sqrt{m+4}$.

但 $|2x+1| \geqslant 0, \therefore 0 < t \leqslant 1$.

$\because t_1 \geqslant 2, \therefore$ 不存在 x 能使 $t = t_1$;只有当 $0 < 2 - \sqrt{m+4} \leqslant 1$ 时,才会存在 x,使 $t = t_2$,从而使函数 $f(x)$ 的图像与 x 轴有交点.

$\therefore$ 实数 m 的取值范围是

$$\begin{cases} m \geqslant -4, \\ 0 < 2 - \sqrt{m+4} \leqslant 1. \end{cases}$$

得 $-3 \leqslant m < 0.$

[51] 函数极值   **结果表述错误**   ☆

原题 设 x, y 为实变数,且 $|x^2 + y^2| \leqslant 1$,试求 $|x^2 + 2xy - y^2|$ 的极大值.

原解 由题设可令 $x = t\cos\alpha, y = t\sin\alpha (0 \leqslant t \leqslant 1, 0 \leqslant \alpha \leqslant 2\pi)$.

则 $|x^2 + 2xy - y^2| = t^2|\cos^2\alpha + 2\cos\alpha\sin\alpha - \sin^2\alpha|$

$$= \sqrt{2}t^2 \left| \sin\left(2\alpha + \frac{\pi}{4}\right) \right| \leqslant \sqrt{2}.$$

上述等号成立的充要条件为 $t = 1$ 且 $\sin\left(2\alpha + \frac{\pi}{4}\right) = \pm 1$,即

$$\alpha = \frac{k\pi}{2} + \frac{\pi}{8}.$$

也就是说当且仅当 $x = \pm\dfrac{\sqrt{2+\sqrt{2}}}{2}, y = \pm\dfrac{\sqrt{2-\sqrt{2}}}{2}$ 或 $x =$

$\pm\dfrac{\sqrt{2-\sqrt{2}}}{2}, y = \pm\dfrac{\sqrt{2+\sqrt{2}}}{2}$ 时, $|x^2+2xy-y^2|$ 取得极大值 $\sqrt{2}$.

辨析

原解结果表述错误,按其表述方式本题 α 将有八解,但实际上,在 $[0,2\pi]$ 内 α 只有四解: $\dfrac{\pi}{8}, \dfrac{5\pi}{8}, \dfrac{9\pi}{8}, \dfrac{13\pi}{8}$. 相应地当且仅当

$$\begin{cases} x = \dfrac{\sqrt{2+\sqrt{2}}}{2} \\ y = \dfrac{\sqrt{2-\sqrt{2}}}{2} \end{cases}; \begin{cases} x = -\dfrac{\sqrt{2-\sqrt{2}}}{2} \\ y = \dfrac{\sqrt{2+\sqrt{2}}}{2} \end{cases}; \begin{cases} x = -\dfrac{\sqrt{2+\sqrt{2}}}{2} \\ y = -\dfrac{\sqrt{2-\sqrt{2}}}{2} \end{cases}; \begin{cases} x = \dfrac{\sqrt{2-\sqrt{2}}}{2} \\ y = -\dfrac{\sqrt{2+\sqrt{2}}}{2} \end{cases}$$

时 $|x^2+2xy-y^2|$ 取得极大值 $\sqrt{2}$.

例如当

$$\begin{cases} x = \dfrac{\sqrt{2-\sqrt{2}}}{2} \\ y = \dfrac{\sqrt{2+\sqrt{2}}}{2} \end{cases}$$

时相应的 $\alpha = \dfrac{3\pi}{8}, \sin(2\alpha + \dfrac{\pi}{4}) = 0, |x^2+2xy-y^2| = 0$, 取不到极大值 $\sqrt{2}$.

这是当前中学数学教学中的常见性错误.

[52] 三角函数　　　　　　**在推广的结论中有错误**　　☆ ☆

原题　设函数 $f(x)$、$g(x)$ 对任意实数 x, 均有 $-\dfrac{\pi}{2} < f(x) +$

$g(x) < \dfrac{\pi}{2}$, 且 $-\dfrac{\pi}{2} < f(x) - g(x) < \dfrac{\pi}{2}$. 证明: 对任意实数 x, 均有

$\cos f(x) > \sin g(x)$；并由此证明，对任意实数 x，均有

$$\cos(\cos x) > \sin(\sin x).$$

原基本思路　化正弦函数为余弦函数，用三角函数的单调性来证明.

原证明　由条件可知，对任意实数 x，均有

$$-\frac{\pi}{2} < f(x) < \frac{\pi}{2}, \ -\frac{\pi}{2} < g(x) < \frac{\pi}{2}.$$

(1) 若 $0 \leqslant f(x) < \frac{\pi}{2}$，则由条件得

$$-\frac{\pi}{2} < g(x) < \frac{\pi}{2} - f(x) \leqslant \frac{\pi}{2}.$$

由 $y = \sin x$ 在 $\left[-\frac{\pi}{2}, \frac{\pi}{2}\right]$ 上为单调递增函数，得

$$\sin g(x) < \sin\left(\frac{\pi}{2} - f(x)\right) = \cos f(x).$$

(2) 若 $-\frac{\pi}{2} < f(x) < 0$，则由条件

$$-\frac{\pi}{2} < g(x) < \frac{\pi}{2} + f(x) < \frac{\pi}{2}.$$

由 $y = \sin x$ 在 $\left[-\frac{\pi}{2}, \frac{\pi}{2}\right]$ 上为单调递增函数得

$$\sin g(x) < \sin\left(\frac{\pi}{2} + f(x)\right) = \cos f(x).$$

综上 (1)、(2) 可知，对任意 $x \in \mathbf{R}$，命题成立.

当 $x \in \mathbf{R}$ 时，$|\sin x \pm \cos x| \leqslant \sqrt{2} < \frac{\pi}{2}$，

结合已证不等式，就有 $\cos(\cos x) > \sin(\sin x)$.

原说明　利用正、余弦函数的单调性，结合正、余弦函数的有界性以及上述结论，我们还有如下一些结论：$\sin(\cos x) < \cos(\sin x)$；

$$\sin(\sin(\sin x)) < \sin(\cos(\cos x)) < \cos(\cos(\cos x));$$

$\sin(\sin(\sin(\sin x))) < \cos(\cos(\cos(\cos x)))$ 等.

辨析

我们稍作些变化来加深对原证明的理解,并考察推广的一些结论是否都正确.

1°. 如图是 $\sin t$、$\cos t$ 在 $(-\frac{\pi}{2}, \frac{\pi}{2})$ 上的一段图像.

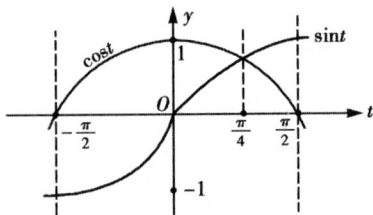

[52]图

设
$$-\frac{\pi}{2} < t_1 + t_2 < \frac{\pi}{2};$$ ①

$$-\frac{\pi}{2} < t_1 - t_2 < \frac{\pi}{2}.$$ ②

则 $-\frac{\pi}{2} < t_1 < \frac{\pi}{2}, -\frac{\pi}{2} < t_2 < \frac{\pi}{2}.$

从图中可看出,当 $-\frac{\pi}{2} < t_1 \leq 0$ 时,有 $\sin t_1 \leq 0$;而在 t_2 的变化范围内有 $\cos t_2 > 0, \therefore$ 总有 $\cos t_2 > \sin t_1.$

当 $0 < t_1 < \frac{\pi}{2}$ 时,分两种情况讨论:

(i) 若 $0 \leq t_2 < \frac{\pi}{2}.$ 由①可知 $0 \leq t_2 < \frac{\pi}{2} - t_1 < \frac{\pi}{2}$,由余弦函数在第一象限内的递减性有

$$\cos t_2 > \cos(\frac{\pi}{2} - t_1) = \sin t_1.$$

(ii) 若 $-\frac{\pi}{2} < t_2 < 0.$ 由②可知 $0 < -t_2 < \frac{\pi}{2} - t_1 < \frac{\pi}{2}$,同理有

$$\cos t_2 = \cos(-t_2) > \cos(\frac{\pi}{2} - t_1) = \sin t_1.$$

∴ t_1、t_2 只要同时满足①、②总有

$$\cos t_2 > \sin t_1.\qquad\qquad ③$$

这样由 $|\sin x \pm \cos x| \leqslant \sqrt{2} < \frac{\pi}{2}$，可取 $t_1 = \sin x$，$t_2 = \cos x$ 或 $t_1 = \cos x$，$t_2 = \sin x$ 都能满足①、②. 由③不但证明了本题结论

$$\cos(\cos x) > \sin(\sin x).\qquad\qquad ④$$

且也证明了说明中的第一个推广结论

$$\cos(\sin x) > \sin(\cos x).\qquad\qquad ⑤$$

另外，从原证明中注意到

$$-\frac{\pi}{2} < f(x) - g(x) < \frac{\pi}{2} \Leftrightarrow -\frac{\pi}{2} < g(x) - f(x) < \frac{\pi}{2}.$$

则立即就可知，④能成立，⑤也就能成立.

2°. 通常当一个实数视作角度时该实数就认为是以"弧度"为单位. 1 弧度 $\doteq 57°17'44.8''$.

下面是用计算器所得一组数值（为简单计，通常查表或用计算器所得近似值都用等号记之），供下面推导中查阅.

$\frac{\pi}{2} = 1.570796327$，$\frac{\pi}{4} = 0.785398163$，$\frac{\sqrt{2}}{2} = 0.707106781$，

$\cos 1 = 0.54030231$，$\cos(\cos 1) = 0.85755321$，$\cos(\cos(\cos 1)) = 0.6542898$，

$\sin 1 = 0.84147098$，$\sin(\sin 1) = 0.74562414$，$\sin(\sin(\sin 1)) = 0.67843048$.

（1）如图 $\sin t$ 在 $(-\frac{\pi}{2}, \frac{\pi}{2})$ 上单调递增. ∵ $|\sin(\sin x)| \leqslant 1$，

∴ $\sin(\sin x)$ 属于该区间；同理 $\cos(\cos x)$ 也属于该区间. 由④可得

$$\sin(\sin(\sin x)) < \sin(\cos(\cos x)).\qquad\qquad ⑥$$

（由⑤还可得 $\sin(\sin(\cos x)) < \sin(\cos(\sin x))$）

（2）如图在 $(0, \frac{\pi}{2})$ 内比较 $\sin t$ 与 $\cos t$ 的大小 $\frac{\pi}{4}$ 是分界线.

∴ $-1 \leqslant \cos x \leqslant 1$，∴ $\cos 1 \leqslant \cos(\cos x) \leqslant 1.\qquad\qquad ⑦$

显然,当 $0 < \cos 1 \leqslant \cos(\cos x) < \dfrac{\pi}{4}$ 时有

$$\sin(\cos(\cos x)) < \cos(\cos(\cos x)); \qquad\qquad ⑧$$

但当 $\dfrac{\pi}{4} \leqslant \cos(\cos x) \leqslant 1 < \dfrac{\pi}{2}$ 时却有

$$\sin(\cos(\cos x)) \geqslant \cos(\cos(\cos x)).$$

即⑧式不能对任意实数都成立.

(3)下面构造反例说明并非对任意 x 都有

$$\sin(\sin(\sin x)) < \cos(\cos(\cos x)) \qquad\qquad ⑨$$

成立.

∵ $-1 \leqslant \sin x \leqslant 1$,∴ $-\sin 1 \leqslant \sin(\sin x) \leqslant \sin 1$.

∵ $\dfrac{\pi}{4} < \sin 1$,∴ 可取 $\sin(\sin x_0) = \dfrac{\pi}{4}$(由连续函数的介值定理可严格证明存在 x_0 使该式成立).则

$$\sin(\sin(\sin x_0)) = \dfrac{\sqrt{2}}{2}.$$

但由④可知 $\dfrac{\pi}{4} = \sin(\sin x_0) < \cos(\cos x_0) < 1$,又有

$$\cos(\cos(\cos x_0)) < \cos\dfrac{\pi}{4} = \dfrac{\sqrt{2}}{2}.$$

∴ 当 x 取 x_0 时⑨式不成立.(注:实际上从上面列举的数值中已可发现取 $x = 1$ 时⑨式就不成立)

已证⑥式成立,对某些使⑧式成立的 x,当然⑨式也成立.⑨式不能总成立反过来又说明了⑧式不能总成立.

以上讨论可知推广的第二个结论是错误的,而且不能简单地改变其排列顺序就可将其修改正确.

3°. 推广的第三个结论是正确的,证明如下.

显然有 $-\sin(\sin 1) \leqslant \sin(\sin(\sin x)) \leqslant \sin(\sin 1)$.

(1) 当 $-\sin(\sin 1) \leqslant \sin(\sin(\sin x)) \leqslant 0$ 时,

∵ 由⑦式可得 $\cos 1 \leqslant \cos(\cos(\cos x)) \leqslant \cos(\cos 1)$,

∴ $-\dfrac{\pi}{2} < \cos(\cos(\cos x)) + \sin(\sin(\sin x)) < \dfrac{\pi}{2}$. ⑩

(2) 当 $0 < \sin(\sin(\sin x)) \leqslant \sin(\sin 1)$ 时,

由⑦式,再分两种情况

(i) 若 $\dfrac{\pi}{4} \leqslant \cos(\cos x) \leqslant 1$,则有

$$\cos 1 \leqslant \cos(\cos(\cos x)) \leqslant \dfrac{\sqrt{2}}{2}.$$

∵ $\sin(\sin 1) + \dfrac{\sqrt{2}}{2} < \dfrac{\pi}{2}$,∴⑩式成立.

(ii) 若 $\cos 1 \leqslant \cos(\cos x) < \dfrac{\pi}{4}$,则有

$$\dfrac{\sqrt{2}}{2} = \cos\dfrac{\pi}{4} < \cos(\cos(\cos x)) \leqslant \cos(\cos 1),$$

而由④式,$\sin(\sin x) < \cos(\cos x) < \dfrac{\pi}{4}$,又有

$$0 < \sin(\sin(\sin x)) < \sin\dfrac{\pi}{4} = \dfrac{\sqrt{2}}{2}.$$

∵ $\cos(\cos 1) + \dfrac{\sqrt{2}}{2} < \dfrac{\pi}{2}$,∴⑩式成立.

为此在所有情况下⑩式总成立.

∵ 正弦函数是奇函数,余弦函数是偶函数,∴ 在⑩式中用 $-x$ 代换 x 可得

$$-\dfrac{\pi}{2} < \cos(\cos(\cos x)) - \sin(\sin(\sin x)) < \dfrac{\pi}{2}. \quad ⑪$$

由⑩式、⑪式同时成立,根据原证明或1°有

$$\sin(\sin(\sin(\sin x))) < \cos(\cos(\cos(\cos x))).$$

同时还有

$$\sin(\cos(\cos(\cos x))) < \cos(\sin(\sin(\sin x))).$$

在第三个结论的基础上进一步推广反而证明更简单,此时相应的与⑩、⑪类似的不等式可直接证明成立.

[53]三角函数(三角与几何)　　证明最后部分有错误　　☆ ☆

原题　已知$\triangle ABC$,R 和 r 分别是它的外接圆半径和内切圆半径,且$\angle A \geqslant \angle B \geqslant \angle C$,求证:$\cos(A - C) \leqslant \dfrac{r}{R} + \dfrac{1}{2}$.

原证明　由恒等式$r = 4R\sin\dfrac{A}{2}\sin\dfrac{B}{2}\sin\dfrac{C}{2} = R(\cos A + \cos B + \cos C - 1)$,

$\therefore$ $\qquad\qquad \dfrac{r}{R} = \cos A + \cos B + \cos C - 1.$

欲证 $\qquad\qquad \cos(A - C) \leqslant \dfrac{1}{2} + \dfrac{r}{R},$

只要证 $\qquad \cos(A - C) \leqslant \cos A + \cos B + \cos C - \dfrac{1}{2},$

即证 $\quad 2\cos^2\dfrac{A - C}{2} - 1 \leqslant 2\cos\dfrac{A + C}{2}\cos\dfrac{A - C}{2} + 1 - 2\sin^2\dfrac{B}{2} - \dfrac{1}{2},$

也即 $\qquad \cos^2\dfrac{A - C}{2} - \sin\dfrac{B}{2}\cos\dfrac{A - C}{2} + \sin^2\dfrac{B}{2} - \dfrac{3}{4} \leqslant 0,$

只要证 $\qquad \left(\cos\dfrac{A - C}{2} - \dfrac{1}{2}\sin\dfrac{B}{2}\right)^2 \leqslant \dfrac{3}{4}\cos^2\dfrac{B}{2}.$

$\because \angle A \geqslant \angle B \geqslant \angle C,\therefore 0 \leqslant \dfrac{A - C}{2} < \dfrac{A + C}{2} < \dfrac{\pi}{2},$

从而 $\qquad \cos\dfrac{A - C}{2} > \cos\dfrac{A + C}{2} > \dfrac{1}{2}\cos\dfrac{A + C}{2} = \dfrac{1}{2}\sin\dfrac{B}{2}.$

因而只须证明 $\qquad \cos\dfrac{A - C}{2} - \dfrac{1}{2}\sin\dfrac{B}{2} \leqslant \dfrac{\sqrt{3}}{2}\cos\dfrac{B}{2},$

即证
$$\cos\frac{A-C}{2}\leqslant\frac{1}{2}\sin\frac{B}{2}+\frac{\sqrt{3}}{2}\cos\frac{B}{2},$$

即
$$\cos\frac{A-C}{2}\leqslant\cos\left(\frac{B}{2}-\frac{\pi}{6}\right).$$

下面证明$\dfrac{A-C}{2}\geqslant\dfrac{B}{2}-\dfrac{\pi}{6}$或$\dfrac{A-C}{2}\geqslant\dfrac{\pi}{6}-\dfrac{B}{2}$中总有一个成立,

即$A+\dfrac{\pi}{3}\geqslant B+C$或$A+B\geqslant\dfrac{\pi}{3}+C$中总有一个成立.

当$B\geqslant\dfrac{\pi}{3}$时,$\because\angle A\geqslant\angle B\geqslant\angle C,\therefore A+B\geqslant\dfrac{\pi}{3}+C$成立.

当$B\leqslant\dfrac{\pi}{3}$时,$\because\angle A\geqslant\angle B\geqslant\angle C,\therefore A+\dfrac{\pi}{3}\geqslant B+C$成立.

综上可知,原命题成立.

辨析

原证明将要证命题成立归结到证

$$\cos\frac{A-C}{2}\leqslant\cos\left(\frac{B}{2}-\frac{\pi}{6}\right)\qquad\qquad①$$

成立,是正确的.

由此,原证明称只要证明"$\dfrac{A-C}{2}\geqslant\dfrac{B}{2}-\dfrac{\pi}{6}$或$\dfrac{A-C}{2}\geqslant\dfrac{\pi}{6}-\dfrac{B}{2}$中总

有一个成立"是没有依据的. 而且$\dfrac{A-C}{2}\geqslant 0,\dfrac{B}{2}-\dfrac{\pi}{6}$与$\dfrac{\pi}{6}-\dfrac{B}{2}$中总有

一个$\leqslant 0$,这也是显然的.

要证①成立,必须证明

(ⅰ) 当$\dfrac{B}{2}-\dfrac{\pi}{6}\geqslant 0$ 时,$\dfrac{A-C}{2}\geqslant\dfrac{B}{2}-\dfrac{\pi}{6}$成立;

(ⅱ) 当$\dfrac{B}{2}-\dfrac{\pi}{6}\leqslant 0$ 时,$\dfrac{A-C}{2}\geqslant\dfrac{\pi}{6}-\dfrac{B}{2}$成立.

因三角形中的最大角$A\geqslant\dfrac{\pi}{3}$,最小角$C\leqslant\dfrac{\pi}{3}$,为此这可由

当 $A\geqslant B\geqslant\dfrac{\pi}{3}\geqslant C$ 时有 $A-C\geqslant B-\dfrac{\pi}{3}$;

当　$A \geqslant \dfrac{\pi}{3} \geqslant B \geqslant C$ 时有　$A - C \geqslant \dfrac{\pi}{3} - B$

得到证明.

[54] 反三角函数　　　　　　　　　　　**解答的完整性**　　☆

原题　求常数 C,使函数 $f(x) = \arctan \dfrac{2-2x}{1+4x} + C$ 在 $\left(-\dfrac{1}{4}, \dfrac{1}{4} \right)$ 上

是奇函数.　　　　　　　　　　　　　　（全俄第 16 届数学竞赛题）

原解

$$f(x) = \arctan \dfrac{2-2x}{1+4x} + C = \arctan 2 - \arctan 2x + C \left(x \in \left(-\dfrac{1}{4}, \dfrac{1}{4} \right) \right).$$

由于 $f(x)$ 是奇函数,故 $-f(x) = f(-x)$,即:

$-[\arctan 2 - \arctan 2x] - C = \arctan 2 - \arctan(-2x) + C$,解得

$C = -\arctan 2.$

辨析

原解并不完整. 其仅仅证明了若 $f(x)$ 是奇函数则 $C = -\arctan 2$.
即证明了"$C = -\arctan 2$"是"$f(x)$ 是奇函数"的必要条件,而没有证
明它也是充分条件.

实际上由必要性求 C,也并非一定要使用公式

$$\arctan x - \arctan y = \begin{cases} \arctan \dfrac{x-y}{1+xy}, xy > -1; \\ \pi + \arctan \dfrac{x-y}{1+xy}, x > 0, xy < -1; \\ -\pi + \arctan \dfrac{x-y}{1+xy}, x < 0, xy < -1. \end{cases} \quad ①$$

∵ 若 $f(x)$ 是奇函数,且在 $x = 0$ 处有定义,则有 $f(0) = 0$,由此立即可
求出 $C = -\arctan 2$.

充分性证明,即要证若 $C = -\arctan 2$,则在 $x \in \left(-\dfrac{1}{4}, \dfrac{1}{4} \right)$ 上有

$f(-x) = -f(x)$ 成立. 也就是要证

$$\arctan\frac{2-2x}{1+4x}+\arctan\frac{2+2x}{1-4x}=2\arctan 2\,,x\in\left(-\frac{1}{4},\frac{1}{4}\right)\qquad ②$$

成立.

这当然又可使用公式①来证,但该公式不太可能让中学生所熟记,为此回避该公式,而采用证明反三角函数恒等式的一般方法.

设　$\arctan\dfrac{2-2x}{1+4x}=\alpha$, $\arctan\dfrac{2+2x}{1-4x}=\beta$,则

$$\tan\alpha=\frac{2-2x}{1+4x},\tan\beta=\frac{2+2x}{1-4x}.$$

$$\therefore\ \tan(\alpha+\beta)=\frac{\dfrac{2-2x}{1+4x}+\dfrac{2+2x}{1-4x}}{1-\dfrac{4-4x^2}{1-16x^2}}=-\frac{4}{3}.$$

又　　　　　　　　　　$$\tan(2\arctan 2)=-\frac{4}{3}.$$

$$\therefore\ \tan(\alpha+\beta)=\tan(2\arctan 2).$$

$$\because\ 0<\arctan 2<\frac{\pi}{2},\therefore\ 0<2\arctan 2<\pi.$$

$$\because\ 当 x\in\left(-\frac{1}{4},\frac{1}{4}\right)时\ \ \frac{2-2x}{1+4x}>0,\therefore\ 0<\alpha<\frac{\pi}{2};\frac{2+2x}{1-4x}>0,$$

$$\therefore\ 0<\beta<\frac{\pi}{2}.\therefore\ 0<\alpha+\beta<\pi.$$

$$\therefore\ \alpha+\beta=2\arctan 2.\ 即②成立.$$

这种类型的缺少充分性证明的错误,是当前数学教学中常见的.

[55]函数最大值的最小上界　　　题意表达错误　　☆☆☆

原题　已知函数 $f(x)=ax^2+bx+c$,对于任何 $x\in[-1,1]$ 都有 $|f(x)|\le1$. 设 $g(x)=|acx^4+b(a+c)x^3+(a^2+b^2+c^2)x^2+b(a+c)x+ac|$, $x\in[-1,1]$. 求函数 $g(x)$ 的最大值.

原解　首先,对所给 $g(x)$ 适当变形后可得 $g(x)=|(ax^2+bx+c)(cx^2+bx+a)|$. 令 $h(x)=cx^2+bx+a$,则 $g(x)=|f(x)|\cdot$

$|h(x)|$. 下面考虑 $h(x)$ 在 $[-1,1]$ 上的最值.

易知, $h(1)=c+b+a=f(1)$. $h(-1)=c-b+a=f(-1)$. 故 $|h(1)|\leqslant 1$, $|h(-1)|\leqslant 1$. 若 $h(x)$ 在区间 $[-1,1]$ 上单调,则 $g(x)=|f(x)|\cdot|h(x)|\leqslant 1$. 否则, $h(x)$ 为二次函数,即 $c\neq 0$.

设 $x_0=-\dfrac{b}{2c}\in(-1,1)$, $h(x)=c(x-x_0)^2+h(x_0)$. 考虑到区间 $(-1,1)$ 关于原点对称,不妨设 $-1<x_0\leqslant 0$. 则由 $h(x_0)=h(x)-c(x-x_0)^2$ 可得

$$|h(x_0)|=|h(-1)-c(1+x_0)^2|$$
$$\leqslant |h(-1)|+|c|\cdot|1+x_0|^2.$$

因 $-1<x_0\leqslant 0$, 所以 $1+x_0\in(0,1]$, $|1+x_0|^2\leqslant 1$. 又 $|h(-1)|\leqslant 1$, $|c|=|f(0)|\leqslant 1$, 所以 $|h(x_0)|\leqslant 1+|c|\leqslant 2$.

由以上分析知,对一切 $x\in[-1,1]$, $|h(x)|\leqslant 2$ 恒成立. 故 $g(x)\leqslant 2$.

另一方面,可取 $f(x)=2x^2-1$, 则 $h(x)=-x^2+2$, $g(0)=2$.

辨析

1°. 原题中 $g(x)$ 是 x 在 $[-1,1]$ 上的四次函数的绝对值函数. 是一个四次函数和绝对值函数的复合函数. 而该四次函数中又含有 a、b、c 三个参变量,题中没有直接给出参变量的变化范围,但给出了约束条件

$$|f(x)|\leqslant 1\quad(-1\leqslant x\leqslant 1).\qquad\text{①}$$

其中 $f(x)$ 是以 a、b、c 为参变量的 x 的二次函数. 由题设条件"二次"、"四次"都是形式上的,存在着可退化为较低次的情况.

原题是"求函数 $g(x)$ 的最大值".

在中学数学中,求一个含有参变量的函数的最大值,是指在参变量给定的条件下求该函数的最大值. 在一般情况下其结果伴随着对参变量变化范围的讨论,且其最大值就是一个参变量的函数.

例如,最熟知的求 $y=Ax^2+Bx+C$ 的最大值. 其结果为

当 $A>0$ 时, y 没有最大值;

当 $A < 0$ 时,y 的最大值是 $\dfrac{4AC - B^2}{4A}$(其是 A、B、C 的函数);

当 $A = 0$ 时,若 $B \neq 0$,y 没有最大值;若 $B = 0$,$y = C$,是常数函数,C 就可视为最大值.

如果再给出参变量之间的约束条件,就得根据约束条件对结果作进一步的分类讨论.

若给出约束条件 $|Ax| \leqslant 1(-1 \leqslant x \leqslant 1)$,求上述函数 y 在 $[-1,1]$ 的最大值. 此时由约束条件可得 $-1 \leqslant A \leqslant 1$. 当 A 在此范围内取值,A、B、C 确定 y 就是一个确定的函数. 结果为:y 在 $[-1,1]$ 上,

当 $0 < A \leqslant 1$ 时,$y_{\max} = \max\{y(-1), y(1)\}$;

当 $-1 \leqslant A < 0$ 时,若 $\dfrac{-B}{2A} \in [-1,1]$,则 $y_{\max} = \dfrac{4AC - B^2}{4A}$;

若 $\dfrac{-B}{2A} \in [-1,1]$,则 $y_{\max} = \max\{y(-1), y(1)\}$;

当 $A = 0$ 时,若 $B > 0$,$y_{\max} = B + C$;若 $B < 0$,$y_{\max} = -B + C$;若 $B = 0$,C 可视为最大值.

但是,原解并没有按此理解来解答;其结果"$g(x)$ 的最大值是 2"也并非是指满足条件的任一个函数 $g(x)$ 的最大值都是 2,例如取 $a = b = c = 0$,满足题意的 $g(x) \equiv 0$,2 不可能是它的最大值.

那么最大值 2 在该题中的具体意义是什么呢?

(ⅰ) 不将 a、b、c 看成是参变量而将 g 看成是四元函数 $g(x, a, b, c)$,求其在约束条件

$$\begin{cases} |f(x, a, b, c)| \leqslant 1 \\ -1 \leqslant x \leqslant 1 \end{cases} \qquad ②$$

下的最大值.

(ⅱ) 将 a、b、c 看成参变量,当参变量在满足条件①下自由取值时,函数 $g(x)$ 实际上构成了一个函数簇.

对该函数簇中每一个函数 $g(x)$ 求其在 $[-1,1]$ 上的最大值. 这最大值从整个函数簇的角度看是 a、b、c 的函数,记为

$$G(a,b,c).$$

然后再求 $G(a,b,c)$ 当 a、b、c 在约束条件①下变动时的最大值.

按常规"求 $g(x)$ 的最大值"就是求 $G(a,b,c)$,但此时的意义却是求 $g(x)$ 的最大值的最大值.

可以证明在一般情况下(i)与(ii)这两种理解是等价的. 而"2"就是本题在这两种意义下的最大值.

弄清了原解的结果"最大值是 2"的意义后就可知,为了避免和一般的"求含有参数量函数的最大值"相混淆,原题中"求 $g(x)$ 的最大值"这句话应当做修改.

但是,对本题来说直接求 $g(x,a,b,c)$ 在约束条件②下的最大值;或直接将 $g(x)$ 理解成函数簇,先求 $g(x)$ 的最大值 $G(a,b,c)$,再求 $G(a,b,c)$ 的最大值都是十分困难的.

原解答的思路是让 a、b、c 在约束条件①下变动,先求出 $g(x)$ 在 $[-1,1]$ 上的上界

$$g(x) \leqslant 2.$$

然后选定 $a=2$、$b=0$、$c=-1$ 满足条件①的这组数值,相应地构造了函数

$$g(x) = |2x^2 - 1| \cdot |-x^2 + 2|.$$

$\because g(0) = 2. \therefore$ "2"就是 $g(x)$ 当 a、b、c 在约束条①下变动时在 $[-1,1]$ 上的最小上界(上确界).

一般来说上确界并不一定是最大值,但根据我们在第一章[13]中的辨析,可知用如上方法确定的最小上界就是最大值. 即"2"就是(i)理解下的最大值(ii)理解下的最大值的最大值.

一个好的命题并非靠技巧的堆叠,也并非靠利用对概念的理解来误导思路. 为此笔者认为将本题最后一句修改成

"求函数 $g(x)$ 的最大值的最小上界".

或更直接地修改为

"在参数 a、b、c 变化的情况下,求 $g(x)$ 在 $[-1,1]$ 函数值的最小上界"为好.

2°. 原解的整个过程就是求上界和求最小上界的过程,由于没有使用这两个概念,在叙述中就不可避免地产生了概念含糊和说明不清的情况.

∵ $g(x)=|f(x)|\cdot|h(x)|$.

而已知 $|f(x)|=|ax^2+bx+1|\leqslant 1$ ($-1\leqslant x\leqslant 1$),说明 a、b、c 只能在保证 1 是 $|f(x)|$ 在 $[-1,1]$ 上的上界的条件下自由取值,

∴ 求 $g(x)$ 当 a、b、c 变化时在 $[-1,1]$ 上的上界,只要考虑 $|h(x)|=|cx^2+bx+a|$,当 a、b、c 变化时在 $[-1,1]$ 上的上界.

若对给定的 a、b、c 来说 $h(x)$ 在 $[-1,1]$ 上单调,这时有三种情况:$h(x)$ 是常数函数;$h(x)$ 是一次函数;$h(x)$ 虽是二次函数但其顶点的横坐标没有落在 $(-1,1)$ 之内. 显然此时 $h(x)$ 在 $[-1,1]$ 的最小值和最大值都会在端点处取到. 原解就是以此为基础求出了 $|h(x)|$ 的一个上界,进而求出了 $g(x)$ 的一个上界.

∵ $|h(1)|=|f(1)|\leqslant 1$,$|h(-1)|=|f(-1)|\leqslant 1$.

∴ $|h(x)|\leqslant 1$,∴ $g(x)=|f(x)|\cdot|h(x)|\leqslant 1$.

从推导的过程看,这里的 1 仅仅是一个上界而已. 它的意思是当 a、b、c 在满足条件①下变动,这时 $g(x)$ 形成了一个函数簇. 其中任取一个确定的函数 $g(x)$,只要和它相对应的函数 $h(x)$ 在 $[-1,1]$ 上单调,1 就是 $g(x)$ 的一个上界.

若对给定的 a、b、c 来说 $h(x)$ 在 $[-1,1]$ 上不单调,这时 $h(x)$ 肯定是二次函数且其顶点的横坐标 x_0 落在 $(-1,1)$ 之内. 显然 $h(x)$ 在 $[-1,1]$ 上的最小值和最大值只可能在 $[-1,1]$ 的两个端点处或 x_0 处取到. 落在端点处已有结论 $|h(1)|\leqslant 1$,$|h(-1)|\leqslant 1$. 为此仅需对 $|h(x_0)|$ 求其上界.

∵ $h(x)=cx^2+bx+a$

$$=c\left(x+\frac{b}{2c}\right)^2+\frac{4ac-b^2}{4c},$$

而二次函数 $h(x)$ 顶点的横坐标 $x_0=-\dfrac{b}{2c}$,$h(x_0)=\dfrac{4ac-b^2}{4c}$,

所以有 $$h(x) = c(x - x_0)^2 + h(x_0).$$

原解使用了一个很技巧的变换

$$h(x_0) = h(x) - c(x - x_0)^2, \qquad ③$$

它表示 $h(x)$ 的最大值或最小值 $h(x_0)$ 可以用其定义域上的任何一个 x 的函数值及 x 与 x_0 的差来表示. 比如说可以取 $x = 1$ 或 $x = -1$ 用上式来表示 $h(x_0)$, 这就使我们可以在参变量变化时来估计 $|h(x_0)|$ 的上界.

并非像原解所称的那样仅仅"考虑到区间 $(-1,1)$ 关于原点对称"就可"不妨设 $-1 < x_0 \leqslant 0$", 只是当 $0 < x_0 < 1$ 时, 可用类似的方法证明, 但此时在③式中要取 $x = 1$, 得

$$|h(x_0)| \leqslant |h(1)| + |c| \cdot |1 - x_0|^2.$$

因 $0 < x_0 < 1$, 有 $1 - x_0 \in (0,1)$, 于是 $|1 - x_0|^2 < 1$, 类似才会有 $|h(x_0)| < 2$.

$g(x) \leqslant 2$ 是综合以上情况所得. 其实际含义是, 2 可以作为当 a、b、c 在满足条件①下变动时形成的函数簇中, 对每一个给定的函数 $g(x)$ 在 $[-1,1]$ 上所取到的全体函数值, 所有这些实数所组成的一个集合的上界. 推导致此它还没有和任何意义的"最大值"沾上边.

只有当在以上的函数簇中找到了一个具体的 $g(x)$, 而且该 $g(x)$ 在 $[-1,1]$ 上的某一点的函数值达到 2, 才能肯定 2 是以上这个集合的所有上界中的最小上界即上确界. 而且用这样的方法所确定的上确界还是以上这个集合中的最大元素. 这时才能肯定 2 是 1° 中 (i) 情况下的最大值, 也是 (ii) 情况下的最大值的最大值.

注: 证明 $|h(x)| \leqslant 2$ 还可用更直接的方法.

注意到 $c = f(0)$, $b = \dfrac{1}{2}[f(1) - f(-1)]$. $a = \dfrac{1}{2}[f(1) + f(-1) - 2f(0)]$, 而 $x \in [-1,1]$.

$$|h(x)| = \left| \frac{1}{2}(x+1) \cdot f(1) + \frac{1}{2}(1-x) \cdot f(-1) + (x^2 - 1) \cdot f(0) \right|$$

$$\leqslant \frac{1}{2}|x+1| \cdot |f(1)| + \frac{1}{2}|1-x| \cdot |f(-1)| + |x^2 - 1| \cdot |f(0)|$$

$$\leqslant \frac{1}{2}(x+1) + \frac{1}{2}(1-x) + 1 - x^2 = 2 - x^2 \leqslant 2.$$

[56] 数列　　　　　　　　　　　　　　**解答错误**　　☆

原题　等比数列 $\{a_n\}$ 的首项 $a_1 = 1536$,公比 $q = -\frac{1}{2}$,用 π_n 表示它的前 n 项之积,则 π_n 最大值为

(A) π_9 　　　　　　　　(B) π_{11}

(C) π_{12} 　　　　　　　(D) π_{13}

(1996 年全国高中数学竞赛试题)

原解

$$\pi_n = a_1^n \cdot q^{1+2+\cdots+(n-1)} = a_1^n \cdot q^{\frac{n(n-1)}{2}}$$
$$= 3^n \times 2^{9n} \cdot (-1)^{\frac{n(n-1)}{2}} \cdot 2^{\frac{-n(n-1)}{2}}$$
$$= 3^n \times 2^{\frac{1}{2}(19n-n^2)} \cdot (-1)^{\frac{n(n-1)}{2}}.$$

比较得 π_{11} 为最大值,故选 B.

辨析

应当注意到只有当 n 为 4 的倍数或 4 的倍数加 1 时 π_n 才是正的.

$\therefore \pi_{11} < 0$,不可能为最大值.

易知 $\{|a_n|\}$ 是递减的,而 $|a_{11}| = \dfrac{3 \cdot 2^9}{2^{10}} = \dfrac{3}{2} > 1$, $|a_{12}| = \dfrac{3 \cdot 2^9}{2^{11}} = \dfrac{3}{4} < 1. \therefore \{|\pi_n|\}\, n$ 从 1 到 11 是递增的,n 从 12 开始就递减了.π_{11} 是 $\{|\pi_n|\}$ 中绝对值最大的项.

$\because \pi_{10} < 0$,要求 π_n 的最大值,只要比较 π_9 与 π_{12}. 而

$$\pi_9 = 3^9 \cdot 2^{45}, \pi_{12} = 3^{12} \cdot 2^{42},$$

$\therefore \pi_{12}$ 最大,应当选 C.

[57]数列　　　　　　　　　推导中有错误　　☆

原题　已知数列$\{a_n\}$满足条件$a_0=1, a_n=p|a_{n-1}|-1(n\in\mathbf{N}, p$为常数,且$0<p<1)$.求证:$-\dfrac{1}{p}<a_n<0$,并求$a_n$.

原解

(1) $0>p-1=a_1>-1>-\dfrac{1}{p}$.

(2) 设$n=k$时,命题成立,即$-\dfrac{1}{p}<a_k<0$,则

$$a_{k+1}=p|a_k|-1=-p\cdot a_k-1>-1>-\dfrac{1}{p},$$

且$a_{k+1}<-p\left(-\dfrac{1}{p}\right)-1=0$,

所以,$-\dfrac{1}{p}<a_n<0$对$n\in\mathbf{N}_+$时成立.

$$\begin{aligned}a_n&=-pa_{n-1}-1=-p(-pa_{n-2}-1)-1\\&=(-p)^2a_{n-2}+p-1=\cdots\\&=(-p)^n+(-p)^{n-1}+\cdots+p-1\\&=\dfrac{(-p)^{n+1}-1}{p+1}.\end{aligned}$$

辨析

显然在求a_n时,从原解的倒数第二步推不出最后的结果来.那么问题出在什么地方呢?

原因是$a_{n-1}<0$,仅当$n\geqslant2$时才能成立.

$\therefore a_n=p|a_{n-1}|-1=-pa_{n-1}-1$,也仅当$n\geqslant2$时才能成立.

$\therefore a_1\neq-pa_0-1$,而是$a_1=p|a_0|-1=p-1$.

$\therefore\quad a_n=\cdots$

$$\begin{aligned}&=(-p)^{n-1}\cdot a_1-(-p)^{n-2}-\cdots-(-p)^2-(-p)-1\\&=-(-p)^n-(-p)^{n-1}-\cdots-(-p)^2-(-p)-1\end{aligned}$$

$$= -\frac{(-p)^{n+1}-1}{-p-1} = \frac{(-p)^{n+1}-1}{p+1} \qquad (n=2,3,\cdots).$$

或者,由 $a_n = -pa_{n-1}-1 \quad (n=2,3,\cdots)$,得

$$a_n + \frac{1}{p+1} = -p\left(a_{n-1} + \frac{1}{p+1}\right) = \cdots = (-p)^{n-1}\cdot\left(a_1 + \frac{1}{p+1}\right)$$

$$= (-p)^{n-1}\left(p-1+\frac{1}{p+1}\right) = \frac{(-p)^{n+1}}{p+1}.$$

$\therefore a_n = \dfrac{(-p)^{n+1}-1}{p+1} \quad (n=2,3,\cdots)$;当 $n=1$ 时,可验证该公式也适用.

附注:长期以来,表示自然数集的 **N** 也表示正整数集;由于现行教材中零归入了自然数集(参见[4]2°),正整数集就要用 **N**[+](或 **N**_+)表示. 由于习惯是不易改变的,至今仍常见用 **N** 表示正整数集,原题就是这种情况. 原解中使用了"**N**_+",反而说明 $0\in$ **N**,这样题中递推式中的 n 要从"0"开始,但因 a_{-1} 没有定义,这恰恰是不对的.

[58]数列　　　　　　　　　　　**证明中有错误**　☆☆

原题　实数列 $\{a_n\}$ 满足条件 $a_{n+2} = |a_{n+1}| - a_n, n\in$ **N**. 证明:存在某个正整数 N,当 $n\geqslant N$,有 $a_{n+9} = a_n$.

原证明　(1)当 $a_n\equiv 0$ 时,结论显然. 不妨设 a_n 不恒为 0,则 a_n 不能恒正,否则 $a_{n+3} = a_{n+2} - a_{n+1} = a_{n+1} - a_n - a_{n+1} = -a_n < 0$ 矛盾! 同理也不能恒为负.

(2)必存在相邻两个数,一项为负,一项为正.

设 $a_N = -a, a_{N+1} = b(a, b\geqslant 0)$,

则 $a_{N+2} = b+a, a_{N+3} = a, a_{N+4} = -b, a_{N+5} = b-a$.

①若 $b < a$,则 $a_{N+6} = |a_{N+5}| - a_{N+4} = a, a_{N+7} = 2a-b, a_{N+8} = a-b, a_{N+9} = -a, a_{N+10} = b$.

②若 $b\geqslant a$,则 $a_{N+6} = 2b-a, a_{N+7} = b, a_{N+8} = a-b, a_{N+9} = -a, a_{N+10} = b$.

综上有 $a_N = a_{N+9}, a_{N+1} = a_{N+10}$,利用递推可知对一切 $n\geqslant N$ 有 $a_n = a_{n+9}$.

辨析

1°. 为探索思路,设初始条件 $a_1 = \alpha, a_2 = \beta$,利用递推关系推导看一看能有怎样的规律;这种尝试当然得九步以上. 会发现在 α、β 异号的情况下其周期性呈现得比较早;在 α、β 同号的情况下,由于在过程中要去掉绝对值号,总要假定绝对值号内的数 ≥ 0 与 < 0,分支情况比较多,且周期性呈现比较迟,但在呈现周期性之前却总会出现正负相间的情况. 于是自然就会形成与原证明相同的思路,首先将同号的情况归结到异号的情况. 本题要将这一步说清楚是关键.

原证明的错误就发生在(1).

首先(1)中称同理也不能恒为负不够确切,因相同的推导得

$$a_{n+3} = -a_{n+2} - a_{n+1} = a_{n+1} + a_n - a_{n+1} = a_n,$$

并没有得到矛盾的结果. 但这不构成问题,因不用相同的办法,从已知的递推关系就可知,若连续二项为负,接下来的一项就是正. 上述推导的第一步就是这种情况. (1)的错误在于若 a_n 不恒为 0、不恒为正且不恒为负,由于涉及 0,并非直接就有结论"必存在相邻的两个数一项为负一项为正",而且是前一项为负后一项为正.

2°. 修正原证明中的(1),分四种情况归结到原证明中的(2),(2)的证明是正确的.

(i) 在 $\{a_n\}$ 中存在连续二项为 0 时,设 $a_N = 0, a_{N+1} = 0$,则由递推关系可知 $a_{N+2} = 0$,且以后各项均为零. 这里的 N 就是使结论成立的 N.

(ii) 设 $a_k = 0$,由(i)可设 $a_{k+1} \neq 0$.

若 $a_{k+1} < 0$,则 $a_{k+2} = |a_{k+1}| - 0 > 0$,归结到了(2);

若 $a_{k+1} > 0$,设 $a_{k+1} = a(a > 0)$,则 $a_{k+2} = a, a_{k+3} = 0, a_{k+4} = -a$,$a_{k+5} = a$,归结到了(2).

由(i)、(ii)以下讨论可排除 0.

(iii) 设 $a_k \neq 0$,又设 $a_k = -a < 0$. 若 $a_{k+1} > 0$,归结到了(2). 若 $a_{k+1} < 0$,则 $a_{k+2} = |a_{k+1}| + a > 0$(即 $\{a_k\}$ 中连续负项不会超过二项),又归结到了(2).

（ⅳ）设 $a_k \neq 0$，又设 $a_k = a > 0$. 由原证明（1），$n = k$ 之后 a_n 不会恒为正，又归结到（ⅲ）.

3°. 考察原证明（2），实际上证明了若存在一项为非正，后项为非负命题成立. 用完全相同的办法可证一项为非负后项为非正命题也成立.

以此为基础，只要证明在 $\{a_n\}$ 中总存在连续两项，前一项为非负后一项为非正，或者前一项为非正，后一项为非负，命题就能成立.

在 $\{a_n\}$ 中任取一项 a_k.

设 $a_k \geq 0$，若 $a_{k+1} \leq 0$，命题成立；否则 $a_{k+1} \geq 0$，若 $a_{k+2} \leq 0$，命题又成立；否则 $a_{k+2} \geq 0$，但此时有

$$a_{k+3} = |a_{k+2}| - a_{k+1} = a_{k+2} - a_{k+1} = |a_{k+1}| - a_k - a_{k+1} = -a_k \leq 0,$$

命题仍成立.

设 $a_k \leq 0$，若 $a_{k+1} \geq 0$，命题成立；否则 $a_{k+1} \leq 0$，此时 $a_{k+2} = |a_{k+1}| - a_k = -a_{k+1} - a_k \geq 0$，命题仍成立.

[59] 染色问题（数列）　　　题意不清　☆☆☆

原题　存在一个四色集 $M = \{1, 2, \cdots, 1987\}$（即将 M 中的每一个元素用四种颜色中的一种染色），能使集 M 中由 10 个元素组成的任何等差数列都不是同一色的.

原证明　M 中元素共有 4^{1987} 种染法. 设 i 为 M 中任意一个由 10 个元素构成的等差数列的首项，则 $1 \leq i \leq 1978$，其公差 d 满足

$$1 \leq d \leq \left[\frac{1987 - i}{9}\right],$$

M 中所有由 10 个元素构成的不同的等差数列的个数 A 为

$$\sum_{i=1}^{1978} \left[\frac{1987 - i}{9}\right],$$

由乘法原理知等差数列中 10 个元素均同色的染色方法种数为

$$A \times 4 \times 4^{1987-10},$$

现只须证明 $A < 4^9$，事实上

$$A = \sum_{i=1}^{1978} \left[\frac{1987 - i}{9} \right] < \frac{1986 + 1985 + \cdots + 9}{9}$$

$$= \frac{\frac{1986 + 9}{2} \times 1978}{9} < \frac{2^{10} \times 2^{11}}{2^3} = 4^9,$$

故命题成立.

辨析

1°. 怎样理解"能使集 M 中由 10 个元素组成的任何等差数列都不是同一色的".

上述表述方式诱导读者去作等差数列之间同色或不同色的比较. 例如集 M 中的元素都染上红色,那么 M 中由 10 个元素组成的任何等差数列就都是同一色的(红色). 由于前提是对 M 四染色,所谓等差数列的颜色决不会指仅仅是四种颜色中的一种,这样自然就会产生所谓两个等差数列同色是指它们都有同一种染色方法的想法,例如都是黑白相间,就认为这两个等差数列是同一色的. 尽管 10 个元素四染色共有 4^{10} 种染色方法,而 M 中所有由 10 个元素构成的不同的等差数列的个数 A,通过计算可得 $A < 4^9$(原证明有此计算过程),但由于这些等差数列不能每一个独立染色,仍不能得到命题的结论…… 实际上以上思考已进入歧途,因为这并非是原题的本意. 原题的本意并不涉及等差数列之间的同色或不同色的比较. 其本意是:存在一个四色集 $M = \{1, 2, \cdots, 1987\}$,任取一个 M 中由 10 个元素组成的等差数列,其 10 个元素不是染上同一种颜色.

2°. 原证明计算出了对 M 四染色有 4^{1987} 种染色方法.

由 M 中 10 个元素构成的等差数列,首项不同或者首项相同公差不同就是不同的等差数列,对 $\frac{1987 - i}{9}$ 取其整数部分(记为 $\left[\frac{1987 - i}{9} \right]$)既是以 i 为首项的 10 个元素构成等差数列允许的最大公差,又是不同公差的总数. 于是原证明就得到了 M 中所有由 10 个元素构成的不同的等差数列的个数 A 的计算公式. 并对 A 进行了估算，得到 $A < 4^9$.

在 M 中任取一个能组成等差数列的 10 个元素，将每一个元素染上相同的颜色，总共有四种染色方法. 对 M 中存下的 1977 个元素进行四染色，又有 4^{1977} 种染色方法. 对 M 四染色的所有染色方法中的这部分染色方法，即 4×4^{1977} 种染色方法，每次染色都能保证所取出的能组成等差数列的 10 个元素每个元素都染上了相同的颜色，但并没有排斥 M 中能组成其他等差数列的 10 个元素也染上了同一种颜色. 例如 4×4^{1977} 种染色方法中就包含了四种将 M 中的元素全染上同一种颜色的情况，此时 M 中任何一组能组成其他等差数列的 10 个元素，都染上了同一种颜色. 这样原证明中称：由乘法原理知等差数列中 10 个元素均同色的染色方法种数为 $A \times 4 \times 4^{1987-10}$，由于没有考虑到重复计数问题而是错误的. 更确切地说，我们得到了一个估值：能够使 M 中存在一组组成等差数列的 10 个元素每一个元素都染上相同颜色的染色方法的总数不会多于 $A \times 4 \times 4^{1987-10}$. 又 $\because A < 4^9$，这个数小于 M 的四染色的总数. 于是就证明了存在着这样的染色方法，能使集 M 中任取一个由 10 个元素组成的等差数列，其 10 个元素不是染上同一种颜色.

3°. 集合 M 与数列 M：$1, 2, \cdots, 1987$ 是两个不同的概念. 集合 M 中的元素是不计顺序的. 但由于集合 M 中的元素已经编上了号，此时对集合 M 四染色和对数列 M 四染色，它们染色方法的总数一样多. 但是它们对原题中的等差数列会产生不同的理解，1° 中的等差数列，2° 中 A 的计算方法都是对递增等差数列来说的，这实际上是将 M 看成了数列. 将 M 看成集合，不但要考虑递增的等差数列，还得考虑递减的等差数列. 这样 M 中所有由 10 个元素构成的不同的等差数列的个数就不是 A 而应当是 $2A$. 取出 M 中能组成等差数列的 10 个元素，将每一个元素染上同色. 由于将等差数列仅理解为递增，和理解为既可递增又可递减其结果都是四种方法，这才避免了对后面的推导产生影响. 因为原题给出的 M 是集合，原证明不加说明地只考虑递增的等差数列总是一个缺点. 一个好的命题应当避免在一些枝

节问题上设置阻碍,原题可修改为:

证明存在一种将数列 $M:1,2,\cdots,1987$ 四染色的方法(即对 M 中的每一项的数用四种颜色中的一种颜色),能使 M 中由 10 项组成的任何一个等差子数列,其 10 个数所染颜色不是同一种颜色.

[60] 函数列(方程)　　　　　　　　**题解中有错误**　　☆☆

原题　函数列 $\{f_n(x)\}$ 由下列条件递归定义:

$$f_1(x) = \sqrt{x^2 + 48}, f_{n+1}(x) = \sqrt{x^2 + 6f_n(x)}(n \geq 1),$$

求出方程 $f_n(x) = 2x$ 的所有实数解.

原解　由 $\sqrt{x^2 + 48} = 2x$　得 $x = 4$.

若 $x > 4$, $f_1(x) = \sqrt{x^2 + 48} < \sqrt{x^2 + 8x + 4^2} = x + 4 < 2x$.

$$f_{n+1}(x) = \sqrt{x^2 + 6f_n(x)} = \sqrt{x^2 + 6 \times 2x}$$

$$= \sqrt{x^2 + 12x} < \sqrt{x^2 + 3x \cdot x} = 2x,$$

故 $x > 4$ 时, $f_n(x) = 2x$ 无解.

同样 $x < 4$ 时, $f_{n+1}(x) > 2x$,原方程无实数解.

故对每一个 n, $f_n(x) = 2x$ 只有唯一解 $x = 4$.

辨析

原解的数学归纳法证明,在递归式中进行了 $f_n(x) = 2x$ 的代换,就搞乱了整个归纳过程. 原解是要证明,对任意的自然数 n, $f_n(x) = 2x$ 均只有唯一解 $x = 4$. 要分两步用数学归纳法证明之.

(i)证明 $x = 4$ 是 $f_n(x) = 2x$ 的解.

由 $f_1(x) = 2x$ 得 $x = 4$.

假设 $x = 4$ 是 $f_k(x) = 2x$ 的解,即 $f_k(4) = 8$,则显然 $x = 4$ 满足 $\sqrt{x^2 + 6f_k(x)} = 2x$,由递归定义可知 $x = 4$ 也是 $f_{k+1}(x) = 2x$ 的解.

(ii)证明 $x \neq 4$ 不是 $f_n(x) = 2x$ 的解.

若 $x > 4$,可像原解那样证明 $f_1(x) < 2x$.

假设 $f_k(x) < 2x$,则

$$f_{k+1}(x) = \sqrt{x^2 + 6f_k(x)} < \sqrt{x^2 + 12x} < \sqrt{x^2 + 3x \cdot x} = 2x.$$

这就证明了当 $x > 4$ 时 $f_n(x) < 2x$.

所以 $f_n(x) = 2x$ 无 $x > 4$ 的实数解.

同理可证 $f_n(x) = 2x$ 无 $x < 4$ 的实数解.

故对每一个 n, $f_n(x) = 2x$ 只有唯一解 $x = 4$.

[61] 方程　　　　　　　　　　　**"说明"错误**　　☆☆

原题　$a, b, c, d \in \mathbf{R}$, 方程 $x^4 + ax^3 + bx^2 + cx + d = 0$ 有 4 个非实数根, 其中两个根的积为 $13 + i$, 另两个根的和为 $3 + 4i$ (i 为虚数单位), 求 b.

原基本思路　首先由题目条件可知该方程有两对共轭复根, 利用韦达定理, 列出方程, 即可求得 b.

原解　设该方程的 4 个根为 $p + qi, p - qi, m + ni, m - ni$.

不妨设　　　　　　　$p + qi + m + ni = 3 + 4i$,

则　　　　　　　　　$p + m = 3, q + n = 4$,

另一方面由韦达定理可知

$$b = (p + iq)(p - iq) + (m + in)(m - in) + (p + iq)(m - in) +$$
$$(p - iq)(m + in) + (p + iq)(m + in) + (p - iq)(m - in)$$
$$= p^2 + q^2 + m^2 + n^2 + 26 + 2(pm + qn)$$
$$= (p + m)^2 + (q + n)^2 + 26$$
$$= 3^2 + 4^2 + 26$$
$$= 51.$$

原说明　本题 $13 + i$ 是一个多余条件, 但有 4 个非实根却是一个不可或缺的条件.

辨析

原题和原解属于方程中的一般内容, 所以在题头标上了 "☆☆" 级. 原说明短短的一句话引导出了一些比较深刻的问题, 通过辨析不但可以扩充关于方程的一些知识, 而且也可使我们学习对一些貌似简单的问题怎样作一些比较深入的数学上的思考. 这些内容, 尤其是 2°与3°当属"☆☆☆"级.

1°. 原解的依据是韦达定理与虚根成对定理

韦达定理　如果一元 n 次方程

$$F(x) = a_n x^n + a_{n-1} x^{n-1} + \cdots + a_1 x + a_0 = 0$$

的根是 $x_1, x_2, \cdots, x_n$, 那么

$$\delta_r(x_1, x_2, \cdots, x_n) = \sum_{1 \leqslant j_1 < j_2 < \cdots < j_r \leqslant n} x_{j_1} x_{j_2} \cdots x_{j_r} = (-1)^r \frac{a_{n-r}}{a_n}.$$

其中 $\delta_r(x_1, x_2, \cdots, x_n)(r = 1, 2, \cdots, n)$, 称为 $x_1, x_2, \cdots, x_n$ 的初级对称多项式.

虚根成对定理　若实系数一元 n 次方程 $F(x) = 0$ 有一个虚根 $\alpha = a + bi(a, b \in \mathbf{R}, b \neq 0)$, 那么它的共轭虚数 $\bar{\alpha} = a - bi$ 也是 $F(x) = 0$ 的根, 并且 α 与 $\bar{\alpha}$ 有相同重数.

回到原题. 设 $f(x) = x^4 + ax^3 + bx^2 + cx + d = 0$. 由题设条件及原解所设, 有条件组(I):

$$\begin{cases} p + m = 3, & ① \\ q + n = 4, & ② \\ pm - qn = 13, & ③ \\ pn + qm = -1. & ④ \end{cases}$$

原说明称"13 + i 是一个多余条件"明显错误, 原解已用到条件③. 求 b 的第一步六项每项两数相乘展开并化简得

$$p^2 + q^2 + m^2 + n^2 + 4pm,$$

是根据③有 $4pm = 2pm + 2pm = 2pm + 2(13 + qn) = 26 + 2(pm + qn)$, 才能推导出第二步, 逐步算出 $b = 51$. 从整体看 13 + i 不是多余条件.

b 的推导中没有用到条件④, 那么④是否是多余的呢?

我们先来讨论另一个实例: 原题中将"13 + i"换成"2 - 4i", 其余不变. 此时可以像原解那样算出

$$b = 3^2 + 4^2 + 2 \times 2 = 29.$$

而条件(I)换成了(II):

$$\begin{cases} p+m=3, & \text{①} \\ q+n=4, & \text{②} \\ pm-qn=2, & \text{③} \\ pn+qm=4. & \text{④} \end{cases}$$

解方程组（Ⅱ）. 由①、②、④′消去 p、q 得

$$2m(n-2)=3n-4.$$

但方程组（Ⅱ）的解中 $n\ne2$, 否则 $n=2$, 由②$q=2$, 导致①和④′矛盾.

$$\therefore \qquad\qquad m=\frac{3n-4}{2(n-2)}. \qquad\qquad\text{⑤}$$

由①、②、③′消去 p、q, 再由⑤消去 m, 化简得 n 的方程

$$n(n-4)(4n^2-16n+17)=0.$$

但 $4n^2-16n+17=0$ 无实数解, $n=0$ 或 $n=4$. 由此可求出且可知方程组（Ⅱ）仅有两组实数解：

$$p=1,q=0,m=2,n=4;p=2,q=4,m=1,n=0.$$

这样, 由条件（Ⅱ）, 方程 $f(x)=0$ 的四个根为 $1,1,2+4i,2-4i$, 不是四个非实数根. 也就是说满足条件（Ⅱ）的具有四个非实数根的方程 $f(x)=0$ 根本不存在.

显然, 从原题的设问形式看, 求 b 习惯上理解为是求原题的一个必要条件. 现在将原条件"13 + i"改为"2 - 4i"后, 回答 $b=29$, 从必要条件的要求看也并不能算错. 只是从一个可以证明并不成立的命题出发, 推导出的任何必要条件并无什么实际意义而已, 当然这仅是命题者的责任.

进一步的研究（参见 3°）可知, 将"13 + i"换成"2 + β_2i"后, 当 $\beta_2\ne-4,-8$ 时, 可以保证 $f(x)=0$ 具有四个非实数根, 使该题成立, 且 $b=29$. 当 $\beta_2=-4$ 或 $\beta_2=-8$ 时, 相应的方程 $f(x)=0$ 不具有四个非实数根, 该题本身不成立. 根据这个结论, 如果将"13 + i"换成"2 + i", 相应的④′换成了④式, 此时④式就保证了该题本身的成立, 虽说在推导 $b=29$ 的过程中并没有用到④式, 但也不能认为条件④是多余的.

再回到原问题,看一看条件组(Ⅰ)中的④式是否能保证原题中的方程 $f(x)=0$ 的确具有四个非实根.

解方程组(Ⅰ). 由①、②、④消去 p、q 得

$$2m(n-2)=3n+1.$$

但方程组(Ⅰ)的解中,$n\neq2$,否则 $n=2$,由②$q=2$,导致①与④矛盾.

$$\therefore m=\frac{3n+1}{2(n-2)}. \tag{⑥}$$

由①、②、③消去 p、q,再由⑥消去 m,化简得到 n 的一个四次方程

$$g(n)=4(n-2)^2(-n^2+4n+13)-(3n+1)(3n-13)=0. \tag{⑦}$$

容易验证:$g(0)=g(4)=13\times17>0$,而 $g(10)<0$,由连续函数的介值定理(参见[22])知方程⑦在开区间 $(4,10)$ 内至少存在一个实数根,设为 n_0,$\because n_0\neq2$,从⑥可求出相应的 m,再由①、②可分别求出相应的 p,q. $\because n_0\neq0$,且由 $n_0\neq4$ 又可知 $q\neq0$,此时(取 $n=n_0$)$f(x)=0$ 的四个根

$$p+qi,p-qi,m+ni,m-ni$$

确是四个非实根. 而且由于 n 不可能为 0,q 不可能为 0 则仅有非实根.

也就是说④式能保证原题中的方程 $f(x)=0$ 具有四个非实根. 但是由此下结论说④式在原题中并不是多余条件恰恰又是错误的.

在 $3°$ 中我们还将发现将原题中的条件"$13+i$"改为"$13+\beta_2i$",(β_2 为任意实数),即④式改为 $pn+qm=-\beta_2$,都可以保证方程 $f(x)=0$ 有四个非实根. ④式的条件是多余的.

$2°$ 的讨论是 $3°$ 讨论的基础,又是对原题在一般形式下的推广和深化. 而且通过 $2°$ 的讨论还可发现原说明中的"但有 4 个非实根却是一个不可或缺的条件"实际上也是不妥的.

$2°$. 首先将原题改述成更一般的形式

问题Ⅰ　设 $a,b,c,d\in\mathbf{R}$,$f(x)=x^4+ax^3+bx^2+cx+d$,方程 $f(x)=0$ 有 4 个形式为 $p+qi,p-qi,m+ni,m-ni$ 的根(即有两对共

轭复根），其中 $p,q,m,n \in \mathbf{R}$.

若已知复数 $\alpha_1 + \beta_1 \mathrm{i}$ 和 $\alpha_2 + \beta_2 \mathrm{i}$，且有

$$(p + q\mathrm{i}) + (m + n\mathrm{i}) = \alpha_1 + \beta_1 \mathrm{i},$$

$$(p - q\mathrm{i}) \cdot (m - n\mathrm{i}) = \alpha_2 + \beta_2 \mathrm{i}.$$

求：多项式 $f(x)$ 中的系数 $a \smallsetminus b \smallsetminus c \smallsetminus d$.

解　由条件可得方程组（I）：

$$\begin{cases} p + m = \alpha_1, & \text{①} \\ q + n = \beta_1, & \text{②} \\ pm - qn = \alpha_2, & \text{③} \\ pn + qm = -\beta_2. & \text{④} \end{cases}$$

为下文叙述的方便，这里不用韦达定理，由题设条件有

$$\begin{aligned}
f(x) &= x^4 + ax^3 + bx^2 + cx + d \\
&= \left[x - (p + q\mathrm{i})\right] \cdot \left[x - (p - q\mathrm{i})\right] \cdot \\
&\quad \left[x - (m + n\mathrm{i})\right] \cdot \\
&\quad \left[x - (m - n\mathrm{i})\right] \qquad\qquad\qquad\qquad\quad \text{⑤} \\
&= \left[x^2 - 2px + (p^2 + q^2)\right] \cdot \left[x^2 - 2mx + (m^2 + n^2)\right] \\
&= x^4 - 2(p + m)x^3 + (p^2 + q^2 + m^2 + n^2 + 4pm)x^2 \\
&\quad - 2\left[p(m^2 + n^2) + m(p^2 + q^2)\right]x \\
&\quad + (p^2 + q^2)(m^2 + n^2). \qquad\qquad\qquad\qquad \text{⑥}
\end{aligned}$$

$\therefore$ 由（I），有

$$a = -2(p + m) = -2\alpha_1. \qquad\qquad\qquad\qquad\qquad \text{⑦}$$

$$\begin{aligned}
b &= p^2 + q^2 + m^2 + n^2 + 4pm \\
&= p^2 + q^2 + m^2 + n^2 + 2pm + 2(\alpha_2 + qn) \\
&= (p + m)^2 + (q + n)^2 + 2\alpha_2 \\
&= \alpha_1^2 + \beta_1^2 + 2\alpha_2. \qquad\qquad\qquad\qquad\qquad\quad \text{⑧}
\end{aligned}$$

而（③ $\times m$ + ④ $\times n$）$\times (-2)$ 得

$$-2p(m^2 + n^2) = -2\alpha_2 m + 2\beta_2 n. \qquad\qquad\qquad \text{⑨}$$

（③ $\times p$ + ④ $\times q$）$\times (-2)$ 得

$$-2m(p^2 + q^2) = -2\alpha_2 p + 2\beta_2 q. \qquad\qquad\qquad \text{⑩}$$

⑨ + ⑩并用①、②代入得

$$c = -2p(m^2 + n^2) - 2m(p^2 + q^2) = 2\beta_1\beta_2 - 2\alpha_1\alpha_2. \qquad ⑪$$

又,③² + ④² 得

$$\alpha_2^2 + \beta_2^2 = p^2m^2 + q^2n^2 + p^2n^2 + q^2m^2 = (p^2 + q^2)(m^2 + n^2).$$

$$\therefore d = (p^2 + q^2)(m^2 + n^2) = \alpha_2^2 + \beta_2^2. \qquad ⑫$$

从以上解答可知,a 由 α_1 确定,b 由 α_1、β_1、α_2 确定,c 由 α_1、β_1、α_2、β_2 确定,d 由 α_2、β_2 确定,即 $f(x)$ 由两个复数 $\alpha_1 + \beta_1 i$、$\alpha_2 + \beta_2 i$ 所确定:

$$f(x) = x^4 - 2\alpha_1 x^3 + (\alpha_1^2 + \beta_1^2 + 2\alpha_2)x^2 + 2(\beta_1\beta_2 - \alpha_1\alpha_2)x +$$
$$\alpha_2^2 + \beta_2^2. \qquad ⑬$$

从上述推导可知⑬是由问题 I 的题设条件推导而得,是题设条件成立的一个必要条件. 如果在题设条件中再加强一些,假设 $n \neq 0$,$q \neq 0$,即假设所给方程 $f(x) = 0$ 有 4 个非实根,仍能推出⑬成立. 但是由 1° 中的实例:$\alpha_1 + \beta_1 i = 3 + 4i$,$\alpha_2 + \beta_2 i = 2 - 4i$ 时,相应地由⑬求出 $f(x)$,那么方程 $f(x) = 0$ 却并不具有四个非实根. 即⑬并不能保证加强后的题设条件成立,它不是该题设条件成立的充分条件.

问题 I 中间的条件"有 4 个形式为 $p + qi, p - qi, m + ni, m - ni$ 的根",它所排除的是(i)4 个根都是实根但不是一个四重根也不是两个两重根;(ii)二个相异的实根和一对共轭虚根. 在这样的条件下我们即将证明⑬不但是题设条件成立的必要条件而且还是充分条件. 也就是说在问题 I 的条件下,任给复数 $\alpha_1 + \beta_1 i$,$\alpha_2 + \beta_2 i$. 求出了多项式 $f(x)$ 的实系数 a、b、c、d,或由⑬确定了方程 $f(x) = 0$,就不要担心该方程会发生使题设条件不成立的情况. 从这个角度看,原题应当将"有 4 个非实数根"改为"有 4 个形式为 $p + qi, p - qi, m + ni, m - ni$ 的根". 这样修改后称"有 4 个形式为 $p + qi, p - qi, m + ni, m - ni$ 的根是一个不可或缺的条件"就恰当了. 像原说明那样将有四个非实根当作不可或缺的条件,就使原题复杂化了,对任意给的 $\alpha_1 + \beta_1 i$、$\alpha_2 + \beta_2 i$,由⑬确定的 $f(x) = 0$,就有可能发生该方程不具有四个非实根,从而使题设条件不成立.

下面来证明在问题Ⅰ的题设条件下,推导出的式⑬还是题设条件成立的充分条件. 即证明

问题Ⅱ　任意给定复数 $\alpha_1 + \beta_1 i, \alpha_2 + \beta_2 i$. 由这两个复数所构造的多项式⑬,方程 $f(x) = 0$ 的四个根一定具有形式

$$p + qi, p - qi, m + ni, m - ni.$$

并且使

$$(p + qi) + (m + ni) = \alpha_1 + \beta_1 i,$$
$$(p - qi) \cdot (m - ni) = \alpha_2 + \beta_2 i$$

成立.

证明　从以上推导出式⑬过程的可逆性可知,只要证明对任意给定的复数 $\alpha_1 + \beta_1 i, \alpha_2 + \beta_2 i$,方程组(Ⅰ)存在满足条件 $p, q, m, n \in \mathbf{R}$ 的解. 事实上如果解存在(并不要具体求出),式⑬通过 p、q、m、n 满足式①、式②、式③、式④就可逆推到式⑥,由式⑥又可逆推到式⑤,这样由式⑬确定的 $f(x)$,方程 $f(x) = 0$ 的根就具有所要求的形式,且由①、②、③、④满足相应的条件.

首先将 $n = \dfrac{\beta_1}{2}$,代入方程组(Ⅰ),可以发现只有当 $\beta_2 = -\dfrac{\alpha_1 \beta_1}{2}$ 且 $\alpha_2 \leqslant \dfrac{\alpha_1^2 - \beta_1^2}{4}$ 时,方程组(Ⅰ)才会有一组使 $n = \dfrac{\beta_1}{2}$ 的解. 为此按如下顺序来证明方程组(Ⅰ)存在实数解.

(i) 设 $\beta_2 \neq -\dfrac{\alpha_1 \beta_1}{2}$,若 $n = \dfrac{\beta_1}{2}$,则由(Ⅰ)可推导得 $\beta_2 = -\dfrac{\alpha_1 \beta_1}{2}$,

$\therefore n \neq \dfrac{\beta_1}{2}$. 由①、②、④消去 p、q 得

$$(2n - \beta_1) m = \alpha_1 n + \beta_2,$$

$$\therefore \quad m = \frac{\alpha_1 n + \beta_2}{2n - \beta_1}. \tag{⑭}$$

由①、②、③消去 p、q 得

$$(\alpha_1 - m) m - (\beta_1 - n) n = \alpha_2.$$

将⑭代入上式,去分母得

$$g(n) = (2n - \beta_1)^2 (n^2 - \beta_1 n - \alpha_2) + (\alpha_1 n + \beta_2)(\alpha_1 n - \alpha_1 \beta_1 - \beta_2)$$
$$= 0. \tag{⑮}$$

展开、化简得

$$g(n) = 4n^4 - 8\beta_1 n^3 + (5\beta_1^2 + \alpha_1^2 - 4\alpha_2) n^2 - (\beta_1^3 - 4\alpha_2 \beta_1 + \alpha_1^2 \beta_1) n$$
$$- (\beta_2^2 + \alpha_1 \beta_1 \beta_2 + \alpha_2 \beta_1^2) = 0. \tag{⑯}$$

这是一个 n 的四次方程.

注意到方程组(Ⅰ)中,p 与 m 互换、q 与 n 互换方程组(Ⅰ)不变,由此可知和⑯对应地还可得到 $g(q) = 0$. $\because n + q = \beta_1$,这说明⑯如有根 n_0,则一定也有根 $\beta_1 - n_0$. 为此可作代换 $t = \dfrac{\beta_1}{2} - n$,将 $g(n)$ 变换成 t 的多项式 $h(t)$,⑯如有根 n_0,$h(t) = 0$ 就有根 $t_0 = \dfrac{\beta_1}{2} - n_0$;⑯还有根 $\beta_1 - n_0$,$h(t) = 0$ 也还有根 $\dfrac{\beta_1}{2} - (\beta_1 - n_0) = -t_0$. 这样 $h(t)$ 中就只会含有 t 的偶次项.

设 $n = \dfrac{\beta_1}{2} - t$,代入⑯式,化简得

$$h(t) = 4t^4 - (\beta_1^2 + 4\alpha_2 - \alpha_1^2) t^2 - \left(\frac{\alpha_1 \beta_1}{2} + \beta_2 \right)^2 = 0. \tag{⑰}$$

再设 $s = t^2$,就得到关于 s 的二次方程

$$4s^2 - (\beta_1^2 + 4\alpha_2 - \alpha_1^2) s - \left(\frac{\alpha_1 \beta_1}{2} + \beta_2 \right)^2 = 0. \tag{⑱}$$

由假设 $\beta_2 \neq -\dfrac{\alpha_1 \beta_1}{2}$,所以

$$\Delta = (\beta_1^2 + 4\alpha_2 - \alpha_1^2)^2 + 16 \left(\frac{\alpha_1 \beta_1}{2} + \beta_2 \right)^2 > 0,$$

$\therefore$
$$s = \frac{(\beta_1^2 + 4\alpha_2 - \alpha_1^2) \pm \sqrt{\Delta}}{8}.$$

$\because \sqrt{\Delta} > |\beta_1^2 + 4\alpha_2 - \alpha_1^2|$，而 $s = t^2$ 不能取负值，$\therefore$ 上式只能取"＋"号. 由此求出的方程⑱的正根记为 s_0. 则方程⑰的相应的实根就是 $\pm\sqrt{s_0}$. 这样就可知⑯有且仅有两个实根

$$n_0 = \frac{\beta_1}{2} \pm \sqrt{s_0}.$$

$\because s_0 > 0$，$\therefore n_0 \neq \dfrac{\beta_1}{2}$，$\therefore$ 由⑭可求出相应的 m，再由①、②求出相应的 p、q. 这就证明了在此情况下方程组（I）存在实数解.

顺便指出，从上述求解过程可知我们实际上求出了方程组（I）的两组实数解. 而且可知，可以先通过两个 n_0 之一求出一组解，然后让 p 与 m 互换，q 与 n 互换而得到另一组解，也就是说这二组解实际对应的是方程 $f(x) = 0$ 的同一组根. 但要证明问题 II 成立，只要证明方程组（I）存在一组实数解就可以了.

（ii）设 $\beta_2 = -\dfrac{\alpha_1\beta_1}{2}$，且 $\alpha_2 \leqslant \dfrac{\alpha_1^2 - \beta_1^2}{4}$.

令 $n = \dfrac{\beta_1}{2}$，由②得 $q = \dfrac{\beta_1}{2}$，此时④与①相同，得 $p = \alpha_1 - m$. 再由③可得

$$m^2 - \alpha_1 m + \alpha_2 + \frac{\beta_1^2}{4} = 0. \qquad ⑲$$

$\because \alpha_2 \leqslant \dfrac{\alpha_1^2 - \beta_1^2}{4}$，$\therefore \Delta = \alpha_1^2 - (4\alpha_2 + \beta_1^2) \geqslant 0$. 显然取 $m = \dfrac{\alpha_1 + \sqrt{\Delta}}{2}$，则 $p = \dfrac{\alpha_1 - \sqrt{\Delta}}{2}$；取 $m = \dfrac{\alpha_1 - \sqrt{\Delta}}{2}$，则 $p = \dfrac{\alpha_1 + \sqrt{\Delta}}{2}$. 方程组（I）的两组解都可求出.

（iii）设 $\beta_2 = -\dfrac{\alpha_1\beta_1}{2}$，且 $\alpha_2 > \dfrac{\alpha_1^2 - \beta_1^2}{4}$.

若令 $n = \dfrac{\beta_1}{2}$，同样可得⑲，但 $\Delta < 0$，⑲m 的解不存在.

$\therefore n \neq \dfrac{\beta_1}{2}$. 这样可重复(i)中式⑱的推导过程,得

$$4s^2 - (\beta_1^2 + 4\alpha_2 - \alpha_1^2)s = 0 \qquad ⑳$$

此时 $s \neq 0 (\because s = 0$ 则 $n = \dfrac{\beta_1}{2})$,又 $\because \alpha_2 > \dfrac{\alpha_1^2 - \beta_1^2}{4}$

方程⑳有解 $s = \dfrac{\beta_1^2 + 4\alpha_2 - \alpha_1^2}{4} > 0$. 则

$$t = \pm \frac{\sqrt{\beta_1^2 + 4\alpha_2 - \alpha_1^2}}{2}.$$

取 $t_0 = \dfrac{\sqrt{\beta_1^2 + 4\alpha_2 - \alpha_1^2}}{2}$,容易算出 $n = \dfrac{\beta_1}{2} + t_0, q = \dfrac{\beta_1}{2} - t_0, m = \dfrac{\alpha_1}{2},$

$p = \dfrac{\alpha_1}{2}; n = \dfrac{\beta_1}{2} - t_0, q = \dfrac{\beta_1}{2} + t_0, m = \dfrac{\alpha_1}{2}, p = \dfrac{\alpha_1}{2}$ 就是方程组(I)的两组解.

综上所述,在所有情况下方程组(I)总存在实数解. 问题Ⅱ得证.

3°. 给定 $\alpha_1 + \beta_1 i, \alpha_2 + \beta_2 i$,按⑬确定 $f(x)$,在什么条件下能保证方程 $f(x) = 0$ 有 4 个非实根? 以 2°为基础,该问题就容易解决了(本小节各式编号与 2°衔接).

由 2°问题Ⅱ的结论可知,只要方程组(I)不存在 $n = 0$ 或者 $n = \beta_1$ 的解,方程 $f(x) = 0$ 就具有 4 个非实根;存在 $n = 0$ 或者 $n = \beta_1$ 的解,方程 $f(x) = 0$ 就不具有 4 个非实根.

讨论方程组(I)存在 $n = 0$ 或者 $n = \beta_1$ 的一组解的必要且充分的条件.

(i) 若 $\beta_1 = 0$.

设 $n = 0 = \beta_1$. 由式②得 $q = 0 = \beta_1$;由式④为了不引起矛盾必须 $\beta_2 = 0$;由式①、式③得 $m^2 - \alpha_1 m + \alpha_2 = 0$,为了保证 m 的解存在必须 $\alpha_1^2 - 4\alpha_2 \geq 0$,求出 m 即能求出 p.

当 $\beta_1 = 0, \beta_2 = 0, \alpha_1^2 \geq 4\alpha_2$ 时,解方程组(I),得 $n = 0 = \beta_1 = q$,相应的 m 与 p 均可求出. 所以当 $\beta_1 = 0$ 时,$\beta_2 = 0, \alpha_1^2 \geq 4\alpha_2$ 是方程组(I)存在 $n = 0 = \beta_1$ 的一组解的必要且充分的条件.

(ii) 若 $\beta_1 \neq 0$.

设 $n = 0$,或 $n = \beta_1$,则 $n \neq \dfrac{\beta_1}{2}$(否则从有 $n = \dfrac{\beta_1}{2}$ 解的条件与将 $n = 0$ 或 β_1 代入方程组(Ⅰ)得到关系式即式㉑之间,可推导出和后文中一样的矛盾).由⑯可得必要条件

$$g(0) = g(\beta_1) = -(\beta_2^2 + \alpha_1\beta_1\beta_2 + \alpha_2\beta_1^2) = 0. \qquad ㉑$$

当 $\beta_1 \neq 0$ 时,为使上式 β_2 的二次三项式等于 0,必须

$$\alpha_1^2 - 4\alpha_2 \geqslant 0. \qquad ㉒$$

且取

$$\beta_2 = -\frac{\alpha_1\beta_1}{2} \pm \frac{\beta_1 \sqrt{\alpha_1^2 - 4\alpha_2}}{2}. \qquad ㉓$$

反之,设㉒、㉓成立,则 $\beta_2^2 + \alpha_1\beta_1\beta_2 + \alpha_2\beta_1^2 = 0$.

因为方程组(Ⅰ)有 $n = \dfrac{\beta_1}{2}$ 解的条件为 $\beta_2 = -\dfrac{\alpha_1\beta_1}{2}$ 且 $\alpha_2 \leqslant \dfrac{\alpha_1^2 - \beta_1^2}{4}$,

若 $\beta_2 = -\dfrac{\alpha_1\beta_1}{2}$,由 $\beta_1 \neq 0$,从㉓得 $\alpha_1^2 = 4\alpha_2$,但此时 $\alpha_2 \leqslant \dfrac{\alpha_1^2 - \beta_1^2}{4}$ 不可能

成立,所以方程(Ⅰ)没有 $n = \dfrac{\beta_1}{2}$ 的解,于是方程组(Ⅰ)的解通过⑯来

求,此时⑯可化为

$$g(n) = n(n - \beta_1)[4n^2 - 4\beta_1 n + (\beta_1^2 + \alpha_1^2 - 4\alpha_2)] = 0. \qquad ㉔$$

而

$$4n^2 - 4\beta_1 n + (\beta_1^2 + \alpha_1^2 - 4\alpha_2) = 0 \qquad ㉕$$

的判别式

$$\Delta = 16\beta_1^2 - 16(\beta_1^2 + \alpha_1^2 - 4\alpha_2)$$
$$= 16(4\alpha_2 - \alpha_1^2).$$

当 $\alpha_1^2 - 4\alpha_2 = 0$ 时㉕的解为 $n = \dfrac{\beta_1}{2}$,但方程组(Ⅰ)设有相应的解;

当 $\alpha_1^2 - 4\alpha_2 > 0$ 时,$\Delta < 0$,㉕没有实数根.于是㉔仅有 $n = 0$ 或 $n = \beta_1$ 的解,此时相应的 q、m 与 p 均可求出.

∴ 当 $\beta_1 \neq 0$ 时㉒、㉓不但是方程组(Ⅰ)存在 $n = 0$ 或 $n = \beta_1$ 的实数解的必要条件而且还是充分条件.

综合之有结论：

给定 $\alpha_1 + \beta_1 i, \alpha_2 + \beta_2 i$，按⑬确定 $f(x)$，当且仅当

$$\alpha_1^2 \geqslant 4\alpha_2, \quad \beta_2 = -\frac{\alpha_1\beta_1}{2} \pm \frac{\beta_1}{2}\sqrt{\alpha_1^2 - 4\alpha_2}$$

时方程 $f(x) = 0$ 不具有 4 个非实数根.

将原题中的条件"$13 + i$"，换成"$2 + \beta_2 i$"，由结论当且仅当 $\beta_2 = -4$ 和 -8 时，$f(x) = 0$ 不具有 4 个非实根.

因原题的条件为 $\alpha_1 = 3, \beta_1 = 4, \alpha_2 = 13, \beta_2 = 1$，有 $\alpha_1^2 < 4\alpha_2$，所以 $f(x) = 0$ 具有 4 个非实根. 而且将条件"$13 + i$"换成"$13 + \beta_2 i$"，当 β_2 取任何实数时，$f(x) = 0$ 总具有 4 个非实根.

[62] 函数方程　　　　　　　　结论的推广错误　　　☆☆☆

原题　设 $f(n)$ 定义于正整数集上，取非负整数值，且对一切 m，n 满足

$$f(m+n) - f(m) - f(n) = 0 \text{ 或 } 1.$$

又知 $f(2) = 0, f(3) > 0, f(9999) = 3333$，求 $f(1982)$.

（1982 年第 23 届国际数学奥林匹克竞赛试题）

原解　由题设等式，我们有

$$f(m) + f(n) \leqslant f(m+n) \leqslant f(m) + f(n) + 1. \qquad (※)$$

令 $m = n = 1$，得 $2f(1) \leqslant f(2) = 0$，所以 $f(1) = 0$，令 $m = 1, n = 2$，得 $0 \leqslant f(3) \leqslant 1$，又∵ 已知 $f(3) > 0$，故 $f(3) = 1$，由（※）式，得

$$f(n+3) \geqslant f(n) + f(3) = f(n) + 1.$$

所以 $f(n + 3k) \geqslant f(n) + k$. 从而

$$f(3m) \geqslant m, \quad m = 1, 2, \cdots.$$

若对某个 $m, f(3m) > m$，则

$$f[3(m+1)] = f(3m+3) \geqslant f(3m) + f(3) > m + 1.$$

于是对任意整数 $n > m$，

$$f(3n) > n.$$

因此，由于 $f(9999) = 3333$ 可知对一切 $m \leqslant 3333$ 均有 $f(3m) = m$，所

以 $f(1980) = 660$, $f(1983) = 661$. 再由(※)式,
$$f(1982) \geqslant f(1980) + f(2) = f(1980) = 660,$$
$$3f(1982) \leqslant f(3 \times 1982) = 1982,$$
所以 $660 \leqslant f(1982) < 661$, 于是 $f(1982) = 660$.

原注 ·本题可进一步证明:
$$f(n) = \left[\frac{n}{3}\right] (1 \leqslant n \leqslant 9999).$$

辨析

原解答按要求求出了一个满足函数方程(更确切些说是一个函数不等式组(※))及其附加条件的函数在 $n = 1982$ 时的值. 当然我们希望进一步求出满足题设条件的这个函数方程的所有的解函数.

原解的注,给出了这个解. 在另一本著作中也称:"……一个更强的结论,即对一切 $1 \leqslant n < 9999$, 都有 $f(n) = \left[\frac{n}{3}\right]$, 其中 $[a]$ 表示 a 的整数部分, 由 f 的性质出发, 读者不难证明这个结论."

本辨析将证明原题结论的这一推广是错误的. 1°我们通过具体构建定义在整个正整数集上的符合题设条件的解函数 $f(n)$, 说明这样的函数有无穷多个. 为了使"所有解"的讨论更具有确定性, 我们将定义在整个正整数集上的函数 $f(n)$ 改为定义在 $1 \leqslant n \leqslant 9999$ 的正整数集上的函数 $f(n)$, 然后来求所有解. 由于直接证明 1°中所构建的这类函数就是解的全部比较困难, 只能换一种思路来解决该问题. 2°通过一组命题加深对该问题的理解, 并大致描绘出这类函数 $f(n)$ $(1 \leqslant n \leqslant 9999)$ 的结构. 3°由几条必要条件圈定了一类函数, 然后再证明这类函数满足题设条件, 最后我们将发现满足该函数方程及附加条件的定义在 $1 \leqslant n \leqslant 9999$ 上的函数共有 2779 个. 2°和 3°的内容虽比较烦琐, 但却体现了研究数学问题常常先探索必要条件再证明其充分性的一般方法. 这两小节可略读, 主要弄清其思路. 进一步思考还可发现, 这 2779 个函数中的每一个都可以用 1°中所构建的函数来表示, 仅仅是不同的函数对应着不同的 λ 的取值范围而已. 这

反过来说明1°所构建的$1 \leqslant n \leqslant 9999$上的函数的确就是所有解的统一表示形式. 对此就不再详细展开了, 仅在本节最后给出一个附注.

1°. 用$[x]$表示不超过x的最大整数, 函数$w = [x]$称为高斯函数. 先证明高斯函数的一项性质, 然后用该性质来构建一类定义在整个正整数集上的满足原题题设条件的函数.

[62-1]　　　　　　　　　　　　　　　　　　　☆

证明高斯函数$w = [x]$对任意实数x, y有

$$[x] + [y] \leqslant [x + y] \leqslant [x] + [y] + 1. \qquad ①$$

证 设$x = a + \alpha$, 其中a是整数, $0 \leqslant \alpha < 1$; $y = b + \beta$, 其中b是整数, $0 \leqslant \beta < 1$. 则$[x] = a, [y] = b, 0 \leqslant \alpha + \beta < 2$.

(i) 当$0 \leqslant \alpha + \beta < 1$时, 有

$$[x] + [y] = [x + y] < [x] + [y] + 1;$$

(ii) 当$1 \leqslant \alpha + \beta < 2$时, 有

$$[x] + [y] < [x + y] = [x] + [y] + 1.$$

$\therefore$ 对任意实数x, y①成立.

[62-2]　　　　　　　　　　　　　　　　自编题　☆

证明定义在整个正整数集上的函数$f(n) = \left[\dfrac{n}{\lambda} \right]$, 其中$\lambda$取

$\left(\dfrac{9999}{3334}, 3 \right]$内的任意一个实数, 满足原题题设条件.

证 由①可知, 对任取的正整数m, n及任意取定的不为0的实数λ都有

$$\left[\frac{n}{\lambda} \right] + \left[\frac{m}{\lambda} \right] \leqslant \left[\frac{n + m}{\lambda} \right] \leqslant \left[\frac{n}{\lambda} \right] + \left[\frac{m}{\lambda} \right] + 1.$$

$\therefore$ 函数$f(n) = \left[\dfrac{n}{\lambda} \right]$满足

$$f(m) + f(n) \leqslant f(m + n) \leqslant f(m) + f(n) + 1. \qquad ②$$

即满足函数方程

$$f(m + n) - f(m) - f(n) = 0 \text{ 或 } 1. \qquad ③$$

若 λ 是在区间 $\left(\dfrac{9999}{3334},3\right]$ 内取值,显然有 $f(2)=\left[\dfrac{2}{\lambda}\right]=0$,$f(3)=\left[\dfrac{3}{\lambda}\right]>0$,$f(9999)=\left[\dfrac{9999}{\lambda}\right]=3333$. 证毕.

由于在区间 $\left(\dfrac{9999}{3334},3\right]$ 内可以取到无穷多个数值,设取 $\lambda_1\neq\lambda_2$,不管它们怎样接近,只要 n 足够大,总可以使 $n\cdot\left|\dfrac{1}{\lambda_1}-\dfrac{1}{\lambda_2}\right|>1$,于是可知 $\left[\dfrac{n}{\lambda_1}\right]$ 与 $\left[\dfrac{n}{\lambda_2}\right]$ 是整个正整数集合上的不同的函数,这样我们就构建了无穷多个满足原题题设条件的函数. 而 $f(n)=\left[\dfrac{n}{3}\right]$,仅仅是其中的一个(取 $\lambda=3$). 特别地取 $\lambda_0=2.9995$,容易验证不但有 $\dfrac{9999}{3334}<\lambda_0\leqslant3$,还有 $\dfrac{9998}{3334}<\lambda_0\leqslant\dfrac{9998}{3333}$,此时 $\left[\dfrac{9998}{3}\right]=3332$ 而 $\left[\dfrac{9998}{\lambda_0}\right]=3333$. 说明 $\left[\dfrac{n}{3}\right]$ 与 $\left[\dfrac{n}{\lambda_0}\right]$ 在 $1\leqslant n\leqslant9999$ 这一段上也不相同. 这足以说明原解的推广是错误的.

2°. 将 $f(n)$ 的定义域限制在 $1\leqslant n\leqslant9999$ 上,在此前提下如何求函数方程③满足原题附加条件的所有解?本小节先讨论几个有关命题.

$\left[62-3\right]$ 自编题 ☆

证明若 $f(n)$ $(1\leqslant n\leqslant9999)$ 满足函数方程③,且 $f(n)=\left[\dfrac{n}{3}\right]$ $(1\leqslant n<9999)$,则 $f(9999)=3333$.

证一 ③式又可表示成

$f(m+n)=f(m)+f(n)+\mathrm{I}.$ (Ⅰ 及下文中的 I_i 取 0 或 1). ④

$\therefore f(9999)=f(9998+1)=f(9998)+f(1)+\mathrm{I}_1=3332+\mathrm{I}_1$

$\qquad =f(9996+3)=f(9996)+f(3)+\mathrm{I}_2=3333+\mathrm{I}_2.$

$\because$ 原题中函数都是指单值函数,函数值是唯一确定的,为了使上式等号成立, I_1 只能取 1, I_2 只能取 0. $\therefore f(9999) = 3333$.

证二　显然 $f(3) = 1$. 因②与③等价又有

$$f(n+3) \geqslant f(n) + f(3) = f(n) + 1.$$

$\therefore f(n+3k) \geqslant f(n) + k, (k = 1, 2, \cdots).$ 　　　　　⑤

取 $n = 3$ 得 $f[3(k+1)] \geqslant f(3) + k = k + 1$.

$\therefore f(3m) \geqslant m, (m = 1, 2, \cdots).$ 　　　　　⑥

$\therefore f(9999) \geqslant 3333$.

又由②, $f(9999) \leqslant f(9998) + f(1) + 1 = 3333$.

$\therefore f(9999) = 3333$.

[62 - 4]　　　　　　　　　　　　　　　　　自编题　☆

证明函数　　　　$f(n) = \begin{cases} \left[\dfrac{n}{3}\right] & 1 \leqslant n < 9998, \\ 3333 & n = 9998, \\ 3333 & n = 9999. \end{cases}$

满足函数方程③及原题的附加条件(下文中简称满足原题题意).

证　该函数仅 $n = 9998$ 时不等于 $\left[\dfrac{n}{3}\right]$, 而是 $f(9998) = \left[\dfrac{9998}{3}\right] +$

1. 根据[62 - 2]的证明, 只要再验证式②中的 $m, n, m+n$ 当和 9998 有关时式②能成立. 显然有

$$f(9998) + f(1) = f(9998 + 1) < f(9998) + f(1) + 1.$$

设 $m + n = 9998$, 则 $1 \leqslant m, n \leqslant 9997$. $\therefore f(m) = \left[\dfrac{m}{3}\right], f(n) = \left[\dfrac{n}{3}\right]$.

$\because 9998 \equiv 2 (\bmod 3), \therefore m, n$ 只有如下两种情况:

甲 $\begin{cases} m \equiv 0 (\bmod 3) \\ n \equiv 2 (\bmod 3) \end{cases}$ 或 $\begin{cases} m \equiv 2 (\bmod 3) \\ n \equiv 0 (\bmod 3) \end{cases}$; 乙 $\begin{cases} m \equiv 1 (\bmod 3) \\ n \equiv 1 (\bmod 3) \end{cases}$.

可以验证(实际上就是[62 - 1]中, $0 \leqslant \alpha + \beta < 1$ 的情况), 有

$$\left[\dfrac{m}{3}\right] + \left[\dfrac{n}{3}\right] = \left[\dfrac{9998}{3}\right] < \left[\dfrac{m}{3}\right] + \left[\dfrac{n}{3}\right] + 1,$$

$\therefore$ 　　　　$\left[\dfrac{m}{3}\right] + \left[\dfrac{n}{3}\right] < \left[\dfrac{9998}{3}\right] + 1 = \left[\dfrac{m}{3}\right] + \left[\dfrac{n}{3}\right] + 1$.

即有　　　　　$f(m)+f(n)\leqslant f(9998)\leqslant f(m)+f(n)+1.$

由此可知,该函数 $f(n)(1\leqslant n\leqslant 9999)$ 满足原题题意.

构建的该例再次说明,在限制定义域的前提下,满足原题题意的函数也并不唯一.

[62-5]　　　　　　　　　　　　　　　**自编题**　☆☆

若 $f(n)(1\leqslant n\leqslant 9999)$ 满足原题题意,则有 $f(n)=\left[\dfrac{n}{3}\right](1\leqslant n\leqslant 3333)$;且 $f(3n)=n,(1\leqslant n\leqslant 3333).$

也就是说虽然满足原题题意的函数 $f(n)(1\leqslant n\leqslant 9999)$ 并不唯一,但这些函数在正整数列从 1 到 3333 的这段上函数值相同,都等于 $\left[\dfrac{n}{3}\right]$;在 3 的倍数上函数值也相同也等于 $\left[\dfrac{n}{3}\right]$.

证　由④有 $f(2)=f(1)+f(1)+I$,又∵ 已知 $f(2)=0$,
∴ $I=0,f(1)=0.$

注意到在 $f(3)>0$ 的前提下,式⑤和式⑥同样可以证明成立.

由⑤有　$f(3k+1)\geqslant f(1)+k=k,$
　　　　　$f(3k+2)\geqslant f(2)+k=k,$

由⑥有　$f(3k)\geqslant k.$

∴有 $f(n)\geqslant\left[\dfrac{n}{3}\right].$

由条件 $f(9999)=3333$,原解答已用反证法证明了有
　　　　　$f(3n)=n,(1\leqslant n\leqslant 3333).$ 　　　⑦

∵ $f(3n)=f(2n+n)\geqslant f(2n)+f(n)\geqslant 3f(n).$

∴ $f(n)\leqslant\dfrac{n}{3},(1\leqslant n\leqslant 3333).$

又∵ $f(n)$ 是非负整数,∴ $f(n)\leqslant\left[\dfrac{n}{3}\right],(1\leqslant n\leqslant 3333).$

∴ $f(n)=\left[\dfrac{n}{3}\right],(1\leqslant n\leqslant 3333).$ 　　　⑧

该例所揭示的是满足原题题意的函数都应当具有的性质.实际

上还有一些更明显的性质.

∵ $f(1) = 0$，由②有

$$f(n+1) \geqslant f(n) + f(1) = f(n).\qquad ⑨$$

说明 $f(n)$ 是一个非减函数.

由该例结果 $f(3) = 1$，再由②有

$$f[3(k+1)+1] = f[(3k+1)+3] \geqslant f(3k+1) + 1,$$
$$f[3(k+1)+2] = f[(3k+2)+3] \geqslant f(3k+2) + 1. \ (k = 0,1,2,\cdots)$$
$$⑩$$

[62－6]　　　　　　　　　　　　　自编题　　☆

证明函数

$$f(n) = \begin{cases} \left[\dfrac{n}{3}\right] & 1 \leqslant n < 9997 \\[2mm] 3333 & 9997 \leqslant n \leqslant 9999 \end{cases} \quad 不满足原题题意.$$

证　反证法. 设所给函数满足题意，则

$$f(9997) = f(9995+2) = f(9995) + f(2) + Ⅰ$$
$$= 3331 + Ⅰ \leqslant 3332 \ (Ⅰ 最大取 1),$$

与 $f(9997) = 3333$ 矛盾. 说明该函数不满足原题题意.

一般地，进一步可证，若 $f(n)(1 \leqslant n \leqslant 9999)$ 满足原题题意，当

$$f(3k) = \left[\dfrac{3k}{3}\right] = k, f(3k+1) = \left[\dfrac{3k+1}{3}\right] = k, f(3k+2) = \left[\dfrac{3k+2}{3}\right] =$$

k 时，则 $f[3(k+1)+1] = \left[\dfrac{3(k+1)+1}{3}\right]$，不会等于 $\left[\dfrac{3(k+1)+1}{3}\right] + 1$.

$$⑪$$

事实上，由下面二式

$$f[3(k+1)+1] = f[(3k+2)+2] = f(3k+2) + f(2) + Ⅰ_1$$
$$= k + Ⅰ_1,$$
$$f[3(k+1)+1] = f[(3k+1)+3] = f(3k+1) + f(3) + Ⅰ_2$$
$$= (k+1) + Ⅰ_2.$$

要二式相等只能取 $Ⅰ_1 = 1, Ⅰ_2 = 0.$

　　根据满足原题题意的函数 $f(n)$ ($1 \leqslant n \leqslant 9999$)具有性质⑦、⑧、⑨、⑩、⑪就可把握 $f(n)$ ($1 \leqslant n \leqslant 9999$)的结构,即其具有如下式⑫的形式,尤其是⑪说明如下的 Ⅰ 型要通过 Ⅱ 型才有可能转到 Ⅲ 型,即不会从 Ⅰ 型直接跳到 Ⅲ 型,这也就是要设 $k' \geqslant k_0 + 2$ 的依据.

$$f(n) = \begin{cases} f(1) = 0 \\ f(2) = 0 \\ f(3k) = \left[\dfrac{3k}{3}\right] \\ f(3k+1) = \left[\dfrac{3k+1}{3}\right] \\ f(3k+2) = \left[\dfrac{3k+2}{3}\right] \\ f(9999) = 3333. \end{cases} \underbrace{\begin{array}{c} \left[\dfrac{3k}{3}\right] \\ \left[\dfrac{3k+1}{3}\right] \\ \left[\dfrac{3k+2}{3}\right] + 1 \end{array}}_{\text{Ⅰ型}};$$

$$\underbrace{\begin{array}{c} \left[\dfrac{3k}{3}\right] \\ \left[\dfrac{3k+1}{3}\right] + 1 \\ \left[\dfrac{3k+2}{3}\right] + 1 \end{array}}_{\text{Ⅱ型}}; \underbrace{\begin{array}{c} \\ \end{array}}_{\text{Ⅲ型}}; (k = 1,2,\cdots,3332) \qquad ⑫$$

其中:(i) 取 $1110 \leqslant k_0 \leqslant 3332$.

　　当 $k_0 = 3332$ 时,对所有 k 取 Ⅰ 型;其他情况,在 $1 \leqslant k \leqslant k_0$ 上取 Ⅰ 型,在 $k_0 + 1 \leqslant k \leqslant 3332$ 上取 Ⅱ 型.

　　(ii) 取 $1110 \leqslant k_0 \leqslant 3330$,且取 $k_0 + 2 \leqslant k' \leqslant 3332$.

　　　　在 $1 \leqslant k \leqslant k_0$ 上取 Ⅰ 型,

　　　　在 $k_0 + 1 \leqslant k \leqslant k' - 1$ 上取 Ⅱ 型,

　　　　在 $k' \leqslant k \leqslant 3332$ 上取 Ⅲ 型.

[62 – 7]　　　　　　　　　　　　　　　　　　　自编题　☆

证明函数

$$f(n) = \begin{cases} \left[\dfrac{n}{3}\right] & 1 \leq n < 9995 \\ 3332 & 9995 \leq n < 9997 \\ 3333 & 1997 \leq n \leq 9999 \end{cases}$$

不满足原题题意.

证　显然只要能举出一个实例使②式不成立,命题就获证.

取　　　　　　　　　　　　$9997 = 3332 + 6665$.

∵ $f(9997) = 3333$,$f(3332) = 1110$,$f(6665) = 2221$

∴ $f(9997) > f(3332) + f(6665) + 1$,即②不能成立.

由该例可知虽然满足原题题意的函数一定是⑫这种形式,但⑫这种形式的函数却不一定满足原题题意.

3°. 本小节将求出满足函数方程③(或称满足函数不等式组②)及 $f(2) = 0$,$f(3) > 0$,$f(9999) = 3333$,定义在正整数 n ($1 \leq n \leq 9999$)上取非负整数值的所有函数 $f(n)$.(简称满足原题题意的 $f(n)$)

其基本思路是,由2°可知这些函数都具有⑫的形式,但具有⑫形式的函数 $f(n)$ 并不都满足原题题意,从式⑫中的 k' 入手先讨论为了使 $f(n)$ 满足原题题意,k' 必须要满足的三个必要条件;然后从⑫中挑选出满足这些必要条件的所有函数,再证明这批函数都满足原题题意,从而解决问题.

(i)当 $k_0 \geq 1666$ 时,k' 不存在,即Ⅲ型不存在.

证　反证法,若Ⅲ型存在,那么在 $k = 3332$ 处必是Ⅲ型.

∴ $f(9997) = f[3 \times 3332 + 1] = 3333$.

而 $9997 = (3 \times 1665 + 2) + (3 \times 1666 + 2)$,又∵ $k_0 \geq 1666$,∴ 在 $k = 1665$ 及 $k = 1666$ 处均是Ⅰ型,于是有

$$f(4997) + f(5000) = 1665 + 1666 = 3331.$$

与③矛盾.

(ii) 当 $k_0 \leqslant 1665$ 时,$k' \geqslant 2k_0 + 2$.

证 反证法,设 $k' < 2k_0 + 2$. ∵ $k_0 \leqslant 1665$,∴ $2k_0 + 2 \leqslant 3332$,则 $f(n)(1 \leqslant n \leqslant 9999)$ 在 $k = 2k_0 + 1$ 处取 Ⅲ 型,但在 $k = k_0$ 处取 Ⅰ 型,于是有

$$f(3k_0 + 2) + f(3k_0 + 2) + 1 = 2k_0 + 1,$$

$$f[(3k_0 + 2) + (3k_0 + 2)] = f[3(2k_0 + 1) + 1] = 2k_0 + 2.$$

与②矛盾.

(iii) 当 $k_0 \leqslant 1664$ 时,$k' \leqslant 2k_0 + 3$.

证 用反证法,设 $k' > 2k_0 + 3$,∵ $k_0 \leqslant 1664$,∴ $2k_0 + 3 < 3332$. 则 $f(n)(1 \leqslant n \leqslant 9999)$ 在 $k = 2k_0 + 3$ 处取 Ⅱ 型,但 $k = k_0 + 1$ 处也取 Ⅱ 型,于是有

$$f[3(k_0 + 1) + 2] + f[3(k_0 + 1) + 2] = (k_0 + 2) + (k_0 + 2) = 2k_0 + 4,$$

$$f\{[3(k_0 + 1) + 2] + [3(k_0 + 1) + 2]\} = f[3(2k_0 + 3) + 1] = 2k_0 + 3.$$

与③矛盾.

从该证明中还可以看出,当 $1110 \leqslant k_0 \leqslant 1664$ 时,是不能没有 k' 的.

在⑫所给出的函数中,剔除不满足这三个必要条件的函数就得如下的一类函数:

函数 $f(n)$ ($1 \leqslant n \leqslant 9999$) ⑬

具有⑫式的结构,其中

(i) 若 $1110 \leqslant k_0 \leqslant 1664$ 时,取 $2k_0 + 2 \leqslant k' \leqslant 2k_0 + 3$.

在 $1 \leqslant k \leqslant k_0$ 上取 Ⅰ 型;在 $k_0 + 1 \leqslant k \leqslant k' - 1$ 上取 Ⅱ 型;在 $k' \leqslant k \leqslant 3332$ 上取 Ⅲ 型.

(ii) 若 $k_0 = 1665$ 时,

在 $1 \leqslant k \leqslant 1665$ 上取 Ⅰ 型;在 $1666 \leqslant k \leqslant 3331$ 上取 Ⅱ 型;在 $k = 3332$ 上取 Ⅲ 型.

或者,在 $1 \leqslant k \leqslant 1665$ 上取 Ⅰ 型;在 $1666 \leqslant k \leqslant 3332$ 上取 Ⅱ 型.

(iii) 若 $1666 \leqslant k_0 \leqslant 3331$ 时.

在 $1 \leqslant k \leqslant k_0$ 上取 Ⅰ 型;在 $k_0 + 1 \leqslant k \leqslant 3332$ 上取 Ⅱ 型.

(iv) 若 $k_0 = 3332$ 时.

即 $f(n) = \left[\dfrac{n}{3}\right]$ 　$(1 \leqslant n \leqslant 9999)$.

下面证明函数⑬满足原题题意.

显然只要证明⑬中的 $f(n)$，当 $s = m_1 + m_2, 2 \leqslant s \leqslant 9999$，$1 \leqslant m_1, m_2 \leqslant 9998$时，有

$$f(m_1) + f(m_2) \leqslant f(s) \leqslant f(m_1) + f(m_2) + 1. \tag{⑭}$$

设 　$s = 3k = 3k_1 + 3k_2,$ 　　　　　　　　　　　⑮

　　　　$= [3(k_1 - 1) + 1] + (3k_2 + 2),$ 　　　　　⑯

　　$s = 3k + 1 = 3k_1 + (3k_2 + 1),$ 　　　　　　　⑰

　　　　$= [3(k_1 - 1) + 2] + (3k_2 + 2),$ 　　　　　⑱

　　$s = 3k + 2 = 3k_1 + (3k_2 + 2),$ 　　　　　　　⑲

　　　　$= (3k_1 + 1) + (3k_2 + 1).$ 　　　　　　　　⑳

其中 $k = k_1 + k_2, k$、k_1、k_2 的取值范围，以保证穷尽 s 的所有和的分解为原则，例如，⑮、⑯中的 k 可取 3333；⑳中 k 可以取 0；⑱中 k_1 最小取 1，k_2 可取 0；⑮中 k_1、k_2 不能取零等.

以上六式已是 s 作 m_1、m_2 和的分解的全部可能类型.

（1）若 $f(s)$ 属 I 型，则 $f(m_1)$、$f(m_2)$ 均属 I 型（可将 $f(1) = 0$，$f(2) = 0$ 归入 I 型，将 $f(9999)$ 视为与 $f(9998)$ 同型，下同）. 由 $1°[62 - 2]$ 可知⑭成立. 即⑮～⑳六式时均成立.

在下面的分类讨论中，这六个式子中如遇相同情况之后的验证就省略. 如式⑮在三种类型下均是 $f(n) = \left[\dfrac{n}{3}\right]$，情况都相同就不须再验证.

（2）若 $f(s)$ 属 II 型.

a）当 $f(m_1)$、$f(m_2)$ 均属 I 型时，显然只要再就⑲、⑳的情况证明之. 此时

$$f(s) = f(3k + 2) = k + 1,$$

情况⑲：$f(m_1) + f(m_2) = f(3k_1) + f(3k_2 + 2) = k_1 + k_2 = k,$

情况⑳：$f(m_1) + f(m_2) = f(3k_1 + 1) + f(3k_2 + 1) = k_1 + k_2 = k.$

式⑭均成立.

b）当 $f(m_1)$、$f(m_2)$ 分别属 I 型和 II 型时,显然只要再就⑯、⑱、⑲三种情况中 $f[3k_2+2]$ 是 II 型的条件下证明之.

情况⑯: $f(s)=f(3k)=k$,

$$f(m_1)+f(m_2)=f[3(k_1-1)+1]+f[3k_2+2]$$
$$=k_1-1+k_2+1=k.$$

情况⑱: $f(s)=f(3k+1)=k$,

$$f(m_1)+f(m_2)=f[3(k_1-1)+2]+f[3k_2+2]$$
$$=k_1-1+k_2+1=k.$$

（前者属 II 型、后者属 I 型,结果一样）

情况⑲: $f(s)=f(3k+2)=k+1$,

$$f(m_1)+f(m_2)=f(3k_1)+f(3k_2+2)=k_1+k_2+1=k+1.$$

式⑭均成立.

c）当 $f(m_1)$、$f(m_2)$ 均属 II 型,显然仅须验证情况⑱,而且可知此时式⑭不成立,下面证明情况⑱实际上不会发生.

在⑬的(ii)、(iii)的情况下,当 $f(s)$ 是 II 型时显然 $f(m_1)$、$f(m_2)$ 不可能都是 II 型且具有⑱的分解形式,为此只要讨论(i)的情况.

设 $f(s)$ 属 II 型,$s=3k+1=[3(k_1-1)+2]+(3k_2+2)=m_1+m_2$.

∴ $k_0+1\leqslant k\leqslant k'-1$,而 $k'\leqslant 2k_0+3$,

∴ $s=3k+1\leqslant 3(k'-1)+1\leqslant 3(2k_0+2)+1=6k_0+7$.

∵ $f(m_1)$、$f(m_2)$ 都是 II 型,∴ 有 $k_1-1\geqslant k_0+1$,$k_2\geqslant k_0+1$.

∴ $m_1+m_2=[3(k_1-1)+2]+(3k_2+2)\geqslant[3(k_0+1)+2]+[3(k_0+1)+2]=6k_0+10$.

∴ ⑱情况不会发生.

（3）若 $f(s)$ 属 III 型.

显然只在⑬的(i)、(ii)情况下发生,此时 $f(m_1)$、$f(m_2)$ 不可能同时是 III 型.

a）当 $f(m_1)$、$f(m_2)$ 均属 I 型时,显然仅须验证情况⑰和情况⑱.

情况⑰: $f(s)=f(3k+1)=k+1$,

$$f(m_1) + f(m_2) = f(3k_1) + f(3k_2 + 1) = k_1 + k_2 = k.$$

式⑭成立.

情况⑱：证明其不会发生.

∵ $k' \geqslant 2k_0 + 2$，∴ $s = 3k + 1 \geqslant 3k' + 1 \geqslant 6k_0 + 7$，

而 $m_1 + m_2 = [3(k_1 - 1) + 2] + (3k_2 + 2) \leqslant (3k_0 + 2) + (3k_0 + 2) \leqslant 6k_0 + 4$.

b）当 $f(m_1)$、$f(m_2)$ 分别属Ⅰ型和Ⅱ型时，仅须验证情况⑱.

∵ $f(s) = f(3k + 1) = k + 1$，

$$f(m_1) + f(m_2) = f[3(k_1 - 1) + 2] + f(3k_2 + 2)$$
$$= (k_1 - 1) + (k_2 + 1) = k.$$

（前者属Ⅱ型，后者属Ⅰ型，结果一样）

式⑭成立.

c）当 $f(m_1)$、$f(m_2)$ 均属Ⅱ型时，仅须验证情况⑱.

∵ $f(s) = f(3k + 1) = k + 1$，

$$f(m_1) + f(m_2) = f[3(k_1 - 1) + 2] + f(3k_2 + 2)$$
$$= (k_1 - 1) + 1 + k_2 + 1 = k + 1.$$

∴ 式⑭成立.

d）当 $f(m_1)$、$f(m_2)$ 分别属Ⅰ型和Ⅲ型时，仅须验证如下情况.

情况⑯：当 $f[3(k_1 - 1) + 1]$ 属Ⅲ型时，

∵ $f(s) = f(3k) = k$，

而 $f(m_1) + f(m_2) = f[3(k_1 - 1) + 1] + f(3k_2 + 2) = (k_1 - 1) + 1 + k_2 = k.$

情况⑰：当 $f(3k_2 + 1)$ 属Ⅲ型时，

∵ $f(s) = f(3k + 1) = k + 1$，

而 $f(m_1) + f(m_2) = f(3k_1) + f(3k_2 + 1) = k_1 + k_2 + 1 = k + 1.$

情况⑳：

∵ $f(s) = f(3k + 2) = k + 1$，

而 $f(m_1) + f(m_2) = f(3k_1 + 1) + f(3k_2 + 1) = k + 1.$

式⑭均成立.

e）当 $f(m_1)$、$f(m_2)$ 分别属Ⅱ型和Ⅲ型时，仅须验证情况⑯中

$f[3(k_1-1)+1]$ 属Ⅲ型, $f(3k_2+2)$ 属Ⅱ型时,式⑭能否成立.

此时⑭不能成立,但可证明该情况实际上不会发生.

∵ $f[3(k_1-1)+1]$ 属Ⅲ型,∴ $k_1-1 \geqslant k' \geqslant 2k_0+2 \geqslant 2 \times 1110+2 = 2222$, 又∵ $f[3k_2+2]$ 属Ⅱ型,∴ $k_2 \geqslant k_0+1 \geqslant 1111$.

∴ $m_1+m_2 \geqslant (3 \times 2222+1)+(3 \times 1111+2) = 9999+3$. 说明情况不会发生.

这样就证明了由式⑬给定的所有函数 $f(n)$ ($1 \leqslant n \leqslant 9999$)均满足原题题意.

最后具体构造几个符合原题题意的函数,并计算这样的函数共有多少个.

(1) 取 $k_0 = 1110$, $k' = 2222$ 或 2223,对应两个函数:

a) 在 $1 \leqslant k \leqslant 1110$ 上取Ⅰ型,在 $1111 \leqslant k \leqslant 2221$ 上取Ⅱ型,在 $2222 \leqslant k \leqslant 3332$ 上取Ⅲ型;

b) 在 $1 \leqslant k \leqslant 1110$ 上取Ⅰ型,在 $1111 \leqslant k \leqslant 2222$ 上取Ⅱ型,在 $2223 \leqslant k \leqslant 3332$ 上取Ⅲ型.

(2) 取 $k_0 = 1664$, $k' = 3330$ 或 3331,对应两个函数:

a) 在 $1 \leqslant k \leqslant 1664$ 上取Ⅰ型,在 $1665 \leqslant k \leqslant 3329$ 上取Ⅱ型,在 $3330 \leqslant k \leqslant 3332$ 上取Ⅲ型;

b) 在 $1 \leqslant k \leqslant 1664$ 上取Ⅰ型,在 $1665 \leqslant k \leqslant 3330$ 上取Ⅱ型,在 $3331 \leqslant k \leqslant 3332$ 上取Ⅲ型.

(3) 取 $k_0 = 1665$, $k' = 3332$ 及 k' 不存在,对应两个函数:

a) 在 $1 \leqslant k \leqslant 1665$ 上取Ⅰ型,在 $1666 \leqslant k \leqslant 3331$ 上取Ⅱ型,在 $k = 3332$ 上取Ⅲ型;

b) 在 $1 \leqslant k \leqslant 1665$ 上取Ⅰ型,在 $1666 \leqslant k \leqslant 3332$ 上取Ⅱ型.

(4) 取 $k_0 = 1666$,Ⅲ型不存在,对应一个函数:

在 $1 \leqslant k \leqslant 1666$ 上取Ⅰ型,在 $1667 \leqslant k \leqslant 3332$ 上取Ⅱ型.

(5) 取 $k_0 = 3331$,Ⅲ型不存在,对应一个函数:

在 $1 \leqslant k \leqslant 3331$ 上取Ⅰ型,在 $k = 3332$ 上取Ⅱ型.

（6）取 $k_0 = 3332$，即 $f(n) = \left[\dfrac{n}{3}\right]$ $(1 \leqslant n \leqslant 9999)$.

从所举实例也可看出，满足原题题意的函数 $f(n)$ $(1 \leqslant n \leqslant 9999)$ 共有

$$(1665 - 1110 + 1) \times 2 + (3332 - 1666 + 1) = 2779（个）.$$

附注：以上作为实例的九个函数，都可以用 $f(n) = \left[\dfrac{n}{\lambda}\right]$ 来统一表示，其中 λ 的取值范围依次为：

$$\left(\frac{9999}{3334}, \frac{6667}{2223}\right], \left(\frac{6667}{2223}, \frac{6670}{2224}\right], \left(\frac{9988}{3330}, \frac{9991}{3331}\right], \left(\frac{9991}{3331}, \frac{9994}{3332}, \right.$$

$$\left.\frac{9997}{3333}\right], \left(\frac{9997}{3333}, \frac{5000}{1667}\right], \left(\frac{5000}{1667}, \frac{5003}{1668}\right], \left(\frac{9995}{3332}, \frac{9998}{3333}\right], \left(\frac{9998}{3333}, 3\right].$$

[63] 极限　　　　　　　　　　　　**解法不完整**　　☆
原题

（1）求 $\sqrt{2\sqrt{2\sqrt{2\cdots}}}$ 的值；

（2）已知 θ 是一个定锐角，θ_1 是 $\dfrac{\theta}{2}$ 的余角，θ_2 是 $\dfrac{\theta_1}{2}$ 的余角，θ_3 是 $\dfrac{\theta_2}{2}$ 的余角，……，θ_n 是 $\dfrac{\theta_{n-1}}{2}$ 的余角，求 $\lim\limits_{n \to \infty} \theta_n$.

原解　（1）令 $x_n = \underbrace{\sqrt{2\sqrt{2\cdots\sqrt{2}}}}_{n} = \sqrt{2 \cdot x_{n-1}}$，故 $x = \sqrt{2x}$ 得 $x = 2$；

（2）由题意得 $\theta_n = \dfrac{\pi}{2} - \dfrac{\theta_{n-1}}{2}$，故 $\lim\limits_{n \to \infty} \theta_n = \dfrac{\pi}{3}$.

辨析

初学微积分时，最忌只求技巧而不讲根据.

1°. 题（1），即是求数列 $\{x_n\}$，当 $n \to \infty$ 时的极限. 在求数列的极限时，常用方法之一是先求出数列通项的递推式，再两边求极限，根据极限的存在性、转变为极限的代数方程，从而求出极限的值. 但是

极限的存在性是必须证明的,而且应当是题解中的重要组成部分. 关于本题,补证如下.

∵ x_n 的表达式中最后一个 2 用 4 替代是增大,∴ $x_n < 2$,即 $\{x_n\}$ 有上界.

∵ $2\sqrt{2} > 2.8 > 2$,∴ $x_2 = \sqrt{2\sqrt{2}} > \sqrt{2} = x_1$.

假设 $x_k > x_{k-1}$,则 $2x_k > 2x_{k-1}$,不等式两边均大于 0,∴ $\sqrt{2x_k} > \sqrt{2x_{k-1}}$,即 $x_{k+1} > x_k$.

这就由数学归纳法证明了 $\{x_n\}$ 单调递增.

∴ $\{x_n\}$ 是单调递增有上界数列. 根据

定理　单调递增且有上界的数列或单调递减且有下界的数列,当 $n \to \infty$ 时必有极限.

可知 $\{x_n\}$ 当 $n \to \infty$ 的极限存在. 只有证明了极限的存在性,才可设 $\lim\limits_{n \to \infty} x_n = x$,然后才能用原解的方法求出 $x = 2$.

在 [64]3° 中还有该定理的更一般的表述. 该定理所揭示的是极限存在的一个充分条件,但不是必要条件.

2°. 题(2),若 $\{\theta_n\}$ 当 $n \to \infty$ 时极限存在,就可设 $\lim\limits_{n \to \infty} \theta_n = \theta_0$,由 $\lim\limits_{n \to \infty} \theta_n = \lim\limits_{n \to \infty} \left(\dfrac{\pi}{2} - \dfrac{\theta_{n-1}}{2} \right)$,可得 $\theta_0 = \dfrac{\pi}{2} - \dfrac{\theta_0}{2}$,解之得 $\theta_0 = \dfrac{\pi}{3}$. 如用此法,证明 $\{\theta_n\}$ 当 $n \to \infty$ 时极限存在是不能省略的.

本题容易证明 $\{\theta_n\}$ 有界,但它不是单调递增也不是单调递减,不能用 1° 中的定理证明其极限存在. 在竞赛数学中由于只涉及初等微积分,数列极限存在性证明的手段并不多. 为此对本题来说与其证明极限的存在性,还不如放弃本方法用下法证之更简便.

显然　$\theta_1 = \dfrac{\pi}{2} - \dfrac{\theta}{2}$;

$\theta_2 = \dfrac{\pi}{2} - \dfrac{1}{2}\theta_1 = \dfrac{\pi}{2} - \dfrac{\pi}{2} \times \dfrac{1}{2} + \dfrac{\theta}{4}$;

……

$$\theta_n = \frac{\pi}{2} - \frac{\pi}{2} \times \frac{1}{2} + \cdots + (-1)^{n-1} \frac{\pi}{2} \times \frac{1}{2^{n-1}} + (-1)^n \cdot \frac{\theta}{2^n}$$

$$= \frac{\frac{\pi}{2} \left[1 - \left(-\frac{1}{2} \right)^n \right]}{1 + \frac{1}{2}} + (-1)^n \frac{\theta}{2^n}.$$

$$\therefore \lim_{n \to \infty} \theta_n = \frac{\pi}{3} - \lim_{n \to \infty} (-1)^n \frac{\pi}{3 \cdot 2^n} + \lim_{n \to \infty} (-1)^n \frac{\theta}{2^n}$$

$$= \frac{\pi}{3}.$$

[64] 极限　　　　　　　　　　**题中有错误**　　☆☆

原题　已知 $f(x) = \frac{1}{2}\left(x + \frac{a}{x^2} \right)(a > 0)$，$a_1 = 2a$，$a_{n+1} = f(a_n)$，定义数列 $\{a_n\}$，求证：

（1）$\dfrac{a_n - a}{a_{n+1} - a} = 3^{2^{n-1}} + 1$；

（2）$a_{n+1} - a < 3^{1-2^n} \cdot a$；

（3）$\lim\limits_{n \to \infty} a_n = a$.

原提示

（1）由 $a_1 = 2a, a_2 = \dfrac{5}{4}a, a_3 = \dfrac{41}{40}a, a_4 = \dfrac{3281}{3280}a, \cdots$，猜想 $a_n = \dfrac{3^{2^{n-1}} + 1}{3^{2^{n-1}} - 1}a$. 用数学归纳容易证得. 所以 $\dfrac{a_n - a}{a_{n+1} - a} = 3^{2^{n-1}} + 1$.

（2）要证明 $a_{n+1} - a = \dfrac{2}{3^{2^n} - 1}a < 3^{1-2^n}$，只需证明 $2 \times 3^{2^n} < 3 \times (3^{2^n} - 1)$，即 $3^{2^n} > 3, 2^n \geq 2 > 1$，故不等式成立.

（3）因为 $|a_{n+1} - a| < \dfrac{3a}{3^{2^n}}$. 由定义可知 $\lim\limits_{n \to \infty} a_n = a$.

辨析

1°. 如何发现题中有错,并对修改作出估计,原题倒是一道较好的例子.

当怀疑命题有误时,可同时使用命题的条件和结论来帮助作出判断. 如由结论(3),极限存在,设为 A. 由

$$a_{n+1} = \frac{1}{2}\left(a_n + \frac{a}{a_n^2}\right)$$

两边求极限,得 $A = \frac{1}{2}\left(A + \frac{a}{A^2}\right)$,解之得 $A = \sqrt[3]{a}$. 与(3)矛盾,可知原题有误.

如果估计错误发生在 $f(x)$ 中项 $\frac{a}{x^2}$ 的分子和分母的指数上,为了不和(3)矛盾,可设 $f(x) = \frac{1}{2}\left(x + \frac{a^{k+1}}{x^k}\right)$,而让 k 待定.

原题中的(1)实际上也是数列 $\{a_n\}$ 通项的一个递推关系,由此关系从 $a_1 = 2a$ 容易算出 $a_2 = \frac{5a}{4}$. 再从 $a_2 = f(a_1)$,可算出 $k = 1$.

原题中的 $f(x)$ 估计可修改为 $f(x) = \frac{1}{2}\left(x + \frac{a^2}{x}\right)$. 由此出发如能证明命题,一般说来该修改也就是可行的.

2°. 原提示(1)中称,由 $a_{n+1} = \frac{1}{2}\left(a_n + \frac{a^2}{a_n}\right)$ 及 $a_1 = 2a$,可算出 a_2, $a_3, a_4, \cdots$,从而猜想出通项公式 $a_n = \frac{3^{2^{n-1}} + 1}{3^{2^{n-1}} - 1} a$. 单凭数列的前面几项的数值作出如此猜想实际是不可能的. 比较正确的思考途径应是:首先会从三个要证明的结论的形式想到,求出通项公式会比较顺利. 猜想通项公式应当充分使用命题所提供的信息. 假定(1)成立,将 $a_{n+1} = \frac{1}{2}\left(a_n + \frac{a^2}{a_n}\right)$ 代入化简得

$$(3^{2^{n-1}} - 1)a_n^2 - 2 \cdot 3^{2^{n-1}} \cdot a \cdot a_n + (3^{2^{n-1}} + 1)a^2 = 0.$$

用十字相乘法处理左端,可得

$$a_n = a(\text{与 } a_1 = 2a \text{ 及 } a > 0 \text{ 矛盾}) \text{ 及 } a_n = \frac{3^{2^{n-1}} + 1}{3^{2^{n-1}} - 1} a.$$

这样,猜想就得到了. 由已知条件用数学归纳法证之.

原提示中,(3)用极限定义来求,是基于已证明了(2),有 $|a_{n+1} - a|$

$< \dfrac{3a}{3^{2^n}}$,及 $\lim\limits_{n \to \infty} \dfrac{3a}{3^{2^n}} = 0.$ 也可用通项公式直接求

$$\lim_{n \to \infty} a_n = \lim_{n \to \infty} \frac{1 + \dfrac{1}{3^{2^{n-1}}}}{1 - \dfrac{1}{3^{2^{n-1}}}} a = a.$$

3°.(3)也可像 1°那样直接求,但要证当 $n \to \infty$ 时,a_n 的极限存在.

事实上,$\because a_{n+1} = \dfrac{1}{2}\left(a_n + \dfrac{a^2}{a_n}\right)$,又 $a_1 = 2a > 0$,可知由此求得的

$a_n > 0.$

$$\therefore a_{n+1} = \frac{1}{2}\left(a_n + \frac{a^2}{a_n}\right) \geqslant \sqrt{a_n \cdot \frac{a^2}{a_n}} = a, (n = 1, 2, \cdots).$$

又 $a_1 = 2a > a$,$\therefore a_n \geqslant a (n = 1, 2, \cdots)$. 即 a 是 $\{a_n\}$ 的下界. 利用此结论又可得

$$a_{n+1} - a_n = \frac{1}{2}\left(a_n + \frac{a^2}{a_n}\right) - a_n = \frac{a^2 - a_n^2}{2a_n} \leqslant 0.$$

即 $\{a_n\}$ 是不增的.$\therefore$ 当 $n \to \infty$ 时,a_n 的极限存在.

其根据是[63]中的定理,该定理还可叙述成更一般的形式:

定理　单调有界变量存在极限.

其含意是递增或不减的有上界的变量,及递减或不增的有下界的变量极限都存在.

[65]极限　　　　　　将直观性叙述严谨化　　　☆☆

原题　设 $a_1 = 0, a_2 = \dfrac{1}{2}, a_3 = \dfrac{a_1 + a_2}{2}, a_4 = \sqrt{a_2 \cdot a_3}, \cdots, a_{2k-1} = $

$\dfrac{a_{2k-3}+a_{2k-2}}{2}$，$a_{2k}=\sqrt{a_{2k-2}\cdot a_{2k-1}}$，$\cdots$，试证：$\lim\limits_{n\to\infty}a_n=\dfrac{1}{\pi}$.

原证明　设 r_n，R_n 分别为周长是 2 的正 2^n 边形之内切圆半径与外接圆半径，则 $r_2=\dfrac{1}{4}=a_3$，$R_2=\dfrac{\sqrt{2}}{4}=a_4$，易得 $r_{n+1}=\dfrac{R_n+r_n}{2}$，$R_{n+1}=\sqrt{R_n\cdot r_{n+1}}$. 当 $n\to\infty$ 时，正 2^n 边形之内切圆与外接圆趋于重合，所以 $\lim\limits_{n\to\infty}r_n=\lim\limits_{n\to\infty}R_n$ 等于周长为 2 之圆的半径 $R=\dfrac{1}{\pi}$.

辨析

原证明使用了几何模型法,十分巧妙.

在周长为 2 的正 2^n 边形中(设 $n\geqslant2$),其边长的一半为 $\dfrac{1}{2^n}$. 显然用勾股定理,不便充分反映 r_n，R_n 与 $\dfrac{1}{2^n}$ 之间的递推关系,借助三角函数易得

$$R_n\cos\dfrac{\pi}{2^n}=r_n;\qquad\qquad\text{①}$$

$$R_n\sin\dfrac{\pi}{2^n}=\dfrac{1}{2^n};\qquad\qquad\text{②}$$

当然也有

$$R_{n+1}\cos\dfrac{\pi}{2^{n+1}}=r_{n+1};\qquad\qquad\text{③}$$

$$R_{n+1}\sin\dfrac{\pi}{2^{n+1}}=\dfrac{1}{2^{n+1}}.\qquad\qquad\text{④}$$

由②与④有

$$R_n\cdot2\sin\dfrac{\pi}{2^{n+1}}\cos\dfrac{\pi}{2^{n+1}}=2\cdot R_{n+1}\sin\dfrac{\pi}{2^{n+1}}.$$

$\therefore\qquad\qquad R_n\cos\dfrac{\pi}{2^{n+1}}=R_{n+1}.\qquad\qquad\text{⑤}$

由①、⑤、③有

$$\frac{R_n + r_n}{2} = R_n \frac{1 + \cos \dfrac{\pi}{2^n}}{2} = R_n \cos^2 \frac{\pi}{2^{n+1}} = R_{n+1} \cos \frac{\pi}{2^{n+1}} = r_{n+1}. \qquad ⑥$$

由③、⑤有

$$R_n \cdot r_{n+1} = R_n \cdot R_{n+1} \cos \frac{\pi}{2^{n+1}} = R_{n+1}^2. \qquad ⑦$$

原证明求极限,是由几何直观来解决的,也可严格叙述如下.

由①可知 $R_n > r_n$,又两正数的算术平均值与几何平均值均界于该两数之间,∴ 由⑥有 $R_n > r_{n+1} > r_n$,即 $\{r_n\}$ 递增.

由⑤可知 $R_{n+1} < R_n$,即 $\{R_n\}$ 递减.

又 $r_2 = \dfrac{1}{4}$,$R_2 = \dfrac{\sqrt{2}}{4}$,∴ 有 $\dfrac{\sqrt{2}}{4} \geqslant R_n > r_n \geqslant \dfrac{1}{4}$. 即 $\{r_n\}$ 递增但有上界 $\dfrac{\sqrt{2}}{4}$;$\{R_n\}$ 递减但有下界 $\dfrac{1}{4}$. ∴ 当 $n \to \infty$ 时,这两数列的极限是存在的. 可设 $\lim\limits_{n \to \infty} R_n = R$,$\lim\limits_{n \to \infty} r_n = r$.

令 $n \to \infty$,对①式两边求极限,得 $R = r$.

利用重要极限 $\lim\limits_{x \to 0} \dfrac{\sin x}{x} = 1$,及②有

$$R = \lim_{n \to \infty} R_n = \lim_{n \to \infty} \frac{\dfrac{1}{2^n}}{\sin \dfrac{\pi}{2^n}} = \lim_{n \to \infty} \frac{1}{\pi} \frac{\dfrac{\pi}{2^n}}{\sin \dfrac{\pi}{2^n}} = \frac{1}{\pi}.$$

注意题中的 $\{a_n\}$:$0,\dfrac{1}{2},r_2,R_2,r_3,R_3,\cdots$.

任给 $\varepsilon > 0$,∵ $\lim\limits_{n \to \infty} R_n = \dfrac{1}{\pi}$,∴ 存在 N_1,当 $n > N_1$ 时,有 $\left| R_n - \dfrac{1}{\pi} \right| < \varepsilon$;∵ $\lim\limits_{n \to \infty} r_n = \lim\limits_{n \to \infty} R_n = \dfrac{1}{\pi}$,∴ 存在 N_2,当 $n > N_2$ 时,有 $\left| r_n - \dfrac{1}{\pi} \right| < \varepsilon$.

取 $N = 2\max\{N_1, N_2\}$,显然当 $n > N$ 时,有

$$\left| a_n - \frac{1}{\pi} \right| < \varepsilon.$$

$$\therefore \lim_{n \to \infty} a_n = \frac{1}{\pi}.$$

[66] 求导函数　　　　　　　　　　　　　　**解法错误**　　☆☆

原题　　求 $f(x) = \ln \dfrac{|1 - x^2|}{e^x \sin^2 x}$ 的导数.

原解　　$f(x) = \ln|1 - x^2| - x - 2\ln|\sin x|$,

$$f'(x) = \frac{2x}{1 - x^2} - 1 - 2\cot x.$$

辨析

1°. 在求导函数时,一般函数中的绝对值表示要处理成分段表示.
例如

$$y = |x| = \begin{cases} x & x > 0 \\ 0 & x = 0 \\ -x & x < 0, \end{cases}$$

$$\therefore \qquad y' = \begin{cases} 1 & x > 0 \\ 不存在 & x = 0 \\ -1 & x < 0. \end{cases}$$

下面将证明对"绝对值的对数"可以例外.

设 $y = \ln|x|$,求 y'.

$$\because y = \ln|x| = \begin{cases} \ln x & x > 0 \\ 没有定义 & x = 0 \\ \ln(-x) & x < 0, \end{cases}$$

$$\therefore y' = (\ln|x|)' = \frac{1}{x} \ (x \neq 0). \qquad\qquad ①$$

注意 $(\ln|x|)' = \dfrac{1}{x}$ 与 $(\ln x)' = \dfrac{1}{x}$ 在形式上是一样的,它们都在
左、右两边公共的定义域上成立.

如果将"绝对值的对数"看成是一个函数整体,由复合函数的求导法则就有

$$(\ln|f(x)|)' = \frac{f'(x)}{f(x)}. \qquad ②$$

这就是说,在求导函数时,如要对绝对值的对数求导,可用公式②,不必对绝对值部分分段讨论. 这就是"绝对值的对数"可以例外的根据.

将公式②用于本题得

$$f'(x) = \frac{(1-x^2)'}{1-x^2} - 1 - 2\frac{(\sin x)'}{\sin x} = \frac{2x}{x^2-1} - 1 - 2\cot x.$$

这样原解的错误就一目了然了.

2°. 有了结论②"对数求导法"的优越性就更突出了.

[66 - 1] 　　　　　　　　　　　　　　　　　　☆

求 $f(x) = (\cos x)^x + x^{\sin x}$ 的导数.

解 设 $f_1(x) = (\cos x)^x$;

两边取对数 $\ln f_1(x) = x\ln\cos x$,

两边求导 $\dfrac{f'_1(x)}{f_1(x)} = \ln\cos x + x \cdot \dfrac{-\sin x}{\cos x}$,

$\therefore f'_1(x) = (\cos x)^x(\ln\cos x - x\tan x)$.

设 $f_2(x) = x^{\sin x}$;

两边取对数 $\ln f_2(x) = \sin x\ln x$,

两边求导 $\dfrac{f'_2(x)}{f_2(x)} = (\sin x)'\ln x + \sin x(\ln x)' = \cos x\ln x + \dfrac{\sin x}{x}$,

$\therefore f'_2(x) = x^{\sin x}\left(\cos x\ln x + \dfrac{\sin x}{x}\right)$.

$\therefore f'(x) = f'_1(x) + f'_2(x)$

$$= (\cos x)^x(\ln\cos x - x\tan x) + x^{\sin x}\left(\cos x\ln x + \dfrac{\sin x}{x}\right).$$

在求一个函数的导函数时,一般并不要求对求出的导函数在怎样的域内成立展开讨论,一般情况下求得的结果在函数的定义域和导函数的定义域的公共域上成立.

由于负数和零没有对数,所以取对数一般会引起定义域的改变. 但对数求导用于幂指函数时,这种情况并不会发生,这是因为在幂指函数中规定其底总为正.

[66 −2]　　　　　　　　　　　　　　　　　　　　☆ ☆

求函数 $f(x) = \dfrac{\sqrt[3]{2x-1} \cdot x \cdot \sin 2x}{\sqrt{x^2+1} \cdot e^x}$ 的导数.

解　用对数求导法. 由于 $f(x)$ 能取到非正数,为避免取对数后定义域的改变,可在两边取绝对值后再取对数.

$$\ln|f(x)| = \frac{1}{3}\ln|2x-1| + \ln|x| + \ln|\sin 2x| - \frac{1}{2}\ln(x^2+1) - x.$$

用 1°中的公式②对两边求导,得

$$\frac{f'(x)}{f(x)} = \frac{2}{3(2x-1)} + \frac{1}{x} + 2\cot 2x - \frac{x}{x^2+1} - 1,$$

$$\therefore f'(x) = \frac{\sqrt[3]{2x-1} \cdot x \cdot \sin 2x}{\sqrt{x^2+1} \cdot e^x}\left[\frac{2}{3(2x-1)} + \frac{1}{x} + 2\cot 2x - \frac{x}{x^2+1} - 1\right]. \quad ③$$

取绝对值,能使负值变为正值,解决了使用对数求导法时,负数不能取对数的阻碍,但解决不了"0"没有对数的问题. 例如本例中就无法用式③直接求出 $x = \pi$ 时的 $f(x)$ 的导数. 但根据一般求导数的要求,③就是本例的答案.

[66 −3]　　　　　　　　　　　　　　　　　　　　☆ ☆

求[66 −2]中函数 $f(x)$ 在 $x = \pi$ 时的导数.

解　利用导数的定义求 $f'(\pi)$.

$$f'(\pi) = \lim_{\Delta x \to 0}\frac{f(\pi + \Delta x) - f(\pi)}{\Delta x}$$

$$= \lim_{\Delta x \to 0}\frac{\dfrac{\sqrt[3]{2(\pi+\Delta x)-1} \cdot (\pi+\Delta x) \cdot \sin 2(\pi+\Delta x)}{\sqrt{(\pi+\Delta x)^2+1} \cdot e^{\pi+\Delta x}}}{\Delta x}$$

$$= \lim_{\Delta x \to 0}\frac{\sqrt[3]{2(\pi+\Delta x)-1} \cdot (\pi+\Delta x)}{\sqrt{(\pi+\Delta x)^2+1} \cdot e^{\pi+\Delta x}} \cdot \frac{\sin(2\Delta x)}{\Delta x}$$

$$= \frac{2\pi \sqrt[3]{2\pi - 1}}{e^{\pi} \sqrt{\pi^2 + 1}}.$$

就是在高等院校学习微积分时,使用对数求导法也不考虑取对数后定义域的改变问题,也就是说一般并不在等式的两边取绝对值后取对数再求导. 对[66−2]通常的解法,直接两边取对数:

$$\ln f(x) = \frac{1}{3}\ln(2x - 1) + \ln x + \ln(\sin 2x) - \frac{1}{2}\ln(x^2 + 1) - x,$$

再两边求导,同样求出③.

为什么两种方法求出的结果会一样呢? 就是1°中所辨析的: $(\ln x)' = \dfrac{1}{x}$ 和 $(\ln|x|)' = \dfrac{1}{x}$ 具有形式上的一致性. 不明白这个道理通常的解法只能称为"歪打正着",明白了这个道理反而体现了"对数求导法"的优越性. 可惜在一般高校的微积分的教学中并不交待这个道理,笔者建议可在习题课上向学生作一交待,以保证数学推导的严谨性.

[67]最小值(用导数证明)　　　　　　**解中有错误**　　☆ ☆ ☆

原题　求 $0 < a \leqslant b \leqslant c \leqslant d$ 时,

$$f(a, b, c, d) = \frac{a^b \cdot b^c \cdot c^d \cdot d^a}{b^a \cdot c^b \cdot d^c \cdot a^d}$$

的最小值.

(2001 年数学奥林匹克国家集训队训练题)

原基本思路　我们从特殊的情况入手,当 $a = b = c = d$ 时, $f(a, b, c, d) = 1$,再应用导数证明 $f(a, b, c, d) \geqslant 1$.

原解　当 $a = b = c = d$ 时, $f(a, b, c, d) = 1$.

下面证明: $f(a, b, c, d) \geqslant 1$.

令 $b = ax, c = ay, d = az$,由 $0 < a \leqslant b \leqslant c \leqslant d$ 得 $1 \leqslant x \leqslant y \leqslant z$.

这时所证的关系式化为

$$a^{ax} \cdot (ax)^{ay} \cdot (ay)^{az} \cdot (az)^a \geqslant (ax)^a \cdot (ay)^{ax} \cdot (az)^{ay} \cdot a^{az} \quad ①$$

式①等价于

$$x^y \cdot y^z \cdot z \geqslant xy^x \cdot z^y. \qquad ②$$

又令 $y = x \cdot s, z = x \cdot t$, 由 $x \leqslant y \leqslant z$ 得 $1 \leqslant s \leqslant t$, 又 $x \geqslant 1$, 则 $y \geqslant s$, 代入②得

$$x^{xs} \cdot y^{xt} \cdot x^t \geqslant xy^x \cdot (x \cdot t)^{xs},$$

上式两边约去 $x^{xs} \cdot y^{xt} \cdot x^t$ 之后,不等式转化为

$$y^{t-1} \geqslant t^{\frac{s-1}{x}}. \qquad ③$$

当 $y = 1$ 时,则 $x = 1, s = \dfrac{y}{x}, y^{t-1} = 1 = t^{t-1} = 1$, 不等式成立.

当 $t = 1$ 时,则由 $y^{t-1} = y^0 = 1 = 1^{\frac{s-1}{x}} = 1$, 得不等式也成立.

当 $y > 1, t > 1$ 时,则在不等式③两端都取 $\dfrac{1}{t-1}, \dfrac{y}{y-1}$ 次幂,得等价不等式

$$y^{\frac{y}{y-1}} \geqslant t^{\frac{s}{t-1}} \quad (1 \leqslant s \leqslant t, s \leqslant y). \qquad ④$$

为证明式④,下面分两种情况:

(1) $y \geqslant t$, 则 $\alpha > 1$ 时,函数 $f_1(\alpha) = \alpha^{\frac{\alpha}{\alpha-1}}$ 是增函数.

这是因为

$$\ln f_1(\alpha) = \frac{\alpha}{\alpha-1} \cdot \ln \alpha,$$

所以 $\dfrac{f'_1(\alpha)}{f_1(\alpha)} = \left(\dfrac{\alpha}{\alpha-1} \ln \alpha\right)' = \dfrac{-\ln \alpha}{(\alpha-1)^2} + \dfrac{1}{\alpha-1}$,

得 $f'_1(\alpha) = \alpha^{\frac{\alpha}{\alpha-1}} \cdot \dfrac{1}{(\alpha-1)^2} [\alpha - 1 - \ln \alpha] > 0$,

因此, $y^{\frac{y}{y-1}} = f(y) \geqslant f(t) = t^{\frac{t}{t-1}} \geqslant t^{\frac{s}{s-1}}$.

(2) 设 $y < t$, 则当 $\alpha > 1$ 时,函数 $f_2(\alpha) = \alpha^{\frac{1}{\alpha-1}}$ 是递减函数. 事实上,由 $f'_2(\alpha) = \alpha^{\frac{1}{\alpha-1}} \times \dfrac{1}{\alpha(\alpha-1)^2} [\alpha - 1 - \alpha \ln \alpha] < 0$, 得

$$y^{\frac{y}{y-1}} = [f_2(y)]^y \geqslant [f_2(t)]^y = t^{\frac{y}{t-1}} \geqslant t^{\frac{s}{t-1}}.$$

综上所述不等式④成立. 故 $f(a,b,c,d) \geq 1$ 成立, 从而得所求原函数的最小值是 1.

辨析

1°. 原解式②以后到式④之前错误较多, 改写如下.

又令 $y = xs$, $z = xt$, 由 $x \leq y \leq z$ 得 $1 \leq s \leq t$, 代入②得

$$x^{xs} \cdot y^{xt} \cdot xt \geq xy^x \cdot (xt)^{xs},$$

上式两边约去 $x^{xs} \cdot y^{xt} \cdot xt$ 之后, 得

$$1 \geq y^{x-xt} \cdot t^{xs-1},$$

式②等价于

$$y^{t-1} \geq t^{\frac{xs-1}{x}}. \qquad ③'$$

因 $x \geq 1$, 则 $xs = y \geq s$, 又 $t \geq 1$, 于是又有

$$y^{t-1} \geq t^{\frac{xs-1}{x}} \geq t^{\frac{s-1}{x}}. \qquad ③''$$

考察

$$y^{t-1} \geq t^{\frac{s-1}{x}}. \qquad ③$$

当 $y = 1$, 则 $x = 1$, $s = \frac{y}{x} = 1$, $y^{t-1} = 1$, $t^{\frac{s-1}{x}} = 1$, 不等式③中的等号成立, 由式③″可知, 此时③′等号成立 (注意直接考察③′也能得此结论). 由不等式之间的等价性可知, 此时所要证的 $f(a,b,c,d) \geq 1$ 成立 (等号成立).

当 $t = 1$, 则 $s = 1$, 由 $y^{t-1} = y^0 = 1$, $t^{\frac{s-1}{x}} = 1$, 同理此时所要证的不等式成立.

这样, 要证 $f(a,b,c,d) \geq 1$ 成立, 只要证明当 $y > 1$, $t > 1$ 时式③′成立. 在不等式③′两端都取 $\frac{1}{t-1}$, $\frac{y}{y-1}$ 次幂, 因为 $xs = y$ 可得式④. 在 $y > 1$, $t > 1$ 的条件下式④与③′等价.

2°. 原解对式④的证明基本正确.

(1) 中要证 $f_1'(\alpha) < 0$, 关键是证当 $\alpha > 1$ 时, $\alpha - 1 - \ln\alpha > 0$.

设辅助函数

$$g_1(\alpha) = \alpha - 1 - \ln\alpha,$$

则 $g_1'(\alpha) = 1 - \dfrac{1}{\alpha}$，即 $g_1(\alpha)$ 在 $[1,\infty)$ 上可导且在 $(1,\infty)$ 上 $g_1'(\alpha) > 0$. 又 $g_1(1) = 0$，$\therefore$ 当 $\alpha > 1$ 时有 $g_1(\alpha) > 0$.

(2)中要证 $f_2(\alpha) < 0$，关键是证，当 $\alpha > 1$ 时 $\alpha - 1 - \alpha\ln\alpha < 0$.

设辅助函数

$$g_2(\alpha) = \alpha - 1 - \alpha\ln\alpha,$$

则 $g_2'(\alpha) = 1 - \ln\alpha - \alpha \cdot \dfrac{1}{\alpha} = -\ln\alpha$，即 $g_2(\alpha)$ 在 $[1,\infty)$ 上可导，且在 $(1,\infty)$ 上 $g_2'(\alpha) < 0$. 又 $g_2(1) = 0$，$\therefore$ 当 $\alpha > 1$ 时，有 $g_2(\alpha) < 0$.

原解的这部分有两处小错. (1)的最后，$\because t > 1, s \leqslant t$，$\therefore$ 得 $t^{\frac{t}{t-1}} \geqslant t^{\frac{s}{t-1}}$；(2)的最后 $[f_2(t)]^y = t^{\frac{t}{t-1}}$，而不是 $t^{\frac{y}{t-1}}$，又 $t > 1, y \geqslant s$，$\therefore t^{\frac{y}{t-1}} \geqslant t^{\frac{s}{t-1}}$.

3°. 2° 中的证法是有依据的. 一般用导数来证明不等式有如下定理.

定理1　如果函数 $f(x)$ 与 $\varphi(x)$ 满足下述条件：

(1) 在闭区间 $[a,b]$ 上可导；

(2) 在半开区间 $(a,b]$ 上 $f'(x) > \varphi'(x)$；

(3) $f(a) = \varphi(a)$.

则在半开区间 $(a,b]$ 上有 $f(x) > \varphi(x)$.

定理2　如果函数 $f(x)$ 与 $\varphi(x)$ 满足下述条件：

(1) 在闭区间 $[a,b]$ 上可导；

(2) 在半开区间 $[a,b)$ 上 $f'(x) < \varphi'(x)$；

(3) $f(b) = \varphi(b)$.

则在半开区间 $[a,b)$ 上有 $f(x) > \varphi(x)$.

2° 中的证明都是使用定理 1. (1)时取 $f(x) = g_1(x)$，$\varphi(x) = 0$；(2)时取 $f(x) = 0$，$\varphi(x) = g_2(x)$.

[68]无穷数列　　　　　　　**证明错误**　　☆☆☆

原题　设 $a_n = [n\sqrt{2}]$，证明：数列 $\{a_n\}$ 中有无数个 2 的整数

次幂.

原证明　若 $[n\sqrt{a}]=\alpha\in\mathbf{N}$,则 $\alpha<n\sqrt{2}<\alpha+1$.

故 $\dfrac{\alpha}{\sqrt{2}}<n<\dfrac{\alpha}{\sqrt{2}}+\dfrac{1}{\sqrt{2}}$.

于是可知,存在正整数 n 夹在两个无理数 $\dfrac{\alpha}{\sqrt{2}}$ 与 $\dfrac{\alpha}{\sqrt{2}}+\dfrac{1}{\sqrt{2}}$ 之间的充要条件是:

$$\left\{\frac{\alpha}{\sqrt{2}}\right\}+\frac{1}{\sqrt{2}}>1,\text{即}\left\{\frac{\alpha}{\sqrt{2}}\right\}>1-\frac{1}{\sqrt{2}}.$$

下面证明有无数的 $n\in\mathbf{N}$,使 $\left\{\dfrac{\alpha}{\sqrt{2}}\right\}>1-\dfrac{1}{\sqrt{2}}$ 成立.

反设只有有限个 n 使该式成立,其中最大的一个为 $l-1\in\mathbf{N}$,这就是说 $\left\{\dfrac{2^{l}}{\sqrt{2}}\right\}<1-\dfrac{1}{\sqrt{2}}$,由于 $\dfrac{2^{l}}{\sqrt{2}}$ 为无理数,故 $\left\{\dfrac{2^{l}}{\sqrt{2}}\right\}>0$.

令 $\left\{\dfrac{2^{l}}{\sqrt{2}}\right\}=\beta$,于是

$$0<\beta<1-\frac{1}{\sqrt{2}}<\frac{1}{2}.$$

而 $\left\{\dfrac{2^{l+1}}{\sqrt{2}}\right\}=\{2\beta\}=2\beta<1$.根据假设,仍有 $\left\{\dfrac{2^{l+1}}{\sqrt{2}}\right\}<1-\dfrac{1}{\sqrt{2}}$,即 $2\beta<1-\dfrac{1}{\sqrt{2}}$.同理又有 $\left\{\dfrac{2^{l+2}}{\sqrt{2}}\right\}=2^{2}\beta,\cdots$.

在数列 $\beta,2\beta,2^{2}\beta,\cdots$ 中,由 $\beta>0$,故必存在自然数 m,使 $2^{m-1}\beta<1-\dfrac{1}{\sqrt{2}}$,而 $1-\dfrac{1}{\sqrt{2}}<2^{m}<1$.此时就有

$$\left\{\frac{2^{l+m}}{\sqrt{2}}\right\}=2^{m}\beta>1-\frac{1}{\sqrt{2}}.$$

此时应存在大于 $l-1$ 的自然数 n,使 $[n\sqrt{2}]=2^{l+m}$ 成立,这就与

$l-1$ 的最大性矛盾,故证.

辨析

原证明本正确,前半部分书写错误错得离奇,最后部分既有书写错误又叙述不清,读者很难读懂.现将证明重新写出,为方便理解将叙述得更细些.证明中 $[a]$ 表示 a 的整数部分,$\{a\}$ 表示 a 的小数部分.最后要用到亚几默德公理.

亚几默德 Archimedes 约公元前 287—212 年,他比写"几何原本"及提出辗转相除法的阿几里德晚一二百年.该公理可叙述为:

对于任意两个自然数 a、b,必定存在自然数 n,使 $na>b$.

由此进一步可以证明(要用到最小数原理):

任给二正实数 $\xi\leqslant\eta$,必存在自然数 m 使 $m\xi\leqslant\eta<(m+1)\xi$.

原题证明如下:

若 $[n\sqrt{2}]=2^\alpha,\alpha\in\mathbf{N}$,则 $2^\alpha<n\sqrt{2}<2^\alpha+1$.

故 $\dfrac{2^\alpha}{\sqrt{2}}<n<\dfrac{2^\alpha}{\sqrt{2}}+\dfrac{1}{\sqrt{2}}$.

反过来任给 α,让开区间 $\left(\dfrac{2^\alpha}{\sqrt{2}},\dfrac{2^\alpha}{\sqrt{2}}+\dfrac{1}{\sqrt{2}}\right)$ 在数轴上移动,因为区间的长度 $\dfrac{\sqrt{2}}{2}$ 小于 1,可以看出不能肯定有正整数 n 落在这开区间内;若对某一个 α,有一个(当然不会多于 1 个)n 落在这开区间内,那么就找到了 n 使 $a_n=2^\alpha$,即 2^α 就会在数列 $\{a_n\}$ 中出现.

利用数轴容易理解存在正整数 n 夹在两个无理数 $\dfrac{2^\alpha}{\sqrt{2}}$ 与 $\dfrac{2^\alpha}{\sqrt{2}}+\dfrac{1}{\sqrt{2}}$ 之间的充要条件是:

$$\left\{\dfrac{2^\alpha}{\sqrt{2}}\right\}+\dfrac{1}{\sqrt{2}}>1,\text{即}\left\{\dfrac{2^\alpha}{\sqrt{2}}\right\}>1-\dfrac{1}{\sqrt{2}}.\qquad(※)$$

所以要证明命题成立,只要证明有无数的 $\alpha\in\mathbf{N}$ 使(※)成立.对此可用反证法.

反设只有有限个 α 使(※)式成立,其中最大的一个为 $l-1\in\mathbf{N}$,

这就是说,只要 $s \geqslant l$,就有 $\left\{\dfrac{2^s}{\sqrt{2}}\right\} \leqslant 1 - \dfrac{1}{\sqrt{2}}$,由于 $\dfrac{2^l}{\sqrt{2}}$ 为无理数,故

$\left\{\dfrac{2^l}{\sqrt{2}}\right\} > 0.$

令 $\left\{\dfrac{2^l}{\sqrt{2}}\right\} = \beta$,于是

$$0 < \beta \leqslant 1 - \dfrac{1}{\sqrt{2}} < \dfrac{1}{2}.$$

∴ 有 $0 < 2\beta < 1$,∴ $\left\{\dfrac{2^{l+1}}{\sqrt{2}}\right\} = \{2\beta\} = 2\beta$. 根据反设,仍有 $\left\{\dfrac{2^{l+1}}{\sqrt{2}}\right\} \leqslant 1 -$

$\dfrac{1}{\sqrt{2}}$,即 $0 < 2\beta \leqslant 1 - \dfrac{1}{\sqrt{2}} < \dfrac{1}{2}$. 同理又有 $\left\{\dfrac{2^{l+2}}{\sqrt{2}}\right\} = 2^2\beta, \cdots$.

这样可构造数列

$$\beta, 2\beta, 2^2\beta, \cdots.$$

其中每一项都大于 0 小于或等于 $1 - \dfrac{1}{\sqrt{2}}$,

但另一方面,对设定的 $0 < \beta \leqslant 1 - \dfrac{1}{\sqrt{2}}$,由亚几默德公理,存在自

然数 M,使

$$M\beta \leqslant 1 - \dfrac{1}{\sqrt{2}} < (M+1)\beta.$$

因 $\{2^k | k = 0, 1, 2, \cdots\}$ 是一个递增并趋向于无穷的等比数列,故

根据数列趋向无穷的定义及最小数原理,又存在自然数 m,使

$$2^{m-1} \leqslant M < 2^m,$$

即

$$2^{m-1} \leqslant M < M + 1 \leqslant 2^m.$$

∴ 有

$$2^{m-1}\beta \leqslant M\beta \leqslant 1 - \dfrac{1}{\sqrt{2}} < (M+1)\beta \leqslant 2^m\beta.$$

而 $2^m\beta > 1 - \dfrac{1}{\sqrt{2}}$ 就与构造的数列矛盾. 故证.

[69] 导数和幂级数   解不完整且有错误   ☆☆☆

原题 求方程 $3^n + 4^n + \cdots + (n+2)^n = (n+3)^n$ 的全部正整数根.

原解 设 $f(x) = \left(1 - \dfrac{1}{x+3}\right)^x$,

则 $f'(x) = \left(1 - \dfrac{1}{x+3}\right)^x \left[\ln\left(1 - \dfrac{1}{x+3}\right) + \dfrac{x}{(x+2)(x+3)}\right]$.

所以当 $x \geqslant 6$ 时,$f'(x) < 0$,即 $x \geqslant 6$ 时,$f(x)$ 为减函数,而 $f(6) \approx$ $0.49 < \dfrac{1}{2}$.

所以 $n \geqslant 6$ 时,$f(n) = \left(1 - \dfrac{1}{n+3}\right)^n < \dfrac{1}{2}$.

所以 $n \geqslant 6$ 时,$(n+3)^n > 3^n + 4^n + \cdots + (n+2)^n$. 因此,$n$ 只可能取 $1,2,3,4,5$. 经检验 $n = 2$, 或 $n = 3$.

辨析

本题求解思路的产生,关键是发现对充分大的 n 方程的右端比左端大得多. 这样自然就会想到,能否找到一个不大的 n,如果 n 再增大能肯定右边将大于左边,那么就只须对有限个 n 值来验证它们是否是方程的解,而使问题解决.

采用商比较左边和右边,希望能找到一个确定的 n,当 n 再增大永远有 $\dfrac{左边}{右边} < 1$. 为此先看左边的最大一项 $(n+2)^n$ 与 $(n+3)^n$ 的商:

$$\frac{(n+2)^n}{(n+3)^n} = \left(\frac{n+2}{n+3}\right)^n = \left(1 - \frac{1}{n+3}\right)^n.$$

为了便于处理,就将该函数连续化,这样就引进辅助函数

$$f(x) = (1 - \frac{1}{x+3})^x.$$

研究 $f(x)$ 当 $x \geqslant 1$ 时的性质,显然 $f(x) > 0$,为弄清它的增减性利用幂指函数的求导方法(参见[66]的对数求导法)求出

$$f'(x) = (1 - \frac{1}{x+3})^x \left[\ln\left(1 - \frac{1}{x+3}\right) + \frac{x}{(x+2)(x+3)} \right].$$

为了讨论 $f'(x)$ 的符号,这里要用到如下幂级数展开公式

$$\ln(1-x) = -\left(x + \frac{x^2}{2} + \frac{x^3}{3} + \frac{x^4}{4} + \cdots + \frac{x^n}{n} + \cdots \right), (-1 \leqslant x < 1).$$

当 $x \geqslant 1$ 时,有 $\left| \frac{1}{x+3} \right| < 1$,由以上公式有

$$\ln\left(1 - \frac{1}{x+3}\right) = -\left(\frac{1}{x+3} + \frac{1}{2(x+3)^2} + \frac{1}{3(x+3)^3} + \cdots \right),$$

又当 $x \geqslant 1$ 时,还有

$$\frac{x}{(x+3)(x+2)} = \frac{1}{x+3}\left(\frac{x}{x+2} \right) < \frac{1}{x+3},$$

由此可知,当 $x \geqslant 1$ 时,显然有 $f'(x) < 0$. 也就是说当 $x \geqslant 1$ 时,$f(x)$ 为减函数. 注意并非像原解中所称当 $x \geqslant 6$ 时才 $f'(x) < 0$,$f(x)$ 才是减函数.

那么为什么要计算 $f(6) = (1 - \frac{1}{9})^6 = \frac{8^6}{9^6} < \frac{1}{2}$ 呢? 这并不是因为 $n = 6$,$f(x)$ 才开始递减,而是看中了这个 "$\frac{1}{2}$". 实际上 $f(4) = (\frac{6}{7})^4$,$f(5) = (\frac{7}{8})^5$ 均大于 $\frac{1}{2}$.

因 $f(6) < \frac{1}{2}$,$f(x)$ 在 $x \geqslant 1$ 时又是递减的,就有结论当 $n \geqslant 6$ 时,

$$f(n) < \frac{1}{2}.$$

由前面的分析,我们必须考虑左边除以$(n+3)^n$后的所有的各个商

$$\frac{(n+2)^n}{(n+3)^n},\frac{(n+1)^n}{(n+3)^n},\frac{n^n}{(n+3)^n},\cdots,\frac{4^n}{(n+3)^n},\frac{3^n}{(n+3)^n}. \quad (※)$$

先引进辅助函数 $g(x)=x^n$,当 $x>0$ 时 $g'(x)=nx^{n-1}>0$. 可知 $g(x)$ 是增函数.

$$\because \frac{3}{4}<\frac{4}{5}<\cdots<\frac{n+1}{n+2}<\frac{n+2}{n+3}.$$

$$\therefore \left(\frac{3}{4}\right)^n<\left(\frac{4}{5}\right)^n<\cdots<\left(\frac{n+1}{n+2}\right)^n<\left(\frac{n+2}{n+3}\right)^n.$$

而前面已证当 $n\geqslant6$ 时 $\left(\frac{n+2}{n+3}\right)^n\leqslant f(6)<\frac{1}{2}$,就有

$$(n+2)^n<\frac{1}{2}(n+3)^n,$$

$$(n+1)^n<\frac{1}{2}(n+2)^n<\frac{1}{4}(n+3)^n,$$

$$n^n<\frac{1}{2}(n+1)^n<\frac{1}{8}(n+3)^n,$$

$$\cdots$$

$$4^n<\frac{1}{2}\cdot5^n<\cdots<\frac{1}{2^{n-1}}(n+3)^n,$$

$$3^n<\frac{1}{2}\cdot4^n<\frac{1}{2^n}(n+3)^n.$$

这样就可知(※)中的各项,当 $n\geqslant6$ 时就分别小于

$$\frac{1}{2},\frac{1}{2^2},\frac{1}{2^3},\cdots,\frac{1}{2^n}.$$

由无穷递缩等比数列的求和公式有

$$\frac{1}{2}+\frac{1}{2^2}+\frac{1}{2^3}+\cdots+\frac{1}{2^n}+\cdots=1,$$

∴ 当 $n \geqslant 6$ 时, 对任意确定的 n 就有

$$\frac{1}{2} + \frac{1}{2^2} + \cdots + \frac{1}{2^n} < 1.$$

于是就证明了当 $n \geqslant 6$ 时

$$(n+3)^n > 3^n + 4^n + \cdots + (n+2)^n.$$

　　因此, n 只可能取 $1, 2, 3, 4, 5$, 经检验 $n = 2$ 或 $n = 3$ 是方程的正整数解.

第五章 整数(含不定方程)和复数

[70]不定方程   提示不当   ○☆

原题 证明不定方程

$$x^2 + y^2 - 8z = 6$$

无整数解.

原提示 $x^2 + y^2 - 6 \equiv -4, -2 \pmod{8}$.

辨析

原提示的思路是,若原方程有整数解,则方程两边对模 8 取同余得 $x^2 + y^2 - 6 \equiv 0 \pmod{8}$;因 $x^2 + y^2 - 6 \equiv -4, -2 \pmod{8}$,得到矛盾,命题得证.问题是 $x^2 + y^2 - 6$ 对模 8 不仅仅是与 $-4, -2$ 同余两种情况.按此思路解本题将比较繁,实际上对本题可直接用奇偶分析法.

设已知的不定方程有整数解 x、y、z,显然 x、y 有相同的奇偶性.

(1)若 x, y 都是偶数,设 $x = 2k, y = 2t (k、t$ 都是整数).代入原方程有

$$4k^2 + 4t^2 - 8z = 6,$$

∴ $$2k^2 + 2t^2 - 4z = 3.$$

上式左边是偶数,右边是奇数,矛盾.

(2)若 x, y 都是奇数,设 $x = 2k + 1, y = 2t + 1 (k、t$ 都是整数).代入原方程有

$$(2k+1)^2 + (2t+1)^2 - 8z = 6,$$

$$4k(k+1) + 1 + 4t(t+1) + 1 - 8z = 6,$$

∴ $$k(k+1) + t(t+1) - 2z = 1.$$

显然 $k(k+1), t(t+1)$ 都是偶数,上式左边是偶数,右边是奇数,矛盾.

由(1)、(2)可知 $x^2 + y^2 - 8z = 6$ 无整数解.

[71] 方程的整数解　　　　　　　　　　　**证明有错误**　　☆☆

原题　证明:不存在不为 0 的整数满足方程

$$2x^4 + y^4 = 7z^4.$$

原证明　若 y 为偶数,则 $2x^3 + y^3$ 为偶数,从而 z^3 为偶数,此时 $8 \mid y^3$,$8 \mid z^3$,从而 $8 \mid 2x^3$. 故 $4 \mid x^3$,于是 x 为偶数,此时约去 x,y,z 的因子 2^α(α 为正整数),使 y 为奇数,此时 z 为奇数.

于是 $2x^4 \equiv 0,2 \pmod 8$,$y^4 \equiv 1 \pmod 8$,而 $7z^3 \equiv 7 \pmod 8$,即 $2x^4 + y^4 \not\equiv 7z^3 \pmod 8$,故此方程无非零解.

辨析

1°. 关于原证明中有些错误比较明显不再一一指出.

证明不存在不为 0 的整数满足方程

$$2x^4 + y^4 = 7z^4,　　　　　　　　　　①$$

其意义就不够明确,这里假定如原证明所称是要证①无非零解(约定解是整数解的简称).①的零解是指 x,y,z 全为零的解,非零解就有两种情况,全不为零的解及 x、y、z 中至少有一个为零又至少有一个不为零的解. 式①成立,显然 x、y、z 中有两个为 0,另一个肯定为 0;z 为 0,x 与 y 也肯定同时为 0. 但 x 为 0 则 y 与 z 同时为 0、y 为 0 则 x 与 z 同时为 0 这两种却不是显然的. 尤其按原证明的思路,必须首先证明当 $y = 0$ 时方程①不存在 x、z 同时为非零的解(补充证明见 2°). 因为原证明在假定 y 为偶数时若不排除 $y = 0$ 的情况,照原证明的方法不能使 y 化归到是奇数的情况.

若 y 是不为 0 的偶数则可证 z 是偶数,进而可证 x 是偶数. 但也并非像原证明能直接称,此时约去 x,y,z 的因子 2^α(α 为正整数)可使 y 为奇数. 对此是应当要给出证明的.

实际上当 t^4 是偶数时,t 就是偶数(可用反证法证之),t^4 就有因子 2^4. 由 y 是偶数,则由①可知 z 是偶数,设 $y = 2y_0,z = 2z_0$ 代入式① 可得

$$x^4 + 2^3 y_0^4 = 7 \cdot 2^3 z_0^4.$$

这样 x^4 又是偶数且有因子 2^4. 显然在上式两边可同时约去 2^3. 若 y_0 仍是偶数，又可重复上述过程，三个未知数都是偶数，再约去 2^3，……. 因 $y \neq 0$，就总能将 y 化归到奇数的情况.

当 y 是奇数时，由①z 是奇数. 设 $y = 2y_0 + 1$，将 $(2y_0 + 1)^4$ 展开，就可知 $y^4 \equiv 1 \pmod 8$，同理 $z^4 \equiv 1 \pmod 8$，则 $7z^4 \equiv 7 \pmod 8$. 分别令 $x = 2x_0$ 和 $x = 2x_0 + 1$ 就可证 $2x^4 \equiv 0, 2 \pmod 8$，这样就可推得 $2x^4 + y^4 \not\equiv 7z^4 \pmod 8$，即①不存在 y 非零的整数解.

2°. 通过本例，顺便介绍费马所创的无穷递降法（参见[11]）.

下面用无穷递降法证明①当 $y = 0$ 时，即

$$2x^4 = 7z^4 \qquad\qquad ②$$

没有同时为非零的解. 由于②中 x 与 z 有一个为零，另一个只能是零，这样实际上就证明了①不存在 y 是零的非零解.

因未知数都是偶数次方，显然只要证明②没有正整数解.

用反证法，假定②有正整数解，设②的所有正整数解中 z 最小的一组为 (x_0, z_0).（z_0 的存在性由最小数原理所保证参见[7]）

将 (x_0, z_0) 代入式②可知 z_0 是偶数，于是又可设 $z_0 = 2z_1$，再代入式②得 $2x_0^4 = 7 \cdot 2^4 z_1^4$，即 $x_0^4 = 7 \cdot 2^3 z_1^4$. 又可知 x_0 是偶数，设 $x_0 = 2x_1$，代入上式化简得 $2x_1^4 = 7z_1^4$. 这样 (x_1, z_1) 又是②的解，但 $0 < z_1 < z_0$，与 z_0 最小性发生矛盾. 所以②没有正整数解.

使用无穷递降法也可将原证明修改得更严谨些.

如前可证①没有 y 是奇数的解，$y = 0$ 时②没有非零解，为此只要证明①没有 y 是正偶数的解就可以了.

用反证法，设 (x_0, y_0, z_0) 是①的解，其中 y_0 是正偶数，且设①的所有的这类解中 y_0 是最小的正偶数. 设 $y_0 = 2y_1$，像前述证明那样可证 z_0, x_0 也是偶数，设 $z_0 = 2z_1, x_0 = 2x_1$ 代入①化简后可得

$$2x_1^4 + y_1^4 = 7z_1^4.$$

此时 (x_1, y_1, z_1) 又是①的解，因为已经证明①没有 y 是奇数的解，这时 y_1 又是偶数，且是小于 y_0 的正偶数，与假设矛盾.

[72]不等式(方程的正整数解)　　**变型题的例子**　　☆ ☆

原题　设 n 为正整数,且 $n \geqslant 2$. 已知正整数 $a_i (i = 1, 2, \cdots, n)$ 满足 $a_1 + a_2 + \cdots + a_n = a_1 a_2 \cdots a_n$,求证:

$$1 < \frac{a_1 + a_2 + \cdots + a_n}{n} \leqslant 2.$$

原证明　所证不等式等价于 $n < a_1 + a_2 + \cdots + a_n \leqslant 2n$.

由于 $n \geqslant 2$,故正整数 a_i 不全为 1,故 $a_1 + a_2 + \cdots + a_n > n$ 显然成立.

另外,正整数 a_i 中至少不止一个为 1,否则 $a_1 + a_2 + \cdots + a_n = a_1 a_2 \cdots a_n$ 不可能成立.

设 $a_k > 1, k = 1, 2, \cdots, m, a_{m+1} = a_{m+2} = \cdots = a_n = 1$,其中 $m > 1$.

不妨设 $a_k = 2 + b_k, k = 1, 2, \cdots, m$,则:

$$a_1 + a_2 + \cdots + a_n$$
$$= a_1 a_2 \cdots a_n$$
$$= (2 + b_1)(2 + b_2) \cdots (2 + b_m)$$
$$\geqslant 2^m + 2^{m-1}(b_1 + b_2 + \cdots + b_m)$$
$$\geqslant 2^m + 2(b_1 + b_2 + \cdots + b_m)$$
$$\geqslant 2[(b_1 + 1) + (b_2 + 1) + \cdots + (b_m + 1)]$$
$$= 2[(a_1 - 1) + (a_2 - 1) + \cdots + (a_m - 1)]$$
$$= 2(a_1 + a_2 + \cdots + a_m) - 2m$$
$$= 2[a_1 + a_2 + \cdots + a_n - (n - m)] - 2m$$
$$= 2(a_1 + a_2 + \cdots + a_n) - 2n.$$

移项整理即得 $a_1 + a_2 + \cdots + a_n \leqslant 2n$.

综上所述,所证不等式成立.

辨析

1°. 由题设条件　　　$\sum_{i=1}^{n} a_i = \prod_{i=1}^{n} a_i$,　　　　　　①

及 $n \geqslant 2$,原证明称正整数 a_i "至少不止一个为 1" 是错误的. 重点对此讨论是为 2° 的内容服务（本节"至少"不拘泥于其严格意义，参见 [2]）.

当 $n = 2$ 时，有 $a_1 + a_2 = a_1 a_2$，得 $a_1 | a_2$ 且 $a_2 | a_1$，$\therefore a_1 = a_2$. $\therefore a_1^2 - 2a_1 = 0$，即 $a_1 = a_2 = 2$. 一个 1 也没有.

当 $n \geqslant 3$ 时，可证"至少一个为 1". 设 a_i 都不为 1，不妨令 $2 \leqslant a_1 \leqslant \cdots \leqslant a_n$. 则 $\sum\limits_{i=1}^{n} a_i \leqslant na_n$，而 $\prod\limits_{i=1}^{n} a_i \geqslant 2^{n-1} a_n$，由 ① 有 $n \geqslant 2^{n-1}$. 但用数学归纳法容易证明，$n < 2^{n-1} (n \geqslant 3)$ 成立，矛盾.

但 $n = 3$ 时，不可能"至少不止一个为 1". 因为若至少有两个为 1，有 $1 + 1 + a_3 > 1 \cdot 1 \cdot a_3$，式 ① 不成立

可仿前证明，当 $n \geqslant 4$ 时，"至少不止一个为 1". 设 $a_1 = 1$，令 $2 \leqslant a_2 \leqslant \cdots \leqslant a_n$，则有 $\sum\limits_{i=1}^{n} a_i \leqslant 1 + (n-1)a_n < na_n$，而 $\prod\limits_{i=1}^{n} a_i \geqslant 2^{n-2} \cdot a_n$. 由 ① 可得 $n > 2^{n-2}$. 但容易用数学归纳法证明，当 $n \geqslant 4$ 时，$n \leqslant 2^{n-2}$ 成立，矛盾.

用同样的办法当 $n \geqslant 5$ 时，得到至少有两个为 1；$n \geqslant 6$ 时至少有 3 个为 1，…….

回到原证明，实际上既不要用到"至少一个为 1"，也不要用到"至少不止一个为 1". 却需要证明"至少不止一个不为 1"，$(n \geqslant 2)$.

显然 a_i 不能全为 1. 设 $a_1 \neq 1$，其他都为 1，则有

$$\sum_{i=1}^{n} a_i = (n-1) + a_1 > a_1 = \prod_{i=1}^{n} a_i$$

与 ① 矛盾. 为此 a_i 中至少不止一个不为 1.

于是原证明中就可"不妨设 $a_k = 2 + b_k, k = 1, 2, \cdots, m$" b_k 是非负整数，且 $m > 1$，即 $m \geqslant 2$. 而这就是原证明后半段不等关系缩小的依据. 只有 $m \geqslant 2$，才会有 $2^{m-1} \geqslant 2$ 及才能用数学归纳证明 $2^{m-1} \geqslant m$（最后一个"$\geqslant$"用到 $2^m \geqslant 2m$）.

2°. 1° 中前半部分得到的一些结论，在原证明中没有用处，但解如下的一些变型题，却是有用的.

[72 - 1]　　　　　　　　　　　　　　　　**自编题** ☆ ☆

（1）求方程 $a_1 + a_2 + a_3 = a_1 a_2 a_3$ 的所有正整数解；

（2）求方程 $a_1 + a_2 + a_3 + a_4 = a_1 a_2 a_3 a_4$ 的所有正整数解；

（3）求方程 $\displaystyle\sum_{i=1}^{5} a_i = \prod_{i=1}^{5} a_i$ 的所有正整数解.

略解

（1）可证有且仅有一个未知数取 1.

不妨设 $a_1 = 1, 2 \leqslant a_2 \leqslant a_3$. 则有 $\displaystyle\sum_{i=1}^{3} a_i \leqslant 1 + 2a_3, \prod_{i=1}^{3} a_i = a_2 a_3 \geqslant 2a_3$.

要满足方程，只可能有如下两种情况：

$$\begin{cases} 1 + a_2 + a_3 = 1 + 2a_3 \\ a_2 a_3 = 1 + 2a_3, \end{cases}$$　易得 $a_2 = a_3, a_2^2 - 2a_2 - 1 = 0$，无正整数解；

$$\begin{cases} 1 + a_2 + a_3 = 2a_3 \\ a_2 a_3 = 2a_3, \end{cases}$$　得解 $a_2 = 2, a_3 = 3$.

所以原方程的正整数解，三个未知数分别取 1，2，3. 由对称性共有六组解.

（2）可证未知数中刚巧有两个 1，有两个大于 1.

不妨设 $a_1 = a_2 = 1, 2 \leqslant a_3 \leqslant a_4$，则有 $\displaystyle\sum_{i=1}^{4} a_i \leqslant 2 + 2a_4, \prod_{i=1}^{4} a_i \geqslant 2a_4$.

只可能有三种情况：

$$\begin{cases} 2 + a_3 + a_4 = 2a_4 + 2 \\ a_3 a_4 = 2a_4 + 2, \end{cases}$$　没有正整数解；

$$\begin{cases} 2 + a_3 + a_4 = 2a_4 + 1 \\ a_3 a_4 = 2a_4 + 1, \end{cases}$$　没有正整数解；

$$\begin{cases} 2 + a_3 + a_4 = 2a_4 \\ a_3 a_4 = 2a_4, \end{cases}$$　解得　$a_3 = 2, a_4 = 4$.

（3）可证未知数中至少有两个 1，至少有两个大于 1. 可分两种情况.

(i) 不妨设 $a_1 = a_2 = 1, 2 \leqslant a_3 \leqslant a_4 \leqslant a_5$. 则有

$$\sum_{i=1}^{5} a_i \leqslant 2 + 3a_5, \prod_{i=1}^{5} a_i \geqslant 4a_5.$$

显然当 $a_5 > 2$ 时, $4a_5 > 2 + 3a_5$, 原方程不能成立, 所以只可能 $a_5 = 2$, 由假设得 $a_3 = a_4 = 2$, 可验证 $a_1 = a_2 = 1, a_3 = a_4 = a_5 = 2$ 是一组解.

(ii) 不妨设 $a_1 = a_2 = a_3 = 1, 2 \leqslant a_4 \leqslant a_5$, 则有

$$\sum_{i=1}^{5} a_i \leqslant 3 + 2a_5, \prod_{i=1}^{5} a_i \geqslant 2a_5.$$

可得四个方程组:

$$\begin{cases} 3 + a_4 + a_5 = 3 + 2a_5 \\ a_4 a_5 = 3 + 2a_5, \end{cases} \quad 解得 \quad a_4 = a_5 = 3;$$

$$\begin{cases} 3 + a_4 + a_5 = 2 + 2a_5 \\ a_4 a_5 = 2 + 2a_5, \end{cases} \quad 无正整数解;$$

$$\begin{cases} 3 + a_4 + a_5 = 1 + 2a_5 \\ a_4 a_5 = 1 + 2a_5, \end{cases} \quad 无正整数解;$$

$$\begin{cases} 3 + a_4 + a_5 = 2a_5 \\ a_4 a_5 = 2a_5, \end{cases} \quad 解得 \quad a_4 = 2, a_5 = 5.$$

[73] 整除　　　　　　　　　**变型题的例子**　　☆☆

原题　设 x, y, z 都是整数, 满足条件

$$(x - y)(y - z)(z - x) = x + y + z.$$

试证: $x + y + z$ 能被 27 整除.

(1993 年第 19 届全俄数学奥林匹克竞赛试题)

原证明　若 $x \equiv y \equiv z \pmod 3$, 则 $27 \mid (x - y)(y - z)(z - x)$, 故 $27 \mid x + y + z$.

若 x, y, z 除以 3 后余数都不同, 则此时有 $3 \nmid (x - y)(y - z)(z - x)$, 但 $3 \mid x + y + z$, 故不可能.

若 x, y, z 中有两个除以 3 的余数相同, 而第 3 个与此两个不同余. 例如 $x \equiv y \not\equiv z \pmod 3$, 则 $3 \mid (x - y)(y - z)(z - x)$, 但 $3 \nmid x + y +$

z, 仍不可能.

辨析

1°. 原证明整理得很漂亮, 但已经没有了分析思考的痕迹.

介绍另一证法.

设 $x - y = \alpha, y - z = \beta$, 则原条件变为

$$-\alpha\beta(\alpha + \beta) = 3z + 2\beta + \alpha,$$

$\therefore$　　　　　$\alpha\beta(\alpha + \beta) \equiv -2\beta - \alpha(\bmod 3).$　　　　①

(i) 若 $\alpha \equiv 0(\bmod 3)$, 由①可得 $\beta \equiv 0(\bmod 3)$.

设 $\alpha = 3k_1, \beta = 3k_2(k_1, k_2$ 为整数$)$, 则由条件

$$x + y + z = (x - y)(y - z)(z - x) = -\alpha\beta(\alpha + \beta)$$
$$= -27k_1 k_2(k_1 + k_2).$$　　　　②

$\therefore$　　$27 \mid x + y + z.$

(ii) 若 $\alpha \equiv 1(\bmod 3)$ 或 $\alpha \equiv -1(\bmod 3)$. 可验证相应地 $\beta \equiv 0, 1$, $-1(\bmod 3)$ 均不能使式①成立. 即相应地 x, y, z 均不会满足原条件.

2°. 由 1° 的解法容易得到一组原题的变型题.

[73 - 1]　　　　　　　　　　　　　　　　　　　　自编题　　☆☆

试求方程 $(x - y)(y - z)(z - x) = x + y + z$ 的整数解.

略解　由 $y = z + \beta, x = z + \beta + \alpha$, 再由②容易求出 z, 并可得该方程整数解的一般形式(通解). 取 $k_i = -t_i(i = 1, 2)$ 即

$$\begin{cases} x = 9t_1 t_2(t_1 + t_2) - 2t_1 - t_2, \\ y = 9t_1 t_2(t_1 + t_2) + t_1 - t_2, \quad (t_1, t_2 \text{ 取任意整数}) \\ z = 9t_1 t_2(t_1 + t_2) + t_1 + 2t_2. \end{cases}$$

由于该题的通解自由度太大, 还可加强条件, 例如

[73 - 2]　　　　　　　　　　　　　　　　　　　　自编题　　☆☆

试求方程组

$$\begin{cases} (x - y)(y - z)(z - x) = x + y + z, \\ 3z = 2y + x \end{cases}$$

的整数解.

略解　将上题所得通解代入第二个方程可得 $t_1 = -3t_2$，由此可得本题的通解为

$$\begin{cases} x = 54t^3 + 5t, \\ y = 54t^3 - 4t, \\ z = 54t^3 - t. \end{cases} \quad t \text{ 取任意整数.}$$

再变型.

[73 - 3]　　　　　　　　　　　　　　　**自编题**　　☆ ☆ ☆

试求方程组

$$\begin{cases} (x-y)(y-z)(z-x) = x+y+z, \\ 3z = 2y + x \end{cases}$$

能使 $x + y + z$ 最小的正整数解.

略解　由上题结果,显然取 $t = 1$,得解

$$\begin{cases} x = 59, \\ y = 50, \\ z = 53. \end{cases}$$

本小节的变型题比原题略难.

[74] 整除　　　　　　　　　　　　　**证明错误**　　☆ ☆ ☆

原题　一个整数列由下列条件确定:

$$a_0 = 0, a_1 = 1 \qquad\qquad\qquad ①$$
$$a_n = 2a_{n-1} + a_{n-2} \qquad (n \geqslant 2) \qquad ②$$

求证:当且仅当 $2^k | a_n$ 时有 $2^k | n$.　　　　（第 29 届 IMO 预选题）

原证明　特征方程 $x^2 - 2x - 1 = 0$ 的两根分别为 $1 + \sqrt{2}, 1 - \sqrt{2}$,由 $a_0 = 0, a_1 = 1, a_n = 2a_{n-1} + a_{n-2}(n \geqslant 2)$ 得

$$a_n = \frac{1}{2\sqrt{2}} [(1+\sqrt{2})^n - (1-\sqrt{2})^n].$$

设 $n = 2^k(2l+1), l = 0, 1, 2, \cdots, \quad k = 0, 1, 2, \cdots,$ 则

$$a_n = \frac{(1+\sqrt{2})^{2^k} - (1-\sqrt{2})^{2^k}}{2\sqrt{2}} \cdot [(1+\sqrt{2})^{2^k \cdot 2l} +$$

$$(1+\sqrt{2})^{2^k\cdot(2l-2)}+\cdots+(1+\sqrt{2})^{2^k\cdot2l}],$$

后面括号里中间一项为 1, 其余的项每两个共轭根式之和为 2 的倍数, 因此后面括号内的数的和为奇数, 所以

$$2^k\,|\,a_n\Leftrightarrow2^k\,\left|\,\frac{(1+\sqrt{2})^{2^k}-(1-\sqrt{2})^{2^k}}{2\sqrt{2}}\right..$$

事实上, 令

$$b_k=\frac{(1+\sqrt{2})^{2^k}-(1-\sqrt{2})^{2^k}}{2\sqrt{2}},$$

则有

$$b_{k+1}=\frac{(1+\sqrt{2})^{2^{k+1}}-(1-\sqrt{2})^{2^{k+1}}}{2\sqrt{2}}$$

$$=\frac{(1+\sqrt{2})^{2^k}-(1-\sqrt{2})^{2^k}}{2\sqrt{2}}[(1+\sqrt{2})^{2^k}+(1-\sqrt{2})^{2^k}],$$

由二项式定理知, $[(1+\sqrt{2})^{2^k}+(1-\sqrt{2})^{2^k}]=2m,k\in\mathbf{N}.$
即 $b_{k+1}=2m_kb_k$, 所以

$$b_k=2b_{k-1}m_{k-1}=\cdots=2^{k-1}\cdot m_1\cdot m_2\cdot\cdots\cdot m_{k-1}\cdot b_1$$

$$=2^k\cdot m_1\cdot m_2\cdot\cdots\cdot m'_k\quad(m_i\in\mathbf{N},i=1,2,\cdots,k-1,m'_k\in\mathbf{N}),$$

$\mathbf{N})$,

即 $2^k\,|\,b_k\Leftrightarrow2^k\,|\,a_n\Leftrightarrow2^k\,|\,n$, 原命题成立.

辨析

原证明犯有原则性错误, 且不易发觉. 这里按原思路展开辨析, 并改正一些其他错误.

因为整除关系仅在整数范围内考虑, 所以求证部分中的 k 显然在非负整数范围内取值. 即要证明对任意取定的非负整数 k,

若 $2^k\,|\,a_n$, 则 $2^k\,|\,n$; 若 $2^k\,|\,n$, 则 $2^k\,|\,a_n$.

原题的整数列, 从 $n=0$ 开始, 而 $a_0=0$. 当 $n=0$ 时, 命题显然成立, 为此只要证明当 n 是正整数时命题成立.

由特征方程法求出通项公式 a_n 后, 通过将正整数 n 分解的技巧, 设

$$n=2^k(2l+1),l=0,1,2\cdots,\quad k=0,1,2,\cdots.\qquad③$$

当 $l \neq 0$ 时,可像原证明那样因式分解,其中中括号内的部分写成下式才正确:

$$C_n = \left[(1+\sqrt{2})^{2^k} \right]^{2l} + \left[(1+\sqrt{2})^{2^k} \right]^{2l-1} \cdot (1-\sqrt{2})^{2^k} + \cdots +$$
$$(1+\sqrt{2})^{2^k} \cdot \left[(1-\sqrt{2})^{2^k} \right]^{2l-1} + \left[(1-\sqrt{2})^{2^k} \right]^{2l}.$$

它共有 $2l+1$ 项,其中间一项为

$$\left[(1+\sqrt{2})^{2^k} \right]^l \cdot \left[(1-\sqrt{2})^{2^k} \right]^l = (-1)^{2^k \cdot l},$$

它当 $k \neq 0$ 或 $k=0$、l 为偶数取 $+1$,当 $k=0$、l 为奇数取 -1,都是奇数;与首尾等距离的两项是整系数共轭根式,可分别写成 $\alpha + \beta\sqrt{2}$ 与 $\alpha - \beta\sqrt{2}$ 的形式,其和显然是 2 的倍数,所以可知 C_n 为奇数. 证明与首尾等距离的两项之和是 2 的倍数,也可先提取这两项的公因式,再用二项式定理展开来证明. 当 $l=0$ 时,没有上述那样的因式分解,可设 $C_n = 1$. 令

$$b_k = \frac{(1+\sqrt{2})^{2^k} - (1-\sqrt{2})^{2^k}}{2\sqrt{2}}, k=0,1,2,\cdots. \qquad ④$$

则

$$a_n = b_k C_n \qquad (\text{此处的 } k \text{ 是③中的 } k), \qquad ⑤$$

其中 C_n 总是奇数.

由两个整系数共轭根式的和是 2 的倍数,又可设

$$(1+\sqrt{2})^{2^k} + (1-\sqrt{2})^{2^k} = 2m_k, k=0,1,2,\cdots, \quad m_k \text{ 是正整数}. \qquad ⑥$$

像原证明那样使用平方差公式可得

$$b_{k+1} = 2m_k b_k, k=0,1,2,\cdots. $$

即

$$b_k = 2m_{k-1} b_{k-1}, k=1,2,\cdots. \qquad ⑦$$

当 $k \geq 2$ 时,由⑦或继续使用式⑦,因为由④有 $b_1 = 2$ 并记 $\prod\limits_{i=1}^{k-1} m_i = m'_k$,得

$$b_k = 2^{k-1} \cdot m_1 \cdot m_2 \cdot \cdots \cdot m_{k-1} \cdot b_1 = 2^k \cdot \prod_{i=1}^{k-1} m_i = 2^k \cdot m'_k. \qquad ⑧$$

因为由④$b_0 = 1, b_1 = 2$, 补充定义 $m'_0 = 1, m'_1 = 1$, 则⑧对 $k = 0, 1, 2, \cdots$ 均成立.

虽然此时, 由式③、式⑧、式⑤.

$$2^k \mid n, 2^k \mid b_k, 2^k \mid a_n$$

同时成立, 但不能认为原题已获得证明. 因为此处的 k 并非是命题求证部分中的 k. 而是对给定的 n 由式③所唯一确定的 k. 这里 $k = 0, 1, 2, \cdots$ 的意思是当 n 变动时 k 能取到 $0, 1, 2, \cdots$. 原证明所犯的最大错误就是混淆了这两个"k", 认为此时原题已获得证明.

为了完成证明, 首先还得证明 m'_k 是奇数. 因为已知 $m'_0 = m'_1 = 1$, 所以只要证时当 $k \geq 2$ 时, m'_k 是奇数. 为此要证明 $m_i (i = 1, 2, \cdots, k-1)$ 是奇数, 而由式⑥得

$$2m_i = (1 + \sqrt{2})^{2i} + (1 - \sqrt{2})^{2i}$$
$$= 2(C_{2i}^0 + C_{2i}^2 \cdot 2 + C_{2i}^4 \cdot 2^2 + \cdots + C_{2i}^{2i} \cdot 2^{2i-1}) \quad (i = 1, 2, \cdots, k-1)$$

因组合数都是正整数, 且 $C_{2i}^0 = 1$, 所以上式括号内是奇数, $\therefore m_i \quad i = 1, 2, \cdots, k-1$ 时是奇数. 这样就证明了 m'_k 是奇数. 下面来证原题成立.

因为在以上证明中 k 已用于表示任给正整数 n 在其式③分解式中 2 的幂次, 所以原题中的任意给定的非负整数 k 这里就改用 k_0 来表示.

(i) 任意取定非负整数 k_0, 若 $2^{k_0} \mid a_n$, 则 $2^{k_0} \mid n$.

证: 设 $n = 2^k(2l+1)$, 则由式⑤ $a_n = b_k \cdot C_n$ 且 C_n 是奇数.

$\therefore$ 若 $2^{k_0} \mid a_n$, 有 $2^{k_0} \mid b_k$. 再由式⑧ $b_k = 2^k \cdot m'_k$ 且 m'_k 是奇数.

$\therefore$ 有 $2^{k_0} \mid 2^k$, $\therefore$ $2^{k_0} \mid n$.

(ii) 任意取定非负整数 k_0, 若 $2^{k_0} \mid n$, 则 $2^{k_0} \mid a_n$.

证: 设 $n = 2^k(2l+1)$, 则

若 $2^{k_0} \mid n \Rightarrow 2^{k_0} \mid 2^k \Rightarrow 2^{k_0} \mid b_k \Rightarrow 2^{k_0} \mid a_n$.

综合(i)、(ii)可知原题成立.

[75]不定方程(同余式组)　　解一有错、解二全错　　☆☆☆

原题　试判定下述丢番图方程组是否存在正整数解

$$\begin{cases} x_1^2 + x_2^2 + \cdots + x_{1985}^2 = y^3, \\ x_1^3 + x_2^3 + \cdots + x_{1985}^3 = z^2, \end{cases}$$

其中　$x_i \neq x_j$；$(i \neq j)$.

（第 14 届美国奥林匹克数学竞赛第 1 题）

原解一　一般地，我们证明对于任意正整数 n，丢番图方程组

$$\begin{cases} x_1^2 + x_2^2 + \cdots + x_n^2 = y^3, \\ x_1^3 + x_2^3 + \cdots + x_n^3 = z^2, \end{cases}$$

存在无穷多个正整数解.

显然　$1^3 + 2^3 + \cdots + n^3 = \left[\dfrac{n(n+1)}{2} \right]^2$，因此 $(1,2,\cdots,n)$ 是第二个方程的解，令 $x_i = ki$，得

$$y^3 = k^2 n(n+1)(2n+1)/6, \quad z^2 = k^3 \left[n(n+1)/2 \right]^2.$$

欲使 $k^3 \left[n(n+1)/2 \right]^2$ 为平方数，只需 k 为一平方数. 欲使 $k^2 n(n+1)(2n+1)/6$ 为一立方数，只需令 $k = \left[n(n+1)(2n+1)/6 \right]^m$，其中 m 是满足 $m \equiv 2 \pmod 3$ 的任意正整数，取 $m \equiv 2 \pmod 6$，这时两个条件均可得到满足，取 $n = 1985$ 即得原题的结论.

原解二　设 $a_1, a_2, \cdots, a_n$ 为任意一组互不相同的正整数，令

$$S = a_1^2 + a_2^2 + \cdots + a_n^2 = a_1^3 + a_2^3 + \cdots + a_n^3.$$

下面我们寻求正整数 m 和 k.

设　$x_i = S^m + ka_i$，代入推广的两个方程中，得

$$x_1^2 + x_2^2 + \cdots + x_n^2 = S^{2m+1} + 2k = y^3$$

和　$\quad x_1^3 + x_2^3 + \cdots + x_n^3 = S^{3m} + 3k + 1 = z^2.$

因而只要 $2m + 1 \equiv 0 \pmod 3$，$3m \equiv 0 \pmod 2$ 即可. 为此选取 $m \equiv 4 \pmod 6$，$k \equiv 3 \pmod 6$ 即得.

辨析

1°. 两种解法都首先将原题两个方程中的"1985"更一般地换成

"n",这样讨论反而更方便. 根据题意如找到了符合要求的正整数解,问题也就解决了.

解一除最后部分外,基本是正确的. 为了寻找正整数解,在第二个方程的一组明显的解中引进待定系数 k,并发现为了满足第二个方程只需 k 为平方数;为了满足第一个方程,只需令 $k = [n(n+1)(2n+1)/6]^m$,并使 $2m+1$ 为 3 的倍数. 这样又将待定系数 k 转为待定 m. 这里实际上只要找到一个特殊的 m 值就行了,用视察法可知取 $m = 4$,它是偶数使 k 为平方数,又使 $2m+1 = 9$ 是 3 的倍数,符合要求. 这样本题的解答就完成了.

如要一般地求出 m 来,就涉及解同余式组(本题实际上没有此必要)

$$\begin{cases} m \equiv 0 \,(\bmod\, 2), \\ 2m+1 \equiv 0 \,(\bmod\, 3). \end{cases} \Leftrightarrow \begin{cases} m \equiv 0 \,(\bmod\, 2), \\ m \equiv 1 \,(\bmod\, 3). \end{cases}$$

用中国剩余定理(参见 3°),解为 $m \equiv 4 \,(\bmod\, 6)$.

对照解一,可知称 m 要满足 $m \equiv 2 \,(\bmod\, 3)$ 及取 $m \equiv 2 \,(\bmod\, 6)$ 都是错误的.

2°. 关于解二,错得离奇,几乎没有一步是正确的. 一次印刷错误,也无法错到如此之程度. 笔者的如下解法估计与原始源头是一致的.

任取一组互不相同的正整数:$a_1, a_2, \cdots, a_n$.

令 $S = a_1^2 + a_2^2 + \cdots + a_n^2$;$G = a_1^3 + a_2^3 + \cdots + a_n^3$.

又设 $x_i = S^m G^k a_i$,其中非负整数 m, k 待定. 代入推广后的两个方程

$$\sum_{i=1}^{n} x_i^2 = y^3 ; \quad \sum_{i=1}^{n} x_i^3 = z^2.$$

可分别得

$$\sum_{i=1}^{n} x_i^2 = S^{2m} G^{2k} \cdot \sum_{i=1}^{n} a_i^2 = S^{2m+1} \cdot G^{2k} = y^3 ;$$

$$\sum_{i=1}^{n} x_i^3 = S^{3m} G^{3k} \cdot \sum_{i=1}^{n} a_i^3 = S^{3m} \cdot G^{3k+1} = z^2.$$

于是只要找到非负整数 m, k 同时满足

$$\begin{cases} 2m+1 \equiv 0 \pmod 3 \\ 3m \equiv 0 \pmod 2; \end{cases} \qquad \begin{cases} 2k \equiv 0 \pmod 3 \\ 3k+1 \equiv 0 \pmod 2 \end{cases}$$

一般化了的丢番图方程组就存在正整数解.

这只要解同余式组

$$\begin{cases} m \equiv 1 \pmod 3 \\ m \equiv 0 \pmod 2 \end{cases} \text{和} \begin{cases} k \equiv 0 \pmod 3 \\ k \equiv 1 \pmod 2. \end{cases}$$

这两个同余式组可用中国剩余定理来求解. 因为特别简单用视察法也就可求出它们的解, 分别为

$$m \equiv 4 \pmod 6 \quad \text{和} \quad k \equiv 3 \pmod 6.$$

所以丢番图方程组存在正整数解, 例如取 $m=4, k=3$, 有

$$\begin{cases} x_i = S^4 G^3 a_i \qquad (i=1, 2, \cdots, 1985), \\ y = S^3 G^2, \\ z = S^6 G^5. \end{cases}$$

其中 $a_1, a_2, \cdots, a_{1985}$ 是任取的一组互不相同的正整数

（这保证了 $x_i \neq x_j, (i \neq j)$）, $S = \displaystyle\sum_{i=1}^{1985} a_i^2, G = \sum_{i=1}^{1985} a_i^3$.

3°. 在竞赛数学中常会涉及到解一次同余式组的问题. 掌握初等数论中的孙子定理（在外国书籍中称之为中国剩余定理）一般也就够用了.

这定理的命名是因为在我国古代（纪元前后）数学书籍《孙子算经》卷下里就有如下的一类问题.

"今有物不知其数, 三三数之剩二, 五五数之剩三, 七七数之剩二, 问物几何.

答曰: 二十三."

《孙子算经》中所给出的这类问题的解法实际上就是如下定理.

孙子定理　如果 $k \geqslant 2$, 而 $m_1, m_2, \cdots, m_k$ 是二二互质的 k 个正整

数. 令

$$M = m_1 m_2 \cdots m_k = m_1 M_1 = m_2 M_2 = \cdots = m_k M_k.$$

则同余式组

$$\begin{cases} x \equiv c_1 \quad (\bmod\ m_1), \\ x \equiv c_2 \quad (\bmod\ m_2), \\ \cdots \\ x \equiv c_k \quad (\bmod\ m_k). \end{cases}$$

有且仅有一个解(对模 M 来说):

$$x \equiv c_1 M_1' M_1 + c_2 M_2' M_2 + \cdots + c_k M_k' M_k (\bmod\ M).$$

其中 M_i' 是满足同余式

$$M_i' M_i \equiv 1 (\bmod\ m_i)$$

的整数, $i = 1, 2, \cdots, k.$

下面通过一道古算题看一看其具体的求解过程.

[75 - 1]　　　　　　　　　　　　　　　　　　　　☆ ☆

韩信点兵:有兵一队,若列成五行纵队,则末行一人;成六行纵队,则末行五人;成七行纵队,则末行四人;成十一行纵队,则末行十人,求兵数.(注:根据原意"末行"是指列成纵队方阵后所剩下的)

解　设 x 是所求兵数,则依题意有:

$$\begin{cases} x \equiv 1 \quad (\bmod\ 5), \\ x \equiv 5 \quad (\bmod\ 6), \\ x \equiv 4 \quad (\bmod\ 7), \\ x \equiv 10 \quad (\bmod\ 11). \end{cases}$$

此时 $m_1 = 5, m_2 = 6, m_3 = 7, m_4 = 11$;

$$c_1 = 1, c_2 = 5, c_3 = 4, c_4 = 10;$$

又　$M = 5 \cdot 6 \cdot 7 \cdot 11 = 2310, M_1 = \dfrac{2310}{5} = 462, M_2 = \dfrac{2310}{6} = 385,$

$M_3 = \dfrac{2310}{7} = 330, M_4 = \dfrac{2310}{11} = 210.$

由　$462 M_1' \equiv 1\ (\bmod\ 5)$,得 $2 M_1' \equiv 1 + 5 \equiv 6 (\bmod\ 5)$,

$\therefore M_1' \equiv 3 \pmod 5$，取 $M_1' = 3$.

由 $385 M_2' \equiv 1 \pmod 6$，得 $M_2' \equiv 1 \pmod 6$，取 $M_2' = 1$.

由 $330 M_3' \equiv 1 \pmod 7$，得 $M_3' \equiv 1 \pmod 7$，取 $M_3' = 1$.

由 $210 M_4' \equiv 1 \pmod{11}$，得 $M_4' \equiv 1 \pmod{11}$，取 $M_4' = 1$.

$\therefore$ 有

$$x \equiv 3 \times 462 + 5 \times 385 + 4 \times 330 + 10 \times 210 \equiv 6731 \equiv 2111 \pmod{2310}.$$

[76] 奇合数　　　　　　　　　原解叙述不清　　　☆☆☆

原题　求证：在通项公式为 $a_n = 1^1 + 2^2 + 3^3 + \cdots + n^n$ 的数列 $\{a_n\}$ 中，有无限多个奇合数.

（第 20 届全俄数学竞赛试题）

原解　$1,2,3,\cdots$ 中每连续 4 个数中有 2 个奇数，2 个偶数，所以 $a_{k+4n} \equiv a_1 \equiv 1 \pmod 2$.

另一方面，$1^2, 2^2, 3^2, \cdots$ 被 3 除所得余数为"$1,1,0,1,2,0,1,1,0,1,2,0,\cdots$"它是周期数列，周期为 6，所以 $\sum\limits_{i=k}^{k+5} i^i \equiv \sum\limits_{i=1}^{6} i^i \equiv 2 \pmod 3$，$a_{k+18} \equiv a_{k+2 \times 3} \equiv a_k \pmod 3$，而 $a_{17} \equiv 0 \pmod 3$，所以 $a_{17+36t}\ (t \in \mathbf{N}_+)$ 均为奇合数.

辨析

原解叙述不清，且有多处错误.

要证 $\{a_n\}$ 中有无限多个奇合数，只要证明有无限多个某类奇合数即可. 最简单的当然是考察 $\{a_n\}$ 中既是奇数又能被 3 整除的数. 如果能够揭示 $\{a_n\}$ 中奇偶变化的周期性及对模 3 余数变化的周期性，且又能具体找到一个 a_n 既是奇数又能被 3 整除，那么在该数列中既是奇数又能被 3 整除的数也呈周期性出现. 由周期性就可证得无限性.

由数列 $\{a_n\}$ 的通项公式，可得递推关系

$$a_k = a_{k-1} + k^k \quad (k \geqslant 2). \qquad ①$$

显然 k^k 与 k 有相同的奇偶性. $\therefore a_1$ 是奇数，由①可得 a_2 是奇数，a_3 是偶数，$\cdots\cdots$ 可知 $\{a_n\}$ 奇偶的变化规律是奇、奇、偶、偶、奇、

奇、偶、偶、……，它具有周期性，4，8，12，…都可作为其周期.

4 是 $\{a_n\}$ 奇偶变化的周期，可用如下同余式来表述：
$$a_{k+4t} \equiv a_k \pmod 2.\qquad ②$$
事实上，当 $k \equiv 1,2 \pmod 4$ 时式②的左、右两边都与 1 同余；当 $k \equiv 0$，$3 \pmod 4$ 时式②的左、右两边都与 0 同余. 对照原解的第一个结论，其错误所在就清楚了.（原解中后面的错误，不再一一列举，由读者与辨析自行对照）

同样，先来考察 k^k 对模 3 其余数的变化情况.

由 1^1、2^2、3^3、4^4、… 被 3 除所得余数为"1，1，0，1，2，0，1，1，0，1，2，0，…". 可直观看出余数形成了一个周期数列，6，12，18，…可作为其周期. 可严格证明 6 是上述余数数列的周期，即证
$$(k+6t)^{k+6t} \equiv k^k \pmod 3.\qquad ③$$

(i) 当 $3 \mid k$ 时，则

$3 \mid k^k$；$3 \mid (k+6t)$，又有 $3 \mid (k+6t)^{k+6t}$. 即式③左、右两边对模 3 来说都与 0 同余，式③成立.

(ii) 当 $3 \nmid k$ 时.

首先使用费马小定理（参见[11]2°）：

若 p 是质数，$p \nmid a$，则 $a^{p-1} \equiv 1 \pmod p$.

∴ 当 $3 \nmid k$ 时，有 $k^2 \equiv 1 \pmod 3$.

用牛顿二项式定理将式③的左边展开可得
$$\begin{aligned}
(k+6t)^{k+6t} &\equiv k^{k+6t} + C_{k+6t}^1 \cdot k^{k+6t-1} \cdot (6t) + \cdots + (6t)^{k+6t}\\
&\equiv k^{k+6t}\\
&\equiv k^{6t} \cdot k^k\\
&\equiv (k^2)^{3t} \cdot k^k\\
&\equiv k^k \pmod 3.
\end{aligned}$$

综合(i)、(ii)就证明了式③成立.

式③说明了 $\{k^k\}$ 对 mod 3 来说以 6 为周期，这样由式①、式③就可证明 $\{a_k\}$ 对 mod 3 来说以 18 为周期.

$$\because \sum_{i=k}^{k+5} i^i \equiv \sum_{i=1}^{6} i^i \equiv 2 (\bmod 3).$$

$$\therefore a_{k+18t} \equiv a_k + \sum_{i=k+1}^{k+18t} i^i$$

$$\equiv a_k + 3t \sum_{i=1}^{6} i^i$$

$$\equiv a_k + 3t \cdot 2$$

$$\equiv a_k \qquad (\bmod 3).$$

∵4 与 18 的最小公倍数是 36，∴a_k 的奇偶性相同，且被 3 除余数相同，要以 36 为周期，即

$$a_{k+36t} \equiv a_k \qquad (\bmod 2),$$

$$a_{k+36t} \equiv a_k \qquad (\bmod 3).$$

通过计算可知在 $a_1 \sim a_{18}$ 中有且仅有

$$a_4 \equiv a_7 \equiv a_{14} \equiv a_{15} \equiv a_{17} \equiv a_{18} \equiv 0 \qquad (\bmod 3).$$

原解答挑选了 a_{17}，∵$17 \equiv 1 (\bmod 4)$，由式②的之后的说明中可知 a_{17} 是奇数.

这样 $a_{17+36t} (t \in \mathbf{N})$ 都是奇数，且能被 3 整除，所以 $\{a_n\}$ 中有无限多个奇合数.

实际上在 $a_1 \sim a_{36}$ 中除 a_{17} 外，还有 $a_{14}, a_{18}, a_{22}, a_{25}, a_{33}$ 既是奇数又能被 3 整除，它们都可和 a_{17} 一样用来证明本题.

顺便指出，也有书中利用 a_{36p+7} 的项来证明 $\{a_n\}$ 中有无限多个偶合数且叙述混乱. 实际上大可不必，因为大于 2 的偶数都是偶合数，由严格递增数列 $\{a_n\}$ 项的奇偶变化的周期性，该题结论立即获证.

[77]奇偶性原理　　　对题意会产生两种理解　　☆☆☆

原题 设 $S_r = x^r + y^r + z^r$. 其中 x, y, z 为实数. 已知在 $S_1 = 0$ 时，对 $(m, n) = (2, 3), (3, 2), (2, 5)$ 或 $(5, 2)$，有

$$\frac{S_{m+n}}{m+n} = \frac{S_m}{m} \cdot \frac{S_n}{n} \qquad (※)$$

试确定所有的其他适合式（※）的正整数组 (m,n)（如果有这样的数组存在的话）.

（第 11 届美国数学奥林匹克第 2 题）

原解 令 $x=k+1, y=-k, z=-1$，则

$$S_1 = x+y+z = (k+1)-k-1 = 0, 即适合 S_1 = 0.$$

若 $\dfrac{S_{m+n}}{m+n} = \dfrac{S_m}{m} \cdot \dfrac{S_n}{n}$

成立，将 x,y,z 的上述值代入后，就使式（※）成为一个关于 k 的恒等式.

当 m 为偶数时，

$$\begin{aligned} S_m &= (k+1)^m + (-k)^m + (-1)^m \\ &= (k+1)^m + k^m + 1 \\ &= 2k^m + p(k), \end{aligned}$$

其中 $p(k)$ 是次数低于 m 的多项式.

当 m 为奇数时，

$$\begin{aligned} S_m &= (k+1)^m + (-k)^m + (-1)^m \\ &= (k+1)^m - k^m - 1 \\ &= mk^{m-1} + p(k), \end{aligned}$$

其中 $p(k)$ 是次数低于 $m-1$ 的多项式.

下面分三种情况进行讨论：

（1）如果 m、n 都是奇数. 这时 $m+n$ 为偶数，于是 S_{m+n} 的最高次项为 $2k^{m+n}$，S_m 的最高次项为 mk^{m-1}，S_n 的最高次项为 nk^{n-1}，于是式（※）左边的最高次项为 $\dfrac{2k^{m+n}}{m+n}$，右边的最高次项为 $\dfrac{mk^{m-1}}{m} \cdot \dfrac{nk^{n-1}}{n} = k^{m+n-2}$. 因此在这种情况下式（※）不能成立.

（2）如果 m,n 都是偶数. 这时 $m+n$ 也是偶数，如果式（※）成立，那么比较两边的最高次项的系数可得 $\dfrac{2}{m+n} = \dfrac{2}{m} \cdot \dfrac{2}{n}$，即

$$\frac{1}{\frac{m}{2}} + \frac{1}{\frac{n}{2}} = 1.$$

由于 m,n 是正偶数,所以 $\frac{m}{2},\frac{n}{2}$ 都是正整数,由上式易得 $\frac{m}{2} = \frac{n}{2}$ $= 2$,即 $m = n = 4$.

但是在 $m = n = 4$ 时,我们取 $k = 1$,即取 $x = 2, y = -1, z = -1$,则 $S_4 = 2^4 + (-1)^4 + (-1)^4 = 18$. $S_8 = 2^8 + (-1)^8 + (-1)^8 = 258$.

而

$$\frac{S_8}{8} = \frac{258}{8} \neq \frac{18}{4} \cdot \frac{18}{4}.$$

因此在这种情况下,式(※)不可能成立.

(3) 如果 m,n 一为奇数一为偶数. 这时 $m + n$ 为奇数. 比较式 (※)两边 k 的最高次($m + n - 1$ 次)项的系数得 $1 = 1 \cdot \frac{2}{n}$, $n = 2$.

当 $m = 1$ 时,由 $S_1 = 0$ 得式(※)右边为零,所以式(※)不可能成立.

当 $m = 3$ 时,由题设,式(※)成立.

当 $m > 3$ 时,这时式(※)左边为

$$\frac{S_{m+2}}{m+2} = \frac{(k+1)^{m+2} - k^{m+2} - 1}{m+2}$$

$$= k^{m+1} + \frac{m+1}{2}k^m + \frac{(m+1)m}{6}k^{m-1} + \cdots$$

式(※)右边为

$$\frac{S_m}{m} \cdot \frac{S_2}{2} = \frac{(k+1)^m - k^m - 1}{m} \cdot \frac{(k+1)^2 + k^2 + 1}{2}$$

$$= \left(k^{m-1} + \frac{m-1}{2}k^{m-2} + \frac{(m-1)(m-2)}{6}k^{m-3} + \cdots\right) \cdot (k^2 + k + 1)$$

$$= k^{m+1} + \frac{m+1}{2}k^m + \left[\frac{(m-1)(m-2)}{6} + \frac{m-1}{2} + 1\right]k^{m-1} + \cdots$$

如果式(※)成立,则比较 k^{m-1} 的系数得

$$\frac{(m+1)m}{6} = \frac{(m-1)(m-2)}{6} + \frac{m-1}{2} + 1,$$

解得 $m = 5$.

于是 $(m,n) = (2,3),(3,2),(2,5),(5,2)$ 是满足式 (※) 的全部正整数组, 此外再无其他的正整数组了.

辨析

1°. 对原题的题意会产生两种理解:

(1) "已知在 $S_1 = 0$ 时, 对 $(m,n) = (2,3),(3,2),(2,5)$ 或 $(5,2)$, 有式 (※) 成立" 理解成了一组关于 x,y,z 的约束条件.

这样原题就成为:

x,y,z 是实数, 有 $x + y + z = 0$,　　　　　　　　　　　　　　①

同时, 又有

$$\frac{1}{5}(x^5 + y^5 + z^5) = \frac{1}{6}(x^3 + y^3 + z^3)(x^2 + y^2 + z^2),\qquad ②$$

$$\frac{1}{7}(x^7 + y^7 + z^7) = \frac{1}{10}(x^5 + y^5 + z^5)(x^2 + y^2 + z^2).\qquad ③$$

在这组约束条件下, 试确定所有的其他适合

$$\frac{1}{m+n}(x^{m+n} + y^{m+n} + z^{m+n}) = \frac{1}{mn}(x^m + y^m + z^m)(x^n + y^n + z^n)\qquad ④$$

的正整数组 (m,n) (如果有这样的数组存在的话).

(2) "已知在 $S_1 = 0$ 时, 对 $(m,n) = (2,3),(3,2),(2,5)$ 或 $(5,2)$, 有式 (※) 成立" 理解成, 告诉你可以证明 (但不要求证明) 当 x,y,z 是实数且 $x + y + z = 0$ 时, ② 与 ③ 是两个恒等式.

原问题就变成:

试确定在条件 ① 下所有使式 ④ 成为恒等式的其他正整数组 (m,n) (如果有这样的数组存在的话).

从原解答看, 命题本意是第二种理解.

在条件 ① 下, 如果正面地来求使 ④ 成为恒等式的所有的正整数组 (m,n) 是比较困难的, 而且已知的条件也很难用上. 但从题中的 "如果有这样的数组存在的话" 这句话, 可以猜想存在着仅有已知的四组 (m,n)

使式④成为恒等式的可能,先尝试证明此猜想是一种合理的选择.

式④有三个变量,在约束条件①中有两个变量是自由的,如让其中的一个变量取特殊值,可让式④变成一个变量的式子.若能够证明对这个变量来说,仅仅只有已知的四组(m,n)可以变成恒等式,那么猜想就被证明了.因为在特殊化的情况下只有四组,那么在一般化的情况下就只会少于或等于四组.

怎样特殊化?如取$z=0$,$x=-y$立即可看出当m与n是一奇一偶时,式④就是恒等式,此时既不能肯定猜想,也不能否定猜想,该方案失效.但该方案比较容易得到m,n不能具有相同的奇偶性.

原解答中,令$x=k+1$,$y=-k$,$z=-1$就是一个有效的特殊化方案.全部解答就是环绕将其代入式④后,讨论当m,n取什么数值时式④才能成为关于k的恒等式.讨论时先对m,n用奇偶分析法来缩小讨论的范围,排除了m,n奇偶性相同的情况.当设m是奇数、n是偶数时,可求出$n=2$是式④成为关于k的恒等式的必要条件.此时$m=1$显然式(※)不成立;$m=3$已知式(※)成立,$m>3$时又求出$m=5$是式④成为关于k的恒等式的必要条件.而式④成为k的恒等式是(※)成为恒等式的必要条件.这样猜想就得到了证明.

对题意的第一种理解并不错误,不会与第二种理解发生矛盾,只是不太容易产生正确的解题思路.按常规首先考虑的是如何简化这组约束条件,当发现②与③在条件①下是两个恒等式时(这是不容易的,见2°)才会回到第二种理解上来.实际上也正因为这事实不太直观才会产生对题意的第一种理解,这当然不是命题者所希望的.这就涉及到了命题的清晰性原则,一个好的命题条件和结论应当非常清晰,要力求避免会产生不同的理解.原题如下修改就清晰了.

设$S_r=x^r+y^r+z^r$,其中x,y,z为实数.已知在$S_1=0$时,对$(m,n)=(2,3),(3,2),(2,5)$或$(5,2)$,

$$\frac{S_{m+n}}{m+n}=\frac{S_m}{n}\cdot\frac{S_n}{n} \qquad (※)$$

成为恒等式.

试确定在 $S_1 = 0$ 时所有能使式（※）成为恒等式的其他正整数组 (m, n)（如果有这样的数组存在的话）.

2°. 关于当 x, y, z 是实数且 $x + y + z = 0$ 时式②与式③是恒等式的证明.

由 $x + y + z = t_1 = 0$，记 $xy + yz + zx = t_2$，$xyz = t_3$，则可得 x, y, z 是方程

$$u^3 + t_2 u - t_3 = 0 \qquad \qquad ⑤$$

的三个根.

将式⑤两边同乘以 u^{m-3} 得

$$u^m + t_2 u^{m-2} - t_3 u^{m-3} = 0,$$

令 $u = x, y, z$，分别代入上式并相加得

$$S_m + t_2 S_{m-2} - t_3 S_{m-3} = 0 \qquad (m = 3, 4, \cdots). \qquad ⑥$$

先设 x、y、z，均是非零实数.

$\because \quad S_0 = x^0 + y^0 + z^0 = 3$,

$\quad\quad S_1 = x + y + z = 0$,

$\quad\quad S_2 = x^2 + y^2 + z^2 = t_1^2 - 2t_2 = -2t_2$.

由递推公式⑥可得

$S_3 = -t_2 S_1 + t_3 S_0 = 3t_3$,

$S_4 = -t_2 S_2 + t_3 S_1 = 2t_2^2$,

$S_5 = -t_2 S_3 + t_3 S_2 = -3t_2 t_3 - 2t_2 t_3 = -5t_2 t_3$,

$\therefore \quad \dfrac{S_5}{5} = -t_2 t_3 = \dfrac{S_3}{3} \cdot \dfrac{S_2}{2}$.

同样，$S_7 = -t_2 S_5 + t_3 S_4 = 5t_2^2 t_3 + 2t_2^2 t_3 = 7t_2^2 t_3$.

$\therefore \quad \dfrac{S_7}{7} = t_2^2 t_3 = \dfrac{S_5}{5} \cdot \dfrac{S_2}{2}$.

当 x、y、z，至少有一个取零时，$t_3 = 0$，递推式⑥左边只剩两项可推得 $S_3 = S_5 = S_7 = 0$，②式、③式仍成立.

[78] 染色问题(初等数论)　　　　证明错误　　☆☆☆

原题　集合 $M=\{1,2,\cdots,n-1\}$, $n\geq3$. M 中的每个数染上红色或黑色两种颜色中的一种,使①对每个 $i\in M$, i 与 $n-i$ 同色;②对每个 $i\in M$, $i\neq k$,有 i 与 $|k-i|$ 同色,这里 k 是一固定的与 n 互质的数.

证明: M 中所有的数都同色.

(1985 年第 26 届 IMO 试题)

原证明　由于 $|k-(k+i)|=i$,故 $k+i$ 与 i 同色,所以 $1,k+1$, $2k+1,\cdots,(p-1)k+1$ 都同色(其中 $(p-1)k+1\leq n<pk+1$). 此时有 $0<n-(p-1)k-1<k$. 于是 $(p-1)k+1$ 与 $n-[(p-1)k+1]$ 同色,也与 $k-[n-(p-1)k-1]=pk+1-n$ 同色.

于是 1 可以和 $xk-yn+1$ 同色(因可以继续每次增加 k,一旦其和超过 n 时,即减去一个 n,只要 $0<xk-yn+1<n$ 即可).

但由于 $(k,n)=1$,故存在 $x_0,y_0\in\mathbf{N}$,使 $x_0k-y_0n=1$. 对于 $d\in M$,就有 $(x_0d)k-(y_0d)n=d$.

令 $x_0d=x,y_0d=y$,就有 $xk-yn+1=d+1$,说明 1 与 $d+1$ 同色,由 d 的任意性,知 M 内所有的数同色.

辨析

原题是对集合 M 二染色,由抽屉原理可知 M 中至少有 $\left[\dfrac{n-2}{2}\right]+1$ 个数染上了同色([2]4°). 原证明没有用到此条件,即原题中可将多余的二染色条件删去,称将 M 中各数染色就可以了,本节就在此前提下讨论.

原题对 k 的取值范围交待不清,这在 1°中辨析;原证明错误和漏洞较多这在 2°中辨析;3°在介绍模 n 的完全剩余系这一概念的基础上,讨论原证明中后半部分的另一种证明方法;4°完整地给出本题的另一种证明.

1°. 原题中仅称" k 是一固定的与 n 互质的数". 先根据原题条件②讨论 k,因 $(k,n)=1$,所以 $k\neq0,n$;若 $k>n$,取 $i=1,|k-i|=k-1>n-1$,但题中仅给 M 中的数染色,条件②无法实现. 同样若

$k < 0$,取 $i = n - 1, |k - i| = |k - (n - 1)| > n - 1$,条件②也无法实现.但单凭条件①容易构造反例证明命题不能成立.为此严格说来在原题中对 k 的取值范围还须补充条件:$0 < k < n$.　　　　　　（1）

2°. 辨析原证明.

第一段.根据题设条件②,$k + i$ 与 i 同色,当然要求 $k + i \in M$. 同理还可补充,由于 $|k - (k - i)| = i$,只要 $k - i \in M, k - i$ 与 i 同色. 这是本段最后一个结论的推导基础.

为说明本段的结论错误,举一反例:

取 $n = 10, k = 3$,有 $(3, 10) = 1$,而 $M = \{1, 2, \cdots, 9\}$. 由
$$(p - 1)k + 1 \leqslant n < pk + 1,$$
得 $p = 4$,但 $(p - 1)k + 1 = 10 \in M$,且 $n - [(p - 1)k + 1] = 0 \in M$,由第一段结论称 1 与 10 同色、1 与 0 同色都是错误的. 这是因为此时仅有 $0 \leqslant n - (p - 1)k - 1 < k$,左端等号有可能成立.

将原证明中括号内的不等式修改为:
$$(p - 1)k + 1 \leqslant n - 1 < pk + 1. \qquad (2)$$
此时有 $1 \leqslant n - (p - 1)k - 1 < k + 1$,即 $0 < n - (p - 1)k - 1 \leqslant k$. 显然上述反例中的矛盾能消除,但新的矛盾又产生了. 在该例中由(2)可算出 $p = 3$. 此时由第一段的结论得 1 与 $(p - 1)k + 1 = 7$ 同色,1 与 $n - [(p - 1)k + 1] = 3$ 同色是正确的,但称 1 与 $k - [n - (p - 1)k - 1] = 0$ 同色又是错误的.

实际上,因 $n \geqslant 3$,在式(1)和式(2)的条件下,显然 $p \geqslant 1$,有 $1 \leqslant (p - 1)k + 1 \leqslant n - 1$,所以由题设条件②可推得 $1, k + 1, 2k + 1, \cdots, (p - 1)k + 1$ 都同色;且由题设条件①可推得 1 与 $n - [(p - 1)k + 1]$ 也同色.

但在此条件下,不能保证不发生 $n - 1 = pk$ 的情况. 如果 $n - 1 < pk$,及 $(p - 1)k + 1 \leqslant n - 1$,那么有 $0 < n - (p - 1)k - 1 < k$,则由本小节开头所补充的结论得,$n - [(p - 1)k + 1]$ 与
$$k - [n - (p - 1)k - 1] = pk + 1 - n$$
同色,于是 1 与 $pk + 1 - n$ 同色. 但如果 $n - 1 = pk$ 时,上式为 $0 \in M$,称 1

与其同色就错了. 不过此时,1 与 $n-[(p-1)k+1]=k$ 同色,而 $(p+1)k+1-n=k$,所以可得 1 与 $(p+1)k+1-n$ 同色.

通过以上的讨论,我们可将第一段的结论修改成:

在式(1)与式(2)的条件下,1 与 $k+1,2k+1,\cdots,(p-1)k+1$ 同色;当 $pk+1-n\neq0$ 时,1 与 $pk+1-n$ 同色;当 $pk+1-n=0$ 时,1 就与 $(p+1)k+1-n$ 同色.

第二段. 其错误是没有考虑到,继续每次增加 k 时,也会发生其和等于 n 的情况. 这样按照其方法 1 可以与 $xk-yn+1$ 同色的证明链就有可能中断. 利用第一段修改后的结论,改成如下的证明:

1 与 $1+k,1+2k,\cdots,1+(p-1)k$ 同色,继续增加 k,若其和超过 $n,1$ 与 $1+pk-n$ 同色;若其和等于 n,虽不能说 1 与 $1+pk-n=0$ 同色,但有 1 与 $1+(p+1)k-n$ 同色. 而且这过程可以一直继续下去,加 k 其和小于 n,仍与 1 保持同色;其和大于 n,减去一个 n,仍与 1 保持同色;其和等于 n,减去一个 n 后再加一个 k,仍与 1 保持同色……. 而任取 $xk-yn+1,x$、y 是正整数,只要有 $0<xk-yn+1<n$,它就一定会在以上与 1 保持同色的序列中出现.

以下两段,没有错误,但跳跃太大.

大家比较熟知的是,不定方程 $xk+yn=1$, (3) 若 $(k,n)=1$,利用辗转相除法总能找到两个整数 x'、y',使 $x'k+y'n=1$ 成立. 但为什么一定存在正整数 x_0,y_0 使 $x_0k-y_0n=1$ 呢? 这要用二元一次不定方程整数解的通解公式来证明(参见笔者编著《理论算术》. P.130 ~ P.131,或其他初等数论的书籍).

对于方程(3)如果已求出其一组解 x'、y',因为 $(k,n)=1$,则其一切整数解可表为

$$\begin{cases} x=x'-nt \\ y=y'+kt \end{cases} \quad (t \text{ 取整数}).$$

从这通解公式可以看出,由条件 $n\geq3,0<k<n$,只要 t 取适当的负整数,总能找到 $x>0,y<0$ 的一组解,即存在正整数 x_0,y_0,使 $x_0k-y_0n=1$ 成立. 下面就可用原证明的方法证明命题成立.

3°. 在[3]1°中曾介绍过全体整数可按对模 n 同余来进行分类, 即可分成 $K_0, K_1, \cdots, K_{n-1}$ 这 n 个剩余类. 从每一个剩余类中取出一个数, 则这 n 个数就叫作以 n 为模的完全剩余系, 或者说模 n 的完全剩余系.

例如以 7 为模, 则

$$14, -6, 2, 10, -10, 12, -1$$

就是一个完全剩余系.

以 n 为模, 任何 n 个连续整数都是完全剩余系. 称 $0, 1, 2 \cdots, n-1$ 是模 n 的不为负的最小的完全剩余系.

在解某些数学竞赛题时, 常会用到初等数论中的如下定理:

设 $n \in \mathbf{N}, a \in \mathbf{Z},$ 若 $(a, n) = 1, b \in \mathbf{Z},$ 则 $ax + b,$ 当 x 历遍模 n 的一个完全剩余系时, 它也历遍模 n 的一个完全剩余系.

例如 $n = 8, a = 3, b = 6,$ 故由

$$0, 1, 2, 3, 4, 5, 6, 7$$

是以 8 为模的完全剩余系, 可得

$$6, 9, 12, 15, 18, 21, 24, 27$$

也是以 8 为模的完全剩余系, 实际上它们是按着次序和

$$6, 1, 4, 7, 2, 5, 0, 3$$

关于模 8 同余.

该定理的证明并不难, 可参见有关初等数论的书籍.

我们将以上介绍的知识用于本题, 原证明的后半部分可大大简化且说理将更清楚. 在 2° 的讨论中, 从 1 开始不断地增加 k, 当其值大于或等于 n 时就减去 n, ……, 这样得到的一些数无非就是一个正整数被 n 去除所得到的余数.

因 $(k, n) = 1,$ 所以 $xk + 1,$ 当 x 历遍 $0, 1, \cdots, n-1$ 时, 其值历遍模 n 的一个完全剩余系, 若在不断增加 k 的过剩中, 当其值大于或等于 n 时就减去 n, 那么它所历遍的还是一个非负的最小完全剩余系, 仅仅是排列的次序不同而已. 从 2° 的前半部分的讨论可知这些数除 0 外都与 1 同色. 这样原题也就得证了.

4°. 由于题解的正确、简洁的表述也是学习数学的重要内容之一. 本小节将原题的证明重新整理表述于后. 根据 1°原题已增添了条件式（1）. 而且我们不像原证明那样选择"1"，证明 M 中的元素都与"1"同色；是选择"k"，证明 M 中的元素都与"k"同色，其优越性从证明中就可看出. 该证明吸收了 3°中的解题思路，但避免涉及模 n 的非负最小剩余系的概念. 为了使表达更严密还使用了数学归纳法.

证明 设 $xk = y_x n + r_x$，　　　　　　　　　　　（4）

其中　　　　　　　$0 \leqslant r_x < n, x = 1, 2, \cdots, n-1.$

由（4）$r_x \equiv xk \pmod{n}$. 因为 $(k, n) = 1$，所以 $xk \not\equiv 0 \pmod{n}$，否则 $n \mid x$，这与 $0 < x < n$ 矛盾，故 $r_x \neq 0$；又若 $x_1 k \equiv x_2 k \pmod{n}$，由［3］1°定理 2 有 $n \mid k(x_1 - x_2)$，所以 $n \mid x_1 - x_2$，即 $x_1 \equiv x_2 \pmod{n}$，于是当 x 在其范围内取不同值时，xk 对模 n 彼此不同余，故 r_x 彼此不同余. 由此可知 $r_1, r_2, \cdots, r_{n-1}$ 是 $1, 2, \cdots, n-1$ 的一个排列，下面用数学归纳法证明 $r_x (x = 1, 2, \cdots, n-1)$ 染的是同一种颜色.

（i）由式（4），当 $x = 1$ 时有 $r_1 = k$，可称 r_1 与 k 同色；

（ii）假设 $r_x (x < n-1)$ 与 k 同色；

（iii）考察 r_{x+1}. 由式（4）有

$$y_{x+1} n + r_{x+1} = (x+1)k = y_x n + r_x + k.$$

因 $r_{x+1} \neq 0$，所以，$r_x + k \neq n$.

若 $r_x + k < n$，则 $r_{x+1} = r_x + k$，由题设条件②r_{x+1} 与 $|k - r_{x+1}| = r_x$ 同色.

若 $r_x + k > n$，显然 $r_x + k < 2n$，则 $r_{x+1} = r_x + k - n$，由题设条件② r_{x+1} 与 $|k - r_{x+1}| = |k - (r_x + k - n)| = n - r_x$ 同色，又由题设①，r_x 与 $n - r_x$ 同色，故 r_{x+1} 与 r_x 同色.

综合之，并由（ii），r_{x+1} 与 k 同色.

所以 $r_x (x = 1, 2, \cdots, n-1)$ 都与 k 同色. 因为 $r_1, r_2, \cdots, r_{n-1}$ 是 $1, 2, \cdots, n-1$ 的一个排列，故 M 中的所有数都同色.

[79] 复数　　　　　　　　　　　　　**证明可简化**　　☆

原题

$z_1, z_2, z_3 \in \mathbf{C}$，求证：$(z_1 - z_2)^2 + (z_2 - z_3)^2 + (z_3 - z_1)^2 = 0$ 的充要条件是 $|z_1 - z_2| = |z_2 - z_3| = |z_3 - z_1|$.

原证明　若 $z_1 = z_2 = z_3$，命题显然成立.

若 $|z_1 - z_2| = |z_2 - z_3| = |z_3 - z_1| = r > 0$，　　　　　①

则 $(z_1 - z_2)^2 + (z_2 - z_3)^2 + (z_3 - z_1)^2$　　　　　②

$= \left[(z_1 - z_2) + (z_2 - z_3) + (z_3 - z_1) \right]^2 - 2(z_1 - z_2)(z_2 - z_3) -$

$\quad 2(z_3 - z_1)(z_1 - z_2) - 2(z_2 - z_3)(z_3 - z_1)$

$= -2(z_1 - z_2)(z_2 - z_3)(z_3 - z_1) \left[\dfrac{1}{z_3 - z_1} + \dfrac{1}{z_2 - z_3} + \dfrac{1}{z_1 - z_2} \right]$

$= -2(z_1 - z_2)(z_2 - z_3)(z_3 - z_1) \left(\dfrac{\bar{z}_3 - \bar{z}_1}{r^2} + \dfrac{\bar{z}_2 - \bar{z}_3}{r^2} + \dfrac{\bar{z}_1 - \bar{z}_2}{r^2} \right) = 0,$

另一方面　　　$(z_1 - z_2)^2 + (z_2 - z_3)^2 + (z_3 - z_1)^2 = 0,$　　　　　③

可推知　　　$z_1^2 + z_2^2 + z_3^2 - z_1 z_2 - z_2 z_3 - z_3 z_1 = 0.$

所以 $z_1^2 - 2z_1 z_2 + z_2^2 + z_1 z_2 - z_2^2 - z_1 z_3 + z_2 z_3 + z_2^2 + z_3^2 - 2z_2 z_3 = 0,$

即　　　　　$(z_1 - z_2)^2 + (z_1 - z_2)(z_2 - z_3) + (z_2 - z_3)^2 = 0.$　　　　　④

从而　　　　　$\left(\dfrac{z_1 - z_2}{z_2 - z_3} \right)^2 + \left(\dfrac{z_1 - z_2}{z_2 - z_3} \right) + 1 = 0,$

得　　　　　　　$\dfrac{z_1 - z_2}{z_2 - z_3} = \omega$ 或 $\omega^2.$

故 $|z_1 - z_2| = |z_2 - z_3|$，同理 $|z_2 - z_3| = |z_3 - z_1|$.

辨析

尤其是原证明的前半部分可大大简化. 由式①可知复数 z_1, z_2, z_3 在复平面上刚巧组成一个正三角形. 不失一般性，可设 z_1, z_2, z_3 在复平面上是一个逆时针方向的排列. 于是可设 $z_1 - z_2 = r e^{\mathrm{i}\theta}$，则 $z_2 - z_3 = r e^{\mathrm{i}(\theta + \frac{2\pi}{3})}$，$z_3 - z_1 = r e^{\mathrm{i}(\theta + \frac{4\pi}{3})}$. 将上述各式代入②. 设 $\omega = e^{\mathrm{i}\frac{\pi}{3}}$，因 $1 + \omega^4 + \omega^8 = 1 + \omega + \omega^2 = 0$，故容易证明式②为 0.

后半部分,在式③中,将 $z_3 - z_1$ 用 $-[(z_1 - z_2) + (z_2 - z_3)]$ 代入,即得④. 下同原证明.

[80]复数　　　　　　　　　　　**解答不完整**　　☆

原题　设复数 z 在 $\dfrac{(i-1)z}{i(z-2)}$ 为实数的条件下变动,试求在复平面上复数 z 对应点的轨迹.

原解　假定 $\dfrac{(i-1)z}{i(z-2)} = k$　$(k \in \mathbf{R})$,则

$$\frac{z}{z-2} = \frac{k}{\sqrt{2}}\left[\cos\left(-\frac{\pi}{4}\right) + i\sin\left(-\frac{\pi}{4}\right)\right].　　（※）$$

故

$$\arg z - \arg(z-2) = -\frac{\pi}{4}.$$

因此,所求轨迹为以两点 $O(0)$,$A(2)$ 为端点张成 $\angle OPA = \dfrac{\pi}{4}$ 的圆弧.

辨析

$1°$. 原解中的(※)是将 $\dfrac{z}{z-2} = \dfrac{ik}{i-1} = \dfrac{(1-i)k}{2}$,再化成复数的三角式而得到. 但只有当 $k \geq 0$ 时(※)的右边才是一个复数的三角式,而当 $k < 0$ 时,应有

$$\frac{z}{z-2} = \frac{|k|}{\sqrt{2}}\left[\cos\left(\pi - \frac{\pi}{4}\right) + i\sin\left(\pi - \frac{\pi}{4}\right)\right]$$

$$= \frac{|k|}{\sqrt{2}}\left(\cos\frac{3\pi}{4} + i\sin\frac{3\pi}{4}\right).$$

故当 $k < 0$ 时,比较上式左、右两边的复数的辐角得

$$\arg z - \arg(z-2) = \frac{3\pi}{4}.$$

同理,它也对应一段圆弧,即原解漏掉了这部分圆弧.

因 $z = 2$ 时使原题中给定的代数式没有意义,所以 $k \in \mathbf{R}$ 时,其轨迹应当是去掉 $A(2)$ 点后的一个圆,且易求得其轨迹方程为:

$$|z - (1 + i)| = \sqrt{2}, (z \neq 2).$$

2°. 本题不用三角式而用复数的代数式来求解更易.

设 $z = x + iy$,将其代入 $\dfrac{(i-1)z}{i(z-2)}$,由条件其为实数,故其充要条件为虚部为 0,可得

$$(x + y)(x - 2) - y(x - y) = 0$$

即

$$(x - 1)^2 + (y - 1)^2 = 2, (除去 (2, 0) 这一点).$$

所以所求轨迹为以 $1 + i$ 为圆心,$\sqrt{2}$ 为半径的一个圆,但要除去点 $A(2)$.

[81] 复数   **答案错误**   ☆

原题 设 a 为实数,在复数集 $\mathbf{C}$ 中解方程:

$$z^2 + 2|z| = a$$

(1990 年全国高考数学试题)

原解 设 $|z| = r$,则

(1) 当 $a < 0$ 时,由 $z^2 = a - 2r < 0$ 知,z 是纯虚数,所以

$$r^2 = 2r - a.$$

解之得 $r = 1 \pm \sqrt{1 - a}$(负值舍去).

因此 $z = \pm (1 + \sqrt{1 - a})i.$

(2) 当 $a \geqslant 0$ 时,对 r 作如下讨论:

(i) 若 $r \leqslant \dfrac{1}{2}a$,则 $z^2 = a - 2r \geqslant 0$,故 z 是实数,得 $r^2 = a - 2r$.

解之得 $r = -1 \pm \sqrt{1 + a}$(负号舍去).

所以 $z = \pm (\sqrt{1 + a} - 1).$

(ii) 若 $r > \dfrac{1}{2}a$,则 $z^2 = a - 2r < 0$,故 z 是纯虚数,得

$$r^2 = 2r - a.$$

解之得　　　　　　　　$r = 1 \pm \sqrt{1-a}\,(a \leqslant 1).$

所以　　　　　　　　$z = \pm(1 \pm \sqrt{1-a})\mathrm{i}\,(a \leqslant 1).$

综上所述,原方程解的情况如下:

当 $a < 0$ 时,有两解 $z = \pm(1 + \sqrt{1-a})\mathrm{i}$;

当 $0 \leqslant a \leqslant 1$ 时,有 4 解,

$$z = \pm(\sqrt{1+a} - 1)\mathrm{i}, z = \pm(1 + \sqrt{1-a})\mathrm{i};$$

当 $a > 1$ 时,有 2 解,$z = \pm(\sqrt{1+a} - 1)\mathrm{i}.$

辨析

1°. 原解主要在对分类求解的结果进行综合时发生了错误.

从原方程发现 z^2 是一个实数,是原解思路形成的基础.当 $z^2 \geqslant 0$ 时,z 是实数,且 $z^2 = r^2$, $z = \pm r$;当 $z^2 < 0$ 时,z 是纯虚数,且 $z^2 = -r^2$, $z = \pm r\mathrm{i}$,都可以通过先求出 r 再求 z.

原解按常规对方程中的实参数 a 分类求解.(1) $a < 0$ 时,有 $z^2 < 0$,通过求出 r,就可求出纯虚数 z.(2) $a \geqslant 0$ 时,又要分(i)若 $r \leqslant \frac{1}{2}a$,有 $z^2 \geqslant 0$,求出相应的实数解;(ii) 若 $r > \frac{1}{2}a$,有 $z^2 < 0$,求出相应的纯虚数解.但第二次分类涉及的 r 是未知数 z 的模,分别求出相应的 r 后,必须在 $a \geqslant 0$ 这一前提范围内讨论,它们是否分别满足对 r 分类的条件.

如(2)(i),当解出 $r = \sqrt{1+a} - 1$, $\because$ 当 $a \geqslant -1$ 时,有 $(\sqrt{1+a} - 1)^2 \geqslant 0$,即 $a + 2 - 2\sqrt{1+a} \geqslant 0$, $\therefore$ 当 $a \geqslant 0$ 时,能满足 $r = \sqrt{1+a} - 1 \leqslant \frac{a}{2}$,于是可知当 $a \geqslant 0$,时,都有相应的实数解.

又如(2)(ii),解出 $r = 1 \pm \sqrt{1-a}\,(a \leqslant 1)$, $\because$ 当 $0 \leqslant a \leqslant 1$ 时,有 $(1 \pm \sqrt{1-a})^2 \geqslant 0$,即 $1 \pm 2\sqrt{1-a} + 1 - a \geqslant 0$, $\therefore$ 可知当 $a = 0$ 时,$r = 2$;当 $0 < a < 1$ 时,$r = 1 \pm \sqrt{1-a}$;当 $a = 1$ 时,$r = 1$ 都能满足 $r >$

$\dfrac{1}{2}a$，都能分别求出相应的纯虚数的解. 当 $a>1$ 时，没有纯虚数的解.

这样，原方程解的情况是：

当 $a<0$ 时，有两解　$z=\pm(1+\sqrt{1-a}\,)\mathrm{i}$；

当 $a=0$ 时，有三解　$z=0,\ \pm2\mathrm{i}$；

当 $0<a<1$ 时，有六解　$z=\pm(\sqrt{1+a}-1)$，$\pm(1\pm\sqrt{1-a}\,)\mathrm{i}$；

当 $a=1$ 时，有四解　$z=\pm(\sqrt{2}-1)$，$\pm\mathrm{i}$；

当 $a>1$ 时，有两解　$z=\pm(\sqrt{1+a}-1)$.

2°. **解二**　设 $z=x+\mathrm{i}y$，则原方程为：

$$x^2-y^2+2\sqrt{x^2+y^2}+2xy\mathrm{i}=a.$$

∵ $a\in\mathbf{R}$，∴ $xy=0$.

（1）若 $y=0$，得 $x^2+2|x|-a=0$.

（i）设 $x\geqslant0,\ x^2+2x-a=0$，

该方程，当 $a\geqslant0$ 时有满足 $x\geqslant0$ 的解 $x=\sqrt{1+a}-1$；

（ii）设 $x<0,\ x^2-2x-a=0$，

该方程，当 $a>0$ 时有满足 $x<0$ 的解 $x=1-\sqrt{1+a}$.

综合（i）、（ii）当 $a\geqslant0$ 时，原方程有解 $z=\pm(\sqrt{1+a}-1)$.

（2）若 $x=0$，得 $y^2-2|y|+a=0$.

（i）设 $y\geqslant0,\ y^2-2y+a=0$，

该方程：当 $0\leqslant a\leqslant1$ 时，有满足 $y\geqslant0$ 的解 $y=1\pm\sqrt{1-a}$；当 $a<0$ 时，有满足 $y\geqslant0$ 的解　$y=1+\sqrt{1-a}$.

（ii）设 $y<0,\ y^2+2y+a=0$，

该方程：当 $a<0$ 时，有满足 $y<0$ 的解 $y=-1-\sqrt{1-a}$；当 $a=0$ 时，有满足 $y<0$ 的解 $y=-2$；当 $0<a<1$ 时，有满足 $y<0$ 的解 $y=-1\pm\sqrt{1-a}$；当 $a=1$ 时，有满足 $y<0$ 的解 $y=-1$.

综合（i）、（ii）当 $a<0$ 时，原方程有解 $z=\pm(1+\sqrt{1-a}\,)\mathrm{i}$；当 $0\leqslant a\leqslant1$ 时，原方程有解 $z=\pm(1\pm\sqrt{1-a}\,)\mathrm{i}$.

再综合(1)、(2)原方程的解为：

当 $a<0$ 时，$z=\pm(1+\sqrt{1-a})i$；

当 $0\leqslant a\leqslant 1$ 时，$z=\pm(\sqrt{1+a}-1)$，$z=\pm(1\pm\sqrt{1-a})i$；

当 $a>1$ 时，$z=\pm(\sqrt{1+a}-1)$．

此与 1°的结果是一致的．

[82]复数和三角 　　　　　　　**原解和原题不符** 　　☆☆☆

原题 　设 n 是大于 3 的素数，求

$$\left(1+2\cos\frac{2\pi}{n}\right)\left(1+2\cos\frac{4\pi}{n}\right)\cdots\left(1+2\cos\frac{n-1}{n}\pi\right)$$的值．

原解 　记 $\varepsilon=e^{i\frac{2\pi}{n}}$，则 $\varepsilon^n=1$，$2\cos\frac{2k\pi}{n}=\varepsilon^k+\varepsilon^{-k}$，

$$\prod_{k=1}^{n}\left(1+2\cos\frac{2k\pi}{n}\right)=\prod_{k=1}^{n}\left(1+\varepsilon^k+\varepsilon^{-k}\right)$$
$$=3\cdot\prod_{k=1}^{n-1}\frac{1-\varepsilon^{3k}}{1-\varepsilon^k}=3.$$

辨析

容易发现原解和原题不符，原题的最后一个因子是 $\left(1+2\cos\frac{n-1}{n}\pi\right)$，而 $\prod_{k=1}^{n}\left(1+2\cos\frac{2k\pi}{n}\right)$ 的最后一个因子是 $\left(1+2\cos\frac{2n}{n}\pi\right)$．即原题是求

$$\prod_{k=1}^{\frac{n-1}{2}}\left(1+2\cos\frac{2k\pi}{n}\right)=\prod_{k=1}^{\frac{n-1}{2}}\left(1+\varepsilon^k+\varepsilon^{-k}\right)$$

的值，已不能像原解那样变换下去，原解法失效．

在 2°中先修改原题，保留原解，并接着取消"n 是大于 3 的素数"这一条件讨论更一般的情况．在 3°中保留原题，重新求解，但该解法只用到 n 是奇数，而并不涉及 n 是否是素数的问题．为了顺利展开讨论得具备有关单位根的知识，而且大量涉及复数的竞赛题往往和单位根有关，为此在 1°中先讨论单位根．

1°. 关于单位根.

设 $\varepsilon = e^{i\frac{2\pi}{n}}(n \in \mathbf{N})$. 则 $\varepsilon^r = e^{i\frac{2r\pi}{n}}$，当 $r = 0, 1, \cdots, n-1$ 时，它们是 $x^n = 1$ 的 n 个根(n 次单位根). 这时不但有 $(\varepsilon^r)^n = 1$；令 $f(x) = \sum_{k=0}^{n-1} x^k$，还有

$$f(\varepsilon^r) = \begin{cases} n & \text{当 } r = 0 \text{ 时} \\ 0 & \text{当 } r = 1, 2, \cdots, n-1 \text{ 时}. \end{cases}$$

证明如下：

显然 $f(\varepsilon^0) = f(1) = n$；

$\because x^n - 1 = (x-1) \cdot \sum_{k=0}^{n-1} x^k = (x-1) \cdot f(x)$，将 $x = \varepsilon^r (r = 1, 2, \cdots, n-1)$ 代入，由于 $(\varepsilon^r)^n - 1 = 0, \varepsilon^r - 1 \neq 0$，可得 $f(\varepsilon^r) = 0 (r = 1, 2, \cdots, n-1)$.

该结果还可表述成更一般的形式.

任取 $t \in \mathbf{Z}$，设 $t = qn + r$，其中 $q \in \mathbf{Z}, r \in \{0, 1, \cdots, n-1\}$.

$\because \varepsilon^t = \varepsilon^{qn+r} = (\varepsilon^n)^q \cdot \varepsilon^r = \varepsilon^r, \therefore f(\varepsilon^t) = f(\varepsilon^r) = \begin{cases} n & n \mid t \\ 0 & n \nmid t. \end{cases}$

即对任意一个整数 t，有

$$f(\varepsilon^t) = \sum_{k=0}^{n-1} \varepsilon^{kt} = \begin{cases} n & n \mid t \\ 0 & n \nmid t. \end{cases}$$

显然当 k 与 k' 属于模 n 的同一个剩余类时，即 $k \equiv k' (\bmod n)$ 时，有 $\varepsilon^k = \varepsilon^{k'}$. 于是以上结果又表述成：当 k 历遍模 n 的完全剩余系(参见[78]3°)时，有

$$\sum_k \varepsilon^{kt} = \begin{cases} n & n \mid t \\ 0 & n \nmid t. \end{cases}$$

辨析本题还要用到单位根的如下性质.

当 $n \geqslant 2$ 时，一方面有 $x^n - 1 = (x-1) \cdot \sum_{k=0}^{n-1} x^k$，另一方面还有 x^n

$$-1 = (x-1)(x-\varepsilon)(x-\varepsilon^2)\cdots(x-\varepsilon^{n-1}) = (x-1)\prod_{k=1}^{n-1}(x-\varepsilon^k),得$$

$$\prod_{k=1}^{n-1}(x-\varepsilon^k) = \sum_{k=0}^{n-1}x^k \quad (n \geqslant 2).$$

令 $x=1$,则有

$$\prod_{k=1}^{n-1}(1-\varepsilon^k) = n \quad (n \geqslant 2).$$

注意以上等式左边,各因子中 ε 的指数形成的指数系为 $1,2,$ $\cdots,n-1$,是模 n 的不为负的最小完全剩余系(参见[78]3°)中去掉了一个零. 所以上式也可表示成当 k 历遍模 n 的完全剩余系中除掉属于剩余类 K_0 中的数的其他各数时有

$$\prod_k(1-\varepsilon^k) = n \quad (n \geqslant 2).$$

由[78]3°中的定理,若 $(t,n)=1$,当 k 历遍模 n 的完全剩余系时,kt 也历遍模 n 的完全剩余系. 而且还可知,当且仅当 $k \in K_0$ 时,$kt \in K_0$. 于是若 $(t,n)=1$,当 k 历遍模 n 的完全剩余系中除掉属于 K_0 的其他各数时,kt 也是同样的情况,

即有

$$\prod_k(1-\varepsilon^{kt}) = n \quad (n \geqslant 2).$$

但若 $(t,n) \neq 1$,则有

$$\prod_k(1-\varepsilon^{kt}) = 0 \quad (n \geqslant 2).$$

这是因为,设 $(t,n)=d \neq 1$,则 $t=t'd,n=n'd$. n' 只可能是 $1,2,\cdots,$ $n-1$ 中的某一个数,而当 k 历遍模 n 的完全剩余系中除掉属于 K_0 的数的其他各数时必定会取到与 n' 同余的数,设此数为 k',则 $k' \equiv n'$ $(\bmod\ n)$. 此时

$$1-\varepsilon^{k't} = 1-\varepsilon^{n't} = 1-\varepsilon^{n't'd} = 1-(\varepsilon^n)^{t'} = 0.$$

将上述结论表述成便于下面运用的形式:

$$\prod_{k=1}^{n-1}(1-\varepsilon^{kt}) = \begin{cases} n & \text{当}(t,n)=1\text{ 时} \\ 0 & \text{当}(t,n) \neq 1\text{ 时} \end{cases} \quad (n \geqslant 2). \qquad \textcircled{1}$$

2°. 为了使原解有效, 将原题修改为:

设 n 是大于 3 的素数, 求

$$A_n = \left(1 + 2\cos\frac{2\pi}{n}\right)\left(1 + 2\cos\frac{4\pi}{n}\right)\cdots\left(1 + 2\cos\frac{2n}{n}\pi\right) \text{的值}.$$

原解即是:

$$A_n = \prod_{k=1}^{n}\left(1 + 2\cos\frac{2k\pi}{n}\right) = \prod_{k=1}^{n}\left(1 + \varepsilon^k + \varepsilon^{-k}\right)$$

$$= \left(1 + \varepsilon^n + \varepsilon^{-n}\right)\prod_{k=1}^{n-1}\left(1 + \varepsilon^k + \varepsilon^{-k}\right) = 3 \cdot \prod_{k=1}^{n-1}\varepsilon^{-k}\left(\varepsilon^{2k} + \varepsilon^k + 1\right)$$

$$= 3 \cdot \varepsilon^{-\sum\limits_{k=1}^{n-1}k}\prod_{k=1}^{n-1}\left(1 + \varepsilon^k + \varepsilon^{2k}\right) = 3 \cdot \varepsilon^{-\frac{n(n-1)}{2}}\prod_{k=1}^{n-1}\frac{1 - \varepsilon^{3k}}{1 - \varepsilon^k}$$

$$= 3 \cdot \left(\varepsilon^n\right)^{-\frac{n-1}{2}} \cdot \frac{\prod\limits_{k=1}^{n-1}\left(1 - \varepsilon^{3k}\right)}{\prod\limits_{k=1}^{n-1}\left(1 - \varepsilon^k\right)}. \qquad ②$$

其中 $\varepsilon = e^{i\frac{2\pi}{n}}$.

$\because n$ 是大于 3 的素数, $\therefore n$ 是奇数, $\dfrac{1-n}{2} \in \mathbf{Z}$, $\therefore \left(\varepsilon^n\right)^{-\frac{n-1}{2}} = 1$.

由①, 取 $t = 1$, 有 $(1, n) = 1$; 取 $t = 3$, 有 $(3, n) = 1$. 得

$$\prod_{k=1}^{n-1}\left(1 - \varepsilon^k\right) = n; \prod_{k=1}^{n-1}\left(1 - \varepsilon^{3k}\right) = n.$$

代入②得　$A_n = 3$.

下面将 n 的条件放宽, 取消 "n 是大于 3 的素数" 即对 n 是正整数时来求 A_n 的值.

由于②式实际上是 $n \geqslant 2$ 的条件下推导而得, 所以 $n = 1$ 时要直接计算,

$$A_1 = (1 + 2\cos 2\pi) = 3.$$

当 $n \geqslant 2$ 时, 总有 $(1, n) = 1$, 由①得 $\prod\limits_{k=1}^{n-1}\left(1 - \varepsilon^k\right) = n$; 若又有

$n \not\equiv 0 (\bmod\ 3)$,则 $(3, n) = 1$,由①得 $\displaystyle\prod_{k=1}^{n-1} (1 - \varepsilon^{3k}) = n$;而若 $n \equiv$

$0 (\bmod\ 3)$,则 $(3, n) \neq 1$,由①得 $\displaystyle\prod_{k=1}^{n-1} (1 - \varepsilon^{3k}) = 0$.

另外又有,当 n 是奇数时 $(\varepsilon^n)^{-\frac{n-1}{2}} = 1$,而当 n 是偶数时 $\varepsilon^{-\frac{n(n-1)}{2}} = (e^{i\frac{2\pi}{n}})^{-\frac{n(n-1)}{2}} = e^{i(1-n)\pi} = -1$.

这样再由②可得如下结果

$$A_n = \begin{cases} 3 & \text{当 } n \not\equiv 0 (\bmod\ 3) \text{ 且 } n \text{ 是奇数时,} \\ -3 & \text{当 } n \not\equiv 0 (\bmod\ 3) \text{ 且 } n \text{ 是偶数时,} \\ 0 & \text{当 } n \equiv 0 (\bmod\ 3) \text{ 时.} \end{cases}$$

显然 $\{A_n\}$ 以 $3, -3, 0, -3, 3, 0$ 周期性取值.

3°. 对原题求解. 设

$$B_n = \left(1 + 2\cos\frac{2\pi}{n}\right)\left(1 + 2\cos\frac{4\pi}{n}\right)\cdots\left(1 + 2\cos\frac{n-1}{n}\pi\right).$$

为了使 B_n 的意义明确,设 $n \geq 3$ 且是奇数. 即放弃 n 是大于 3 的素数的条件,在更一般的情况下讨论原题.

设 $\varepsilon = e^{i\frac{2\pi}{n}}$,则 $\varepsilon^k, k = 0, 1, \cdots, \dfrac{n-1}{2}, \dfrac{n+1}{2}, \cdots, n-1$ 是 n 个 n 次单位根. 从它们在单位圆上的分布,容易看出,$\varepsilon^{n-1} = \bar{\varepsilon}, \cdots, \varepsilon^{\frac{n+1}{2}} = \overline{\varepsilon^{\frac{n-1}{2}}}$,而 $\varepsilon^k \cdot \overline{\varepsilon^k} = 1, \varepsilon^k + \overline{\varepsilon^k} = 2\cos\dfrac{2k\pi}{n}$. 于是

$$z^n - 1 = (z - 1)(z - \varepsilon)(z - \varepsilon^2)\cdots(z - \varepsilon^{\frac{n-1}{2}}) \cdot (z - \varepsilon^{\frac{n+1}{2}})\cdots(z - \varepsilon^{n-1})$$

$$= (z - 1)\prod_{k=1}^{\frac{n-1}{2}}\left(z^2 + 1 - 2z\cos\frac{2k\pi}{n}\right).$$

令 $z = e^{i\frac{2\pi}{3}}$,则 $z^2 + 1 = -z$,代入上式得

$$e^{i\frac{2n\pi}{3}} - 1 = (e^{i\frac{2\pi}{3}} - 1)(-e^{i\frac{2\pi}{3}})^{\frac{n-1}{2}} \cdot \prod_{k=1}^{\frac{n-1}{2}}\left(1 + 2\cos\frac{2k\pi}{n}\right)$$

$$= (e^{i\frac{2\pi}{3}} - 1) \cdot (-1)^{\frac{n-1}{2}} \cdot e^{i\frac{(n-1)\pi}{3}} \cdot B_n. \qquad ③$$

因 n 是奇数, 故只要分如下三种情况讨论之.

(i) 当 $n \equiv 1 \pmod 6$ 时,

$$e^{i\frac{2n\pi}{3}} = e^{i\frac{2\pi}{3}}, e^{i\frac{(n-1)\pi}{3}} = 1, \therefore B_n = (-1)^{\frac{n-1}{2}};$$

(ii) 当 $n \equiv 3 \pmod 6$ 时,

③式左端为 0, 右端 B_n 的系数不为 0, $\therefore B_n = 0$;

(iii) 当 $n \equiv 5 \pmod 6$ 时,

$$e^{i\frac{2n\pi}{3}} = e^{i\frac{4\pi}{3}} = e^{i\pi} \cdot e^{i\frac{\pi}{3}} = -e^{i\frac{\pi}{3}},$$

$$e^{i\frac{(n-1)\pi}{3}} = e^{i\frac{4\pi}{3}} = -e^{i\frac{\pi}{3}}.$$

$\therefore$ 此时, $B_n = (-1)^{\frac{n-1}{2}} \dfrac{e^{i\frac{\pi}{3}} + 1}{e^{i\frac{\pi}{3}}(e^{i\frac{2\pi}{3}} - 1)} = (-1)^{\frac{n-1}{2}} \dfrac{1}{e^{i\frac{\pi}{3}}(e^{i\frac{\pi}{3}} - 1)}$

$$= (-1)^{\frac{n+1}{2}}.$$

综合而得:

$$B_n = \begin{cases} (-1)^{\frac{n-1}{2}} & \text{当 } n \equiv 1 \pmod 6 \text{ 时,} \\ 0 & \text{当 } n \equiv 3 \pmod 6 \text{ 时,} \\ (-1)^{\frac{n+1}{2}} & \text{当 } n \equiv 5 \pmod 6 \text{ 时.} \end{cases}$$

即当 $n = 3, 5, 7, \cdots$ 时, B_n 以 $0, -1, -1, 0, 1, 1$ 周期性取值.

注意以上讨论并不涉及 n 是素数与否的问题, 原题的原式不修改, 其前提条件也需修改.

另外, $2°$ 的结果与 $3°$ 的结果并不矛盾. 例如,

$n = 3$ 时, $2°$ 所求的是

$$A_3 = \left(1 + 2\cos\frac{2\pi}{3}\right)\left(1 + 2\cos\frac{4\pi}{3}\right)\left(1 + 2\cos\frac{6\pi}{3}\right) = 0,$$

而 $3°$ 所求的是

$$B_3 = \left(1 + 2\cos\frac{2\pi}{3}\right) = 0.$$

$n = 5$ 时, $2°$ 所求的是

$$A_5 = \left(1 + 2\cos\frac{2\pi}{5}\right)\left(1 + 2\cos\frac{4\pi}{5}\right)\left(1 + 2\cos\frac{6\pi}{5}\right)\left(1 + 2\cos\frac{8\pi}{5}\right)\left(1 + 2\cos\frac{10\pi}{5}\right)$$

$$= 3,$$

而 3°所求的是

$$B_5 = \left(1 + 2\cos\frac{2\pi}{5}\right)\left(1 + 2\cos\frac{4\pi}{5}\right) = -1.$$

[83] 复数和三角　　　　　　　　介绍另一种思路　　☆

原题　已知 $\cos\alpha + \cos\beta + \cos\gamma = \sin\alpha + \sin\beta + \sin\gamma = 0$, 求证:
$\cos2\alpha + \cos2\beta + \cos2\gamma = \sin2\alpha + \sin2\beta + \sin2\gamma = 0.$

原证明　设 $z_\theta = \cos\theta + i\sin\theta$, 则

$$z_\theta\bar{z}_\theta = |z_\theta|^2 = 1, \quad z_\theta^2 = \cos2\theta + i\sin2\theta \quad (\theta = \alpha, \beta, \gamma),$$

且　$z_\alpha + z_\beta + z_\gamma = \cos\alpha + \cos\beta + \cos\gamma + i(\sin\alpha + \sin\beta + \sin\gamma) = 0,$

$z_\alpha^2 + z_\beta^2 + z_\gamma^2 = \cos2\alpha + \cos2\beta + \cos2\gamma + i(\sin2\alpha + \sin2\beta + \sin2\gamma).$

因 $z_\alpha + z_\beta + z_\gamma = 0$, 所以 $\overline{z_\alpha + z_\beta + z_\gamma} = 0.$

故 $\dfrac{1}{z_\alpha} + \dfrac{1}{z_\beta} + \dfrac{1}{z_\gamma} = 0$, 即 $\dfrac{z_\alpha z_\beta + z_\beta z_\gamma + z_\gamma z_\alpha}{z_\alpha z_\beta z_\gamma} = 0,$

$$z_\alpha z_\beta + z_\beta z_\gamma + z_\gamma z_\alpha = 0,$$

$z_\alpha^2 + z_\beta^2 + z_\gamma^2 = (z_\alpha + z_\beta + z_\gamma)^2 - 2(z_\alpha z_\beta + z_\beta z_r + z_\gamma z_\alpha) = 0,$

即　　　$\cos2\alpha + \cos2\beta + \cos2\gamma = \sin2\alpha + \sin2\beta + \sin2\gamma = 0.$

辨析

介绍一种既直观又简捷且便于将结论推广的证明.

设 $z_\theta = e^{i\theta}$, 取 $\theta = \alpha \lor \beta \lor \gamma$, $z_\alpha \lor z_\beta \lor z_\gamma$ 都在单位圆上, 不失一般性设它们是逆时针方向排列. 由已知条件可得 $z_\alpha + z_\beta + z_\gamma = 0$, 可知 $\overrightarrow{oz}_\alpha + \overrightarrow{oz}_\beta + \overrightarrow{oz}_\gamma = 0$. 由向量加法的平行四边形法则, 可知 $z_\alpha \lor z_\beta \lor z_\gamma$ 是单位圆上的圆周的三等分点(注意, 三个以上单位向量的和为 0 就没有类似结论). 所以 $\beta = \alpha + \dfrac{2\pi}{3}$, $\gamma = \alpha + \dfrac{4\pi}{3}$. 设 $\varepsilon = e^{i\frac{2\pi}{3}}$. 则

$$z_\alpha^2 + z_\beta^2 + z_\gamma^2 = e^{i \cdot 2\alpha}(1 + \varepsilon^2 + \varepsilon^4) = e^{2\alpha i}(1 + \varepsilon + \varepsilon^2) = 0.$$

于是就证得了本题结论成立.

使用 [82] 1°中的结论: 若 $\varepsilon = e^{i\frac{2\pi}{n}}$, 有

$$\sum_{k=0}^{n-1} \varepsilon^{kt} = \begin{cases} n & n \mid t \\ 0 & n \nmid t, \end{cases}$$

可推广本题.

取 $n = 3$,设 $3 \nmid t$,则有 $1 + \varepsilon^t + \varepsilon^{2t} = 0$. 于是有

$$z_\alpha^t + z_\beta^t + z_\gamma^t = (e^{i\alpha})^t + [e^{i(\alpha + \frac{2\pi}{3})}]^t + [e^{i(\alpha + \frac{4\pi}{3})}]^t$$
$$= e^{i\alpha t}(1 + \varepsilon^t + \varepsilon^{2t}) = 0.$$

另一方面有 $z_\alpha^t + z_\beta^t + z_\gamma^t = \cos t\alpha + \cos t\beta + \cos t\gamma + i(\sin t\alpha + \sin t\beta + \sin t\gamma)$.

由此可得若 $\cos\alpha + \cos\beta + \cos\gamma = \sin\alpha + \sin\beta + \sin\gamma = 0$,且 $t \not\equiv 0$ (mod 3),

则有

$$\cos t\alpha + \cos t\beta + \cos t\gamma = \sin t\alpha + \sin t\beta + \sin t\gamma = 0.$$

[84] 复数和几何　　　　　证明中的推导依据不足　　　☆

原题　已知单位圆的内接正 n 边形 $A_1 A_2 \cdots A_n$ 及圆周上一点 P,

求证: $\max \prod\limits_{k=1}^{n} |PA_k| = 2$.

原证明　设 $A_k = e^{i\frac{2k\pi}{n}}$ $(k = 1,2,3,\cdots,n)$,

$$\prod_{k=1}^{n} |PA_k| = |(P - A_1)(P - A_2)\cdots(P - A_n)|$$
$$= |(P - e^{i\frac{2\pi}{n}})(P - e^{i\frac{2\pi}{n} \times 2})\cdots(P - e^{i\frac{2\pi}{n} \times n})| \qquad ①$$
$$= |P^n + (-1)^n e^{i\frac{2\pi}{n} \times \frac{n(n+1)}{2}}|. \qquad ②$$

令 $P = \cos\theta + i\sin\theta$,则

上式 $= |\cos n\theta + i\sin n\theta + (-1)^n \cos(n+1)\pi|$
$$= \sqrt{2 - 2\cos n\theta} \leqslant 2.$$

辨析

原证明中,从①推导到②的依据值得怀疑. ①式中有 n 个 P 的二项式相乘,在没有证明展开式中间的 $n - 1$ 项之和为 0 的情况下,

就只存下了首末两项,于理不通.

实际上,使用单位根的性质本题的证明是简单的.

由设 $A_k = e^{i\frac{2k\pi}{n}}$($k=1,2,3,\cdots,n$),$A_k$ 刚巧是 n 个 n 次单位根.于是有

$$x^n - 1 = \prod_{k=1}^{n}(x - A_k).$$

设 $P = e^{i\theta}$,x 用 P 代,可得

$$\prod_{k=1}^{n} \mid PA_k \mid = \mid \prod_{k=1}^{n}(P - A_k) \mid = \mid P^n - 1 \mid = \mid e^{in\theta} - 1 \mid$$

$$= \sqrt{(\cos n\theta - 1)^2 + (\sin n\theta)^2} = \sqrt{2 - 2\cos n\theta} \leqslant 2.$$

取适当的 θ,等号能达到,$\therefore \max \prod_{k=1}^{n} \mid PA_k \mid = 2.$

分 n 是奇偶和偶数讨论,能够证明②式中的

$$(-1)^n e^{i\frac{2\pi}{n} \times \frac{n(n+1)}{2}} = (-1)^n e^{i(n+1)\pi} = -1.$$

但②式的表示方式恰恰说明原证明没有使用单位根的性质,由此可知怀疑从①推导到②的依据是有道理的.

[85]复数和几何　　　　　　**证明依据未交代**　　☆☆

原题　已知单位圆的内接正 n 边形 $A_1 A_2 \cdots A_n$ 及圆周上一点 P,

求证:$\max \sum \mid PA_k \mid = \dfrac{2}{\sin \dfrac{\pi}{2n}}$.

原证明　令 $A_k = e^{i \cdot \frac{2k\pi}{n}}$($k=1,2,\cdots,n$),则

$$\sum \mid PA_k \mid = \sum \mid P - e^{i\frac{2k\pi}{n}} \mid = \left| \sum e^{-i \cdot \frac{(k-1)\pi}{n}} P - \sum e^{i\frac{(k+1)}{n}\pi} \right|$$

$$= \mid 1 - e^{i\pi} \mid \left| \frac{P}{1 - e^{-i\frac{\pi}{n}}} - \frac{e^{i\frac{\pi}{n}}}{e^{-i\frac{\pi}{n}} - 1} \right|$$

$$= \frac{\mid 1 - e^{i\pi} \mid}{\mid 1 - e^{-i\frac{\pi}{n}} \mid} \times \mid P + e^{i\frac{\pi}{n}} \mid.$$

令 $P = \cos\theta + i\sin\theta$，那么

$$上式 = \frac{2}{\sqrt{\left(1-\cos\dfrac{\pi}{n}\right)^2 + \left(\sin\dfrac{\pi}{n}\right)^2}} \left| \left(\cos\theta + \cos\dfrac{\pi}{n}\right)^2 + \left(\sin\theta + \sin\dfrac{\pi}{n}\right)^2 \right|^{\frac{1}{2}}$$

$$= \frac{2}{\sqrt{2 - 2\cos\dfrac{\pi}{n}}} \left(2 + 2\cos\left(\theta - \dfrac{\pi}{n}\right) \right)^{\frac{1}{2}} \leqslant \frac{2}{\sin\dfrac{\pi}{2n}}.$$

辨析

虽然有 $\left| P - e^{i\frac{2k\pi}{n}} \right| = \left| e^{i\frac{(k-1)\pi}{n}} \left(e^{-i\frac{(k-1)\pi}{n}} P - e^{i\frac{(k+1)\pi}{n}} \right) \right|$

$$= \left| e^{-i\frac{(k-1)\pi}{n}} P - e^{i\frac{(k+1)\pi}{n}} \right|,$$

但因为在一般情况下仅有模的和大于等于和的模，为什么一定有

$$\sum \left| P - e^{i\frac{2k\pi}{n}} \right| = \left| \sum e^{-i\frac{(k-1)\pi}{n}} \cdot P - \sum e^{i\frac{(k+1)\pi}{n}} \right| \tag{①}$$

是必定要说清理由的. 这放在最后再补述之.

原证明设 $A_k = e^{i\frac{2k\pi}{n}}$ $(k = 1, 2, \cdots, n)$，即原证明以单位圆的圆心为极点，使 A_n 在极轴上来建立复坐标系. 下面我们首先来改变建立复坐标系的方法.

因为 P 在复平面的单位圆上，可设 $P = e^{i\theta}$，而新建立的复坐标系，特别地使 $\theta \in (0, \dfrac{2\pi}{n}]$，同时使正 n 边形中某一个项点的复数坐标是 1，显然这是能够实现的. 此时 $e^{i\frac{2k\pi}{n}}$ $(k = 1, 2, \cdots, n)$ 是正 n 边形 n 个顶点的坐标，但不一定刚巧有 $A_k = e^{i\frac{2k\pi}{n}}$. 在这样建立的复坐标系下也能够证明①式成立. 但更主要的是可给出本题的更直接且更简单的另一证法.

$$\sum_{k=1}^{n} |PA_k| = \sum_{k=1}^{n} \left| e^{i\theta} - e^{i\frac{2k\pi}{n}} \right| = \sum_{k=1}^{n} \left| e^{i\theta} \right| \cdot \left| 1 - e^{i(\frac{2k\pi}{n} - \theta)} \right|$$

$$= \sum_{k=1}^{n} \sqrt{\left[1 - \cos\left(\frac{2k\pi}{n} - \theta\right) \right]^2 + \sin^2\left(\frac{2k\pi}{n} - \theta\right)}$$

$$= \sum_{k=1}^{n} \sqrt{2 - 2\cos\left(\frac{2k\pi}{n} - \theta\right)}$$

$$= \sum_{k=1}^{n} 2\left|\sin\left(\frac{k\pi}{n} - \frac{\theta}{2}\right)\right|.$$

$\because \theta \in \left(0, \dfrac{2\pi}{n}\right], \therefore \dfrac{k\pi}{n} - \dfrac{\theta}{2} \in [0, \pi) \ (k = 1, 2, \cdots, n).$

$\therefore \sin\left(\dfrac{k\pi}{n} - \dfrac{\theta}{2}\right) \geqslant 0.$ ②

$\therefore \displaystyle\sum_{k=1}^{n} |PA_k| = \sum_{k=1}^{n} 2\sin\left(\frac{k\pi}{n} - \frac{\theta}{2}\right) = \frac{1}{\sin\dfrac{\pi}{2n}} \sum_{k=1}^{n} 2\sin\left(\frac{k\pi}{n} - \frac{\theta}{2}\right) \cdot \sin\frac{\pi}{2n}$

$$= \frac{1}{\sin\dfrac{\pi}{2n}} \sum_{k=1}^{n} \left[\cos\left(\frac{(2k-1)\pi}{2n} - \frac{\theta}{2}\right) - \cos\left(\frac{(2k+1)\pi}{2n} - \frac{\theta}{2}\right)\right]$$

$$= \frac{1}{\sin\dfrac{\pi}{2n}} \left[\cos\left(\frac{\pi}{2n} - \frac{\theta}{2}\right) - \cos\left(\frac{(2n+1)\pi}{2n} - \frac{\theta}{2}\right)\right]$$

$$= \frac{2}{\sin\dfrac{\pi}{2n}} \cos\left(\frac{\pi}{2n} - \frac{\theta}{2}\right) \leqslant \frac{2}{\sin\dfrac{\pi}{2n}}.$$

等号当 $\theta = \dfrac{\pi}{n}$ 时成立, $\therefore \max \sum |PA_k| = \dfrac{2}{\sin\dfrac{\pi}{2n}}.$

引进新的复坐标系的目的, 实际上就是为了使②式成立, 在以上证明中, 由于有②就使绝对值的和顺利地变换成和的绝对值. ②式也可用来证明①式成立.

$$\sum_{k=1}^{n} |PA_k| = \sum_{k=1}^{n} 2\left|\sin\left(\frac{k\pi}{n} - \frac{\theta}{2}\right)\right| = \left|\sum_{k=1}^{n} 2\sin\left(\frac{k\pi}{n} - \frac{\theta}{2}\right)\right|$$

$$= \left|\sum_{k=1}^{n} 2 \cdot \frac{e^{i\left(\frac{k\pi}{n} - \frac{\theta}{2}\right)} - e^{-i\left(\frac{k\pi}{n} - \frac{\theta}{2}\right)}}{2i}\right|$$

$$= \left|\sum_{k=1}^{n} \frac{-2}{2i} e^{-i\left(\frac{\pi}{n} + \frac{\theta}{2}\right)}\left(e^{-i\frac{(k-1)\pi}{n} + i\theta} - e^{i\frac{(k+1)\pi}{n}}\right)\right|$$

$$= \left| \frac{-2}{2i} e^{-i\left(\frac{\pi}{n} + \frac{\theta}{2}\right)} \right| \cdot \left| \sum_{k=1}^{n} \left(e^{-i\frac{(k-1)\pi}{n}} \cdot e^{i\theta} - e^{i\frac{(k+1)\pi}{n}} \right) \right|$$

$$= \left| \sum_{k=1}^{n} e^{-i\frac{(k-1)\pi}{n}} P - \sum_{k=1}^{n} e^{i\frac{(k+1)\pi}{n}} \right|.$$

原证明,在下一步的推导中使用了等比级数的求和公式,且有
$e^{-i\pi} = e^{i\pi}$.

事实上在原来的坐标系中,使用矢量的复数表示及旋转也可证
明①式成立,但一定要补充假定 P 点位于劣弧 $\overset{\frown}{A_n A_1}$ 之内. 设 $P = e^{i\theta}$,
则 $\overrightarrow{PA_k}$ 的复数表示为 $e^{\frac{i2h\pi}{m}} - e^{i\theta}$,即将矢量平行移动,使 P 移到原点 O,
该复数就是此时终点所对应的复数. 注意到对 P 点的这一特殊位置
有 $\angle A_1 P A_k = \dfrac{1}{2} \angle A_1 O A_k = \dfrac{(k-1)\pi}{n}$,所以表示 $\overrightarrow{PA_k}$ 的复数乘以

$e^{-i\frac{(k-1)\pi}{n}}$,就使 $\overrightarrow{PA_k}$ 的方向顺时针旋转到 $\overrightarrow{PA_1}$ 的方向,对方向相同的一
组矢量来说,就有模的和等于和的模. 由此就可证明①式成立. 根据
本节前文的分析,显然只有再补充讨论了 P 点落在 A_1 处的情况后,
这种将 P 点位置的特殊化,才不会破坏一般性.

[86] 复数和几何　　　　　　　答案错误　　　☆☆

原题　设 $B_1, B_2, \cdots, B_n$ 为 $\odot O$ 的内接凸多边形的顶点,求出这
个多边形的所有边与所有对角线的平方和的最大值.

原解　设 $\odot O$ 半径为 R,$B_k = Re^{i\theta_k}$($k = 1, 2, \cdots, n$),则

$$\sum_{k=1}^{n} \cdot \sum_{h=1}^{n} \left| e^{i\theta_k} - e^{i\theta_h} \right|^2$$

$$= \sum_{k=1}^{n} \cdot \sum_{h=1}^{n} \left(2 - e^{i(\theta_k - \theta_h)} - e^{i(\theta_h - \theta_k)} \right)$$

$$= 2n^2 - \sum_{k=1}^{n} e^{i\theta_k} \cdot \sum_{h=1}^{n} e^{-i\theta_h} - \sum_{k=1}^{n} e^{-i\theta_k} \cdot \sum_{h=1}^{n} e^{i\theta_h}$$

$$= 2n^2 - 2 \left| \sum_{k=1}^{n} e^{i\theta_k} \right|^2 \leqslant 2n^2$$

所以所求最大值为 $2n^2R^2$,且当 $\sum\limits_{k=1}^{n}\mathrm{e}^{\mathrm{i}\theta_k} = 0$ 时取得.

辨析

本题是用复数来解几何问题. 原解的错误发生在结论上. 先对原解的推导过程作些说明.

任取两个顶点 B_k 和 B_h,该两点之间距离的平方为 R^2 乘上下式

$$\left| \mathrm{e}^{\mathrm{i}\theta_k} - \mathrm{e}^{\mathrm{i}\theta_h} \right|^2 = (\mathrm{e}^{\mathrm{i}\theta_k} - \mathrm{e}^{\mathrm{i}\theta_h}) \cdot \overline{(\mathrm{e}^{\mathrm{i}\theta_k} - \mathrm{e}^{\mathrm{i}\theta_h})}$$

$$= (\mathrm{e}^{\mathrm{i}\theta_k} - \mathrm{e}^{\mathrm{i}\theta_h}) \cdot (\mathrm{e}^{-\mathrm{i}\theta_k} - \mathrm{e}^{-\mathrm{i}\theta_h})$$

$$= 2 - \mathrm{e}^{\mathrm{i}(\theta_k - \theta_h)} - \mathrm{e}^{\mathrm{i}(\theta_h - \theta_k)}.$$

而关于双重求和:

$$\sum_{k=1}^{n} \cdot \sum_{h=1}^{n} \mathrm{e}^{\mathrm{i}(\theta_k - \theta_h)} = \sum_{k=1}^{n} \left[\sum_{h=1}^{n} (\mathrm{e}^{\mathrm{i}\theta_k} \cdot \mathrm{e}^{-\mathrm{i}\theta_h}) \right] \quad (\text{依据双重求和的意义})$$

$$= \sum_{k=1}^{n} \left[\mathrm{e}^{\mathrm{i}\theta_k} \cdot \sum_{h=1}^{n} \mathrm{e}^{-\mathrm{i}\theta_h} \right] \quad (\text{因 } k \text{ 与 } h \text{ 无关,提取公因式 } \mathrm{e}^{\mathrm{i}\theta_k})$$

$$= \sum_{h=1}^{n} \mathrm{e}^{-\mathrm{i}\theta_h} \cdot \sum_{k=1}^{n} \mathrm{e}^{\mathrm{i}\theta_k} \quad (\text{因 } h \text{ 与 } k \text{ 无关,提取公因式 } \sum_{h=1}^{n} \mathrm{e}^{-\mathrm{i}\theta_h})$$

$$= \sum_{k=1}^{n} \mathrm{e}^{-\mathrm{i}\theta_k} \cdot \sum_{k=1}^{n} \mathrm{e}^{\mathrm{i}\theta_k} \quad (\text{将第一个和式中的 } h \text{ 改记为 } k)$$

$$= \overline{\sum_{k=1}^{n} \mathrm{e}^{\mathrm{i}\theta_k}} \cdot \sum_{k=1}^{n} \mathrm{e}^{\mathrm{i}\theta_k} \quad (\text{共轭复数之和等于和的共轭复数})$$

$$= \left| \sum_{k=1}^{n} \mathrm{e}^{\mathrm{i}\theta_k} \right|^2 \quad (\text{两共轭复数的乘积等于该复数模的平方}).$$

同理可得

$$\sum_{k=1}^{n} \cdot \sum_{h=1}^{n} \mathrm{e}^{\mathrm{i}(\theta_h - \theta_k)} = \left| \sum_{k=1}^{n} \mathrm{e}^{\mathrm{i}\theta_k} \right|^2.$$

这样就得到原解的推导结果.

但必须注意到对任取的两点 B_k、B_h,是对 k 从 1 到 n 求和,对 h 从 1 到 n 求和,此时实际上对每条边、每条对角线的平方在和中重复算了两次. 为此最后的结果还要除以 2,所求的最大值为 n^2R^2.

[87] 复数和几何　　　　　　　　**证明可简化**　　☆

原题　平面上有一定点 M 与一定直线 l,在 l 上任取三个点 A、B、C,在平面上另取三点 D、E、F,使 $\triangle MAD$、$\triangle MBE$、$\triangle MCF$ 分别按逆时针方向成正三角形,求证:D、E、F 三点共线.

原证明　建立复平面,用 A、B、C、D、E、F、M 表示该点的复数.

由 $(D-A)(\cos 60° + i\sin 60°) = M-A$ 得

$$D = \frac{M + \left(-\dfrac{1}{2} + \dfrac{\sqrt{3}}{2}i\right)A}{\dfrac{1}{2} + \dfrac{\sqrt{3}}{2}i},$$

同理有

$$E = \frac{M + \left(-\dfrac{1}{2} + \dfrac{\sqrt{3}}{2}i\right)B}{\dfrac{1}{2} + \dfrac{\sqrt{3}}{2}i},$$

$$F = \frac{M + \left(-\dfrac{1}{2} + \dfrac{\sqrt{3}}{2}i\right)C}{\dfrac{1}{2} + \dfrac{\sqrt{3}}{2}i}.$$

由三点共线的充要条件知,我们只需证

$$\frac{E-D}{F-D} \in \mathbf{R}.$$

因 $\dfrac{E-D}{F-D} = \dfrac{B-A}{C-A}$,$A$、$B$、$C$ 共线,所以 $\dfrac{B-A}{C-A} \in \mathbf{R}$,即 $\dfrac{E-D}{F-D} \in \mathbf{R}$,得 D、E、F 三点共线.

辨析

1°. 复数法解几何问题的优点是对图的依赖性不强,且不必对点的几何位置做繁琐的讨论,例如对本题而言就不必讨论 A、B、C 在 l 上的相对位置. 但当涉及三角形或多边形时,其顶点的排列顺序却是要讲究的. 例如本题是已知 $\triangle MAD$、$\triangle MBE$、$\triangle MCF$ 分别按逆时针方向成正三角形,如果改为分别按顺时针方向成正三角形命题仍成立,但不规定方向命题就可能不成立.

用复数法解几何问题的缺点是计算量太大,有时可以合理地引进复坐标系建立复平面减少计算量. 本题就是这种情况(见2°).

用复数法解几何问题,也要熟悉一些几何事实的复数表述. 例如本题就用到,三个相异点 Z_1, Z_2, Z_3 所对应的复数分别为 z_1, z_2, z_3. 则 Z_1, Z_2, Z_3 三点共线的充要条件是

$$\frac{z_2 - z_1}{z_3 - z_1} \in \mathbf{R}. \qquad ①$$

这是容易理解的. 因 $z_2 - z_1$ 与 $z_3 - z_1$ 可以看作矢量 $\overrightarrow{Z_1 Z_2}$, $\overrightarrow{Z_1 Z_3}$ 所对应的复数,商 $\dfrac{z_2 - z_1}{z_3 - z_1}$ 的辐角就是 $\overrightarrow{Z_1 Z_2}$ 与 $\overrightarrow{Z_1 Z_3}$ 的辐角之差即是两矢量的夹角.①表示 $\angle Z_2 Z_1 Z_3 = 0$ 或 π,反之 $\angle Z_2 Z_1 Z_3 = 0$ 或 π①式也成立. 而 $\angle Z_2 Z_1 Z_3 = 0$ 或 π 就是 Z_1, Z_2, Z_3 三点共线的充要条件.

完全同样的理由,设 A, B, C, D 四个相异点分别对应复数 z_1, z_2, z_3, z_4 则四点共圆的充要条件是

比值 $\dfrac{z_3 - z_1}{z_4 - z_1} : \dfrac{z_3 - z_2}{z_4 - z_2} \in \mathbf{R}.$

2°. 对本题而言,如下建立复平面,证明可简化.

取 A 点为原点,直线 l 为实轴,可设各点的复数坐标为 $A = 0$; $B = b$; $C = c$; $M = \alpha$. 其中 b、c 是实数. 则由题意 $D = \alpha e^{-\frac{\pi}{3}i}$; $E = (\alpha - b) e^{-\frac{\pi}{3}i}$; $F = (\alpha - c) e^{-\frac{\pi}{3}i}$. (注意这里我们用同一个字母既表示点又表示该点的复数坐标).

$\because \dfrac{E - D}{F - D} = \dfrac{b}{c} \in \mathbf{R}$, $\therefore$ E、F、D 三点共线.

[88] 复数与几何　　　　　　　　　证明中有错误　　☆☆
原题

(1)任意给定四边形 $Z_1 Z_2 Z_3 Z_4$ 及某点 Z_0,然后作一个四边形 $EFGH$,使 $\triangle HEG \backsim \triangle Z_0 Z_2 Z_3$,$\triangle FGE \backsim \triangle Z_0 Z_4 Z_1$,求证:存在某点 Z_0',

使 $\triangle Z_0'Z_3Z_4 \backsim \triangle EFH$，$\triangle Z_0'Z_1Z_2 \backsim \triangle GHF$(如图).

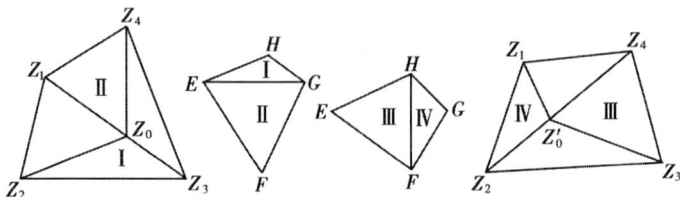

[88]图

(2) 对(1)中的四边形 $Z_1Z_2Z_3Z_4$、$EFGH$，求证:存在点 R、S，使 $\triangle RHE \backsim \triangle Z_3Z_4Z_2$，$\triangle RFG \backsim \triangle Z_1Z_2Z_4$，$\triangle SGH \backsim \triangle Z_2Z_3Z_1$，$\triangle SEF \backsim \triangle Z_4Z_1Z_3$.

原证明　(1)设 E、F、G、H、Z_0、Z_1、Z_2、Z_3、Z_4 对应的复数分别为 t_1、t_2、t_3、t_4、z_0、z_1、z_2、z_3、z_4.

因为　　　　　　$\triangle HEG \backsim \triangle Z_0Z_2Z_3$，$\triangle FGE \backsim \triangle Z_0Z_4Z_1$，

所以　　　　　　$\dfrac{t_4 - t_1}{t_3 - t_1} = \dfrac{z_0 - z_2}{z_3 - z_2}$，$\dfrac{t_3 - t_1}{t_2 - t_1} = \dfrac{z_4 - z_1}{z_0 - z_1}$，

从而有　　　　　　$\dfrac{t_4 - t_1}{t_2 - t_1} = \dfrac{z_0 - z_2}{z_3 - z_2} \times \dfrac{z_4 - z_1}{z_0 - z_1}$.

同理可得　　　　　　$\dfrac{t_4 - t_3}{t_2 - t_3} = \dfrac{z_1 - z_4}{z_2 - z_3} \times \dfrac{z_0 - z_3}{z_0 - z_4}$.

于是满足　　　$\dfrac{z_4 - z}{z_3 - z} = \dfrac{t_4 - t_1}{t_2 - t_1}$ 和 $\dfrac{z_1 - z}{z_2 - z} = \dfrac{t_3 - t_4}{t_2 - t_3}$

的 z 恰是同一个. 即

$$z_0' = \dfrac{z_1z_2(z_3 - z_4) + z_3z_4(z_1 - z_2) + z_0(z_2z_4 - z_1z_3)}{(z_1z_3 - z_2z_4) - (z_1 - z_2 + z_3 - z_4)z_0},$$

所以,存在一点 Z_0'，使 $\triangle Z_0'Z_3Z_4 \backsim \triangle EFH$，$\triangle Z_0'Z_1Z_2 \backsim \triangle GHF$.

(3) 存在点 R、S，使 $\triangle RHE \backsim \triangle Z_3Z_4Z_2$，$\triangle RFG \backsim \triangle Z_1Z_2Z_4$，$\triangle SGH \backsim \triangle Z_2Z_3Z_1$、$\triangle SEF \backsim \triangle Z_4Z_1Z_3$，这等价于存在复数 r，s 使得

$$\begin{cases} \dfrac{t_4 - r}{t_1 - r} = \dfrac{z_4 - z_3}{z_2 - z_3} \\[3mm] \dfrac{t_2 - r}{t_3 - r} = \dfrac{z_2 - z_1}{z_4 - z_1} \end{cases} \text{及} \quad \begin{aligned} &\dfrac{t_3 - s}{t_4 - s} = \dfrac{z_3 - z_2}{z_1 - z_2} \\[3mm] &\dfrac{t_1 - s}{t_2 - s} = \dfrac{z_1 - z_4}{z_3 - z_4} \end{aligned} \qquad \text{①}$$

而由 $(z_2 - z_3)t_4 - (z_4 - z_3)t_1 = (z_4 - z_1)t_2 - (z_2 - z_1)t_3$

$$= (z_0 - z_1)t_1 - (z_0 - z_2)t_3$$

可知存在 r, s 满足①式.

辨析

先弄清原证明的思路和依据,然后就可发现其错误.

原题中的图是象征性的,没有必要画得很精确,但 Z_1, Z_2, Z_3, Z_4 与 E, F, G, H 的排列却一定要顺序相同,这里都是逆时针方向.

原证明的依据是如下定理:

如果两个三角形 $\triangle Z_1 Z_2 Z_3$ 与 $\triangle W_1 W_2 W_3$ 其顶点的排列具有相同的顺序(都是逆时针方向或顺时针方向),并且顶点分别对应复数 $z_1, z_2, z_3, w_1, w_2, w_3$,则 $\triangle Z_1 Z_2 Z_3 \backsim \triangle W_1 W_2 W_3$ 的一个充要条件是

$$\frac{z_2 - z_1}{z_3 - z_1} = \frac{w_2 - w_1}{w_3 - w_1} \notin \mathbf{R}.$$

其证明并不难. 两个复数相等就是模相等和辐角相等. 注意到如 $z_2 - z_1$ 的模和辐角就是向量 $\overrightarrow{Z_1 Z_2}$ 的长和辐角;商的辐角就是分子和分母的辐角之差. 上式等价于两组对应边成比例和它们的夹角相等.

两已知三角形相似,可以写出三个这样的等式,根据需要选用其中的等式.

在引进了复平面后,本题预先给定的就是 z_0, z_1, z_2, z_3, z_4 这五个复数. 且隐含着,它们对应的点 Z_0, Z_1, Z_2, Z_3, Z_4,其中 Z_0, Z_2, Z_3 不共线,Z_0, Z_4, Z_1 不共线,后四点其中任取三点不共线.

注意,例如 Z_0, Z_1, Z_2 共线的充要条件为

$$\frac{z_1 - z_0}{z_2 - z_0} \in \mathbf{R}$$

不共线就是相应的比值不为实数. 这些是本题复数证明能顺利进行的

条件. 然后作一个四边形 $EFGH$ 按要求使两组三角形相似, 这在 Z_0、Z_2、Z_3 不共线, Z_0、Z_4、Z_1 不共线的条件下是能够做到的, 而且显然这四边形也并非唯一. 在题(1)中 t_1, t_2, t_3, t_4 实际是起到一个复参数的作用.

要证题(1)存在 Z_0', 使构成的两组三角形相似. 先设 Z_0' 的复数表示为未知数 z, 由两组三角形相似, 就可得到关于 z 的两个方程.

原证明中第二个方程是错误的, 应为

$$\frac{z_1 - z}{z_2 - z} = \frac{t_4 - t_3}{t_2 - t_3}. \qquad ②$$

分别解这两个方程, 就是设法消去参数 t_1、t_2、t_3、t_4 用已知的复数 z_0、z_1、z_2、z_3、z_4 来表示 z. 例如解方程②

$\because \triangle HEG \backsim \triangle Z_0 Z_2 Z_3$, $\triangle FGE \backsim \triangle Z_0 Z_4 Z_1$,

$$\therefore \frac{t_4 - t_3}{t_1 - t_3} = \frac{z_0 - z_3}{z_2 - z_3}, \qquad ③$$

$$\frac{t_1 - t_3}{t_2 - t_3} = \frac{z_1 - z_4}{z_0 - z_4}. \qquad ④$$

由③ × ④得

$$\frac{t_4 - t_3}{t_2 - t_3} = \frac{z_0 - z_3}{z_2 - z_3} \times \frac{z_1 - z_4}{z_0 - z_4}$$

由②可得

$$\frac{z_1 - z}{z_2 - z} = \frac{(z_0 - z_3)(z_1 - z_4)}{(z_2 - z_3)(z_0 - z_4)},$$

由此可解出 z.

像原解那样也可由第一个方程解出 z. 这两个方程解出的 z 是同一个复数 z_0', 这就说明了存在 Z_0' 使两组三角形相似.

题(2)证明思路同题(1), 不同的是此时 t_1、t_2、t_3、t_4 可视作是由(1)所给定的复数. 证 R 的存在性, 即证①中第一个方程组有解, 或称该方程组中两个方程有相同的解.

方程 $\dfrac{t_4 - r}{t_1 - r} = \dfrac{z_4 - z_3}{z_2 - z_3}$, 解出 r 得

$$r = \frac{(z_2 - z_3) t_4 - (z_4 - z_3) t_1}{z_2 - z_4}. \qquad ⑤$$

方程 $\dfrac{t_2-r}{t_3-r}=\dfrac{z_2-z_1}{z_4-z_1}$,解出 r 得

$$r=\frac{(z_4-z_1)t_2-(z_2-z_1)t_3}{z_4-z_2}. \qquad ⑥$$

显然⑤、⑥相等的充要条件为

$$(z_2-z_3)t_4-(z_4-z_3)t_1=[(z_4-z_1)t_2-(z_2-z_1)t_3]\times(-1). \qquad ⑦$$

但③式与④式,分别对角相乘后相加(用原证明中的另二个比例式也可)就能得到⑦,这样就证得 R 存在.

同样可得①中第二个方程组有解的充要条件为

$$(z_1-z_2)t_3-(z_3-z_2)t_4=[(z_3-z_4)t_1-(z_1-z_4)t_2]\times(-1). \qquad ⑧$$

容易证明⑦式与⑧式等价,这样就证得 S 存在.

由此可知原证明的最后一式是错误的,其中第一个等号部分不成立,第二个等号部分多余.

[89]复数和几何　　　　　证明步步错误且是错题　　☆☆☆

原题　在 $\triangle ABC$ 中,$\angle A$ 的平分线交 AB 边中垂线于 A',$\angle B$ 平分线交 BC 边中垂线于 B',$\angle C$ 的平分线交 CA 边中垂线于 C',求证:若 A'、B'、C' 互异,则 $\angle B'A'C'=\dfrac{\pi}{2}-\dfrac{1}{2}\angle BAC$.

原证明　$\angle A$ 的平分线方程为

$$(z_1^2+z_2z_3)z-\overline{(z_1^2+z_2z_3)}\bar{z}+z_1^2z_2z_3-z_1^2\overline{z_2z_3}=0,$$

而 AB 边中垂线的方程为 $z-z_1^2z_2^2\bar{z}=0$,解之得:$z_{A'}=\dfrac{(z_1^2-z_2z_3)z_2}{z_2-z_3}$. 同理得

$$z_{B'}=\frac{(z_2^2-z_3z_1)z_3}{z_3-z_1},z_{C'}=\frac{(z_3^2-z_1z_2)z_1}{z_1-z_2}.$$

由此知 $\dfrac{z_{C'}-z_{A'}}{z_{B'}-z_{A'}}=\dfrac{z_2z_3-z_1z_2}{z_2z_3-z_3z_1}$,

从而 $\triangle A'B'C'\backsim\triangle DEF$,即知 $\angle A'=\dfrac{\pi}{2}-\angle BAC$.

辨析

题解几乎步步错误且是错题,的确十分罕见,是一份从辨析中来学习数学的好材料.

1°. 给定正向 $\triangle ABC$(三顶点按逆时针方向命名),则作出的 $\triangle A'B'C'$ 是一个负向三角形. 给定的三角形不变,若三顶点的命名正向转动一个位置,则作出的三角形也不变,三顶点的命名就相应地负向转动一个位置. 由此可知,若有 $\angle A' = \dfrac{\pi}{2} - \dfrac{1}{2}\angle A$,则一定也有 $\angle B' = \dfrac{\pi}{2} - \dfrac{1}{2}\angle B$, $\angle C' = \dfrac{\pi}{2} - \dfrac{1}{2}\angle C$.

给定的三角形不变,若将其三顶点重新按顺时针方向命名(变成负向三角形),则作出的三角形将是另一个三角形设为 $\triangle A''B''C''$,它是一个正向三角形. 若三顶点的命名负向转动一个位置,则作出的三角形三顶点的命名就正向转动一个位置. 此时若有 $\angle A'' = \dfrac{\pi}{2} - \dfrac{1}{2}\angle A$,则一定也有 $\angle B'' = \dfrac{\pi}{2} - \dfrac{1}{2}\angle B$, $\angle C'' = \dfrac{\pi}{2} - \dfrac{1}{2}\angle C$.

以上讨论的前提是所给定的 $\triangle ABC$ 要保证作出的 A'、B'、C'(或 A''、B''、C'')互异. 例如给定的三角形是正三角形时,$\triangle A'B'C'$、$\triangle A''B''C''$ 都退化成了一个点,就没有以上结论.

2°. 假设在平面上建立重合的直角坐标系和复数坐标系,则 $z = x + iy$. 一条曲线,若其在解析几何中的曲线方程为

$$f(x, y) = 0 \qquad\qquad ①$$

则该曲线在复平面中的方程就为

$$f\left(\frac{z+\bar{z}}{2}, \frac{z-\bar{z}}{2i}\right) = 0 \qquad\qquad ②$$

如果①是一个仅涉及四则运算的代数方程,由于复数四则运算结果的共轭复数等于这些复数的共轭复数四则运算的结果,所以有

$$\overline{f\left(\frac{z+\bar{z}}{2}, \frac{z-\bar{z}}{2i}\right)} = f\left[\overline{\left(\frac{z+\bar{z}}{2}\right)}, \overline{\left(\frac{z-\bar{z}}{2i}\right)}\right] = f\left(\frac{z+\bar{z}}{2}, \frac{z-\bar{z}}{2i}\right),$$

即方程②的两边取共轭复数,方程②的形式不变.具有这样性质的复平面中的方程,我们就称之为自共轭的.

由此可知,直角坐标系中的线段的垂直平分线的方程,角平方线的方程等等,通过②化到复平面中的方程都应当是自共轭的.

设 A,B,C 分别对应复数 z_1,z_2,z_3,又设

$$z_k = x_k + \mathrm{i}y_k \quad (k = 1,2,3),$$

则 AB 的垂直平方分线方程为

$$y - \frac{y_1+y_2}{2} = -\frac{x_2-x_1}{y_2-y_1}(x - \frac{x_1+x_2}{2}) \quad (y_2 \neq y_1),$$

更一般地有

$$(y_2-y_1)y + (x_2-x_1)x = \frac{1}{2}(y_2^2 - y_1^2 + x_2^2 - x_1^2).$$

用②的方法可将其化为相应的复平面中的方程

$$z(\bar{z}_1 - \bar{z}_2) + \bar{z}(z_1 - z_2) = z_1\bar{z}_1 - z_2\bar{z}_2. \quad ③$$

试一下就可知,这有相当大的计算量.显然方程③是自共轭的.关于 BC、CA 的垂直平方线方程可以用轮换法得到.

但用此法来推导两条直线交角的角平分线在复平面的方程,其计算量几乎不能胜任.

在 xOy 平面内,直线 AB 的方程为

$$y - \frac{y_1+y_2}{2} = \frac{y_2-y_1}{x_2-x_1}(x - \frac{x_1+x_2}{2}) \quad (x_2 \neq x_1),$$

更一般地有

$$(x_2-x_1)y - (y_2-y_1)x + (x_1y_2 - x_2y_1) = 0.$$

同理 AC 的方程为

$$(x_3-x_1)y - (y_3-y_1)x + (x_1y_3 - x_3y_1) = 0.$$

利用角平分线上的点到角的两边距离相等这一性质,可以求出两相交直线 AB 与 AC 的角平分线方程为

$$\frac{(x_2-x_1)y - (y_2-y_1)x + (x_1y_2 - x_2y_1)}{\sqrt{(x_2-x_1)^2 + (y_2-y_1)^2}} \mp$$

$$\frac{(x_3 - x_1)y - (y_3 - y_1)x + (x_1y_3 - x_3y_1)}{\sqrt{(x_3 - x_1)^2 + (y_3 - y_1)^2}} = 0.$$

从理论上来说只要作代换

$$x = \frac{z + \bar{z}}{2}, y = \frac{z - \bar{z}}{2i}; x_k = \frac{z_k + \bar{z}_k}{2}, y_k = \frac{z_k - \bar{z}_k}{2i}(k = 1,2,3),$$

上述二条角平分线的方程就能变换为对应的复平面中的方程,但要化简到类似于③那样的形式,实在不是件容易事.

由此可知为了使本题中的中垂线方程和角平分线方程呈现比较简单的形式,必须引进比较特殊的复坐标系.下面的推导将复平面的原点放在 $\triangle ABC$ 的外心上,使实轴经过 A 点,且设 $OA = 1$,并设 $z_2 = e^{\theta_2 i}, z_3 = e^{\theta_3 i}$.

3°. 设 $\triangle ABC$ 是正向三角形(如图 -1),F、D、E 分别是 $\overparen{AB}$、$\overparen{BC}$、$\overparen{CA}$ 的中点. 则 AD 就是 $\angle A$ 的角平分线,OF 就是 AB 的垂直平分线,它们的交点就是 A',同样可作出 B'、C'.

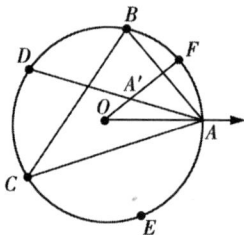

[89]图 -1

如图引进复平面,设 A、B、C 的复数坐标分别为 $z_k = e^{i\theta_k}(k = 1,2,3)$,其中 $0 = \theta_1 < \theta_2 < \theta_3 < 2\pi$. 显然 $z_k\bar{z}_k = 1$.

在此特殊的复坐标系下,OF 的方程,可由③简化为

$$z(\bar{z}_1 - \bar{z}_2) + \bar{z}(z_1 - z_2) = 0,$$

注意到 $z_1 - z_2 = -z_1z_2(\bar{z}_1 - \bar{z}_2)$ 还可化简为

$$z - z_1z_2\bar{z} = 0. \qquad ④$$

约定 $z_k^{\frac{1}{2}} = e^{i\frac{\theta_k}{2}}$ $(k=1,2,3)$,则 D 点的复数坐标为 $z_2^{\frac{1}{2}} z_3^{\frac{1}{2}}$. 用两点式写出 AD 在直角坐标系中的方程. 并由 2° 的方法可得其在复平面内的方程为:

$$(\bar{z}_1 - z_2^{\frac{1}{2}} z_3^{\frac{1}{2}}) z - (z_1 - z_2^{\frac{1}{2}} z_3^{\frac{1}{2}}) \bar{z} = \bar{z}_1 z_2^{\frac{1}{2}} z_3^{\frac{1}{2}} - z_1 \bar{z}_2^{\frac{1}{2}} \bar{z}_3^{\frac{1}{2}}. \qquad ⑤$$

将④代入⑤消去 $\bar{z}$,可解得

$$z_{A'} = \frac{z_2^{\frac{1}{2}} (z_2 z_3 - z_1^2)}{z_3^{\frac{1}{2}} (z_2 - z_1) + z_2^{\frac{1}{2}} (z_3 - z_1)}. \qquad ⑥$$

同理,可求出 F 的复坐标为 $z_1^{\frac{1}{2}} z_2^{\frac{1}{2}}$,这样我们可以用轮换法:$z_2 \to z_1, z_3 \to z_2, z_1 \to z_3$ 得到 $z_{C'}$ 的表达式;但是由于 E 点的复数坐标并不等于 $z_3^{\frac{1}{2}} z_1^{\frac{1}{2}}$,而应是 $e^{i\frac{\theta_3 + \theta_1 + 2\pi}{2}} = -z_3^{\frac{1}{2}} z_1^{\frac{1}{2}}$,就不能用轮换法来求 $z_{B'}$. 如前先求 OD, BE 的方程,再求交点 $z_{B'}$. 有

$$z_{B'} = \frac{z_3^{\frac{1}{2}} (z_2^2 - z_3 z_1)}{z_1^{\frac{1}{2}} (z_3 - z_2) - z_3^{\frac{1}{2}} (z_1 - z_2)}, \qquad ⑦$$

$$z_{C'} = \frac{z_1^{\frac{1}{2}} (z_1 z_2 - z_3^2)}{z_2^{\frac{1}{2}} (z_1 - z_3) + z_1^{\frac{1}{2}} (z_2 - z_3)}. \qquad ⑧$$

因为 $\frac{\pi}{2} - \frac{1}{2} \angle BAC = \frac{1}{2} (\pi - \angle BAC) = \frac{1}{2} \angle B + \frac{1}{2} \angle C = \angle EDF$.

所以要证明 $\angle B'A'C' = \frac{\pi}{2} - \frac{1}{2} \angle BAC$,由 1° 的结论,只要证明 $\triangle B'A'C' \backsim \triangle EDF$,再由复数表示的二个三角形相似的充要条件,即要证

$$\frac{z_{B'} - z_{A'}}{z_{C'} - z_{A'}} = \frac{-z_3^{\frac{1}{2}} z_1^{\frac{1}{2}} - z_2^{\frac{1}{2}} z_3^{\frac{1}{2}}}{z_1^{\frac{1}{2}} z_2^{\frac{1}{2}} - z_2^{\frac{1}{2}} z_3^{\frac{1}{2}}}. \qquad ⑨$$

像 1° 那样,将给定的三角形,保持三角形顶点 A 的命名,其他两个顶点按顺时针方向命名,则 $\triangle ABC$ 成负向三角形. 仍记 F、D、E 分别是 $\overparen{AB}$、$\overparen{BC}$、$\overparen{CA}$ 的中点,同样用 $z_k = e^{i\theta_k}$ $(k=1,2,3)$ 表示 A、B、C 的复

数坐标,只是 $0 = \theta_1 < \theta_3 < \theta_2 < 2\pi$. 同样规定 $z_k^{\frac{1}{2}} = e^{\frac{\theta_k}{i2}}$. 这时 D 的复数坐标仍是 $z_2^{\frac{1}{2}} z_3^{\frac{1}{2}}$, 而 F 的复数坐标为 $-z_1^{\frac{1}{2}} z_2^{\frac{1}{2}}$, E 的复数坐标为 $z_3^{\frac{1}{2}} z_1^{\frac{1}{2}}$.

容易明白,此时 OF 与 AD 的方程分别与④、⑤一致(因为④仅用 A、B 两点的坐标求出),所以求出的 $z_{A''}$ 在形式上与⑥完全相同. 同理 $z_{B'}$ 可由 $z_{A''}$ 用轮换法而得到,而 $z_{C''}$ 不能由 $z_{A''}$ 用轮换法得到. 但也容易明白,$z_{C''}$ 却可由 $z_{B'}$ 用轮换法得到,这样就有

$$z_{A''} = \frac{z_2^{\frac{1}{2}}(z_2 z_3 - z_1^2)}{z_3^{\frac{1}{2}}(z_2 - z_1) + z_2^{\frac{1}{2}}(z_3 - z_1)}, \qquad ⑩$$

$$z_{B''} = \frac{z_3^{\frac{1}{2}}(z_3 z_1 - z_2^2)}{z_1^{\frac{1}{2}}(z_3 - z_2) + z_3^{\frac{1}{2}}(z_1 - z_2)}, \qquad ⑪$$

$$z_{C''} = \frac{z_1^{\frac{1}{2}}(z_3^2 - z_1 z_2)}{z_2^{\frac{1}{2}}(z_1 - z_3) - z_1^{\frac{1}{2}}(z_2 - z_3)}. \qquad ⑫$$

同理,要证明原题成立,只要证明 $\triangle B''A''C'' \backsim \triangle EDF$,即要证

$$\frac{z_{B''} - z_{A''}}{z_{C''} - z_{A''}} = \frac{z_3^{\frac{1}{2}} z_1^{\frac{1}{2}} - z_1^{\frac{1}{2}} z_2^{\frac{1}{2}}}{-z_1^{\frac{1}{2}} z_2^{\frac{1}{2}} - z_2^{\frac{1}{2}} z_3^{\frac{1}{2}}}. \qquad ⑬$$

也就是说,原题要成立,⑨与⑬至少有一个成立. 表面看来将⑥、⑦、⑧代入⑨;⑩、⑪、⑫代入⑬来验证是件非常麻烦的事,实际上我们可以先去分母,再代入,并令 $z_1 = 1$,比较等号两旁的最高项(z_2、z_3 指数之和最大的项)很快就可发现⑨式与⑬式都是不能成立的. 即原题是道错题.

4°. 回到原证明.

原证明没有明确复平面是怎样建立的,也没有明确 z_k ($k = 1, 2, 3$) 的意义.

原证明中 $\angle A$ 的平分线方程,在一般的坐标系中并不自共轭,可以看出只有当 z_1 是实数时才能自共轭. 为此 z_1 必定是实数.

可以看出复平面的原点 $z = 0$,满足原证明中 AB 边的中垂线的方程,由此可合情判断原证明所引进的复数坐标系其原点也放在

$\triangle ABC$ 的外心上.

比较 3°中所得方程⑤与④,可以判断原证明中并没有将 A、B、C 的复数坐标记为 z_1、z_2、z_3,否则就错得太离奇了. 假定原证明中 AB 的中垂线方程是正确的,若记 A、B、C 的复数坐标为 z_A、z_B、z_C,那么在原证明中是设 $z_1 = z_A^{\frac{1}{2}}$,$z_2 = z_B^{\frac{1}{2}}$,$z_3 = z_C^{\frac{1}{2}}$. 但在这假定下,原证明中 $\angle A$ 的角平分线方程仍是错误的. 正确的是

$$(\overline{z_1^2 - z_2 z_3})z - (z_1^2 - z_2 z_3)\bar{z} - \overline{z_1^2} z_2 z_3 + z_1^2 \overline{z_2 z_3} = 0.$$

若假定原证明中第一步、第二步所求得的二个方程是正确的,虽说可验证第三步解出的 $z_{A'}$ 是正确的. 但原证明中的第四步同理得到 $z_{B'}$、$z_{C'}$ 却犯了错. 其所谓同理,实际上就是用的轮换法. 但在 3°中已知,不管 $\triangle ABC$ 是正向三角形还是负向三角形,$z_{B'}$、$z_{C'}$ 中恰恰总有一个不能用轮换来求得.

若假定原证明中求出的 $z_{A'}$、$z_{B'}$、$z_{C'}$ 是正确的,也算不出原证明第五步的结果,通过实际的计算应得:

$$\frac{z_{C'} - z_{A'}}{z_{B'} - z_{A'}} = \frac{z_3 - z_1}{z_2 - z_1}.$$

当然这结果对本题的证明并不起什么作用.

若假定原证明中第五步的结果是正确的. 比较 3°中的⑨式与⑬式可知,得不出 $\triangle A'B'C' \backsim \triangle DEF$ 的结论.

当然如果能证明 $\triangle A'B'C' \backsim \triangle DEF$,本题也就获证了. 但得不出原证明的最后一步的结果:$\angle A' = \frac{\pi}{2} - \angle BAC$. 而该结果又不是原题所要求证的. 原题要求证的是 $\angle A' = \frac{\pi}{2} - \frac{1}{2}\angle BAC$.

由此可知,原证明几乎步步是错误的.

5°. 本小节具体构造原题的两个反例,来验证我们的结论.

如图-2,A、B、C 的复数坐标分别为:$z_1 = 1$,$z_2 = e^{\frac{\pi}{3}i}$,$z_3 = -1$. 取 $z_1^{\frac{1}{2}} = 1$,$z_2^{\frac{1}{2}} = e^{\frac{\pi}{6}i}$,$z_3^{\frac{1}{2}} = i$.

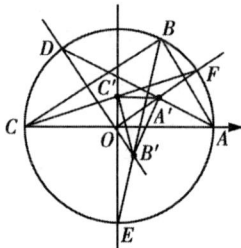

[89]图 - 2

用⑥、⑦、⑧可分别算出

$$z_{A'} = \frac{\sqrt{3}}{3}\left(\frac{\sqrt{3}}{2} + \frac{1}{2}i\right);$$

$$z_{B'} = \frac{\sqrt{3}-1}{2}\left(\frac{1}{2} - \frac{\sqrt{3}}{2}i\right);$$

$$z_{C'} = (2 - \sqrt{3})i.$$

该结果可用几何——三角方法验证是正确的. 此时通过计算可知⑨式并不成立. 而且通过计算这时 $\angle B'A'C'$ 确不等于 $\frac{\pi}{3}$.

如图 -3, A、B、C 的复数坐标分别为: $z_1 = 1, z_2 = -1, z_3 = e^{\frac{\pi}{3}i}$. 取 $z_1^{\frac{1}{2}} = 1, z_2^{\frac{1}{2}} = i, z_3^{\frac{1}{2}} = e^{\frac{\pi}{6}i}$.

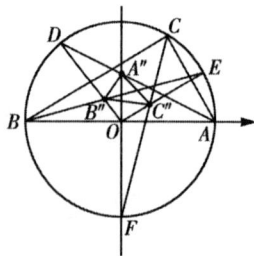

[89]图 - 3

用⑩、⑪、⑫可分别算出

$$z_{A''} = \frac{\sqrt{3}}{3}\mathrm{i};$$

$$z_{B''} = (2 - \sqrt{3})\left(-\frac{1}{2} + \frac{\sqrt{3}}{2}\mathrm{i}\right);$$

$$z_{C''} = \frac{\sqrt{3} - 1}{2}\left(\frac{\sqrt{3}}{2} + \frac{1}{2}\mathrm{i}\right).$$

该结果也可用几何——三角方法验证是正确的.

　　此时通过计算可知⑬式并不成立. 即反例已构成. 但通过三角计算这时 $\angle B''A''C'' = \dfrac{\pi}{3}$，而 $\angle A''C''B'' \neq \dfrac{\pi}{4}$. 图 -3 中三角形顶点的命名，再顺时针方向转动两个位置，将 A 点落到图 -3 中的 C 点的位置上，就可构成和原题对应的直接的反例.

第六章 组合几何和图论初步

[90]组合几何(算两次)　　　　　　　介绍另一种思路　　○☆

原题　△ABC 内部有 2001 个点,以顶点 A、B、C 和这 2001 个点能把原三角形分割成多少个小三角形?(任两点构成的线段不与其余的线段相交).

原解　设△ABC 内部的 $n-1$ 个点能把原三角形分割为 α_{n-1} 个小三角形,我们考虑新增加一个点 P_n 之后的情形:

(1)点 P_n 在某个小三角形的内部,则原小三角形的三个顶点连同 P_n 将这个小三角形一分为三,即增加了两个小三角形.

(2)点 P_n 在某两个小三角形的公共边上,则这两个小三角形的顶点连同 P_n 将这两个小三角形分别一分为二,即增加了两个小三角形. 所以△ABC 内的 n 个点把原△ABC 分割成小三角形个数为 $a_n = a_{n-1} + 2$,又 $a_0 = 1$,则 $a_n = a_0 + nd = 2n + 1$,当 $n = 2001$ 时,$a_{2001} = 2 \times 2001 + 1 = 4003$ 个小三角形.

辨析

1°. 原解是用的递推方法,这里介绍组合几何的方法,解法简单明了.

组合几何是组合数学与几何学相结合的产物,由于其内容丰富多彩,技巧性强,在竞赛数学中占有一定地位,组合几何的内容包括几何计数,凸集、凸包和覆盖等等.

用组合数学的计数方法来计算几何问题中的交点、线段、三角形、区域等的个数,就是常见的几何计数问题. 本题是道典型的几何计数问题.

组合数学常要求我们对一个对象从两种不同角度去进行计数,再将两方面计算的结果综合起来,获得所冀结论,这样一种处理问题的方法,称之为算两次.算两次在几何计数中常常特别有效.本题从算两次方法的角度看是道简单题.

2°.用算两次的方法解本题.

设能分割成 x 个三角形.用两种方法计算这些三角形的内角和,并列方程:

$$\pi \cdot x = 2\pi \cdot 2001 + \pi.$$

解之得 $\qquad\qquad x = 4003.$

[91]组合几何(一一对应方法)　　　　**题意表述错误**　☆

原题 圆周上有 1991 个点,每两点间连一弦,如果其中任意三条弦在圆内不共点,求出这些弦在圆内的交点为顶点的三角形个数.

原解 圆上三条弦恰好在圆内交出一个三角形,反之也成立.

$f:\{圆内三角形\} \rightarrow \{圆上六点组\}$

是一一映射,C_{1991}^6 为所求.

辨析

1°.原题错误.

先求这些弦在圆内的交点数.显然任意两条弦在圆内并不一定有交点,在任意三条弦在圆内不共点的前提下,两条弦在圆内有交点对应着圆的一个内接四边形,该交点就是该内接四边形两条对角线的交点;反之圆周上任取一个四点组,因其每两点都连有弦,四点构成唯一的内接四边形,它的对角线的交点就对应着两条弦的交点.这样,在原题的前提条件下

$f:\{圆内弦的交点\} \rightarrow \{圆上四点组\}$ 是一一对应.C_{1991}^4 就是这些弦在圆内的交点数,设为 m.

以这些交点为顶点的三角形的个数就是 C_m^3 再减去所有三点共线的总数,而后者依赖于已知点的位置,并非是常量.

2°.原解的问题.

将圆周上给定的 1991 个点,每两点间连一弦,虽然已知任取三

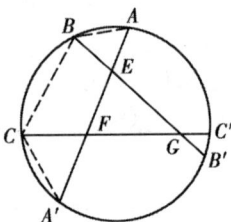

[91]　图

条弦在圆内不共点,但任取三条弦并非一定能恰好在圆内交出一个三角形,如图中的 AB 弦、BC 弦、CA 弦. 若如图中的 AA' 弦、BB' 弦、CC' 弦在圆内恰好交出一个三角形 EFG,则该三角形和一个六点组 (A,B,C,A',B',C') 相对应. 如图任取一个六点组 (A,B,C,A',B',C'),这六点之间两两连成弦,共有 $C_6^2 = 15$ 条弦,其中 6 条是六边形的边 9 条是对角线;这些弦在圆内的交点数用 1° 的方法可知为 $C_6^4 = 15$ 个,以这些点为顶点的三角形中却仅有一个三角形(就是 $\triangle EFG$)其三条边均位于弦上. 这样,在原题的前提条件下

f: $\{$ 圆上三条弦恰好在圆内交出一个三角形 $\} \rightarrow \{$ 圆上六点组 $\}$

是一一对应. 所以 C_{1991}^6 并不是原题之所求,而是以这些弦在圆内的交点为顶点,且其边又都在弦上的三角形的个数.

[92] 组合几何(算两次)　　　　介绍另一种思路　☆☆

原题　凸多边形各对角线彼此相交,把多边形分成许多小的三角形、四边形、五边形等等,其中每一个都称为这个多边形的一个内区. 若没有三条对角线共点,试证:凸 n 边形内区总数为 $C_n^4 + C_{n-1}^2$ 个.

原证明　设分成的区域中,边数最多为 m,三角形、四边形、…、m 边形的个数分别为 $n_3, n_4, \cdots, n_m$ 个,由内区顶点数的总和可知

$$3n_3 + 4n_4 + \cdots + m \cdot n_m = 4C_n^4 + n(n-2). \tag{①}$$

又由各个内区中的内角的总和可知:

$$n_3 \cdot 180° + n_4 \cdot 360° + \cdots + n_m \cdot (m-2) \cdot 180°$$

$$= C_n^4 \cdot 360° + (n-2) \cdot 180°,$$

即　　　　$n_3 + 2n_4 + \cdots + (m-2) \cdot n_m = 2C_n^4 + (n-2).$　　　②

①－②:$2n_3 + 2n_4 + \cdots + 2n_m = 2C_n^4 + (n-1)(n-2).$

∴ 内区总和 $n_3 + n_4 + \cdots + n_m = C_n^4 + C_{n-1}^2.$

辨析

1°. 内区相互不重叠,将原题中"小的"改为"小的且不重叠的"更清楚. 另外本题中要设 $n \geqslant 4$.

本题是用算两次方法解几何计数问题的典型题.

原证明①式中的 $4C_n^4$,是因为没有三条对角线共点每 4 个顶点就决定了一组对角线的交点(参见[91]1°),所以凸 n 边形内对角线的交点有 C_n^4 个,而每一个对角线的交点作为内区的顶点算了 4 次;$n(n-2)$ 是因为每一个凸 n 边形的顶点引出了 $(n-3)$ 条对角线,作为内区的顶点算了 $(n-2)$ 次. 而下式中 $(n-2) \cdot 180°$ 是凸 n 边形的内角和.

2°. 为了加深对算两次方法的理解,换一种思考途径,不用内区顶点数的总和,而用内区边数的总来建立关系式①.

所给的凸 n 边形有 $(C_n^2 - n)$ 条对角线,C_n^4 个对角线的交点,每个交点又都在两条对角线上,这些交点将所有对角线分成不重叠的段的总数为 $C_n^4 \times 2 + (C_n^2 - n)$ 个(根据算术植树问题的计算方法). 由于对角线上的每一段的两旁都是内区的面,而凸 n 边形的边只是一旁是内区的面. 用两种方法来计算内区边的总和得

$$3n_3 + 4n_4 + \cdots + mn_m = (C_n^4 \times 2 + C_n^2 - n) \times 2 + n$$
$$= 4C_n^4 + n(n-2).$$

3°. 本题也可不用算两次的方法,而用数学归纳法来证明.

当 $n = 4$ 时,命题可验证成立.

假设当 $n = k(k \geqslant 4)$ 时,凸 k 边形内区总数为 $C_k^4 + C_{k-1}^2$.

凸 k 边形增加一个顶点变成凸 $(k+1)$ 边形,而新的对角线还没有添上时,首先增加了一个三角形. 添 $(k-2)$ 条新的对角线,由于仍

没有三条对角线共点,会新增加 C_k^3 个对角线的交点(新增加的一个顶点和原来的每三个顶点对应着新增加的一个对角线的交点).

新增加的 C_k^3 个交点都在新增加的 $(k-2)$ 条对角线上,而且新增加的对角线上不会有老的对角线的交点(否则就要三条对角线共点).这样就在新增加的对角线上形成了共 $[(k-2)+C_k^3]$ 段不相重叠的线段(根据植树问题的计算方法).而且这样的每一段线段都将原有的内区一分为二,即线段的总数就是新添对角线后引起的内区增加的总数,于是从凸 k 边形变为凸 $(k+1)$ 边形时,内区增加 $1+[(k-2)+C_k^3]$ 个.

所以,凸 $(k+1)$ 边形有内区

$$C_k^4 + C_{k-1}^2 + 1 + (k-2) + C_k^3 = C_{k+1}^4 + C_k^2,$$

证毕.

[93] 组合几何(覆盖)　　　　　　题意不清　　○☆☆

原题　三个圆两两外切于 A,B,C,然后这些圆的半径扩大到 $\dfrac{2}{\sqrt{3}}$ 倍,而圆心不变,求证:$\triangle ABC$ 的每一个点至少被扩大后的一个圆所覆盖.

原提示　设三圆圆心为 O_1,O_2,O_3.对于 $\triangle ABC$ 内任一点 O,$\angle O_1 O O_2$,$\angle O_2 O O_3$,$\angle O_3 O O_1$ 中总有一个不小于 $120°$,不妨设 $\angle O_1 O O_2 \geqslant 120°$,则根据余弦定理可得

$$O_1 O_2 \geqslant \frac{\sqrt{3}}{2}(O_1 O + O O_2),$$

即

$$O_1 O + O O_2 \leqslant \frac{2}{\sqrt{3}}(O_1 A + O_2 A),$$

$$O_1 O \leqslant \frac{2}{\sqrt{3}} O_1 A, \ O_2 O \leqslant \frac{2}{\sqrt{3}} O_2 A$$

中至少有一个成立.

辨析

1°.原题中的求证部分可以有二种理解:

（1）将"△ABC 的每一点"作整体理解，即整个三角形至少被扩大后的三个圆中的一个所覆盖；

（2）△ABC 中任取一个点，该点至少能被扩大后的三个圆中的一个所覆盖.

当然第一种理解，命题不成立. 设三个圆的半径分别为 1,2,3，通过作图就可知能构建成反例. 原提示的根据就是第二种理解.

这种会产生歧义的表述方式，已在多本书的多道习题中看到. 为消除歧义，应当将求证中的"△ABC 的每一点"改为"△ABC 内任取一点". 改为 △ABC "内"是为了与原提示一致，另外也因为原题结论对 △ABC 的边上的点也成立是显然的. 或称"△ABC 被扩大后的三个圆所覆盖"

2°. 在三角形中，正弦定理与余弦定理是等价的，一般能用余弦定理可解的习题，用正弦定理也能解，但毕竟有一个简繁的问题，本题如按提示用余弦定理，可得

$$O_1O_2^2 \geqslant OO_1^2 + OO_2^2 + OO_1 \cdot OO_2$$
$$= (OO_1 + OO_2)^2 - OO_1 \cdot OO_2$$
$$\geqslant (OO_1 + OO_2)^2 - \left(\frac{OO_1 + OO_2}{2}\right)^2 = \frac{3}{4}(O_1O + OO_2)^2.$$

如直接用正弦定理就要繁一些：

$$\frac{O_1O_2}{\sin\angle O_1OO_2} = \frac{OO_1}{\sin\angle O_1O_2O} = \frac{OO_2}{\sin\angle O_2O_1O}.$$

$$\therefore \quad O_1O_2 = (OO_1 + OO_2)\frac{\sin\angle O_1OO_2}{\sin\angle O_1O_2O + \sin\angle O_2O_1O}.$$

设 $O_1O_2 = (OO_1 + OO_2) \cdot k$；$\angle O_1OO_2 = 120° + \theta$　$(0 \leqslant \theta < 60°)$.

$$\therefore \quad \sin\angle O_1OO_2 = \sin(180° - \angle O_1OO_2) = \sin(60° - \theta).$$

而 $\angle O_1O_2O + \angle O_2O_1O = 60° - \theta$，又设 $\angle O_1O_2O - \angle O_2O_1O = 2\varphi$，显然有 $0 < \cos\varphi \leqslant 1$，于是有

$$k = \frac{\sin(60° - \theta)}{2\sin\dfrac{60° - \theta}{2}\cos\varphi}$$

$$\geqslant \frac{2\sin\dfrac{60°-\theta}{2}\cdot\cos\dfrac{60°-\theta}{2}}{2\sin\dfrac{60°-\theta}{2}}$$

$$= \cos\left(30°-\frac{\theta}{2}\right)\geqslant\frac{\sqrt{3}}{2}.$$

原提示中最后的结果可用反证法证明.

[94] 组合几何(覆盖)　　　　题意不够清晰　　○☆☆

原题　在长方形的桌面上不重叠地放着 25 枚硬币,使得不能再放一枚与已放的不重叠. 证明:假定允许重叠放置,那么只要用 100 枚这样的硬币便可覆盖全桌面(硬币是圆形且半径相等).

原证明　设想将桌子和硬币的长度都缩小一半,所得到的小桌面积为原面积的 $\dfrac{1}{4}$,25 枚小硬币半径为原来的 $\dfrac{1}{2}$. 依题设,小桌面每点与某小硬币中心距离小于原硬币半径,现不改变小硬币中心,而将其半径恢复到原来长度,那么这 25 枚硬币即可覆盖整个小桌面,即原桌面的 $\dfrac{1}{4}$. 故 100 枚硬币可覆盖全桌面.

辨析

桌面上放置一枚硬币可以有两种理解:(1)整个硬币放在桌面上;(2)放置时允许硬币超出桌面,只要求能放稳就行.

若是理解(1),在长方形桌面上按要求放置上硬币后,不能保证桌面上的空隙处没有一个点到任何一个硬币中心的距离都不小于硬币半径的两倍,即原证明失效. 而且从理论上来说将更多的硬币重叠上去,由于硬币与边界相切仅仅是一个点,有限多个硬币无法将桌面全部覆盖.

本题只能采用理解(2),而且还要用到物理知识:当且仅当硬币的重心落在桌面上时硬币才能放稳. 当然还须假设硬币是均匀的,其重心位于圆心. 在桌面上任取一点,如果该点到已经放上去的硬币圆心的距离都不小于硬币半径的两倍,那么以该点作为圆心就可再放入一枚硬币,这硬币不会与其他硬币重叠且能放稳. 如果按要求已将 25 枚硬币放置好,由于不能再放一枚与已放的不重叠,那么空隙处任取一点,总存在某枚硬币的圆心到该点的距离小于硬币半径的两倍. 这样原证明中的"小桌面每点与某小硬币中心距离小于原硬币半径"就能成立. 至于原证明中"现不改变小硬币中心,而将其半径恢复到原来长度,那么这 25 枚硬币可覆盖整个小桌面"实际上已进行了数学的抽象化处理. 从物理的角度看,半径恢复就可能产生硬币间的重叠,硬币总有厚度,在小桌面边缘的硬币有可能发生倾斜,倾斜的硬币其中心位置就发生了变化. 虽然容易证明倾斜的硬币其中心在桌面上的垂直射影点仍位于桌面之内,但要保证硬币放稳不产生滑动,例如还得假设倾斜的硬币与桌面边缘有足够大的静摩擦力.

　　本题是道好题,解法巧妙,为了消除在如何放置的问题上产生不必要的歧义,以及消除既不能脱离物理知识又不能过多地作物理学思考的困惑,命题可作如下修改:

　　在长方形的桌面上不重叠地放着 25 枚硬币,为了放稳,其重心都落在桌面上,而且已经不能再放稳一枚硬币并与已放的不重叠. 证明:假定允许重叠放置,那么只要 100 枚这样的硬币便可覆盖全桌面(硬币可作抽象化处理,是半径相等的圆,重心都在圆心且不计厚度).

[95] 组合几何 (覆盖)　　　　　　　原分析不当　　○ ☆ ☆

原题　在一个半径等于 6 的圆内任意地放入 6 个半径为 1 的小圆. 试证:在小圆与大圆之间一定还可嵌入一个半径为 1 的圆.

原分析　问题可转化为覆盖问题来解决,只要证明半径为 6 的圆可以覆盖 7 个半径为 1 的圆.

原证明　假设当放入 6 个半径为 1 的圆后再也不能完整地放入第 7 个半径为 1 的圆.

　　由于 6 个小圆的圆心应在半径为 5 的圆内,而放入的第 7 个小圆与这 6 个小圆不重叠,因此第 7 个小圆的圆心应在以前面 6 个小圆的圆心为圆心,半径为 2 的圆的外面,也就是说,在半径为 5 的圆内不能再放入第 7 个圆的圆心. 因此,半径为 5 的圆已完全被 6 个半径为 2 的圆所覆盖.

这样,6 个半径为 2 的圆的面积之和不小于半径为 5 的圆的面积,但

$$6\pi \times 2^2 = 24\pi < 25\pi = \pi \times 5^2,$$

得出矛盾. 故命题得证.

辨析

原分析对本题来说并不恰当.

图形嵌入问题可转化为覆盖问题来解决,若图形 A 能嵌入图形 B,那么图形 B 也就能覆盖图形 A. 图形嵌入问题实质上就是覆盖问题的一种重要变化形式.

原分析称本题"只要证明半径为 6 的圆可以覆盖 7 个半径为 1 的圆"意义不明确,将 7 个半径为 1 的圆排成一横排,半径为 6 的圆无法将其覆盖;将一个圆放在中央,六个圆放在其周围,即使小圆的半径是 2 也能被一个半径是 6 的大圆所覆盖,但这些与本题的证明并没有什么关系,原分析对本题证明思路的产生及对原证明的理解毫无帮助.

原证明使用的方法是覆盖问题中常用的缩放法.

在小圆与大圆之间嵌入一个圆,首先寻找可嵌入该圆的圆心的位置. 因为放入的第 7 个小圆的半径为 1,其圆心只能在以 6 个小圆的圆心为圆心半径从 1 放到 2 的这些圆的圆外;又只能在以大圆的圆心为圆心半径从 6 缩到 5 的这些圆的圆内. 假定 6 个小圆任意地不相重叠地放入了大圆,放停后进行如上的放缩,注意这时放缩后的圆之间不排除会产生重叠的情况,这时只要半径为 5 的圆之内,放大了的六个小圆之外有空隙,空隙内的任意一点都可作为嵌入的第 7 个半径为 1 的小圆的圆心的位置. 容易理解此时第 7 个小圆就能顺利嵌入.

原证明是使用的反证法,假定已不能嵌入第 7 个小圆,则使用缩放法后已没有空隙,这就意味着半径为 5 的圆已完全被 6 个半径为 2 的圆所覆盖,此种情况能发生的一项必要条件就是这时这 6 个放大后的小圆的面积之和不能小于缩小后的大圆的面积(注意该条件并不充分). 通过面积计算这必要条件不能满足,命题得证.

[96]组合几何(覆盖)　　　　　　**解答与原题不符**　　☆☆

原题　有限个圆覆盖面积为 S 的区域. 证明:可以从中找到一组没有公共点的圆,它们所覆盖的区域面积 $\geqslant \dfrac{1}{9}S$.

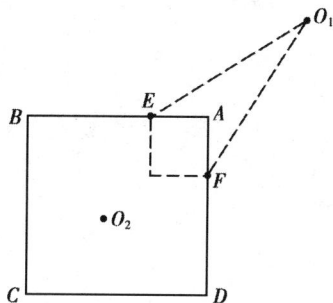

[96] 图

原证明　在这有限个圆中必有一个半径最大的圆,设这个圆圆心为 O_1,半径为 r_1,其面积为 $S_1 = \pi \cdot r_1^2$.

现将圆 O_1 及与其有公共点的所有圆全部删去. 设删去圆覆盖的面积为 P_1. 因为这些圆的半径都不大于 r_1,故所有这些圆皆在以 O_1 为圆心,$3r_1$ 为半径的圆内,因而 $9S_1 \geqslant P_1$,即 $S_1 \geqslant \dfrac{1}{9}P_1$.

对剩下的圆重复以上操作(即找出一个半径最大的圆 O_2,然后将其及与其有交点的所有的圆全部删去),我们可以得到 $S_2 \geqslant \dfrac{1}{9}P_2, \cdots$.

不难看出圆 O_1，圆 O_2，……即为所求的一组圆.

辨析

原证明初看构思巧妙，细细思量便可发现问题. 显然 $9S_1 \geqslant P_1$ 所反映的是一个数量关系，同样 $S_1 \geqslant \dfrac{1}{9} P_1$ 是指 $\odot O_1$ 的面积大于或等于被删去圆覆盖的面积 P_1 的 $\dfrac{1}{9}$，并非是指 $\odot O_1$ 一定覆盖了被删去圆覆盖的这个区域的 $\dfrac{1}{9}$（可参见后文中所举反例）. 于是重复这个操作过程，所找到的一组没有公共点的圆，只证得它们的面积之和 $\geqslant \dfrac{1}{9}S$，称它们所覆盖的区域面积 $\geqslant \dfrac{1}{9}S$ 是没有根据的.

明显原题是根据解题思路来设计的，为保留解答，原题就得修改，原题的最后一句话改为"这些圆的面积之和 $\geqslant \dfrac{1}{9}S$".

构造反例如下：

如图，$ABCD$ 是单位正方形，E、F 分别是 AB、AD 上的三等分点，$O_1E = O_1F = 1$. 可以作四个圆：以 1 为半径的 $\odot O_1$，$\triangle CEF$ 的外接圆 $\odot O_2$，以 $\dfrac{2}{3}$ 为半径的 $\odot B$ 和 $\odot D$. 显然这四个圆覆盖了正方形，$S = 1$. 其中 $\odot O_1$ 的半径最大，其他三个圆与 $\odot O_1$ 都有公共点，$P_1 = S = 1$. 以上操作一次就可完成. $\odot O_1$ 的面积大于 $\dfrac{1}{9}$，但 $\odot O_1$ 覆盖正方形的面积却小于 $\dfrac{1}{9}$.

类似的错误（类似的题和解答）在其他书籍中也有出现.

[97] 组合几何（凸包）　　　　　　分类的严谨性　　☆ ☆

原题　在一平面内给定 n 个点，其中 $n > 4$，且任意三点不共线，证明至少有 C_{n-3}^2 个凸四边形，其顶点为给定的点.

（第 11 届国际数学奥林匹克竞赛试题第 5 题）

原解 考虑 $n = 5$ 的情形.

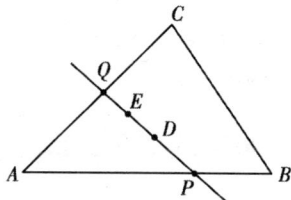

[97] 图

因 $C_{5-3}^2 = C_2^2 = 1$，只须证明至少存在一个以给定点为顶点的凸四边形即可. 分两种情况：

（1）五个点中的四个点是一凸四边形的顶点，另一点任意；

（2）五个点中的三个点 A、B、C 构成一三角形，其他点 D、E 在该三角形内部.

显然，在情形（1）已有一个以给定点为顶点的凸四边形.

在情形（2），按条件，DE 不经过 $\triangle ABC$ 的顶点，故 DE 与 $\triangle ABC$ 的某两边相交于 P 点和 Q 点. 设 P 在 AB 上，Q 在 AC 上，则对角线 BE 与 CD 位于四边形 $BCED$ 内，故为凸四边形（如图）.

$n = 5$ 的情形得证.

一般地，在一平面内给定 n 个点，则可构成 C_n^5 个不同的五点子集，由上面的讨论可知，每一个这样的五点子集至少有一个以所给定的点为顶点的凸四边形，又同一个凸四边形至多属于 $n - 4$ 个不同的五点子集，故至少有 $\dfrac{1}{n-4} C_n^5$ 个凸四边形以给定的点为顶点.

只须再证 $\dfrac{1}{n-4} C_n^5 \geqslant C_{n-3}^2$ 即可.

设 $f(n) = \dfrac{1}{n-4} C_n^5, g(n) = C_{n-3}^2$.

$n = 5$ 时，$f(5) = 1, g(5) = 1$.

$n = 6$ 时, $f(6) = 3$, $g(6) = 3$.

$n \geqslant 7$ 时, $\dfrac{f(n)}{g(n)} = \dfrac{n(n-1)(n-2)(n-3) \cdot 2}{120(n-3)(n-4)}$

$$= \dfrac{n(n-1)(n-2)}{60(n-4)}$$

$$= \dfrac{1}{60}\big[n(n+1) + 6 \big] + \dfrac{2}{5(n-4)}$$

$$\geqslant \dfrac{n(n+1)+6}{60} \geqslant \dfrac{62}{60} > 1.$$

故 $f(n) \geqslant g(n)$ 对一切 $n > 4$ 恒成立.

辨析

1°. 本题以考察 $n = 5$ 的情况作为解答思路的突破口,它不仅具有奠基性,且架起了简单情况与一般情况的桥梁.

原解基本正确. 在讨论 $n = 5$ 的情况时分类是关键. 分类时要讲清分类的依据,这样才能使分类避免遗漏或重复. 由于原解在分类时没有交待分类的依据,使分类不够清晰,例如原解在 $n = 5$ 时分情况 (1) 与情况 (2),在情况 (2) 时证明了 $BCED$ 是凸四边形,这样岂不又是情况 (1). 作为竞赛数学的例题,此处应当采用组合几何中处理有限点集时常用的凸包概念来进行分类,使叙述更严谨.

有关凸包的定义及一些结论在竞赛数学的书籍中一般都可以查阅到,这里不再重复,仅形象地指出,如果 M 是一个平面上的有限点集,把 M 中的每个点上都钉上大头针,然后用一根橡皮圈套在这些钉子的外部,让其自然收缩,则就形成了点集的凸包. 平面上的有限点集都存在凸包,而且是唯一的,凸包总是凸多边形或线段,凸多边形的顶点或线段的端点都是这个有限点集中的点,这有限点集中的所有点都在这凸包的边界上或凸包的内部,了解了这些,一般在竞赛数学中也就够用了.

当 $n = 5$ 时,用凸包来进行分类,因为任意 3 个点不共线,对 5 个点作凸包,只可能有三种情况:

(i) 凸包是一个凸五边形.

任意削去由相邻的三个顶点所构成的三角形,就存下一个凸四边形.

(ii) 凸包是一个凸四边形,还有一点在这凸四边形的内部.

(iii) 凸包是一个三角形,还有两点在这三角形的内部.

而(iii)就是原证明中的情况(2),此时可以继续使用凸包的概念来证明存在着以给定的点为顶点的凸四边形,该证明比原证明更有说服力. 假定情况(iii),凸包是$\triangle ABC$,D、E 两点在该三角形的内部.

因为D、E 在$\triangle ABC$ 的内部,连接DE 并延长,由已知任意三点不共线,直线DE 不会经过$\triangle ABC$ 的任意一个顶点,则必与$\triangle ABC$ 的某两边相交,不失一般性,设与AB 相交于P 与AC 相交于Q,此时直线DE 必不与线段BC 相交.

去掉A 点,对B、C、D、E 四点作凸包,显然这不会改变BC 是凸包的边这一性质. 于是只可能有两种情况:

① 凸包是凸四边形$BCED$;

② 凸包是$\triangle EBC$,D 在其内部或凸包是$\triangle DBC$,E 在其内部.

但②的情况不会发生,否则直线DE 就要与线段BC 相交,得到矛盾.

2°. 原题及原解中关于"至多"与"至少"的使用不能拘泥于其严格意义(参见[2]).

取定一个凸四边形,由于再加上其他一个点就组成一个五点子集,所以它刚巧属于$n-4$ 个不同的五点子集. 原解中称"又同一个凸四边形至多属于$n-4$ 个不同的五点子集"显然不够确切. 因为在任取的一个五点子集中有时会多于一个凸四边形,这样在一个五点子集计一个凸四边形的计数中,同一个凸四边形其重复计数不多于$n-4$ 次. 故在该点集中有不少于$\dfrac{1}{n-4}C_n^5$ 个凸四边形以给定的点为顶点.

当$n=5$ 时,原解的图实际上就是仅有一个凸四边形的实例,这

时称至少有 C_{n-3}^2 个凸四边形从严格意义上来说也是正确的. 注意到 $\lim\limits_{n \to \infty} \dfrac{f(n)}{g(n)} = \infty$，可知当 n 充分大时，肯定不能总存在刚巧有 C_{n-3}^2 个凸四边形的情况. 可见从严格意义上来说原题中的"至少"当表述成"不少于".

3°. 如原解那样，允许使用直观，发现对角线 BE 与 CD 位于四边形 $BCED$ 内，就认为找到了一个凸四边形 $BCED$，那么本题还有一个流行的更简单证法.

在 n 个点中任取三点为顶点构成三角形，由于这些三角形仅有有限个，存在面积最小的三角形，设其为 $\triangle ABC$. 可以用反证法证明其余的 $n-3$ 个点均在 $\triangle ABC$ 的外部，从中任取二个点，相应地容易从 A,B,C 中找到二点，使所取出的四个点是一个凸四边形的顶点. 依此可知命题成立.

但为了避免几何直观，后面部分，还得使用凸包作分类讨论.

设任取的 $\triangle ABC$ 外的二点为 D、E. 对 A、B、C、D、E 五点作凸包，得 1°中的（ⅰ）、（ⅱ）、（ⅲ）三种情况.

情况（ⅰ）：如 D、E 是相邻的顶点，则削去 $\triangle ABC$；如 D、E 不相邻，设 A 为 D、E 之间的顶点，则削去 $\triangle ADE$.

情况（ⅱ）：如 A、B、C 之一在该凸四边形内部，则该凸四边形就是所求的；如 D、E 两点之一在该凸四边形内部，设 A 点在直线 DE 的一侧，B、C 两点在直线 DE 的另一侧，则按凸四边形的定义容易证明 B、C、D、E 是相应的凸四边的四个顶点.

情况（ⅲ）：如 $\triangle ABC$ 的两个顶点，或者 $\triangle ABC$ 的一个顶点（设为 A）和 D、E 两点之一（设为 D）在该三角形内部，按 1°（ⅲ）中的办法前者容易找到相应的凸四边形，但后者还得首先证明 A、B、C、D 不会是一个凸四边形的顶点. 事实上，B、D 不会在直线 AC 的同侧，否则过 B 点作 AC 的平行线则 D 点就位于这两条平行线之间，这样 $\triangle ACD$ 的面积就小于 $\triangle ABC$ 的面积，与 $\triangle ABC$ 是面积最小的三角形矛盾；同理 C、D 两点也不会在直线 AB 的同侧. 于是直线 DA 就必定

与线段 BC 相交,按 1°(ⅲ)的办法也就能找到相应的凸四边形.

由此可见,以上所谓简单证法是将最主要且比较困难的部分作了直观处理. 这样这种证法的表述是否妥当就值得商榷了.

[98]组合几何(凸包)　　　　　　提示欠妥　　○☆☆☆

原题　在平面上给出有限个点. 证明:在它们之中总可以选出这样的点,与它最近的已知点不超过三个.

原提示　考虑这些点组成的凸包,若凸包是线段,命题显然成立,若凸包是一个多边形,设 P 是它的一个顶点,如果 A_i 和 A_j 是与 P 点最近的点,则 $\angle A_i P A_j \geqslant 60°$,如图所示,因而,点 P 不能有四个与它距离最近的点,从而命题得证.

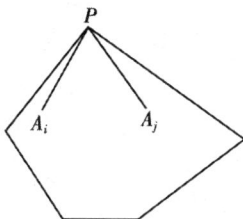

[98]　图

辨析

原提示误导直接去证明 $\angle A_i P A_j \geqslant 60°$,操作困难,这里给出笔者解法的详尽分析.

设 $M = \{A_i \mid i = 1,2,\cdots,n\}$,表示平面上给出的 n 个点的点集.

(1)当 $n \leqslant 4$ 时,命题显然成立.

(2)当 $n > 4$ 时,对 M 作凸包.

(ⅰ)当凸包是线段时,命题显然成立.

(ⅱ)当凸包是凸多边形时,设 A_i 是其某一个顶点,M 中与 A_i 距离最近的一些点位于该凸多边形内部的某段圆弧上(包括圆弧与凸包边界的交点),该圆弧以 A_i 为圆心,设 R_i 为半径. 如果这些点不超

过三个,命题就获证.否则可假设这圆弧上最少有四个点,因为凸多边形的内角小于 $180°$,所以总存在这圆弧上的 M 中的两个点 A_j,A_k,使 $\angle A_jA_iA_k < 60°$,且此时,$|A_jA_k| < R_i$.下面用此结论并使用反证法证明命题成立.

对 M 中的每一个点 A_i 都存在着与 A_i 最近的一些点,设这些点到 A_i 的距离为 R_i,在由凸包所形成的凸多边形的区域上以 A_i 为圆心 R_i 为半径可作出相应的圆或圆弧,在这些圆和圆弧中,只要存在一个圆或圆弧,它上面的 M 中的点不超过三个命题就成立.现假设命题不成立,即这些圆和圆弧上最少有 M 中的四个点.

按 R_i 从小到大的顺序重新给 A_i 及 R_i 编号,即设若 $i<j,A_i$ 与 A_j 相对应的半径 $R_i \le R_j$.这样就有

$$R_1 \le R_2 \le \cdots \le R_n.$$

由前述结论可知,这里的等号不会同时成立,设

$$R_n = R_{n-1} = \cdots = R_{n-k+1} > R_{n-k} \qquad (n > k \ge 1).$$

这时相应的 $A_n,A_{n-1},\cdots,A_{n-k+1}$ 这些点不会在 $A_i(i \le n-k)$ 相应的圆或圆弧上,如果其中的某一点落在某 $A_i(i \le n-k)$ 的圆或圆弧上,A_i 与它的距离就会小于 R_n,得到矛盾.这样如果我们抹去 A_n,$A_{n-1},\cdots,A_{n-k+1}$ 这些点,不会减少存下的这些点各自所有的最近点的数量.也就是说如果假设命题不成立,那么对存下的 $(n-k)$ 个点组成的点集命题仍是不成立.

由 $k \ge 1$,则 $n_1 = n-k < n$.如上来讨论这 n_1 个点组成的点集.

若 $n_1 \le 4$,就要与命题不成立矛盾.

若 $n_1 > 4$,其凸包是线段,又要与命题不成立矛盾,所以凸包只能是凸多边形.

但这样又可重复如上过程,继续可抹去一些点,即存在 $n_2 < n_1$,这 n_2 个点组成的点集命题仍不成立,但是 n 是一个有限数,这个过程不能无限重复下去,这一矛盾就否定了命题不成立的假设.命题得证.

[99]组合几何(凸包)　　　　　解答有错误　　☆☆☆

原题　平面上给出的 100 个点,其中没有三点在一条直线上,考察以上述点为顶点的所有可能的三角形. 证明:其中至多只有 70% 的三角形是锐角三角形.

（第 12 届国际数学奥林匹克竞赛试题第 6 题）

原证明　首先证明:任给五个点,其中没有三点共线,则在以它们为顶点的三角形中至少可以找到三个非锐角三角形,分三种情况:

(1) 所给 5 点的凸包为五边形 $ABCDE$,则至少有两个内角为钝角,它们可能是邻角,也可能不是. 若 A、B 为钝角,则在四边形 $BCDE$ 中至少有一个是非锐角. 若 A、C 为钝角,则四边形 $BCDE$ 中也至少有一个是非锐角. 故相应地至少有三个非锐角三角形.

(2) 所给 5 点的凸包为四边形,设 E 点在凸四边形 $ABCD$ 的内部则 $\angle AEB$、$\angle BEC$、$\angle CED$、$\angle DEA$ 中至少两个是非锐角,而四边形中至少有一非锐角的内角,故至少可找到三个非锐角三角形.

(3) 所给五点的凸包为三角形,设 D、E 在 $\triangle ABC$ 的内部,则因 $\angle ADB$、$\angle BDC$、$\angle CDA$ 中至少有两个钝角,则至少可找到四个钝角三角形.

这样,由于每个非锐角三角形至多属于 C_{97}^2 个五点组,而五点组共有 C_{100}^5 个,故非锐角三角形至少有 $3 \cdot C_{100}^5 / C_{97}^2$ 个,它占三角形总数的 $\dfrac{3 \cdot C_{100}^5}{C_{97}^2 C_{100}^3} = \dfrac{3}{10}$,所以,锐角三角形不多于 70%.

辨析

显然以上"至多"、"至少"的使用并不拘泥于其严格意义(参见[2]). 这是较难的组合几何题,其解答思路,利用有限点集的凸包这一工具,分类讨论一个没有三点共线的五点组的组合性质,证得可以找到不少于三个非锐角三角形;再利用排列组合计数法则来证得结论.

原证明的分类讨论中有两处大的错误.

凸五边形内角之和为 540°,若四只内角是锐角,第五只内角就

要大于 $180°$，所以最多只能三只内角是锐角，可证至少有两只非锐角（称至少有两只钝角也是对的）. 当这两只非锐角相邻时（不能称为互为邻角），设凸五边形 $ABCDE$ 中 $\angle A$、$\angle B$ 是非锐角，因为易证凸四边形中至少有一只内角是非锐角，则在四边形 $BCDE$ 中至少有一只非锐角且与前两只非锐角不同. 当两只非锐角不相邻时，设为 $\angle A$ 与 $\angle C$，仍考察四边形 $BCDE$ 就不妥了，因为不能排除这四边形的这只非锐角的内角也是 $\angle C$. 要改为考察四边形 $ACDE$ 才行.

　　在凸包是四边形的情况下，因为没有三点共线，另一点一定在这四边形的内部. 原证明中称 $\angle AEB$, $\angle BEC$, $\angle CED$, $\angle DEA$ 中至少有两个是非锐角的结论是错误的. 例如注意到正方形内部一点，让它充分靠近一条边的中点，上述四只角中就只有一只非锐角. 当 E 点落在该四边形的某条对角线上，容易证明上述四只角中至少有两个是非锐角，但由于没有三点共线，这情形恰恰不会发生. 对此可修改为：因没有三点共线，E 点不会位于该四边形的对角线 AC 上，一定位于 $\triangle ABC$ 或 $\triangle ACD$ 的内部，不失一般性设位于 $\triangle ABC$ 的内部，此时容易证明 $\angle AEB$、$\angle BEC$、$\angle CEA$ 中至少有两个非锐角.

　　另外原证明的最后一段中称"每个非锐角三角形至多属于 C_{97}^2 个五点组"也是不确切的. 实际上对每一个非锐角三角形来说，包含其三个顶点的不同的五点组，共有 C_{97}^2 个，一个也不会少. 只是从上面的分析可以明白，当我们对每一个五点组（共 C_{100}^5 个）中的非锐角三角形进行计数时，称有不少于三个非锐角三角形，这不排斥某一个五点组中的某一非锐角三角形没有计入这三个之中. 也就是说在计数总数 $3 \cdot C_{100}^5$ 之中，每一个非锐角三角形最多可能被重复计算了 C_{97}^2 次. 这结论才是完成本题的证明所需要的.

[100] 组合几何　　　　　　　　　　解答有错误　　☆☆☆

　　原题　一个平面内给定 100 个点，其中任意三点不共线. 试证：以这些点为顶点的所有三角形中至多有 70% 的锐角三角形.

　　　　　　　　　　　　（第 12 届国际数学奥林匹克竞赛试题第 6 题）

原证明 设 M 是一平面有限点集,其中任意三点不共线,以 M 中点为顶点的三角形总数记为 $g(M)$,其中的锐角三角形总数记为 $s(M)$.

首先证明:若 $\dfrac{s(M)}{g(M)} \leqslant a$,则在点集 M 中添加一个新点得出点集 M' 后,仍有 $\dfrac{s(M')}{g(M')} \leqslant a$.

设 M' 由 $n+1$ 个点 A_1、A_2、$\cdots$、A_{n+1} 组成,在 M' 中去掉点 A_i 后所得点集记为 $M_i(i=1,2,\cdots,n+1)$.

因为在和式

$$g(M_1) + g(M_2) + \cdots + g(M_{n+1})$$

中,每一个三角形重复计算了 $n-2$ 次,故

$$g(M') = \frac{g(M_1) + g(M_2) + \cdots + g(M_{n+1})}{n-2}.$$

类似地

$$s(M') = \frac{s(M_1) + s(M_2) + \cdots + s(M_{n+1})}{n-2}.$$

而假设 $\quad s(M_i) \leqslant a \cdot g(M_i)(i=1,2,\cdots,n+1)$,

故 $\qquad s(M') = \dfrac{s(M_1) + s(M_2) + \cdots + s(M_{n+1})}{n-2}$

$$\leqslant a \cdot \frac{g(M_1) + g(M_2) + \cdots + g(M_{n+1})}{n-2}$$

$$= a \cdot g(M').$$

即 $\qquad\qquad \dfrac{s(M')}{g(M')} \leqslant a.$

另外,对于四个点构成的点集 N,有 $g(N)=4$ 且该四个三角形中至少有一个不是锐角三角形.

故 $\qquad\qquad \dfrac{s(N)}{g(N)} \leqslant \dfrac{3}{4} = 0.75.$

对于由五个点构成的点集 N',因

$$\frac{s(N')}{g(N')} \leqslant \frac{s(N)}{g(N)} \leqslant 0.75,$$

而 $g(N') = C_5^3 = 10$，故 $s(N') \leqslant 7.5$，又 $s(N')$ 为整数，故 $s(N') \leqslant 7$，故

$$\frac{s(N')}{g(N')} \leqslant 0.7 = 70\%.$$

从而由前面的结论，对 100 个点的点集 M，

$$\frac{s(M)}{g(M)} \leqslant \frac{s(N')}{g(N')} \leqslant 70\%. \text{证毕.}$$

辨析

1°. 本题与上节是同一道题，但解答思路不一样. 用本节的方法可以看出原题中的点数并非一定要 100，只要大于等于 5 命题就成立. 可知该方法更深刻地揭示了平面上点集的组合性质.

但是，原证明中出现了 "$\frac{s(N')}{g(N')} \leqslant \frac{s(N)}{g(N)}$"、"$\frac{s(M)}{g(M)} \leqslant \frac{s(N')}{g(N')}$" 这类错误，暴露了编著者并没有完全弄懂他所想要表达的解题方法.

原证明中的 M 表示平面上的 n 个点（$n \geqslant 3$）的点集，其中任意三点不共线. 给定 n，$g(M) = C_n^3$ 是一个常量；但 $s(M)$ 却是一个变量，它随 M 中的 n 个点相对位置的变动而变动，尽管平面上的任意三个点不共线的 n 个点的取法有无穷多种，但显然 $s(M)$ 总满足

$$0 \leqslant s(M) \leqslant g(M)$$

即 $s(M)$ 只可能取到小于等于 C_n^3 的非负整数中的一些数，如 $n = 3$ 时，$s(M)$ 只能是 0 或者 1.

这样就容易理解 $\frac{s(M)}{g(M)}$ 是一个有界变量.

$\frac{s(M)}{g(M)} \leqslant a$，表示 a 是变量 $\frac{s(M)}{g(M)}$ 的一个上界.

M' 可以表示平面上的任意三个点不共线的 $(n+1)$ 个点的点集，并非一定要像原证明那样假定 M' 是在 M 的基础上添加一个点而形成的. 若假定 a 是 $\frac{s(M)}{g(M)}$ 的一个上界，可以证明 a 也是 $\frac{s(M')}{g(M')}$ 的一个

上界.

实际上可以算出 $g(M') = C_{n+1}^3 = \dfrac{(n+1)\cdot n \cdot (n-1)}{3!}$;

$g(M_i) = C_n^3 = \dfrac{n\cdot(n-1)\cdot(n-2)}{3!}$ ($i=1,2,\cdots,n+1$). 由此就可

算出

$$g(M') = \frac{\displaystyle\sum_{i=1}^{n+1} g(M_i)}{n-2}.$$

且容易明白,求和 $\displaystyle\sum_{i=1}^{n+1} g(M_i)$ 就等于将 M' 中的每个三角形重复计数

$[(n+1)-3]$ 次.

对每个三角形重复计数 $(n-2)$ 次,当然对每个锐角三角形也是

重复计数 $(n-2)$ 次,这样又有

$$s(M') = \frac{\displaystyle\sum_{i=1}^{n+1} s(M_i)}{n-2}.$$

因为 M_i 都是平面上的 n 个点的点集,且其中任意三点都不共

线,由假设 $\dfrac{s(M)}{g(M)} \leqslant a$,就有 $\dfrac{s(M_i)}{g(M_i)} \leqslant a$ ($i=1,2,\cdots,n+1$).

由此,像原证明那样就可证得 $\dfrac{s(M')}{g(M')} \leqslant a$.

注意以上结论与 $\dfrac{s(M')}{g(M')} \leqslant \dfrac{s(M)}{g(M)}$ 完全是两回事,而且由于 $s(M')$

与 $s(M)$ 都是变量,以及点集中点与点之间位置关系的多样性该不

等式也不是总成立. 例如取一个刚巧组成正五边形的五点组 N',则

$\dfrac{s(N')}{g(N')} = \dfrac{5}{C_5^3} = \dfrac{1}{2}$;取一个刚巧组成矩形的四点组 N,则 $\dfrac{s(N)}{g(N)} = \dfrac{0}{4} =$

0,这时 $\dfrac{s(N')}{g(N')} > \dfrac{s(N)}{g(N)}$. 但这不影响本题的证明.

为了证明当 $n = 100$ 时,70% 可以作为 $\dfrac{s(M)}{g(M)}$ 的上界,先讨论 $n = 4$ 的情况.

任取由四个点构成的点集 N,因无三点共线,作凸包只有二种结果:

（1）凸包是一个凸四边形,此时四个三角形中至少有一个不是锐角三角形;

（2）凸包是一个三角形,还有一点在这三角形内部,此时四个三角形中至少有两个不是锐角三角形.

于是 $\dfrac{3}{4}$ 可作为 $\dfrac{s(N)}{g(N)}$ 的一个上界.

任取由 5 个点（无三点共线）构成的点集 N'. 由前述结论 $\dfrac{3}{4}$ 也是 $\dfrac{s(N')}{g(N')}$ 的一个上界,即 $\dfrac{s(N')}{g(N')} \leqslant 0.75$,而 $g(N') = C_5^3 = 10$,故 $s(N') \leqslant 7.5$. 又 $s(N')$ 为非负整数,可得 $s(N') \leqslant 7$. 由此又可算出 0.7 是 $\dfrac{s(N')}{g(N')}$ 的一个上界. 由前述结论 0.7 又是 $n = 6$ 时 $\dfrac{s(M)}{g(M)}$ 的一个上界. 因 70% 已达命题要求不需对该值再修正,依此类推 70% 也是当 $n = 100$ 时 $\dfrac{s(M)}{g(M)}$ 的上界.

2°. 为加深理解,再作一些讨论.

当 n 确定时,变量 $s(M)$ 在非负整数中取值,且满足 $0 \leqslant s(M) \leqslant g(M) = C_n^3$. 所以 $s(M)$ 只能取到有限个值,在这些值中设最大的是 s_n,则 $s(M) \leqslant s_n$,显然 s_n 是 $s(M)$ 的最小上界即上确界　记 $\dfrac{s_n}{C_n^3} = a_n$,那么 a_n 就是 $\dfrac{s(M)}{g(M)}$ 的上确界（a_n 的存在性也可直接用确界存在定理来证明）.

1°中已证明若 a 是 $\dfrac{s(M)}{g(M)}$ 的一个上界,则 a 也是 $\dfrac{s(M')}{g(M')}$ 的一个上

界,所以当 $\frac{s(M)}{g(M)} \leqslant a_n$ 时,有 $\frac{s(M')}{g(M')} \leqslant a_n$. 而 $\frac{s(M')}{g(M')}$ 的上确界(即最小

上界)为 a_{n+1},得 $a_{n+1} \leqslant a_n$. 于是有

$$a_3 \geqslant a_4 \geqslant a_5 \geqslant a_6 \cdots \geqslant a_n \geqslant a_{n+1} \cdots$$

当 $n = 3$ 时,$g(M) = 1$,$s(M)$ 可取 0 或 1,$\therefore a_3 = 1$.

当 $n = 4$ 时,$g(M) = 4$,可以证明 $s_4 = 3$,$\therefore a_4 = 75\%$.

当 $n = 5$ 时,$g(M) = 10$,用 [99] 中的方法可以证明 $s_5 \leqslant 7$,

$\therefore a_5 \leqslant 70\%$;或由 $a_5 \leqslant a_4 = 75\%$,$\therefore s(M) \leqslant a_5 \cdot g(M) = 7.5$,

$\therefore s_5 \leqslant 7$,又可将 a_5 修正到 $a_5 \leqslant 70\%$.

由 $a_7 \leqslant a_6 \leqslant a_5 \leqslant 70\%$,而 $n = 7$ 时,$g(M) = 35$,

$\therefore s(M) \leqslant 35 \cdot 70\% = 24.5$,$\therefore s_7 \leqslant 24$,于是又可将 a_7 修正到 $a_7 \leqslant \frac{24}{35}$

$< 68.6\%$. 当然 68.6% 也可作为 $n = 100$ 时 $\frac{s(M)}{g(M)}$ 的一个上界,$\cdots$.

由于原题中的 70% 可以修改得更小些,这足以说明本节及上节原题中的"至多"严格说来要表达成"不多于"(参见 [2]).

[101] 组合几何(染色问题) 证明不完整及部分错误 ☆☆☆

原题　设 $n \geqslant 3$,考虑在同一圆周上的 $2n - 1$ 个互不相同的点所成的集合 E,将 E 中一部分点染成黑色,其余的点不染颜色,如果至少有一对黑点,以它们为端点的两条弧中有一条的内部(不包含端点)恰有 E 中 n 个点,则称这种染色方式为好的,如果将 E 中 u 个点染黑的每一种染色方式都是好的,求 u 的最小值.

(31 届国际数学奥林匹克竞赛试题第 2 题)

原解　依逆时针方向,将给定的 $2n - 1$ 个点顺次记为 A_1,A_2,A_3,$\cdots$,A_{2n-1}. 为了方便,我们约定当 $k > 2n - 1$ 时,$A_k = A_{k-2n+1}$. 对于任意点 A_i,与它相隔 n 个点的点恰有两个,即 A_{i+n+1} 与 A_{i+n-2}. 我们把这两个点称为 A_i 的"关联点". 显然,若有一对黑点互为关联点,则它们就是满足命题要求的一对黑点.

首先,我们可以证明 u 的最小值不大于 n.（见辨析 $1°$）.下面我们讨论 $n=3,4,5$ 的情况,从中获得求一般情况下 u 的最小值的线索.

当 $n=3$ 时,圆周上给定了 5 个点.显然,若只对两个点染黑色,则我们只需使它们不相邻,就不存在满足要求的一对黑点.由此可知,u 的最小值是 3.

当 $n=4$ 时,圆周上给定了 7 个点,若只对 3 个点染黑色,则如图所示情况下,任何两个黑色点都不是相关联的.这表明 u 的最小值应大于 3,联系关于 u 的最小值不大于 n 的结论,我们即知所求的最小值是 4.

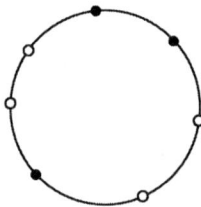

[101]　图 -1

当 $n=5$ 时,圆周上给定了 9 个点,将这 9 个点分成三组:

$$\{A_1,A_4,A_7\},\{A_2,A_5,A_8\},\{A_3,A_6,A_9\}.$$

不难看出,任何一点的两个关联点都恰是与它同组的另外两点.如果对 9 个点中的任意 4 个点染成黑色,则上述三组中,必有一组至少有两个黑色点.显然,这种同属一组的两个黑色点就是满足命题要求的黑点对,如果仅对 3 个点染色,我们只需把三个黑色点分配在不同的组中,就不存在满足要求的黑点对,因此,当 $n=5$ 时,u 的最小值是 4.

上述的讨论说明,u 的最小值有时是 n,有时为 $n-1$.现分两种情况进行讨论.

（1）当 $3\mid(2n-1)$ 时,可设 $2n-1=3m$.将所给的 $2n-1$ 个点分为三组:

$$S_i = \{A_j | j = 3k + i, k = 0, 1, \cdots, m - 1\}, i = 1, 2, 3,$$ 注意到 m 是奇数,故

$$n - 2 = 3\left(\frac{m-1}{2}\right) = 3\left[\frac{m}{2}\right]$$

及 $n + 1 = 3\left[\frac{m}{2}\right] + 3$ 都是 3 的倍数,于是 A_{i+n+1} 及 A_{i+n-2} 都是与 A_i 同属一组. 这就是说,每一个点与它的两个关联点都在同一组中,若将 S_1, S_2, S_3 各组的前 $\left[\frac{m}{2}\right]$ 个点染黑,则任意两个黑点 A_r, A_s 的标号 r, s 都有

$$|r - s| \leqslant 3\left[\frac{m}{2}\right] - 3. \ (\text{见辨析 } 2°).$$

因而 $|r - s|$ 既不等于 $n - 2$ 也不等于 $n + 1$,所以 A_r 及 A_s 不是关联点对. 这就是说,能够将 $3\left[\frac{m}{2}\right] = n - 2$ 个点染成黑色,使得任何两个黑色点都不满足命题条件,由此可得 u 的最小值必大于 $n - 2$.

另一方面,若将 $n - 1$ 个点染成黑色,则 S_1, S_2, S_3 中,必有一组,至少含有 $\left[\frac{m}{2}\right] + 1$ 个黑点. 于是可使该组中必存在着关联点对,这样,我们就证明了 u 的最小值是 $n - 1$. (见辨析 $2°$)

(2) 当 $3 \nmid (2n - 1)$ 时,可设 $2n - 1 = 3m \pm 1$,将 $2n - 1$ 个点分成两组:

$$S = \{A_j | j = 3k + 1, k = 0, 1, \cdots, n - 2\},$$
$$T = \{A_j | j = n - 1 + 3k, k = 0, 1, \cdots, n - 1\}.$$

显然,S 有 $n - 1$ 个点,T 有 n 个点,$S \cap T = \varnothing$,不难看出,相互关联的点必有在同一组之中. (见辨析 $3°$). 如果把 S 中的点染成黑色,则任何两个黑点都不满足题设条件,由此可知,u 的最小值大于 $n - 1$,因而这个最小值等于 n.

综上所述,当 $3 | (2n - 1)$ 时,u 的最小值是 $n - 1$,当 $3 \nmid (2n - 1)$ 时,u 的最小值是 n.

辨析

原解比较详尽,例如还给出了求解的探索过程,但仍遗留了一项重要结论的证明.原题和原解中已经改正了六处明显的错误,仅留下几处展开辨析.需要辨析之处在原解中已经注明.

1°. 一般在解答中指出可以证明而不写出证明无非是两种情况:证明比较简单;证明用到的知识超出范围,而结论又是常识性的.此处两者都不是.

1990 年 31 届国际数学奥林匹克竞赛由中国主办,这也是亚洲国家首次举办 IMO.本题是由捷克斯洛伐克提供的题目的基础上经中国选题组改造而成,而原始题就是:

"在圆周上给定 $2n-1(n \geqslant 1)$ 个点,从中任选 n 个点染成黑色,试证:一定存在两个黑点,使得以二者为端点的两条弧之一的内部,恰含 n 个给定点."(注:实际上仍要 $n \geqslant 3$,但所见资料是如此)

要证明 u 的最小值不大于 n,实际上就是在 $n \geqslant 3$ 的情况下证明该原始题,原解省略此证明显然是不妥的,笔者给出如下比较直观的证明.

首先将位于圆周上的 E 中的每一个点 A_i 与和它相关联的点 A_{i+n+1}、A_{i+n-2} 用线段相连接.为了直观,不失一般性假定这 $2n-1$ 个点在圆周上均匀分布,此时 A_i 相关联的两个点处在与 A_i 正对面的两个相对称的位置上,其中间隔 A_{i+n},A_{i+n-1} 两个点,此时得到一种 $(2n-1)$ 角星形,它的每一个顶点引出星形的两条边,而整个星形共有 $(2n-1)$ 条边.

任选 n 个点染成黑色,分两步完成,先任选 $(n-1)$ 个点染成黑色,再任选一个点染成黑色.

当将 $(n-1)$ 个点染成黑色时,如果这 $(n-1)$ 个点中已经包含了某个点及其相关联的一个点,该染色方式就已经为好的,为此可假定这 $(n-1)$ 个点任取两个点都不相互关联.当两点相关联时,各自引出两条星形的边,其中有一条会相互重合;当这两个点不相互关联时,这种情况就不会发生.于是从这 $(n-1)$ 个顶点所引出的星形的

$2(n-1)$条边中不会发生重合的情况,也就是说如果将这$(n-1)$个点染上黑色并将从这些点引出的星形的边也染上黑色,星形的$2n-1$条边中仅仅只会有一条没有染上黑色.

再任取第n个点并染上黑色,并考察由它引出的星形的两条边,显然至少有一条已经染成黑色,这样该点和该黑色边的另一个端点(前面$n-1$个点中的一个点)相关联,命题成立.

2°. 此时S_1,S_2,S_3中总共有$3\left[\dfrac{m}{2}\right]=n-2$个点染成了黑色,由于是将$S_1,S_2,S_3$各组的前$\left[\dfrac{m}{2}\right]$个点染黑,染成黑色的点刚巧就是$A_1,A_2,\cdots,A_{n-2}$,此时

$$|r-s|\leqslant(n-2)-1=n-3=3\left[\frac{m}{2}\right]-1,$$

而不是原解中的"$3\left[\dfrac{m}{2}\right]-3$",但这并不影响原解中在(1)的情况下,$u$的最小值必大于$n-2$的证明.

在(1)的情况下,因$n-1=3\left[\dfrac{m}{2}\right]+1$,将$n-1$个点染成黑色,由抽屉原理,在$S_1,S_2,S_3$中必有一组,至少含有$\left[\dfrac{m}{2}\right]+1$个黑点. 但为什么此时就可断定该组黑点中必存在关联点对? 实际上这可用1°中的方法证明之.

注意到S_i都有m个点且m是奇数,由于原解中已证S_i中的任一点与它相关联的两个点都在同一组中,将S_i中的点与它相关联的点相连就形成了一个m角星形,它共有m条边. 设其中某个S_i至少含有$\left[\dfrac{m}{2}\right]+1$个黑点,并可设其中$\left[\dfrac{m}{2}\right]$个黑点两两不相互关联,即这些点引出的边不会重合,将这些边也染上黑色,因$2\left[\dfrac{m}{2}\right]=m-1$,则在此$m$角星形中仅有一条边没有染上黑色. 再考虑第$\left[\dfrac{m}{2}\right]+1$个黑

点所引出的两条边就至少有一条边已染上了黑色,该点和此黑色边的另一个端点就是相关联的黑点.

3°. 此处称"相互关联的点必有在同一组之中"意义不明. 这里是说组 S 中任取两点必不相互关联,这才是原解证明所需要的结论,顺便指出由 1°的结论,因 T 有 n 个点,该组中至少有两点是相互关联的.

联系到[126]2°中寻求不相互关联的最大组的星形图方法,这里 S 与 T 的结构也就可以清楚了.

同前,将位于圆周上的 E 中的每一点和它相关联的点用线段相连,形成 $(2n-1)$ 角星形图. 当 $3 \nmid (2n-1)$ 时,这是一张可以用一笔画一次完成的星形图. 从该图就可以看出,组 S 的构建方法就是挑选不相关联的点组成最大组的一种方法. 事实上从任意一个顶点出发,按一笔画的顺序一个隔一个挑选 $n-1$ 个点都可以组成 S,相应的存下的点组成 T. 这里不但 S 的构建并不唯一,而且构建成 S 和 T 后,对它们的表述方式也不唯一.

本题的解答,只要补充讨论一下当 $3 \nmid (2n-1)$ 时星形图的情况,就可用星形图方法重新整理,使表述更简洁.

[102] 图论初步(完全图)　　　　　　　　题意不清　　〇☆

原题　有 n 个药箱,每两个药箱里有一种相同的药,每种药恰好在两个药箱里出现,问有多少种药?

原解　作完全图 K_n,每一个顶点表示一个药箱,每一条边$(V_i,$ $V_j)$ 表示两个药箱 V_i 与 V_j 所共有的那一种药,所以药的种数就是 K_n 的边数 $C_n^2 = \dfrac{1}{2}n(n-1)$.

辨析

在竞赛数学中有一批题目以应用题的面貌出现,其往往是先有数学上的某项结果再编辑而成. 本题就是根据图论中 n 阶完全图的边数为 $\dfrac{1}{2}n(n-1)$ 来编写的. 将数学语言改写成日常用语最容易犯的是表达不清甚至有误,本题是典型. 本辨析 1°简单介绍图论初步的最基本知识;2°分析原题题意,列举出一些可以有的不同理解;3°分析原题应怎样表述才能与原解匹配.

1°. 有关图论的最基本概念.

点(顶点)和将它们中的某些点连接起来的线(边)的集合叫做图. 在该定义中,顶点的位置以及边的曲直长短都是无关紧要的,仅关心的是顶点的多少及顶点之间连有边的情况. 通常用一个大写字母 G 来表示图,用 V 表示所有顶点的集合,E 表示所有边的集合,并且记成 $G = (V, E)$.

如果图 $G = (V, E)$ 与 $G' = (V', E')$,有 $V' \subseteq V, E' \subseteq E$,则称 G' 是 G 的子图.

若在一个图 G 中的两个顶点 V_i 与 V_j 之间有边相连,则称点 V_i 与 V_j 是相邻的,否则称 V_i 与 V_j 是不相邻的.

顶点自身有边相连,这样的边称为环;连接两个顶点的边有时可能不止一条,若两个顶点之间有 T 条边相连,则称这些边为平行边. 一个图既没有环,也没有平行边,这样的图称为简单图. 一般我们所称的"图",不加说明就是指简单图.

如果一个简单图中,每两个顶点之间都有一条边,这样的图称为完全图,将有 n 个顶点的完全图记为 K_n. 图的顶点数又常称为阶,K_n 又称 n 阶完全图.

在竞赛数学中,常会遇见有些数学问题要用图论初步知识来处理. 我们将会看到用图论知识来解题并非一定要将图画出,有时相应的图实际上也不易作出,有时作出的图也仅仅是图的一部分起到示意的作用而已.

2°. 分析原题的题意.

(1)"每两个药箱里有一种相同的药",例如可以有如下两种理解:

a.任取两个药箱,这两个药箱里至少有一种药相同;

b.任取两个药箱,这两个药箱里有且仅有一种药相同.

（2）"每种药恰好在两个药箱里出现"，例如可以有如下四种理解：

a. 存在且只存在两个药箱，如果将它们的药放在一起，包括了该问题中的所有药的种类. 也就是说将"每种"理解成"每一种"且包含有整体的意义；"恰好"理解成一个药箱或其他两个药箱合并起来看，品种都不齐全，恰恰将这两个药箱合并起来看品种才齐全；

b. 存在两个药箱，它们各自的品种是齐全的；

c. 在问题所涉及的一批药中，任取一种药，存在着某两个药箱，这种药在这两个药箱中都出现；

d. 在问题所涉及的一批药中，任取一种药，存在且只存在某两个药箱，这种药都出现.

……

由于存在多种理解，原题的题意不可避免地会产生歧义，当然有经验的读者可以从以上两句话的各种理解的搭配中，猜测出怎样的理解才比较合理，但不能由此就能容忍这类命题题意表达不清的问题.

3°. 由于此类命题是从数学中的某项结果编辑而成的，为此我们就从原解出发分析原题应如何表述才正确.

在原解中，将每一个药箱用一个顶点表示，用边来表示两个药箱所共有的那一种药，原题的条件一方面就得保证，这样得到的是一个完全图 K_n；另一方面得保证有该图边的集合和药种类的集合元素之间的一一对应关系，这样才能有图 K_n 的边数就是药的种数这一结论.

为此原题的表述应当修改为：

有若干种药，分放在 n 个药箱里，若每两个药箱里有且仅有一种药相同，又若在这若干种药中任取一种药同时出现在且只出现在某两个药箱里，问有多少种药.

下面论证该命题与原解答相匹配.

将 n 个药箱看作 n 个顶点，任取两个药箱，如有一种相同种类的药同时在这两个药箱中出现，就在相对应的顶点之间连一条边. 因每两个药箱都有一种药相同,该图每两个顶点之间均连有边;又每两个药箱仅有一种药相同,该图每两个顶点之间所连边不可能多于一条. 这样命题中条件"若每两个药箱里有且仅有一种药相同"就保证了所作出的图是 n 阶完全图.

设 E 表示 K_n 图中边的集合,M 表示这批药种类的集合,由图的作法可知在 K_n 图中任取一条边,对应着两个药箱内唯一同时出现的一种药,显然这一对应关系是集合 E 到集合 M 的一个映射. 由于任取一种药只出现在某两个药箱里,这样 E 中的不同的两个元素不会发生和 M 中的同一个元素相对应,即这个映射是一对一映射;又因为任取一种药一定同时出现在某两个药箱里,这个映射又是满的. 即上述对应关系是一一对应关系. 也就是说命题中的条件"任取一种药同时出现在且只出现在某两个药箱里"保证了集合 E 与集 M 元素之间存在一一对应关系. 这样这批药的种数就等于图 K_n 的边数.

K_n 的边数也可不用组合公式来计算:在完全图 K_n 中,每一个顶点都与另外的 $n-1$ 个顶点相连,又因为 V_i 与 V_j 的连线和 V_j 与 V_i 的连线是同一条边,所以总边数也即药的种数为 $\frac{1}{2}n(n-1)$.

[103] 图论初步　　　　　　　　　　**题意不清**　　○☆

原题　某俱乐部有 60 名成员,每一个成员都声称只愿意和自己认识的人一起打桥牌,已知每个成员都至少认识 41 名成员,证明一定有 4 名成员,他们可以在一起打桥牌.

原证明　用 60 个点表示 60 个人,如果两个人不认识就在相应的两点之间连一条边,得图 G. 对 G 中的每一点 V_i,有

$$d(V_i) \leqslant 60 - 1 - 41 = 18.$$

对于 V_1,取一个与它不相邻的点 V_2 后还剩下 58 个顶点,其中与 V_1 或 V_2 相邻的顶点个数不超过

$$d(V_1) + d(V_2) \leqslant 18 + 18 = 36.$$

因而必有与 V_1 及 V_2 均不相邻的点 V_3. 与 V_1,V_2,V_3 中至少有一个相邻的顶点个数不超过

$$d(V_1) + d(V_2) + d(V_3) \leqslant 3 \times 18 = 54,$$

所以在剩下的 57 个点中必有一个点 V_4 与 V_1, V_2, V_3 均不相邻,所以它们代表的四个人是互相认识的.

辨析

现实生活中,甲、乙两人有可能:甲认识乙,乙不认识甲;甲不认识乙,乙认识甲;甲、乙相互认识;甲、乙相互不认识,从原证明可知原题中所谓的认识是指相互认识. 若将原题中的认识理解成单向认识就进入了分析思考的歧途. 原题中应当要明确"认识"是指相互认识.

将"认识"改成"相互认识"后,结论似乎很显然,关键是怎样将推理的过程表述出来. 对本题来说图论知识提供了一种表述的工具,而且这种表述是非常灵活的,例如此处是两个人不相互认识就在相应的两点之间连一条边.

原解中的 $d(V_i)$ 是表示图 G 中与顶点 V_i 相连的边数,称为图 G 中顶点 V_i 的度,有时也称为顶点 V_i 的次数.

由于原解中 V_1 的随意性,原题结论可改为:对任意一名成员来说,如安排在首轮,都可以找到三名成员一起打桥牌.

[104] 图论初步　　　　　　　　　　　**题意不清**　　○☆

原题　一次舞会有 7 名男生与 7 名女生参加,会后统计出各人的跳舞次数为

$$3,3,3,3,3,5,6,6,6,6,6,6,6,6$$

证明其中必有错误.

原证明　将男生用蓝点表示,女生用红点表示,两人每跳过一次舞就用一条线相连,得图 G. 由于红点之间无边相连,蓝点之间也无边相连,于是有等式"红点的次数和 = 蓝点的次数和",等式两边都等于图 G 的边数,但 $3,3,3,3,3,5,6,6,6,6,6,6,6,6$ 这 14 个数中只有 5 不能被 3 整除,故 5 无论出现在等式的哪一边,都将导致矛盾.

辨析

图 G 中某顶点 V 的次数又称为顶点 V 的度,就是图 G 中与顶点

V 相连的边数. 原解的关键是"红点的次数和 = 蓝点的次数和",而该等式成立的前提是:所有连线只发生在七个蓝点中的某一个蓝点和七个红点中的某一个红点之间,为此原题中当明确规定男生只和女生跳舞,女生只和男生跳舞. 如无此规定不但原证明失效,而且由于 14 个数字之和是偶数,可构建反例说明该统计次数是能够成立的.

又原题中称 7 名男生和 7 名女生参加一次舞会,没有明显排除有这 14 名学生之外的人参加,为此,原题的第一句可修改为:"由 7 名男生与 7 名女生组成一次交谊舞会,每对跳舞者均是异性."

注意,图 G 并不一定是简单图. 使用图论解题时根据需要将顶点或者边分类染色是一种常用方法.

[105] 图论初步　　　　　　　题 2 的证明有错　　☆☆

原题 1　有 8 个人聚会,已知

(1) 每人至少与 4 个人相识;

(2) 对于任意 4 个人,或者其中有 2 个相识,或者余下的人中有 2 个相识.

证明:这 8 个人中必有 3 个人两两相识.

原基本思路　先转化为:8 个顶点的图,每个顶点至少发出 4 条线,且对任意 4 个点,或者其中有 2 个点关联,或者余下的 4 个点中有 2 个点关联,证明该图必存在三角形.

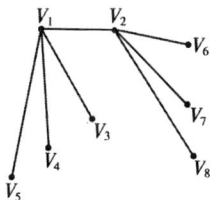

[105]　图 –1

原证明　用 V_1、V_2、$\cdots$、V_8 表示 8 个人,若两人认识,则连一条

线,不妨设 V_1、V_2 互相认识,若有一个点既与 V_1 关联,又与 V_2 关联,则问题解决. 否则设与 V_1 关联的点为 V_2、V_3、V_4、V_5,则 V_2 只能认识 V_1、V_6、V_7、V_8,若 V_2、V_3、V_4、V_5 中有 2 点关联,则此 2 点与 V_1 两两连线,否则 V_1、V_6、V_7、V_8 中必有 2 点关联,则该 2 点与 V_2 两两连线. 综上所示,总有 3 个点两两连线.

原题 2　将题 1 中的"8"改成"9",其余条件均不变,试证明结论.

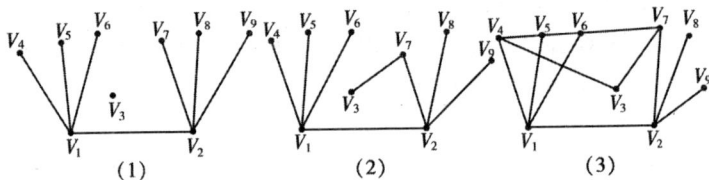

[105]　图 -2

原证明　同题 1 一样,先将其转化为图论语言. 不妨设 V_1 与 V_2 之间连线,且无顶点与 V_1、V_2 均连线,则 V_1 与 V_2 均恰与 4 个顶点关联(否则可类似于题 1 的讨论得出必有 $\triangle$),不妨设 V_3 与 V_1、V_2 均无线相连,设有 k_1 个顶点与 V_1、V_3 均关联,k_2 个顶点与 V_2、V_3 均关联,由于 V_3 发出的边数至少为 4,所以 $k_1 + k_2 \geqslant 4$,不妨设 $k_1 \geqslant k_2 (k_1 \geqslant 2)$,因为 V_2、V_7、V_8、V_9、V_3 均不与 V_1 相连,所以 $k_1 \leqslant 3$,所以 $k_2 \geqslant 1$,即存在 V 与 V_2、V_3 都相连,不妨设为 V_7,因为 $4 - k_1 < 3$,所以与 V_7 相关联的点除去 V_3 外,至少有一个点,不妨设为 V_4 与 V_1、V_3 均关联,则 V_3、V_4、V_7 构成三角形.

辨析

这是两道使用图论方法解题的典型例子.

两个顶点有线相连,原文中称"关联",也可称相邻.

题 1 证明正确,其先考察两相邻顶点 V_1、V_2,使用题设条件(1);再考察 V_2、V_3、V_4、V_5,使用题设条件(2).

题 2 原证明前半部太简略,后半部叙述混乱且有错误,改写于后.

同题 1 转化为图论语言,用 $V_1, V_2, \cdots, V_9$ 九个顶点表示九个人,若两人相识就连线,构成图 G. 证明用反证法,假设结论不成立,即图 G 中不存在三角形.

由题意九人中总有两人相识,不妨设 V_1, V_2 相邻,由假设 G 中不存在三角形,则无顶点与 V_1、V_2 均相邻;又由题设条件(1)每人至少与 4 人相识,所以只可能发生如下两种情况:

(i) 如图 -2(1)所示,V_1 与 V_2 均恰与 4 个顶点相邻,而有一点如 V_3 与 V_1、V_2 均不相邻;

(ii) V_1 与 V_2 中一个和 5 个顶点相邻,另一个和 4 个顶点相邻,不妨在上图中连接 V_1V_3 来表示,即图 -3(1).

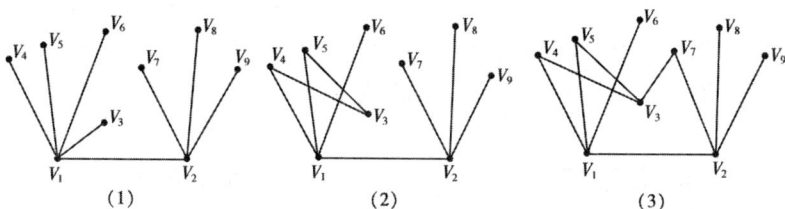

[105]图 -3

首先证明情况(ii)与假设矛盾. 由图 -3(1),为使图 G 中不存在三角形 V_1、V_7、V_8、V_9 两两不能相邻;但由题设条件(2),此时在存下的 V_2、V_3、V_4、V_5、V_6 中必存在两顶点相邻,图 G 中仍存在三角形,矛盾.

讨论情况(i),在图 -2(1)中,设有 k_1 个顶点与 V_1、V_3 均相邻,k_2 个顶点与 V_2、V_3 均相邻. 为了使 G 中没有三角形,V_1 不能与 V_7、V_8、V_9 相邻;V_3 与 V_2 又不相邻,所以上述 k_1 个顶点只能在 V_4、V_5、V_6 中来取. 同理上述 k_2 个顶点只能在 V_7、V_8、V_9 中来取. 由题设条件(1),V_3 发出的边数至少为 4,所以 $k_1 + k_2 \geq 4$,不妨设 $k_1 \geq k_2$,则 $k_1 \geq 2$. 这样 V_4、V_5、V_6 中至少有两个顶点与 V_1、V_3 均相邻,不妨设 V_4、V_5,如图 -3(2). 因为 $k_1 \leq 3$,所以 $k_2 \geq 1$,即 V_7、V_8、V_9 中至少有一个顶点与

V_2、V_3 都相邻,不妨设该顶点为 V_7,这样就得到图 $-3(3)$. 在该图中,因为从 V_7 出发的边数至少为 4,但为了使 G 中没有三角形,V_7 与 V_8、V_9、V_1 不能相邻,所以 V_7 除与 V_3、V_2 相邻外,至少还与 V_4、V_5、V_6 中的两个顶点相邻. 这样就能肯定 V_7 至少与 V_4、V_5 中的一个顶点相邻,不妨设该顶点为 V_4,则 V_3、V_4、V_7 构成三角形,与假设矛盾.

实际上,弄懂本题之后,完全可以将解答表述得简捷些. 如关于情况(ⅰ)时的证明:

因从 V_3 发出的边数至少为 4,V_3 与 V_1、V_2 均不相邻,则 V_3 与组 (V_4,V_5,V_6) 及与组 (V_7,V_8,V_9) 均有顶点相邻,且与一组中至少有两个顶点相邻与另一组至少有一个顶点相邻,不妨设 V_3 与 V_4,V_5,V_7 相邻(图 $-3(3)$). 此时,因从 V_7 发出的边数至少为 4,而 V_7 已与 V_2、V_3 相邻,但 V_7 不能与 V_1、V_8、V_9 相邻,否则在 G 中会形成三角形,所以 V_7 必与 V_4、V_5、V_6 中的至少两个顶点相邻. 进而可知 V_7 必与 V_4、V_5 中的一个顶点相邻,形成三角形,矛盾.

[106] 图论初步　　　　　　　　　　证明有错误　　☆ ☆

原题　有 $n(n \geqslant 6)$ 个人聚会,已知

(1) 每人至少同 $\left[\dfrac{n}{2}\right]$ 个人互相认识;

(2) 对于任意 $\left[\dfrac{n}{2}\right]$ 个人,或者其中有 2 人相识,或者余下的人中有 2 人相识.

证明:这 n 人中必有 3 人两两相识.

（1996 年全国高中数学竞赛试题）

原证明　先设 $n=2k$,设 a,b 两人相识. 如果有人与他们都相识,那么结论成立,若不然,则 a 恰认识 k 人,b 也恰认识 k 人,前 k 个人中若有两人相识,则他们与 a 两两相识,结论成立. 否则,后 k 人中有两人相识,结论也成立.

设 $n=2k+1$,可设 a,b 相识且无人与他们都相识. 若 a 恰认识 k

人，b 恰认识 $k+1$ 人，情况同前．设 a,b 都认识 k 人，这时有 c 与 a,b 均不相识．设有 k_1 个人与 a,c 都相识，k_2 个人与 b,c 都相识，$k_1+k_2\geqslant k\geqslant 3$．不妨设 $k_1\geqslant k_2$．由于 c 与 b 不相识，所以 $k_1\leqslant k_2-1$，$k_1\geqslant 1$，$k_2\geqslant 2$．即有 b_1 与 b,c 相识，且由于 $k-1>k\cdot k_1$，所以 b_1 认识的人除去 c 外，至少有一个 d 与 c,a 都相识，b_1,d,c 三人即所求．

辨析

本题是前节题 1、题 2 分别推广后合并而成．题 1 中的 8 改为 $2k$（$k\geqslant 3$），4 改为 k；题 2 中的 9 改为 $2k+1$（$k\geqslant 3$），4 改为 k，其余条件结论均不变，因 $\left[\dfrac{2k+1}{2}\right]=\left[\dfrac{2k}{2}\right]=k$，可将两题合并就是本题．

对照前节题 1 的证明，就可理解本题关于 $n=2k$ 时的证明．

当 $n=2k+1$ 时可对照前节关于题 2 的辨析．所谓"若 a 恰认识 k 人，b 恰认识 $k+1$ 人，情况同前"，是指可像 $n=2k$ 时一样证明，可参见上节辨析中情况（ⅱ）时的证明，以下的证明像上节辨析中情况（ⅰ）时的证明一样展开．

但原证明在"不妨设 $k_1\geqslant k_2$"之后就糊涂了．其错误可从之后的几个不等式得到确认，如 $k_1\leqslant k_2-1$，与 $k_1\geqslant k_2$ 矛盾，这是因为若都成立可得矛盾不等式 $k_1-1\geqslant k_2-1\geqslant k_1$；$k-1>k\cdot k_1$ 与 $k_1\geqslant 1$ 矛盾，这是因若都成立，又得矛盾不等式 $k-1>k\cdot k_1\geqslant k$．且有了这些不等式也推导不出原证明中的结果．对该错误改正如下：

如下图，设 a、b 相邻，但无点与它们都相邻，a、b 都分别与 k 个点相邻，c 与 a、b 均不相邻．

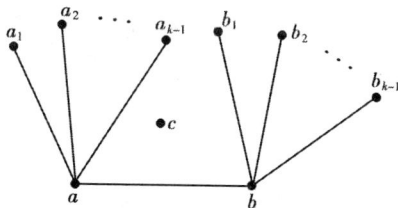

[106]　图

为了使图 G 不形成三角形,与 a、c 都相邻的 k_1 个点只能在 a_1, $a_2,\cdots,a_{k-1}$ 中产生,与 b、c 都相邻的 k_2 个点只能在 $b_1,b_2,\cdots,b_{k-1}$ 中产生. 所以有 $k_1\leqslant k-1$,$k_2\leqslant k-1$.

因图 G 中从 c 顶点发出的边数不小于 k,且 c 与 a、b 均不相邻,又题设 $n\geqslant 6$,有

$$k_1+k_2\geqslant k\geqslant 3.　　　　　　　①$$

不妨设 $k_1\geqslant k_2$. 若 $k_2=0$,由①就有 $k_1+k_2=k_1\geqslant k$,与 $k_1\leqslant k-1$ 矛盾,所以 $k_2\geqslant 1$,即至少存在一个与 b、c 同时相邻的点,不妨设 b_1.

若 $k_2=1$,由①可得 $k_1\geqslant 2$;若 $k_2\geqslant 2$,由假设仍有 $k_1\geqslant k_2\geqslant 2$. 即至少存在两个与 a、c 同时相邻的点,不妨设 a_1、a_2.

即在上图中再分别连上 c 与 b_1,a_1,a_2 之间的线. 由于图 G 中从 b_1 顶点发出的边数不小于 k,但为了使图 G 中不形成三角形,b_1 不能与 $a,b_2,b_3,\cdots,b_{k-1}$ 中任一点相邻,又 b_1 已和 c、b 相邻,为此 b_1 至少得与 $a_1,a_2,\cdots,a_{k-1}$ 中的 $k-2$ 个顶点相邻. 这样 b_1 至少与 a_1、a_2 之一相邻. 不妨设该顶点为 a_1,则 a_1,b_1,c 三顶点形成三角形. 这样就证明了存在 3 人两两相识.

[107]图论初步　　　直接证法和反证法的比较　　○☆☆☆

原题　某次会议有 100 名代表出席,已知任意的四名代表中都有一人与其余的三人握过手,证明任意的四名代表中必有一人与其余的 99 人都握过手.

原提示

将 100 名代表用 100 个点表示,如果两名代表握过手,就在相应的两点之间连一条边,得到一个图 G,要证明的就是 G 中任意四个点中必有一点和 G 中的其余 99 个点相邻.

辨析

原提示仅指出用图论方法来求解. 转换成图论语言后发现按直接证明方向探求解法比较困难,但如和反证法相结合证明要简捷得多. 直接证明虽说繁难些,其证明方法的探求过程却颇有启发性,这

在 1°中讨论. 2°给出用反证法的证明, 实际上图论方法和反证法相结合是经常使用的. 3°给出非图论方法的证明.

1°. 要直接证明有 100 个顶点的图 G 任意四个点必有一点和 G 中的其余 99 个点相邻, 第一个困难是"100"这数字太大, 得从小数目寻求规律, 为此先将原命题一般化, 将 100 改为 n, 99 改为 $n-1$.

当 $n=4$ 时, 已知条件就是结论, 命题显然能成立.

但当 $n>4$ 时, 如 $n=5$, 还可实际验证, 而 $n=6$ 连验证都困难. 当领悟到这第二个困难是由于结论的表达方式所引起的, 比如当 n 不算大时, 任意取 4 名有 C_n^4 种仍会是一个较大的数, 就会想到能否让所要证明的结论用等价的图 G 的一个整体性质来替代.

实事求是地说, 这种领悟不太可能凭空产生, 但当对 $n=5$ 进行实际验证时, 反复使用任意的四名代表都有一个与其余的三个人握过手, 可以发现五人中必有两个人与四个人握过手. 由此就会产生如下猜想:

符合题意的 n 个人, 其中必有 $(n-3)$ 个人与 $(n-1)$ 个人握过手.

产生了此猜想后, 又可发现根本不需要去证明反映图 G 整体性质的这一猜想与原题之间的等价性. 因为在 n 个人中, 任取四个人, 必有一人位于与 $(n-1)$ 个人握过手的这 $(n-3)$ 个人之中, 即猜想成立原题也就能成立.

为证明猜想, 显然得使用数学归纳法.

当 $n=4$ 时, 猜想成立. 关键是怎样完成归纳假设后的归纳证明. 为寻求方法又得考察 n 较小的情况, 显然考察从 4 个顶点的情况变到 5 个顶点的情况缺乏一般性, 而考察从 5 个顶点变到 6 个顶点的情况又发现 $n=5$ 时符合条件的图可能情况太多, 这对规律的寻找又带来了困难. 可以看出这第三个困难是由于初始条件的多样性引起的.

为克服此困难, 得着手简化初始条件. 注意到 $n=4$ 时, 条件和结论都是必有 1 人与其余三人握过手, 而其余三个人之间的握手情况是无关紧要的;再注意到猜想的结论中的$(n-3)$,也存在着将三个人预先特殊化的可能性. 这样就产生了简化初始条件的一种想法:能否预先假定$n(n \geqslant 4)$个人中有三个人相互之间没有握过手,只要这假定并不影响条件"任意四名代表中都有一人与其余的三人握过手"的实现,而又能在此假定下证明猜想成立. 那么当这三个代表之间发生了握手的情况显然也不会影响所证明的结果.

我们来验证此想法. 先补充假定$n(n \geqslant 4)$个人中有三个人相互之间没有握过手. 设A_1,A_2,A_3之间没有握过手,即这三点相互之间没有连线.

$n=4$时,增加一个点A_4,连接A_4A_1,A_4A_2,A_4A_3,条件就实现了,且显然猜想成立.

$n=5$时,再增加一个点A_5,显然条件能够实现,而且实现条件的方案是唯一的,再增加A_5与前面四点的连线. 此时A_4与A_5的度为4,猜想成立.

$n=6$时,在$n=5$时的图的基础上,再增添一个点A_6,此时条件能够实现,而且在保持A_1,A_2,A_3相互之间没有连线的情况下,为实现任意四点都存在一点与其余三点有连线只有一种办法,增加A_6与前面五点之间的连线. 添加了连线以后,猜想就成立了,A_4、A_5、A_6是度为5的点.

从以上的验证可知,在补充假定A_1、A_2、A_3之间没有连线的前题下,当$n=4$、5、6时,满足任意四点都存在一点与其余三点均有连线的图都是唯一的,的确能起到消除图的多样性这一困难,而且这些图都是在完全图K_n中去掉A_1、A_2、A_3之间的三条连线而形成的图. 从这些图中还可看出此时猜想是成立的.

在补充假定A_1、A_2、A_3之间没有连线的前提下,我们调一个角度来完成关于猜想的数学归纳法的证明.

假设当$n=k$时,满足前提条件且满足任意四点都存在一点与其余三点有连线的图是且仅是完全图K_k去掉A_1、A_2、A_3之间的连线而形成的图,即满足条件

$$d(A_1) = d(A_2) = d(A_3) = k - 3$$
$$d(A_4) = \cdots = d(A_k) = k - 1$$

的图.（显然此时，猜想成立，$A_4, A_5 \cdots, A_k$ 就是度为 $(k-1)$ 的点）

在上述图中增加一点 A_{k+1}，由归纳假设，只要考察取定 A_{k+1}，再任取三个点，看一看要添加哪些线才能保证存在一点与其余三点有连线. 如取 A_1, A_2, A_4 必须添加 $A_{k+1}A_4$；取 A_1, A_2, A_5 必须添加 $A_{k+1}A_5$；……取 A_1, A_2, A_3 必须添加 $A_{k+1}A_1, A_{k+1}A_2, A_{k+1}A_3$. 这样得到的图有

$$d(A_1) = d(A_2) = d(A_3) = k - 2,$$
$$d(A_4) = \cdots = d(A_k) = d(A_{k+1}) = k.$$

可以验证在此图中 A_{k+1} 与任取的其他三个点组成的四个点中总存在一点与其余三点有连线，而 A_1, A_2, A_3 相互间没有连线. 从归纳假设及添加线的过程可知这张图中不能再去掉任意一根线. 又此图就是完全图 K_{k+1} 去掉 A_1, A_2, A_3 之间的连线而形成的，也无法再在此图中添上线. 这就证明了当 $n = k + 1$ 时，有且仅有这张图满足前提条件和题设条件（显然此时猜想成立，$A_4, A_5, \cdots, A_{k+1}$ 就是度为 k 的点）. 数学归纳法完成.

以此为基础就可以来讨论去掉补充假定（即上述的前提条件）的情况. 容易理解，在上述图中已不能再去掉任何一条线，否则就存在四个点，其中任何一点都不会与其余三点都有连线. 而添上一条线、两条线、三条线既不影响题设条件的成立，也不影响结论的成立. 而且可知满足猜想的题设条件的图只可能是 K_n、K_n 中去掉一条边、K_n 中去掉有公共顶点的两条边、K_n 中去掉某三个点之间的三条连线共四种情况，而在这四种情况下均存在 $(n-3)$ 个点，它们的度为 $(n-1)$. 所以猜想是成立的，于是命题得证.

可以看出形成以上证明的思路并不容易. 以上证法是坚持直接证法而产生的，实际上在碰到第二个难点时应当首先想到调换思考方向，即结合反证法来思考，2° 就是这样思考所产生的证明.

2°. 将原题一般化（100 换成 n，99 换成 $n-1$）. 设每名代表用一

个顶点 $A_i(i = 1, 2, \cdots, n)$ 来表示,如果某两人没有握过手,就在相应的两点之间连一条边,由此构成图 G. 根据题设条件 G 的任意四点中总有一点与其余三点不相邻. 现在要证明的是,任意四点中,总有一点与其余 $n - 1$ 个点都不相邻.

用反证法,假设结论不成立,即在图 G 中存在四点,不妨设为 A_1, A_2, A_3, A_4,则它们分别要与 G 中的某一点相邻. 设 G 中与 $A_i (i = 1, 2, 3, 4)$ 相邻的点为 $A'_i (i = 1, 2, 3, 4)$.

按题设条件 A_1, A_2, A_3, A_4 这四点中总有一点与其余三点均不相邻,不妨设此点为 A_1,则显然有

$$A'_1 \neq A_j \quad (j = 2, 3, 4), \text{且}$$
$$A_1 \neq A'_j \quad (j = 2, 3, 4).$$

于是,取四点 A_1, A'_1, A_2, A'_2,若 $A'_1 \neq A'_2$,这就是 G 中四个不同的点,因为 A_1 与 A'_1 相邻,A_2 与 A'_2 相邻,这四点中无一点与其余三点均不相邻,导致矛盾,因此 $A'_1 = A'_2$.

同理取四点 A_1, A'_1, A_3, A'_3,若 $A'_1 \neq A'_3$,也会导致矛盾,因此 $A'_1 = A'_3$.

但当 $A'_1 = A'_2 = A'_3$ 时,A'_1 就要同时与 A_1, A_2, A_3 相邻. 但 A_1, A_2, A_3, A'_1 是 G 中不同的四点. 对这四点来说,其中无一点与其余三点均不相邻,最终仍导致矛盾. 命题得证.

本题如果采用握过手的连线,没有握过手的不连线,利用反证法同样可得到类似的证明,读者不妨自己去试一试.

$3°$. 往往对直接证法的探求可以触及问题的本质,通过 $1°$ 的讨论图 G 的结构就清楚了,以此为基础直接证法的表述还可以进一步简化,甚至可以不留下如何分析思考的痕迹.

本题也可不用图论的语言,用分类讨论的方法写出证明.

(1)若彼此都握过手,即每人都与 99 人握过手,命题成立.

(2)若存在二人没有握过手,设为 A 与 B,则其他所有人都彼此握过手,否则设 C 和 D 没有握过手,那么 A、B、C、D 中没有一个与其他三人握过手,与题设矛盾. 下面再分二种情况:

（ⅰ）A 与 B 都分别与其他所有人握过手,即除 A、B 以外的所有人都与 99 人握过手,命题成立;

（ⅱ）例如 A 还与 $C(C \neq B)$ 没有握过手,任取 A、B、C 之外其他人 D,由题设条件,该四人中 D 必定要与 A、B、C 握过手,即 A、B、C 分别与其他人都握过手,此时除 A、B、C 外的所有人都与 99 人握过手,命题成立.

由此可知,在所有情况下命题都成立.

[108]图论初步(连通图)   **解中有错误** ☆☆

原题 在 $n \times n$ 的棋盘上每格至多放一枚棋子,且满足:

（1）对于每个不放棋子的格,至少与一个有棋的格相邻;

（2）对于任意两个放有棋子的格,存在一个放有棋子的格子组成的序列,使它们首尾是前述两格,其中不是尾格的每一格与其后继格相邻(相邻指有公共边);

证明至少有 $\dfrac{n^2-2}{3}$ 个棋子.

(1999 年美国数学奥林匹克竞赛试题)

原基本思路 转化为图,则可看出与连通图有关,再根据连通图的边数 $|E| \geqslant |V| - 1$,解不等式.

原解 从每个放有棋子的格子中心向其邻格中心画一个箭头,于是对每个不放棋的格子,由条件(1),至少被一个箭头所指,而其不发出箭头,设有 A 枚棋子,B 个空格,d 为箭头总数,d_1 为单箭头数,d_2 为双箭头数,则有

$$d \leqslant 4A, \qquad \qquad ①$$
$$A + B = n^2, \qquad \qquad ②$$
$$d = d_1 + 2d_2. \qquad \qquad ③$$

又因为 A 枚棋子连通,所以

$$d_2 \geqslant A - 1. \qquad \qquad ④$$

由①、②、③、④可解得 $A \geqslant \dfrac{n^2-2}{3}$.

辨析

1°. 关于连通图和有向图.

在图 G 中,一个不同顶点组成的序列 $V_1, V_2, \cdots, V_m$,若 V_i、V_{i+1} 相邻 $(i = 1, 2, \cdots, m-1)$,则称这个序列是从 V_1 到 V_m 的路;若一条路的两个端点 V_1 与 V_m 重合,则称之为圈.

如果图 G 中的任意两个顶点 V 和 V',都有一条从 V 到 V' 的路,称这样的图为连通图.

一个连通且没有圈的图称为树,容易证明树的边数比顶点数少 1,圈的边数等于顶点数. 对一般连通图来说其边数大于或等于顶点数减 1.

若图中边标有方向,称为有向图.

2°. 在原解中如果将棋盘的每一格都看成顶点,所画的箭头看成边,原解所作的图就是有向图,但已不是简单有向图,棋盘上两个有公共边的放有棋子的格之间有着指向相反的两个箭头,它对应着两条有向边. 棋盘上的格子有放棋子和不放棋子之分,故可以将顶点分类,例如对应是否放棋子顶点分为实心和空心,实心顶点为 A 个,空心顶点为 B 个. 由这张图就可得到关系式①、②、③. 其中①当这张图四周(包括四个角)的顶点都是空心顶点等号成立. 当然不使用有向图也同样可得这些结论.

如果仅将放有棋子的格子看成顶点,将指向相反的两个箭头合并看成一条边,由题设条件(2)可知得到的是一张连通图. $|E|$、$|V|$ 分别表示图的边数和顶点数. 由于该连通图,可能没有圈,可能有若干个圈,所以有 $|E| \geqslant |V| - 1$,这就是原解中式④的依据.

原解的错误发生在仅仅由①、②、③、④并不能解出 $A \geqslant \dfrac{n^2 - 2}{3}$.

实际上原解少列出一个关系式. 由原题的题设条件(1),不放棋子的格子至少被一个箭头所指,而且该箭头不会伴有反向的箭头,所以应有

$$d_1 \geqslant B. \qquad ⑤$$

增加了式⑤,就能推导出结果来,推导如下:

由　　$4A \geqslant d = d_1 + 2d_2 \geqslant d_1 + 2(A-1) = d_1 + 2A - 2,$

$$\therefore 3A \geqslant d_1 + A - 2 = d_1 - B + (A + B) - 2$$
$$= d_1 - B + n^2 - 2 \geqslant n^2 - 2,$$
$$\therefore A \geqslant \frac{n^2 - 2}{3}.$$

顺便指出,在迟一年出版的另一本竞赛数学的书籍中,也收入了该题,但却使用了十分复杂的方法给出了证明.

注:显然这里"至少"与"至多"的使用并不拘泥于其严格意义(参见[2]).由题意起码有二个格子放有棋子,即 $n \geqslant 2$;同时分别设 n 为 $3k, 3k+1, 3k-1$ 容易证明 $3 \nmid (n^2 - 2)$,所以棋子数不可能刚巧有 $\frac{n^2 - 2}{3}$ 个,只能大于 $\frac{n^2 - 2}{3}$. 因此,尤其结论表述成有不少于 $\left[\frac{n^2 - 2}{3}\right] + 1$ 个棋子更确切.

[109] 图论初步(二色完全图)　　　　　证明错误　　☆☆☆

原题　将 K_9 二染色,证明:必存在红色三角形或蓝色完全四边形(K_4).

原证明

(1) 若存在 A,使 A 发出的红线 $\geqslant 4$,设为 AB、AC、AD、AE,则若 B、C、D、E 中有两点连红线,则有红三角形出现;若 B、C、D、E 两两之间连蓝线,则有完全蓝四边形.

(2) 每个顶点发出的红线 $\leqslant 3$. 因为 $3 \times 9 = 27$ 是奇数,所以必存在点 B,使得 B 发出的红线数 $\leqslant 2$,则 B 至少发出 6 条蓝线,设为 BM、BN、BP、BQ、BR、BS,又因为 M 至少发出 5 条蓝线,所以 N、P、Q、R、S 中至少有 3 点与 M 连蓝线,设为 N、P、Q,则若 N、P、Q 两两连红线,则有红三角形,否则不妨设 N、P 连蓝线,则 B、M、N、P 即为蓝完全四边形. 综上所述,必存在红三角形或蓝完全四边形.

辨析

1°. 原证明的错误发生在其(2)中后半部分.

将 K_9 二染色,如将一个 9 阶完全图的边分别染上红色和蓝色,要证明不管怎样染色必存在一个红色 3 阶完全图或蓝色 4 阶完全图. 命题若成立,由对称性当然也必定存在一个蓝色 3 阶完全图或红色 4 阶完全图,3 阶和 4 阶完全图一般又分别称为三角形和完全四边形.

原证明分两种情况证明之. (1) 图中存在着一个顶点,从它发出的红线数大于或等于 4,原证明正确. (2) 图中每个顶点发出的红线数小于或等于 3. 因为若给一条边染红色,那么作为该边的两个端点都发出红线,所以在计算所有顶点发出红线数的总和时,此总和必为偶数. 由此从总和小于或等于 27 可得总和小于或等于 26,进而可得必存在一个顶点发出的红线数小于或等于 2. 这样原证明中设 BM、BN、BP、BQ、BR、BS 是蓝线是正确的. 称顶点 M 发出不少于 5 条蓝线也是正确的. 但由此肯定 N、P、Q、R、S 中至少有 3 个顶点与顶点 M 连蓝线却是错误的. 因为 MB 是蓝线,M 与没有列出的两个顶点也可能连蓝线,所以只能肯定 N、P、Q、R、S 中有 2 个顶点与顶点 M 连蓝线. 于是原证明中以下的证明也就失去基础了. 原证明错误.

改正如下:

…,所以 N、P、Q、R、S 中必有 2 个顶点与 M 连蓝线,设为 N、P,考察 MQ、MR、MS,若其中还有蓝线,不妨设 MQ 是蓝线,则…(以下照搬原证明). 若 MQ、MR、MS 均连红线,此时 SR、RQ、QS 中只要有一条是红线,就存在红三角形;如果都连蓝线,则 B、Q、R、S 是一个蓝色完全四边形. 综上所述,必存在红三角形或蓝完全四边形. 证毕.

原证明中的(2),还可以基于其他命题的成立来证明之.

[109 −1]　　　　　　　　　　　　　　　　　　　　　　　　☆

在 2 色完全图 K_6 中,证明必存在一个三条边同色的三角形.

证　设 A、B、C、D、E、F 是图 K_6 的六个顶点,考察从 A 发出的五条边,每条边不是染红色就是染蓝色,由抽屉原理必有三条边染同一种颜色,不妨设 AB、AC、AD 染了红色,再考察 B、C、D 这三个顶点两两所连之线的染色情况,若其中有一条边染上了红色,相应地就能得到一个红色三角形,否则若 BC、CD、DB 都染上了蓝色,$\triangle BCD$ 就是一个蓝色三角形. 即必存在一个三条边同色的三角形.

由[109－1]成立,可以比较容易地完成原题在第(2)种情况下的证明:

…,设 BM、BN、BP、BQ、BR、BS 是蓝线,考察由 M、N、P、Q、R、S 组成的 2 色完全图 K_6,则其中必存在着一个三条边同色的三角形,不妨设为 $\triangle MNP$,若 $\triangle MNP$ 为蓝色三角形,则 $BMNP$ 就是一个蓝色完全四边形,否则 $\triangle MNP$ 为红色三角形,命题得证.

2°. 由[109－1],自然会想到:

[109－2] ☆

在 2 色完全图 K_5 中,是否一定存在一个三条边同色的三角形?

解　不一定,可作如下反例:画一个凸五边形,各边均染红色,各对角线均染蓝色,从中无法得到一个以这五个顶点中的三个为顶点的三边同色的三角形.

实际上,在[109－1]的条件下,还能得到一个更强的结果.

[109－3] ☆☆

在 2 色完全图 K_6 中,证明一定存在两个三条边同色的三角形.

分析　由[109－1],不妨设 $\triangle ABC$ 为红三角形,再证明还存在着另一个三边同色的三角形.

由抽屉原理,从 A 发出的五条边中必有三边同色,若 AD、AE、AF 同色,仿[109－1]的证明,可知在 A,D,E,F 为顶点的 2 色完全图 K_4 中还存在着一个异于 $\triangle ABC$ 的三边同色的三角形. 若 AD、AE、AF 不同色,则存在一条边为红色,不妨设 AD 边为红色,考察以 A、B、C、D 为顶点的 2 色完全图 K_4,该图中除 DC、DB 外都是红色边,若 DC、DB 中有一条是红色边,就得到了和 $\triangle ABC$ 不同的三条边都是红色的三角形. 若 DC、DB 都是蓝色,转而考察从 D 发出的五条边,同理必有三条边同色,但这三条边不可能是 DA、DB、DC(一红二蓝),从 D 发出的这同色三条边的共四个顶点所形成的 2 色完全图 K_4 中,同前又可证明存在着一个三边同色的三角形,该三角形异于 $\triangle ABC$. 综上所述,还存在着一个异于△ABC的三边同色的三角形.

以[109－3]成立为基础,还可证明如下的命题.

[109－4]   ☆ ☆

在2色完全图K_7中,证明一定存在四个三边同色的三角形.

分析 设A、B、C、D、E、F、G是2色完全图K_7的七个顶点,容易证明任取其中的六个顶点都能形成2色完全图K_6.由[109－3],能肯定存在着两个三边同色的不同三角形.

(i) 假定这两个三边同色的不同三角形有一个公共的顶点,不妨设为G,则除去G点以外的六点所形成的二色完全图K_6中还存在着两个三边同色的不同的三角形,它们不可能以G为顶点.所以此时存在着四个三边同色的三角形.

(ii) 假定这两个三边同色的不同三角形没有公共顶点.不妨设其中一个三角形为△EFG.同样考虑除去G顶点后的2色完全图K_6,其中存在的两个三边同色的不同三角形都没有顶点G,这两个三角形与△EFG是不同的三角形,如果其中有一个三角形与△EFG有公共的顶点(只能是E或F)可回复到情况(i);如果其中没有一个三角形与△EFG有公共的顶点,那么这两个三角形的共六个顶点都位于A、B、C、D四点之中,这两个三角形又存在公共的顶点,又可回复到情况(i).综上所述,存在着四个三边同色的三角形.

关于一般的2色完全图K_n中的问题,有些是非常困难的,有不少问题至今还没有解决.以原题为基础还可证明:在2色完全图K_{18}中,存在一个同色完全四边形.由[109－1]、[109－2]容易证明在2色完全图K_n中,存在同色三角形的最小值$n=6$;另外还可证明,存在同色完全四边形的最小值$n=18$.

使用图论中的一些现成结论,往往可以编辑成非图论语言的命题,如原题可编成:

九位数学家,任何两位都通过电脑相互对话,他们的对话总共只讨论甲、乙两个课题,而每两位数学家之间只固定地讨论一个课题,证明一定有3位数学家相互讨论的是甲课题或有4位数学家相互讨论的是乙课题.

[110] 图论初步(二色完全图)　　　　证明中有小错　　☆☆

原题　证明:2 色完全图 K_7 中至少含有 4 个同色三角形.

原证明　由前已知 2 色完全图 K_6 中存在有两个同色三角形. 设 A_1 是其中同色三角形顶点,那么其他六个顶点 $A_j(j=2,3,\cdots,7)$ 组成的 2 色完全图 K_6 中又至少有 2 个同色三角形. 这三个同色三角形的顶点至多 7 个,一定有两个同色三角形有一公共顶点,记为 A_1,那么其他 6 个顶点组成的 2 色完全图 K_6 中至少还有两个同色三角形,总计不少于 4 个同色三角形.

辨析

本节内容是上节内容的继续. 本题如对"至少"这一用语不拘泥于其严格意义(参见[2])即是[109 - 4],也是使用[109 - 3]来证明.

任取 2 色完全图 K_7 的一个完全子图 K_6,它也是二染色. 在该子图中存在两个同色三角形,取其中一个同色三角形并设 A_1 是一个顶点. 考察除去 A_1 后的二色完全子图 K'_6,其中又存在 2 个同色三角形,显然 A_1 不可能成为它们的顶点. 以上 K_7 中的三个不同的三角形,一定存在着两个三角形有公共的顶点,但恰恰 A_1 不会是公共顶点,原证明将公共顶点记为 A_1 产生了前后矛盾. 记 A_2 为公共顶点,这样就找到了以 A_2 为公共顶点的两个不同的同色三角形. 考察除去 A_2 后的二色完全子图 K''_6,其中还有两个不同的同色三角形,它们不会以 A_2 为顶点,这样就证明了存在 4 个同色三角形.

对题中的"至少",若按其严格意义完成证明,还必须具体构建一个仅含有 4 个同色三角形的 2 色 K_7 来. 尝试了一下,能成功. 例如 A_1A_3、A_1A_4、A_1A_6、A_2A_3、A_2A_4、A_2A_7、A_3A_5、A_4A_6、A_5A_6、A_5A_7 染红色,其他染黑色,则就仅有一个红色三角形 $A_1A_4A_6$,三个黑色三角形 $A_1A_2A_5$、$A_3A_4A_7$、$A_3A_6A_7$.

[111]图论初步　　　　　　**题意问题**　　　☆☆☆

原题　九个数学家在一次国际数学会议上相遇,发现他们中的任意三个人中,至少有两个人可以用同一种语言对话,如果每个数学家至多可说三种语言,证明至少有三个数学家可以用同一种语言对话.

（原书是习题既无解答又无提示）

辨析

数学题最忌题意会发生歧义,有不少图论应用题由于表述的原因,题意就很难把握,[102]是典型,本节以原题为例继续辨析之,1°有意地来构建一种理解,使该题是错题,并顺便介绍图论中的三染色问题;2°给出另一种理解下的证明,并结合两种理解来讨论原题的修改.

本节"至少"、"至多"的使用约定不拘泥于其严格意义（参见[2]）.

1°. 对原题作如下理解也并非是没有理由的.

（i）"两个人可以用同一种语言对话",该处是强调"对话"以区分"两人会说同一种语言". 也就是说两个人能对话,这两个人一定会说同一种语言,但两人会说同一种语言却不一定能对话. 在现实生活中也的确有这种情况,一个人会说一种语言但水平比较低,遇见一个人会说同一种语言而水平比较高就能对话,但所遇见的虽会说同一种语言但水平也比较低就无法对话. 这样原题中两人能否对话纯粹由条件"任意三个人至少有两人可以用同一种语言对话"来决定,而不能用额外的其他条件来决定.

（ii）"每个数学家至多可说三种语言","可说"有一种规定的含义,这一规定当然只能是国际数学会议上的规定,这样"三种语言",就成了国际数学会议上规定可以使用的三种语言,即预先设定的三种语言,这规定要求每一个数学家都要遵守,即所有的数学家至多可说规定的三种语言,并且由于"两个人可以用同一种语言对话",还说明两个人如果会说一种以上的同一种语言,若能对话也只会用一种"同一种语言"对话.

在这样的理解下,我们将原题用图论的语言来表达,用顶点来表示数学家,两位数学家可以对话就用边连接,用边的颜色来表示所使用的对话的语言,所有边只能总共用三种颜色染色,每条边染上并且只能染上三种颜色中的一种颜色,这样原题就成为:

在一个9阶图 G 中,任意三个顶点至少有两顶点相邻,将图 G 中的每条边染上三种颜色中的一种颜色,证明图 G 中存在三条边同色的三角形.

但我们很快就发现该命题并不成立,这可以构建反例来证明. 在平面上取9个点,用三支不同颜色的彩色笔来连线,对两两没有连线的三个顶点,选择两个顶点连线,这时不可避免地会产生一些三角形,只要注意颜色的使用就可以使这些形成的三角形三条边不同色.

甚至,再加强条件,让任取的两个顶点都连线,也可构建反例证明上述命题的结论不成立,即

在三色完全图 K_9 中,不一定存在同色三角形.

实际上在图论中,和在[109]节中所讨论的二色完全图类似,在三色完全图 K_n 中,n 取多大可以证明存在同色三角形有现成的结论. 而且该结论也曾经用于国际数学奥林匹克竞赛试题的命题.

[111-1]　　　　　　　　　　　　　　　　☆ ☆ ☆

17个科学家,其中每一个人和其他所有的人都通信. 在他们的书信往来中仅仅讨论3个题目,而每两个科学家之间只讨论一个题目. 求证:至少有3个科学家,他们互相讨论同一个题目.

（第6届国际数学奥林匹克竞赛第4题）

关于该题,不用图论的语言,只要用两次抽屉原理,照样可以写出其证明来,但在这里,我们还是将该题转化为图论中的命题,并用图论的语言证明之,以揭示该题的图论背景.

顺便指出,图论中的图与平面几何中的图毕竟是有差别的,比如17个顶点,为了保证相互之间能够连线,并不需要像有些书上那样要给出"没有三个点在一直线上"的条件,就像4阶完全图,虽说也可称为完全四边形,但毕竟不是平面几何意义下的四边形,四个顶点在一直线上照样存在4阶完全图. 如下图都是图论意义下的完全四边形.

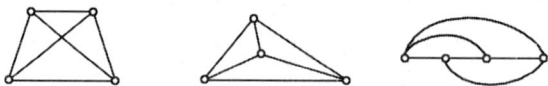

[111] 图

取 17 个顶点的图 G，每个顶点表示一位科学家，两个人之间如有通信关系两顶点间就连一条线，因为每个人和其他所有的人都通信，图 G 是一个完全图，可用 K_{17} 表示。用三种颜色分别表示三个题目，因为每两个科学家之间其书信来往只讨论一个题目，所以图中的每条边只能分别用三种颜色中的一种来染色，该题从其本意来说所要证明的就是，不管具体染色是怎样的方案，图中总有一个三边同色的三角形存在。更确切地该题转化为图论中的命题，即

求证：三色 K_{17} 中必存在同色 K_3。

证 设三色 K_{17} 的顶点为 A_0、A_1、$\cdots$、A_{16}。考察从 A_0 引出的 16 条边，它们被染上了三种颜色，由抽屉原理（参见 [2]2° 抽屉原理的第二种形式）知，这 16 条边中存在 6 条边染上了同一种颜色，不妨设 A_0A_1、A_0A_2、$\cdots$、A_0A_6，6 条边染上了红色，再考察顶点为 A_1、A_2、$\cdots$、A_6 的 K_6，其边的染色情况有两种可能：

（1）若这 K_6 中有一条边染上了红色，不防设为 A_1A_2，则以 A_0、A_1、A_2 为顶点的 K_3 就是一个红色 K_3；

（2）若这 K_6 中没有一条边染上红色，这 K_6 就是一个二色 K_6，但二色 K_6 中必存在同色 K_3（参见 [109 – 1]）。证毕。

2°. 对原题的题意换一个角度来理解。

（i）"两个人可以用同一种语言对话"等价于"两个人会说同一种语言"。

这样两个人能否对话不但由"他们中的任意三个人中，至少有两个人可以用同一种语言对话"来决定，还可由两位数学家能否会说同一种语言来决定。

（ii）"每个数学家至多可说三种语言"，可像 1° 中的（ii）理解成

会议规定的三种语言,但也可广义地解释成"任何一位数学家至多会说三种语言",即这仅与每位数学家个人的情况有关,会议并没有什么规定,会议上数学家之间对话的语言的总数并不排斥会多于三种,为确定起见这里采用广义理解.

(ⅲ)"两个人可以用同一种语言对话",并非像1°理解的那样还具有"两个人只可以用一种'同一种语言'对话"的含意.即两个人能对话并不排斥两个人能用多种"同一种语言"对话.例如两个人都会说英语和法语,他们就可以用英语对话,也可以用法语对话,甚至不排斥可用英语和法语混杂在一起对话,事实上1°中的那种理解是比较勉强的,目的是为了使每条边不但都能染上且只能染上一种颜色.这里的理解没有这项要求.

在这样的解释下,能够证明原题成立.

九位数学家用 A_0、A_1、$\cdots$、A_8 来表示,若两位数学家至少可以用同一种语言对话,或至少会说同一种语言,其对应的两个顶点就用一条边相连,得 9 阶简单图.显然按语言种类采用对边染色并不方便,由(ⅱ)我们并不清楚总共有几种语言,更主要的是由(ⅲ)如染色每条边也并非只能染上一种颜色.

证明的基础是在以上的解释下有如下的一项基本性质:

至少有三个数学家可以用同一种语言对话等价于至少有一个数学家可以用同一种语言与两个数学家对话.例如 A_k 可用英语分别与 A_i、A_j 对话,说明 A_i、A_j 都会说英语,三个人可用英语对话.

证明用反证法.假设原题不成立,这就等价于假设没有一个数学家能用相同的语言分别与另外两个数学家对话.

考察 A_0,该数学家至多会说三种语言,由假设该数学家又不能用相同的语言分别与另外两个数学家对话,则 A_0 最多与三个顶点相邻,即 A_0 至少与五个顶点不相邻.不妨设 A_1、A_2、A_3、A_4、A_5 分别与 A_0 不相邻.在这五个顶点中任取两个顶点和 A_0 一起考察,由于已知任取三个顶点,至少有两个顶点相邻,可知这五个顶点两两相邻.

再考察 A_1,A_1 与 A_2、A_3、A_4、A_5 都相邻,但 A_1 所表示的数学家也

至多会说三种语言,由抽屉原理,该数学家必定要用同一种语言至少与两位数学家对话,与假设矛盾,故原题成立.

显然,以上证明将"每个数学家至多可说三种语言"理解成会议规定的三种语言也能成立.

为了避免对原题产生 1° 那样的理解,使用语言更规范,并和 2° 的解释相匹配,原题可修改为:

九位数学家在一次国际数学会议上相遇,发现他们中的任意三位,最少有两位能用同一种语言对话.如果他们中的任一位数学家最多能用三种语言和他人对话;又当两位数学家若都能用同一种语言和他人对话,两位之间就能用该种语言对话.证明存在三位数学家能用同一种语言对话.

注意将"可以"、"可说"都修改成"能",并将能说某种语言统一表述成能用这种语言与他人对话,是为了避免产生像 1° 那样的歧义.而"当两位数学家若都能用同一种语言和他人对话,两位之间就能用该种语言对话"似乎是常识,为什么也要列为题中的条件? 这是因为作为数学推导,一般要避免直接以生活中的常识为依据,实际上现实生活中的常识往往是丰富多彩的,并非一定具有数学概念及其关系间的某种确定性. 这句话从本质上来说就是让仅仅是"理解"之一的 2° 中的(ⅰ),作为已知条件明朗化,并从该条件出发,就能推导出,存在三位数学家能用同一种语言对话等价于存在一位数学家能用同一种语言与二位数学家对话,而不让本题证明之关键仅仅建立在生活中"常识"的基础之上.

[112] 图论初步　　　　　　　　解中有错误　　☆☆☆

原题　若图 G 的边数大于 $\frac{1}{2}n\sqrt{n-1}$,则至少有一个长度小于 l 的圈,求 l 的最小值.

（1998 年数学奥林匹克国家集训队训练题）

原解　$l_{\min}=5$,反设 $|E|>\frac{1}{2}n\sqrt{n-1}$,图中无长为 3 或 4 的圈.

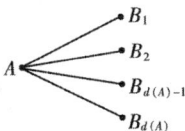

[112] 图

则 B_i、B_j 之间不能连线,否则构成三角形,考察 $(B_i,B_j)i \neq j$,则对每个 A,可确定 $C_{d(A)}^2$ 个这样的对,且不存在两个顶点对应同一个对,否则设 A、C 同时对应 B_i、B_j,则 AB_iCB_j 为长为 4 的圈. 矛盾!

$$\therefore \qquad \sum_{A \in G} C_{d(A)}^2 \leqslant C_n^2 - |E|,$$

但

$$\sum_{A \in G} C_{d(A)}^2 \geqslant n > nC_{\frac{1}{2}\sqrt{n-1} \cdot 2}^1 = \frac{n}{2}(n - 1 - \sqrt{n-1}),$$

而

$$C_n^2 - |E| < \frac{n(n-1)}{2} - \frac{n\sqrt{n-1}}{2}$$

$$= \frac{n}{2}(n - 1 - \sqrt{n-1}).$$

矛盾! $\therefore$ 必存在长为 3 或 4 的圈. $\therefore l_{\min} = 5$.

辨析

1°. 原题中的 n,显然是顶点数,简单图要成圈起码要有三个顶点,为此原题中的"图 G"应当修改成"n 阶图 $G(n \geqslant 3)$".

在图 G 中,$|V| = n$;由已知条件 $|E| > \frac{1}{2}n\sqrt{n-1}$,得 $|E| \geqslant \frac{1}{2}n\sqrt{n-1} + 1$. 由 $(n-2)^2 \geqslant 0$,得 $n^2 \geqslant 4(n-1)$. 又 $\because n - 1 > 0$,

$\therefore n^2(n-1) \geqslant 4(n-1)^2$. $\therefore n\sqrt{n-1} \geqslant 2(n-1)$,即有 $\frac{1}{2}n\sqrt{n-1} + 1 \geqslant n$,由此得 $|E| \geqslant |V|$.

在 [108] 1°中简单介绍了"圈". 实际上在图论初步中有如下定理(证明不难,可参见有关书籍):

若 n 阶图 $G(n \geqslant 3)$,$|E| \geqslant |V|$,则 G 中必含有圈.

这样由原题的条件,保证了图 G 中必含有圈,这是求 l 的最小值的前题条件.

圈的边数称之为圈的长度,在简单图中圈的最小长度是 3. 由题意 $l_{\min} > 3$. 为求 $l_{\min}$,可从小到大考虑.

可以构建反例证明 $l_{\min} \neq 4$. 如取 $|V| = n = 4$,而 $\frac{1}{2} n \sqrt{n-1} = 2\sqrt{3}$;可取 $|E| = 4$. 取四边形作为图 G,其中就没有长度为 3 的圈.

考虑 $l_{\min}$ 是否是 5. 如能证明满足题意的所有图 G 总存在着长度为 3 或 4 的圈,那么就可肯定 $l_{\min} = 5$.

原解就是根据此思路(但原解没有先证明 $l_{\min} \neq 4$,这是不完整的)用反证法证明图 G 中总存在着长度为 3 或 4 的圈,从而肯定 $l_{\min} = 5$. 但原解的证明却是错误的.

$2°$. 设图 G 满足题设条件,$|E| > \frac{1}{2} n \sqrt{n-1}$;反设图 G 中无长为 3 或 4 的圈.

任取图 G 中的一个顶点 A,$d(A)$ 表示 A 的度即从 A 发出的边数,如图 $B_1, B_2, \cdots, B_{d(A)}$ 是从 A 所发出边的另一端的顶点,因为图中无三角形,这些端点之间两两没有连线,即共有 $C_{d(A)}^2$ 对顶点之间没有连线(因 $d(A)$ 有可能为 0、1,当补充规定 $C_0^2 = C_1^2 = 0$). 因为图中无长为 4 的圈,再任取一个顶点 C,则 $B_1, B_2, \cdots, B_{d(A)}$ 中的任意两个顶点都不会是顶点 C 所发出的两条边的另一端的顶点. 这样当我们对 G 中的每一个顶点 A 来计算和 $\sum_{A \in G} C_{d(A)}^2$ 时,这些没有连线的顶点对没有重复计数,于是有

$$\sum_{A \in G} C_{d(A)}^2 \leqslant C_n^2 - |E|,$$

C_n^2 是当 G 是完全图时的边数,因有条件 $|E| > \frac{1}{2} n \sqrt{n-1}$,又可得

$$\sum_{A \in G} C_{d(A)}^2 \leqslant C_n^2 - |E| < \frac{n(n-1)}{2} - \frac{n\sqrt{n-1}}{2}$$

$$= \frac{n}{2}(n - 1 - \sqrt{n - 1}). \qquad \text{①}$$

显然,若能够再证明

$$\sum_{A \in G} C_{d(A)}^2 \geqslant \frac{n}{2}(n - 1 - \sqrt{n - 1}), \qquad \text{②}$$

则就得到了矛盾,命题就可获证.

原解的错误就发生在 ② 式成立的证明上:

$$\sum_{A \in G} \underbrace{C_{d(A)}^2}_{\text{③}} \geqslant n \underbrace{\geqslant}_{\text{④}} n \underbrace{C_{\frac{1}{2}\sqrt{n-1}\cdot 2}^2}_{\text{⑤}} = \frac{n}{2}(n - 1 - \sqrt{n - 1}).$$

事实上,③ 的成立没有依据,假定其成立,$n > \frac{n}{2}(n - 1 - \sqrt{n - 1})$ 也不可能对所有的 $n(n \geqslant 3)$ 均成立,该不等式等价于 $n^2 - 7n + 10 < 0$,显然当 $n \geqslant 5$ 时就不能成立.

④式成立不但没有依据且是错误的. 当 $n \geqslant 3$ 时,若 $\sqrt{n-1}$ 不是自然数 $C_{\sqrt{n-1}}^2$ 没有意义,若是自然数却有 $C_{\sqrt{n-1}}^2 \geqslant 1$.

⑤式,在形式上看显然有

$$C_{\sqrt{n-1}}^2 = \frac{\sqrt{n-1}(\sqrt{n-1}-1)}{2} = \frac{1}{2}(n - 1 - \sqrt{n - 1}),$$

但这里是求组合数,该式只有当 $\sqrt{n-1}$ 是自然数时才有意义.

关于②式的证明要另辟途径,这在 4° 中完成. 在 3° 中我们先来辨析从原解的错误所得到的启发,从⑤式可以发现,当 G 中的每一个顶点 A,若 $d(A) \geqslant \sqrt{n-1}$ 时,②式确能成立. 由此能否得到一些有意义的结果?

3°. 设当 $A \in G$ 时,$d(A) \geqslant \sqrt{n-1}$,即设 G 中顶点的最小度 $\delta(G)$ $\geqslant \sqrt{n-1}$. 则②式能证明成立:

$$\sum_{A \in G} C_{d(A)}^2 = \sum_{A \in G} \frac{d(A)[d(A) - 1]}{2}$$

$$\geqslant n \cdot \frac{1}{2} \cdot \sqrt{n-1}(\sqrt{n-1} - 1) = \frac{n}{2}(n - 1 - \sqrt{n - 1}).$$

我们来考察现在的条件 $\delta(G) \geqslant \sqrt{n-1}$ 与原题条件的关系.

在图论初步中有一个常用的定理:

在图 G 中有 $\displaystyle\sum_{A \in G} d(A) = 2|E|$.

它的含意就是在简单图 G 中各顶点的度数之和等于其边数的两倍. 注意到当边数是零时显然成立;而在一个图中增加一条边时,使该边的两个端点的度各增加 1,就可证明该定理成立.

由此,若 $\delta(G) \geqslant \sqrt{n-1}$,有

$$|E| = \frac{1}{2} \sum d(A) \geqslant \frac{1}{2} n \cdot \sqrt{n-1}. \qquad ⑥$$

在⑥式中如果等号成立,从 1° 的辨析可知此时不能保证图 G 中有圈存在. 而且⑥式中如果不能排斥等号成立,虽然用条件 $\delta(G) \geqslant \sqrt{n-1}$ 替代了原题中的条件后可以证明②式成立,但此时①式中的 "$<$" 必须改成 "$\leqslant$",这样当①式与②式等号都成立时,就不产生矛盾. 当然要排除⑥式中的等号成立也是容易的,只要在 $\delta(G) \geqslant \sqrt{n-1}$ 之外再加上一个条件:在 G 中最少有一个顶点 $A, d(A) > \sqrt{n-1}$.

显然由⑥式还可以看出,从原题的条件得不出 $\delta(G) \geqslant \sqrt{n-1}$. 也就是说从以上的讨论并不能使原题获证. 但是我们却可以得到比原题弱一些(条件更强)的命题,其证明比原题容易.

[112 - 1]　　　　　　　　　　　　　　　　**自编题**　　☆☆☆

若 n 阶图 $G(n \geqslant 3)$ 中,顶点的最小度 $\delta(G) \geqslant \sqrt{n-1}$,且最少存在一个顶点,其 $d(A) > \sqrt{n-1}$,则最少有一个长度小于 l 的图,求 l 的最小值.

答案和原题一样. 在以上的辨析中实际上已给出了该题的解答.

4°. 为证明在原题的条件下②式成立,先证一下常用的不等式:

$$\sum_{i=1}^{n} x_i^2 \geqslant \frac{1}{n} \left(\sum_{i=1}^{n} x_i \right)^2, \text{其中 } x_i \in \mathbf{R} \quad (i = 1, 2, \cdots, n). \qquad ⑦$$

证　　$\because \left(\sum\limits_{i=1}^{n} x_i \right)^2 = \sum\limits_{i=1}^{n} x_i^2 + 2\sum\limits_{i<j}^{n} x_i x_j,$

$\therefore \sum\limits_{i=1}^{n} x_i^2 = \left(\sum\limits_{i=1}^{n} x_i \right)^2 - 2\sum\limits_{i<j}^{n} x_i x_j$

$= \left(\sum\limits_{i=1}^{n} x_i \right)^2 + \sum\limits_{i<j}^{n} (x_i - x_j)^2 - (n-1)\sum\limits_{i=1}^{n} x_i^2.$

$\therefore n\sum\limits_{i=1}^{n} x_i^2 = \left(\sum\limits_{i=1}^{n} x_i \right)^2 + \sum\limits_{i<j}^{n} (x_i - x_j)^2 \geqslant \left(\sum\limits_{i=1}^{n} x_i \right)^2.$

由此,⑦式得证.(用柯西不等式来证更直接,可参见[23-2])

用⑦式;并由条件有:当 $n\geqslant 3$ 时,

$$\sum\limits_{A\in G} d(A) = 2\,|\,E\,| > n\,\sqrt{n-1} > n;$$

以及函数 $y = \dfrac{1}{n}t^2 - t$,当 $t>n$ 时,$\because y' = \dfrac{2}{n}t - 1 > 1 > 0,y$ 是增函数,就可证明②式成立.

$$\sum\limits_{A\in G} C_{d(A)}^2 = \sum\limits_{A\in G} \dfrac{d(A)\left[d(A)-1 \right]}{2}$$

$$= \dfrac{1}{2}\left\{ \sum\limits_{A\in G} \left[d(A) \right]^2 - \sum\limits_{A\in G} d(A) \right\}$$

$$\geqslant \dfrac{1}{2}\left\{ \dfrac{1}{n}\left[\sum\limits_{A\in G} d(A) \right]^2 - \sum\limits_{A\in G} d(A) \right\}$$

$$> \dfrac{1}{2}\left[\dfrac{1}{n}(n\,\sqrt{n-1})^2 - n\,\sqrt{n-1} \right]$$

$$= \dfrac{n}{2}(n - 1 - \sqrt{n-1}).$$

由前述讨论可知,原题获证.

[113]图论初步(算两次)　　　题意不清、解中有错　　　☆☆☆

原题　S 是满足 $1\leqslant a<b\leqslant n$ 的 m 个正整数对 (a,b) 组成的集合. 求证:至少有

$4m \cdot \dfrac{m - \dfrac{n^2}{4}}{3n}$ 个三元数组 (a, b, c) 适合: (a, b), (b, c), (c, a) 都属于 S.

原分析

作图 G. 以 $\{1, 2, \cdots, n\}$ 为顶点集 $V(G)$, S 为边集 $E(G)$, 即当且仅当 $(i, j) \in S$ 时, 将顶点 i 与 j 连一条边, 于是问题等价于证明: G 中至少有 $4m \cdot \dfrac{m - \dfrac{n^2}{4}}{3n}$ 个三角形.

首先, 令顶点 i 的次数为 $d(i)$, 则

$$\sum_{i=1}^{n} d(i) = 2m. \qquad ①$$

假设 G 中有 k 个三角形, 考察这些三角形的边. 一方面, 每个三角形有三条边, 累计共有 $3k$ 条边. 另一方面, G 中任取一边 (i, j), 它的两端 i, j 向其余 $n - 2$ 个顶点引出 $d_i + d_j - 2$ 条边, 其中至少有

$$(d(i) + d(j) - 2) - (n - 2) = d(i) + d(j) - n$$

条边分别与 (i, j) 同为图 G 中某三角形的边. 换句话说, G 中每条边至少属于 $d(i) + d(j) - n$ 个三角形. G 中所有边为三角形贡献了 $\displaystyle\sum_{(i, j) \in S} [d(i) + d(j) - n]$ 条边. 所以

$$3k = \sum_{(i, j) \in S} (d(i) + d(j) - n). \qquad ②$$

注意到 $|S| = m$, 顶点 i 的 $d(i)$ 在②式右边式中出现 $d(i)$ 次, 故②式右边等于

$$\sum_{i=1}^{n} [d(i)]^2 - mn. \qquad ③$$

根据柯西不等式及①, ③式不小于

$$\dfrac{1}{n} \left[\sum_{i=1}^{n} d(i) \right]^2 - mn = \dfrac{4m^2}{n} - mn. \qquad ④$$

由 ②,③ 知

$$k \geqslant \frac{1}{3}\left(\frac{4m^2}{n} - mn\right) = 4m \cdot \frac{m - \dfrac{n^2}{4}}{3n}.$$

辨析

1°. 原题题意不清.

所谓数对 (a, b),在没有另外注明的情况下总理解成是有序的. 例如用实数对来表示复数,(a, b) 表示的是 $a + bi$,(b, a) 表示的是 $b + ai$. 根据原题,S 中的正整数对 (a, b),有性质 $a < b$;又称 (a, b),(b, c),(c, a) 都属于 S,那么也应有 $a < b$、$b < c$、$c < a$,这就引起了矛盾. 在原题中应当注明 (a, b) 是无序数对,即相当于二元集合 $\{a, b\}$,不计元素的位置.

所谓三元数组 (a, b, c),在没有另外注明的情况下也总理解成是有序的. 例如常用三元实数组来表示空间一点的坐标或表示一个三维向量. 但在这里也应当注明是无序三元数组,相当于一个三个数形成的数集,不计数的顺序. 一个无序的三元数组,当三个数仅顺序不同时视为同一个数组.

为了和原分析相匹配并使表达严谨,当将原题修改成:

设 $N = \{1, 2, \cdots, n\}$ $(n \geqslant 3)$,S 是由 $m\left(m > \dfrac{n^2}{4}\right)$ 个无序数对 (a, b) 组成的集合,其中 $a, b \in N$ 且 $a \neq b$. 求证:若有 k 个三元无序数组 (a, b, c) 适合:(a, b),(b, c),(c, a) 都属于 S,则

$$k \geqslant 4m \cdot \frac{m - \dfrac{n^2}{4}}{3n}. \tag{※}$$

题意表述清楚了,就自然能想到可将其翻译成图论的语言.

集合 N 对应图的顶点的集合;无序数对对应边;S 对应所连 m 条边的集合;三元无序数组对应图的三阶子图;三元无序数组 (a, b, c) 适合 (a, b),(b, c),(c, a) 都属于 S,对应三阶完全子图 (K_3).

这样原题就成为：

在 $n(n \geq 3)$ 阶图 G 中，若有 $m(m > \dfrac{n^2}{4})$ 条边，则图 G 中有 k 个 K_3，且有（※）式成立。

也可将 K_3 说成三角形，但该三角形是以 G 中的顶点为顶点，以 G 中已连的边为边，G 中的 m 条边的集合记为 S。

2°. 原分析中，所称顶点 i 的次数 $d(i)$ 即是从顶点 i 引出的边数，又称顶点 i 的度。其①式即是 [112] 3° 中所提及的图论初步中的一个常用定理。

原分析①式之后，由于在某些关键的用语及符号表示上有差错，加上对推导的依据交待不清，一些地方难以理解，梳理如下：

假设 G 中有 k 个三角形，累计共有 $3k$ 条边。显然这包括对 G 中某些边的重复计数，我们就是利用这样的计数，采用组合几何中算两次的方法，调一个角度来分析 G 中的每条边，估计其至少（指"不少于"，下同）位于 G 中的多少个三角形之内，求 G 中每条边的这个估计数之和，它当然小于或等于 $3k$，由此即可求出（※）式。

G 中任取一边 (i,j)，它的两个端点 i,j 向其余 $n-2$ 个顶点共引出 $d(i)+d(j)-2$ 条边，减 2 是因为边 (i,j) 既从 i 引出，又从 j 引出。如果这些从 i 引出的边的另一个端点与从 j 引出的边的另一个端点不发生重合，那么肯定有 $d(i)+d(j)-2 \leq n-2$，同时 (i,j) 也不成为 G 中三角形的边。如果 $d(i)+d(j)-2 > n-2$，那么肯定会发生端点的重合，且在 $n-2$ 个顶点中至少有 $[d(i)+d(j)-2]-(n-2) = d(i)+d(j)-n$ 个顶点同时与 (i,j) 的两个端点有连线。也就是说，至少有 $d(i)+d(j)-n$ 双边与 (i,j) 构成了三角形。这样原分析就推导出 G 中每条边 (i,j) 至少属于 $d(i)+d(j)-n$ 个三角形。S 是 G 中边的集合，G 中所有边为三角形至少贡献了

$$\sum_{(i,j) \in S} \left[d(i) + d(j) - n \right]$$

条边。所以（注意原②式中的等号是错误的）

$$3k \geqslant \sum_{(i,j) \in S} \left[d(i) + d(j) - n \right] \qquad ②$$

$$= \sum_{(i,j) \in S} \left[d(i) + d(j) \right] - \sum_{(i,j) \in S} n.$$

将前一个和式,对 S 中的所有边的求和改写成对 G 中的所有顶点的求和. 注意到在 G 中任取一个顶点 h,若没有边引出即 $d(h) = 0$, $d(h)$ 也不会在对边求和的式子中出现;若有边引出,即 $d(h) \neq 0$,顶点 h 是 S 中 $d(h)$ 条边的一个端点,刚巧在对边求和的和式中对 $d(h)$ 求了 $d(h)$ 次和. 这样就有

$$\sum_{(i,j) \in S} \left[d(i) + d(j) \right] = \sum_{h=1}^{n} \underbrace{\left[d(h) + \cdots + d(h) \right]}_{d(h)个}$$

$$= \sum_{h=1}^{n} \left[d(h) \right]^2 = \sum_{i=1}^{n} \left[d(i) \right]^2.$$

因 n 对边 (i,j) 来说是常数,又 $|S| = m$,所以又有

$$\sum_{(i,j) \in S} n = mn,$$

这样就得到了原分析中的 ③ 式.

在柯西不等式 $\left(\sum_{k=1}^{n} \alpha_k \beta_k \right)^2 \leqslant \sum_{k=1}^{n} \alpha_k^2 \cdot \sum_{k=1}^{n} \beta_k^2$ 中取 $\alpha_k = d(k)$, $\beta_k = 1$,即得

$$\sum_{i=1}^{n} \left[d(i) \right]^2 \geqslant \frac{1}{n} \left[\sum_{i=1}^{n} d(i) \right]^2.$$

(也可使用[112]中的 ⑦ 式得此结论)

再由 ① 式,可得 ④ 式. 由此就可得(※)式成立.

本解法是图论方法和组合几何中算两次方法的结合.

3°. 对本题结论再作些思考.

正像 2° 所揭示,(※)式成立是基于对图 G 中每条边,用特定的方法来估计其至少位于 G 中的多少个不同的 K_3 子图之中. 注意到该方法,显然不发生端点的重合时肯定有 $d(i) + d(j) - 2 \leqslant n - 2$,但是当 $d(i) + d(j) - 2 \leqslant n - 2$ 时,没有理由认为就肯定不会发生端点的重合. 此时如果相应地以"0"贡献计入总贡献尚为合理,但 2° 的方

法,当 $d(i) + d(j) - n < 0$ 时却是以"负"贡献计入总贡献,这就会发生该特定的方法推导而得的(※)是否是一种较好的估计的疑问. 不过,容易明白,对 S 中的所有边来说,发生负贡献的机会越少,该估计就越有价值. 当图 G 是完全图时,显然 $m = C_n^2, k = C_n^3$,可以验证此时(※)式的等号成立.

第七章　杂　项

[114]编码问题　　**题意不清**　　**解答含糊**　　**答案错误**　○☆☆

原题　某个信封上的两个邮政编码 M 和 N 均由 0,1,2,3,5,6 这六个不同数字组成. 现有四个编码如下:

A:320651,

B:105263,

C:612305,

D:316250.

已知编码 A,B,C 各恰有两个数字的位置与 M 和 N 相同;D 恰有三个数字的位置与 M 和 N 相同. 试求 M 和 N.

（1992 年全国初中数学联赛第二试试题）

原解　由于在四个数码 A,B,C,D 中共涉及六个数字,而 A,B,C 三个数码各有两个数的位置与 M 和 N 相同,并且它们在每一数位上的数字都互不相同,因此由抽屉原理可知,在 A,B,C 三个数码中,每一数位上必有一个数字正确. 由此可见:在 D 中,6,0,两个数字的位置不对. 于是,在 D 中的 3,1,2,5 四个数字中只有一个不对.

（1）若 3 不对,则得

610253, 013256;

（2）若 1 不对,则得

360251, 301256;

（3）若 2 不对,则得

312056, 310652;

（4）若 5 不对,则得

310265, 315206.

经检验可知,这个信封上的邮政编码 M 和 N 为 6 1 0 2 5 3 和

3 1 0 2 6 5.

辨析

1°. 原题中"D 恰有三个数字的位置与 M 和 N 相同"可以理解成 D 中有且仅有三个数字的位置既与 M 相同，又与 N 相同. 但从原解的结果看，原题想表达的是：D 中有且仅有三个数字的位置与 M 中这三个数字的位置相同；同时 D 中又有且仅有三个数字的位置与 N 中这三个数字的位置相同. 而且还可看出前面的三个数字与后面的三个数字是不相关的，当然也不排斥前后有相同的数字，即不排斥 D 中的某一个数字的位置既与 M 中这个数字的位置相同又与 N 中这个数字的位置相同. 原题中的另一句也完全有相同的情况.

为此，应将原题中的最后一段改为：

"已知编码 A、B、C 中的每一个，都分别恰有两个数字的位置与 M 和 N 相同；D 分别恰有三个数字的位置与 M 和 N 相同. 试求 M 和 N."

2°. 先讨论邮政编码 M，然后完全相同地讨论邮政编码 N.

要求 M 和已知编码 A、B、C、D 一样，都分别由 $0,1,2,3,5,6$ 这六个不同数字所组成.

A 恰有两个数字的位置与 M 相同，说明 A 中有且仅有两个不同的数字会在 M 中的相应数位上出现. 所谓相应，就是指这个数字在 A 中所处的数位，与它在 M 中出现的数位是同一个数位. 同样，B、C 中分别有且仅有两个不同的数字都会在 M 中的相应数位上出现.

以上在 M 中出现的六个数字中，如果有相同的数字，它们不可能出现在 M 中的不同的数位上，否则 M 中就会有数字相同，与对 M 的要求不合. 也就是说如有相同的数字，它们在各自的数码中所处的数位只可能是同一个数位. 但我们纵向比较编码 A、B、C，可以发现它们分别位于同一数位上的数字是互不相同的. 这就说明，这六个数字中不会出现有相同的数字.

显然不同的数字不可能同时出现在 M 中的同一个数位上. 所以这六个不同的数字，刚巧出现在 M 的六个不同的数位上. 而且 M 中的六个数位上的数字，只能分别在 A、B、C 中位于相应的同一个数位上的三个数字中选择一个.

再考察另一个条件：D 中恰有三个数字在 M 中相应的数位上出现. 纵向比较 A、B、C、D 相同数位上的四个数字，因为 M 中个位上的数字是在"1、3、5"中选择，D 中个位上的"0"不可能在 M 中的个位上出现，同理 D 中千位上的"6"也不会在 M 中的千位上出现. D 中数字能在 M 中相应数位上出现的有且仅有"3、1、2、5"四个数字中的三个数字.

由此可知 M 可以轮换 D 中的"3、1、2、5"之一及"6"和"0"共三个数字所在的数位而得到. 纵向比较 A、B、C 相对应数位上的三个数字可以发现"0"能调到"6"原来所在的千位处，而"6"却不能调到"0"原来所在的个位处. 于是当将"3、1、2、5"中的一个数作调整时，只可能将"6"调入，并将"0"调入"6"原来所在的千位，而这个数就调入"0"原来所在的个位处. 再作纵向比较，"6"却不能调入"1"原来所在的万位，"2"也不能调入"0"原来所在的个位. 这样只能得到两个可能的 M：610253；310265. 可以验证均符合题意.

为了和原解作比较，将以上的调整更详细地重述于后.

(1) 调整"3"，纵向比较 A、B、C 的最高数位，"0"和"6"中只能将"6"调入，"0"调入原来"6"所在的千位，"3"调入原来"0"所在的个位，得 610253，检验可知符合题意.

(2) 调整"1"，纵向比较万位，"0"和"6"中只能将"0"调入，但此时"6"不能调入个位，没有相应的 M 存在.

(3) 调整"2"，纵向比较百位，只能将"6"调入，"0"调入千位，但"2"不能调入"0"原来所在的个位，没有相应的 M 存在.

(4) 调整"5"，若仅纵向比较十位，"0"和"6"均可调入. 但如果是"0"调入，"6"却不能调入个位；为此只能将"6"调入十位，"0"调入千位，"5"调入个位，得 310265，检验可知符合题意.

原解也是对 D 中的三个数位上的数字作相互调整，只是在调整时先不去考虑其可能性，而将得到的八个解一并检验.

这样符合题意的 M 有二解.

完全相同地可以得到符合题意的 N 的两个解,而且这两个解显然与 M 的两个解完全相同.

于是本题的解就有下面四组:

$$\begin{cases} M = 610253 \\ N = 310265 \end{cases} \begin{cases} M = 310265 \\ N = 610253 \end{cases} \begin{cases} M = 610253 \\ N = 610253 \end{cases} \begin{cases} M = 310265 \\ N = 310265. \end{cases}$$

解毕.

3°. 当然作为题解,并不需要像2°那样详尽. 原解的问题不仅出在简略上. 首先用语就不恰当,如 A、B、C、D 四个编码是题中给定的,并不存在其数字位置正确不正确及对不对的问题. 而且说理含糊,所称抽屉原理(参见[1])在2°的解答中就没有使用,原解也没有交待怎样使用.

实际上可用反证法证明,在 A、B、C 位于同一数位上的三个数必有且仅有一个数字出现在 M 的相应数位上. 在此证明中会用到抽屉原理.

当说明了 A、B、C 中分别有且仅有两个数字总共六个数字会在 M 的相应数位上出现以后,假设在 A、B、C 中存在着一个数位,其上的三个数字一个也没有出现在 M 中相应的数位上. 即上述六个数字只出现在其他五个数位上,由抽屉原理这五个数位中必有一个数位会出现这六个数字中的两个或两个以上的数字. 若出现在同一数位上的多个数字中有不相等的,就会与不相等数字不会出现在 M 的一个数位上结论相矛盾;若出现在同一数位上的多个数字中有相等的,就会与 A、B、C 中位于同一数位上的三个数字互不相等结论相矛盾,假设不成立. 因此在 A、B、C 中位于同一数位上的三个数字,必有一个数字出现在 M 中的相应数位上,又因为不可能有多于一个不同的数出现在 M 中的一个数位上,所以在 A、B、C 中位于同一数位上的三个数字,必有且仅有一个数字出现在 M 中的相应数位上. 此结论在2°中是用直接证法来证明的.

原解同时求 M、N,不但会引起叙述不清,且注定失解. 根据题意

不能排除 M 与 N 会相同,而且在现实生活中也的确会出现 M 与 N 相同的情况,所以正确的答案,应是四解.

[115] 规划问题　　　　　　　　　　　　　　**说理不清**　☆

原题　现有甲、乙两个服装厂生产同一种服装,甲厂每月产成衣 900 套,生产上衣和裤子的时间比是 2:1,乙厂每月产成衣 1200 套,生产上衣和裤子的时间比是 3:2,若两厂分工合作,请安排一生产方案,其产量超过原两厂生产能力之和,求出每月生产多少套成衣?

（第 1 届北京市高中数学知识应用竞赛试题）

原基本思路　假定每个厂都只生产上衣(或者裤子),比较效率,找出最佳方案.

原解　如果甲厂仅生产上衣,每月可生产 $900 + 450 = 1350$（件）;如果乙厂仅生产上衣,每月可生产 $1200 + 1200 \times \dfrac{2}{3} = 2000$（件）,反映了乙厂生产上衣比甲厂生产上衣的优势.

如果甲厂仅生产裤子,每月可生产 $900 \times 2 + 900 = 2700$（件）;如果乙厂仅生产裤子,每月可生产 $1200 + 1200 \times \dfrac{3}{2} = 3000$（件）. $\dfrac{3000}{2700}$ 反映了乙厂生产裤子比甲厂生产裤子的优势.

前者大于后者,所以乙厂生产上衣优势较大,甲厂生产裤子优势较大,因此,我们应发挥乙厂生产上衣的优势,甲厂生产裤子的优势.

乙厂全部生产上衣,共 2000 件,甲厂全部生产与 2000 件上衣配套的裤子,仅需全月时间的 $\dfrac{2000}{2700} = \dfrac{20}{27}$. 然后让甲厂在余下的时间里生产成套服装,可生产 $900 \times \left(1 - \dfrac{20}{27}\right) = 900 \times \dfrac{7}{27} \approx 233$（套）.

这样共可生产 $2000 + 233 = 2233$（套）,原两厂总产量 $900 + 1200 = 2100$（套）,超出 $2233 - 2100 = 133$（套）.

辨析

1°. 原题只要求安排一生产方案,使其产量超过两厂生产能力之和,并算出该方案每月生产多少套成衣,并不一定找出最佳方案. 这用"凑"的办法就可解决,且答案不唯一. "凑"也要思考,可以凭感觉,并不需要那么严谨. 这种直观能力的培养,的确很重要.

原解提出了寻找最佳方案的要求,那就要有相应的适当办法. 基本思路中提出对效率的比较是一种常用的办法.

但原解却用了"优势"来说明寻找最佳方案的依据,没有说明"优势"是指什么,直接使用"乙厂生产上衣优势较大,甲厂生产裤子优势较大"的论断. 凭我们平时对"优势"的理解,从直观上很难感觉到甲厂生产裤子有什么"优势"可言. 用"优势"来解释,由于其概念在原解中的不确定性,是无法使人信服的. 这是解题时切忌的.

实际上最佳方案的依据,完全可以用确定的效率和比较效率的概念作出解释. 所谓效率就是单位时间内的产量. 以月作单位:

甲厂生产上衣的效率为每月生产 1350 件;

乙厂生产上衣的效率为每月生产 2000 件;

甲厂生产裤子的效率为每月生产 2700 件;

乙厂生产裤子的效率为每月生产 3000 件.

所谓比较效率是用商来进行效率比较的一种方法. 生产上衣乙厂与甲厂的比较效率是 $\dfrac{2000}{1350}$;生产裤子乙厂与甲厂的比较效率是 $\dfrac{3000}{2700}$. 因为前者大于后者,乙厂要尽可能地安排生产上衣. 同样,生产上衣甲厂与乙厂的比较效率是 $\dfrac{1350}{2000}$;生产裤子甲厂与乙厂的比较效率是 $\dfrac{2700}{3000}$. 后者大于前者,所以甲厂就要尽可能地安排生产裤子. 又因为题中要求生产的上衣和裤子要成套,这就产生了原解中的安排生产的方案. 而且容易理解,它就是最佳方案. 当然用比较效率来定义优势也是修改原解的一个办法. 不过,由比较效率的大小已能解决问题,也就没有必要再去定义"优势"了.

若按原题要求寻找方案,可使用合情推理. 现在是求最佳方案并要阐述理由,不能认为允许合情推理了,就可放弃在形式逻辑推理过程中概念要具有确定性的这一基本要求.

2°. 有一类寻求最佳方案的问题,可以化为在一组约束条件下求目标函数的最大(小)值的规划问题. 所谓约束条件就是由一些方程和不等式组成的混合组. 此类问题的研究已形成应用数学的一个分支. 当约束条件都是多元一次不等式,目标函数又是多元一次函数时就叫线性规划. 很多实际问题经过近似化处理就可建立起其线性规划的数学模型. 现在二元线性规划的内容已进入中学. 当然真正需要解决的实际问题,其变量的个数是不会很少的,但解决问题的基本思路却是一样的. 由于计算机的发展,从应用的角度看,此类问题建立模型比具体求解更重要. 本小节先举一例,说明解二元线性规划问题的基本思路. 在3°中我们来讨论原题怎样用线性规划的方法来找出最佳方案.

下例虽是高中竞赛题,但此类问题在初中竞赛数学中也会出现.

[115－1]   ○☆

已知函数 $f(x) = ax^2 - c$ 满足 $-4 \leqslant f(1) \leqslant -1$,$-1 \leqslant f(2) \leqslant 5$,那么,$f(3)$ 的取值范围是_____.

(1983 年全国高中数学竞赛试题)

分析 由题意可得

$$
\begin{cases}
-4 \leqslant a - c \leqslant -1 & ① \\
-1 \leqslant 4a - c \leqslant 5, & ②
\end{cases}
$$

而 $f(3) = 9a - c$. 即要由①、②来求 $f(3)$ 的变化范围. 先提供一个常见的错误解法:

由①×(-1)+②得 $0 \leqslant a \leqslant 3$,   ③

由③×5+②得 $-1 \leqslant 9a - c \leqslant 20, \therefore -1 \leqslant f(3) \leqslant 20$.   ④

其结果刚巧是正确的,但方法却是错误的,例如用同法又可得:

由③×8+①得 $-4 \leqslant 9a - c \leqslant 23$,即 $-4 \leqslant f(3) \leqslant 23$.   ⑤

这是因为一组不等式,通过对其加减变换所得的不等式,是原来不等式组成立的必要条件. 例如④、⑤都是①与②同时成立的必要条件. 它们各自作为对 $f(3)$ 的一种估值都是正确的. 但题中所求 $f(3)$

的取值范围要求却更高. 当然补救办法是有的, 再补充讨论一下不等式的两头的等号能否成立. 例如检验⑤右端的等号能否成立, 设 $f(3)$ $=23$, 得 $c=9a-23$, 代入①得 $3 \leqslant a \leqslant \dfrac{27}{8}$; 代入②得 $\dfrac{18}{5} \leqslant a \leqslant \dfrac{24}{5}$, 但 $\dfrac{27}{8}$ $< \dfrac{18}{5}$, 矛盾. 在简单的情况下, 例如本题, 用此法也能筛选出答案来, 但题目稍加复杂, 用此法就麻烦了.

　　应当很快反应此题是道线性规划问题, 知道其方法立即就能求出其答案. 下面通过该题来说明二元线性规划问题的解题原理.

　　本题就是求目标函数 $f(3) = 9a - c$, 在约束条件①、②下的最大值和最小值.

　　引进坐标平面 aOc, 则 $-4 = a - c$, $a - c = -1$, $-1 = 4a - c$, $4a - c = 5$, 就是该平面上的四条直线. 而 $a - c + 4 > 0$, 与 $a - c + 4 <$ 0, 各表示直线 $a - c + 4 = 0$ 将平面所分成的两个区域. 只要用原点代入, 就可决定不等式与半平面是怎样对应的(当原点在直线上时就选取其他点). 用此方法就可知, 约束条件给出了 aOc 平面上的一个平行四边形的内部(包括边界)所形成的区域, 其四个顶点的坐标分别为 $(0,1)$, $(3,7)$, $(1,5)$, $(2,3)$.

　　将目标函数改写成 $9a - c = t$, 让 t 变化就得到一组平行线. 实际试验一下就可明白, 使 t 达到最大和最小的区域上的点都是该区域边界上的点. 一般来说二元线性规划的约束条件给定了一个平面上的多边形区域, 而目标函数的最大(小)值总是在这区域的边界上取到, 也可能发生在整个多边形一条边上的点都达到最大(小)值, 但仍只要考虑其目标函数在该多边形的顶点处的值, 就能决定目标函数的最大值和最小值.

　　对本题来说, 马上就可算出, $f(3)$ 在 $(0,1)$ 处取最小值 -1, 在 $(3,7)$ 处取最大值 20, 所以 $f(3)$ 的变化范围是 $[-1, 20]$.

　　3°. 原题的背景就是一个线性规划问题, 仅仅是因为问题简单, 原解采用了算术解法. 实际上该解法在实际应用中是无多大价值的.

下面的解法表面看来是将简单问题复杂化了,但却是真正解决有关这类实际应用问题的有力工具.

原题的已知条件是根据实际模型用近似化的原则提炼而成,这里将涉及统计方面的很多知识,当然这不是本书所讨论的范围.

设甲厂生产上衣 x_1 件,裤子 y_1 件;乙厂生产上衣 x_2 件,裤子 y_2 件.则甲厂生产上衣每件所花时间为 $\dfrac{1}{1350}$(月),生产裤子,每件 $\dfrac{1}{2700}$ (月);乙厂生产上衣每件 $\dfrac{1}{2000}$(月),生产裤子每件 $\dfrac{1}{3000}$(月).由题意有如下一些关系:

$$x_1 + x_2 = y_1 + y_2; \frac{x_1}{1350} + \frac{y_1}{2700} = 1; \frac{x_2}{2000} + \frac{y_2}{3000} = 1;$$

x_1、x_2、y_1、y_2 都是非负整数.将这些关系式组成约束条件显然是不妥的,因为有可能根本就不存在四个非负整数同时满足这三个方程.为此我们先放弃整数的要求,求出结果后,像原解那样将结果整数化.这里有四个变量,但我们可以使变量减少,例如从第一、第三个方程消去 y_2 得:

$$\frac{x_1}{3000} + \frac{x_2}{1200} - \frac{y_1}{3000} = 1;$$

同时,$y_2 \geq 0$,就要由 $x_1 + x_2 - y_1 \geq 0$ 来替代.以上关系式中方程太多,不利于线性规划问题的求解,但很快就可发现,上述关系式中第二、第三个方程将"="改为"≤"更符合原题的实际.和第三个方程相对应,新推出的方程也可改为"≤".这样我们就可建立起原题的三元线性规划问题的数学模型:

在约束条件

$$\begin{cases} \dfrac{x_1}{1350} + \dfrac{y_1}{2700} \leq 1, & ① \\[2mm] \dfrac{x_1}{3000} + \dfrac{x_2}{1200} - \dfrac{y_1}{3000} \leq 1, & ② \\[2mm] x_1 + x_2 - y_1 \geq 0, & ③ \\[2mm] x_1 \geq 0, x_2 \geq 0, y_1 \geq 0 & ④ \end{cases}$$

下，求目标函数 $S = x_1 + x_2$ 的最大值，即求 S_{max}.

如果不但消去 y_2，而且消去 y_1，用上述完全相同的办法，又可建立起原题的二元线性规划问题的数学模型：

在约束条件

$$\begin{cases} \dfrac{x_1}{1900} + \dfrac{x_2}{2280} \leqslant 1, \\ 0 \leqslant x_1 \leqslant 1350, \\ 0 \leqslant x_2 \leqslant 2000 \end{cases}$$

下，求目标函数 $S = x_1 + x_2$ 的最大值.

二元模型约束条件在 $x_1 O x_2$ 平面内形成了一个五边形区域，其五个顶点分别为 $O(0,0)$、$A(0,2000)$、$B(1350,0)$、$C(1350,660)$、D($\dfrac{700}{3}$,2000). 显然 S 在 D 点取最大值.

可以用相同的办法来解 $n(n \geqslant 3)$ 元线性规划问题. 只是其约束条件在 n 维空间中所形成的区域，当 $n = 3$ 时还有办法将其用空间中的多面体直观地表示出来，当 $n > 3$ 时这 n 维空间中的"多面体"就无法用几何的方法直观地表示出来了. 但显然，只要我们有办法求出这"多面体"各顶点的坐标，问题也就解决了.

对上述三元模型，让约束条件中的每一个不等式等号成立，就表示空间直角坐标系 $O - x_1 x_2 y_1$ 中的六个平面. 三个不相互平行的平面相交于一点，这六个平面相互之间可形成 $C_6^3 = 20$ 个交点. 这些交点中能满足所有约束条件的就是顶点. 例如 $\dfrac{x_1}{3000} + \dfrac{x_2}{1200} - \dfrac{y_1}{3000} = 1$、$x_2 = 0$、$y_1 = 0$ 这三个平面，解联立方程组就可求出它们的交点(3000,0,0). 但该交点的坐标不能满足约束条件中的不等式①，所以它不是顶点. 由此方法可以找到七个顶点：$O(0,0,0)$，$A(1350,0,0)$，B(1350,660,0)，$C(0,1220,0)$，$D(900,0,900)$，$E(\dfrac{700}{3},2000,\dfrac{6700}{3})$，$F(0,2000,2000)$. 显然顶点 E 能使 S 取到最大值.

可贵的是以上方法可移植到 $n(n>3)$ 元线性规划的模型上来，当然其大量的计算只能借助于计算机来完成了. 设约束条件由 m 个不等式组成 $(m>n)$. 一般来说其约束条件形成了 n 维空间中的一个"多面体". 将约束条件中的每一个不等式让等号成立，就得到了 n 维空间中的 m 个"平面"，在这些"平面"中任取 n 个"平面"，通过解联立方程组求出它们在 n 维空间中的一个"交点". 求出全部交点以后，通过检验满足全部约束条件的"交点"就是"顶点". 目标函数 S 的最大值或最小值就在这些顶点处取到.

关于原题的三元模型，以上七个顶点也可用空间解析几何的知识直接求出，且可知约束条件形成了一个六面体的区域：底面四边形 $OABC$ 在平面 $y_1=0$ 上；侧面 $\triangle DAO$ 在平面 $x_2=0$ 上；侧面 $\triangle OCF$ 在平面 $x_1=0$ 上；侧面四边形 $ABED$ 在方程①的平面上；侧面四边形 $BCFE$ 在方程②的平面上；侧面四边形 $DOFE$ 在方程③的平面上；其顶端是一个以 E 为顶点的三面角. 有兴趣的读者还可将这六面体具体画出. 将目标函数改写成 $\frac{x_1}{S}+\frac{x_2}{S}=1$，$S$ 变化就得到一组在 x_1 轴、x_2 轴上的截距都是 S 且与 y_1 轴平行的平面. S 的变化就对应着平面的平行移动. 这平面在移动的过程中，最先与这多面体接触，或最后与这多面体脱离接触的点都发生在这个六面体的顶点处（当 $S=0$ 时目标函数所表示的平面退化成 $x_1+x_2=0$）. 这就是线性规划问题求解的基本原理. 原解实际上是要求这个多面体区域内使 S 达到最大的非负整数解，显然这个解就在 E 点的附近，这就是可将 E 点的坐标进行适当的整数化处理而得到原题最优化方案的根据.

[116]构造法(自然数片断)　　　　　　证明错误　○☆☆☆

原题　当任意 k 个连续的自然数中都必有一个自然数，它的数字之和是 11 的倍数时，我们把其中每个连续 k 个自然数的片断都叫做一条长度为 k 的"龙". 求证：最短的"龙"的长度为 39.

原证明　任意连续 39 个自然数的前 20 个自然数中总可以找到两个数的末位数是 0,其中至少有一个数,其十位数不是 9,设这个自然数为 N,n 是 N 的各位数字之和,则数

$$N,N+1,N+2,\cdots,N+9,N+10$$

仍是这连续 39 个自然数中的 11 个数,它们的数字和依次是

$$n,n+1,n+2,\cdots,n+9,n+10.$$

这是 11 个连续自然数,其中至少有一个是 11 的倍数,可见,存在长度为 39 的"龙".

显然,若存在长度为 m 的"龙",则必存在长度大于 m 的任意长度的"龙". 于是最短"龙"的长度不超过 39. 因为 38 个连续自然数

$$999981,999982,\cdots,1000018$$

中没有一个数,它的数字和是 11 的倍数,这说明不存在长度为 38 的"龙",当然也就不存在长度小于 38 的"龙".

综上所述,我们既构造了长度为 39 的"龙",也构造了反例说明了长度小于 39 的"龙"不存在,从而最短"龙"的长度是 39.

辨析

在自然数列中,称数列

$$i,i+1,\cdots,i+(j-1)　　(i\geq1,j\geq1),$$

为自然数列的一个首项为 i,长度为 j 的片断. 简称自然数片断.

如果在长度为 k 的所有自然数片断中,都有一个自然数它的数字之和是 11 的倍数,就称存在长度为 k 的"龙",而这些片断中的每一个就叫做一条长度为 k 的"龙".

显然若存在长度为 k 的"龙",则一定存在长度大于 k 的任意长度的龙. 命题求证最短的"龙"长度为 39.

其证明的思路,首先考察任意一个长度为 39 的自然数片断,证明在这片断中总能找到一个各位数字之和为 11 的倍数的数,即证明存在长度为 39 的"龙";然后具体构造一个长度为 38 的自然数片断,其中每一个自然数其数字之和不是 11 的倍数.

任给一个长度为 39 的自然数片断,原证明先在其前 20 个自然数中找到一个自然数 N,它的末位数字是 0,十位数字不是 9,设 n 是其各位数字之和. 但随后的证明就发生了错误,订正如下:

显然 $N,N+1,N+2,\cdots,N+9,N+10$,仍位于该片断之中,它们相应的各位数字之和应当是

$$n,n+1,n+2,\cdots,n+9,n+1. \qquad (※)$$

且决不可能是 11 个连续的自然数.

设 $n \equiv s(\bmod 11),0 \leqslant s \leqslant 10$. 分三种情况:

(i) $s=0$,

该片断中的 N 就是各位数字之和是 11 的倍数的数;

(ii) $2 \leqslant s \leqslant 10$,

显然在(※)中总有是 11 的倍数的数,相应地在片断中也找到了各位数字之和为 11 的倍数的数($N+1,N+2,\cdots,N+9$ 中的某一个);

(iii) $s=1$,

(※)中不存在是 11 倍数的数,它的最后一个数 $n+1$ 是 11 的倍数加 2,而和它对应的片断中的数是 $N+10$.

因为 N 位于该片断中前 20 个自然数之内且末位数字是 0,所以 $N+10$ 位于该片断中前 30 个自然数之内且末位数字也是 0. 再由 $N+10$ 向后连续取 9 个自然数

$$(N+10)+1,(N+10)+2,\cdots,(N+10)+9.$$

显然它们仍在该片断之内,而且在接连写出时,不会发生进位的情况,它们相应的各位数字之和是

$$n+2,n+3,\cdots,n+10.$$

显然 $n+10 \equiv 0(\bmod 11)$,此时所取的最后一个自然数 $(N+10)+9$ 是各位数字之和为 11 的倍数的数.

这就证明了存在长度为 39 的"龙".

原证明中构造的反例也并非是天上掉下来的.

为了寻找一个长度为 38 的自然数片断,使其中没有一个自然数

它的各位数字之和是 11 的倍数,由前述证明的启发,先寻找一个数字之和是 11 的倍数加 1,末位数字是 0,十位数字不是 9 的数. 很快可找到 100 就是这样的数,100 之后的连续 18 个自然数其数字之和可保证都不是 11 的倍数,但其第 19 个自然数其数字之和却能被 11 整除(见[116]表 – 1).

考察"100"之前(包括 100)20 个自然数,其中当然不能保证各自然数的各位数字之和不能被 11 整除,列表如下:

N	81	82	83	84	85	86	87	88	89	90
n	9	10	11	12	13	14	15	16	17	9
N	91	92	93	94	95	96	97	98	99	100
n	10	11	12	13	14	15	16	17	18	1
N	101	102	103	104	105	106	107	108	109	110
n	2	3	4	5	6	7	8	9	10	2
N	111	112	113	114	115	116	117	118	119	120
n	3	4	5	6	7	8	9	10	11	3

[116]表 – 1

其中"83"、"92"其各位数字之和就能被 11 整除.

在[116]表 – 1 中 38 个自然数的百位与千位上各加上一个数字 9(数字之和为 18),在前面的两行中,相应的各位数字之和能被 11 整除的自然数 N 其位置比原来的各位数字之和能被 11 整除的自然数的位置向后移动了四列. 即 9987,9996 它们的各位数字之和(为 33)能被 11 整除. 但 9900 + 100 = 10000,即此时后两行的 n 其值不变.

同样,在"万位"、"十万位"上再分别加上个 9,由于 999900 + 100 = 1000000,后两行的 n 其值仍不变,但前两行中各位数字之和能被 11 整除的自然数 N 其位置又向后移动了四列,但都已移出了相应的小节之外. 此时

N	999981	…		999989	999990
n	45	…		53	45
N	999991	…		999999	1000000
n	46	…		54	1

[116]表 - 2

原证明中的反例就可形成了.

[117]棋盘上的数学问题　　　　　解法不完整　○☆☆

原题　从 8×8 的棋盘中去掉左上角一个方格后,能否用 21 个 3×1 的矩形盖住?去掉哪一个方格才能盖住?

原解　剪去左上角的方格后,棋盘不能用 21 个 3×1 的矩形覆盖. 如图 - 1, a, b, c 分别表示三种颜色. 如能用 21 个 3×1 矩形盖住棋盘,则它们盖 a, b, c 三种颜色的小方格各 21 个,而剪去左上角的棋盘有 20 个 a,22 个 b,21 个 c. 矛盾.

剪去第三行第 3 个,第三行第 6 个,第六行第 3 个,第六行第 6 个这四个方格中的某一个,乘下的棋盘可用 21 个 3×1 的矩形覆盖.

a	b	c	a	b	c	a	b
b	c	a	b	c	a	b	c
c	a	b	c	a	b	c	a
a	b	c	a	b	c	a	b
b	c	a	b	c	a	b	c
c	a	b	c	a	b	c	a
a	b	c	a	b	c	a	b
b	c	a	b	c	a	b	c

[117]图 - 1

辨析

原解给出了第一个问题的答案,并给出了证明;给出了第二个问题的答案,但没有给出证明,尤其没有证明为什么仅仅是去掉这四个方格中的一个方格才能盖住. 显然不能认为原解是完整的.

证明棋盘上的数学问题常用涂色法,本题是典型例子. 对棋盘构建一种涂色方案,实际上就是为了依据该方案能构建有关命题的一个必要条件. 由此能引起矛盾,就说明必要条件不能成立,就可否定命题. 当然找不到矛盾既不能否定命题,也不能肯定命题,该涂色方案就失效了. 涂色是用反证法证明该类问题的一种重要手段.

原解在证明第一个问题的答案时,先假设去掉左上角一个方格后能被 21 个 3×1 矩形盖住. 然后采用三色涂色法,给出去掉左上角一个方格的 8×8 棋盘如图 -1 那样的一种涂色方案. 这个方案的特点是,不管 3×1 矩形怎样去盖三个方格,总是盖住 a, b, c 三种颜色. 于是依据该方案就可构建所假设命题的一个必要条件:21 个 3×1 矩形盖住 a, b, c 三种颜色的小方格各 21 个. 但这与图中三种颜色各自的小方格的个数发生了矛盾,从而否定假设.

本题也可采用二色涂色法来证明. 如仍用剪去左上角的图 -1,将 b 的位置涂黑色,其余不涂色(即与黑色不同). 该方案的特点是,当用 3×1 矩形去盖图中的方格时,总能且只能盖住一个黑色的方格. 这样,若能用 21 个 3×1 矩形将该图盖住,则只能盖住 21 个黑色方格,与该图中有 22 个黑色方格产生矛盾,从而否定假设.

显然在剪去左上角的图 1 中,将 a 的位置涂色,其余不涂色的方案,也能导致矛盾:会盖住 21 个涂色的方格但却只有 20 个涂色的方格,从而否定假设,使第一个问题的答案获证. 但将 c 的位置涂色,其余不涂色的方案,不会导致矛盾,不能用来否定假设,当然也不能用来肯定假设,是一个失效的涂色方案.

关于第二个问题答案的证明可用三色涂色法也可用二色涂色法,但要分别通过三个和二个涂色方案来构成证明. 这里采用将图 -1 中的 b 涂色,其余不涂色的方案. 该图的特点是,不但该图本身而且从该图中挖去若干方格,将 3×1 矩形放入,只要这矩形能盖住余下方格中的三个方格,总能盖住且只能盖住一个涂色的方格. 这样如果去掉任何一个不涂色的方格(即图 -1 中标有 a 或标有 c 的任何一个方格),假设余下的所有方格能用 21 个 3×1 矩形盖住,仍会发生只能盖住 21 个涂色方格但却有 22 个涂色方格的矛盾.

还可构建图 -1 的两个涂色方案:(i) 按纵向对称轴,左右翻折重新安排字母的位置;(ii) 按横向对称轴,上下翻折重新安排字母的位置. 在这两个方案中若都将有 b 的方格涂色其余不涂色,得到的是同一个二色方案. 该方案与前述方案不同且与前述方案具有相同的功效. 比较这二个不同的二色方案,可知只有原解第二个问题答案中的那四个小方格是始终涂色的. 实际上这就证明了,在 8×8 的棋盘中去掉一个小方格,只要不是那始终涂色的四个小方格中的一个,都不可能用 21 个 3×1 的矩形将去掉一个小方格的棋盘盖住.

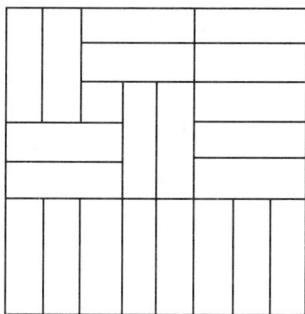

[117]图 -2

但如上的论证,仍不能肯定如果将这四个始终涂色的小方格之一去掉,就一定能被 21 个 3×1 矩形盖住. 这已经不是涂色法的功效了. 如图 -2 找到了一个能盖住去掉位于第三行第三列那个小方格后的棋盘的方案,由对称性,也就完整地完成了第二个问题答案的证明.

[118] 棋盘上的数学问题　　　　**证明错误**　　☆☆☆

原题　在大小为 10×20 的方格表中填入 200 个不同的数. 在每一行中用红色标出 3 个最大的数, 在每一列中用蓝色标出 3 个最大的数. 证明: 表中有不少于 9 个数, 既被用红色, 又被用蓝色标出.

（第 39 届莫斯科奥林匹克题）

原证明　考虑一般情况, 即将题中 10×20 换成 $m \times n$, 200 换成 mn, 其余不变. 下面对 $m + n$ 用数学归纳法证明. 显然, $m \geqslant 3, n \geqslant 3$.

（1）当 $m + n = 6$ 时, 对 3×3 表格显然结论成立.

（2）假设 $m + n = k$ 时命题成立, 不妨设标有红、蓝两色的数在此表左上角 3×3 表格内. 在此基础上增加一行, 如果此行最大的三个数在第三列之后, 无论它是不是所在列的最大数, 命题都成立. 因此, 我们不妨设至少有一个最大数在这一行左边三列内的某一格, 它被标上红色, 如果它不是这格所在列的前三个最大数, 不改变左上角 3×3 表格内各数颜色, 否则, 这时左上角 3×3 表格内至少减少一个标有红、蓝两色的数, 但增加一行中同时至少增加一个这样的数. 因此, 标有红、蓝两色的总数未变. 这就证明了命题对 $m + n = k + 1$ 时成立.

由（1）、（2）知对 $m + n \geqslant 6$ 的自然数命题成立, 特别地, $m = 10, n = 20$, 命题成立.

原评述　本题用字母取代其中某些数值, 将问题一般化后, 即可用数学归纳法. 证明中有两技巧, 其一就是对 $m + n$ 用数学归纳法, 而不是对 m 或 n 或 $m \cdot n$, 其二就是（2）的证明中, 将归纳假设特殊化, 即选左上角的三行三列, 便于利用以证 $m + n + 1$ 时命题成立.

辨析

原解答存在解题的方法性错误, 又在具体的证明中, 绕开了比较复杂的情况, 实际上并没有完成证明. 本题需要调正解题思路的方向.

$1°$. 原解答先将方格表的行数和列数作一般化处理, 然后采用数学归纳法证明.

归纳基础是一个 3×3 的方格表, 其中不同的九个数都会标上双色. 从归纳基础的形式是会想到将归纳假设特殊化. 在数学归纳法的使用中, 将归纳假设特殊化是一种常用的技巧, 但特殊化的内容也应当是归纳假设的有机组成部分之一, 为保证归纳过程的形成, 在归纳假设成立的前提下, 归纳证明不但要证明原来命题的结论要成立, 还须证明特殊化的内容会延续. 从本题的原证明看, 在 $k+1$ 的情况下, 表上双色的数已不能保证仍位于方格表左上角 3×3 的表格之内, 也没有提供用什么办法可以保证这特殊化能延续, 这样就不能保证归纳过程能够形成, 由此就下结论是错误地使用了数学归纳法.

显然方格中填入的数是不能随便调换位置的, 只有当某种变换不改变填入数字原来的标色, 即没有标色的仍没有标色, 标上红色的仍标上红色, 标上蓝色的仍标上蓝色, 当然标上双色的仍标上双色, 此时如果能证明变换之后表中有不少于九个数是标上双色的, 才能断言变换之前表中也有不少于九个数是标上双色的.

具有这种性质的变换是存在的, 例如行与列的置换即所有的行与所有的列整体调换位置, 这实际上就是原证明中从 k 到 $k+1$ 时, 仅考虑 "在此基础上增加一行" 而不再考虑增加一列情况的依据. 显然行与行之间的调换, 列与列之间的调换, 这两种变换也具有这种性质. 那么能否通过这三种变换的多次实施, 使标有双色的数中的九个数集中到左上角呢? 结论是否定的, 可以证明当且仅当存在三行和三列, 位于它们的交叉点上的九个数字刚巧标上的是双色时才能做到. 表 −1 就是一个反例 (有圈的数字是标上双色的). 那么是否还有其他的办法呢? 例如表 −1 先实施 8 与 5 对换, 12 和 9 对换, 它们都能使各个数字保持原来的标色, 然后再使用三种变换可达到目的. 但该方法并不具有一般性. 如表 −2, 它不存在三行和三列使它们的交叉处都是标上双色的数字, 而且对换已不能保证不改变原来数字的标色. 当然, 这并非说明能解决问题的一组变换就一定不存在, 但似乎也没有什么有效的办法能够找出在所有情况下使特殊化延续的一组变换来.

1	2	3	4
⑧	⑦	5	⑥
⑫	9	⑩	⑪
13	⑭	⑮	⑯

[118] 表 – 1

1	④	⑨	⑩
③	2	⑪	⑫
⑲	⑭	5	⑧
⑮	⑯	⑦	6

[118] 表 – 2

但我们又发现,如果原证明在 $k+1$ 时的一些论证有效,可以比较容易地将其用于一般情况的证明,也就是说可以放弃归纳假设的特殊化处理. 原证明断言所增加的一行其最大的三个数在第三列之后时,命题成立是显然的;当最大的三个数其中有数在前三列之内时,也仅仅讨论了它们不会引起双色数总数的变化. 这就说明原证明认为能引起双色数发生变化的仅仅是增加一行中最大的三个数. 如这样,只要将原证明中此行最大的三个数在第三列之后,改成它们所在的列都没有标出双色的数;将最大的三个数中有数在前三列之内改成有数其所在的列中存在标出双色的数,一般情况也同样可以获证. 然而情况并非这样简单,原证明本身就考虑不周.

原证明没有考虑到,新增加的一行中不是最大的三个数的数,也有可能引起双色数发生变化. 该数虽然比最大的三个数小,但完全可以比其所在列的某一个双色数大. 原证明根本就没有对此情况进行论证. 也就是说原证明在特殊化的前提下也没有完成,是无效的证明. 按此方向探索,可以发现由于可能情况的多样性(在一般的情况下更复杂),要补上所忽视情况的论证并非是件容易事. 与其完成这样复杂的证明,还不如调换思路方向,寻找更简单的证明.

2°. 原题中在一行或在一列标出三个最大的数,更确切地说是依次标出三个最大的数. 即先标出一个最大的数,划去这个数后再标出一个最大的数,再划去这个数又标出一个最大的数. 由此可得到启发,我们可以直接在整个表格中从大到小依次标出双色的数. 类似地,为寻找后继的双色数,也会将找出的双色数依次划去,但这并不改变它们已是标出的双色数之身份.

因表中填入的是不同的数,可找到唯一的最大数并标上双色;划去该数,在余下的数中的最大数上标上双色;再划去该数余下的最大数就是标出的第三个双色数. 若这三个双色数不位于同一行也不位于同一列,可用相同的办法标出第四个双色数;否则就要改变划数的方法,要划去其所在行或所在列中的所有的数,余下的数中的最大数才是第四个双色数. 以下的操作划数的方法还要改变,当划去新标出的双色数后,必须考察该数所在的行和所在的列,若该行(列)中划去的数已满三个,要再划去该行(列)中的所有的数;若该行和该列中划去的数分别均满三个,就要同时再划去该行和该列中的所有的数. 而且新划去了行(列)之后还必须继续考察是否又引起了其他的行(列)中划去的数满了三个,若满了又要将这些行(列)中所有的数划去,…… 每次划数操作结束以后,如果表格中划去的行和列均不满三行和三列,那么余下的数中的最大数就是后继的可以标出的双色数. 这样的操作只可能有两种结果:①一直操作到标出第九个双色数为止;②划数时已划满三行或三列,接着表中的数将全部划去,此时标出的双色数已经达到 9 个. 证毕.

3°. 对 2°之证明有理由不够满意,它有将具体操作权当证明之嫌,尤其②是根据实际操作之检验. 虽然可以通过依次说清:

划去一行或划去一列已标出的双色数不少于 3 个;

划去一行和一列已标出的双色数不少于 5 个;

划去两行或两列已标出的双色数不少于 6 个;

划去两行和一列或一行和两列已标出的双色数不少于 7 个;

划去两行和两列已标出的双色数不少于 8 个;

然后将②的检验表述清楚,但毕竟是麻烦事.

自然地会考虑 2° 的操作过程能否改用数学归纳法来表述,但从上述验证过程看,增加划去一行(列)双色数增加的规律却并不明显. 原证明为了使用数学归纳法,先将行数和列数一般化,然后对 $m+n$ 归纳,1° 中的辨析说明这一尝试失败了. 若将原题中的"3"一般化为"s",然后对 s 归纳,通过尝试也很难成功.

进一步一般化为在每一行中用红色标出 s 个最大的数,在每一列中用蓝色标出 t 个最大的数,那么类似于 2° 的操作可以有标出的双色数不会少于 st 个之结论. 发现这一操作过程就可对 $s+t$ 使用数学归纳法来改造其表述.

当 $s+t=2$ 时,则 $t=s=1$,而 $st=1$. 因为表中的最大数一定能被双色标出,结论成立.

假设 $s+t=k-1$ 时结论成立.

下面证明当 $s+t=k$ 时结论成立.

首先将表中的填入之数按递减设为:

$$a_1 > a_2 > \cdots > a_r > \cdots > a_{st} > \cdots > a_{mn}.$$

依次考察以上各数能否标出双色. a_1 肯定能标出双色. 如果一直到 a_{st} 不间断地都能标出双色,结论成立;否则一定存在着第一次不能用双色标出的数,设为 a_r. 其不能标出双色的原因有两种可能(不排斥同时发生,但不影响证明):

① a_r 在其所在的行中不能标出红色. 此时该行中一定存在 s 个数比 a_r 大,由 a_r 的取法这 s 个数都是标上双色的. 划去 a_r 所在的行. 在 $(m-1) \times n$ 表中考虑其标色,但对列中的数改为用蓝色标出 $t-1$ 个最大的数,这些数若回到原表中显然仍能被标上蓝色. 此时因 $s+(t-1)=k-1$,由归纳假设有不少于 $s \cdot (t-1)$ 个能标上双色,这些数若回到原表中也显然仍能被标上双色,加上被划去一行中的 s 个双色数,就可知原表中的双色数不会少于 st 个.

② a_r 在其所在的列中不能标出蓝色. 同理可得该列中已有 t 个数标上了双色,划去该列. 在 $m \times (n-1)$ 表中考虑标色,但对行中的数改

为用红色标出 $s-1$ 个最大的数,使用归纳假设有不少于 $(s-1)\cdot t$ 个双色数,仍可得原表中的双色数不会少于 st 个. 证毕.

从一般化回到特殊化原题得证.

4°. 回到原题,补充讨论"至少"与"至多".

原题的结论是表中有不少于 9 个数标上双色,参照[2]的辨析可知,它与"至少"有 9 个数被标上双色是有差别的(该差别在众多的书籍中一般情况下被忽视,但有时却又十分讲究). 实际上在原题结论的基础上,再具体构造一个只有 9 个双色数的填数方案,说明不存在表中有不少于 10 个数标上双色之结论,就完成了至少有 9 个数被标上了双色的证明. 例如将 9 个最大的数填入表中左上方 3×3 之方格内,再将余下的 51 个最大的数填入表中右上方 3×17 之方格内,就能使表中只可能有 9 个双色数.

对原题也可讨论"至多"的问题,但要容易得多. 因每一行有三个红色数,总共只有 30 个红色数,可知双色数不会超过(不大于)30个. 但存在有 30 个双色数的填数方案. 例如:将 9 个最大的数填入表中左上方 3×3 的方格内,划去前三行和前三列,在余下表中左上方 3×3 的方格中再填上余下数中的 9 个最大的数……,以此类推三次后已填入 27 个数并剩下最后一行的 11 个方格,再填入余下数中 3 个最大的数,填入的 30 个最大的数都能成为双色数. 所以在该表中至多有 30 个双色数.

原题的一般形式为:

在大小为 $m\times n$ 的方格表中填入 $m\cdot n$ 个不同的数. 设 $m\le n,s\le m$,在每一行中用红色依次标出 s 个最大的数,在每一列中用蓝色依次标出 s 个最大的数. 证明:表中既被用红色又被用蓝色标出的双色数,至多有 $m\cdot s$ 个数,至少有 s^2 个数.

原题是特殊问题要通过一般化来解决的典型例子.

[119]集合及其分划　　　　　　**解答错误**　☆☆

原题　设 A_1,A_2,A_3 是集合 $\{1,2,\cdots,n\}$ 具有如下性质的分划:

① 若将每个子集的元素按递增顺序排列,则每两个相邻元素的奇偶性不同;②A_1,A_2 和 A_3 中恰有一个最小元素是偶数. 试求这种分划的个数.

　　（提示:集合的分划是由一簇集合 A_1,A_2,A_3 确定,它们满足:

$$A_1 \cup A_2 \cup A_3 = \{1,2,\cdots,n\},$$

$$A_1 \cap A_2 = A_2 \cap A_3 = A_3 \cap A_1 = \varnothing.$$

　　集合的另一排列,如 A_2,A_3,A_1 和 A_1,A_2,A_3 是同一分划.）

原解　显然,题目中的条件①和②等价于对每个分划集决定可能放入该集的下一个数的奇偶性. 而且,如果是还没有放进元素的,则由②可知,放进它的第一个数必是与 A 中的最小数有不相同的奇偶性;而对非空子集,下一个数的奇偶性由①确定.

不失一般性,假设 $1 \in A_1$,而 A_2 的最小元素小于 A_3 的最小元素,于是又有两种放法:或放入 A_1,或放入 A_2. 更进一步,一旦 $k-1$ 被放入 A_2 后,则 k 就有两种可能的放法:或放入 A_2,或放入 A_3. 假设在某一步,$k-1$ 可放入 A_{i1} 或 A_{i2},不妨放入 A_{i1}(i_1,i_2,i_3 是集合 $\{1,2,3\}$ 的一种排列),因为 $k-1$ 与 k 有不同的奇偶性,所以 A_{i3} 成为可放入的,而 A_{i2} 却不能放入,而且 k 放入 A_{i1} 也是可能的.

如此继续下一步仍有两种可能放法,以上给出了归纳推理的步骤.

综上所述,除 1 以外,每个数 k 均有两种不同的放法,所以分划的个数为 2^{n-1}.

　辨析

集合的分划是数学基础中的一个重要概念（参见[12]2°）. 给定了集合的一个分划也就给定了集合元素间的一个等价关系;反之给定了集合元素间的一个等价关系也就给定了集合的一个分划（可参见有关《近世代数》的书籍）. 在分划的定义中应要求 A_i 非空. 但原题中没有此要求,下文先按原题要求求解,然后再按 A_i 非空的条件下求解. 由原题条件②必须补充条件 $n \geqslant 2$.

原解错误且表述不清很难读懂,不再一一辨析. 下文直接给出解答并较详细地交代依据,偶然提及原解的错误.

任取集合 $A = \{1,2,\cdots,n\}$ 的一个"分划"$A_i(i=1,2,3)$(约定分划加上引号是指其没有非空的要求). 约定 A_i 既表示集合,又表示已排成递增的一个序列. 显然 n 一定出现在某一个序列的末尾,盖住 $n,n-1$ 仍位于三个序列中某一个序列的末尾,……. 将此过程反过来,说明 A 的符合题意要求的任一个"分划",可通过将 A 中的元素,从小到大按题意要求,一个个放入三个序列的某一个序列的末尾而得到. 现在用此方法按题中的条件①与②来构建 A_i.

不失一般性,设 $1 \in A_1$,A_2 非空其最小元素为偶数. 则 A_3 有可能是空集,若非空因②其最小元素是奇数. 实践一下就可知,A_2 的最小元素可以比 A_3 的最小元素小,也可以大;若 A_3 是空集,更没有大小之说. 原解中称"而 A_2 的最小元素小于 A_3 的最小元素"是不能成立的.

在构建时,我们先允许 A_2 为空集并计算这种"分划"的个数,再计算其中 $A_2 = \varnothing$ 的"分划"的个数,其差就是原题所求的"分划"的个数.

某元素属于 A_i,我们在构建时就称某元素放入 A_i.

显然"1"只能放入 A_1,只有一种选择;"2"只能放入 A_1 或者 A_2,有且只有两种选择."3"随"2"放入的情况而定:若 $2 \in A_1$,"3"只能放入 A_1、A_3;$2 \in A_2$,"3"只能放入 A_2、A_3,都有且只有两种选择.

假设放入"$k-1$"($k-1 \geqslant 2$)时,有且只有两种选择.

因为 k 与 $k-1$ 的奇偶性刚巧相反,在放"$k-1$"时不能放入"$k-1$"的那个 A_i,"k"能够放入. 能放入"$k-1$"的那两个 A_i,若"$k-1$"没有放入的,"k"不能放入;而"$k-1$"放了的,"k"也能随"$k-1$"的放入而变成可以放入. 所以放入"k"有且只有两种选择.

这样就用数学归纳法证明了,从 2 开始一直到 n,在构建时每次将一个数放入总有两种选择,由乘法原理可算出这种"分划"的总数为 2^{n-1}.

计算在以上 2^{n-1} 个"分划"中,$A_2 = \varnothing$ 的"分划"的个数. 假定 A_2

不放入元素,"1"只有一种放法,"2"也只有一种放法,"3"有且只有两种选择,"4"只有一种放法,……. 易知当是偶数时只有一种放法,当是除"1"以外的奇数时放法有两种选择. 而 A 中除 1 以外的奇数个数,当 n 为偶数时,共有 $\dfrac{n}{2}-1$ 个;当 n 为奇数时,共有 $\dfrac{n-1}{2}$ 个. 于是其中 $A_2=\varnothing$ 的个数,当 n 为偶数时有 $2^{\frac{n}{2}-1}$ 个;当 n 为奇数时有 $2^{\frac{n-1}{2}}$ 个.

所以按原题要求,所求的"分划"数为:

当 n 是偶数时,有 $2^{n-1}-2^{\frac{n}{2}-1}$(个);

当 n 是奇数时,有 $2^{n-1}-2^{\frac{n-1}{2}}$(个).

如按分划的定义,要求 A_i 均非空. 那么在上述"分划"中还要除去 $A_3=\varnothing$ 的"分划". 为了要计算这"分划"数,仍回到那 2^{n-1} 个"分划"中去(即允许 A_2 为空集的"分划"). 在 A_3 假定不放入元素的情况下,和上述理由相仿,奇数只能跟在前一个放入的偶数之后放入,即只有一种放法,而偶数的放入总有两种选择. 而 A 中的偶数个数,当 n 为偶数时有 $\dfrac{n}{2}$ 个;当 n 为奇数时有 $\dfrac{n-1}{2}$ 个. 也就是说在 2^{n-1} 个"分划"中,$A_3=\varnothing$ 的"分划"的个数,当 n 为偶数时有 $2^{\frac{n}{2}}$ 个;当 n 为奇数时有 $2^{\frac{n-1}{2}}$ 个. 当然其中也包括 $A_2=A_3=\varnothing$,即元素全部放入 A_1 的那一种"分划",这就是下文中连减后要加上 1 的原因(进一步地可参阅竞赛数学中的容斥原理).

此时,要求 A_i 均非空的真正意义下的分划其总数为:

当 n 是偶数时,有 $2^{n-1}-2^{\frac{n}{2}-1}-2^{\frac{n}{2}}+1$
$$=2^{n-1}-3\cdot 2^{\frac{n}{2}-1}+1(\text{个});$$

当 n 是奇数时,有 $2^{n-1}-2^{\frac{n-1}{2}}-2^{\frac{n-1}{2}}+1$
$$=2^{n-1}-2^{\frac{n+1}{2}}+1(\text{个}).$$

[120] 集合和——对应　　　思路形成的提示有误 ☆☆

原题　设集合 $M = \{1, 2, \cdots, 1000\}$，现对 M 的任一非空子集 X，令 a_z 表示 X 中最大数与最小数之和，求所有这样的 a_z 的算术平均值.

（1991 年全国高中数学竞赛试题）

原基本思路　M 中共含有 1000 个元素，它的非空子集共 $2^{1000} - 1$ 个，显然无法求出每一个 a_z，这时对于每一个非空集合 X，考虑"配对"，构造一个集合与之配对，从而解决问题.

原解　首先对 M 中非空子集进行配对，对于 M 的任一非空子集 X，构造一个新的集合 X'，$X' = \{1001 - x \mid x \in X\}$. 则当 X_1 也是 M 的一个非空子集，且 $X \neq X_1$ 时，必有 $X' \neq X'_1$. 于是所有非空子集可分成两类：①$X' \neq X$，②$X' = X$.

对于②中的 X 必有 $a_z = 1001$；对于①中的 X 与 X'，有 $a_z + a'_z = 1001 \times 2 = 2002$.

综上所述，所有 a_z 的算术平均值为 1001.

辨析

配对即——对应是数学的基本方法之一，原解是成功使用该方法的典型例子. 问题是该思路是怎样形成的？一般来说所谓题解是对已能解决问题的思考过程重新整理的结果，因题解要求简洁，往往就会产生解答的表述与思考的过程距离颇远，本题也是一例. 仅仅知道——对应方法是无用的，只有在分析题意的过程中，发现了某种"配对"可以解决问题，此法才会有效. 本辨析将说明原解的思路决不是从"显然无法求出每一个 a_z"而产生的，恰恰应当是在分析每一个 a_z 的过程中而产生的. 本节还将给出原题另一种解答的思路产生过程，其基础也是对 a_z 的分析.

1°. 考察 a_z. 其最小值是 2，对应集合 $\{1\}$；最大值是 2000，对应集合 $\{1000\}$. 而且可以发现 a_z 能取到从 2 到 2000 中的任一个自然数，为此 a_z 就可记为 $a_z = z(z = 2, \cdots, 2000)$，为求所有这样的 a_z 的算术平均值，自然会想到考察每一个 a_z 的权重（即出现的次数）. 显然它们的权重并不一样,但 a_2 与 a_{2000} 的权重却是相等的(为 1),实际排出 a_3 与 a_{1999}、a_4 与 a_{1998} 它们所对应 M 的子集,容易发现它们两两的权重也是相等的. 这就会产生猜想:记 a_z 的权重为 n_z,有 $n_{2002-z} = n_z(z=2,\cdots,1000)$. 若猜想成立,因 $a_z = z(z=2,\cdots,2000)$,则显然有

$$\bar{a}_z = \frac{n_2(a_2 + a_{2000}) + n_3(a_3 + a_{1999}) + \cdots + n_{1000}(a_{1000} + a_{1002}) + n_{1001}a_{1001}}{\sum\limits_{z=2}^{1000} 2n_z + n_{1001}}$$

$= 1001.$

关键要证明猜想 $n_z = n_{2002-z}$,这自然就会想到和 a_z 相对应的所有集合与和 a_{2002-z} 相对应的所有集合之间能否建立一一对应关系.

任取 M 的一个非空子集 $X = \{b_1, b_2, \cdots, b_k\}$,不妨设 $b_1 < b_2 < \cdots < b_k$,则该集合 X 对应 $a_z = b_1 + b_k$. 实际上是依据如具体排出 a_4 与 a_{1998} 等所对应的子集而产生的感性认识,才发现子集 $X' = \{1001 - b_1, 1001 - b_2, \cdots, 1001 - b_k\}$ 其最大值和最小值之和为 $2002 - b_1 - b_k = a_{2002-z}$. 如果将 X 与 X' 配对,就建立起了和 a_z 相对应的所有子集与和 a_{2002-z} 相对应的所有子集之间的一一对应关系,则 $n_z = n_{2002-z}$. 于是本题的解答就可完成了.

以上说明配对的想法来源于对 a_z 的权重分析;从特殊到一般又找到了具体的配对方法. 在此思路下配对仅用于 $a_z \neq 1001$ 的这些子集之间. 注意到这些集合可分成二大类:其中 $a_z \in \{2, \cdots, 1000\}$ 的子集归为一类;任取该类中的子集 X,则配对的子集 $X' \neq X$,所有配对的子集就组成另一类. 若 X 的最大值和最小值之和为 a_z,则 X' 的最大值和最小值之和为 a_{2002-z}. 因 $a_z + a_{2002-z} = 2002(z=2,\cdots,1000)$,就可发现对解的表述完全可以摆脱权重的概念使其简化. 对此作为练习,读者自己可以试一试.

原解为改进表述是继续考察 X 取 $a_z = 1001$ 中的集合,此时就有二种情况,例如 $X = \{1, 2, 1000\}$,则 $X' = \{1, 999, 1000\}$,也能配对;但若 X 取 M,或 $X = \{500, 501\}$ 等就会发生 $X = X'$ 的情况. 原解的表述产生于这配对范围的扩大及重新根据 $X \neq X'$ 与 $X = X'$ 来分类,这

也能达到简化表述的目的.

2°. 发现不了子集 X 与子集 X' 的配对,要证明 a_z 与 a_{2002-z} 的权重相等的确是比较困难的. 但只要坚持分析 a_z (对本题来说这恐怕是唯一出路)还能产生解答本题的另外的思路.

X 中的最大数和最小数总是 M 中的数,如果转而考虑 M 中的数 i 在所有 a_z 中作为最大数最小数总共出现的次数(记为 m_i),若能证明 $m_i = m_{1001-i}$,显然与 1° 中的道理类似,照样可算出 $\overline{a_z} = 1001$. (注意,因 M 的最大数与最小数之和为 1001,依据某种对称性的直觉,会猜测 $\overline{a_z}$ 是 1001).

事实上 M 的非空子集共有

$$2^{1000} - 1 = 2^{999} + 2^{998} + \cdots + 2^1 + 2^0.$$

因 M 中比 i 大的数组成的子集共有 2^{1000-i} 个(包括空集),将这些子集,每个添加一个元素 i,就得到了以 i 为最小数的全部的子集. 所以在 M 的所有非空子集中有 2^{1000-i} 个是以 i 为最小数的子集.

于是将 M 的非空子集按最小数是 $1, 2, \cdots, 1000$ 进行分类,每一类的子集的个数刚巧就是 $2^{999}, 2^{998}, \cdots, 2^0$ (个).

同理,将 M 的非空子集按最大数是 $1, 2, \cdots, 1000$ 进行分类,每一类的子集的个数刚巧就是 $2^0, 2^1, \cdots, 2^{999}$ (个).

由此可知,1、1000 各自作为最大数或最小数在所有 a_z 中共出现的次数一样,都等于 $2^{999} + 2^0$;2、999 各自作为最大数或最小数在所有 a_z 中共出现的次数一样,都等于 $2^{998} + 2^1$;……500、501 各自作为最大数或最小数在所有 a_z 中共出现的次数一样,都等于 $2^{500} + 2^{499}$. 有了 $m_i = m_{1001-i}$,本题的第二种解答也就形成了. 显然该解答是沿着原基本思路所否定的方向思考而得.

[121] 集合和一一对应 　　　　　　　　解答有错　　☆ ☆

原题　对 $\{1, 2, \cdots, n\}$ 的所有非空子集,定义一个唯一确定的"交替和"如下:按照递减的次序重新排列该子集,然后从最大的数开始交替地减或加后继的数(例如,$\{1, 2, 4, 6, 9\}$ 的"交替和"是 $9 -$

$6+4-2+1=6$，$\{5\}$的"交替和"就是5). 对 $n=7$，求所有这种"交替和"的总和.

原分析　记
$$N=\{1,2,\cdots,n\},M=\{1,2,\cdots,n-1\}.$$
$$N'=\{\{n,a_1,a_2,\cdots,a_k\}\mid a_1,a_2,\cdots,a_k\in M\},$$
$$M'=\{\{a_1,a_2,\cdots,a_k\}\mid a_1,a_2,\cdots,a_k\in M\},$$

再让 N' 中元素 $\{n,a_1,a_2,\cdots,a_k\}$ 与 M' 中元素 $\{a_1,a_2,\cdots,a_k\}$ 对应，显见这是 N' 到 M' 的一一映射. 因为
$$N'\cap M'=\varnothing,N'\cup M'=\{E\mid E\subseteq N\},$$

所以　　$|N'|=|M'|=2^{n-1}.$

两数组 $(a_1,a_2,\cdots,a_k)$ 与 $(n,a_1,a_2,\cdots,a_k)$ 的"交替和"恰为 n，因此所有"交替和"的总和为 $n\cdot 2^{n-1}$.

特别地，当 $n=7$ 时，所得"交替和"为
$$7\times 2^{7-1}=448.$$

辨析

$1°.$ 原分析巧妙地使用一一对应方法来求"交替和"的总和，但表述中有错误.

一个由 n 个元素组成的有限集合 A，在构造其子集合时，每一个元素都有放进该子集合和不放进该子集合共两种可能，所以 A 共有 2^n 个子集合，其中包括空集合和集合 A 本身. 所有这些子集合组成的集合称为 A 的幂集合，可表示为 $\{E\mid E\subseteq A\}$.

原分析称 $N'\cap M'=\varnothing,N'\cup M'=\{E\mid E\subseteq N\}$，也就是认为 N' 与 M' 是 N 的幂集合的一个分划(关于分划参见[119]). 但由 N'、M' 的定义这里漏掉了空集合 $\varnothing$ 和集合 $\{n\}$，即 $N'\cup M'=\{E\mid E\subseteq N\}$ 并不成立.

实际上该分划是这样构成的：将 N 的幂集合分成两个部分，一部分是含有元素 n 的所有子集合，包括 $\{n\}$；另一部分是不含有元素 n 的所有子集合，包括 $\varnothing$，这样 N' 与 M' 应当修正为
$$N'=\{\{n,a_1,a_2,\cdots,a_k\}\mid \{a_1,a_2,\cdots,a_k\}\subseteq M\},$$

$M' = \{\{a_1,a_2,\cdots,a_k\} \mid \{a_1,a_2,\cdots,a_k\} \subseteq M\}$.

当 $\{a_1,a_2,\cdots,a_k\}$ 非空时，让集合 N' 中的元素 $\{n,a_1,a_2,\cdots,a_k\}$ 对应集合 M' 中的元素 $\{a_1,a_2,\cdots,a_k\}$，并让 N' 中的元素 $\{n\}$ 对应 M' 中的元素 $\varnothing$，就建立起了 N' 与 M' 元素之间的一一对应．于是就有 $|N'| = |M'|$．

因为 $|\{E \mid E \subseteq N\}| = 2^n$，$N'$ 与 M' 又是 N 的幂集合的一个分划，所以又有 $|N'| = |M'| = 2^n \div 2 = 2^{n-1}$．

显然，当 $\{a_1,a_2,\cdots,a_k\}$ 非空时，子集合 $\{a_1,a_2,\cdots,a_k\}$ 与子集合 $\{n,a_1,a_2,\cdots,a_k\}$ 它们的"交替和"之和恰为 n；补充定义空集合 $\varnothing$ 的"交替和"为 0，则 $\varnothing$ 与 $\{n\}$ 它们的"交替和"之和也为 n．这样就能得到集合 N 的所有子集合的"交替和"的总和为 $n \cdot 2^{n-1}$．因 $\varnothing$ 的"交替和"为 0，所以集合 N 的所有非空子集合的"交替和"的总和也为 $n \cdot 2^{n-1}$．

2°．不使用一一对应方法来求"交替和"的总和．

n 个元素的集合其子集合的总数为 2^n．用二项式定理展开 $(1+1)^n$ 有

$$2^n = c_n^0 + c_n^1 + \cdots + c_n^k + \cdots + c_n^n,$$

其中 $C_n^k(k = 0,1,2,\cdots,n)$ 就是这些子集合中有 k 个元素组成的子集合的个数．再展开 $(1-1)^n$，就可知在这 2^n 个子集合中，由偶数个元素组成的子集合的总数和由奇数个元素组成的子集合的总数一样多．

考察 N 的所有非空子集合"交替和"的总和．

因 M 所有子集合的总数为 2^{n-1}（包括空集），对这些子集合中的每一个子集合添加元素 n，就得到 N 的含有元素 n 的所有子集合，共有 2^{n-1} 个．在它们的"交替和"中，n 总位于第一项，所以在"交替和"的总和中有 2^{n-1} 个 n 相加．

用如下方法来构建 N 所有子集合中含有元素 $k(k \in M)$ 的集合，先构建 $\{1,2,\cdots,k-1\}$ 的所有子集合（当 $k=1$ 时，只有一个空集），再对每一个子集合添加元素 k；再构建 $\{k+1,\cdots,n\}$ 的所有子集合

(当 $k = n - 1$ 时是集合 $\{n\}$，$\varnothing$ 与 $\{n\}$ 是它的子集合)，将这些子集合的元素再分别并入上述每一个子集合中去. 因为 $\{k+1, \cdots, n\}$ 的所有子集合中，由偶数个元素组成的子集合的总数和由奇数个元素组成的子集合的总数一样多，所以在所有"交替和"的总和中，"$+k$"与"$-k$"($k \in M$)一样多，其和为 0.

所以 N 的所有非空子集合"交替和"的总和为 $n \cdot 2^{n-1}$.

[122] 递推方法　　　　　　　　　　题意不清　　☆☆

原题　将圆分成 $n(n \geqslant 2)$ 个扇形，每个扇形用红、白、蓝三种颜色中一种染色，要求相邻扇形所染的颜色不同，问有多少种不同染色方法？

原解　$a_2 = 3 \times 2 = 6$，分 S_n 与 S_1 颜色同与不同两类，得

$$a_n + a_{n-1} = 3 \cdot 2^{n-1},$$

即

$$\frac{a_n}{2^n} - 1 = -\frac{1}{2}\left(\frac{a_{n-1}}{2^{n-1}} - 1\right).$$

解得

$$a_n = 2^n + 2 \cdot (-1)^n.$$

辨析

1°. 什么是不同的染色方法，实际上在原题中并没有交待清楚.

由于题中要求相邻扇形所染的颜色不同，而相邻关系属相对关系，容易诱导按相对关系来理解染色相同. 例如将各扇形染上色后，按顺时针方向或逆时针方向旋转到不同位置，都视为同一种染色方法. 显然这样的理解和原解的理解是不一致的，在这样的理解下，$a_2 = 3$，$a_3 = 2$，而不是 $a_2 = 6$，$a_3 = 6$.

原题应当修改为：

将圆分成 $n(n \geqslant 2)$ 个扇形，并将扇形编上号，每个扇形用红、白、蓝三种颜色中一种染色，要求相邻扇形所染的颜色不同，问有多少种不同染色方法？

因为扇形已编上号，对于两个染色方案，只要在某一编号相同的扇形上染上了不同的颜色，一般就能理解成是两种不同的染色方法.

因为已知的是一组编上了号的扇形,所以可将 n 个扇形分别记为 $S_i(i=1,2,\cdots,n)$. 对这 n 个扇形按题设要求染色,不同的染色方法数记为 $a_n(n\geq 2)$.

S_1 有三种染色方法,S_2 到 S_{n-1} 都只有两种染色方法;假定放弃 S_n 要与 S_1 染上不同颜色的要求,则 S_n 也有两种染色方法,由乘法原理此时共有 $3\cdot 2^{n-1}$ 种染色方法. 其中 S_n 与 S_1 所染颜色不同的部分符合题设要求有 a_n 种染色方法;其余 S_n 与 S_1 染色相同,因 S_n 与 S_{n-1} 染色不同,此时 S_{n-1} 与 S_1 染色不同,即这部分恰好就有 a_{n-1} 种染色方法. 于是得原解中的递推方程. 原解中对该方程的变型要用一定的技巧. 然后设 $\dfrac{a_n}{2^n}-1=A_n$,得 $A_n=-\dfrac{1}{2}A_{n-1}$,就可使用等比级数的通项公式来解出 a_n.

2°. 给出另一种解法.

先按要求对 $S_1,\cdots,S_{n-1}$,染色. (i) 若 S_{n-1} 与 S_1 染色不同,此时的染色方法共有 a_{n-1} 种,再给 S_n 染色,因同时要与 S_{n-1} 及 S_1 染色不同,只能染上第三种颜色,选择是唯一的;(ii) 若 S_{n-1} 与 S_1 染色相同,则 S_{n-2} 与 S_1 染色不同,此时的染色方法共有 a_{n-2} 种,再给 S_n 染色,有二种选择方法. 于是可得递推方程

$$a_n=a_{n-1}+2a_{n-2}.$$

这是一个线性递推方程,可用特征方程求解(该方法在一般的竞赛数学书籍中都有介绍). 其特征方程为:$x^2-x-2=0$,解之得 $x_1=2$,$x_2=-1$. 于是该线性递推方程的通解为

$$a_n=\alpha_1 2^n+\alpha_2(-1)^n.$$

α_1、α_2 是待定系数,可由初始条件 $a_2=6,a_3=6$ 决定. 由

$$\begin{cases} \alpha_1\cdot 2^2+\alpha_2\cdot(-1)^2=6 \\ \alpha_1\cdot 2^3+\alpha_2\cdot(-1)^3=6, \end{cases}$$

解之得 $\alpha_1=1,\alpha_2=2$,所以有

$$a_n=2^n+2(-1)^n\ (n\geq 2).$$

[123]递推方法　　　　　　　**原分析含糊不清**　　☆☆

原题　将整数 $1,2,\cdots,n$ 排成一行,使其服从这样的条件,自第二个数起,每个数与它左边的某个数恰好相差 1,求有多少种不同方式?

原分析　深入分析一下符合条件的排列方式 $b_1,b_2,\cdots,b_n$,可以发现 $b_n=1$ 或 $b_n=n$. 事实上,若 $b_n=k,k\in(1,n)$,则 k 的左边有 $k+1,k+1$ 的左边有 $k+2,\cdots,n$ 必为首项,类似地 1 为首项. 矛盾! 于是 $b_n=n$(或 1)的左边是 $\{1,2,\cdots,n-1\}$(或 $\{2,3,\cdots,n\}$)的一种符合要求的一种排列方式. 故有

$$a_n=2a_{n-1}.$$

这里记 a_n 为符合要求的排列方式数目. 显然,$a_1=1$. 从而

$$a_n=2^{n-1}.$$

辨析

$1°$. 原题本是例题,以分析替代题解,但表述含糊,不易理解.

设 $b_1,b_2,\cdots,b_n$ 是将整数 $1,2,\cdots,n$ 按题设要求排列而成,即从 b_2 开始每个 $b_i(i=2,3,\cdots,n)$ 的左边的若干个数中,总存在一个数,它比 b_i 多 1 或少 1.

首先用反证法证明 $b_n=1$ 或 n,设 $b_n=k,k\in\{2,3,\cdots,n-1\}$. 原分析中的证明显然是不妥的,由于没有排除 $k+1,\cdots,n-1$ 占据 b_1 位置的可能,推导不出 n 必为首项;类似地由于没有排除 $k-1,\cdots,2$ 占据 b_1 位置的可能,也推导不出 1 必为首项. 即直接得不出矛盾.

为此得先证明,当 $b_n=k$ 时,$b_1\neq k+m,(1\leqslant m\leqslant n-k-1)$. 及 $b_1\neq k-m,(1\leqslant m\leqslant k-2)$.

(i) 若 $b_1=k+m,(1\leqslant m\leqslant n-k-1)$.

此时,b_2 只可能有两种选择:$b_2=k+m+1$ 或 $b_2=k+m-1$.

如果 $b_2=k+m+1$,则 $b_3=k+m+2$ 或 $b_3=k+m-1$;

如果 $b_2=k+m-1$,则 $b_3=k+m-2$ 或 $b_3=k+m+1$.

……

总之后面排入的数只能是比前面已经排入的若干个数中某一个

数多 1 或少 1 的数. 按此原则, 递增的 $k+m+1, k+m+2, \cdots, n$ 及递减的 $k+m-1, k+m-2, \cdots, k+1$ 这些数可顺利地排入从 b_2 到 b_{n-k} 的各个位置. 但存下的 $k-1, k-2, \cdots, 1$ 中的任何一个数都无法排入 b_{n-k+1} 的位置, 矛盾.

(ii) 若 $b_1 = k - m, (1 \leqslant m \leqslant k-2)$.

与 (i) 类似, 此时可按题意要求将递增的 $k-m+1, k-m+2, \cdots,$ $k-1$ 及递减的 $k-m-1, k-m-2, \cdots, 1$ 这些数顺利地排入从 b_2 到 b_{k-1} 的各个位置. 但存下的 $k+1, \cdots, n$ 中的任何一个数都无法排入 b_k 的位置, 矛盾.

这样, 才能像原分析那样证得 $b_n = 1$ 或 $b_n = n$.

其次证明 $a_n = 2a_{n-1}$, 原分析的表述也是含糊的.

因 $b_n = 1$ 或 $b_n = n$, 故满足题设条件的所有排列可分成两类. 在这两类中分别去掉末尾的 1 和 n. 存下的分别是 $2, 3, \cdots, n$ 这组数满足题设条件的所有排列及 $1, 2, \cdots, n-1$ 这组数满足题设条件的所有排列. 关键要证明这两类排列的数目相等. 若相等, 因为后一类的数目为 a_{n-1}, 就可得 $a_n = 2a_{n-1}$.

事实上可使用一一对应法, 建立 $i \to i+1$ 的对应就建立起了 $1,$ $2, \cdots, n-1$ 这组数的所有排列与 $2, 3, \cdots, n$ 这组数的所有排列之间的一一对应. 在这一一对应之下, 一方的某一个排列满足题设条件, 另一方的和其对应的那个排列也满足题设条件; 一方的某一个排列不满足题设条件, 另一方和其对应的那个排列也不满足题设条件. 于是这个一一对应也是 $1, 2, \cdots, n-1$ 这组数满足题设条件的所有排列与 $2, 3, \cdots, n$ 这组数满足题设条件的所有排列之间的一一对应. 为此这两类排列的数目是相等的.

最后原题中当设 $n \geqslant 2$, 在原分析中取 $a_2 = 2$ 作为初始条件才合理.

2°. 从 1° 可知, 设 $b_1 = k$, 则比 k 大的数必然是按递增的次序而比 k 小的数必然是按递减的次序一起出现在从 b_2 到 b_n 的各个位置上. 由此不但直接可得 b_n 只能是 1 或 n, 而且还可得另一解法:

选定 $b_1 = k$ 后,在 $(n-1)$ 个位置中选出 $(k-1)$ 个位置(有 C_{n-1}^{k-1} 种选法),依次放入比 k 小的数,在余下位置依次放入比 k 大的数,由加法原理所求排列共有

$$\sum_{k=1}^{n} C_{n-1}^{k-1} = 2^{n-1} \text{(种)}.$$

[124] 操作问题　　　　　　　　**原题表述错误**　　☆☆

原题　已知任意 n 个整数 $a_1, a_2, \cdots, a_n (a_i \neq a_{i+1}, a_i = a_{i+2}, i = 1, 2, \cdots)$. 由此得到一列新的数

$$\frac{a_1 + a_2}{2}, \frac{a_2 + a_3}{2}, \cdots, \frac{a_{n-1} + a_n}{2}, \frac{a_n + a_1}{2}.$$

由这些数按同样法则再得到一列新数. 证明:如果所有这些都是整数,那么所有原来的数都相等.

原分析　设想原来的 n 个数不全相等,那么经过若干步后,这些数的最大者将减小,而最小者又将增大. 可见,如果经一系列操作后,仍不能得到一组完全相同的数,那么最大数不能总是整数. 现经多次操作后,所有数总是整数,这说明存在着完全相同的一组数.

假设首次从一组 n 个不全相等的数 $z_1, z_2, \cdots, z_n$ 得到一组相等的数:

$$\frac{z_1 + z_2}{2} = \frac{z_2 + z_3}{2} = \cdots = \frac{z_{n-1} + z_n}{2} = \frac{z_n + z_1}{2}. \qquad ①$$

当 n 为奇数时,①不可能成立. 当 n 为偶数时,数组 $(z_1, z_2, \cdots, z_n)$ 可表示为 $(a, b, a, b, \cdots, a, b)$. 依题设数组 $(z_1, z_2, \cdots, z_n)$ 将由另一数组 $(y_1, y_2, \cdots, y_n)$ 变换得到,则

$$\frac{y_1 + y_2}{2} = \frac{y_3 + y_4}{2} = \cdots = \frac{y_{n-1} + y_n}{2} = a, \qquad ②$$

$$\frac{y_2 + y_3}{2} = \frac{y_4 + y_5}{2} = \cdots = \frac{y_n + y_1}{2} = b. \qquad ③$$

由②得

$$2(y_1 + y_2 + \cdots + y_{n-1} + y_n) = 2na. \qquad ④$$

由③得

$$2(y_2 + y_3 + \cdots + y_n + y_1) = 2nb. \qquad ⑤$$

由④、⑤得 $a = b$，导致矛盾．

辨析

1°.（1）取 $n = 4, a_1 = a_3 = 2, a_2 = a_4 = 4$，符合原假设，但每一次操作后所得新数都是 3．显然原题不成立．

（2）从题设条件可知给定的 n 个整数不全相等，求证部分却表述为"如果…，那么所有原来的数都相等"．一般这种表述方式要避免．求证部分可以用与它等价的逆否命题来替代．

（3）原题中"如果所有这些都是整数，……"从上下文来看一般有两种理解：(i) 每一次操作所得新数都是整数；(ii) 若干次操作后，出现了一列新数，该列新数中所有的数都是整数．但是联系原分析两种理解都不对，原题所要表达的是："若干次操作以后的每次操作，所得到的每列新数总是整数."

可将原题修改为：

已知任意 $n(n \geqslant 3)$ 个整数 $a_1, a_2, \cdots, a_n$（存在某个 i，使 $a_i \neq a_{i+2}$）由此得到一列新的数

$$\frac{a_1 + a_2}{2}, \frac{a_2 + a_3}{2}, \cdots, \frac{a_{n-1} + a_n}{2}, \frac{a_n + a_1}{2}.$$

由这些数按同样法则再得到一列新数．证明：不会发生若干次操作以后的每次操作，所得到的每列新数总是整数．

括号中条件修改之理由见 2°.

2°. 因为由 $\alpha < \beta$，则有 $\alpha < \dfrac{\alpha + \beta}{2} < \beta$，所以 n 个不全相等的数经几次操作产生的一列新数最大数将减少，最小数将增大，只要新的一列中的最大数不等于最小数，这种状况就会一直延续下去．

假设若干次操作以后的每次操作，所得到的每列新数总是整数．因为最大数以整数的形式减少，最小数以整数的形式增加，有限步以

后必然发生最大数等于最小数. 所以如此操作至某步, 所得一列新数, 将由一组相等的数所组成. 本题的反证法就是从此结论来推出矛盾.

已知的第一列数显然是一组不全相等的数, 而若干次操作之后存在一组全相等的数, 那么总存在首次从一组 n 个不全相等的数 z_1, $z_2, \cdots, z_n$, 操作后得到一组全相等的数. 即①式成立.

① 式是方程组, 当 n 是奇数时, 解之得 $z_1 = z_2 = \cdots = z_n$, 这就和 $z_1, z_2, \cdots, z_n$ 不全相等相矛盾.

当 n 是偶数时, 解①得 $z_1 = z_3 = \cdots = z_{n-1} = a, z_2 = z_4 = \cdots = z_n = b$. 由于已知的第一列的数满足"存在某个 i, 使 $a_i \neq a_{i+2}$, 所以 $z_1, z_2, \cdots, z_n$ 不会是第一列的数. 于是可设它由另一数组 $(y_1, y_2, \cdots, y_n)$ 经一次操作后得到. 接下来就可像原分析那样推导出 $a = b$, 又能得到 $z_1 = z_2 = \cdots = z_n$, 仍可导致矛盾.

可以看出条件"存在某个 i, 使 $a_i \neq a_{i+2}$" 在推导中的作用, 首先是保证了第一列数不全相等, 其次保证了当 n 是偶数时, $z_1, z_2, \cdots, z_n$ 不会是第一列数.

[125] 操作问题   题意不清证明含糊   ☆ ☆

原题 给定四个数 a, b, c, d, 按照下列法则操作: 前一个数乘以后一个数, 第四个数乘以第一个数, 得到一组新数: ab, bc, cd, da. 由这组新数, 再按上述法则操作得到第三组新数, 依此类推. 证明: 如此得到的数组, 无论哪一次也不会出现原来的四个数 a, b, c, d, 但当 $a = b = c = d$ 时除外.

原分析 先列举前面简单情形:

初始情形	$a,$	$b,$	$c,$	$d;$
第一次操作后	$ab,$	$bc,$	$cd,$	$da;$
第二次操作后	$ab^2c,$	$bc^2d,$	$cd^2a,$	$da^2b;$
第三次操作后	$ab^3c^3d,$	$bc^3d^3a,$	$cd^3a^3b,$	$da^3b^3c;$

……

总体看每次操作后四个数的乘积. 设 $abcd=p$，那么第一次操作后四个数的乘积为 p^2，第二次操作后四个数的乘积为 p^4，…，显然当 $p\neq 1$ 时这一系列乘积中不会出现原来四个数 a,b,c,d. 因此仅 $p=1$ 时才可能出现原来四个数.

有了以上结论，我们可把前面列举的操作结果简化为：

$$a,\qquad\qquad b,\qquad\qquad c,\qquad\qquad d;$$
$$ab,\qquad\qquad bc,\qquad\qquad cd,\qquad\qquad da;$$
$$ab^2c,\qquad bc^2d,\qquad cd^2a,\qquad da^2b;$$
$$b^2c^2,\qquad c^2d^2,\qquad d^2a^2,\qquad a^2b^2;$$
$$\cdots\cdots$$

可以看出第三次操作后各数可由第一次操作后各数平方交换位置得到. 照此，第五次操作后各数又可由第三次操作后各数平方交换位置得到，….

若某次操作后出现原来的四个数，且第一次操作后四个数不全等于1，那么它们中的最大数一定大于1. 自然第 $2n+1$ 次操作后的四个数中的最大数值随 n 一起无限增大，这样它们就不可能周期性出现，导致矛盾.

若第一次操作后四个数相等，某次操作后出现原来的四个数，那么

$$ab=bc=cd=da=1.$$

由此得
$$a=b=c=d.$$

辨析

1°. 原题中的"数组"从上下文来看（并且也没有注明它是无序数组）应当理解为有序数组，但"不会出现原来的四个数 a,b,c,d"就有有序出现与无序出现之分. 另外从本题的结果看"除外"的情况也不确切. 可将原题的求证部分修正为：

证明：如此得到的数组，无论哪一次也不会出现原来的数组 (a,b,c,d)，但当 a,b,c,d 全为0或全为1时除外.

由于给定的四个数除"除外"情况外没有其他限制，在原分析中

称"$p = 1$ 时才可能出现原来的四个数"之前,还必须排除 $p = 0$ 的情况. 而且在 $p = 1$ 时,称"第一次操作后四个数不全等于 1,那么它们中的最大数一定大于 1",只有当 a, b, c, d 是正数时才成立.

实际上可先补充讨论:若 a、b、c、d 中有 0 但不全为 0,每操作一次 0 就增加直至全为 0,命题成立;若 a、b、c、d 中均不为 0,但其中有负数,若干次操作后全为正,验证操作后的各数正、负的变化可知不会出现原来的数组 (a, b, c, d),命题成立. 于是以下的讨论可设 a、b、c、d 都是正数且不全为 1.

当 $p \neq 1$ 时,从原分析可知这一系列乘积中不会出现原来的四个数,当然也就不会出现原来的数组,命题成立.

当 $p = 1$ 时,用反证法来证. 假定命题不成立,即假定某次操作后出现原来的数组 (a, b, c, d),则显然整个操作过程就会周期性地出现原来的数组 (a, b, c, d).

首先证明,第一次操作后的四个正数不会全相等,否则因乘积 $p^2 = 1$ 它们将全等于 1,这样以后的各次操作结果也将全等于 1,不会出现原来的不全为 1 的数组,与假设矛盾. 由此得第一次操作后四个乘积为 1 的正数中,最大数一定大于 1. (注意,仅由 $ab = bc = cd = da = 1$,只能推出 $a = c, b = d$,且 a 与 b 互为倒数,而推导不出 $a = b = c = d$)

这样就可像原分析那样证得,第 $2n + 1$ 次操作后的四个数中的最大数值随 n 的增大而增大,与整个操作过程呈现周期性发生矛盾,命题成立.

类似地,当 $p = 1$ 时也可用偶数次操作的性质来证明,其优点是在使用反证法时,对矛盾的揭示更鲜明.

假设经过 k 次操作后出现原来的数组 (a, b, c, d). 首先 $k \neq 1$,否则由 $ab = a, bc = b, cd = c, da = a$ 可得 $a = b = c = d = 1$,与题设条件矛盾;第二次操作后不会出现全等于 1,否则之后的操作结果就一直全等于 1,于是假设中的 k 就不存在. 这样同样可得第二次操作的结果中最大的数一定大于 1. 而同样通过验证可知第 2 次、第 4 次、第 6

次、…、第 $2n$ 次、…操作的结果,后者的四个数是前者各数平方并交换位置而得到,所以第 $2n$ 次操作后,所得结果中的最大数随 n 的增大而增大. 因为经过 k 次操作后出现了原来的数组(注意,k 可能是奇数),则显然 $2k$ 次,$4k$ 次操作后也会出现原来的数组,但 $4k$ 次操作后结果中的最大数大于 $2k$ 次操作后结果中的最大数,导致矛盾,命题获证.

2°. 探讨无序的情况,即原题改为"……,无论哪一次也不会出现由集合 $\{a,b,c,d\}$ 中的四个元素所组成,但当 a,b,c,d 全为 0 或全为 1 时除外".

此时可构建命题不成立的反例,如 $(1,-1,-1,1)$、$(2,1,1,\frac{1}{2})$ 等.

但当 $p=0$,而 a、b、c、d 不全为零时,同样可证命题成立. 当 $p \neq 0$,且 $p \neq 1$ 时,可像原分析那样利用每次操作后的各数乘积规律证明命题成立(包括 $p=-1$).

当 $p=1$ 时,因 a,b,c,d 不全为 1,分两种情况.

(i)a,b,c,d 的绝对值全为 1. 当且仅当 $(1,1,-1,-1)$、$(1,-1,-1,1)$、$(-1,-1,1,1)$、$(-1,1,1,-1)$ 时能构成反例.

(ii)a,b,c,d 的绝对值不全为 1,则绝对值中的最大值大于 1.

若第 1 次操作后,各数的绝对值全为 1,显然构不成反例.

若第 1 次操作后没有出现(无序)原来的四个数,第 2 次操作后各数的绝对值全为 1,显然也构不成反例.

若第 1 和第 2 次操作后各数的绝对值都不全为 1,可证在奇数次操作和偶数次操作这两个系列中,每次操作所形成的绝对值最大的数,其绝对值以二次幂的形式快速递增. 由此可知只要作有限次的验证,很快就能决定能构成反例,或构不成反例.

[126]集合和抽屉原理 　　　　　　**解中有错误** ☆ ☆ ☆

原题 设 S 是数集 $\{1,2,3,\cdots,2001\}$ 的一个子集,且 S 中任意

两个数的差不等于 4,也不等于 7,问集合 S 中最多可以包含多少个数?

原基本思路　由于 4 与 7 的和是 11,先考虑前 11 个自然数 1, 2,3,…,11,发现其中 1,4,6,7,9 满足题设条件,而这 5 个数分别加上 $11k$(k 为非负整数)后的 5 个数仍满足条件.

原解　显然数集 $\{1,4,6,7,9\}$ 中任意两个元素之差都不等于 4 或 7.

取 $A=\{x\,|\,x=11t+1,11t+4,11t+6,11t+7,11t+9,t\geqslant 0,t\in \mathbf{Z},$ $11t+9\leqslant 2001\}$,则 A 中任意两个数之差不是 4 或 7.所以 $|S|$ 的最大值 $\geqslant 5\times 182=910$.

另一方面,若 $|S|\geqslant 911=182\times 5+1$,则 182 个数组 $(1,2,\cdots,$ $11),(12,13,\cdots,22),\cdots,(1981,1982,\cdots,1991),(1992,1993,\cdots,$ $2001)$ 中必有一组中至少有 6 个数属于 S. 不妨设这组是 $(1,2,\cdots,$ $11)$,将它分成 5 组 $(4,7,11),(3,10),(2,6),(5,9),(1,8)$,其中必有一组至少有两个数属于 S,而它们的差为 4 或 7,故 S 最多含有 910 个数.

辨析

$1°$. 原解的基础是在前 11 个自然数中找到了 1、4、6、7、9 这 5 个数满足题设条件. 显然这 5 个数各自加上相同的常数后的 5 个数仍满足条件. 原基本思路所称发现"这 5 个数分别加上 $11k$ 后的 5 个数仍满足条件"并非是关键,关键是发现由此构建的集合 A 也满足题设条件. 这样就可证得 $|S|_{\max}\geqslant 910$.

任取一个子集 S,若 $|S|\geqslant 911$,如果能够证明这 S 中一定存在两个数它们的差等于 4 或等于 7,则说明满足题设条件的 S 必定有 $|S|$ <911,即 $|S|_{\max}\leqslant 910$. 由夹逼法就可得 $|S|_{\max}=910$. 这项事实的证明是用的抽屉原理($[2]2°$)及反证法. 182 个数组实际上就是构造的 182 个抽屉,这些抽屉除最后一个只有 10 个位置外,都有 11 个位置. 各数组中的数字其实就是各抽屉中位置的编码. 现将在数集 $\{1,$ $2,3,\cdots,2001\}$ 中任取构成集合 S 的 911 个数对号入座放入抽屉,因 $911=182\times 5+1$,由抽屉原理必有一个抽屉含有 S 中的 6 个或 6 个

以上的数. 为了证明同一抽屉中的 6 个数其中至少有两个数它们的差为 4 或 7,根据被减数和减数同时减少或增加一个相同的数其差不变,可归结到证明 $\{1,2,\cdots,11\}$ 中任取 6 个数其中至少有两个数它们的差为 4 或 7.

原解答巧妙地再次构造了 5 个抽屉:$(4,7,11)$,$(3,10)$,$(2,6)$,$(5,9)$,$(1,8)$;在 $\{1,2,\cdots,11\}$ 中任取 6 个数,由抽屉原理必有一只抽屉至少取出了两个数($[2]4°$). 但原解答由此断言,这同一只抽屉中的两个数"而它们的差为 4 或 7"却是一个错误. 应当修改为:

若这两个数不是第一个抽屉中的"4"和"7",而是"4"和"11"或"7"和"11",或是其他 4 只抽屉中某一只中的两个数,那么这两个数的差为 4 或 7. 若这两个数是"4"和"7",假设其他取出的 4 个数与这两个数共 6 个数两两之间的差不为 4 或 7,那么显然这 4 个数只能在第二至第五个抽屉中各取一个,且在第二至第四个抽屉中只能依次取"10"、"2"、"5",而此时在第五个抽屉中既不能取"1"也不能取"8",引起矛盾,即 $1\sim11$ 中除"4、7"之外的其他数中再任取四个数,则这六个数中总存在两个数它们的差为 4 或 7.

还可介绍技巧性更强的一个证明. 将 $\{1,2,\cdots,11\}$ 构造一个圆圈排列,例如按 1,5,9,2,6,10,3,7,11,4,8 的顺序使 1 与 8 首尾相接排成圆圈,则此圆圈上任意相邻两个数差的绝对值为 4 或 7;而从该圆圈上任取 6 个数,必有二个数相邻. (构造原理见 $2°$)

$2°$. 对本题来说,最需要弄清的是为什么先考虑前 11 个数? 仅说"由于 4 和 7 的和是 11"这表述并不透彻;又为什么在 $1\sim11$ 中找到了 1、4、6、7、9 满足题设条件后,像原解那样构建集合 A 该集合也会满足条件? 仅仅"而这 5 个数分别加上 $11k$ 后的 5 个数仍满足条件"这理由也并不充分.

由 $4+7=11$,我们发现"11"具有如下性质(注意,这可以推广到一般的情况).

$\because$ $(a+11)-b=11-(b-a)$,

$\therefore$ 当 $a<b\leqslant a+11$ 时,若 $b-a$ 是 4 或 7,则 $a+11$ 与 b 的差也是

4 或 7;若 $b-a$ 不是 4 或 7,则 $a+11$ 与 b 的差也不是 4 或 7. 也就是说 a 与 b 的该项性质不会随 a 平移"11"而发生变化. 而且 a 与 b 分别同时加上相同的数其差不变,则 a 与 b 若同时平移"11",该项性质也不会发生变化. 由此很快就可发现只要找到前 11 个自然数中的若干个数满足题设条件,那么像 A 那样构造的集合也满足题设条件;而且如果这若干个数中再添加 1~11 中的其他数会使题设条件不满足,那么所构造的集合中也不能再添加已知数集中的其他数,否则也会使题设条件不满足.

　　原解中找到的 1,4,6,7,9 不仅仅满足题设条件,也不仅仅为保持满足题设条件已不能再添加 1~11 中的其他数,例如"1,2,3,4"这四个数组成的数组也具有这性质,其最重要的特征是它是 1~11 之中具有以上性质的最大组,即组中的数字个数最多的一组. 因为本题要求满足题设条件且元素个数最多的 S,所以我们必须要在 1~11 中找到满足题设条件的一个最大组. 1° 中最后所给出的证明其实质就是证明了最大组元素个数小于 6. 所以只要在 1~11 中找到了五个数,它们满足题设条件,那么这五个数就是一个最大组.

　　这里提出寻求最大组的星形图方法. 在圆周上均匀取 11 个点,并按确定的旋转方向依次表示数 1 至数 11. 当两个数的差是 4 或 7 时,就称这两个点是相互关联的. 每一个点都与两个点相互关联,将相互关联的点用线段相连就形成了一个 11 角星形图. 这是一张可用一笔画一次画出的星形图. 按一笔画的顺序就可构造出 1° 的那个圆圈排列,从任何一个顶点出发按一笔画的顺序一个隔一个取点,取到的五个数就是相互不关联的最大组.

　　显然在 1~11 之中满足题设条件的五数组并非唯一,一些最大组例如 $(2、5、7、8、10)$ 也可用于证明本题. 实际上我们只要注意到前文中关于平移"11"的讨论,就可明白,只要找到了一个最大组,通过如下方法就可得到若干个最大组:分别在一个最大组的每个数上加 1,若加上 1 后大于 11 就用减去 11 后的数替代(可称循环平移).

　　我们从最大组 $(1,2,4,7,10)$ 开始,采用循环平移法可得 1~11

中满足题设条件的共 11 个最大组,其余 10 个为:

$(2,3,5,8,11),(1,3,4,6,9),(2,4,5,7,10),(3,5、6,8,11),$
$(1,4,6,7,9),(2,5,7,8,10),(3,6,8,9,11),(1,4,7,9,10),(2,5,$
$8,10,11),(1,3,6,9,11).$

那么在 1~11 之中是否仅仅只有这 11 个最大组呢?

使用星形图法可知仅有这 11 个最大组. 对本题来说,我们还有寻找所有最大组的一个很好的方法,就是充分使用如下的五个抽屉: $(4,7,11),(3,10),(2,6),(5,9),(1,8)$. 显然最大组只可能在如下的数字组合中产生:(ⅰ)五个抽屉中各取一个数;(ⅱ)先取"4,7",然后在后面的四个抽屉中任取三个抽屉再在三个抽屉中各取一个数. 按题设条件来删选就得到了全部最大组. 通过实际操作就可知以上 11 个最大组就是 1~11 中的全部最大组.

由于原题中的已知数集是 $\{1,2,3,\cdots,2001\}$,按 11 个数一组分组最后一组是 10 个数字,所以用于证明本题的最大组只能选用不含有 11 这个数的最大组. 这样的最大组共有 6 个. 而且我们还可知道满足题设条件的元素个数最多的集合 S 有且仅有 6 个,它们可分别使用这六个最大组像 A 一样来构建.

如果将原题中的"2001"改成"2004"、"2005"、"2008"等等,题目的难度就增加了,就得选择适当的最大组来用于解题.

例如选 $(1,2,4,7,10)$ 可证 $\{1,2,\cdots,2004\}$ 中符合题设条件的 S,其中 $|S|_{max}=912$,而且元素个数最多的集合 S 仅有一个.

对 $\{1,2,\cdots,2005\}$ 来说,$|S|_{max}=912$,而且元素个数最多的集合 S 共有四个.

对 $\{1,2,\cdots,2008\}$ 来说,选 $(1、3、4、6、9)$,可知 $|S|_{max}=914$,而且元素个数最多的集合 S 仅有一个.

[127]几何变换(合同变换)　　"说明"有概念性错误　☆☆☆

原题　一个闭圆面能否分成两个不交的合同部分(或者说:一个闭圆面能否分成两个不交的点集,这两个点集是相等的)?

原解 一个直觉的想像是,问题将发生在圆心上. 圆心只能属于一个点集,在另一个集中就很难找到在合同变换下它的像点. 我们用反证法来证明确实不能分成两个不交的合同部分.

设 C 为单位圆面,O 为圆心,ρ 表示圆面内两点间的距离函数.

假设 C 可分为两个不相交的合同部分 A 和 B,记对应的合同变换为 $\varphi:A \to B$,或写为

$$\varphi:x \to x^*, x \in A, x^* \in B,$$

且有 $\varphi(O) = O^* \in B$.

作 C 的直径 $rs \perp OO^*$,由于 O 是圆心,对任意的 $a \in A$,有 $\rho(O,a) \leqslant 1$;对任意的 $b \in B$,有 $\rho(b,O^*) \leqslant 1$,以及 $\rho(O^*,r) = \rho(O^*,s) > 1$,即知 $r \in A, s \in A$.

因为合同变换是保距的,则有

$$\rho(r^*,s^*) = \rho(r,s) = 2,$$

所以 $r^* s^*$ 也是直径.

再由 $\rho(O^*,r^*) = \rho(O,r) = 1, \rho(O^*,s^*) = \rho(O,s) = 1$,即知 O^* 也是 C 的圆心. 于是 $O = O^*$,这与 $A \cap B$ 是空集矛盾. 因此,C 不能分成两个不相交的合同部分.

辨析

$1°$. 原题本清楚,问题出在括号中所加的一段说明上.

设 C 是单位圆面上的所有点形成的集合,A 与 B 是将 C 分成的两个不交的点集,即 $A \cup B = C, A \cap B = \varnothing$.

先分清点集合 A 与 B 之间的三种基本关系.

(1) A 与 B 相等.

点集也是集合,两个点集相等应当保持两个集合相等的意义,即 $A = B$ 是指 $A \subseteq B$ 且 $A \supseteq B$. 按 A 与 B 的如上构造方法这是不可能的.

(2) A 与 B 对等,即 A 中的点与 B 中的点可以建立(或称存在)一一对应关系,通俗的说法就是这两个点集合的点的"个数"相等.

集合 S 与 T,若存在 S 中的元素和 T 中的元素之间的一一对应关系,就称 S 与 T 对等. 在有限集合的情况下,就是这两个集合的元

素个数相等,在一般情况下就称它们的势相等,都可记作 $|S| = |T|$.
实际上集合的势是一个比数更原始的概念,例如在自然数基数理论
中,就将自然数定义为非空有限集合的势(势也可称为基数,参见
[4]),但也常通俗地将势看作"个数"概念的推广. 例如称自然数的
个数和有理数的个数一样多都是可数个,其真正的含意是指可以证
明自然数集和有理数集它们的元素之间存在着一一对应关系,即这
两个集合的势相等,且这个势就定义为"可数". 又如称所有无理数、
所有实数与平面上的所有点等它们都一样多,也是这个意思,是指它
们都具有"连续统"的势(大于零小于 1 的所有实数组成的集合的势
称为"连续统"). 势也可定义它们的大小,空集合的势是 0,最小;然
后是各自然数,可数比任一个自然数都大,连续统比可数又大;而且
可以证明一个集合 S 的幂集合(S 的所有子集合组成的集合)的势大
于集合 S 的势.

　　但要注意,将"个数"的概念推广到无限集合以后,有些直觉的
想像就不一定正确了. 在本题的原解中称"一个直觉的想像是,问题
发生在圆心上",也会误导初学者想像成如一个圆面分成两个半圆
面并各占一条去掉圆心的半径,不管圆心属于哪个半圆面,这两个点
集的元素个数都不会相等. 而这恰恰是一个错误的结论. 在集合论中
可以证明:如果对于一个无限集合 E,增添一有限集合或可数集合
F,那么它们的并集仍然对等于原来的集合. 也就是说在讨论无限集
合的势时,一个点的归属并不影响它的势. 在以上想像的直觉里实际
上是发现了当去掉圆心时,分成的两部分利用关于圆心的中心对称
就可建立点与点之间的一一对应,但放入圆心该一一对应就被破坏
了. 错就错在这一一对应的不成立并不足以说明不能用其他的方法
来建立一一对应的关系. 事实上点集合 C 完全可以分成两个不交的
点集并使这两个点集对等. 例如用一条任意联结圆周上不同两点的
线将圆面分成 A、B 两块区域,线上的点任意分配,都可证明 A 与 B
都具有连续统的势,即可以通俗地称这 A 与 B 两个点集元素的个
数相等.

（3）A 与 B 合同，即 A 与 B 的元素之间存在一一对应关系 φ，且该 φ 能保持距离的不变性.

所谓保距性是指任取 a_1、$a_2 \in A$，a_1、a_2 之间的距离记为 $d(a_1, a_2)$，设 $\varphi(a_1) = b_1$，$\varphi(a_2) = b_2$，那么 b_1 与 b_2 之间的距离 $d(b_1, b_2) = d(a_1, a_2)$. 保距的一一对应 φ 也可称为 A 到 B 的合同变换. 可形象地将 φ 看作是将 A 中的点"搬动"到 B 中的点，在搬动的过程中并不改变 A 中任意两点的距离，而此时 A 中的所有点与 B 中的所有点完全重合. 由此可知所谓合同就是平面几何中全等概念的精致化.

在平面几何中显然总可以将一个圆面分成两个全等的图形，但这是在允许有公共的分界线的条件之下. 原题的问题要求不同，将分成的两个图形更一般化地说成分成两个点集，并要求是不交的点集. 原解证明了在此条件下，圆面无法分成两个合同的部分. 显然 A 与 B 对等是 A 与 B 合同的必要条件，根据（2）的分析只要分成的 A、B 两个点集中没有一个点集是有限的或可数的，该必要条件总能满足，问题出在此时所建立的 A 与 B 元素之间的任何一个一一对应，都不能保持距离的不变性！

由此可知，原题题意不能用括号中所加之说明来概括，为使说明具有提示作用，括号内可修改为：

或者说：一个圆面能否分成两个不交的点集，它们的点与点之间能建立一一对应关系，且这对应关系能保持距离的不变性？

2°. 原解正确，使用了反证法. 假设存在的合同变换 φ 就是 A 到 B 的一个保距的一一对应. 这里的距离就是平面几何中的两点之间的距离. 即若在平面上引进了直角坐标系，设两点 $a_1 = (\xi_1, \eta_1)$、$a_2 = (\xi_2, \eta_2)$，则两点间的距离函数就是

$$\rho(a_1, a_2) = \sqrt{(\xi_1 - \xi_2)^2 + (\eta_1 - \eta_2)^2}. \qquad ①$$

原解中虽然没有用到距离函数的具体表示式，但它却是原解中可以使用平面几何中的一些已知的度量性质的根据.

不失一般性设圆心 $O \in A$，则 $\varphi(O) = O^* \in B$. 证明的主要过程，

就是在假设的前提下,证 O^* 也是圆心,由圆心的唯一性 O^* 就是 O,这与 $A\cap B=\varnothing$ 矛盾,从而完成证明.

给出原解证明中各步的依据:

$\because A\cap B=\varnothing,O^*$ 与 O 不同,$\therefore$ 才可作 C 的直径 $rs\perp OO^*$,显然 O 是 rs 的中点,OO^* 是 rs 的垂直平分线.

"$\rho(O,a)\leqslant 1$",是依据平面几何中的单位圆周上的点到圆心 O 的距离为 1;单位圆面内的点到圆心的距离小于 1,那么为什么平面几何中的这些度量性质可以作为本题证明的依据呢? 其根据就是①式,若此处的距离函数不是①式,即与平面几何中的距离的定义不一致,就不能套用平面几何中的结论,后面的情况也一样.

"对任意的 $b\in B$,有 $\rho(b,O^*)\leqslant 1$", ②

因 φ 是一一对应,由 $b\in B$,一定存在 $b'\in A$,使 $\varphi(b')=b$;再由保距性有 $\rho(b,O^*)=\rho(b',O)\leqslant 1$.

"$\rho(O^*,r)=\rho(O^*,s)>1$",是根据垂直平分线的性质及斜边大于直角边(都是度量性质).再由②可知 r、s 不会是 B 中的点,又 $\because A\cup B=C,\therefore$ 必是 A 中的点.

称 r^*s^* 是直径所依据的平面几何中的度量性质:单位圆直径的两个端点之间的距离为 2;单位圆上两个点的距离如果是 2,这两点就是一条直径的两个端点.称 O^* 是圆心所依据的度量性质是:到单位圆一条直径的两个端点距离都是 1 的点是圆心.

3°. 集合的相等、集合的对等是一般集合论中的概念.但只有在"度量空间"中的集合之间才能讨论它们的合同关系.

下面先给出度量空间的定义,再说明什么是合同关系.

某些元("点")$x,y,\cdots$ 的任意集合 M 称为度量空间,如果

(1) 有这样的规则,使我们能从任意两点 x,y,确定数 $\rho(x,y)$("从 x 到 y 的距离").

(2) 此规则满足下列要求(公理):

ⅰ) 对任意的 x 和 y,$\rho(x,y)=\rho(y,x)$(距离的对称性);

ⅱ) 当 $x\neq y$ 时 $\rho(x,y)>0$;对任意的 $x,\rho(x,x)=0$;

iii) 对于任意的 $x,y,z,\rho(x,z) \leqslant \rho(x,y) + \rho(y,z)$（三角形不等式）.

设 A 与 B 是度量空间 M 中的两个集合.

合同变换 $\varphi: A \to B$，就是指集合 A 到集合 B 元素之间的一个一一对应，且这个一一对应能保持距离的不变性.

若 A 与 B 之间存在合同变换，则称 A 与 B 合同.

以上是对集合合同关系的最一般化的叙述.

例如，在一个球面上，通常其两点之间的距离是指经过这两点的大圆（半径等于球半径的圆）上该两点之间不大于大圆半周的弧长，它满足关于距离的三条公理，于是就可讨论球面上的两个点集之间的合同关系.

在平面上像通常那样定义两个点之间的距离，就得到了一个二维度量空间的模型. 原题就在该模型上讨论，实际上平面几何也是在该模型上所展开的. 中学几何课程内容的改革有一个趋势就是用几何变换的观点来重新组织其内容，尽管几何变换在几何学中处于重要位置，但是否一定要这样改革还值得进一步商榷（参见[129]3°和4°）. 在下节中讨论到的一些具体的几何变换中，如反射、平移、旋转都能保持距离的不变性，都是合同变换. 这就是平面上的一个图形 A 经过反射或平移或旋转得到图形 B，一定有 $A \cong B$ 的道理.

[128] 几何变换　　　　　　　定理(3)缺少条件　　　☆ ☆ ☆

原文　两个变换下的结果

常见变换的乘积：

(1) 对于反射变换 $S(g_1), S(g_2)$，若 g_1 与 g_2 重合，则 $S(g_1)S(g_2) = I$；若 $g_1 /\!/ g_2, g_1$ 到 g_2 的距离为 $\overrightarrow{v}$，则 $S(g_1)S(g_2) = T(2\overrightarrow{v})$；若 $g_1 \cap g_2 = O, \angle(g_1, g_2) = \theta$，则 $S(g_1)S(g_2) = R(O, 2\theta)$.

(2) 对于不同旋转中心，接连实施两次旋转 $R(O_1, \theta_1), R(O_2, \theta_2)$. 若 $\theta_1 + \theta_2 \neq 2\pi$，则 $R(O_1, \theta_1) \cdot R(O_2, \theta_2) = R(O, \theta_1 + \theta_2)$；若 θ_1

$+\theta_2 = 2\pi$,则 $R(O_1,\theta_1)\cdot R(O_2,\theta_2)$ 是一个平移.

（3）对于三个不同的且不共线的旋转中心 A、B、C,接连实施三次旋转 $R(A,\alpha)$,$R(B,\beta)$,$R(C,\gamma)$,如果 $\alpha+\beta+\gamma=2\pi$,且 $R(A,\alpha)$ $R(B,\beta)R(C,\gamma)=I$,则 $\angle CAB=\dfrac{\alpha}{2}$,$\angle ABC=\dfrac{\beta}{2}$,$\angle BCA=\dfrac{\gamma}{2}$.

（原文没有说明什么是变换的乘积,也没有以上三个定理的证明）

辨析

$1°.$ 这里的几何变换都是指平面上的变换,可以作用于平面上的点、图形、及整个平面.

反射变换 $S(g)$,g 是反射轴,若有图形 F,$S(g)(F)$ 表示对 F 实施以 g 为轴的反射变换,同时也表示变换之后的结果,即是 F 的关于轴 g 的一个轴对称图形.平移变换 $T(\vec{v})$,向量 $\vec{v}$ 既指明了平移的方向,也表明了平移的长度 $|\vec{v}|$.旋转变换 $R(O,\theta)$,O 是旋转中心,θ 是旋转角度,一般 θ 是正角时表示逆时针方向旋转,负角时表示顺时针方向旋转 $|\theta|$.中心对称变换 $C(O)$,O 是对称中心,显然 $C(O)=R(O,\pi)$.位似变换 $H(O,k)$,O 是位似中心,k 是位似系数,当 $k>0$ 是正向位似,$k<0$ 是反向位似.恒等变换记为 I,有 $T(\vec{0})=R(O,2k\pi)=H(O,1)=I$,而 $H(O,-1)=R(O,\pi)=C(O)$.

所谓两个变换的乘积是指对变换的对象连续实施这两个变换的变换.一般变换的乘积并不一定具有交换律,所以变换的乘积要约定实施变换的顺序,例如按原文是约定

$$[R(O_1,\theta_1)\cdot R(O_2,\theta_2)](F)=R(O_2,\theta_2)[R(O_1,\theta_1)(F)]. \quad ①$$

原文中定理（1）可用平面几何的知识证明.

定理（2）中的 O 就是实施两次旋转后平面上的不动点.下面用复数方法来证明定理（2）.引进复数坐标系,设 $O_1=1$,$O_2=-1$;任取一点 $A=ae^{i\varphi}$,设 $A'=[R(O_1,\theta_1)\cdot R(O_2,\theta_2)](A)$;并设不动点 $O=a_o e^{i\varphi_o}$.由①有

$$A'=R(O_2,\theta_2)[R(O_1,\theta_1)(A)]=R(O_2,\theta_2)[(ae^{i\varphi}-1)e^{i\theta_1}+1]$$

$$= \left[(ae^{i\varphi} - 1)e^{i\theta_1} + 1 - (-1) \right] e^{i\theta_2} + (-1)$$
$$= ae^{i(\varphi + \theta_1 + \theta_2)} - e^{i(\theta_1 + \theta_2)} + 2e^{i\theta_2} - 1. \qquad ②$$

当 A 是不动点 O 时,由②有

$$a_o e^{i\varphi_o} = a_o e^{i(\varphi_o + \theta_1 + \theta_2)} - e^{i(\theta_1 + \theta_2)} + 2e^{i\theta_2} - 1. \qquad ③$$

当 $\theta_1 + \theta_2 \neq 2k\pi$ 时,由③可确定不动点

$$a_o e^{i\varphi_o} = \frac{e^{i(\theta_1 + \theta_2)} - 2e^{i\theta_2} + 1}{e^{i(\theta_1 + \theta_2)} - 1}. \qquad ④$$

所以,当 $\theta_1 + \theta_2 \neq 2k\pi$ 时,由③、②有

$$R(O, \theta_1 + \theta_2)(A) = (ae^{i\varphi} - a_0 e^{i\varphi_o})e^{i(\theta_1 + \theta_2)} + a_0 e^{i\varphi_o}$$
$$= ae^{i(\varphi + \theta_1 + \theta_2)} - a_0 e^{i(\varphi_o + \theta_1 + \theta_2)} + a_0 e^{i\varphi_o}.$$
$$= ae^{i(\varphi + \theta_1 + \theta_2)} - e^{i(\theta_1 + \theta_2)} + 2e^{i\theta_2} - 1 = A'. \qquad ⑤$$

即 $R(O_1, \theta_1) \cdot R(O_2, \theta_2) = R(O, \theta_1 + \theta_2)$,其中 $O = a_o e^{i\varphi_o}$,且由④确定.

当 $\theta_1 + \theta_2 = 2k\pi$ 时,由②得

$$A' = ae^{i\varphi} + 2e^{i\theta_2} - 2 = A + 2e^{i\theta_2} - 2$$

它是一个平移,平移了 $2e^{i\theta_2} - 2$(平移向量的复数表示),证毕.

当 $\theta_2 \neq \theta_1 + 2k\pi$ 时,由⑤式可知对 A 按不同的顺序实施两次旋转时会得到不同的结果,旋转的乘积不具有交换律.

由④可知,如果不动点存在,不动点是唯一的,这就给我们实施定理(2)带来方便,如要实施 $[R(O_1, \theta_1) \cdot R(O_2, \theta_2)](F)$,先取异于 O_1、O_2 的两点 A、B,对它们实施两次旋转分别得到 A'、B',作 AA' 和 BB' 的垂直平分线,若相交于 O 点,就实施 $R(O, \theta_1 + \theta_2)(F)$,若没有交点,就对 F 按 $\overrightarrow{AA'}$ 实施平移.

2°.关于定理(3).先构造一反例:取 α、β、γ 中一只角为 2π,其余两只角为 0,任意取 $\triangle ABC$. 对平面上的任意一点,接连实施三次旋转 $R(A、\alpha)$、$R(B, \beta)$、$R(C, r)$,显然回到该点,即三次旋转的乘积为 I. 该例满足定理(3)条件但结论不成立. 定理(3)缺少了一个重要条件

$$0 < \alpha、\beta、\gamma < 2\pi. \qquad ①$$

　　补充了这条件以后,下面用初等方法给出证明.

　　先将定理(3)作如下分解,这样更能揭示问题的本质,分解以后再综合就能更深刻地理解定理(3).这里确认 $R(O,\theta)$ 是正旋转,即 θ 是正角时是作逆时针方向旋转;并规定若 A、B、C 按逆时针方向排列时称 $\triangle ABC$ 是正向三角形,反之称负向三角形.

　　定理 $(3)_1$:对于三个不同且不共线的旋转中心 A、B、C,$\triangle ABC$ 构成负向三角形,接连实施三次旋转 $R(A,\alpha)$,$R(B,\beta)$,$R(C,r)$,如果 $\alpha+\beta+\gamma=2\pi$,$0<\alpha,\beta,\gamma<2\pi$,且

$$[R(A,\alpha)\cdot R(B,\beta)\cdot R(C,r)](A)=A, \qquad ②$$

则

$$\angle CAB=\frac{\alpha}{2},\ \angle ABC=\frac{\beta}{2},\ \angle BCA=\frac{\gamma}{2}; \qquad ③$$

同时还有

$$R(A,\alpha)\cdot R(B,\beta)\cdot R(C,r)=I. \qquad ④$$

　　定理 $(3)_2$:对于三个不同且不共线的旋转中心 A、B、C,$\triangle ABC$ 构成正向三角形,接连实施三次旋转 $R(A,\alpha)$,$R(B,\beta)$,$R(C,r)$,如果 $\alpha+\beta+\gamma=2\pi$,$0<\alpha,\beta,\gamma<2\pi$,则

$$R(A,\alpha)\cdot R(B,\beta)\cdot R(C,r)\neq I. \qquad ⑤$$

　　显然证明了以上两个定理,定理(3)也就被证明了.而且如下两个定理也能成立.

　　定理 $(3)_3$:对于三个不同且不共线的旋转中心 A、B、C,$\triangle ABC$ 构成正向三角形,接连实施三次旋转 $R(A,-\alpha)$,$R(B,-\beta)$,$R(C,-\gamma)$,如果 $\alpha+\beta+\gamma=2\pi$,$0<\alpha,\beta,\gamma<2\pi$,且

$$[R(A,-\alpha)\cdot R(B,-\beta)\cdot R(C,-\gamma)](A)=A$$

则

$$\angle BAC=\frac{\alpha}{2},\ \angle CBA=\frac{\beta}{2},\ \angle ACB=\frac{\gamma}{2};$$

同时还有

$$R(A,-\alpha)\cdot R(B,-\beta)\cdot R(C,-\gamma)=I.$$

定理$(3)_4$:对于三个不同且不共线的旋转中心 A、B、C,$\triangle ABC$ 构成负向三角形,接连实施三次旋转 $R(A,-\alpha)$,$R(B,-\beta)$,$R(C,-\gamma)$,如果 $\alpha+\beta+\gamma=2\pi$,$0<\alpha,\beta,\gamma<2\pi$,则

$$R(A,-\alpha)\cdot R(B,-\beta)\cdot R(C,-\gamma)\neq I.$$

还可以注意到若规定顺时针方向为正向,并将后面两个定理中的旋转视为负旋转,即将$R(O,-\theta)$改记为 $R(O,\theta)$,定理$(3)_3$ 的结论中三角形内角不计方向,后两个定理和前两个定理在形式上完全一致.

由此可知,以上四个定理的成立,就保证了定理(3)可作如下理解:可以不计$\triangle ABC$ 的方向,也可不计旋转是正旋转还是负旋转,而结论中的三角形内角不计方向一律视为正角.

定理$(3)_1$ 的证明:

如图 -1　　$\triangle ABC$ 是一个负向三角形.

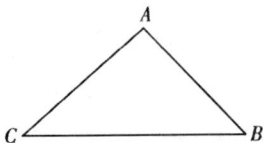

$\dot{A}'$

[128]　　图 -1

$\because R(A,\alpha)(A)=A$,由②得

$$[R(A,\alpha)\cdot R(B,\beta)\cdot R(C,\gamma)](A)$$
$$=R(C,\gamma)\cdot[R(B,\beta)(A)]=A.$$

设以 B 为圆心 BA 为半径的圆⊙B 和以 C 为圆心 CA 为半径的圆⊙C 相交于 A'.

当$0<\beta,\gamma<2\pi$ 时,要 A 点环绕 B 点作逆时针方向旋转 β,然后又环绕 C 点作逆时针方向旋转 γ 而回到 A 点,当且仅当 $R(B,\beta)$

$(A) = A'$ 才可能.

　　$\therefore \beta = 2\angle ABC.$ 由 $R(C,\gamma)(A') = A$，得 $\gamma = 2\angle BCA.$

　　当 $\triangle ABC$ 是负向三角形时，$\angle ABC + \angle BCA + \angle CAB = \pi$，又 $\alpha + \beta + \gamma = 2\pi$，得 $\alpha = 2\angle CAB.$ 所以③成立.

　　④等价于存在一个三角形，其三个顶点在④式左边的变换下都是不动点. 由②A 是不动点.

　　设负向 $\triangle ABC$ 的外接圆半径为1，以其圆心为原点如图 -2 引进复坐标系.

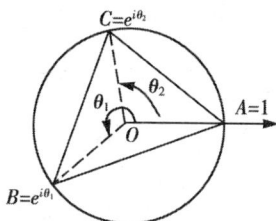

[128]　图 -2

　　由③有 $\dfrac{\alpha}{2} = \angle CAB = \dfrac{\theta_1 - \theta_2}{2}$；$\dfrac{\beta}{2} = \angle ABC = \dfrac{\theta_2}{2}$；$\dfrac{\gamma}{2} = \angle BCA = \dfrac{2\pi - \theta_1}{2}.$ 由此得

$$\theta_1 = \alpha + \beta = 2\pi - \gamma, \theta_2 = \beta.$$

$$\begin{aligned}
\therefore B' &= R(A,\alpha)(B) = (e^{i\theta_1} - 1) \cdot e^{i\alpha} + 1 \\
&= e^{i(2\alpha + \beta)} - e^{i\alpha} + 1; \\
B'' &= R(B,\beta)(B') = (e^{i(2\alpha + \beta)} - e^{i\alpha} + 1 - e^{i\theta_1})e^{i\beta} + e^{i\theta_1} \\
&= e^{i(2\alpha + 2\beta)} - e^{i(\alpha + 2\beta)} + e^{i\beta};
\end{aligned}$$

而 $\begin{aligned}[t]
R(C,\gamma)(B'') &= (e^{i(2\alpha + 2\beta)} - e^{i(\alpha + 2\beta)} + e^{i\beta} - e^{i\theta_2})e^{i\gamma} + e^{i\theta_2} \\
&= e^{i(2\alpha + 2\beta + \gamma)} - e^{i(\alpha + 2\beta + \gamma)} + e^{i\beta} \\
&= e^{i(\alpha + \beta)} = e^{i\theta_1} = B.
\end{aligned}$

　　由此可知 B 是不动点，同理可证 C 是不动点，故④成立. 证毕.

定理(3)$_2$ 的证明：

如图 -3，$\triangle ABC$ 是一个正向三角形. 假设⑤式不成立，则⑤式左边的变换就是一个恒等变换.

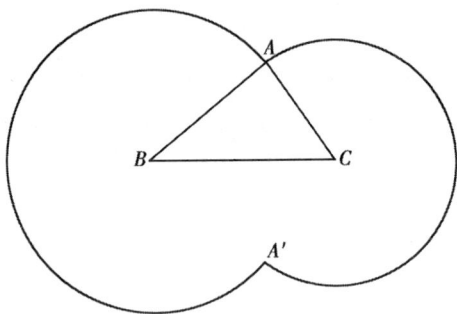

又 $\because R(A,\alpha)(A) = A$，

$\therefore R(C,\gamma)[R(B,\beta)(A)] = A$.

设 A' 点是 A 点关于 BC 的轴对称点，如图，当 $0 < \beta, \gamma < 2\pi$ 时要 A 点环绕 B 点作逆时针方向旋转 β，然后又环绕 C 点作逆时针方向旋转 γ 而回到 A 点，当且仅当 $R(B,\beta)(A) = A'$，$R(C,\gamma)(A') = A$ 才可能. 显然此时 $\beta > \pi, \gamma > \pi$，与已知条件 $\alpha + \beta + \gamma = 2\pi$ 矛盾，所以⑤式成立.

由前面的分析可知，定理(3)成立.

[129]几何变换　　　　　　证明中有错误　　☆☆☆

原题　在任意三角形 ABC 的边上向形外作等腰三角形 $A'BC$、$AB'C$、ABC'（见图），点 A'、B'、C' 是这些等腰三角形的顶点，这些顶点的顶角分别等于 α、β、γ，并且 $\alpha + \beta + \gamma = 2\pi$. 证明：三角形 $A'B'C'$ 的角等于 $\dfrac{\alpha}{2}, \dfrac{\beta}{2}, \dfrac{\gamma}{2}$.

原证明　如题中图，考虑以 A' 为中心，将点 B 变到点 C 的旋转

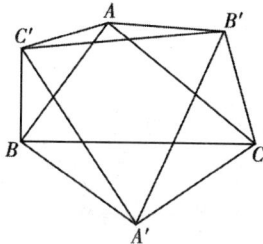

[129] 图

$R(A',\alpha)$,以 B' 为中心将点 C 变到点 A 的旋转 $R(B',\beta)$ 和以 C' 为中心将点 A 变到点 B 的旋转 $R(C',\gamma)$. 依次相继作上述三个旋转,则点 B 仍然变到点 B. 这表明,B 是三个旋转之积的不动点. 由于这个积的旋转角是 $\alpha+\beta+\gamma=2\pi$,所以这个积是具有不动点的平移,即恒等变换. 因此有

$$R(C', -\gamma) = R(B',\beta) \cdot R(A',\alpha).$$

也就是点 C' 是 $R(B',\beta) \cdot R(A',\alpha)$ 的旋转中心. 由定理知

$$\angle C'A'B' = \frac{\alpha}{2}, \angle C'B'A' = \frac{\beta}{2}.$$

这时,$\angle A'C'B' = \pi - \dfrac{\alpha}{2} - \dfrac{\beta}{2} = \dfrac{\gamma}{2}$.

辨析

1°. 本题原是上节[128]中原文的配套习题,其表述应当和原文中的各种约定相一致.

先指出原证明中的错误.

在[128]1°中已经证明旋转变换的乘积不具有交换律. 根据上节变换乘积的定义容易证明不仅仅是旋转变换的乘积对一般变换的乘积都具有结合律.

而且也容易证明

$$R(C', -\gamma) \cdot R(C',\gamma) = R(C',\gamma) \cdot R(C', -\gamma) = I,$$

且恒等变换 I 不管它被左乘一个变换还是右乘一个变换结果都等于

乘上去的该变换本身.

在原证明中对下面①式成立的证明是正确的,但由此推不出原证明中的结果.

$$R(A',\alpha) \cdot (B',\beta) \cdot R(C',\gamma) = I, \qquad ①$$

再在此等式两边右乘变换 $R(C', -\gamma)$,有

$$[R(A',\alpha) \cdot R(B',\beta) \cdot R(C',\gamma)] \cdot R(C', -\gamma) = I \cdot R(C', -\gamma),$$

$$\therefore \quad R(A',\alpha) \cdot R(B',\beta)[R(C',\gamma) \cdot R(C', -\gamma)] = R(C', -\gamma),$$

$$\therefore \qquad R(A',\alpha) \cdot R(B',\beta) \cdot I = R(C', -\gamma),$$

$$\therefore \qquad R(A',\alpha) \cdot R(B',\beta) = R(C', -\gamma).$$

以上推导就是根据变换的乘积具有结合律及恒等变换的性质来进行的.

由此可知原证明中的结果 $R(C', -\gamma) = R(B',\beta) \cdot R(A',\alpha)$ 是错误的(实质是乘积变换实施变换的顺序规定与[128]的原文不一致).这样,称 C' 是 $R(B',\beta) \cdot R(A',\alpha)$ 的旋转中心也是错误的,应是 $R(A',\alpha) \cdot R(B',\beta)$ 的旋转中心.而且随后的"由定理知⋯⋯"也根据不足,因为该书的原文中也没有相应的定理.实际上在证得①后,直接用原文中的(3),确切地说是补上了条件 $0 < \alpha,\beta,\gamma < 2\pi$ 后的[128]2°中的定理(3),就可证得本题的结果.

2°. 详细写出原证明所得结果①的推导过程.

根据原题中图,以 A' 为中心,将点 B 旋转 $\alpha(\alpha > 0)$ 到点 C,是顺时针方向的旋转.为此确认本题中的所有旋转都是指负旋转,即 $R(O,\theta)$ 所表示的是以 O 为中心,顺时针旋转 θ.

根据原题中的图有 $R(A',\alpha)(B) = C, R(B',\beta)(C) = A$, $R(C',\gamma)(A) = B$,再根据变换乘积的定义有

$$[R(A',\alpha) \cdot R(B',\beta) \cdot R(C',\gamma)](B) = B, \qquad ②$$

即 B 是这三个旋转变换之积的不动点.

任取一点 M,则

$$[R(A',\alpha) \cdot R(B',\beta) \cdot R(C',\gamma)](M)$$
$$= R(C',\gamma)\{R(B',\beta)[R(A',\alpha)(M)]\} \quad (根据变换乘积的定义)$$

$$= R(C',\gamma)\{[R(A',\alpha) \cdot R(B',\beta)](M)\} \quad (根据变换乘积的定义)$$

$$= R(C',\gamma)\{R(O,\alpha+\beta)(M)\} \quad (根据[128]原文中的(2))$$

$$= [R(O,\alpha+\beta) \cdot R(C',\gamma)](M) \quad (根据变换乘法定义)$$

$$= T(\overrightarrow{v})(M).$$

最后一步是因为 $(\alpha+\beta)+\gamma=2\pi$,根据[128]原文(2)结果是一个平移. 由[128]$1°$可知 $T(\overrightarrow{v})$ 就表示平移,且可知若能找到一个具体的点 M_o,并能求出 $T(\overrightarrow{v})(M_o)=M'_o$,则 $\overrightarrow{v}=\overrightarrow{M_oM'_o}$,取 B 作为 M_o,由②可知 $T(\overrightarrow{v})(B)=B$,即 $\overrightarrow{v}=\overrightarrow{0}$,所以 $T(\overrightarrow{v})=T(\overrightarrow{0})=I$.

实际上一个平移,只要存在不动点,不难理解立即可断言它是一个恒等变换.

所以 $R(A',\alpha) \cdot R(B',\beta) \cdot R(C',\gamma)=I$.

$3°$. 在奥林匹克数学中常常列有关于几何变换的内容,其背景为在几何学的发展中几何变换群是一个非常深刻的概念. 几何变换有着丰富多彩的内容,几何变换间也可定义运算,二个变换的乘积就是依次实施这二个变换的变换. 正象前面考察旋转变换的乘法所发现的,该乘法不一定具有交换律. 如果某一类变换对乘法是封闭的(积变换仍属于该类的范围),且乘法具有结合律,则就称这类变换构成变换半群. 如果进一步满足

(1)这类变换中存在恒等变换 I;

(2)这类变换中的每一个变换都存在逆变换,即对于这类变换中的任一个变换 X,都能在这类变换中找到一个变换 X^{-1},使得

$$X \cdot X^{-1} = X^{-1} \cdot X = I,$$

则称这类变换构成变换群.

可以验证所有平移变换构成变换群. 平移的乘法对应平移向量相加,该乘法还满足交换律,这类变换群又称为交换变换群.

1872 年克莱因提出每种几何都由变换群所刻划,每种几何理论就是这个变换群下不变性质的理论,子几何是其子变换群下的不变

性质的理论. 克莱因的这一数学思想不仅对几何学有指导意义,对其他数学以及物理等都有影响. 在这样的观点下,射影几何所研究的就是射影变换群下的不变性质的理论. 欧氏几何是旋转、反射、平移等变换所形成的变换群下的不变性质的理论. 由此观点,人们可以就关心的空间的某些性质来建立所需要的"几何"理论,例如在保角变换群下形成的几何就是保角几何. 回顾 20 世纪以来一些几何学分支的形成,当然需要对公理化方法产生更深刻的认识,在研究的手段上也要有所创新,但整体上同样可以在这样的观点下来理解. 例如拓扑几何就是研究拓扑变换群下的不变性质的理论,所谓拓扑变换就是不改变附贴关系的连续变换,形象地说是不增加新的断裂也不增加新的接触点象捏橡皮泥那样的变换. 2006 年由中国人"封顶"解决的庞加莱猜想就是拓扑学中的问题.

群是近世代数中的概念,从历史上来说,研究群首先是研究置换群,迦罗华(1811—1832)建立此概念是用来证明一般的五次及五次以上的高次方程没有用根式来表示的解的公式. 到 19 世纪末叶,在一些具体的群的基础上进一步抽象出了一般群的概念,并发展为群论. 其思想方法引起了数学的最古老分支代数学的根本性改造,到 20 世纪 20 年代与 30 年代之交,代数学就变成集合论的、公理化的科学了.

4°. 本小节先简单回顾几何学发展的历史,并结合现代数学的特点及其广泛的应用来理解中学安排初等几何内容最朴实的目的就是构建一个学生容易接受的系统知识平台,用于培养逻辑推理能力及形式化语言表述能力.

几何学是数学中的一个大的门类,它来源于对图形性质的研究. 几何最初萌芽于埃及,以后移植于泰利斯(公元前 640—前 546,比孔子早 100 年)为代表的爱奥尼亚学派. 爱奥尼亚是希腊比较靠近埃及、巴比伦的一个地区,该学派最早对自然采取理性思维. 命题的逻辑证明是数学科学的根本特征,它的开始往往就被归于泰利斯. 继之几何繁荣于意大利和雅典,当希腊的几何逐渐积累了非常丰富的材

料时,公元前三百年左右欧几里得的《几何原本》对这些材料进行了
整理、提高并系统化.《几何原本》的伟大意义,在于它是用古典公理
法建立起演绎数学体系的最早的、成功的典范,它在认知和科学思想
方面有着深远的影响. 爱因斯坦就认为"西方科学的发展是以两个
伟大的成就为基础的,那就是希腊哲学家发明形式逻辑体系(欧几
里得几何中),以及通过系统的实验所发现有可能找到因果关系(在
文艺复兴时期)".

　　公元 146 年罗马最后占领了希腊本土,由于罗马帝国鄙视理论
科学,造成了人类文化的灾难. 而且在整个中世纪的欧洲都漫延着这
种鄙视,这就注定了欧洲的中世纪科学和数学没有重大的发明出现.
直到公元 1400~1600 年间欧洲进入了称为文艺复兴的变革时期,马
克思就认为从此科学和数学的发展才结束了停滞而大踏步前进了.

　　1637 年诞生了笛卡儿的解析几何,它是通过坐标观念把图形与
数结合起来,利用代数学的知识与运算来研究几何图形的性质. 这种
称为解析法的方法具有一定的普适性,在后来的近代几何学里越来
越广泛地用到它. 它还有促使几何、代数、分析结成有机联系的作用,
微分几何就是利用它通过数学分析的知识来研究图形在微小区域内
的性质.

　　绘图和建筑需要研究实物的平面投影,这种投影技术在实用方
面的发展就成为了画法几何学;在纯理论方面的发展就成为射影几
何学. 射影几何萌芽于 17 世纪,但它从片断的知识进展成为理论体
系严整的学问是经过 19 世纪世界上许多学者努力的结果. 有些学者
从古典公理法入手,丰富了射影几何学的内容;有些学者从解析法入
手,为射影几何学与不变式理论的联系打好了基础,从而刺激了之后
克莱因利用变换群观点来对几何学系统进行综合.

　　19 世纪末叶数学抽象化、公理化的洪流已经兴起,并且这股洪
流进入 20 世纪以后就逐步形成了现代数学的重要特征. 但当时的有
些人例如克莱因对此却并不感兴趣. 作为数学分析逻辑基础的实数
理论,其中"分划"、"基本序列"、"单调有界序列"三大派理论也都

是在 1872 年这一年中在德国发表("区间套原理"的实数理论在 1892 年给出),克莱因对戴德金的分划理论就采取冷淡的态度. 尽管实数理论建立时数学分析已相当成熟,但数学分析在现代的更深刻的发展,却离不开这一理论基础. 另外克莱因对当时已产生的抽象群论也接受不了,认为是"出现了一些退了色的定义". 而一般代数学的思想在现代得到了蓬勃发展,并因其抽象性获得了在各种应用科学中的广泛的应用性. 克莱因是一位卓越的数学家,又是一位地道的 19 世纪的数学家,但不是现代的数学家. 比他小 4 岁的希尔伯脱才称得上是现代数学家的代表.

1899 年希尔伯脱的几何基础论标志着以希尔伯脱为代表引进的现代公理法的产生. 几何基础所采用的公理法不同于欧几里得所用的古典公理法,而对后者进行了深入批判后整理出的一套纯理论方法. 它完全脱离直观性的约束,以一系列的公理形式,规定出一些抽象的原始对象间的相互关系,以此为基础从而导出整个几何里的一切概念与定理,这样就发挥了数学的高度抽象性,因而奠定了现代数学的发展途径.

长期以来人们都坚信欧氏几何是现实空间的正确反映,不能想象还存在不同的其他反映形式. 1826 年 2 月 23 日,罗巴切夫斯基提出了罗氏几何. 问题起源于《几何原本》中的第五公设(和它等价的就是平行公理,也可叙述成:平面内过已知点只能引一条直线不与已知直线相交),人们从一开始就怀疑其公理之身份,为此寻求其证明竟延续了二千多年,直到高斯、鲍耶、罗巴切夫斯基为代表的一些人,逐渐从前人的挫折和失望中有了新的领悟,但勇敢地第一个将其发表出来的是罗巴切夫斯基. 罗氏几何即是从第五公设的反面来建立的几何. 罗氏几何中的平行公理是:平面内通过直线外的点至少能引两条直线不与已知直线相交. 罗氏几何的出现,是科学史、哲学史、人类思想史上第一次重大的突破,开辟了科学发展的广泛、深入的道路.

在科学发展的初期,由观察产生的直觉及对实验结果进行的分析归纳等具有突出的意义,而在近代、现代科学的发展中这种因素显然仍是本原的和基础的,但几乎同等重要的是科学体系内部逻辑的需要和发展的必要性,这应当是项不争的事实了. 另外可以发现现代科学和技术上的一些重大进展,往往伴随着数学的想象力以及在数学的理论中找到了合适的表述工具. 例如大到相对论和量子力学,它们是现代物理学的核心领域,其建立和发展就是这种情况;小到医学中 CT 机的发明,其理论的核心是数学中的拉东变换.

电子计算机的发明与使用是第二次世界大战以来对人类文明影响最为深远的科技成就之一. 其发明及进一步发展就借助于适当的数学理论与思想;其使用的支撑是软件,软件的核心是算法,而计算方法本来就是数学的一个分支. 理论与实验是科学研究的两个基本方法,电子计算机的出现使得以往无法实现的繁杂计算和不敢设想的算法(如计算机模拟等)都可以进行,这就从广度和深度上扩展了理论演绎和实验的领域. 例如 1976 年阿佩尔(K·Apdel)等用电子计算机证明了历史上一个多世纪以来的著名的"四色猜想",该证明中含近 100 亿个逻辑判定,换成人工数学演绎就不可能了. 又如在天体物理学中的一些计算机模拟试验,相应的真实的实验都是无法进行的. 对借助于计算机的科学研究,现在已有人主张将其独立出来称为"数学实验方法"作为科学研究的第三种基本方法.

由于 20 世纪前半期数学巨大发展,数学的研究领导空前扩大,因而使得众多的实际问题通过数学抽象并形式化可以转化为数学问题. 第二次世界大战以后,社会各方面的实际需要向数学提出了空前大量的问题,这就形成了数学的广泛应用是 20 世纪后半期数学的最大进展. 现在数学已经进入一切自然科学、社会科学和现代化管理等方面的各个领域,这又反过来促进了数学的进一步发展,当然这种状况并不会改变数学学科的固有特点,相反带来的是,数学的思想方法、数学的表述形式向各类学科的渗透. 例如在现代经济学中使用的数学工具主要是集合论、群论、拓扑学等,且其学术文献完全是公理化的.

一个创新型的社会,必定首先是一个学习型的社会. 要在科技的某一个领域有所创新,必须首先通过学习进入该领域的前沿阵地. 事实已经证明重大的发现或发明必定得站在巨人的肩上. 由此可见崇尚而不是鄙视科学理论,勤奋于相关科技资料的学习而不是总停留在"不求甚解"上,是现代社会科技创新的重要条件.

当前中小学数学新课程改革,是通过对数学教育的理念进行探讨后提出的. 但应当清醒地认识到成熟的新课程以及与其配套的成熟的教学方法不太可能一下子形成. 而且如果在导向上稍有偏差将会大面积影响数学教育质量,从而影响我国科技创新目标的实现.

近30年来形成数学教学现状的最根本原因是"考试"的指挥棒及人们的一种浮躁、功利的心态. 数学课程中只要不列入考试的内容,一般都只会一带而过. 前20年从实际教学内容来说与其他国家相比是最老的,与历史上相比是最少的,而考试的试题却是最难的. 新课改后,课本内容的知识面扩大了,"双基"的传统却削弱了,由于补充习题的满天飞其难度并没降下来. 而且为了应试,几十年来数学教育形成并发展了"题海战"的一套强化训练的方法,追求解题技巧,越来越忽视系统知识,更不用说对数学自学能力及应用能力的培养了. 原本奥林匹克数学竞赛完全是件正常事,仅仅是在学有余力的学生中开展的兴趣性的比赛,但为了能在解题能力上得到更进一步的训练,从而能在各类数学考试中出奇制胜,在我国广泛地兴起了"奥数"热,现在连很多小学生也在学"奥数",而且"幼儿奥数"也应运而生了. 但是数学学习有它自身循序渐进的规律. 以数学概念为例,建立后续概念只有理解有关的前次概念的基础上才可能;对一些最基本的数学概念的理解也往往和儿童的年龄特征有关,过早的引入只可能达到形式上的效果. 例如在书市中常见的将涉及直线、射线、线段概念的习题列入小学一年级的"奥数"内容就值得商榷. 实际上数学竞赛的重点对象只可能是中学生,尤其是高中生. 由于小学生基础知识太少,其数学竞赛原来仅仅是小型智力测验,但现在的小学"奥数"培训已形成内容庞杂的以解题为中心的应试模式了,这样竞赛也就失去了意义. IMO 与单纯的智力测验完全不同,赛题的解决需要参赛者有相当宽广的数学基础知识及自身的机智和创造性. 而且也要注意到由 IMO 的功能就决定了这些赛题往往所追求的是用特殊的方法来解决的特殊问题,而通常的数学是追求一般理论和方法,所探求的是一些概括广泛的数学规律. 为此中学生所谓学习"奥数"也只应当是少数学生的课外兴趣活动的一部分,如果我们的基础数学教育,在应试的压力下,仍实际热衷于"题海战"的那套方法,同时又让竞赛数学的内容在培养学生"创造性思维"的旗帜下冲击正常的数学教学,那末我们将失去注重基础的好传统,后果是不堪设想的,本书的大量例证恰恰说明了这个问题.

随着数学自身的发展及应用领域日益扩大,作为基础教育数学课程的知识面必须扩大和更新,否则难以适应现实生活和接受继续教育的数学需要. 以此为背景上世纪 50 年代末 60 年代初,西方兴起的"新数(new math)"运动,就是企图用某些现代数学代替陈旧的中学数学内容. 但由于采取了自上而下的灌输方式,结果既脱离了学生循序学习所需要的直觉思维过程,又脱离了老师水平,最终导致了失败. 从 20 世纪 80 年代开始,西方数学教育界又提出"非形式化的数学教育"的口号,尽管其含有合理的内核,但又助长了"实用主义"思潮的泛滥. 近年他们自己对基础教育阶段的数学教育也不认为是成功的,而开始关注我国以及印度长期以来注重基础的数学教育经验.

从世界范围来看,长期以来欧氏几何是中学数学教育的重要组成部门,大家公认学欧氏几何尽管可能今后不会再碰到任何一道几何题,但受到的逻辑思维训练却终身受益. 当然今天的数学已非常丰富,培养逻辑思维能力也并非只有欧氏几何莫属,例如现在已有一些国家在中学课程中就删去了欧氏几何. 在我国一批老的数学教育工作者却认为,作为培养逻辑推理能力及形式化语言表述能力的一个平台,因初等几何具有图形的直观性、成熟的系统并已积累了丰富的教学经验,比用其他的数学内容来替代更容易达到特定的教学目标.

为此,主张采用扩大欧氏几何公理系统的办法,删去大量繁杂的内容来保留初等几何.这样难度可降低、课时可缩减,节约出的课时仍可安排新的内容,且同样可让学生体会最初步的数学公理化思想.实事求是地说,多年来学生所反映的学习几何的困难,并非是指掌握课本所要求的内容的困难,而是面对"题海战"中大量的课外补充题的困难,众所周知在初等几何大量的陈题中找出一些难题来人人都可以被难倒.显然我国一些学者的上述主张应当给予足够的重视.

附　录

　　本书出版后不久,针对[4]2°中所讨论的问题,殷娴副教授给我看了她写的文章,该文后来已正式发表,由于笔者认为这是对原文的重要补充,征得同意后在本书再版之际增此附录。

"0"是否一定要作为自然数？

殷　娴

（无锡高等师范学校　邮编 214001）

我国新课程改革已经明确"0"是自然数.规定当然要遵守,但争鸣还应该被允许,本文对此再作辨析,希望引起对该问题进一步的思考.

一、自然数和"0"的产生

自然数顾名思义是大自然所赋予,实指在产生数的自然过程中人类最早认识的一批数.有文章称因自然数是人类最早用来描述周围世界"数量关系"的概念,它应当包括"0".但这是一种先验论的说法且与人类历史真实相悖.

人类先产生语言,再产生文字.人类对数的认识首先区别了 1 和 2,然后才区别了 2 和多,这个结论是通过 19 世纪研究非主流文化人群在古代和近代对不同数字表示方法的语言差异所得出.研究中还发现各地计数系统的语言进化到 4 都有停顿,有学者认为这是由人类视觉极限所致,并有实验表明一些鸟类凭视觉也可以记住和区分 4 个物体.当然也仍有可能是在一只手上用大拇指点四个手指实施一一对应来计数而引起.凭视觉来计数存在极限这一客观事实,说明人类只有产生了一一对应的方法,数的产生过程才能延续.尽管至今不能肯定最先产生的从"1"开始的几个数字,是先有多寡意义,还是先有次序意义,有些人类学家就认为因仪式要定次序,数字可能最初起源于原始部落的祭祀场所.但可推测只有当一批数已经符号化并发生了从小到大的排列以后,形成了和序一一对应的参照物,序的概念才产生整体上的明朗化.于是最早产生了一批从"1"开始的反映多寡意义的数并又被赋予了序的属性,进而赋予了不断延伸的属性.

　　"0"的产生来源于自然数记数法中的位值原则. 由于不采用位值原则,古希腊数学虽已有高度发展,仍产生不了"0",他们的哲人称自然数是万物之母时,"0"还不存在;同样在钟表上使用的罗马数字也不需要"0". 中国古代筹算是十进制,其数位概念和现代一样,某一数位上没有数字就不排算筹,而用空位表示,这就是"0"的雏形. 空位在中国的使用不晚于公元前 3 世纪. 用十个独特记号(包括表示空位的记号)用位值原则表示十进制数直到公元 6 世纪才在印度开始出现,公元 8 世纪传入阿拉伯,再由商人们传播到各地. 当今记数法中使用的所谓阿拉伯数码,实际上已几经变化,与当时阿拉伯商人们所使用的记号早已面目全非. 只有当人们认识到空位记号可以作为两个相等的数相减的结果并作为一个独立的数来对待时,才能认为数"0"产生了. 最早认识"0"的是印度人,有文章称这发生在公元 9 世纪末,但它被人们广泛接受仅仅是 15 世纪初的事.

　　的确人类所面对的"数量关系"似乎应当首先是"无"和"有",但历史的回答是,从整体看数最早产生于"有",而且"0"的产生也并不源于一般的"无",而是源于对"有"的某种特定表示法中的"无". 这恰恰是唯物辩证法的一个例证.

　　二、自然数理论

　　在人类历史上,产生了自然数丰富多彩的计数及记数的方法,并相应地产生了关于自然数运算的各种各样的具体方法. 在这多样性的背后,自然数应当具有统一的本质. 19 世纪末 20 世纪初,产生了自然数理论. 它是指自然数的定义、大小或序的比较,自然数运算的定义、运算律及运算性质等理论,是对"多样性"的抽象概括. 但表述形式已和自然数的具体表示无关,和具体的运算方法也无关. 自然数理论是数学进一步发展的基础之一,是最基本的数的理论.

　　佩阿诺(G. Peano)公理系统的产生标志着自然数序数理论的完成. 有文章称"若论公理系统,Peano 自然数公理系统启始元素也可 0 可 1",但这是一种错误的说法. 如果自然数 a 的"后继"记为 a',其第一条公理仅说存在着一个启始元素,若更一般地将其记为"＊",联系到该系统中的加法定义：

对于每一对自然数 a、b，有一个且仅有一个自然数 $a+b$ 与它对应，而且具有下面性质：

1）对于任何 a，$a+*=a'$；

2）对于任何 a、b，$a+b'=(a+b)'$，则 $a+b$ 就叫做 a 与 b 的和. 可以发现该启始元素不管采用何种记号，从本质上来说它就是自然数 1.

当然由数系扩张的理论，可以在自然数集中添加"0"，并完成数系的第一次扩张，这时已没有必要再来建立这一新的数系的公理化系统了. 仅仅是为了要和新的自然数概念相一致，并又要保留自然数是数学发展的最原始基础这一传统的观点，才需要建立新的公理化系统. 表面看来这只需要将佩阿诺公理第一条中的启始元素从"1"改为"0"，实际上新系统的展开必须要进行相应的改造，例如关于加法的定义原来的 1），要改为：

1）对于任何 a，$a+0=a$；

而将 $a+1=a'$，作为可以推导出的一个重要的性质. 实际上能完成数系的第一次扩张，就保证了这种改造是可以成功的. 但新的系统，要兼顾"0"和"1"的特殊性，就不及原系统简洁. 从简洁的角度看恰恰说明将改造过的系统视为数学中最基本的系统并不妥当. 实际上"0"是自然数，是公理集合论中的定义，由该系统的公理组合已足够展开其自然数理论，根本就不需要再来建立一个包括"0"的佩阿诺公理系统，这反映出了当前对自然数理论理解上的混乱.

称有 0 和没有 0 的两个自然数集合是同构的也是一种含糊的提法，它们对"后继"来说是同构的，对运算来说却并不同构. 称它们等价也并不是确切的表述方法. 现实生活中讨论有序的现象（例如时间），启始元素的使用有它的随意性，也常见 0 作为启始元素，但现实生活中最常用的"第 1、第 2、第 3、……"却没有办法让其一律改称为"第 0、第 1、第 2、……". Peano 公理系统正确是被人们长期接受和使用的原因，它将很难被排斥是因为它有如上现实生活的基础.

集合的基数理论,是自然数基数理论的来源.二个非空集合的元素之间如果能建立一一对应关系就称这二个集合对等.也有文章和书中称为等价,但这容易和二个命题的等价、二个数学系统的同构等意义相混淆,也容易和具有自反律、对称律和传递律的关系称为等价关系这更一般的概念相混淆.因只能在二个非空集合之间考察一一对应,得补充定义空集合与空集合对等.能够证明集合的对等关系是等价关系,于是用此关系可将集合分类,将同类集合的共有特征抽象出来就是集合基数的概念.用等价类方法产生的集合基数理论尽管取得了丰富成果,但在无限集合基数的无限阶梯中,在一个称为连续统假设的重要命题上碰到了克服不了的困难.已有人证明就是在公理集合论系统中也解决不了,即在假设该公理系统是协调的,该命题是不可判定的.因此至今集合的基数理论不能认为是已经完成了.如果一个非空集合,它不能与它的任意一个真子集合对等,就可定义这种集合为有限集合.在这类集合范围内每一个集合都是实在的,其特点是全部元素总能一一列举出来,并且这种列举总有终结的时候,它的基数理论的展开却并不困难.也就是说非空有限集合的基数理论可独立地建立并完成.因而,原自然数也可定义为非空有限集合的基数.此自然数基数理论特别符合人类对自然数的认识过程,幼儿开始认识数时就是使用这个方法,以后在理解自然数运算的意义时也是用这个方法.长期以来,该理论是小学数学教学的一个理论指导,从实践看也十分成功.

而空集合为有限集合只能通过补充定义来完成,并补充定义空集合的基数为0.由此可见,空集合位于概念的极限点上.它不像非空有限集合那样实在,是人类思维所产生的一个约定,它一无所有又是一个具体集合,是一个矛盾统一体.而数0也处在概念的极限点上,在数学任何一个分支中都能找到它的例证.这就是具有特殊性的数0不归入自然数这一类更本原的数的理论根据.这也就是在中小学数学中讨论和自然数列有关的问题,若都要从0开始会加重学生学习负担的原因.由于数的本质并不涉及数的表示,所以在自然数理论中也不涉及 0. 至于自然数的功能是由自然数定义所决定,并不存在所谓"缺陷"的问题.

有文章中称新的自然数使加法运算变得更完整了,成了有零元的加法交换半群了. 半群、群等代数系统的应用就在于对其对象及运算赋予了一般意义. 有零元的系统和没有零元的系统各有各的用处,不能称哪个更完整. 从数运算完整性来说,恰恰说明将 0 放在整数环中,或处在有理数体等中,更能体现 0 在数的理论中的独特作用,而这些都是被数系扩张理论所证明了的. 在变量数学中,其基础是实数理论,显然也不是将 0 放入自然数集合而是处在实数系统时才能体现它真正的独特作用.

要将"0"归入自然数呼声的真正来源是由于当今自然数最通用的位值表示形式,现代人要认识自然数必须同时认识 0. 0 和其他九个数码一样既可用于表示任何一个自然数,又可独立成为数,多数人凭直觉会认为将 0 归入自然数倒显得更自然. 在很多国家,学校并不采用统一教材,这种观点在部分教材中历来有所体现,但由于自然数的本原性以及 0 的特殊性,从世界主流来看历史所形成的名称并没有改变,仅仅称"有时候也有人会把 0 包含在内",并用"扩大了的自然数集"来妥协. 然而,在我国当翻出了公理集合论中自然数定义后,情况就发生了变化,把"0 是自然数"提高到了法定地位.

三、公理集合论和它的自然数定义

在公理集合论中,自然数定义为集合:

$$0 = \phi, 1 = \{\phi\}, 2 = \{\phi, \{\phi\}\}, \cdots$$

且后面的都由前面的所生成,并有关系

$$0 \in 1 \in 2 \in 3 \in \cdots \in n \in n+1 \in \cdots$$

有人认为公理集合论是数学的统一基础,它的自然数定义应当最严格,尤其所揭示的自然数之间的生成关系是自然数所具有的最深刻的本质属性,正所谓"从无(0)到有(1),由 1 生 2、2 再生无穷",因此断言"0"理所当然是自然数. 但"无"和"有"本属二个层次,在公理集合论内虽否定了原来自然数的本原性,但没有否定是"有"这个层次上的第一批由 0 生成的数,若认为公理集合论中数的概念具有普适意义,这批数总该有个名称吧! 如果在整数范围讨论,称正整数当属可以;若论逻辑顺序,以公理集合论为基础,正数和整数也都只能是后续概念,如果命名为正整数,这就造成了恶性循环. 另起一个名称恐怕很难得到国际承认. 按生成关系称"狭义的自然数集"似乎最恰当,但恰恰"生成关系"离开了特定系统就十分可疑,估计也很难会在国际上流行起来. 从 0 到 1 如果是指量或序的变化当然正确,但将"无中生有"看成一个规律,不但有悖于数学学科的教育功能,而且也找不到一个现实的原型. 用宇宙大爆炸理论也解释不了,大爆炸之前没有宇宙,没有物质也没有时间和空间,有什么? 我们将它定义为"无",这仅仅是指人类认识还达不到这个境界,甚至有理论说明人类认识也还达不到那个爆炸的临界点,现在所有理论描述仅仅是将爆炸后的某一个瞬间作为起点,即是从"有"来展开"有",而不是从"无"来展开"有". 实际上公理集合论中的自然数概念并不具有普适性,例如将空集合与数 0 等同起来用于中学数学教育,只能带来混乱.

　　作为数学分支的公理集合论是 20 世纪前叶数学发展中的一个重大成果,它的产生使得我们建立了关于集合的可靠性认识,并也获得了关于当今数学基础的可靠性认识. 但我们却不能曲解公理集合论,并夸大其成果的现实意义.

　　公理集合论起源于对自古就有的悖论研究. 人们发现集合概念,直觉上似乎很简单,很清楚,严格考察则不然,它与一些悖论密切相关. 例如康托尔就认为集合是一个最一般的概念,用同义反复来描述集合,并称之为定义,当然这首先就犯了逻辑错误,但更深刻地他自己就发现了一个悖论. 他证明了一个集合的基数小于其幂集合的基数,这样基数就不会有最大的;但按他自己的定义存在所有的集合的集合,该集合的基数就是最大的. 另外,例如也发现其他领域有些悖论其本质就是将一个集合看做了自己的元素所引起. 因为数学研究总将问题放在一个特定的全集中,并且在设定集合时也不会将设定的集合作为自己的元素等,实际上这些悖论对现实数学并没有造成影响.但毕竟提出了集合如何定义.该问题至今没有解决,既没有找到一个更广泛的概念来定义它,也没有找到像几何基础那样用一组公理来描绘它.研究中发现首先必须将设定集合过程中的思维根据(存在性)用一组公理的形式确定下来.例如要设定幂集合,就必须要幂集合存在(幂集公理).当然也要排斥悖论,如正则公理其实就是规定一个集合不能作为自己的元素.实际上逻辑公理和用逻辑符号来表达经过挑选的如上的一些公理,加上一条空集合存在的公理,就形成了公理集合论的公理系统.显然不加上一个具体集合,系统就不能展开,挑选空集合是因为它恰好处于概念的极限点上.这样就形成了公理集合论的一个开放的符号体系,其中也没有所有集合的集合.当然这体系的形成十分严格,步步都有根据.例如从 ϕ 出发,根据有关公理依次形成集合:

$$\{\phi\};\{\phi,\{\phi\}\};\{\phi,\{\phi\},\{\phi,\{\phi\}\}\};$$并可继续下去.
还要由无限公理才能形成一个由无限多个集合为元素的集合:

$$\{\phi;\{\phi\};\{\phi,\{\phi\}\};\{\phi,\{\phi\},\{\phi,\{\phi\}\}\};\cdots\} \tag{1}$$

那么,由此展开下去所形成的并用逻辑符号所表述的整个符号系统有什么意义呢?对此可以给予解释,例如用属于关系来定义序关系,将(1)内的集合依次定义为 $0,1,2,3,\cdots$ (1)就成为公理集合论中的自然数集合,并可以在该集合中展开其理论.与此同时现实数学中的抽象的数 0 和自然数在该系统中也找到了实现.因为该集合中展开的理论与现实数学中的有关理论具有本质上的一致性,这就用模型再次提供了作为数学基础的 0 与自然数的可靠性认识.历史上复数被大家承认,就是发现它其实就是一个有序实数对并可用平面上的点来实现.实际上作为当今数学基础的基本概念都能在该系统中实现,并展开其理论.例如由幂集公理可引出实数集合,因有子集公理可讨论实数集合的任意子集,从而保证了建立在实数系上的微积分的可靠性,因有选择公理又保证了以微积分为基础的泛函分析的建立.但公理集合论作为数学的重要分支,主要还是以自己的方式展开自己的理论,并得到了一系列深刻的结果,这些结果对其他数学领域也产生影响.

的确由该系统公理组合的选择方式,就决定了集合(1)最基本,从自身理论发展的需要看,定义(1)为自然数集合也最简洁.但这毕竟是一个人为的规定,如果顾及从现实世界中抽象出来并由历史形成的自然数概念,由(1),根据子集公理可产生集合

$$\{\{\phi\};\{\phi,\{\phi\}\};\cdots\} \qquad\qquad (2)$$

先让"ϕ"独立出来例如称之为"本原数0",定义(2)为自然数集合,称(1)为扩大了的自然数集,这样也不会给系统本身造成逻辑上的问题,还能体现"0"更本原的所谓"现代数学观点".当然如果公理集合论中的自然数概念仅在自己体系中使用,这样处理也就多此一举了.

在公理集合论建立不久就已经一般性地证明了如果该系统是协调的,一定存在不能判定的命题,说明公理集合论本身证明不了自己的协调性,它排除了一些已知的悖论,但不能保证在该系统中今后就不出现悖论.然而这些都否定不了公理集合论作为现代数学的一个重要分支所取得的一系列的成果,而且也否定不了它还具有对当今数学普遍意义上的成果:

(1)该系统是一般集合构建过程的一个模型,说明集合的构建方法可用一组公理来确定,进而说明在数学各个领域中作为基本表述方法的一般集合论语言是可靠的.

不能误解公理集合论已经给出了集合的定义,它并没有回答集合是什么.更不能认为所谓集合仅仅就是由空集合生成的这些集合.

(2)公理集合论所形成的符号系统本身就是一个大模型,作为当今数学基础的基本概念都可以在这模型中实现,这就统一建立了对当今数学基础的可靠性认识.

不能误解公理集合论已经成为了一切数学的基础.该系统毕竟是人为建立的,所选择的公理组合避免不了存在局限性,对数学的继续发展迟早会显出不足,不能断言它已经彻底解决了整个数学的基

础问题. 事实上当今数学的发展还看不出需要将数学统一建立在公理集合论的基础上,并统一用它的语言来表述,而且公理集合论也没有成熟到如此之程度可以承担此任务. 若从唯物辩证法角度来分析,人类的认识总在不断地发展,企图建立囊括一切数学的公理化体系将注定会失败.

也不能误解当今数学中的一些基本概念,只有在该系统中的定义才最严格、最本质. 例如,原始人类使用——对应方法从现实世界抽象出的自然数概念,才称得上是最基本、最本质. 并由它的抽象性带来了应用及发展的广泛性. 在公理集合论中所下的自然数定义只适用它的系统,夸大其真理的绝对性,放到现实世界的范围就陷入了"无中生有"的最严重的唯心主义泥沼. 公理集合论是数学抽象的产物,但并非是数的理论的进一步抽象,一些更一般的代数系统才称得上是数的理论的进一步抽象. 这些用具体集合所定义的自然数当然也可作为抽象出自然数的等价类集合中的标准集合,但抽象程度显然低于远古时期用绳结所形成的标准集合.

由此可知,根据公理集合论称 0 一定要作为自然数不仅仅是理由不充分. 进一步的讨论将涉及什么是数学? 由于现代数学的发展极端抽象化、复杂化,从世界范围看又没有统一的哲学立场,涉及数学本质问题的答案是无法统一的. 尽管如此,世界上的大多数国家,虽然不将唯物主义和辩证法奉为主流哲学思想,恰恰并不匆匆根据公理集合论来统一修改由人类对数认识的历史过程所形成并从现实世界直接抽象出来的最本原的自然数概念.

参 考 文 献

[1] 殷显华.在辨析中学习数学[M].北京:科学普及出版社,2005.9.

[2] 胡炳生.关于扩充自然数集的几个理论问题[J].数学通报,1998.11.

[3] 王尚志.为什么要把"0"作为一个自然数[J].数学通报,2001.1.

后 记

　　本人毕业于南京师范学院数学系，热爱数学教育事业，当过小学及中学的数学老师.20世纪80年代初调入无锡教师进修学院，后虽担任无锡教育学院教务处长、副院长等行政工作，但仍没有脱离数学教学工作.1992年起十年从政，担任民盟无锡市委员会驻会副主委，后又兼任市政协副秘书长、市监察局副局长等职，由于兼职多整天忙于事务，还得抽空学习与工作有关的一些资料，坚持了几十年（连文化大革命也未中断）天天必读数学书籍的习惯，也在无奈中改变了.仅仅因本人要求人事关系放在市教育局教研中心，才终得保留住了一名数学老师之身份.2002年前后，年过花甲，陆续卸任各种职务（现已进入退休行列），时间开始属于自己的了，出于爱好和兴趣，重理旧业，但已无任何专业方向可言.这十多年间，竞赛数学作为一门特殊的数学学科刚巧处于从形成到发展的时期，于是就系统地看了一些竞赛数学方面的书，做了几千道题，开始仅在这些书的扉页上记上些心得，自得其乐.材料积累多了，发现如能成书，对当前的数学教育应当有一定参考价值.十年从政，受党派、政协参政议政精神之感染，并又受纪检监察部门认真严谨的工作作风之影响，这也促使我深感写出该书也是一种责任.这就是本书产生之缘由.

殷显华

2005年8月